Psychologie für Nichtpsychologen

Psychologie für Nichtpsychologen

Herausgegeben
von Hans Jürgen Schultz

Kreuz Verlag Stuttgart · Berlin

Diesem Buch liegt eine Sendereihe
des Süddeutschen Rundfunks zugrunde

5. Auflage (24.–27. Tausend) 1982

Gestaltung: Hans Hug
Satz und Druck: Buchdruckerei Holzer, Weiler im Allgäu
Buchbinderische Verarbeitung: Franz Spiegel Buch GmbH, Ulm
ISBN 3 7831 0433 5

Inhalt

Hans Jürgen Schultz
Vorwort

Am 8. Mai 1936 wurde in Wien Sigmund Freuds achtzigster Geburtstag in einem Festakt gefeiert. Thomas Mann hielt die Rede. Der Jubilar selber erschien nicht. Seiner schweren Krankheit wegen ging er nicht mehr unter die Leute. Er sprach auch dem Abfeiern „von großen runden Lebenszahlen" seinen guten Sinn ab; es solle nur vergessen machen, daß man „aus so hinfälligem Stoff gemacht ist". Im übrigen war Freud in seinem Leben „durch öffentliche Ehrungen nicht verwöhnt worden" und mochte sich, wie er sagte, zu guter Letzt nicht mehr umstellen. Aber das Angebot Thomas Manns, ihm die Laudatio bei geeigneter Gelegenheit privatim vorzulesen, nahm er gern an. Man traf sich an einem Junitag in Freuds Sommerwohnung in Grinzing. Der Gelehrte hörte sich achtsam an, was der Schriftsteller über „Freud und die Zukunft" zu eröffnen wußte. Sonst meist in Abwehrhaltung gegenüber jeder lobenden Äußerung, zeigte er sich diesmal bewegt über die Feinfühligkeit und Hellhörigkeit, die er bei Künstlern häufig, bei Kollegen fast gar nicht antraf. Insbesondere hatte Freud gefallen, was Mann zum Schluß vorgetragen hatte:

„Die analytische Einsicht ist weltverändernd; ein heiterer Argwohn ist mit ihr in die Welt gesetzt, ein entlarvender Verdacht, die Verstecktheiten und die Machenschaften der Seele betreffend, welcher, einmal geweckt, nie wieder daraus verschwinden kann. Er infiltriert das Leben, untergräbt seine rohe Naivität, nimmt ihm das Pathos der Unwissenheit, betreibt seine Entpathetisierung, indem er zum Geschmack am ‚understatement' erzieht, wie die Engländer sagen, zum lieber untertreibenden als übertreibenden Ausdruck, zur Kultur des mittleren, unaufgeblasenen Wortes, das seine Kraft im Mäßigen sucht... Bescheidenheit – vergessen wir nicht, daß sie von *Bescheid wissen* kommt, daß ursprünglich das Wort diesen Sinn führte und erst über ihn den zweiten von modestia, moderatio angenommen hat. Bescheidenheit aus Bescheid wissen – nehmen wir an, daß das die Grundstimmung der heiter ernüchterten Friedenswelt sein wird, die mit herbeizuführen die Wissenschaft vom Unbewußten berufen sein mag."

Damit kennzeichnet Thomas Mann sehr schön die allgemeine, über ihren Fachhorizont weit hinausreichende Bedeutung der Psychoanalyse und stellt Freuds Werk in die Tradition der Aufklärung. Die Entdeckung und systematische Untersuchung des Unbewußten irritiert und überwindet (wo's gut geht) die obstinate Tendenz des Menschen zur Verheimlichung und Verschleierung, zur Entschuldigung und Rationalisierung. Sie leitet ein, was bisher nur ungeschickt gelingt und was wir erst zu üben beginnen müssen: eine neue Fragehaltung, eine größere Ehrlichkeit, einen Mut zur Ent-Täuschung, ein Interesse an der kritischen Durchsuchung dessen, was wir hinter unseren Vor-Wänden zu verbergen trachten. Ein leichtes Spiel ist das freilich nicht. Daß der Mensch nicht allein für sein Bewußtes, sondern auch für sein Unbewußtes verantwortlich ist und zur Rede gestellt wird, verlangt – wie jeder Reifungsprozeß – eine außerordentliche Anstrengung und die Bewältigung starker Widerstände.

Aber diese Beschreibung der allgemeinen Bedeutung der Psychoanalyse birgt eine Gefahr in sich. Sie läßt gerne verkennen, daß die Wissenschaft von der Seele, von ihren Zusammenhängen und Mechanismen, nicht so einfach zu handhaben ist, wie es bei oberflächlichem Zusehen den Anschein haben könnte. Es herrscht heute eine allzu hurtige, Differenzierungen mißachtende Berufung auf die Psychologie und eine allzu glatte Anwendung ihrer Kategorien. Psychoanalyse ist nicht allein Aufklärungs-, sie ist Aufräumungsarbeit. Wer sich auf sie einläßt, kommt nicht ungeschoren davon. Autoren und Herausgeber dieses Buches möchten, statt modischem Trend zu folgen, den Zugang zur Tiefenpsychologie eher erschweren als erleichtern. Sie möchten ihn jedenfalls qualifizieren.

Dabei wäre zu wünschen, daß man sich das, was Tiefenpsychologie ist und will, weder zu schwierig noch zu leicht vorstellt. Beides könnte ein Mißverständnis sein. Sie ist wohl am Ende am besten verstanden, wenn sie ein-leuchtend wirkt, sich also auch in einer menschlichen Sprache auszudrücken vermag. Denn dem Menschen zuliebe ist sie da, sollte sie dasein. Er ist ihr Maßstab.

Es braucht kaum betont zu werden, daß unsere Einführung in wichtige Grundbegriffe der Tiefenpsychologie lückenhaft ist. Aber gerade das Fragmentarische an diesem Buch soll zur Beschäftigung, zum Weiterstudieren, zur Widerrede, zur Auseinandersetzung anhalten. Nur in der Diskussion eignet man sich Information an. Die Auswahl und die Reihenfolge der Themen unterliegt einer gewissen Willkür: die Stichworte sind ungleichwertig, sie überschneiden sich teilweise, sie bringen Überbetonungen (zum Beispiel der frühkindlichen Phasen) und ebenso einige Vernachlässigungen mit sich. Das ist der Nachteil einer so bunt angelegten (und zudem durch einige Krankheitsfälle gestörten) Zusammenstellung, deren Reiz andererseits darin liegt, daß hier nicht eine einlinige Schulmeinung vertreten wird, sondern daß eine ziemlich junge Wissenschaft sich in ihrer ganzen Vielstimmigkeit vorstellt. Die Autoren sind kundige Analytiker und Therapeuten, Universitätsprofessoren und praktizierende Ärzte aus vielen Ländern: ältere und jüngere, namhafte und noch wenig bekannte, Freudanhänger und Jungschüler. Es ist ihnen zu danken, daß sie sich nicht an einen vorgeschulten Leserkreis und vor allem nicht in erster Linie an ihre Fachgenossen wenden. Ohne ihre Informationen mit Rabatt abzugeben, haben sie (mit unterschiedlichem Erfolg natürlich) ein Laienpublikum im Blick. Voraussetzung für die Lektüre sind daher nicht Spezialkenntnisse, sondern ist – Interesse.

Diesem Buch liegt eine Vorlesungsreihe des Süddeutschen Rundfunks zugrunde. Die Wirkung unseres Radiokollegs war ungewöhnlich. Selten ist der Redaktion so reichliche und besonders so intensive Aufmerksamkeit begegnet. Natürlich fiel auch die Unzulänglichkeit einer derartigen Veranstaltung auf: es wurden unter den Hörern Fragen und Wünsche laut, die nicht erfüllt werden konnten; es wurden uns Probleme und

Konflikte anvertraut, auf die zu antworten das Medium nicht geeignet ist. Es kann eben bedenklich werden, unter den Zuhörern Erwartungen zu wecken, ohne imstande zu sein, ihnen dann auch zu entsprechen. Die an uns herangetragenen menschlichen Nöte mußten wir als um so bedrängender empfinden, als wir wußten, daß der Hinweis auf die Möglichkeiten einer analytischen Behandlung auf eine harte Grenze stößt, auf die Grenze der viel zu geringen Zahl von kompetenten Psychagogen und Psychologen. Die Sendereihe konnte, das Buch kann Analyse und Therapie nicht ersetzen. Es können bestenfalls einige ihrer Einsichten und Methoden bekanntgemacht werden. Immerhin dürfte es möglich sein, daß man sich aus diesen Texten einige Aufhellungen und Orientierungen besorgt, einige Erklärungen und Klärungen, die einem helfen, Leben und Zusammenleben ein klein wenig besser zu verstehen und zu bestehen. Die in diesem Psychologiekompendium für Nichtpsychologen zusammengetragenen Auskünfte enthalten, bei allem Anspruch auf wissenschaftliche Hieb- und Stichfestigkeit, einen kräftigen Lebensbezug: sie wollen einen etwas vernünftigeren, einen etwas verständigeren, einen etwas wahrhaftigeren Umgang mit sich und anderen in die Wege leiten.

Auf der Innenseite des Umschlags finden sich Begriffserklärungen wichtiger psychologischer Termini von Mario Muck

Erich Fromm
Einführung

Vormoderne und moderne Psychologie

Der Titel dieses Buches heißt: „Psychologie für Nichtpsychologen". Wer sind denn Nichtpsychologen? Und was ist Psychologie?

Wer Nichtpsychologen sind, das läßt sich vielleicht oder scheinbar einfach beantworten: nämlich alle Leute, die nicht Psychologie studiert haben, die keinen Doktorhut dieses Fachbereiches besitzen. Dann sind natürlich fast alle Menschen keine Psychologen. Aber das stimmt so nicht. Denn ich möchte gern behaupten, daß es in Wirklichkeit Nichtpsychologen überhaupt nicht gibt, da jeder Mensch in seinem Leben auf seine Weise Psychologie betreibt und betreiben muß. Er muß wissen, was im andern vorgeht, er muß versuchen, andere zu verstehen. Er muß versuchen, sogar vorauszusehen, wie andere sich verhalten werden. Dazu geht er nicht ins Laboratorium in der Universität, sondern dazu geht er nur – und er braucht gar nicht erst zu gehen – in sein eigenes Laboratorium des täglichen

[Dieser Text ist die Nachschrift eines frei gehaltenen Vortrags.]

Lebens, in dem alle Experimente und alle Fälle von ihm durchdacht oder überlegt werden können. Das heißt also, die Frage lautet gar nicht: Ist einer Psychologe oder ist einer Nichtpsychologe, sondern sie heißt nur: Ist einer ein guter oder ein schlechter Psychologe? Und da, glaube ich, könnte das Studium der Psychologie ihm helfen, ein besserer Psychologe zu werden.

Aber damit kommen wir zu der zweiten Frage: Was ist denn Psychologie? Und diese Frage ist viel schwerer zu beantworten als die erste. Wir müssen uns ein bißchen Zeit für sie nehmen. Wörtlich ist „Psychologie" die Wissenschaft von der Seele. Nun, so wörtlich zu übersetzen ist ja ganz schön, aber es sagt uns noch sehr wenig darüber, was diese Wissenschaft von der Seele eigentlich ist: was sie zum Gegenstand hat, welche Methoden sie anwendet, was ihr Ziel ist.

Die meisten Menschen denken, daß die Psychologie eine relativ moderne Wissenschaft ist. Und sie meinen das deshalb, weil das Wort „Psychologie" sich im großen und ganzen erst in den letzten hundert oder hundertfünfzig Jahren bekannt gemacht hat. Sie vergessen jedoch, daß es eine Psychologie gibt, die vormodern ist, die sich erstreckt – sagen wir mal – vom Jahre 500 vor Christus bis zum 17. Jahrhundert, daß diese Psychologie sich aber nicht „Psychologie" genannt hat, sondern „Ethik" oder auch sehr häufig „Philosophie"; sie war aber nichts anderes als Psychologie. Was waren denn das Wesen und die Absicht dieser vormodernen Psychologie? Darauf kann man ziemlich knapp erwidern: *Es war die Kenntnis der Seele des Menschen mit dem Ziel, ein besserer Mensch zu werden.* Die Psychologie hatte also – wenn Sie so wollen – ein moralisches, ein – Sie können auch sagen – religiöses, ein spirituelles Motiv.

Ich gebe nur ganz kurz einige Beispiele dieser vormodernen Psychologie: Der Buddhismus hat eine ausgedehnte und höchstkomplizierte und differenzierte Psychologie. Aristoteles hat ein Lehrbuch der Psychologie geschrieben, nur hat er es genannt: „Die Ethik". Die Stoiker haben eine hochinteressante Psychologie entwickelt; manche von Ihnen werden vielleicht Marc Aurels Meditationen kennen. Sie finden bei Thomas von Aquin ein System der Psychologie, aus dem Sie wahrscheinlich mehr lernen können als von den meisten Textbüchern der Psychologie heute. Es gibt dort die interessantesten und tiefsten Diskussionen und Prüfungen solcher Begriffe wie: Narzißmus, Stolz, Demut, Bescheidenheit, Minderwertigkeitsgefühle und vieles, vieles andere. Und so ist es auch mit Spinoza, der eine Psychologie geschrieben und sie – wie Aristoteles –

„Ethik" genannt hat. Spinoza ist wohl der erste große Psychologe, der ganz klar das Unbewußte erkannt hat, indem er gesagt hat: „Wir sind uns alle unserer Wünsche bewußt, wir sind uns aber nicht der Motive unserer Wünsche bewußt." Und das ist in der Tat, wie wir nachher noch sehen werden, die Grundlage der viel später kommenden Freudschen Tiefenpsychologie.

In der Moderne kommt dann eine ganz andere Psychologie, die im großen und ganzen nicht so sehr viel älter als hundert Jahre ist. Deren Ziel ist ein ganz anderes: Man will die Seele kennen, nicht um ein *besserer*, sondern – sagen wir es einmal ganz roh und grob – um ein *erfolgreicherer* Mensch zu werden. Man will sich kennen, man will andere kennen, um größere Vorteile im Leben zu haben, um andere zu manipulieren, um sich selbst so zu gestalten, wie es am günstigsten ist, wenn man vorankommen will.

Diesen Unterschied zwischen den Aufgaben der vormodernen und der modernen Psychologie versteht man nur ganz, wenn man sieht, wie sehr sich die Kultur und die Ziele der Gesellschaft geändert haben. Gewiß waren im klassischen Griechenland oder im Mittelalter die Menschen im allgemeinen auch nicht so sehr viel besser, als wir es heute sind, vielleicht waren sie sogar schlechter in ihrem täglichen Verhalten; aber ihr Leben war doch beherrscht von einer Idee. Und dies war die Idee: Das Leben ist nicht lebenswert, nur um sich sein Brot zu verdienen, das Leben muß auch einen Sinn haben, das Leben muß der Entfaltung des Menschen dienen. Und in diesem Zusammenhang steht die Psychologie.

Der moderne Mensch sieht es anders. Er ist nicht so sehr daran interessiert, mehr zu *sein,* als daran, mehr zu *haben:* eine größere Position, mehr Geld, mehr Macht, mehr Ansehen. Und wir wissen heute schon – und das spricht sich immer mehr herum, man sieht es vielleicht am deutlichsten in dem ökonomisch fortgeschrittensten und reichsten Land der Welt, in den Vereinigten Staaten –, daß allmählich immer mehr Menschen anfangen zu zweifeln, ob diese Ziele sie wirklich glücklich machen. Aber das gehört nicht hierher. Die Tatsache bleibt, daß diese zwei Ziele auch der Psychologie zwei verschiedene Richtungen geben. Und über diese moderne Psychologie will ich jetzt einiges ausführen, um Ihnen zu zeigen, was man sich darunter vorzustellen hat.

Ich sollte damit beginnen, festzustellen, daß die moderne Psychologie ganz bescheiden angefangen hat. Sie hat sich dafür interessiert, das Gedächtnis zu studieren, akustische und visuelle Erscheinungen, Gedankenassoziationen, sie hat sich für die Psychologie der Tiere interessiert, und um Ihnen nur einen Namen zu nennen, so kann man wohl sagen, daß der Name von Wundt der vielleicht bezeichnendste und wichtigste bei diesem Start der modernen Psychologie ist. Diese Psychologen schrieben nicht für das breite Publikum, sie waren nicht besonders bekannt, sie schrieben für Fachgenossen, und nur wenige „Laien" interessierten sich für ihre Arbeiten und Veröffentlichungen.

Das wurde aber völlig anders, als die Psychologie anfing, populär zu werden, indem sie sich einer *Grundfrage* zuwendete: der Frage nach den Motiven des menschlichen Verhaltens. Das blieb das Thema der Psychologie in den letzten fünfzig Jahren. Und das geht natürlich jeden an; denn jeder möchte ja wissen: Was motiviert mich eigentlich, warum bin ich so und nicht anders motiviert? Und wenn die Psychologie ihm verspricht, darüber etwas auszusagen, dann allerdings ist das für ihn von großem Wert. So wurde diese Motivationspsychologie vielleicht die populärste Wissenschaft unter allen, und besonders in den letzten zwei Jahrzehnten hat sie an Popularität nichts verloren, sondern eher gewonnen.

Diese populäre Psychologie enthält zwei Hauptschulen: die Instinkttheorie und die Verhaltenspsychologie oder Verhaltenstheorie, auf englisch: Behaviorism. Lassen Sie mich zunächst ein paar Worte über die Instinkttheorie sagen. Sie verdankt ihren Ursprung einem der größten Denker des 19. Jahrhunderts, Charles Darwin. Schon er hat sich mit den Instinkten als menschlichen Motivationen beschäftigt und, gestützt auf ihn, hat man dann nach und nach eine Theorie aufgebaut, die, kurz gesagt, betont, daß jede Handlung ein Motiv hat und daß jedes Motiv ein selbständiger Instinkt ist, der den Menschen eingeboren ist – eingeboren genauso, wie ein Instinkt dem Tier eingeboren ist. Also wenn Sie aggressiv sind, dann ist die Ursache Ihr Aggressionsinstinkt; wenn Sie unterwürfig sind, Ihr Unterwürfigkeitsinstinkt; wenn Sie Besitzlust haben und habgierig sind, der Besitzinstinkt; wenn Sie eifersüchtig sind, dann der Eifersuchtsinstinkt; wenn Sie gerne kooperieren, dann der Kooperationsinstinkt; wenn Sie leicht davonlaufen, dann der Fluchtinstinkt usw. Und tatsächlich haben die Instinkttheoretiker, wenn man sie alle zusammen nimmt, ungefähr zweihundert verschiedene Instinkte genannt, die also (wie auf einem Klavier jede Taste, wenn man sie anschlägt) ein ganz bestimmtes menschliches Verhalten motivieren.

Die Hauptvertreter dieser Instinkttheorie waren zwei Amerikaner, William James und William MacDougat. Nun könnte es Ihnen aus der Beschreibung, die ich Ihnen gebe, vielleicht so vorkommen, daß das eine sehr vereinfachte und eigentlich naive Theorie ist. Das ist keineswegs so. Auf der Grundlage, die Darwin einmal gegeben hatte, haben diese beiden Männer und noch andere, die sehr große und scharfsinnige Denker waren, ein außerordentlich interessantes Gebäude aufgebaut – nur, daß dieses Gebäude, meiner Meinung nach, nicht richtig konstruiert ist. Das heißt, daß es eigentlich kein Gebäude ist, sondern nur eine Vorstellung, die in der Wirklichkeit gar nicht zum Ausdruck kommt. Die letzte große Instinkttheorie, die sehr populär geworden ist, ist die von Konrad Lorenz, der die menschliche Aggression zurückgeführt hat auf einen mehr oder weniger eingeborenen Instinkt zur Aggression.

Die Unzulänglichkeit dieser Theorien liegt in ihrer Neigung zur Vereinfachung. Es ist eben sehr einfach, wenn man für jede einzelne Handlung einen Instinkt, der dahinter steht, theoretisch postuliert. Damit erklärt man ja eigentlich gar nichts; man sagt nur: Die Handlung hat ein Motiv, und jede einzelne Handlung hat ein verschiedenes Motiv, und diese Motive sind angeboren. Für die meisten dieser sogenannten Instinkte konnte man das nicht beweisen. Es gibt einige wenige – wie zum Beispiel die defensive Aggression oder die Flucht, bis zu einem gewissen Grade auch die Sexualität, obwohl man da schon viel weniger sicher sein kann –, in denen es quasi-instinktive Anteile gibt. Aber auch hier besteht die Tatsache, daß das Lernen, der kulturelle und gesellschaftliche Einfluß selbst diese eingeborenen Triebe außerordentlich modifizieren können – so sehr, daß sie bei Menschen und Tieren, die diesen Modifizierungen unterworfen sind, fast verschwinden oder, auf der andern Seite, ungeheuer verstärkt werden.

Die andere Schwierigkeit dieser Theorie war eben, daß man gewisse Instinkte bei manchen Menschen und manchen Kulturen sehr stark und wieder in anderen ganz wenig entwickelt findet. Zum Beispiel gibt es primitive Stämme, die außerordentlich aggressiv sind; es gibt jedoch andere, die fast überhaupt keine Aggressivität haben. Man beobachtet das ja auch an einzelnen Menschen: Wenn heute jemand zum Psychiater kommt und sagt: „Doktor, ich bin so wütend, ich möchte alle umbringen, meine Frau, meine Kinder, mich selber ...", dann sagt der Doktor nicht: „Ja, da ist also der Aggressivitätsinstinkt bei diesem Mann so stark." Vielmehr macht er eine Diagnose und stellt fest: „Dieser Mann muß krank sein; denn diese Aggressivität, die er ausdrückt, dieser Haß, der in ihm aufgestaut ist, ist eine Krankheitserscheinung. Wäre das ein Instinkt, dann wäre es ja eine natürliche Erscheinung und nicht das Anzeichen einer Krankheit."

Wir finden fernerhin – und das ist sehr wichtig –, daß gerade die primitivsten Menschen, die Jäger und Sammler, die also am Beginn aller Zivilisation stehen, die am wenigsten aggressiven Menschen sind. Wenn die Aggressivität eingeboren wäre, dann müßten die Jäger und Sammler sie am deutlichsten zeigen. Während man umgekehrt nachweisen kann, daß mit dem Wachstum der Zivilisation – etwa vom Jahre 4000 vor Christus an –, mit dem Aufbau von großen Städten, Königreichen, Hierarchien, Armeen, mit der Erfindung des Krieges, mit der Erfindung der Sklaverei – und ich sage absichtlich „Erfindung", denn das alles sind nicht naturgegebene Phänomene –, daß damit auch der Sadismus, die Aggressivität, die Lust zum Unterwerfen und zum Zerstören in einem ungeheuren Maß größer geworden sind, als es unter den primitiven, vorgeschichtlichen Menschen der Fall war.

Diese Schwierigkeiten hat nun die entgegengesetzte Schule, die Verhaltenstheorie, bestimmt, das genaue Gegenteil zu behaupten, nämlich daß überhaupt nichts angeboren ist, daß alles nur die Folge ist von sozialen Umständen und von sehr geschickter Manipulierung von Menschen entweder durch die Gesellschaft oder auch in der Familie. Der wichtigste und berühmteste Vertreter dieser Schule heute ist Professor Skinner in Amerika, der in seinem letzten großen Buch so weit gegangen ist, daß er gesagt hat: „Solche Begriffe wie Freiheit oder Würde sind reine Fiktionen; sie existieren überhaupt nicht, sondern sind nur produziert durch die Beeinflussung der Menschen, so daß sie durch diesen Einfluß die Idee haben, sie möchten frei sein. Aber in der Natur des Menschen liegt weder ein Wunsch nach Freiheit noch das Gefühl der menschlichen Würde." Ein einfaches Beispiel für diese Theorie: Der kleine Hans will keinen Spinat essen. Nun, wenn die Mutter ihn dafür bestraft – das wissen wohl viele Eltern –, dann hat das keinen großen Erfolg. Skinner sagt: Das ist auch die falsche Methode. Man redet gar nicht viel vom Spinat, sondern der Spinat wird einmal zum Mittagessen gebracht. Und wenn der kleine Hans ein bißchen ißt, dann guckt ihn die Mutter freundlich an und verspricht ihm ein Stück Torte extra. Das nächste Mal kommt der Spinat wieder auf den Tisch, und der kleine Hans ist schon geneigter, ihn zu essen. Da lächelt die Mutter ihn ebenso freundlich an und gibt ihm diesmal ein Stück Schokolade. Bis der kleine Hans konditioniert ist, das heißt, bis er gelernt hat: Wenn er den Spinat ißt, dann kriegt er eine Belohnung. Wer will denn keine Belohnung haben? Und nach einiger Zeit ißt er den Spinat mit Vergnügen, lieber als alles andere Gemüse. Nun, so kann's vorkommen. Skinner hat viel Arbeit darauf verwendet, zu zeigen, wie man das am geschicktesten anstellt. Man wiederholt nicht diese Belohnung immer wieder, sondern man läßt sie einmal aus, dann führt man sie wieder ein. Und viele geistreiche Untersuchungen und Experimente sind gemacht worden, um zu testen, wie man die Menschen am besten verführt, wie man sie durch Belohnungen dazu bringt, das zu tun, was der andere will, der ihn belohnt. Warum der andere das will, das interessiert Skinner gar nicht; denn er sagt: Werte, die irgendeine objektive Bedeutung haben, gibt es nicht.

Das ist ganz verständlich, wenn man an die Situation des Psychologen im Laboratorium denkt. Ob die Mäuse oder die Kaninchen essen oder nicht essen, das ist durchaus uninteressant — interessant ist nur, daß man sie mit diesen Mitteln dazu bringen kann, zu essen oder nicht zu essen. Und da diese Verhaltenspsychologen den Menschen auch — und sich selber sogar — als Versuchskaninchen erleben, so ist ihnen eben nicht die Frage wichtig, wozu und warum man dazu konditionieren soll, sondern nur die Tatsache, daß man's kann, und die Überlegung, wie man's am besten kann. Der Behaviorismus trennt das *Verhalten* des Menschen vom *Menschen*. Er untersucht nicht den sich-verhaltenden Menschen, sondern er untersucht nur das Produkt; das Produkt ist Verhalten. Was hinter dem Verhalten steht, nämlich der Mensch, davon sagt man ausdrücklich: Das ist ganz unerheblich, das ist Philosophie, das ist Spekulation. Alles, was uns interessiert, ist, was der Mensch *macht*. Er untersucht auch nicht die Frage, warum denn eigentlich so erstaunlich viele Menschen nicht so reagieren, wie sie reagieren sollten, wenn die Theorie richtig wäre. Er fühlt sich gar nicht gestört durch den Sachverhalt, daß viele Menschen rebellieren, sich nicht anpassen, nicht auf die Bestechungen feinerer Art reagieren, die im Grunde genommen diese ganze Theorie ja darstellt, sondern genau das Gegenteil praktizieren. Diese Theorie geht davon aus, daß die meisten Menschen sich lieber bestechen lassen, als sie selbst zu sein und das zu verwirklichen, was aus ihrem eigenen Wesen und aus ihrer eigenen Anlage erfolgen würde.

Die Instinkttheorie und die behavioristische Theorie haben etwas gemeinsam, trotz der großen Gegensätze: für beide ist der Mensch nicht und in keiner Weise der Gestalter seines Lebens! Der Mensch der Instinkttheorie wird getrieben von der Vergangenheit der menschlichen und tierischen Rasse; der Mensch des Behaviorismus wird getrieben von gesellschaftlichen Arrangements, von gesellschaftlichen Bedingungen, die gerade wirksam sind; er wird von den opportunistischen Verführungskünsten seiner Gesellschaft bedingt, genauso wie der andere Mensch von der Vergangenheit seiner Rasse bedingt ist. Aber keiner von beiden oder kein Modell vom Menschen in diesen beiden Theorien wird bestimmt von dem, was er will, was er ist, was seinem Wesen entspricht.

Diese zwei großen Richtungen repräsentieren die Mehrzahl dessen, was man heute „moderne Psychologie" nennen kann. Und es ist zu sagen, daß die behavioristische Psychologie heute den Sieg davongetragen hat. Die meisten Psychologie-Professoren an den amerikanischen Universitäten sind Behavioristen, und die Sowjet-Psychologie ist ihnen nahe verwandt – aus einsichtigen gesellschaftlichen Gründen, denen ich hier nicht weiter nachgehen kann.

Die drei Grundbegriffe Sigmund Freuds

Neben diesen beiden Richtungen steht eine dritte: die Psychoanalyse oder – wie man auch sagen kann – die Tiefenpsychologie, die von Sigmund Freud vor ungefähr achtzig Jahren begründet worden ist. Das Ziel von Freud ist, die menschlichen – und speziell die irrationalen – Leidenschaften rational zu verstehen. Also zu verstehen, was denn die Ursachen, die Bedingungen sind für Haß, für Liebe, für Unterwerfung, für Destruktivität, für Neid, für Eifersucht – für all die Leidenschaften, die die großen Schriftsteller (man denke nur an Shakespeare oder an Balzac oder an Dostojewskij) in ihren Dramen und Romanen so entlarvend behandelt haben. Dieses alles wollte Freud zum Gegenstand wissenschaftlicher Untersuchung machen. Er schuf die Wissenschaft des Irrationalen. Er wollte das Irrationale nicht in künstlerischer, sondern in rationaler Weise erfassen. Deshalb ist es auch verständlich, daß die Freudsche Theorie die Künstler, vornehmlich die surrealistische Schule, viel stärker beeindruckt als die Psychologen und Psychiater, die im Grunde alle diese Ideen für Unsinn hielten. Freuds Forschung entsprach genau der Fragestellung der Künstler: Was sind die menschlichen Leidenschaften und wie kann man sie verstehen? Die Psychiater wollten ja zumeist nur wissen: Wie kann man den Menschen heilen von solchen Symptomen, die ihm entweder Schmerzen zufügen oder die ihn nicht angepaßt machen an die Erfordernisse der Gesellschaft und seines eigenen Fortkommens? Freud aber wollte – und das ist sehr wichtig zu begreifen – nicht bloß wissenschaftlich die Motive des Handelns, namentlich der Leidenschaften, untersuchen; er hatte, genau wie die vormoderne Psychologie und im Gegensatz zu den Hauptzweigen der modernen Psychologie, auch ein moralisches Ziel. Sein Ziel war, daß der Mensch sich verstehen, sein Unbewußtes aufdecken soll, um Unabhängigkeit zu erreichen: die Herrschaft der Vernunft, die Zerstörung der Illusionen, damit er ein freier, mündiger Mensch werde. Seine moralischen Ziele waren die – so könnte man sagen – der Aufklärung, des Rationalismus. Aber sie stellten ein Ziel dar, das über das hinausging, was die übrige Psychologie unter Psychologie verstand oder sich setzte. Sie setzte sich ja gar kein Ziel außer dem, den Menschen besser funktionieren zu lassen. Das Freudsche Ziel war ein Modell des Menschen, das in vielerlei Weise mit dem der großen Aufklärungsphilosophen übereinstimmt.

Seine Theorie und die Manier, sie zu formulieren, war allerdings sehr vom Zeitgeist bestimmt – vom Darwinismus, vom Materialismus, vom Instinktivismus. Und so brachte er seine Theorie gelegentlich so zum Ausdruck, als ob er selbst ein Instinktivist wäre. Das hat zu großen Mißverständnissen über Freud geführt. Und ich will nun im folgenden zunächst einmal zu zeigen versuchen, was ich (und damit vertrete ich natürlich eine persönliche Auffassung, die nicht von der Mehrheit der Psychoanalytiker geteilt wird) als den Kern der Freudschen Entdeckungen ansehe.

Der erste zentrale Begriff ist der des Unbewußten, das heißt der Verdrängung. Dies Grundkonzept wird heute zumeist vergessen von den Menschen, die, wenn sie an Psychoanalyse denken, an Ich, Über-Ich und Es, an den Ödipuskomplex und an die Libidotheorie denken. Das sind gerade die Themen, die Freud aus seiner Grunddefinition der Psychoanalyse herausgelassen hat.

Zunächst einmal: das Verdrängte. Häufig sind wir von Motiven bestimmt, derer wir uns gänzlich unbewußt sind. Lassen Sie mich mit einem kleinen, banalen Beispiel beginnen. Vor einiger Zeit besuchte mich ein Kollege, und ich wußte, daß er mich nicht besonders mochte, und war sogar ein wenig erstaunt, daß er zu mir kommen wollte. Er klingelt, ich öffne die Tür, er reicht mir die Hand und sagt fröhlich: „Auf Wiedersehen!" Das heißt doch: unbewußt wollte er schon wieder gegangen sein. Er hatte diesem Besuch nicht mit Freude entgegengesehen, und das kam zur Sprache, indem er sagte: „Auf Wiedersehen" – statt: „Guten Tag". Was konnte man da sagen? Gar nichts. Da er selbst Psychoanalytiker war, wußte er genau, daß und wie er sich enthüllt hatte. Und er konnte sich nicht entschuldigen: „Das habe ich nicht gemeint!" Das wäre nur naiv gewesen, da wir beide wußten, daß es nicht darauf ankam, die Fehlleistung nachträglich umzuinterpretieren, sondern sie zu durchschauen. So war die Situation nur peinlich, und wir schwiegen. Aber das ist ein Beispiel, wie es hundertmal passiert, und Freud hat auf vielen solcher Beispiele seine Lehren aufgebaut.

Oder nehmen Sie ein anderes Beispiel, einen sadistischen Vater, der seinen Sohn prügelt. Das gibt's heutzutage seltener, denke ich, als vor fünfzig Jahren. Ein sadistischer Vater, ein Mann also, der ein Vergnügen daran hat, anderen Schmerzen zuzufügen oder seine strenge Kontrolle über sie auszuüben. Wenn Sie dabei fragen, warum er sich so verhält (und gewöhnlich brauchen Sie ihn das gar nicht zu fragen, er sagt das immer gern von selbst), so antwortet er: „Ich muß das tun, damit mein Sohn ein anständiger Mensch wird oder bleibt; ich tue das aus Liebe zu ihm." Glauben Sie ihm das? Vielleicht, vielleicht auch nicht. Aber sehen Sie sich einmal sein Gesicht an! Sehen Sie sich einmal an, wie er aussieht, wenn er prügelt – die Augen, die einen leidenschaftlichen Zug annehmen. Sie erkennen in Wirklichkeit in diesem Gesicht einen Mann, der voller Haß ist und zugleich voller Freude, prügeln zu können. Sie können dasselbe finden bei Polizisten (nicht bei allen natürlich) oder bei Krankenschwestern oder bei Gefängniswärtern oder in vielen anderen Privatsituationen. Es wird mehr oder weniger verhüllt, je nachdem der Mensch es aus Selbstinteresse geheimhalten muß. Aber bleiben wir beim Beispiel dieses Vaters. Wenn man ihn sieht, weiß man: Sein Motiv ist nicht das, das er vorgibt. Er hat eben nicht das Heil seines Kindes im Sinn – das ist eine „Rationalisierung"; sein Motiv ist sein sadistischer Trieb; aber davon weiß er gar nichts.

Oder nehmen Sie ein Beispiel von größerer geschichtlicher Bedeutung: Adolf Hitler. Hitler hat bewußt immer nur angenommen, daß er das Beste für Deutschland will: Deutschlands Größe, Deutschlands Gesundheit, Deutschlands Weltbedeutung, und was nicht alles. Obwohl er die grausamsten Befehle gegeben hat, hat er nie deutlich – soweit wir das erkennen können – gefühlt, daß er aus Grausamkeit handelt. Er hat immer gefühlt: er handelt aus dem Wunsch, Deutschland zu helfen; er handelt, um die geschichtlichen Gesetze zu verwirklichen, im Namen des Schicksals, im Namen der Rasse, im Namen der Vorsehung. Aber er war sich nicht bewußt, daß er ein Mensch ist, der eine Lust hat an der Zerstörung. Er konnte keine gefallenen Soldaten, keine zerstörten Häuser sehen; deshalb ging er im Zweiten Weltkrieg nie an die Front. Nicht aus persönlicher Feigheit, sondern er konnte es nicht ertragen, die konkreten Folgen seiner eigenen Zerstörungslust wahrzunehmen. Das ist ganz ähnlich wie bei Menschen, die beispielsweise einen Waschzwang haben. Bewußt wollen sie immer rein sein. Wenn man aber solche Menschen analysiert, dann findet man, daß sie unbewußt wissen: sie haben Blut oder Dreck an den Händen, nicht nur am Stecken, und wollen sich von dem befreien, was unbewußt in ihnen gegenwärtig ist: ein Verbrechen, ein latentes vielleicht, eine verbrecherische Absicht, die man ständig wegwaschen muß. Hitler selbst hatte etwas davon. Er hatte zwar keinen Waschzwang; aber viele Beobachter haben festgestellt, daß er überreinlich war, über das normale Maß des sauberen Menschen hinaus. Aber ich habe nur die Parallele gezogen: er wollte die Realität seiner eigenen Zerstörungslust nicht sehen, sondern er hat sie verdrängt und hat nur seine guten Absichten erlebt. Das allerdings war nur bis zu einem gewissen Punkt möglich. Als es schließlich soweit war, daß er wußte, Deutschland oder – besser gesagt – er selber hatte den Krieg verloren, hörte die Verdrängung seiner Zerstörungslust schon fast auf. Plötzlich wollte er ganz Deutschland, das deutsche Volk vernichten. Er sagte: „Dieses Volk ist nicht wert, weiterzuleben, weil es den Krieg nicht gewinnen konnte." Und so kam am Ende die reine Zerstörungslust dieses Mannes zum vollen Ausdruck. Doch die war immer vorhanden, war immer in seinem Charakter, war nur verdrängt und rationalisiert, bis die Verheimlichung eines Tages nicht mehr gelingen konnte. Und selbst jetzt hat er sich noch um eine Rationalisierung bemüht: „Die Deutschen müssen sterben, weil sie nicht verdienen, weiterzuleben."

Solche Beispiele – dramatische und undramatische – findet man überall, jeden Tag: Menschen werden sich ihrer wirklichen Motive nicht bewußt, weil sie die Einsicht, die Erkenntnis aus vielen Gründen nicht ertragen können, von sich etwas zu wissen, was entweder ihrem Gewissen oder der öffentlichen Meinung so widerspricht, daß sie in eine für sie selbst sehr unangenehme Lage gerieten, wenn sie dessen, was sie eigentlich treibt, inne würden. So ziehen sie es vor, sich dessen nicht bewußt zu sein und also nicht in Konflikt zu kommen mit einem Teil von sich selbst, mit ihrem „besseren Selbst" oder auch mit dem, was die meisten „anständigen Menschen" denken.

Nun zeigt sich aber eine sehr interessante Folge der Verdrängung. Wenn man Menschen andeutet, was die wirklichen Motive des Handelns sind, dann reagieren sie mit dem (und damit komme ich zu dem zweiten Punkt), was Freud „Widerstand" genannt hat: sie wehren sich gegen die Information. Sogar die aus gutem Willen und in ihrem Interesse ihnen angebotene Information weisen sie aufs heftigste von sich. Sie wollen nicht wissen, was die Realität ist, die in ihnen vorgeht. Sie verhalten sich nicht so gegenüber dieser Information wie etwa ein Autofahrer, dem ein anderer sagt, daß seine Tür nicht geschlossen ist oder daß seine Lichter nicht funktionieren: er nimmt ja diesen Hinweis dankbar zur Kenntnis. Ganz anders die Menschen, die man auf Verdrängtes aufmerksam macht. Sie reagieren mit Widerstand. In all den Fällen von Verdrängung, die ich vorher erwähnt habe, kann man erwarten, daß die Menschen Widerstand produzieren, wenn man sie darüber aufklärt, was eigentlich in ihnen passiert, das heißt, was die Realität, ihre innere Realität ist, statt der Fiktion, die sie sich aufbauen.

Wie benehmen sich nun die Menschen im Widerstand? Eine hauptsächliche Reaktion ist Ärger, Wut, Aggression. Wenn die Menschen hören, was sie nicht hören wollen, werden sie wütend; sie wollen sozusagen den Zeugen der Tat entfernen. Sie können ihn nicht gut umbringen – das wäre zu riskant –, so entfernen sie ihn gewissermaßen in symbolischer Weise. Sie werden zornig und sagen: „Du handelst nur aus Neid, aus schlechten Motiven. Du haßt mich. Du hast Freude daran, mir etwas Übles nachzusagen" usw. Und sie werden manchmal so wütend, daß sie sogar gefährlich sein können. Wie weit sie ihre Wut gehen lassen, hängt wiederum von den Umständen ab. Wenn es heikel ist, seine Wut so zu zeigen (beispielsweise ein Untergebener seinem Vorgesetzten gegenüber), dann sagt man lieber gar nichts; man geht nur nach Hause und läßt den Unmut an seiner Frau aus. Wenn es aber nicht heikel ist, wenn man nämlich selber der Vorgesetzte ist, dann kann man auf die Kritik eines Untergebenen (und es handelt sich hier bei dieser

Kritik ja nur um einen Hinweis auf etwas, was wahr ist), dann kann man darauf höchst souverän reagieren, beispielsweise so, daß man den Untergebenen seine Unterlegenheit spüren läßt oder – ihn einfach entläßt. Und natürlich entläßt man ihn nicht mit dem Bewußtsein, daß dieser Mann einen verletzt hat – wie könnte denn dieser kleine Mann einen verletzen –, sondern mit der Begründung, daß dieser kleine Mann eben ein Verleumder, ein gemeiner Kerl ist.

Eine andere, einfachere Weise des Widerstandes ist: Man überhört es. Besonders wenn der Hinweis nicht sehr massiv ist, wenn er ohne große Betonung vorgebracht ist, wird man häufig finden, daß der andere das mißversteht oder gar nicht hört. Das ist natürlich nicht immer möglich; aber es ist die simpelste und eine weit verbreitete Form des Widerstandes.

Eine andere: Man wird müde oder deprimiert. Viele Eheleute kennen das voneinander. Wenn sie irgend etwas sagen, was ein wahres Motiv an dem Handeln des andern zum Vorschein bringt, dann wird der Betroffene betrübt und resigniert, häufig so, daß er dann seinerseits anklagt und den Vorwurf erhebt – schweigend oder ausdrücklich: „Du siehst ja, was du angerichtet hast. Jetzt bin ich wieder im Stande der Depression, weil du diese Bemerkung gemacht hast." Ob die Bemerkung wahr oder unwahr ist, spielt gar keine Rolle. Die Frau oder der Mann, die die Bemerkung gemacht haben, werden sich nach einiger Zeit hüten, noch einmal auf ein unbewußtes Motiv hinzudeuten; denn sie wissen: sie haben dafür zu teuer zu bezahlen.

Oder man läuft davon. Das geschieht manchmal in der Ehe, weil man erlebt, daß der andere oder die andere entdeckt hat, was man verhüllen will. Womöglich war man sich des Versteckspiels gar nicht bewußt, aber fing doch an zu spüren, daß der oder die andere mehr sah als man selbst. Und das kann man nicht ertragen; man will es nicht zur Kenntnis nehmen, weil man sich ja nicht ändern will. Man will so sein, wie man ist, also muß man weggehen. Und dasselbe beobachtet man häufig auch in der Psychoanalyse. Patienten brechen nicht selten, wenn der Analytiker etwas sagt, was sie nicht hören wollen, die Behandlung ab, und natürlich heißt es dann: „Ich habe nun Schluß gemacht, weil der Analytiker selbst verrückt ist. Der hat Sachen über mich gesagt, die beweisen, daß er wahnsinnig ist; wie könnte er sonst so etwas behaupten ...!" Jeder andere würde wissen, daß der Analytiker ganz recht hatte; der Mensch jedoch, der davon berührt ist und der furchtbare Angst davor hat, sich zu ändern, kann nur mit Gewalt (und das sind ja alles Formen der Gewalt, von denen hier die Rede ist) reagieren: „Ich will dich nicht sehen, und ich will das nicht wieder hören."

Das alles ist anders, wenn ein Mensch bereit ist, sich zu ändern. Wenn ein Mensch sich wirklich verstehen, wenn er wirklich die Wahrheit über sich wissen will, um sich ändern zu können, dann reagiert er im großen und ganzen nicht mit Ärger, nicht mit Fortlaufen usw., sondern er ist im Grunde dankbar, daß man ihm etwas sagt, was für seine Entwicklung notwendig ist – so dankbar, wie er dem Arzt wäre, wenn er eine Krankheit diagnostiziert, die es zu heilen gilt. Aber die meisten Menschen sind nicht darauf bedacht, sich zu ändern, sondern nur zu beweisen, daß sie sich nicht zu ändern brauchen. Ändern sollen sich die anderen .

Im Grunde genommen kann man wohl ohne Übertreibung feststellen, daß ein großer Teil unserer Energie darauf verwendet wird, zu verdrängen und dann Widerstand zu leisten, wenn das Verdrängte berührt wird. Das ist natürlich eine ungeheure Verschwendung an Kraft, die viele Menschen daran hindert, ihre Vorräte und Fähigkeiten für fruchtbarere Zwecke zu verwenden.

Jetzt komme ich zu einem anderen Freudschen Begriff: *Übertragung.* Im engeren Sinn hat Freud damit gemeint, daß der Patient den Analytiker erlebt als eine Person der frühen Kindheit, also als den Vater oder die Mutter, und daß seine Reaktion gegenüber dem Analytiker im Grunde genommen gar nicht dem Menschen entspricht, der ihm real gegenüber oder der hinter ihm sitzt, sondern daß er in ihm einen anderen (eben den Vater oder die Mutter oder einen Großvater) erlebt, wie er für ihn als Kind eine Bedeutung gehabt hat. Ich will nur ein kleines Beispiel erzählen, das das recht drastisch zeigt. Ein Analytiker erzählte mir einmal von einer Patientin, die ihn schon drei Wochen lang gesehen hatte. Nach dieser Zeit guckte sie ihn, gerade als sie aus dem Zimmer gehen wollte, genau an und sagte: „Was? Sie haben ja gar keinen Bart?" Der Analytiker hat nie einen Bart getragen. Sie hat für drei Wochen geglaubt, daß er einen Bart hat, weil ihr Vater einen Bart hatte. Dieser Mann, dieser Analytiker war ein X, war nicht dieser reale Mensch, sogar visuell gesehen, sondern er war der Vater, so daß das zu der Illusion geführt hat, er trage einen Bart.

Aber der Begriff der Übertragung hat eine Bedeutung, die weit über das hinausgeht, was man in der psychoanalytischen Therapie beobachten kann. Ganz allgemein gesehen ist vielleicht die Übertragung eine der wichtigsten Ursachen für menschliche *Irrtümer und Konflikte* in der Einschätzung der Wirklichkeit. In der Übertragung sehen wir die Welt durch die Brille unserer Wünsche und Ängste und verwechseln Illusion mit Realität. Wir sehen andere Menschen nicht so, wie sie wirklich sind, sondern wie wir uns wünschen oder wie wir fürchten, daß sie seien. Diese Illusion vom andern Menschen nimmt den Platz seiner Realität ein. Wir erkennen ihn nicht, wie er ist, sondern nur, wie er uns erscheint, und wir verhalten uns zu ihm nicht als zu einem realen, eigenständigen Menschen, sondern als zu einem Produkt unserer Phantasie.

Ich will nur ein paar Beispiele zur Erläuterung anbieten. Man stelle sich vor: zwei Menschen verlieben sich. Das kommt ja jetzt weniger vor als früher, weil es für alles einfachere Methoden gibt – aber darüber will ich nicht reden. Nehmen wir also an, es ereignet sich, daß Menschen sich wirklich verlieben. Sie sind dann ganz erfüllt von der Schönheit, den Tugenden, den guten Eigenschaften des andern und fühlen sich mächtig angezogen. Manchmal führt das zur Heirat, und dann nach einem halben Jahr entdeckt man: das ist ja gar nicht der Mensch, in den man sich verliebt hatte; das ist ein ganz anderer Mensch. Man hatte sich verliebt in ein Phantom, in einen Gegenstand der Übertragung, weil man in diesem anderen Menschen nur das gesehen hatte, was man sehen wollte, vielleicht mütterliche, vielleicht väterliche Züge, vielleicht Güte, Gescheitheit, Ehrlichkeit. Und man hat nicht bemerkt, daß das eine Illusion ist. Man haßt dann häufig den anderen Menschen, weil man glaubt, daß er einen *ent*täuscht habe; in Wirklichkeit hat man sich selber *ge*täuscht, weil man nicht die Realität, sondern die Illusion im Blick hatte. Aber das muß nicht so sein, das sollte nicht so sein. Und es würde nicht so sein, wenn die Menschen lernen würden, die Übertragung zu verstehen.

Das gleiche gilt auch von einem andern Gebiet, nämlich dem der Politik. Man halte sich einmal die Begeisterung, den Enthusiasmus vor Augen, den Millionen von Menschen für *Führer* haben (das hat es nicht nur in Deutschland, sondern auch in anderen Ländern gegeben). Manchmal waren die Führer schlecht, manchmal waren sie auch gut. (Doch das ist nicht die entscheidende Frage, obwohl diese Frage sehr wichtig ist.) Viel erheblicher ist die Tatsache, daß man sehen kann, daß die meisten Menschen – und wir können sogar sagen: Gott sei Dank, obwohl dieser Zug, von dem ich spreche, höchst gefährlich ist – eine tiefe Sehnsucht haben nach einem, der da kommt und heilt, nach einem, der die Wahrheit spricht, nach einem, der Sicherheit bietet, nach einem, der führt, nach einem, der es gut meint. Und wenn einer kommt, der es versteht, sich als dieser, der es gut meint, aufzuspielen, dann übertragen sie ihre Erwartung auf ihn und glauben, daß er der Retter, der Heiland, der Erlöser ist – selbst wenn er in Wirklichkeit ein Zerstörer ist, der sie und ihr Land ins Unglück bringt. Diese großen Erwartungen werden oft auch von kleinen Führern genutzt. Viele Politiker, die einen Eindruck machen, weil sie im Fernsehen schön wirken, weil sie den Leuten nach dem Munde reden, weil sie kleine Kinder küssen und weil sie die Illusion scheinbar bestätigen, einen Menschen zu finden, der es gut meint, der wenigstens die Kinder gern hat, also nicht alle hassen kann, bedienen sich ganz planmäßig der Übertragungsneigung der Menschen und bauen ihre Erfolge darauf auf.

Alles das würde nicht vorkommen, wenn die Menschen mehr verstünden von der Übertragung, wenn sie sich mehr Mühe gäben, zu unterscheiden, wo sie Dinge mit der Prägung durch ihre eigene Erwartung und wo sie sie unvoreingenommen sehen, und wenn sie endlich versuchten, *kritisch* zu sein. Manchmal sind unwichtige kleine Handlungen weit aufschlußreicher als das, was die Menschen so betonen, und als die großen Reden, die sie halten. Würde man das künftig besser durchschauen, so könnten sowohl die Liebe, die Ehe wie auch das politische Leben ganz wesentlich von einer Plage, von einem Fluch befreit werden – von dem Fluch der Verwechslung zwischen fiktivem Bild und Wirklichkeit.

Das ist allerdings nicht einfach zu lernen. Es erfordert ein Studium, Praxis jeden Tag. Jedermann hat das Laboratorium – wie ich schon sagte – zu Hause, bei sich, in seinem täglichen Umgang. Beobachten Sie sich, beobachten Sie Ihre Mitmenschen. Und im übrigen hat das Fernsehen hier einen großen Vorteil – neben den vielen Nachteilen, die es hat –: es verrät recht genau Eigenschaften vom andern Menschen, weil wir das Gesicht, die Gesten und den Ausdruck so unerbittlich beobachten können; wir können eine Menge erfahren über den politischen „Führer“, wenn er im Fernsehen spricht und wir ihn dort sehen. Aber wir werden eben nur eine Menge erfahren, wenn wir wissen, wie man richtig beobachtet. Mit alledem möchte ich andeuten, daß die Erkenntnis der Übertragung in persönlichen ebenso wie in politischen Beziehungen von entscheidender Wichtigkeit für eine Verbesserung des politischen und persönlichen Lebens der Menschen sein könnte.

Die Entwicklung der Psychoanalyse

Schließlich möchte ich einige wenige Worte sagen über die Entwicklung der Psychoanalyse, weil mit diesem Namen allzu verschiedene, allzu verwirrende Vorstellungen und auch Ansprüche verbunden sind. Mir scheint, man kann die diversen Schulen der Psychoanalyse und ihre Entwicklung, auch ihre Zukunft ziemlich knapp darstellen.

Der erste, der die Analyse weiterentwickelt hat, ist Freud selbst. Er hat von den zwanziger Jahren an seine alte Theorie, die auf dem Konflikt zwischen dem Sexualinstinkt und dem Selbsterhaltungsinstinkt basierte, geändert und eine neue Theorie geschaffen, die aufgebaut ist auf dem Konflikt zwischen zwei biologischen Kräften, dem zur Zerstörung und dem zur Vereinigung, zur Liebe, dem Lebenstrieb und dem Todestrieb. Ich kann jetzt nicht darauf eingehen, welche Bedeutung diese Entwicklung hat; sie bedeutet aber – obwohl Freud es nicht so sah – eine grundsätzliche Weiterführung, man möchte fast sagen: eine neue Schule der Psychoanalyse, von Freud selbst begründet.

Die zweite bedeutende Entwicklung der Psychoanalyse ist durch den Einfluß von Carl Gustav Jung erfolgt. Jung hat (wie dann auch die meisten andern, die sich von Freud getrennt und abweichende Ideen vorgetragen haben) der These von der zentralen Rolle der Sexualität widersprochen. Er hat die psychische Energie als eine Einheit aufgefaßt, den Namen „Libido" nicht mehr den sexuellen Energien, sondern psychischen Energien im allgemeinen gegeben, und er hat in geistreicher und tiefschürfender Weise versucht, das, was man im Unbewußten des einzelnen Patienten findet, aufzudecken in den Mythen, Symbolen der Völker, bis hin zu den primitivsten und von uns völlig verschiedenen Kulturen.

Alfred Adler dagegen war nicht interessiert am Mythos, nicht an den Tiefen; er war interessiert – man möchte sagen – an der Strategie des Lebenskampfes. Und so hat er als zentralen Begriff der menschlichen Motivation den Willen zur Macht angesehen. Aber wenn ich das so sage, klingt das viel schlichter, als Adler es gemeint hat. Was er geschrieben hat, ist außerordentlich klug, komplex und hat viel zu unserer Menschenkenntnis beigetragen. Besonders ist zu erwähnen, daß er der erste war – lange vor Freud –, der der menschlichen Aggression einen entscheidenden Platz in seinem psychologischen System eingeräumt hat.

Dann nenne ich zwei weitere Schulen, die miteinander in vielerlei Weise verbunden sind: zunächst einmal die psychiatrische Schule, die von dem Schweizer, in Amerika lebenden Adolf Meyer begründet worden ist, gefolgt von einem der hervorragendsten amerikanischen Psychoanalytiker, Harry Stack Sullivan, dessen Erkenntnisse jetzt ihren radikalsten und, ich glaube, fruchtbarsten Ausdruck gefunden haben in den Arbeiten des englischen Psychologen Laing. Was diese Forscher trotz aller Differenzen gemeinsam vertreten, ist erstens die Ablehnung der Einschätzung der Sexualität als *der* Triebfeder menschlichen Verhaltens und zweitens die Hinwendung zu den zwischenmenschlichen Beziehungen, zu dem, was zwischen Menschen vor sich geht, wie sie aufeinander wirken und reagieren, wie das Feld beschaffen ist, das entsteht, wenn Menschen zusammenleben. Diese Psychoanalytiker haben sich interessanterweise speziell konzentriert auf die eine der Formen der Psychopathologie, auf die sogenannten Schizophrenien, die sie im Grunde genommen nicht als Krankheit im konventionellen Sinn betrachten, sondern als eine Auswirkung des persönlichen Erlebens, der zwischenmenschlichen Beziehungen, die zwar ihre drastischen Folgen hat, die aber doch in erster Linie ein psychologisches Problem darstellt – wie alle andern psychologischen Probleme auch. Laing hat das am weitesten vorangetrieben, weil er imstande war, das Verhältnis der Schizophrenie als einer individuellen „Erkrankung" zur sozialen Situation nicht nur innerhalb der Familie, sondern innerhalb der Gesellschaft am klarsten zu sehen.

Ähnlich ist die Theorie, die von einer Reihe von andern Psychoanalytikern entwickelt worden ist: die Fairbanks, Guntrips, Balints und mein eigenes Werk – die auf derselben Grundlage stehen, aber sich nicht in erster Linie auf die Schizophrenien bezogen haben und oft auf die sozialen und ethischen Kräfte hinweisen, die wirksam sind in der Bildung der zwischenmenschlichen Beziehungen.

Nachdem wir uns mit den wichtigsten Errungenschaften und der Entwicklung der Psychoanalyse beschäftigt haben, taucht nun eine letzte und wichtige Frage auf: Wie ist es mit ihrer Zukunft bestellt? Dazu möchte ich einiges sagen, was mir nicht leichtfällt, weil hier die Meinungen außerordentlich verschieden sind. Man könnte sie zu zwei extremen Meinungen verkürzend zusammenfassen. Die eine Meinung heißt: Die Analyse ist nutzlos, sie hat keine Erfolge, es macht keinen Unterschied aus, ob man jemanden analytisch zu heilen versucht oder nicht. Und das andere Extrem: Die Analyse ist eine Kur und Lösung für alle seelischen Probleme, und wenn immer jemand eine Schwierigkeit hat, dann muß er sich auf die Couch legen und drei, vier Jahre analysieren lassen, und sonst gibt's keine andere gute Idee. Das war bis vor einiger Zeit in Amerika eine ziemlich verbreitete Einstellung, die indessen gerade in den letzten Jahren durch das Aufkommen anderer Therapien etwas geschwächt worden ist.

Ich glaube, daß die Kritik, die der Analyse gar keine Heilwirkung zutraut, unhaltbar ist. Das ist nicht nur meine Erfahrung als Analytiker, der ich seit über vierzig Jahren praktiziere, sondern auch die vieler anderer und relativ objektiver Kollegen. Im übrigen darf man nicht vergessen, daß natürlich in vielen Fällen Analytiker nicht genügend kompetent sind (das kommt in jedem Beruf vor). Hinzu kommt, daß häufig die Auswahl der Patienten nicht glücklich ist; man versucht, Patienten zu analysieren, für die diese Methode nicht geeignet ist. Aber in Wirklichkeit sind durch die Analyse viele Menschen von Symptomen geheilt worden; mehr noch: viele Menschen haben zum erstenmal gelernt, über sich selbst klarer zu werden, mit sich selbst ehrlicher und etwas freier zu sein, näher an der Realität zu stehen. Und schon das ist ein außerordentlich wichtiges Resultat, das von sehr vielen Menschen unterschätzt wird.

Natürlich hat die anti-analytische Einstellung gewisse Voraussetzungen, die in der Zeit liegen. Das ist etwa die Meinung: Das einzige, was Menschen hilft, ist Medizin. Wenn man nichts schlucken kann, dann gibt's auch keine Hilfe. In den Pillen liegt das Heil. Oder: Alles muß schnell gehen. Wir haben in Amerika ein Buch, das natürlich auch ins Deutsche übersetzt worden ist: „Ich bin okay, du bist okay" — ein ganz oberflächliches Buch, ein dünner Aufguß der Freudschen Theorie, der indessen nur dann hilft, wenn die Menschen daran glauben, das heißt: nicht diese Theorie, nur Suggestion hilft. Aber was hier geboten wird, geht schnell, ist einfach, verlangt kein Nachdenken und vor allen Dingen nicht, daß man sich mit dem eigenen Widerstand auseinandersetzt. Genau das ist es, was diese Art von Therapie vermeidet: alles ist einfach, alles ist leicht, und das ist ja der allgemeine Zug der Zeit. Man glaubt, alles muß glatt geschluckt werden können wie eine Pille. Und was nicht ohne Mühe zu lernen ist, das lernt man besser gar nicht.

Als Beispiel eine Geschichte von einem jungen Mann, der in ein elegantes Restaurant geht, sich die Speisekarte geben läßt, lange darüber studiert und dann dem Oberkellner sagt:

„Tut mir leid, Sie haben nichts, was mir gefällt“, und weggeht. Nach zwei Wochen kommt er wieder, und der Oberkellner fragt ihn – da es ein sehr vornehmes Restaurant ist, fragt er ihn sehr höflich: warum denn der Herr nichts gefunden habe das letztemal? Und da antwortet ihm der Gast: „Ach nein, ich hätte schon etwas gefunden; aber mein Analytiker hat mir gesagt, ich soll Selbstbehauptung praktizieren.“ Das ist eine Methode, zu lernen, wie man sich seiner selbst versichert, wie man auftreten kann, keine Angst mehr hat vor Oberkellnern usw. Mit dieser Methode kann man vielleicht auch weiterkommen. Nur bleibt dabei völlig unentdeckt, *warum* man denn so unsicher ist. Es bleibt unentdeckt, daß man eben eine Neigung hat – und hier komme ich wieder zur Übertragung –, alle anderen als Autoritäten, als Vaterfiguren anzusehen. Und weil man jetzt mit dieser Methode zwar im Restaurant auf Anhieb ein wenig Erfolg hat und selbstsicherer wird, hat man die wirklichen Ursachen überhaupt nicht berührt und bleibt hinter der Fassade der selbst-unsichere Mensch. Man ist sogar in einer schlechteren Situation; denn man ist sich gar nicht mehr bewußt, daß man selbst-unsicher ist. Und warum ist man unsicher? Nicht deshalb, weil man nur Angst vor der Autorität hat, sondern man ist unsicher, weil man selbst sich nicht voll entwickelt hat, weil man seinen eigenen Überzeugungen nicht traut, weil man ein kleines Kind geblieben ist, das darauf hofft, daß andere ihm helfen, weil man nicht voll erwachsen ist, weil man an sich selbst zweifelt usw. Das kann man mit Methoden der Psychotherapie, die man Verhaltenstherapie nennt, nicht ändern; so wird nur der Schmutz unter den Teppich gekehrt.

Aber nicht alle Kritik ist unberechtigt. Ich möchte einige der Bedenken, die ich für berechtigt halte, hier anführen. Sehr häufig ist die Psychoanalyse ausgeartet in Gerede. Freud hat begonnen mit der Idee der freien Assoziation: man sagt alles, was einem einfällt. Er nahm an, daß dann die Dinge gesagt werden, die aus der Tiefe kommen, die ganz echt und von Bedeutung sind. Aber wenn man sich viele Analysen heute ansieht, dann schwätzen die Leute nur so daher und entladen sich zum hundertsten Mal über ihren Mann oder über die Eltern und was die alles getan haben! Es kommt daher überhaupt nichts heraus, ist immer wieder dasselbe, aber – jemand hört zu. Der Patient hat das Gefühl, damit sei etwas gewonnen und damit würde sich die Lage schließlich ändern. Mit solchem Reden allein ändert sich niemand und nichts. Das ist nicht die Methode, die Freud gemeint hat, die Methode der Aufdeckung und des Kämpfens mit dem Widerstand. Niemals hat Freud angenommen, daß man ohne Anstrengung etwas erreichen oder gar schwere seelische Probleme lösen könne. Ohne Anstrengung kann man im Leben nichts erreichen, auch wenn die Annoncen es uns versprechen. Wer Anstrengung fürchtet, ja sogar wer Frustration oder Leiden scheut, der wird nie etwas erreichen. Schon gar nicht in der Analyse. Sie ist Schwerarbeit. Analytiker, die darüber hinwegtäuschen, schaden ihrer Sache.

Ein anderer Fehler ist, daß man intellektualisiert, statt zu erleben. Man theoretisiert in endlosen Reden darüber, was es bedeutet hat, daß die Großmutter einen einmal geschlagen hat und so fort. Und wenn man sehr akademisch ist, dann entwickelt man entsprechend komplizierte Theorien, konstruiert Theorie über Theorie – *aber man erlebt nichts.* Man erlebt nicht, was in einem ist. Man erlebt nicht seine Angst. Man erlebt nicht seine Lieblosigkeit, seine Abgeschlossenheit von anderen Menschen. Das alles ist vom Widerstand geschützt. Und damit folgt man einer auffälligen Zeittendenz, die dahin geht, den *zerebralen Menschen* vorzuziehen. Mit Denken macht man alles, Fühlen ist nur ein unnötiger Ballast, den man möglichst ignoriert.

Und endlich möchte ich sagen: Es gibt zu viele Menschen, die meinen, daß sie, wenn sie irgendwelche Schwierigkeiten haben, auf der Stelle zu einem Psychoanalytiker laufen sollten. Sie lassen es erst gar nicht auf den Versuch ankommen, selbst mit ihren Schwierigkeiten fertig zu werden. Aber jemand anders sollte man erst fragen, wenn man nach ernsthaften Bemühungen seine Situation nicht allein erkennen und verbessern kann.

Die Analyse bleibt, scheint mir, immer noch die beste Therapie für eine Reihe von Störungen, nämlich die Ich-Bezogenheit oder – mit einem anderen Wort – der Narzißmus, was zugleich heißt: die Unbezogenheit zu anderen Menschen, Flucht in Illusionen, gestörtes seelisches Wachstum, aber auch Symptome wie Waschzwang und eine ganze Reihe von Symptomen obsessiver und kompulsiver Art, die man eben mit keiner anderen Methode wirklich und fruchtbar heilen kann als mit der Psychoanalyse.

Aber eine mindestens ebenso große Bedeutung wie für die Kur oder Heilung von Krankheiten hat die Psychoanalyse in einer ganz anderen Richtung, nämlich als ein Weg zur Förderung seelischen Wachstums und menschlicher Selbstentfaltung. Ich muß gestehen, daß diesen Wunsch nach seelischer Entfaltung heute nur eine kleine Minderheit hat. Die meisten Menschen – und ich habe das schon vorher einmal betont – haben ein ganz anderes Ziel: mehr zu haben, mehr zu konsumieren. Wenn sie zwanzig Jahre alt sind, denken sie, sie seien fertig, und von da an richtet sich ihr ganzes Streben darauf, dieses fertige Instrument gut zu benutzen. Und wenn sie sich menschlich noch verändern würden, so erschiene ihnen das nur als ein Nachteil; denn wenn man sich verändert, dann paßt man ja nicht in die Schablone, mit der man rechnet, dann weiß man nicht, ob man in zehn Jahren noch dieselbe Meinung hat, wie man sie jetzt hat, und wie es dann mit dem Fortkommen steht. Die meisten Menschen wollen also gar nicht wachsen und wechseln, wollen sich nicht entfalten, sie wollen die erworbenen Möglichkeiten erhalten, auskosten, „kapitalisieren". Allerdings kennen wir auch die Ausnahmen, die Gegenbewegung — vor allem in den Vereinigten Staaten. Viele Menschen heute erkennen, daß wir, wenn wir alles haben und alles genießen — und noch mehr, noch mehr —, trotzdem ganz unerfüllt und unglücklich sind, daß das Leben trotzdem keinen Sinn hat, daß wir deprimiert, daß wir ängstlich sind, daß wir uns fragen: „Wozu leben wir denn, wenn alles, was wir tun, nur dazu dient, um noch einen besseren Wagen zu kaufen?", wenn sie sehen, wie unglücklich ihre Eltern oder ihre Großeltern sind, die alles hatten, was sie wollten, und ihr ganzes Leben dafür opfern mußten. Diese Minderheit hat eine alte Weisheit mehr oder weniger klar wieder entdeckt: daß der Mensch nicht vom Brot allein lebt, daß Besitz und Macht noch kein Glück garantieren, sondern eher ängstlich machen und Spannungen schaffen. Und diese Menschen wollen sich einem anderen Ziel widmen, nämlich: mehr zu *sein,* statt mehr zu *haben,* vernünftiger zu werden, Illusionen zu verlieren und Zustände abzuschaffen, die der Aufrechterhaltung der Illusionen bedürfen. Diese Sehnsucht zeigt sich häufig in recht naiven Formen, in einer Begeisterung für orientalische Religionen, für Yoga, für Zen-Buddhismus usw. Ich sage „naiv" nicht, weil diese Religionen naiv sind — ganz und gar nicht , sondern weil die Menschen in naiver Weise an sie herangehen. Sie lassen sich täuschen durch Reklamemethoden einiger indischer Fakire, die sich als heilige Männer darbieten, und von allen möglichen Gruppen, die dieses oder jenes Heilmittel anpreisen, indem sie angeblich menschliche Sensitivität kultivieren und häufig doch alles nur Schwindel ist. Hier, glaube ich, hat die Analyse einen ganz wesentlichen Platz, nämlich als Praxis, sich selbst zu erkennen, seine eigene Realität wahrzunehmen und damit von Illusionen frei zu werden, frei auch von dem Getriebensein von Angst, von Habgier und sich instand zu setzen, die Welt anders zu erleben, nämlich als Gegenstand meines Interesses, meiner Bezogenheit, meiner schöpferischen Kraft, indem ich *mich* als Gegenstand vergesse und mich als den handelnden, fühlenden, nichtentfremdeten Menschen erlebe.

Das kann geübt werden. Zu dieser Übung kann die Analyse beitragen, indem sie eine Methode darstellt, sich wirklich zu erleben – zu erleben, wer man ist, wo man steht, wohin man geht. Dazu ist es günstig, wenn man eine Analyse durchmacht bei einem Analytiker, der diese Zusammenhänge versteht und der nicht glaubt, daß es Zweck der Analyse ist, den Menschen angepaßter zu machen. Aber diese Analyse sollte nicht zu lange dauern; das schafft häufig Abhängigkeiten. Wenn man genügend gelernt hat, um das Werkzeug zu gebrauchen, dann sollte man beginnen, sich selbst zu analysieren. Und das ist eine Aufgabe, die das ganze Leben hindurch dauert, bis zum letzten Tag des Lebens – am besten praktiziert man's jeden Morgen, verbunden mit Atem- und Konzentrationsübungen, wie man sie zum Beispiel in der buddhistischen Meditation findet. Wesentlich daran ist, sich aus dem Getriebe herauszuhalten, zu sich selbst zu kommen, aufzuhören, ständig Anreizen zu folgen, sich „leer" zu machen, und selbst innerlich aktiv zu werden.

Ich glaube, wer das tut, erfährt eine Vertiefung seiner Erlebnisfähigkeit und „Heilung", Gesundung – nicht im medizinischen, sondern in einem tiefen menschlichen Sinn. Dazu aber braucht man Geduld, und Geduld ist gewiß unter uns nicht übermäßig verbreitet.

Wer es versuchen will, dem wünsche ich viel Glück dabei.

Lore Schacht
Abwehr

Mit dem Thema der Abwehr greifen wir eines der ältesten zentralen und meistdiskutierten Konzepte der psychoanalytischen Theorie auf, das von Freud schon 1894 in seiner Studie über die *Abwehr-Neuropsychosen* entworfen wurde, dann vorübergehend in seinem Schrifttum zurücktrat und schließlich in seinem Essay *Hemmung, Symptom und Angst* 1926 eine neue Darstellung fand. Von diesem Zeitpunkt an hat die Beschäftigung mit dem Phänomen der Abwehr einen entscheidenden und tiefen Einfluß auf die psychoanalytische Theorie und Technik ausgeübt.

Der Titel ihres inzwischen klassischen Buches, in dem Anna Freud 1936 eine erste Zusammenfassung zum Thema Abwehr brachte und das sie noch in Wien und zu Lebzeiten ihres Vaters veröffentlichte, deutet an, daß das Phänomen der Abwehr nicht isoliert diskutiert werden kann. Indem sie ihr Buch *Das Ich und die Abwehrmechanismen* nannte, wies Anna Freud auf die enge Beziehung zwischen der Abwehr und der zentralen Instanz der psychischen Persönlichkeit hin. Nach der psychoanalytischen Theorie nämlich setzt sich die psychische Persönlichkeit aus drei Instanzen zusammen: dem Es, dem Über-Ich und dem Ich. Das Es beinhaltet die Triebwelt, das Über-Ich die verinnerlichten moralischen Gebote, während dem Ich schließlich die Vermittlung zwischen den genannten Instanzen der psychischen Persönlichkeit, also dem Es und dem Über-Ich, und zugleich die Adaption an die Umwelt zufällt. In seiner grundlegenden Arbeit *Das Ich und das Es* aus dem Jahre 1923 bezeichnete Freud das Ich als die zusammenhängende Organisation der seelischen Vorgänge, an die das Bewußtsein gebunden ist, die über die Zugänge zur Motilität verfügt und die zugleich die Beziehung zur Außenwelt unterhält. Weiter schrieb er damals: „Das Ich repräsentiert, was man Vernunft und Besonnenheit nennen kann, im Gegensatz zum Es, welches die Leidenschaft enthält... Es gleicht so im Verhältnis zum Es dem Reiter, der die überlegene Kraft des Pferdes zügeln soll..." Man könnte weiter sagen, daß ähnlich, wie der Reiter immer mehr zum Herrn des Pferdes wird, so auch das Ich im Laufe der individuellen Entwicklung zum Herrn des Es heranreift.

Kommt es jedoch zu unvereinbaren Bestrebungen zwischen Pferd und Reiter, so ergibt sich zwischen beiden ein Konflikt. Im Fall einer entsprechenden krisenhaften Spannung zwischen Es und Ich sprechen wir in der Psychoanalyse ebenfalls von einem Konflikt – und bezeichnen ihn, da es sich um den Konflikt zwischen zwei psychischen Systemen handelt, als intersystemischen Konflikt. Ein solcher intersystemischer Konflikt zwischen Es und Ich ergibt sich also dann, wenn eine Neigung zur Triebentladung seitens des Es auf eine entgegengerichtete Tendenz des Ich stößt, die ihrerseits darauf abzielt, diese Entladung von Triebimpulsen zu hemmen oder zu verhindern. Aus dem Es stammen also die Triebregungen, während die Entscheidung darüber, ob ihnen stattgegeben werden soll, beim Ich liegt.

Der Frage, weshalb es zu einem solchen Konflikt zwischen Es und Ich kommt, dürfen wir zunächst einmal mit der Erfahrung begegnen, daß sich das Ich deshalb gegen Regungen des Es oder der Triebwelt stemmt, weil es sie ganz allgemein – ob zu Recht oder zu Unrecht – als gefährlich ansieht. Damit scheint das Ich eine Haltung fortzusetzen, die sich während der frühesten Kindheitsentwicklung angebahnt hat. Wie wir wissen, ist das Neugeborene ganz der Sorge der Mutter überlassen, von der die primäre Befriedigung seiner Bedürfnisse nach Nahrung, Wärme und körperlichem Kontakt abhängt. Immer wieder jedoch treten Situationen auf, die die Mutter daran hindern, den Bedürfnissen des Säuglings adäquat und ausreichend zu entsprechen. Dann bleibt das Kind hilflos der Spannung zwischen Bedürfnis und fehlender Gratifikation ausgeliefert, die es als störend oder gegebenenfalls als überwältigend schmerzhaft erfährt. Aufgrund solcher Erfahrungen entwickelt sich vermutlich der Eindruck, daß Triebansprüche hilflos machen können und daß sie deshalb gefährlich und am besten zu vermeiden sind. Die Summe dieser frühen Erfahrungen scheint also ihren Niederschlag in der allgemeinen triebfeindlichen Haltung des Ich zu finden. Nunmehr ist uns ein erstes Modell für die Beziehung zwischen Es und Ich gegeben: ein Ansteigen von Es-Impulsen, die nach Befriedigung drängen, kann zu einem Konflikt zwischen Es und Ich führen, der sich schließlich in dem Gefühl von Angst mitteilt. Den Angstzustand, in den das Ich durch die Zunahme von Triebregungen versetzt wird, bezeichnet man auch als Angstsignal, weil er das reifere Ich zu Aktionen veranlassen kann, welche die Gefahr mildern sollen. Solche Aktionen, die vom Ich gegen die als gefährlich erlebten Impulse des Es gerichtet werden, stellen jedoch nichts anderes dar als die Abwehrprozesse, über die ich heute sprechen möchte.

Ich werde noch einmal auf Freuds Bild vom Es als dem Pferd und vom Ich als dem Reiter zurückkommen, um daran wenigstens versuchsweise den Abwehrvorgang zu verdeutlichen: Nehmen wir an, daß der Reiter vorausahnt oder spürt, daß das Pferd drauf und dran ist, wilde Sprünge zu machen und eine Ungezähmtheit an den Tag zu legen, die ihn entweder aus dem Sattel zu werfen oder in einen halsbrecherischen Ritt zu verwickeln drohen, so werden wir beim Reiter, zumindest solange er Anfänger ist, das Auftreten von Angst vermuten. Die Angst wird ihn voraussichtlich dazu veranlassen, dem Treiben seines Pferdes in einer Weise zu begegnen, die entweder das Ungestüm des Tieres zu bremsen vermag oder gar gänzlich unterdrückt. Es ist weiter zu erwarten, daß die Art seiner Reaktion auf das Pferd von seiner Erfahrung abhängt und deshalb verschiedene Grade der Wirksamkeit aufweisen kann, ja daß seine hemmenden Bestrebungen oftmals automatisch und ohne ihm so recht zu Bewußtsein zu kommen, erfolgen mögen. Die Aktionen des Reiters, die durch die Wildheit des Pferdes bedingt und durch die darauf folgende Angst des Reiters veranlaßt wurden, verbildlichen die Abwehrvorgänge des Ich gegenüber den Triebimpulsen des Es.

Nachdem ich hiermit angedeutet habe, was wir unter Abwehr verstehen, möchte ich unser Thema anhand folgender Fragen erschließen: *Wo* findet Abwehr statt, *wie* und *weshab?*

Wo findet Abwehr statt?

Wenn wir von der Einteilung der psychischen Persönlichkeit in Es, Ich und Über-Ich ausgehen, so können wir sagen, daß die Abwehr im Ich stattfindet. Ziehen wir darüber hinaus noch eine andere psychoanalytische Betrachtungsweise hinzu, nach der sich psychische Vorgänge entweder im Bewußtsein oder im Unbewußten abspielen, so gelangen wir zu einer weiteren wichtigen Feststellung: Die Abwehrprozesse des Ich sind überwiegend weder der Beobachtung noch der Selbstbeobachtung zugänglich, sondern erfolgen gewissermaßen im Dunkel des Unbewußten. Das hat zur Folge, daß im allgemeinen der Abwehrvorgang als solcher nicht aufgespürt werden kann. Dagegen läßt sich das Ergebnis eines Abwehrvorganges wahrnehmen, da es sich in einem veränderten Verhalten manifestiert.

Meine Behauptung, daß die Abwehrvorgänge des Ich zumeist unbewußt bleiben, wird um so mehr Verwundern hervorrufen, als ich selber noch kurz zuvor auf Freuds Formulierung hingewiesen hatte, daß am Ich das Bewußtsein hängt. Nun aber spreche ich davon, daß die ebenfalls an das Ich gebundenen Abwehrvorgänge unbewußter Natur sind. Dies scheint auf einen Widerspruch hinauszulaufen, vor den sich Freud schon 1923 gestellt sah und den er durch die Annahme löste, daß auch Teile des Ich, zu denen eben die Abwehr gehört, unbewußt sind.

Folgendes Beispiel möge illustrieren, worum es mir geht, wenn ich betone, daß die Abwehrvorgänge unbewußt sind: Ein jungverheirateter Mann, der ohne seine Frau geschäftlich in eine elegante Stadt gereist war, schilderte nach seiner Rückkehr entrüstet und ausführlich, daß sich die Frauen, die er dort kennengelernt habe, aufdringlich, verführerisch, ja belästigend ihm gegenüber gezeigt hatten. Er fügte die Drohung hinzu, sich seinem Chef gegenüber zu weigern, je noch einmal zu einer Verhandlung in jene Stadt zu fahren. Erst viele Monate später konnte er einsehen, daß er zu jener Zeit schon von seiner Ehe enttäuscht und neugierig auf ein Liebesabenteuer gewesen war.

Rückblickend läßt sich sagen, daß das Ich des jungen Mannes angesichts der aufkommenden Triebregungen Angst entwickelt und sich daran gemacht hatte, die gefährlichen Es-Impulse abzuwehren. Während nun sein Ich darum bemüht war, die Triebimpulse in Schach zu halten, war er sich dieser innerpsychischen Vorgänge nicht bewußt. Noch ehe die Regungen seines Es, also die Wünsche nach einer außerehelichen Beziehung, wahrnehmbar werden konnten, hatte sie sein Ich schon abgewehrt. Einem aufmerksamen Beobachter hätte allenfalls sein durch die Abwehrvorgänge bedingtes ungewöhnliches Verhalten auffallen können, das durch den hartnäckigen Groll gegen die Frauenwelt einer fremden Stadt und die überraschende Weigerung, geschäftlichen Verpflichtungen nachzukommen, bestimmt war.

Dieses Beispiel hat gezeigt, daß Abwehr stattgefunden hat und daß sie dem Betreffenden unbewußt blieb. In welcher Weise jedoch die Abwehr bemüht wurde, habe ich bisher noch offengelassen. Damit aber stellt sich auch schon die nächste Frage, nämlich: Wie gelingt es dem Ich, den als gefährlich angesehenen Es-Impulsen Einhalt zu gebieten?

Hierzu läßt sich ganz allgemein sagen, daß das Ich sehr erfinderisch darin ist, die verschiedensten seiner Funktionen in den Dienst der Abwehr zu stellen. Wenn jedoch eine größere innere Gefahr signalisiert wird, so vermag es auf eine spezielle Abwehrtruppe zurückzugreifen, die sogenannten Abwehrmechanismen. Außer den zehn von Anna Freud 1936 erstmals zusammengestellten Abwehrmechanismen sind inzwischen rund weitere zwanzig in der psychoanalytischen Literatur beschrieben worden. Ich muß mich auf die Besprechung einiger weniger beschränken, wobei ich solche ausgewählt habe, über deren Funktion man sich weitgehend einig ist, und zwar: die Verdrängung, die Reaktionsbildung, die Isolierung, die Projektion, die Wendung gegen die eigene Person und schließlich die Sublimierung.

Bei der *Verdrängung* handelt es sich um den von Freud am frühesten erkannten und schon 1915 beschriebenen Abwehrmechanismus, bei dessen Anwendung es dem Ich gelingt, unerträglichen Impulsen oder unerwünschten Vorstellungen den Zugang zum Bewußtsein zu versperren. Wollte man rein deskriptiv festhalten, was durch den Vorgang der Verdrängung bewirkt wird, so könnte man es als ein Vergessen oder als ein Nichtgewahrwerden von Impulsen, Affekten oder Erinnerungen beschreiben. Indem das Ich bestimmte Vorstellungen, Affekte oder Impulse vom Bewußtsein fernhält, versucht es, ihre Verwirklichung zu verhindern, oder es trachtet danach, einem schmerzhaften Zustand zu entkommen.

Ein relativ einfaches Beispiel für den Vorgang der Verdrängung ist das Vergessen von Namen. Ein Name wird dann besonders leicht vergessen, wenn er mit einer Vorstellung verknüpft ist, die vom Ich zurückgewiesen oder verdrängt wird. In solchen Fällen erweist sich der Name als eine Art Stellvertreter für einen umfassenden Komplex von Wunsch- oder

Vorstellungsinhalten, deren Bewußtwerden vom Ich abgelehnt wird.

Obzwar das einmal Verdrängte nicht mehr bewußt wahrgenommen wird, bleibt es erstaunlicherweise doch noch psychisch wirksam. Nunmehr ins Unbewußte verwiesen, strebt es zurück ins Bewußtsein. Beim Vergessen von Namen drückt sich das zum Beispiel dadurch aus, daß der Betreffende den Eindruck hat, daß ihm der Name noch auf der Zunge liegt. Das Vergessene erscheint ihm gewissermaßen noch erreichbar und nah.

Daraus folgt, daß sich nach einem Verdrängungsvorgang ein neues inneres Wechselspiel herstellt — nämlich zwischen dem Verdrängten, das noch vom Unbewußten her wirksam ist, einerseits und dem anhaltenden, geradezu unerbittlichen Trachten des Ich, die neue Situation abzusichern und die Verdrängung aufrechtzuerhalten, andererseits. Die Bestrebung des Ich, die Verdrängung fortzusetzen, erfordert immer neue Energie, die wir als Gegenbesetzung bezeichnen. Solange die Aktionen des Ich, die der Fortsetzung der Verdrängung dienen, überwiegen, bleibt das einmal Verdrängte vom Bewußtsein ausgeschlossen. Nehmen jedoch die Anstrengungen des Ich ab, so kann es geschehen, daß das Verdrängte wieder bewußt wird. In einem solchen Falle, in dem also das Verdrängte zum Bewußtsein zurückkehrt, hat die Verdrängung versagt oder ist aufgehoben. Es gibt Entwicklungsphasen, in denen das Versagen von Verdrängungen geradezu notwendig wird. Da es insbesondere die sexuellen Impulse sind, die vom kleinen Kind verdrängt und damit behandelt werden, als seien sie nicht existent, liegt nahe, daß bei dem Heranwachsenden zur Zeit der Pubertät bestimmte Verdrängungen aufgelöst werden müssen, damit ihm der Zugang zu seinen sexuellen Wünschen möglich werden kann. Normalerweise ist das Ich des Jugendlichen im Vergleich zu dem des Kindes stärker und damit eher in der Lage, den Triebregungen des Es zu begegnen, ohne sofort Angst zu signalisieren. Das stärkere Ich braucht sich nicht so sehr wie das des hilflosen Kindes vor einer Überrumpelung durch das Es zu fürchten und kann deshalb auf Abwehrmaßnahmen, wie hier auf die Verdrängung, wenigstens bis zu einem bestimmten Grade, verzichten.

Ich hatte schon darauf hingewiesen, daß sich die Abwehrmechanismen unbewußt abspielen. Auf die Verdrängung übertragen heißt dies also, daß nicht nur die verdrängten Vorstellungen und Impulse, sondern auch der Vorgang des Verdrängens als solcher unbewußt bleibt. Wenn man im Sinne der Verdrängung einen Namen tendenziös vergißt, so tut man dies unbewußt.

Wir sprechen also dann von Verdrängung, wenn sich die Ausschaltung des Verdrängten aus dem Bewußtsein unbewußt abgespielt hat und wenn die anhaltende Aktion des Ich, die sich um die Fortführung der Verdrängung bemüht, ebenfalls unbewußt erfolgt – wenn also Verdrängung und Gegenbesetzung unbewußt sind.

Da die Fortführung der Verdrängung einen dauernden Energieaufwand erfordert, muß das Ich im Falle einer Verdrängung fortwährend Energie aufbringen, die es ohne die Verdrängung für andere Aktionen verwenden könnte. Somit können umfassende und zahlreiche Verdrängungsprozesse zu einem störenden Defizit an verfügbarer Kraft im psychischen Haushalt führen.

Hierzu fällt mir ein Jugendlicher ein, der seinen Vater verlor, nachdem er sich zutiefst von diesem gekränkt gefühlt hatte. Wie es schien, hatte er seinen Haß dem Vater gegenüber völlig verdrängt. Es fiel lediglich auf, daß er Situationen aus dem Wege ging, die ihn an den Vater hätten erinnern können, und daß er außerdem Beziehungen zu möglichen Vaterfiguren vermied. In dem Maße, in dem der Junge während der Psychotherapie die Verdrängung seiner destruktiven Impulse gegenüber dem Vater aufheben und sich seiner Haßgefühle diesem gegenüber mehr und mehr bewußt werden konnte, wurden ihm nicht nur neue Lebensbereiche, sondern ganz offensichtlich auch neue Energiepotentiale zugänglich. Dies schien sich unter anderem darin auszudrücken, daß er sehr viel aktiver und unternehmender wurde.

Als *Reaktionsbildung* bezeichnen wir einen anderen psychischen Mechanismus, der sich so auswirkt, daß eine Haltung, die das Ich als gefährlich erlebt, unbewußt gemacht wird, indem sie durch eine entgegengesetzte völlig übertönt wird. So werden zum Beispiel aus Grausamkeit Sanftmut, aus Haß übertriebene Liebe oder aus Freude am Schmutz die Neigung zur peinlichsten Sauberkeit. Während, wie wir gesehen haben, bei der Verdrängung eine anhaltende Gegenbesetzung des Ich notwendig bleibt, hat die Reaktionsbildung insofern einen eher endgültigen Charakter, als sie gewissermaßen zu einer Erstarrung der verdeckenden Haltung im Sinne einer Persönlichkeitsveränderung führt. Das Kind, das seine aggressiven Tendenzen fürchtet und sie durch die Reaktionsbildung abwehrt, mag zu einem überaus freundlichen, um andere stets besorgten Menschen heranreifen, ohne eigentlich anders als freundlich sein zu können. Die Abwehr wirkt hier so fixierend, daß das Kind schon kaum noch tun kann, was es zuvor abgelehnt und abgewehrt hat. Gelegentlich jedoch kann es zu Durchbrüchen der ursprünglichen verpönten Neigungen kommen, wodurch sich erweist, daß beispielsweise die übergroße Freundlichkeit lediglich eine Abwehrhaltung dargestellt hatte.

Sehr eindrucksvoll erschien mir in diesem Zusammenhang das Verhalten eines Mädchens, das sich überaus freundlich besorgt um ihre kranken und schwachen Eltern gezeigt hatte, keinerlei feindselige Impulse ihnen gegenüber wahrnehmen ließ und sich auch in seinen übrigen Beziehungen keine destruktiven Handlungen erlaubte. Das Mädchen war nicht nur besonders besorgt um die Eltern, sondern darüber hinaus von der Idee beseelt, kranke Tiere zu pflegen und sich dabei besonders solcher anzunehmen, die bisher vernachlässigt worden waren. Tatsächlich brachte es alle möglichen Tiere mit nach Hause, um sie dort mit Sorgfalt zu umhegen. Dann jedoch kamen Tage, an denen sich das Mädchen nicht im geringsten um die Tiere kümmerte, sondern sie gänzlich vernachlässigte, so daß einige von ihnen verhungert wären, hätten nicht die Eltern das Schlimmste verhütet. Bei diesem Mädchen war es also nach langen Phasen freundlichen und überbesorgten Verhaltens zu einer Unterhöhlung der Reaktionsbildung gekommen, auf die hin der vorübergehende Durchbruch der ursprünglich abgewehrten, zerstörerischen Neigungen erfolgte.

Ein Beispiel für den Abwehrmechanismus der *Projektion* hatte ich schon in der Geschichte von dem jungverheirateten Mann gebracht, der seine eigenen Wünsche nach einem Liebesabenteuer anderen, nämlich den Frauen zuschrieb. Die sexuellen Bedürfnisse, die er selber hatte, sich aber nicht eingestehen konnte und deshalb abwehren mußte, verwandelte er in die Annahme, daß er derjenige war, der von den Frauen begehrt wurde. Auf diese Weise war aus einem potentiellen Don Juan ein treuer Ehemann geworden, der die Untugend der Frauen beklagte und sich gewissermaßen als ihr Opfer erlebte.

Entwicklungsgeschichtlich wird die Projektion mit der Neigung des Kindes zusammengebracht, das Unangenehme kurzerhand in die Außenwelt zu befördern und auszuspucken. Erst dann, wenn das Kind langsam zu spüren beginnt, daß es nicht völlig mit der Mutter eins ist, sondern daß es sich als ein Selbst von der Umwelt abgrenzt, erscheint ihm diese Maßnahme als wirksam, die sich die Trennung zwischen Außen und Innen dadurch zunutze macht, daß sie alles Unwillkommene in das Außen, nämlich das Nicht-Ich verbannt. So zieht es das Kleinkind, das sich am Tisch gestoßen hat, vor, den Tisch zu schlagen und ihm die Schuld für das Geschehene zuzuschreiben, anstatt sich seiner eigenen Ungeschicklichkeit bewußt zu werden. Ein solches Vorgehen stimmt mit der allgemeinen Beobachtung überein, daß es einfacher ist, einer von außen drohenden Gefahr zu begegnen als einer, die sich im eigenen Inneren zusammenbraut. Das läßt sich besonders bei den schweren Fällen von Verfolgungswahn sehen, bei denen nicht nur die Projektion ihre stärkste Ausprägung erfährt, indem zum Beispiel die eigene Feindseligkeit dem feindlichen Verfolger zugeschoben wird, sondern bei denen zugleich ein äußerst schwaches Ich die sichere Unterscheidung zwischen Außen- und Innenwelt in Frage stellt.

Es ist überhaupt nicht abzusehen, welche Auswirkungen die Projektion außer auf das Leben des einzelnen auch noch auf gesellschaftliche, religiöse und politische Vorurteile hat. Wenn Anna Freud die Verdrängung im Hinblick auf die individuelle Entwicklung als den gefährlichsten Abwehrmechanismus bezeichnet hat, so würde ich hinzufügen, daß in bezug auf die zwischenmenschlichen Beziehungen die Projektion der gefährlichste Abwehrmechanismus ist. Falls es sich um die Projektion aggressiver Impulse handelt, bedeutet Projektion nicht nur, den Splitter im Auge des anderen und den Balken im eigenen Auge nicht zu sehen, sondern es heißt vielmehr, den Balken im Auge des anderen zu sehen, den man im eigenen Auge nicht ertragen kann.

Wenn man von *Isolierung* spricht, so denkt man dabei an zwei Abwehrmechanismen, und zwar unterscheidet man den Mechanismus, der eine Isolierung des Affektes vom Vorstellungsinhalt bewirkt, von einem anderen, bei dem es zu einer Isolierung oder Trennung von Gedanken und gedanklichen Zusammenhängen durch zeitliche Distanzierung kommt. Zweifellos ist der erste Mechanismus, bei dem die Affekte von dem Vorstellungsinhalt isoliert werden, leichter verständlich. Derjenige, der ihn anwendet, vergißt beispielsweise nicht das angsterregende oder schmerzliche Erlebnis, gegen dessen Erinnerung sein Ich sich wehrt, sondern er isoliert in solcher Weise das dazugehörige Gefühl, daß er schließlich ohne emotionale Erregung daran denken kann, ja er vermag nunmehr ruhig darüber zu sprechen, weil sich kein begleitender Affekt mehr dazu einstellt. In manchen Fällen kann eine immer häufigere Anwendung der Isolierung zu einer extremen Affektarmut führen. Die Betroffenen mögen dann noch von Glück reden, wenn sie darüber erschüttert sind, daß sie nichts mehr erschüttert.

So berichtete ein Mann, der durch ein schweres Autounglück Frau und Kind verloren hatte, sachlich und mit großer Genauigkeit, wie es sich zugetragen hatte. Schon vor dem Unfall war bei ihm die Tendenz aufgefallen, die Gefühle von den Vorstellungen abzuspalten oder zu isolieren. Es war ihm zudem unmöglich, sich dem Fluß seiner Gedanken und Erinnerungen frei zu überlassen. Statt dessen war er dazu übergegangen, die Geschehnisse eines jeden Tages zeitlich streng einzuordnen. So hatte er beispielsweise zehn Minuten lang seine Post erledigt, hatte drei Minuten mit dem Nachbarn geredet, war fünfzehn Minuten durch den Park zum Geschäft gegangen, wo er schließlich zwanzig Minuten seiner Sekretärin diktiert hatte. Eine solche zeitliche Fraktionierung seines Lebens half ihm, die Geschehnisse von den dazugehörigen Gefühlen getrennt zu halten. Statt dessen verknüpfte er sie mit Uhrzeiten, über die er ungestört nachdenken oder auch sprechen konnte.

Eine solche Abwehrmethode kommt dem zweiten Isolierungsmechanismus nahe, bei dem eine zeitliche Lücke zwischen zwei unvereinbaren Gedanken eingeschoben wird. Durch dieses Vorgehen versucht das Ich, den gefährlichen oder abgelehnten Gedanken aus seinem weiteren inneren Zusammenhang zu lösen. Die Wahrscheinlichkeit ist dann groß, daß der somit isolierte, von seinem Kontext getrennte Gedanke nicht mehr so leicht ins Bewußtsein zurückkehrt. Somit hat die Abwehrmaßnahme des Ich ihr Ziel erreicht.

Ein anderer Abwehrmechanismus, den wir schon besonders klar beim kleinen Kind antreffen können, ist die *Wendung gegen die eigene Person.* Das Kind, das auf ihn zurückgreift, überschüttet sich selber mit der Wut, die eigentlich dem Geschwisterchen oder den Eltern gilt. So begann ein Junge immer dann seine Finger heftig und bis zur Verunstaltung zu beißen, wenn er auf seine Eltern oder die Kindergärtnerin zornig war. Ein anderes Beispiel für die möglicherweise verhängnisvollen Auswirkungen des Mechanismus bot eine Studentin, die ihre Promotion gefährdete, weil sie die Wut gegen ihren Freund in eine gezielte Sabotage ihrer eigenen Arbeit umsetzte.

Nun möchte ich noch auf den etwas umstrittenen Abwehrmechanismus der *Sublimierung* eingehen. Als beliebtes Lehrbeispiel wird der Fall genannt, bei dem das Kind auf die Neigung, mit seinem Kot zu spielen, verzichtet und sich statt dessen auf das Kneten von Lehm oder Plastelin verlegt, ja am Ende gar noch Bildhauer wird. Insofern also bei der Sublimierung das Ziel des Triebes auf ein anderes, sozial höher gerichtetes verschoben wird, wodurch wiederum eine Hemmung des ursprünglichen Triebanspruches erzielt wird, ist die Sublimierung als ein Abwehrmechanismus bezeichnet worden. Solange man jedoch die Sublimierung lediglich als die Abwehr einer unbewußten Befriedigung des infantilen Wunsches betrachtet, die sich zudem noch der Anerkennung durch die Umwelt erfreut, wird man die Befriedigungsmöglichkeit unterschätzen, die dem Ich mit der Sublimierung zugänglich wird, das heißt die kreative Funktionslust.

Die nächste Frage, der wir nachgehen möchten, gilt dem *Weshalb* der Abwehr.

Die Abwehrbereitschaft stellt den Ausdruck einer allgemeinen Empfindlichkeit des Ich gegenüber inneren Gleichgewichtsstörungen zwischen Es und Ich dar. Bisher hatten wir gesagt, daß bei einem Konflikt zwischen Es und Ich im Ich Angst ausgelöst wird, die dann das Inkrafttreten der Abwehr bewirken kann. Nun befindet sich aber das Ich in einer noch weit schwierigeren Lage – hat es sich doch nicht nur mit dem Es, sondern zugleich auch mit dem Über-Ich, also den verinnerlichten moralischen Geboten, auseinanderzusetzen. Die Abwehr wird also nicht nur durch die Triebfeindlichkeit des Ich, sondern durch die Forderungen des Über-Ich motiviert. Indem das Über-Ich die verinnerlichten Gebote repräsentiert, die ja ursprünglich der Außenwelt entstammten, ist auch damit schon indirekt eine Beziehung vom Ich zur Realität gegeben.

Das Über-Ich macht seine Ansprüche unter anderem durch ein schlechtes Gewissen geltend. Die Tatsache, daß die durch das Gewissen ausgelösten Warnsignale vom Ich berücksichtigt werden, läßt erkennen, daß es dem Ich darauf ankommt, Schuldgefühle oder die Verurteilung durch das Über-Ich zu vermeiden. Ein solcher Gehorsam dem Über-Ich gegenüber dient dazu, den Verlust des inneren Wohlbefindens oder der Selbstachtung zu vermeiden. Das Ich, das sich somit zwischen den Triebansprüchen einerseits, den Schuldgefühlen andererseits und schließlich auch den Ansprüchen der Realität befindet, sucht nach Lösungsversuchen. Entweder gehorcht es dem Über-Ich und wendet sich gegen die Triebe, oder es tut sich mit dem Es zusammen und begehrt gegen das Über-Ich auf. Man könnte auch sagen, daß es sich entweder mit dem Über-Ich gegen das Es verbündet und dabei auf die Abwehrmechanismen zurückgreift, oder daß es mit dem Es gegen das Über-Ich entscheidet. Die Balance, die das Ich in diesem doppelten Konflikt findet, entscheidet über den Grad der Gesundheit. Ein angemessen starkes Ich wird sich tolerant, doch bestimmt gegenüber den Triebneigungen erweisen, ohne jedoch zum Sklaven des Über-Ich zu werden.

Meine bisherige Diskussion entspricht der allgemein akzeptierten psychoanalytischen Auffassung zu diesem Thema. Sie beinhaltet also, daß von einer psychischen Instanz, dem Ich, das Bemühen ausgeht, Triebregungen unter Anwendung bestimmter Strukturen, nämlich der Abwehrmechanismen, im Zaum zu halten. Der Begriff Mechanismus mag den Eindruck erwecken, als handele es sich dabei um automatisch erfolgende Vorgänge, die, sobald das entscheidende Angstsignal gegeben ist, zwingend und ohne Aufschub in Gang gesetzt werden. Der Begriff mag ebenso die Auffassung nahelegen, daß der gleiche Abwehrmechanismus bei verschiedenen Individuen zu dem gleichen Resultat führt. Studiert man jedoch einen bestimmten Abwehrmechanismus bei verschiedenen Menschen, so erkennt man bald, daß das Ergebnis des Abwehrvorganges wesentlich von der Persönlichkeit und deren Bedürfnissen abhängt.

Mit dem Hinweis darauf, daß es zwar verlockend, aber doch nicht angebracht ist, die Abwehrmechanismen als rein automatisch wirkende Strukturen anzusehen, möchte ich abschließend noch auf eine Richtung im neueren psychoanalytischen Schrifttum aufmerksam machen, die sich darum bemüht, die dynamische und nicht nur die hemmende Funktion der Abwehrmechanismen zu berücksichtigen. Nach dieser Auffassung verhelfen die Abwehrmechanismen zwar zu einer gewissen Blockierung der Triebbefriedigung, vermitteln jedoch dem Betreffenden zugleich auch die in der jeweiligen angsterregenden Situation größtmögliche Triebbefriedigung. Damit eröffnet sich folgende neue und ergänzende Betrachtungsweise: Die Abwehrmechanismen, die gegen die Befriedigung von Trieben ins Feld geführt werden, können bis zu einem gewissen Grade noch zur Befriedigung verhelfen. Um dies besser verstehen zu können, wenden wir uns am besten noch einmal dem Beispiel von dem jungen Mann zu, der seine eigenen Liebeswünsche auf die Frauen projizierte und sich von ihren Nachstellungen belästigt fühlte. Indem wir die mehr dynamische Betrachtungsweise auf ihn anwenden, kommen wir zu der überraschenden

Feststellung, daß sich der junge Mann eine getarnte Phantasie geschaffen hatte, in der er begehrt und geliebt wurde. Unter den schwierigen Bedingungen, die durch den Konflikt zwischen Leidenschaft und Schuldgefühlen gekennzeichnet sind, hat das Ich selbst noch in der Abwehr eine Form von Befriedigung gefunden. Der junge Mann glaubte wahrzunehmen, daß Faszinierung und Erregung um ihn herum bestanden und daß er derjenige war, der den Grund dazu gegeben hatte. Somit wird die Bestrebung des Es, die zunächst verpönt war, doch noch erfüllt, wenngleich in veränderter Form und in einem reduzierten Ausmaß.

Das Bild vom Es als dem Pferd und vom Ich als dem Reiter mag uns noch einmal helfen, nun auch eine solche dynamische wunschnahe Funktion der Abwehrmechanismen zu beschreiben: Der Reiter der Hohen Schule, der die Ungezähmtheit des Tieres abgewehrt und beherrschen gelernt hat, gibt dem Pferd noch im erprobten und gezügelten Ritt die bestmögliche Chance zur befreienden Bewegung – er vermittelt dem Pferd angesichts der fordernden und schwierigen Umstände, die bei einem kritisierenden Publikum und seinem eigenen Ehrgeiz gegeben sind, das noch mögliche Maximum an Befriedigung.

Obzwar ich hiermit schon einige theoretische Überlegungen aus neuerer Zeit gestreift habe, scheint mir doch die so einfache und klare Formulierung, mit der Anna Freud ihr Buch *Das Ich und die Abwehrmechanismen* abgeschlossen hat, alle weiteren Ausführungen auch der jüngeren Autoren einzuschließen. Sie schrieb 1936: „Das Ich ist siegreich, wenn seine Abwehrleistungen glücken, das heißt, wenn es ihm gelingt, mit ihrer Hilfe die Entwicklung von Angst und Unlust einzuschränken, durch notwendige Triebumwandlungen dem Individuum auch unter schwierigen Umständen noch Triebgenuß zu sichern und damit, soweit es möglich ist, eine Harmonie zwischen Es, Über-Ich und den Außenweltsmächten herzustellen."

Helmut Bach
Aggression

Betrachtet man den Begriff Aggression vom allgemeinen Sprachgefühl her, dann sieht man eine mächtige Neigung, schwer zu steuern, im Großen wie im Individuellen in der Natur der Menschen verankert — so mächtig und so gefährlich, daß man ihr gern das Wesen eines Triebes oder Dranges, einer fatalen Naturtatsache zusprechen möchte. Gewaltige Kräfte scheinen dahinter zu stehen, die tatsächlich zu der Annahme eines „Zerstörungstriebes" oder „Destruktionstriebes" geführt haben.

Es ist zunächst die Frage, ob und wieweit Aggression ein psychologischer Begriff ist, oder ob er *nur* ein psychologischer und nicht auch ein politischer oder ökonomischer Begriff ist. Auf alle Fälle erleben wir das Wort Aggression ganz persönlich. Der Begriff wird von jedermann benutzt und dabei so unterschiedlich verstanden, wie es sonst bei psychologischen Begriffen kaum der Fall ist.

Beschränken wir uns zunächst auf die individuelle Situation. Wenn ich zum Beispiel zu einem Mitmenschen sage: „Sei doch nicht so aggressiv!", dann will ich sagen: *Mir* erscheint die

Heftigkeit deines Tonfalles oder deiner Äußerung nicht motiviert, das heißt nicht so begründet wie dir. Ich wünsche mir, daß du im Interesse einer Verständigung sachlicher und etwas weniger aggressiv mit mir sprichst, damit wir zu vernünftigen Lösungen kommen können. Es kann aber nun geschehen, daß der so Angesprochene antwortet: „Ich finde es unverschämt, daß gerade *du* mir Aggressionen vorwirfst – noch dazu in einem derart vorwurfsvollen Ton!" In solcher Situation, so weiß jeder, kann unter Umständen auch ein weiser Schiedsrichter manchmal nicht helfen, die Wahrheit zu finden, weil subjektive Motivationen oft sehr schwer zu beurteilen sind.

Wir sehen am Beispiel zweierlei. Zunächst: Aggression stellt einerseits eine bestimmte Tätigkeit dar, die das Objekt durch Bedrohung oder Handlung angreift; der Genauigkeit halber sei gleich hinzugefügt: Nicht nur Tätigkeit, sondern auch unterlassene Tätigkeit, zum Beispiel unterlassene Hilfeleistung, kann Aggression sein, und zwar „passive Aggression" (Uta Gerhardt); folglich muß man sagen: Aggression ist ein Vorgang, der Objekte beschädigt durch bestimmte Tätigkeiten, aber auch durch bestimmte unterlassene Tätigkeiten. Andererseits aber und zugleich ist bei jeder Aggression eine Bewertung, ein Urteil, herausgefordert; ein Urteil darüber, ob und wie die Aggression motiviert ist, das heißt, ob sie als begründet einleuchtet oder nicht; weiterhin aber auch, ob sie willentlich geschieht oder nicht. Begriffsverwirrung entsteht unter anderem dadurch, daß von manchen Menschen, aber ebenso auch von manchen Forschungsrichtungen unter Aggression nur die unmotivierte bzw. unzureichend motivierte Aggression verstanden wird. Wir werden später sehen, wie folgenschwer eine solche Unklarheit des Begriffes sein kann. Hier soll zunächst noch nicht zwischen motivierter und unmotivierter Aggression unterschieden, sondern gewissermaßen wertungsfrei Aggression als ein die Objekte beschädigender Vorgang angesehen werden. In der neueren Psychologie treffen wir als eine Differenzierung die selbsterhaltende oder lebenserhaltende Aggresion, wozu zum Beispiel die sogenannte „Beuteaggression" gerechnet werden kann. So gesehen ist etwa das Essen eines Apfels eine Aggression in diesem allerweitesten Sinne; es erfordert Beuteaggression (das Wort Aggression entstammt dem lateinischen ad-gredi = herangehen). Zu dieser Form einer lebenserhaltenden Aggression müssen auch alle die Tätigkeiten gerechnet werden, die zur Herbeischaffung von Nahrung dienen bis hin zu der „aggressiven" Fähigkeit, eine Gehaltsaufbesserung zu verlangen oder zu fordern. Kurz gesagt: Es handelt sich um die ganze Fülle von Aktivitäten, die zur Sicherung der Selbsterhaltung gehören können. Aber nicht nur die Selbsterhaltung setzt Aggressionsfähigkeit voraus, sondern jede gesellschaftliche Gruppenbildung erfordert Aggression immer dort, wo zwei oder mehr Individuen bei der Sicherung ihrer Selbsterhaltung zwangsläufig in Konflikte geraten. Menschen müssen aushandeln, wie sie sich einigen, und dazu gehört, daß es ohne Aggressivität auch keine Freundschaft gibt. Die Fähigkeit zu einer solchen lebensbejahenden, der Selbsterhaltung dienenden Aggressivität, die eine gezügelte oder auch kommunikative Aggressivität genannt werden könnte, ist eine der Voraussetzungen für das Zusammenleben von Menschen in kleineren und größeren Gruppen, von der Partnerschaft angefangen bis zur Gesellschaft im ganzen.

Mit dem Dargelegten befinden wir uns bereits jetzt unversehens inmitten der Norm- oder Motivfrage. Denn man weiß ja, daß es gefräßige (aggressive) und bescheidene (unaggressive) Menschen gibt und daß beide Extremtypen ihre Motivationen vertreten und sehr unterschiedlich über die berechtigte „Beuteaggression" sprechen können. Der Ermessensspielraum für die als vertretbar erlebte Aggression ist sehr groß. So können wir beispielsweise sagen: „Herr X. hat eine gesunde Unverschämtheit und läßt sich die Butter nicht vom Brot nehmen." Aber wir können auch sagen: „Mit Herrn Y. kann man alles machen." Mit anderen Worten: Der menschliche Entwicklungsprozeß und die Erziehung können zu sehr unterschiedlichen Charakteren bezüglich der Aggression oder Aggressivität führen, einerseits zu einer totalen Hemmung der Aggressionsfähigkeit bis hin zur Nahrungsverweigerung oder Selbstvernichtung, andererseits zu einer habituellen, haltungsmäßigen Aggressivität, die man fälschlich manchmal bestialisch nennt; fälschlich übrigens deswegen, weil es im Tierreich im wesentlichen *nur* motivierte Aggressionen gibt, also Beute- oder Bedrohtheits- oder durch Furcht induzierte Aggressionen, allenfalls noch Brunstkämpfe. Alle diese Formen sind jedoch im Tierreich streng ritualisiert und durch Instinkte festgelegt, sie führen nie, wie beim Menschen, zur (unmotivierten) Aggression, zur *Aggression an sich.* So ist die Tötung von Artgenossen im Tierreich durch feste Reiz-Reaktionsmuster komplett verhindert. Dies ist beim Menschen nicht der Fall, vielmehr kann bei ihm die Aggression gehemmt oder gesteigert werden, ja sie kann zu einem unsinnigen (scheinbaren) Selbstzweck werden. Im vergangenen Jahrhundert wurde der sarkastische Satz ausgesprochen: Die Menschen fressen sich nicht, sie schlachten sich nur.

Die psychoanalytische Erforschung menschlicher Entwicklungsprozesse lehrte – ausgehend von Sigmund Freuds epochaler Feststellung von der Bedeutung der frühesten Kindheit für die Verhaltensweisen im Erwachsenenalter –, daß der Mensch im wesentlichen sein Verhalten erlernt oder mindestens bei der Gestaltung seiner angeborenen Handlungsbereitschaften sehr wesentlich darauf angewiesen ist, *wie* man ihn unterrichtet, das heißt, wie man ihm bei der Ausreifung in seiner frühen Umwelt behilflich ist. Nur bei einem bestimmten Mindestmaß an freundlicher Zuwendung und sozialer Sicherheit gewinnt der Mensch die Chance, zum Beispiel mit seiner Beuteaggression steuernd, das heißt sozial, umgehen zu lernen. So gesehen ist der Mensch sowohl animalisch als auch sozial, er besitzt einerseits vom Biologischen her gesehen ein Aggressionszentrum im Gehirn wie alle höheren Tiere und benötigt, wie oben gesagt, die Fähigkeit zur Aggression, um leben zu können, aber er benötigt anstelle der sozialen Instinktregulationen der Tiere für die Gestaltung seiner angeborenen Möglichkeiten in der Sozietät eine bestimmte Umgebung. Der Mensch ist, wie Freud es formuliert hat, abhängig von der Entwicklung eines „Ich“, das heißt einer geistigen Kontrolle, er bedarf der Ausbildung einer Steuerungsinstanz gegenüber seinen Triebregungen im sozialen Umgang mit der Mitwelt. Die Steuerung führt zu der wichtigen sozialen Fähigkeit der vernünftigen Entscheidung. Man hat sich hier allerdings unter Steuerung nicht einen einfachen – bewußten und voll reflektierbaren – Vorgang vorzustellen. Vielmehr setzt sich die Steuerung aus einer bewußten Komponente und aus unbewußten Prozessen zusammen. Die erstere, die bewußte Steuerung, ist um so besser und ausgedehnter, je gesünder ein Mensch psychisch ist. Der unbewußte Anteil an der Steuerung setzt sich aus frühen Lernprozessen zusammen, die sogar schon stattfinden können, bevor das Gedächtnis funktioniert. Der wichtigste Termin für die Entstehung des Ich im Sinne Freuds ist der Zeitraum zwischen dem zweiten und dem Beginn des vierten Lebensjahres. Je „aggressiver“ die Erziehung, desto stärker wird die unbewußte Steuerung, die von einem bestimmten Grade an zur „Übersteuerung“ oder Unterdrückung der lebensnotwendigen Aggressionsfähigkeit wird. Es erhebt sich die Frage, was denn nun in den frühkindlichen Lernprozessen gesteuert wird. In diesem Zusammenhang wird seit Jahrzehnten ohne ein klares

Endergebnis darüber diskutiert, ob der Mensch einen angeborenen Aggressionstrieb hat oder nicht. Der Blick auf die Kriminalität bei hohen Prozentsätzen der Bevölkerung und der Blick auf die Geschichte mit ihrer unabsehbaren Folge von gefährlichen Auseinandersetzungen und die sinnlose Schlachtung von Millionen Menschen scheint für viele einen solchen Grundtrieb nahezulegen. Freud selbst meinte – zum Beispiel in seinem Briefwechsel mit Albert Einstein 1932 (Gesammelte Werke, Bd. XVI, S. 18 „Warum Krieg?"): „daß es keine Aussicht hat, die aggressiven Neigungen des Menschen abschaffen zu wollen". Freuds Erwägungen stützten sich auf die Beobachtung, daß Interessenkonflikte der Menschen prinzipiell durch die Anwendung von Gewalt entschieden werden – sei es die primitive Gewalt, sei es die „Gewalt" der Gemeinschaft (Ges. Werke, XVI, S. 18ff.). An anderer Stelle, und zwar in der neuen Folge der Vorlesungen zur Einführung in die Psychoanalyse, hatte es Freud für naives Wunschdenken erklärt, daß man Brutalität, Gewalttätigkeit und Grausamkeit als bloße „Folge der unzweckmäßigen Gesellschaftsordnungen" ansehen wolle (Ges. Werke, XV, S. 110). Allerdings ist Freud wohl der erste Denker, dem es gelang, Aggressionskranke in ihrer persönlichen Entwicklungsgeschichte so genau zu verstehen, daß er sie heilen konnte, ohne auf die sonst üblichen Konzepte der Moral oder sonstigen kollektiven oder gewalttätigen Unterdrückungen der Aggression zurückzugreifen, welche bekanntlich nur weitere und größere Gefahren heraufbeschwören.

Für Freud standen Libido und „Destruktionstrieb", das heißt liebende und hassende Strebungen, in einem Wechselverhältnis, und in der Tat wird ja in der menschlichen Entwicklung die Übung der selbsterhaltenden Aggression in mehr oder weniger liebendem Kontakt mit den frühen Umweltfiguren besser erlernt als in einer lieblosen frühen Umwelt.

Von anderen Psychoanalytikern, etwa von Harald Schultz-Hencke, und vor allem von vielen Psychologen und auch vom Verfasser wird die Aggression jedoch ausschließlich als ein antwortendes Antriebserleben aufgefaßt und nicht als ein primärer Trieb. Es gebe – so wird gesagt – beim Menschen keine spontane, ursprüngliche Aggression, wie es zum Beispiel spontane und ursprüngliche Hungerreaktionen oder spontane sexuelle Bedürftigkeit von innen heraus gibt, sondern Aggression sei zunächst *immer* veranlaßt, *immer* reaktiv, sie beruhe immer auf dem Zusammenstoß mit der Härte der Objekte oder mit Hindernissen, die sich den Nahrungs- und Sexualwünschen entgegenstellen. Psychologische Experimente zeigten allerdings, daß beim „Lernen am Modell" oder Vorbild aggressive Reaktionen leichter zu erlernen sind als die konstruktive Bewältigung von Frustrationen (Entbehrungserlebnisse). Hierzu paßt eine Feststellung von Kunz: „Statt auf den Reichtum des Begegnenden mit der entsprechenden Mannigfaltigkeit des Verhaltens zu antworten, geht der Aggressive den bequemeren, eingeebneten Weg der gewaltsamen Bemächtigung." Weitere Experimente zeigten, daß annähernd alle Menschen zu Grausamkeit verführt werden können. Schon lange zuvor hatte Freud die provozierende These aufgestellt, daß alle Menschen „böse" sind, das heißt unmotivierte Grausamkeiten in sich tragen, auch die friedlichsten, oder gerade die friedlichen. Todeswünsche gegen „geliebte" nahe Angehörige sind mindestens in der Phantasie aller Menschen nachweisbar. Weiterhin wissen wir seit Freud: die Aggression kann sich verwandeln in ihr Gegenteil, sie kann abgewehrt werden.

Kehren wir an dieser Stelle noch einmal zu dem Gedanken der durch Erziehung unterdrückten aggressiven Reaktionen und der Übersteuerung beim aggressionsgehemmten Menschen zurück. Die psychoanalytische Erfahrung zeigt nämlich bei diesen Persönlichkeiten eine interessante und wichtige Paradoxie. Eine frühe und massive Unterdrückung aggressiver Reaktionen oder auch – genauso schlimm – das völlige Fehlen von kommunikativer Aggression bei den Eltern führt nicht etwa zu einer völligen Beseitigung der reaktiven Aggressionen, sondern die reaktiven Aggressionen bleiben im Unbewußten wirksam, sie äußern sich in Träumen und gelegentlichen „Durchbrüchen" von „unmotivierter" Grausamkeit in der Phantasie, in Wort und Tat. So ist es dem Erfahrenen kein Rätsel, daß Mörder schüchtern und schwer aggressionsgehemmt zu sein pflegen. Man weiß im übrigen, daß oft aus Angst getötet wird. Als Regel darf man annehmen, Aggressivität, das heißt die Neigung zu ungesteuerten, unmotivierten Aggressionen, die Untersteuerung, ist in der Regel gekoppelt mit Gefügigkeit und Schüchternheit, also mit Aggressionshemmung oder Übersteuerung. Die Übersteuerung fällt allerdings weniger ins Auge, sie stört auch sozial weniger, ist jedoch deswegen nicht weniger wichtig.

Typisches Beispiel für die genannte Paradoxie ist die Zwangsneurose. Die Kranken sind neben ihren Symptomen, die unverkennbar aggressiv-chaotische Tendenzen abwehren sollen, einerseits schüchtern, aggressionsgehemmt, übertrieben an Regeln, Gesetze und Gebote (ihrer Eltern, des Staates oder

der Tradition) gebunden, sauber, genau und pünktlich in der Einhaltung der Gebote; sie sind sogar in ihrem leiblichen Adgredi, in ihrer natürlichen Bewegungsfreiheit gehemmt, steif und starr aus lauter Bravheit, konservativ an erprobte Regeln gebunden, manchmal selbst dort, wo Regeln völlig unsinnig geworden sind; sie sind also einerseits übersteuert. Manchmal vertreten sie ideologisch eine ganz lebensfremde radikale Friedfertigkeit. Andererseits aber leiden dieselben Personen an blutrünstigen Phantasievorstellungen, sind eigensinnig bis zur Bösartigkeit und neigen, bei aller Gefügigkeit, zu plötzlichen gefährlichen Jähzornigkeiten. Sie sind – wie Erich Fromm es beschrieb – die typischen, peinlich genauen Schreibtischtäter, wie etwa Adolf Eichmann, in die „gesetzliche" Maschinerie der Vernichtung eingeordnet oder, wie Robespierre, pedantisch in der Verurteilung der „Bösen", tugendhaft bis zur Tötung eigener Freunde auf der Guillotine. Das heißt, neben der Übersteuerung treffen wir auch eine partielle Untersteuerung an. Und hier verwirklichen diese Menschen dann genau das, was sie im frühkindlichen Erziehungsprozeß kaum denken durften: die (späte) Rache an den Erziehern. Im Aktuellen sind solche Aggressionen meist unmotiviert und inadäquat, sie sind jedoch, lebensgeschichtlich verstanden, einstmals motiviert gewesen und treffen in der Gegenwart meist auf ein falsches Objekt und bedienen sich anstelle der kindlichen Aggression der sehr viel gefährlicheren Machtmittel der Erwachsenen.

Die Zwangsneurose ist übrigens nicht die einzige „Aggressionshemmungs- und Aggressionskrankheit", sondern alle Formen der Erziehung, welche die Bildung eines Ich, einer das Verhalten steuernden Instanz, verhindern oder stören, führen die Gefahr von Aggressionen herbei – zum Beispiel die (inadäquate) Aggression der schizoid-narzißtischen Persönlichkeiten. Hier wurzelt die Aggression in einer unbewußten Rückkehr der Erlebnisformen zu jener Epoche, in der die Aggression, das heißt die feindselige Reaktion auf Störungen des Befindens, noch nicht gekonnt, noch nicht gelernt war. Freud hatte in seinem entwicklungspsychologischen Konzept über die Frühphase des menschlichen Lebens (frühe Säuglingszeit) die Auffassung, der Haß sei älter als die Liebe. Er hat, zusammen mit der Annahme eines primären Narzißmus (Autismus) des Kleinstkindes, die Hypothese entwickelt, jedes „Objekt" löse, sowie es als solches, als „Fremdes", als „Nicht-Ich" erkennbar oder unterscheidbar wird, zunächst feindselige Reaktionen aus. Manche Psychoanalytiker halten sich an diese These und bezweifeln, ob es überhaupt primäre Liebesobjekte geben könne. Der ungarische, unlängst verstorbene Psychoanalytiker Balint hat in einer 1970 erschienenen Studie den Nachweis geführt, daß Freud nicht durchgängig von der genannten These ausging, sondern daß er vielmehr auch eine primär freundliche Beziehung des Säuglings zu den frühen Objekten oder „Objektvorläufern" gelten ließ. Es erscheint (grob vereinfacht) nach den Feststellungen von Balint durchaus denkbar, daß die in unserer Gesellschaft häufige, inadäquate, unmotivierte Aggressivität ein Kulturprodukt sein könnte. Transkulturelle Untersuchungen zeigen immerhin eine sehr breite Variation der Normen gegenüber der Aggressivität; sie besagen: Je zivilisierter eine Gesellschaft ist, desto mehr kriegerischen Charakter zeigt sie. Im Sinne dieser Erwägungen beruht der Typus der inadäquaten schizoiden Aggressivität auf einer plötzlich auftretenden oder habituellen aggressiven Grundtönung des Erlebens gegenüber allen Objekten, auch gegenüber der eigenen Existenz im Rückgriff auf jene primitive Lebensphase, wobei die ersten Objekte nicht eine freundliche Empfangswelt darstellten, sondern real feindselig waren. Dies hatte zur Folge, daß alles Begegnende in frühen Lernprozessen des Säuglings in seinen ersten etwa zwölf bis achtzehn Monaten a priori oder überwiegend als bedrohlich wahrgenommen wurde. Nehmen wir an, daß die Erinnerungen an diese Phase verdrängt und eines Tages durch bestimmte Versuchungssituationen geweckt werden, dann treten plötzliche – aus der Aktualität völlig unverständliche – Aggressionen auf.

In der bisherigen Darstellung könnte die Gegenüberstellung von adäquater oder motivierter Aggression einerseits und unmotivierter Aggression andererseits zu Mißverständnissen führen. Unter einer motivierten Aggression soll hier verstanden sein eine aggressive Reaktion auf Begegnendes zur rechten Zeit, in rechter Weise und am rechten Ort. So einfach diese Feststellung klingt, setzt sie doch Einigkeit über gewisse Normen voraus. Solange dies unbestritten bleibt, ist die „motivierte" oder akzeptierte Aggression hilfreich und kommunikativ. So ist die Zerstörung von Objekten im Falle der Nahrungsaufnahme oder sogar die Tötung eines Artgenossen im Notwehrfall motiviert und adäquat. Wer aber, so müssen wir nun fragen, urteilt bei anderen, nicht so eindeutigen Fällen über die Berechtigung der Motivation? Der common sense? Der Normenkodex der Gesellschaft? Welcher Gesellschaft denn? Urteilen wir von dem Gesichtspunkt einer „Anpassung an reife Lebens-

gesunder Menschenverstand

formen", wie Alexander Mitscherlich das einmal genannt hat? Wer beurteilt die Merkmale der „reifen Lebensform"? Hier stoßen wir auf die Grenze der psychoanalytischen Aussage. Denn alle Erfahrung lehrt, daß in verschiedenen Kulturen sehr verschiedene Verhaltensnormen bestehen. Dabei ist zu bedenken, daß die Aggression gegen Artgenossen, also gegen Menschen, immer ein verwickelter, interaktioneller Vorgang, ein Wechselspiel ist, bei dem sichtbare und verborgene Beweggründe, Situation und Anlaß bedingend beteiligt sind. Im Erfahrungsfeld der Psychoanalyse hat sich beweisen lassen, daß außer dem Anlaß, also den sichtbaren oder erlebbaren Beweggründen, die persönliche Lebensgeschichte, die Vorgeschichte und auch unbewußte Motive bedingend mitwirken. Ohne es zu ahnen, das heißt ohne es bewußt wahrzunehmen, können wir einen Affekt, zum Beispiel einen aggressiven, „übertragen", also auf ein anderes „falsches" Objekt richten oder sonstwie abwehren, durch eine Verschiebung oder durch eine Reaktionsbildung sogar in mitleidige Güte verwandeln.

Am Schluß stellt sich nun die Frage einer möglichen Nutzanwendung der dargestellten Zusammenhänge. Im individuellen Bereich ist die Antwort einfach zu skizzieren: Der Aggressionskranke muß sich selbst steuern lernen. Er kann dies nicht, wenn ihm der Therapeut die Steuerung abnimmt und zum Beispiel die unmotivierten Aggressionen unterbindet. Nichts wäre dabei gewonnen außer einer neuen bewußten oder unbewußten Aggression gegenüber dem Therapeuten. Eine richtige Behandlung kann nur darin bestehen, die regelhaft behinderten Fähigkeiten zu einer motivierten und lebensnotwendigen Aggression im oben erörterten Sinne zu fördern, die Aggressionshemmung und Übersteuerung durch bewußtseinserweiternde Analyse der lebensgeschichtlichen Behinderungen aufzulösen. Je mehr dies gelingt, desto weniger wird der Kranke noch unmotivierte Aggression nötig haben.

Schwieriger ist eine Nutzanwendung im Blick auf große kollektive Aggressionsprozesse. Die Aggression an sich, die Massentötung von Menschen in den Kriegen ist wohl fast immer letztlich unmotiviert. Sie beruht auf Wirtschaftsmacht, ihre Ursprünge liegen im ökonomischen und ideologischen Bereich und entziehen sich der rein psychologischen Betrachtung. Da jedoch Kriege von Menschen geführt werden und bei Menschen durch die Verführbarkeit der Kollektive oder Massen vorbereitet werden, sollte eine Überlegung aus der Erfahrung mit aggressionskranken Individuen doch hier genannt werden. Wir wissen, daß Menschen sich sehr unterschiedlich steuern können, wenn aggressive Affekte in ihnen aufkommen. Individuelle und lebensgeschichtliche Gründe dafür sind zuvor ausführlich dargestellt worden. Wir sehen darüber hinaus jedoch auch kollektive Situationen, in denen plötzlich die geläufigen Steuerungsprozesse in den Individuen außer Kraft gesetzt werden. Ich meine jene kollektiven Verdummungsprozesse, die eine Kriegsmentalität oder auch andere aggressive kollektive Psychosen vorbereiten helfen; die allgemein gültige und auch allgemein akzeptierte Norm, wie etwa die Sperre gegenüber der Tötung von Artgenossen, kann sich plötzlich verwandeln: das sonst allgemein verpönte Töten wird zum Heldentum und schließlich sogar zu einer Forderung des Gewissens. In dieser absurden Situation liefert das Gewissen keinerlei humane Maßstäbe mehr wie beispielsweise bei jenem spanischen General, den Erich Fromm zitierte. Der General forderte zum Kampf auf mit den Worten: „Es lebe der Tod!“ Es war übrigens auch Fromm, der aufdeckte, daß eines der Manipulationsmittel die Hinwendung der Gruppen zu einem nationalen Narzißmus sein kann. Freud hatte in seiner Arbeit „Warum Krieg?“ große Zweifel an der Verwirklichung des idealen Zustandes einer „Diktatur der Vernunft“ unter den Menschen. Die Menschheitsgeschichte lehrt, daß Vernunft nicht mit Gewalt unter den Menschen erzwungen werden kann. Genauso wie in der individuellen Analyse von Aggressiven ein Verbot der unmotivierten Aggression nicht möglich oder nicht nützlich ist, führt eine gewaltsam erzwungene Unterdrückung der Aggressionen sicher nicht zur Friedfertigkeit, sondern vielmehr läßt sich auch in Kollektiven eine inadäquate Aggressivität und auch die Verführbarkeit der Kollektive zur kollektiven Aggression in dem Maße verringern, in welchem Emanzipation gelingt und gestattet wird. Emanzipation würde hier gleichbedeutend sein mit dem oben diskutierten Begriff der kommunikativen Aggressivität. Dies wiederum ist direkt davon abhängig, ob und wieweit innerhalb der Kollektive auch die „passive Aggressivität“ (etwa die unterlassene Hilfeleistung gegenüber Benachteiligten) als ein immerwährender Konfliktstoff und eine Gefahr für Aggression erkannt, besser noch entlarvt und beseitigt wird. Dabei werden die Erkenntnisse der Psychoanalyse und besonders die Ergebnisse der Analyse individueller unbewußter Prozesse unentbehrlich sein, denn Aggression kann nicht allein vom Bewußtsein her verstanden werden.

Fritz Riemann
Angst

Angst gehört unvermeidlich zu unserem Leben. Sie tritt immer dann auf, wenn wir uns in einer Situation befinden, der wir nicht oder noch nicht gewachsen sind, in der wir unsere Ohnmacht, unsere Hilflosigkeit oder unsere Abhängigkeit erleben. Angst ist aber nicht nur etwas Negatives. Sie hat eine doppelte Funktion für uns: sie ist einmal Signal und Warnung bei Gefahren, und sie enthält gleichzeitig einen Aufforderungscharakter, nämlich den Antrieb, die Angst zu überwinden. So liegt in jeder Angstsituation immer zugleich eine Bedrohung, aber auch eine Chance: die Chance, einen neuen Entwicklungsschritt zu wagen, eine Schranke zu überwinden, indem wir die durch die Angst gesetzte Grenze überschreiten und damit in unserer Weltbewältigung einen neuen Schritt vollziehen. So kann die Auseinandersetzung mit unseren Ängsten uns dazu verhelfen, stärker und wissender zu werden.

Bei aller Verschiedenheit unserer Ängste, die von unseren individuellen Anlagen und Lebensbedingungen abhängen, gibt es doch bestimmte Ängste, die wir alle kennen und durchmachen müssen, weil sie zu unserem Menschsein, zu unserer

Befindlichkeit in der Welt gehören und mit unseren Abhängigkeiten gegeben sind. Diese Grundängste, wie ich sie nennen will, spiegeln unser Ausgespanntsein zwischen vier Forderungen wider, die das Leben an uns stellt und die wir erfüllen sollen. Wir werden diese Grundängste am besten verstehen können, wenn wir sie in der Zeit betrachten, in der sie uns zum erstenmal begegnen, nämlich in unserer Kindheit. Wir alle haben eine Geschichte unserer Ängste, die praktisch mit unserer Geburt beginnt. Die frühesten Ängste sind für unsere Entwicklung besonders wichtig, weil unsere spätere Angstbereitschaft und unsere Mittel zur Angstbewältigung weitgehend davon abhängig sind, welchem Ausmaß an Angst wir in unserer Frühzeit ausgesetzt waren. Und unsere Ängste als Erwachsene sind auch davon abhängig, welche Hilfe, welchen Schutz wir in jener Zeit in unserer Umgebung gegen sie fanden. Denn in der frühen Kindheit brauchen wir zur Angstbewältigung noch besonders die Hilfe von außen.

Wir wollen nun die vier Forderungen, die das Leben uns auferlegt, mit den jeweils zu ihnen gehörenden Ängsten einzeln betrachten. Die erste Forderung, die mit der Geburt einsetzt, ist die, daß wir uns der Welt und dem Leben vertrauend öffnen sollen, gleichsam „Ja“ sagen sollen zu unserem Dasein. Nie wieder in unserem Leben sind wir aber so total abhängig und hilflos der Umwelt ausgeliefert wie in den ersten Lebenswochen. Nie wieder haben wir zugleich so viele neue Anpassungen zu vollziehen, und nie wieder ist unsere Unfähigkeit, unsere Bedürfnisse und Nöte auszudrücken, uns jemandem verständlich zu machen, uns zu wehren, so groß wie in dieser Zeit. Daher werden Not- und Mangelerlebnisse hier als unser ganzes Dasein bedrohend erlebt. Dieses völlige Ausgeliefertsein, unsere hilflose und wehrlose Abhängigkeit, unsere Ungeborgenheit und das Überfremdetwerden unseres Eigenwesens durch die Umwelt sind daher die Grundlage unserer tiefsten und frühesten Angst, die wir die Existenzangst nennen wollen.

Es hängt nun entscheidend von unserer frühen Umwelt ab, ob wir gegen diese Existenzangst im allmählich sich entwickelnden Vertrauen die erste Gegenkraft finden können. Dafür müssen wir die Verläßlichkeit, die Stabilität und die regelmäßige Wiederkehr von Menschen und Dingen erleben, durch die sie uns langsam vertraut werden. Vertrautwerden mit Menschen und mit der Welt ist die Basis des Vertrauens, und Vertrauenkönnen ist der wichtigste Schutz gegen die Existenzangst. Erst durch die Geborgenheit gebende verläßliche Nähe der

Mutter wird es uns ermöglicht, unsere Angst aufzulösen und uns in der Welt heimisch zu fühlen.

Waren wir aber in dieser Zeit einem zu häufigen Wechsel unserer Bezugspersonen oder zu häufigem Ortswechsel ausgesetzt; wurden wir durch Sinneseindrücke überflutet, die wir nicht verarbeiten konnten; oder erlebten wir im Gegenteil durch zu viel Einsamkeit und Alleingelassenwerden die Welt als leer, weil sie uns zu wenig Reize und Eindrücke vermittelte, bleibt uns die Welt unheimlich, wir erleben sie als bedrohlich oder feindlich. Anstatt vertrauensvoll der Welt sich zuwenden zu können, entwickelt das Kind von früh an ein tiefes Mißtrauen, das zur Grundgestimmtheit seines gesamten Lebensgefühles wird.

Wenn jemand die Welt so früh als unheimlich oder bedrohlich erfahren hat, wird er als Schutzhaltung ihr gegenüber eine vorsichtig mißtrauische Distanz einhalten. Jedes Überschreiten dieser Distanz löst dann bei ihm Angst aus, ein Bedrohtheitsgefühl, das er mit aggressiver oder defensiver Abwehr bekämpft. So kommt es dazu, daß jede Nähe schon als Gefahr erlebt werden kann. Damit erscheint dann der ganze Bereich mitmenschlicher Kontakte, vor allem die Seite gefühlsmäßiger Zuneigung, als besonders gefährlich, weil wir hierbei einem anderen ja am nächsten kommen. Konsequenterweise wird man daher die größtmögliche Unabhängigkeit anstreben, um auf niemanden angewiesen zu sein, um niemanden zu brauchen. Das führt aber zu einer wachsenden Isolierung und Einsamkeit, die nun wieder die Angstbereitschaft verstärkt, denn der Einsame ist Ängsten immer mehr ausgesetzt als derjenige, der in der vertrauten Zugehörigkeit zu anderen ein Stück Geborgenheit und Schutz vor der Angst erleben kann.

Wie immer in unserem Leben, wenn wir Angst haben, gilt auch hier, daß im Annehmen der Angst das Helfende liegt; bloße Vermeidung dagegen verstärkt sie nur, weil die Angst sich dann innen aufstaut. Indem wir uns auseinandersetzen mit der Angst, können wir Kräfte zu ihrer Überwindung entwickeln; indem wir versuchen, gerade das zu wagen, wovor wir Angst haben, können wir den sichersten Weg finden, mit ihr fertig zu werden. Der in seinem Verhältnis zur mitmenschlichen Umwelt frühest Gestörte, der schizoide Mensch, müßte also vertrauen lernen, müßte es wagen, aus der Kälte seiner Einsamkeit in die wärmende Nähe mitmenschlicher Kontakte zu kommen. Nur so kann er neue Erfahrungen machen, die ihm helfen, sein früh entstandenes Mißtrauen und seine Angst aufzulösen.

Nun ist die Zeit dieses völligen Ausgeliefertseins glücklicherweise nur kurz, und die Fähigkeit, seine Bedürfnisse so auszudrücken, daß sie von der Umwelt verstanden werden, wachsen dem Kind bald immer reicher zu. Aber nach jener frühesten Angst, der Existenzangst, werden wir bald mit einer neuen Angst konfrontiert; in dem Maße nämlich, in dem das Kind die Mutter als die Quelle aller Geborgenheit und Bedürfnisbefriedigungen erkennt und in dem sie dadurch zum wichtigsten Bezugspunkt seines Daseins wird, wächst das Bewußtsein seiner Abhängigkeit von ihr. Es braucht und sucht ihre Nähe, und wenn sich die Mutter entfernt, bekommt es Angst. Mit diesem Wissen um unsere Abhängigkeit sind nun alle Ängste gegeben, die wir als Trennungsangst oder Verlustangst bezeichnen können. Auch sie begleiten uns durch unser weiteres Leben, wenn auch meist nicht mehr mit der gleichen Intensität wie in der Kindheit. Je tiefer wir lieben und geliebt werden, um so mehr haben wir zu verlieren und um so mehr bedroht uns die Verlustangst, gegen die es keine letztliche Sicherung gibt.

Die Gegenkraft, die wir brauchen, um Trennungen zu ertragen, ist die Hoffnung. Aber auch unser Hoffenkönnen hat eine Geschichte und ist gebunden an die Erfahrung, daß unsere Hoffnungen sich in unserer Kindheit oft genug erfüllt haben. Erst dann können wir es lernen, zuversichtlich zu warten, wenn wir es als Kind erlebt haben, daß die Mutter, die uns eben verlassen hat, wiederkommt und da ist, wenn wir sie brauchen. So erleben wir allmählich die Sicherheit, daß wir nicht im Stich gelassen werden, und können die Abwesenheit der Mutter ohne Angst ertragen. Mit solchen Früherfahrungen werden wir auch später im Leben Frustrationen, Abschiede, Trennungen und Einsamkeit leichter aushalten, weil wir hoffen und glauben gelernt haben. Das vermittelt uns eine optimistische Grundgestimmtheit, die für unser ganzes Leben ein unschätzbares Kapital darstellt.

Erst auf der Grundlage einer solchen Sicherheit, die eine geglückte Mutterbeziehung uns ermöglicht, können wir die zweite Forderung erfüllen, die das Leben an uns stellt: nämlich, uns zu einem eigenständigen Individuum zu entwickeln. Waren wir indessen in jener Entwicklungsphase nicht in der Lage, solche glücklichen Erfahrungen zu machen, kann auch später noch die Trennungs- und Verlustangst ein äußerst quälendes Ausmaß annehmen und sich bis zur Panik steigern. Schon bei kurzfristigen Trennungen kann dann die alte Angst vor dem Alleingelassenwerden wieder aktiviert werden, die uns als Kind in hoffnungslose Verzweiflung stürzte. Wenn wir nicht jene

Sicherheit kennengelernt haben, wird ein Abschied, eine Trennung immer wie etwas Endgültiges, wie ein Weltuntergang erlebt, ohne Hoffnung, daß das Leben neue Erlebnismöglichkeiten hat.

Ist nämlich die Mutter unzuverlässig und gleichgültig, überläßt sie das Kind zu oft und zu lange sich selbst, so daß es nie weiß, ob und wann sie wiederkommen wird, muß es jedes Sich-Entfernen der Mutter mit wachsender Angst erleben. Es bleibt dadurch in einer dauernden ängstlichen Abhängigkeit, die es an die Mutter bindet, sein ganzes Interesse ist nur noch darauf gerichtet, wie es die Mutter halten kann.

Ähnlich ergeht es Kindern, die eine Mutter hatten, welche das Kind durch Verwöhnung an sich binden und sich dankbar verpflichten wollte. Wer verwöhnt, will von dem geliebt werden, den er verwöhnt, weil er seine Liebe braucht. Solche Mütter binden das Kind mit allen Mitteln an sich und können es nicht für seine eigene Entwicklung freigeben, weil sie es damit zu verlieren fürchten. So unterbinden sie alle selbständigen Regungen des Kindes; es soll möglichst lange klein bleiben, sie brauchen und auf sie angewiesen sein. Das Kind lernt es dann nicht, seine Kräfte und Fähigkeiten zu erkennen; es bleibt unselbständig und versteht es nicht, mit der Welt umzugehen, weil die Mutter sich immer dazwischenschiebt und ihm alles abnimmt, ihren Egoismus in Überbesorgtheit kleidend. So bleibt das Kind in der Abhängigkeit von der Mutter und kann sie nicht loslassen, weil es ohne sie hilflos ist.

Ist man mit solcher Trennungs- und Verlustangst aufgewachsen, erscheint es einem als einzige Möglichkeit, diese Ängste zu vermeiden, daß man auch später in seinen Gefühlsbeziehungen immer die größtmögliche Nähe anstrebt. Man möchte immer mit dem Partner zusammensein, alles mit ihm gemeinsam tun und mit ihm in einer Symbiose, einer so engen Gemeinschaft leben, daß die trennende Grenze zwischen Ich und Du, die die Angst auslöst, aufgehoben zu sein scheint. Aber nun steigert die zur Angstvermeidung angestrebte größtmögliche Nähe gerade wieder die Angst, weil man es so nicht lernt, allein zu sein, so daß schon bei kurzer Trennung Panik auftritt.

Hier kann uns nur helfen, zu lernen, eine gesunde Distanz zum anderen einzuhalten, die es uns erst ermöglicht, uns zu einem eigenständigen Individuum zu entwickeln, mit dem Ausmaß an Unabhängigkeit, das wir brauchen, um so viel Halt in uns selbst zu finden, daß wir nicht allen Halt an einem anderen Menschen suchen müssen. Manche anscheinend aufopfernde

Liebe, die nur für den anderen lebt und für sich selbst nichts beansprucht, entsteht auf dem Boden solcher frühen, zu lange ausgedehnten Abhängigkeit von der Mutter: man wiederholt dann unbewußt die alte Erfahrung, daß es nur eine Garantie gegen die Trennungsangst zu sein scheint, wenn man gebraucht wird – dann wird man nicht so leicht verlassen. So übernimmt man in der Partnerschaft entweder die Mutterrolle und versucht, den Partner zum abhängigen Kind zu machen, oder man übernimmt die Kindrolle und schiebt den Partner in die Mutterrolle durch dargelebte Hilflosigkeit, die ihm demonstriert, daß man ohne ihn nicht leben kann.

Die Menschen mit diesem Kindheitshintergrund übergroßer Abhängigkeit – es sind die depressiven Menschen – haben als tiefstes Lebensgrundgefühl eine pessimistische Einstellung. Sie leben immer mit dem Bedrohtheitsgefühl möglicher Verluste und fürchten, in die Einsamkeit und Verlassenheit zu fallen, sobald sie den Griff etwas lockern, mit dem sie den Partner festhalten. Sie fürchten es, sich oder dem Partner die Möglichkeit zu unabhängiger, eigenständiger Entwicklung zu lassen, zu gesunder Abgrenzung, weil jede Selbständigkeit die zu enge Bindung zu bedrohen scheint. Und doch liegt nur darin die Gegenkraft gegen die Verlustangst; denn je mehr man selbst etwas ist und kann, um so weniger braucht man so völlig von einem anderen abhängig zu werden.

Mit zunehmender Eigenständigkeit des Kindes wird es sich aus der engen Mutterbindung lösen wollen. Es entwickelt seinen Eigenwillen immer stärker, es lernt laufen und sprechen und wird damit immer selbständiger. Mit seinen neuen Fähigkeiten kann es nun erstmalig in Konflikt mit der Umwelt kommen; sein Wille kann mit dem der Eltern zusammenstoßen, die gewisse Ordnungen von ihm verlangen, ihm Gebote und Verbote setzen. Aus den Reaktionen der Eltern auf sein Vorhalten lernt das Kind nun, erlaubt und unerlaubt zu unterscheiden, und kann sich im Gehorchen als gut, im Ungehorsam als böse erfahren. Damit erlebt es eine neue Angst: die Angst vor Schuld und Strafe. Es erlebt erstmals die Möglichkeit seines eigenen Böseseins und beginnt den Kausalzusammenhang zwischen seinem Tun und dessen Folgen zu verstehen. In einer Atmosphäre von lebendiger Ordnung und von Verständnis für das Kind, wo ihm notwendige Grenzen gesetzt werden, ohne es autoritär zu dressieren oder lieblos zu zwingen, kann es die Anfänge gesunder Selbstbeherrschung und in kritisch prüfender Auseinandersetzung mit der Autorität und deren Forderungen selbständig urteilen und entscheiden lernen. Das wird ihm allmählich die Einsicht in die Notwendigkeit gewisser Ordnungen ermöglichen und zur Grundlage seines sittlichen Wertbewußtseins werden.

Unsere Angst vor Schuld und Strafe, die Gewissensangst, wie wir sie auch nennen können, ist nun in ihrer Intensität wieder entscheidend abhängig davon, wie wir sie als Kinder erlebten. Starre, prinzipielle und autoritäre Verhaltensweisen der Eltern, harte Strafen und schwer zu erringende Verzeihung schaffen im Kind eine Schuldgefühlsbereitschaft und Strafangst, die ihm den Mut zum Wagnis, zur selbstverantwortlichen Entscheidung völlig nehmen können. Vor allem, wenn Gebote und Verbote zu früh an das Kind herangetragen werden und es somit altersgemäß überfordert wird, können die Folgen besonders belastend sein. Man wird sich dann auch später immer an das Gelernte und Vorgeschriebene halten, sich um jeden Preis anpassen, weil die möglichen Folgen seines Verhaltens immer drohend wie ein Damoklesschwert über einem hängen.

So kann man die dritte Forderung des Lebens nicht erfüllen: den Mut zum Wagnis und zur Wandlung, zur Selbstverantwortung und freien Entscheidung. Anstatt zu vernünftiger Selbstbeherrschung und Selbstkontrolle kommt es dann zur Überanpassung bis zur Gefügigkeit und Rückgratlosigkeit. Statt frei zu wählen und sich zu entscheiden, lehnt man sich immer nur an die gegebenen Normen an, tut, ungeprüft auf Wert oder Unwert, nur, was „man“ tut, um nicht von der Norm abzuweichen und in den Konflikt zu kommen, eine eigene Entscheidung treffen zu müssen.

So können Korrektheit und Verläßlichkeit, aber andererseits auch Mangel an Spontaneität, Risikofreudigkeit und Originalität sowie das Ausweichen vor selbstverantwortlichen Entscheidungen entstehen, die den zwanghaften Menschen kennzeichnen. Jedes Abweichen von dem, was er als „richtig“ gelernt hat, löst bei ihm Angst aus, zumindest Unsicherheit. Deshalb wäre es ihm am liebsten, wenn in der Welt alles beim alten bliebe, damit er nicht vor neue Situationen gestellt wird, für die er kein Rezept gelernt hat und in denen er daher in eigener Verantwortung eine Entscheidung treffen müßte. Zur Vermeidung von Gewissenskonflikten und Schuldgefühlen und aus seiner Strafangst bleibt er in der Angepaßtheit stecken, hält starr am Gelernten fest und läßt die vorgefundenen Normen für sich entscheiden – dankbares Objekt für alle Machthaber, die in ihm ein immer gefügiges Werkzeug finden. Solange er sich an das hält, was man von ihm erwartet, meint er das Richtige zu tun, weiterhin sich wie ein Kind verhaltend, das ohne zu fragen den Willen der Eltern ausführt. Seine Ängste spiegeln in oft verblüffender Weise die Erziehungsmethoden seiner Eltern und Erzieher wider, bei denen nur der absolute Gehorsam galt, die jedes Abweichen von ihren Geboten streng bestraften, unelastisch und prinzipiell. So wurde ihm ein Perfektionismus anerzogen, ein Gefühl des immerwährenden Sollens und Müssens, das keinen Raum mehr läßt für lebendiges Risiko, für unbefangene Lebensfreude und Spiel; alles wird ihm zur Pflicht, zum Zwang, und er muß bei sich und anderen nur immer darauf aufpassen, daß nichts Unerlaubtes geschieht. Er entwickelt dann eine erhebliche Intoleranz gegen jeden, der in irgendeiner Weise von den Normen abweicht, denn das konstelliert bei ihm sofort die Angst, er könne vielleicht auch einmal von seinen Prinzipien abweichen und damit seinen Angstschutz verlieren. Ob in Sachen des Glaubens, der Moral oder bei Sitten und Gebräuchen – er ist immer der Orthodoxe und Intolerante, der am Buchstaben klebt und sich erst sicher fühlt, wenn alles klar vorgeschrieben ist. Das heute gern propagierte Gegenteil liegt dort vor, wo dem Kind zu wenig Grenzen gesetzt werden, wo es antiautoritär, wie man zu sagen pflegt, also eigentlich gar nicht erzogen wird. Solche Kinder lernen zwar die Schuld- und Strafangst nicht kennen; aber der weitgehende Mangel an erlebter lebendiger Ordnung und der Ausfall an Führung kann die Angst vor den Möglichkeiten der eigenen Willkür mit sich bringen. Ein Übermaß an Freiheit und Ungebundenheit vermittelt zu wenig Orientierung und macht auch nicht angstfrei.

Die Hilfe gegen die Angst des zwanghaften Menschen liegt im Wagnis selbstverantwortlicher Entscheidung, die nichts ungeprüft übernimmt, nur weil man es so gelernt hat.

Nach dieser Zeit, in der das Kind sich aus der engen Mutterbindung lösen und selbständiger werden sollte, muß es nun lernen, mit der neu gewonnenen Selbständigkeit umzugehen. Mit dem Entdecken des Geschlechtsunterschiedes und dem rivalisierenden Sich-Messen mit anderen werden neue Ängste in ihm wach: die Angst vor der Begrenztheit seines Wesens, die Angst, sich neben anderen bewähren zu müssen, die Angst vor der Zukunft als einem Felde zu erfüllender Forderungen und Erwartungen.

Für diese neuen Entwicklungsschritte braucht das Kind Vorbilder, mit denen es sich identifizieren kann, besonders auch Vorbilder für seine eigene zukünftige Geschlechtsrolle. Die

Identifikation mit den elterlichen Vorbildern soll es dem Kind allmählich ermöglichen, ein Leitbild für sich selbst zu finden, das schließlich zur Identität mit sich selbst führt und zu einem gesunden Selbstwertgefühl. Das Kind will sich nun als Gesamtpersönlichkeit liebenswert erleben, auch als Geschlechtswesen. Der Wunsch, sich als liebenswert zu erfahren und zu fühlen, daß auch seine Liebe anderen etwas bedeutet, ist hier viel personaler und ganzheitlicher als in den früheren Phasen der Entwicklung. Damit konstelliert sich die Angst vor dem Erleben des eigenen Unwertes, vor dem Nichtliebenswertsein, mit den Abwandlungen dieser Angst als Angst vor der Blamage, vor dem Versagen, vor dem Nicht-Können und vor Gefühlen der Minderwertigkeit, die alle auf dem Boden des Sich-nicht-angenommen-Fühlens erwachsen. Im weiteren Leben können diese Ängste als Lampenfieber, Prüfungsangst und als Angst vor der Hingabe oder vor eroberndem Werben sich fortsetzen, als Angst vor rivalisierender Auseinandersetzung mit anderen. Die zentrale Angst ist also hier die vor dem Erleben des eigenen Unwertes, die nun nicht als Abgelehntwerden wegen nicht erfüllter Forderungen oder Gebote erlebt wird, sondern als den gesamten Selbstwert betreffend, das ganze Sein in Frage stellend. Dies macht die Intensität der Angst bei den Menschen verständlich, die zum hysterischen Strukturkreis gehören.

Bei ihnen ist aus verschiedenen Gründen die Identifikation mit gesunden elterlichen Vorbildern nicht geglückt. Mehr als in den Vorphasen ist nämlich in dieser Zeit die Reife der Eltern für das Kind wichtig, weil es hier an ihnen überzeugende Vorbilder sucht und braucht. Es muß ihm reizvoll vorkommen, erwachsen zu werden, als eine lohnende und lockende Aufgabe erscheinen, in die Welt der Erwachsenen hineinzuwachsen. Ist die ihm vorgelebte Welt dagegen chaotisch oder überfordernd, fühlt es sich nicht angenommen, spürt es die Unechtheit der Eltern oder merkt, daß sie eine doppelte Moral haben und das, was sie ihm verbieten, selber tun, wird es Angst vor dem nun fälligen Reifungsschritt bekommen. Es kann dann die Eltern nicht ernst nehmen, oder wenn es sich trotzdem mit ihnen identifiziert, bekommt es zu wenig echte Möglichkeiten vorgelebt, wie man mit der Welt umgehen soll. Dann lernt es zwar, zu Hause eine Rolle zu spielen, die hier einigermaßen trägt, aber nicht mehr draußen in der Welt. Dann versucht es, in immer neuen Rollen sich zu behaupten: es spielt die Rolle dessen, der es sein möchte, ohne den soliden Untergrund dafür zu haben. Das erhöht aber seine Angst; denn sein ganzes Lebensgefühl baut so schließlich auf einer Unechtheit auf, was jederzeit zu einer Katastrophe führen kann.

Auf solcher Grundlage können wir die vierte Forderung des Lebens nicht erfüllen: das Annehmen der Notwendigkeiten und Gesetzmäßigkeiten, die zur Wirklichkeit unseres Lebens gehören. Aus Angst, durch sie festgelegt zu werden oder vor ihnen zu versagen, versucht man, sich ihnen zu entziehen in eine alles relativierende Unverbindlichkeit und Scheinfreiheit, oder man behält eine Wunschwelt bei, in der man weiter glauben kann, daß der Wunsch genügt, etwas werden zu wollen, um das Gewünschte zu erreichen, ohne dafür besondere Anstrengungen machen zu müssen.

Die Hilfe kann hier nur darin liegen, zur Identität mit sich selbst zu finden. Das hieße, seine Rollen abzulegen, sich nicht mehr mit Vorbildern aus seiner Kindheit nachahmend zu identifizieren oder mit Wunschbildern von sich selbst, sondern wirklich mit sich selbst, mit seinem eigentlichen Wesen und dessen Möglichkeiten und Grenzen. Denn das Ausweichen vor der Wirklichkeit, auch vor der eigenen, schafft eine Kluft zwischen Wunschwelt und Realität, die immer tiefer wird und damit die Angst verstärkt.

Die Angst vor der Bedrohtheit unseres Daseins in der Welt, die Angst vor Trennung und Verlust, die Angst vor Schuld und Strafe und schließlich die Angst vor der Bedrohtheit unseres Selbstwertgefühles und unserer Identität – das sind die Grundängste, die unvermeidlich zu unserer menschlichen Existenz gehören. Wir alle machen in den Entwicklungsjahren der Kindheit unsere ersten Erfahrungen mit diesen Ängsten. Ihre Intensität und ihre Verarbeitungsmöglichkeiten hängen sehr entscheidend von unseren frühkindlichen Erfahrungen ab. Je nach den Lücken und Erschwerungen in unserer Entwicklung werden wir für bestimmte Ängste besonders, für andere weniger anfällig sein. Aber als Erwachsene haben wir, im Vergleich mit dem Kinde, viel mehr Fähigkeiten zur Angstbewältigung und Angstüberwindung: Erkenntnis und Wissen, Hoffnung und Glauben, Mut und Verantwortungsbereitschaft, Können und Wahrhaftigkeit vermögen wir gegen die Angst zu mobilisieren. Und wir können es lernen, die Angst in kleinen Teilschritten zu überwinden, in einem Lern- und Übungsvorgang, bis wir stark genug geworden sind, uns auch mit größeren Ängsten auseinanderzusetzen.

Ein Leben ohne Angst gibt es nicht im Bereich des Menschlichen. Aber die Angst hat nicht nur einen bedrückenden und quälenden Aspekt, sondern sie enthält auch immer einen Reifungsimpuls: Der Mut, etwas neu zu wagen, sich der Angst zu stellen, läßt uns neue Erfahrungen mit uns selbst und mit der Welt machen und gibt uns die Chance, unsere Kindheitsängste zu überwinden. So kann Angst zum Antrieb für neue Entwicklungen werden, und das scheint uns ein tröstlicher Aspekt zu sein, wenn sie auch damit nicht aus der Welt geschafft ist. So viel ist sicher, daß das fortgesetzte Ausweichen vor einer Angst keine Hilfe ist – sie staut sich dann nur um so intensiver in uns auf.

Was wir aber aus diesen Überlegungen lernen können: eine gesunde Erziehung kann uns später viel Ängste ersparen. Dafür sollten Eltern und Erzieher mehr darüber wissen, was für das Kind in den ersten Lebensjahren unbedingt notwendig ist, welches Verhalten, welche Unterlassungen oder Einschränkungen bei ihm Ängste setzen, die vermeidbar sind. Würden uns die vermeidbaren Ängste wirklich erspart, wäre schon sehr viel gewonnen. Denn auf einer gesunden Basis hat der Mensch die Kraft, mit den Ängsten seines Daseins fertig zu werden. Nur bei schweren Störungen in unserer frühen Kindheit können sie später unerträgliche Formen annehmen, so daß wir sie allein nicht mehr bewältigen können, sondern therapeutische Hilfe brauchen. Indessen kann schon das Wissen, daß große Ängste, die in keinem Verhältnis zur wirklichen Situation stehen, mit Sicherheit aus der Kindheit stammen, eine Hilfe bedeuten. Sie sind dann nicht mehr so irrational und unverständlich, sondern verstehbarer geworden. Und dieses Wissen vermag uns vielleicht den Mut und den Glauben zu geben, mit der Angst fertig werden zu können, weil wir ja nicht mehr das hilflose Kind von damals sind, das seiner Angst ohnmächtig ausgeliefert war. Wir haben inzwischen Kräfte und Fähigkeiten entwickelt, die wir nur anzuwenden brauchen, um allmählich das Lähmende und Erdrückende der Angst zumindest aufzulockern und zu erleichtern. Jede Angstbewältigung ist ein kleiner Sieg, der uns stärker macht. Oft brauchen wir nur die Angst bewußt anzusehen, damit sich das Gefürchtete klarer erkennen läßt, das durch das Wegblicken aus Angst vor der Angst uns viel bedrohlicher erscheint als es meist ist.

Theodor Seifert
Archetypen

Neben Sigmund Freud hat vor allem Carl Gustav Jung mit seinen Forschungen zum menschlichen Verhalten und den Arbeiten zur Behandlungstechnik die Entwicklung der Tiefenpsychologie maßgeblich beeinflußt. Der Begriff „Archetypus" wurde von ihm eingeführt und stellt heute eines der grundlegenden Konzepte der von ihm entwickelten analytischen Psychologie dar. Der damit umschriebenen Fülle menschlichen Erlebens und Verhaltens hat er vielleicht den größten Teil seiner Lebensarbeit gewidmet und mit immer neuen Gesichtspunkten versucht, diesen Ansatz zu vertiefen und genauer darzustellen. Eine abschließende Theorie hat Jung darüber nicht vorgelegt, dazu sah er die Zeit noch längstens nicht gekommen. Seine diesbezüglichen Gedanken wurden zum Teil gar nicht, zum Teil falsch verstanden. Das lag einmal an der besonderen Schwierigkeit des Forschungsgebietes, zum anderen aber daran, daß eine Wissenschaft vom menschlichen Verhalten vor etwa fünfzig Jahren nur in ersten Ansätzen vorhanden war. Jung teilt bis heute das Schicksal der Forscher, die mit ihren Ideen neue Wege öffnen und sich nicht der gewohnten Sichtweisen bedienen.

Was versteht man nun unter „Archetypen"? Schon das Thema dieses Beitrags deutet an, daß es nicht einen, sondern eine heute noch nicht genau bekannte Vielzahl solcher Archetypen gibt. Jung versucht mit diesem Konzept, die „Menschenart des Menschen, die spezifisch menschliche Form seiner Tätigkeiten" zu beschreiben, die Voraussetzungen des Menschseins, denen keiner entgeht. Er grenzt damit eine allen Menschen gemeinsame und artgemäße Basis des Verhaltens von anderen Faktoren ab. Erst auf dieser Grundlage ist es überhaupt möglich, von eigentlich menschlichem Verhalten und Erleben, von einer menschlichen Psychologie zu sprechen. Diese Basis, man könnte sie auch eine Vorprogrammierung unseres Verhaltens nennen, erscheint bei aller Verschiedenheit der Einzelschicksale im Leben jedes Menschen wieder.

Die analytische Psychotherapie stützt sich in ihrem Verständnis der neurotischen Fehlentwicklungen und Erkrankungen wesentlich auf derartige Erkenntnisse. Es zeigt sich immer wieder, daß Neurosen ein Scheitern in bestimmten, allgemein menschlichen Lebenssituationen darstellen. Dem einzelnen gelingt es dabei nicht, die nötigen Reifungsschritte zu vollziehen, sich aus alten Gewohnheiten herauszulösen, weil er aus vielerlei Gründen nicht über die notwendigen Voraussetzungen verfügt. Der Abiturient, der nach bestandener Prüfung erkrankt und sein Studium nicht aufnehmen kann, die junge Frau, die ihre Ehe nicht zu vollziehen vermag, das Kind, das mit der Geburt eines Geschwisterchens nicht fertig wird, der Vierzigjährige, der sich traurig vom Leben zurückzieht, weil er keine beruflichen Aufstiegsmöglichkeiten mehr sieht, alle, die spüren, daß ein neuer Anfang nötig wäre, ein neuer Weg gesucht werden müßte, ohne aber Kraft und Mut dazu zu finden: sie alle scheitern in diesen in jedem Leben wiederkehrenden Schwellen und Krisensituationen, mit denen Jung sich in seinen „Archetypen" beschäftigt.

Der einzelne stellt, oft mit Erschrecken, fest, daß er einem unausweichlichen Gesetz menschlichen Wachstums unterliegt; sein Sträuben, wie verständlich und begründet es auch sein mag, führt ihn in Sackgassen oder Verwicklungen, die aus der Lebensgeschichte jedes neurotisch Erkrankten genug bekannt sind. Wir sind in viel höherem Maße, als es uns schmeichelt, „Objekte von Faktoren", die wir lieber nicht zur Kenntnis nehmen. Da aber, ich zitiere Jung, „Unwissenheit keine Sicherheit verbürgt, sondern im Gegenteil die Unsicherheit noch vermehrt, so ist es wohl besser, trotz aller Scheu um unsere Bedrohtheit zu wissen. Richtige Fragestellung bedeutet schon die halbe Lösung eines Problems". So ist es unter Umständen gar eine Schicksalsfrage, etwas über diese Kräfte der Psyche zu wissen. Sie können in den eben beschriebenen Notlagen als heilsame Einfälle oder Impulse aus dem Unbewußten auftreten, aber auch als gefährliche Ideen oder Handlungszwänge erscheinen, wenn sie konsequent übersehen oder verleugnet werden.

Wie können wir nun wissen, welche archetypischen Faktoren unserem Verhalten zugrunde liegen? Dazu gibt es neben dem persönlichen Erleben des einzelnen viele Zugänge, wenn auch zum Teil noch ungewohnte. Jung, der über ein umfassendes kulturgeschichtliches Wissen verfügte, fiel es schon bei der Analyse von Phantasien und Bildern sogenannter Geisteskranker auf, daß sich erstaunliche Parallelen zu bekannten Kulturdokumenten wie Mythen und Märchen oder Riten der Naturvölker finden ließen. Nebenbei sei erwähnt, daß Jung einer der ersten war, der die Sinnzusammenhänge in den damals meist als Unsinn betrachteten Ideen der Geisteskranken und damit sinnvolle Beziehungen sowohl zur persönlichen Lebensgeschichte des Patienten als auch zu allgemeinen menschlichen Verhaltensformen sah. Bei der Beschäftigung mit diesem Material kam ihm erstmals die Idee eines allem Persönlichen zugrundeliegenden kollektiven Verhaltens bzw. solcher Verhaltensmöglichkeiten, die sich vielleicht nicht in jedem Leben realisieren. Er bezeichnete diese zusammenfassend als das „kollektive Unbewußte", im Gegensatz zum „persönlichen Unbewußten", das die verdrängten Szenen der persönlichen Lebensgeschichte umfaßt. Doch nun zurück zu den Quellen: Das vielzitierte „Buch der Geschichte" ist hier an allererster Stelle zu nennen. Es zeigt am ehesten, wie Menschen sich zu allen Zeiten verhalten, wovon sie geträumt, worum sie gebangt haben. Im einzelnen ist es zum Beispiel das Studium der Völkerkunde, das uns Aufschlüsse über die mit dem Archetypus erfaßten Grundtendenzen des Verhaltens gibt. Jung gehört hier zu den Pionieren einer Erforschung „des Menschlichen" jenseits aller Kulturen und Geschlechter. Aufgrund bitterer geschichtlicher Erfahrungen und akuter Bedrohung ist uns heute diese Frage nach dem allgemein Menschlichen ein viel drängenderes Problem. Die Popularität der Verhaltensforschung ist dafür ein Indiz. Wie diese vom biologischen und tierischen Verhalten herkommt, so könnte man den mit Archetypus beschriebenen Ansatz der Verhaltensforschung als eine aus der menschlichen Geschichte sich herauskristallisierende Theorie des menschlichen Verhaltens bezeichnen.

Mythen und Märchen, religiöse Kulte, Glaubensinhalte und Dogmen stellen eine weitere wichtige Quelle für die Erforschung der Archetypen dar. Daß es sich bei diesen von der Mythologie und der vergleichenden Religionswissenschaft beschriebenen Phänomenen um verschiedene, und zwar über die Jahrtausende hinweg sich erhaltende Formen menschlichen Verhaltens handelt, wird von der Psychologie, die sich doch als Lehre vom Verhalten versteht, meistens übersehen. Jung interessierte sich dabei nicht dafür, ob die Idee eines „göttlichen Kindes" wahr ist, ihn interessierte es vielmehr, daß sie in vielen Kulturen in ähnlicher Form immer wieder auftaucht und dabei von ganz bestimmten Glaubensvorstellungen, Hoffnungen und Erlebnissen begleitet ist. Aus diesem Verhaltenskontext eines archetypischen Bildes, aus dem, was Menschen damit taten und wie sie es verstanden, läßt sich einiges über die damit verbundene psychische Dynamik, aber auch über die unbewußte kollektive Struktur des Verhaltens oder der Psyche ablesen. Und genau das ist das Anliegen. Diese Tatbestände faßte Jung im „Archetypus des Göttlichen Kindes" zusammen. Damit hat er aber nicht nur einen theoretischen Beitrag zum Verständnis menschlichen Verhaltens im allgemeinen, sondern auch und vor allem zum Verständnis individuellen Materials, wie es zum Beispiel die Träume darstellen, geleistet. Hierzu ein Beispiel: Ein Analysand träumte, er zeige seiner Mutter und ihren Bekannten eine Kirche, die diese entweder nicht beachtet oder nicht gefunden hatten. In dieser Kirche fand eine Hochzeit statt, an der auch frühere, von ihm sehr bewunderte Studienkollegen der Theologie zugegen waren. Das Paar gab dem Träumer augenzwinkernd zu verstehen, daß mit der Hochzeit etwas schon längst Bekanntes legalisiert werden sollte. In dem Augenblick sah er ein prächtiges Baby, das ihn sehr beeindruckte.

Sein spontaner Kommentar zu dem Traum war: „Der Traum, der war eine Erleichterung." Eine vielfältige persönliche Spannungslage hatte sich gelöst, so fühlte er es wenigstens noch vor jeglicher Deutung des Traumbildes. „Das Kind war geboren", könnte man auch sagen. Ein neues Lebenszentrum zeigte sich, um das er insgeheim offenbar schon längst wußte, es sich aber noch nicht zugeben wollte. Vorher als sehr zentral erlebte Menschen, wie seine Mutter und die bewunderten Studienkollegen, werden zu Randfiguren dieser neuen Mitte, bei der sich auch vorher Auseinanderliegendes in einer Hochzeit vereinigt. Zentrales und im Traum gewissermaßen krönendes Bild ist das Erscheinen des prächtigen Babys.

Von den vielen göttlichen und Heldenkindern, die die vergleichende Mythenforschung schon beschrieben hat, sei hier das unsere Kultur über Jahrhunderte hinweg zentrierende Göttliche Kind erwähnt, dessen wir als eines für viele noch lebendigen Symbols jährlich zu Weihnachten gedenken. Sie sehen an diesem Beispiel, wie archetypische Bilder die Grundlage einer ganzen Kultur, aber auch das Zentrum einer persönlichen Wandlung darstellen können.

Die Kenntnis dieser allgemeinen Bedeutung des Kindesmotivs ermöglicht ein vertieftes Verständnis der Bedeutung des Traumbildes und erlaubt die Einordnung des Analysanden in Zusammenhänge, die ihm nicht mehr zugänglich waren. Das aber ist ein wesentlicher Teil des Heilungsvorganges, Bezüge wieder herzustellen, die unterbrochen waren, Kräfte wieder zu erleben, die verloren schienen. Die Lebensproblematik sehr vieler Menschen, vor allem mit Beginn der Lebensmitte, könnte allgemein mit solch einem Traum beschrieben werden, ihre Suche nach einem Kern, nach einem neuen Angelpunkt des Lebens. Nicht ohne Grund werden gerade Kinder zu zentralen Symbolen des Lebens. Deshalb ist vom Psychotherapeuten auch zu fordern, daß er über entsprechende geisteswissenschaftliche Erkenntnisse verfügt, denn, so Jung, „je tiefer man geht, desto breiter wird das Fundament". Eine Neurosentheorie ist zu wenig, um den Menschen zu verstehen, denn „... dieses medizinische Wissen hat bloß Kenntnis von einer Krankheit, weiß aber nichts von der Seele, die krank ist".

Der eben erwähnte „Archetypus des Göttlichen Kindes" zeigt auch, wo die häufig beobachteten Verständigungsschwierigkeiten im Hinblick auf den Archetypus liegen. Jung hat es immer vorgezogen, im Bild zu bleiben, vor allem wenn es um Archetypisches geht. Er mutet seinem Leser damit erhebliche eigene Arbeit zu. Er bringt häufig keine dem Intellekt oder dem wissenschaftlichen Verständnis entgegenkommende Übersetzung in eine psychologische Theorie. Natürlich ließe sich jeder bisher beschriebene Archetypus in eine im wissenschaftlichen Rahmen gebräuchliche Sprache übersetzen. Doch ist zu fragen, was damit wirklich gewonnen wäre, wenn wir ein Unbekanntes von einer Bildersprache in eine andere, zudem noch sehr abstrakte und künstliche übersetzen. Jedenfalls kann man den Standpunkt vertreten, daß die sich seit Jahrtausenden herauskristallisierenden großen Bilder mindestens ebensoviel Informationswert über menschliches Erleben und Verhalten haben wie die Begriffe der heutigen Wissenschaft. Das hat häufig zu dem

Vorwurf der Unwissenschaftlichkeit geführt. Der interessierte „Nicht-Psychologe", dem dieser Beitrag und dieses Buch gelten, sollte sich jedoch von solchen Vorurteilen nicht abhalten lassen, tiefer in die Materie einzudringen.

In den Bemerkungen zu dem dargestellten Traum waren schon Hinweise auf die für die analytische Psychologie charakteristische Deutungs- und damit auch Behandlungstechnik enthalten. In den Phantasien, Einfällen und Träumen der Patienten, auf die in der Psychotherapie im wesentlichen zurückgegriffen wird, tauchen Motive auf, die nicht nur aus der persönlichen Psychologie und Lebensgeschichte des einzelnen verstanden und gedeutet werden können. Neben dem sogenannten persönlichen Kontext, dem persönlichen Assoziationsrahmen zu einem Bild, benötigt der Analytiker den allgemeinen Deutungsrahmen dieses Bildes. Dazu muß er aber wissen, welche Bedeutung zum Beispiel den Gestalten des Königs oder des Helden von den Menschen im allgemeinen zuerkannt worden ist. Diese Betrachtungsweise vorausgesetzt, enthält das Traumbild neben Hinweisen auf die jeweilige Situation des Träumers auch solche, die über die Enge seines oft infolge der Neurose erheblich eingeschränkten Lebens hinausweisen und – das ist jetzt das Entscheidende – neue, vom Patienten bisher noch nicht ge- oder erlebte Seiten seines Wesens anrühren und Zugänge zu bisher fehlenden Verhaltensweisen und -möglichkeiten eröffnen. In diesem Sinne stößt jede einen Archetypus einbeziehende Deutung des Traumes auf gesundes psychisches Material. Die durch die neurotische Fehlentwicklung hervorgerufenen Lücken im Verhaltensinventar können auf diese Weise langsam ergänzt werden. Man kann auch sagen, daß sich mit dem archetypischen Motiv die progressiven Lebenskräfte des einzelnen konstellieren und die Einseitigkeiten seines Lebens ausgleichen helfen. Diesen Vorgang bezeichnet man als archetypische Kompensation. Man kann immer wieder beobachen, daß auf bisher ungeklärte Weise und zunächst in symbolischer Form von innen her gerade jene Verhaltensanteile bereitgestellt werden, die zur Überwindung der Notlage und der Krankheit erforderlich sind. Jung hat diesen Prozeß als Selbstregulierung der Psyche bezeichnet.

Das läßt sich bei analytischen Kinderbehandlungen, Sandspielen oder im bildnerischen Gestalten besonders deutlich aufzeigen. In immer neuen Varianten sucht zum Beispiel der kleine Patient das zerstörte Mutterbild wiederherzustellen und damit sein Vertrauen ins Dasein wiederzugewinnen. Die Mutter stellt eben mehr dar als die Frau, die uns geboren und über die Entwicklungsjahre begleitet hat. Trotz aller von ihr ausgehenden Prägungen, deren Bedeutung hier in keiner Weise unterschätzt werden soll, ist sie auch die erste Trägerin archetypischer Bedürfnisse und Vorstellungen. Das zeigt sich unter anderem daran, daß sie häufig eine Verehrung genießt, die eigentlich nur Göttern zukommt. Entsprechend stark sind die magischen Bindungen, die von dieser so besetzten Gestalt ausgehen. Die Ablösung solcher mit Recht von Schultz-Hencke als Riesenansprüche bezeichneten Bedürfnisse ist meines Erachtens ohnehin nur unter Einbeziehung dieses sogenannten „Mutterarchetypus" – und damit wäre ein weiterer Archetypus benannt – möglich. Die sehr tief gehende Enttäuschung an einer Mutter, die ihr Kind nie liebkost und nie umarmt hat, kann nur der ermessen, der das Leid und die Einsamkeit dieser Menschen gesehen oder es selbst erfahren hat. Dahinein die Forderung zu stellen, auf infantile Wünsche zu verzichten, wie es in der nüchternen Therapeuten-Sprache heißt, klingt fast wie Hohn. Worauf soll der auf diese Weise Geschädigte denn zurückgreifen, wie diese Forderung erfüllen? Worauf zu verzichten ist, sind die Erwartungen an die Außenwelt, die beim Erwachsenen in vielen Fällen durch den Ehepartner vertreten wird. Er sollte die Mutter ersetzen, und dabei können sich nur die alten schmerzlichen Enttäuschungen wiederholen. Worauf nicht verzichtet werden muß, ist das Mütterliche als einer menschlichen Grundverhaltensweise, das jeder in sich trägt und dem er in seinem Inneren wieder begegnen kann. Es mag paradox klingen, aber auf der Stufe der erwachsenen und autonomen Persönlichkeit muß ich mir selber Mutter sein können, richtiger, muß ich Zugang zu dem Mütterlichen als einem inneren Gegenüber, einem inneren Objekt, wie man auch sagt, finden. So kommt es zu dem in den verschiedenen Formen und Kulturen immer wieder beschriebenen Zwiegespräch mit der eigenen Seele. Die Analyse ist nur eine Kunstform dieses seit Jahrtausenden bekannten inneren Dialogs. Schon immer hat der Mensch um diese Möglichkeit, sich zu den Grundkräften seiner Seele in Beziehung zu setzen, gewußt. Die Bedeutung dieser Möglichkeit für die persönliche und kollektive Psychohygiene kann gar nicht überschätzt werden. In diesen Zusammenhang gehört die von Jung entwickelte und heute mehr denn je benötigte Technik der „aktiven Imagination", mit deren Hilfe jene inneren Bilder wieder hervorgerufen und der Umgang mit ihnen erlernt werden kann. Nicht nur im passiven

Erleben des Traumes ist diese Beziehung zum eigenen Inneren möglich, sie kann als aktive Handlung des Ich für die persönliche Entwicklung eine wichtige Rolle spielen. Die moderne Computersprache nennt das ein „Abrufen von Programmen", und genau darum handelt es sich: um ein Abrufen archetypischer Verhaltensmöglichkeiten. Oder, wie Jung es ausdrückt: „Die archetypische Struktur des Unbewußten entspricht den durchschnittlichen Vorkommnissen und dem allgemeinen Ablauf der Dinge. Die dem Menschen zustoßenden Veränderungen sind nicht von unendlicher Mannigfaltigkeit, sondern stellen Varianten gewisser Typen des Geschehens dar. Die Anzahl solcher Typen ist beschränkt. Tritt nun eine Notlage ein, so wird ein dieser Notlage entsprechender Typus im Unbewußten konstelliert... Wenn er ins Bewußtsein übertritt, so wird dies als Erleuchtung und Offenbaruung oder als rettender Einfall empfunden."

Man mag sich daran stoßen, daß immer wieder von archetypischen Bildern oder archetypischen Symbolen gesprochen wird. Jedem, der die Literatur studiert, wird das auffallen. Das hat zunächst historische Gründe, da die ersten Arbeiten zu diesem Thema von mythologischen Bildern ausgingen, die bei verschiedenen Völkern und in verschiedenen Kulturepochen nachweisbar sind. Es kommt aber ein weiterer und viel gewichtigerer Grund hinzu, der von weittragender erkenntnistheoretischer und praktischer Bedeutung ist: Jung ist der Meinung, daß „die Seele den physikalischen Vorgang in Bilderfolgen übersetzt". Das heißt aber nichts anderes, als daß der Mensch sowohl der äußeren wie seiner inneren Welt in Form von Bildern begegnet. Wie die „hinter" diesen Bildern liegende Realität aussieht, darüber können wir uns schlechterdings keine Vorstellungen machen. Dieser Aspekt menschlicher psychischer Tätigkeit spielt in der modernen psychologischen Forschung eine hervorragende Rolle: es werden Selbstbilder, Fremdbilder, Partnerbilder untersucht, und damit wird eine Möglichkeit der Objektivierung psychischer Prozesse geschaffen. Die analytische Psychologie nun untersucht kollektive Mutterbilder, Heldenbilder, Götterbilder, Tierbilder, Sonnenbilder, ja überhaupt die bildmäßige Repräsentanz offenbar sehr wesentlicher Erlebnisbereiche und versucht, die dazu gehörigen Vorstellungen und Erlebnisformen zusammenzustellen. Es ist ebenfalls eine allgemeine Beobachtung, daß diese archetypischen Bilder in der Regel eine faszinierende, numinose, begeisternde und den Menschen alterierende Wirkung haben. Sie werden verehrt, ihnen werden

Wirkkräfte zugeschrieben, die unter Umständen die Welt verändern können, sie werden in Form von Stammeslehren und als heilige Tradition eines Volkes weitergegeben. Jedes Volk hat seine Symbole, seine Fahne, seine Helden, die es verehrt, hat seine Glaubensinhalte, die ihm höchstes Gut sind, mögen sie auch inhaltlich sehr verschieden sein. In diesem Sinne handelt es sich bei den Archetypen offensichtlich um psychische Kraftfelder, die erhebliche Breitenwirkung haben können. Werden große Menschengruppen von solchen Bildern ergriffen, entstehen die aus der Geschichte bekannten Massenbewegungen, die die individuelle Entscheidungsfähigkeit einschränken und den Menschen auf die kollektive Verhaltensgrundlage reduzieren. Diese Kräfte sind, wie die Geschichte zeigt, in den großen Bildern der Menschheit, wie man die Mythologeme auch nennen kann, gebunden und zugleich sehr wirksam. Aber, so Jung, „der Verlust der ewigen Bilder ist wahrlich keine Kleinigkeit für den einsichtigen Menschen. Da es aber unendlich viel mehr uneinsichtige Menschen gibt, so nimmt anscheinend niemand davon Notiz, daß jene im Dogma ausgedrückte Wahrheit in nebelhafter Ferne verschwindet, und niemand scheint etwas zu vermissen. Der Einsichtige weiß und fühlt es, daß seine Seele bekümmert und beunruhigt ist ob des Verlustes einer Sache, welche die Lebensessenz seiner Ahnen war. Der Uneinsichtige vermißt nichts und entdeckt erst durch die Zeitung (und dann viel zu spät) beängstigende Symptome, die nun wirklich außen sind, weil man sie zuvor bei sich selbst nicht wahrgenommen hat, wie man ja auch die Gegenwart des Symbols nicht gemerkt hat."

Lassen Sie mich nach diesen Überlegungen noch einmal auf ein Beispiel zurückgreifen. Ein fünfundvierzigjähriger Mann, der sich aufgrund einer ihm ausweglos erscheinenden Lebenssituation einer Analyse unterzieht, träumte: „Ich befinde mich wieder an der Meeresküste. Es ist Nacht. Mit einem Freund steige ich ins Wasser, um zu baden. Es ist ein wunderbares Gefühl! Wir schwimmen zusammen ein Stück hinaus, und dann merke ich, daß das Wasser eine deutliche Strömung hat – es ist offenbar ein Fluß, der sich zum Meer hin öffnet. Ich überlasse mich der Strömung . . ." Der weitere Verlauf des Traumes stellt mit seinen Komplikationen wieder die Verwobenheit der menschlichen Grundsituation mit den persönlichen Ängsten und Sicherheitsbedürfnissen dar, damit auch den für eine Behandlung immer wichtigen aktuellen Konflikt des Träumers, in diesem Fall den Konflikt zwischen seinem Zögern und dem notwendigen Wagnis.

Diese Thematik ist nun, wie Ihnen bekannt sein wird, der Inhalt vieler Märchen. Der Held des Märchens, oft verkannt und vielen Schwierigkeiten unterworfen, begibt sich auf die große Wanderung, die ihn durch Länder und über Meere führt. Er findet Freunde, oft in hilfreichen Tieren, die ihm in den entscheidenden und bedrohlichen Situationen beistehen. Dabei geht es um das Gewinnen einer neuen Kraft, die dem alternden König das Leben in Form des Lebenswassers zurückgeben soll. Im „Der arme Müllersbursche und das Kätzchen“ handelt es sich um ein gutes Pferd, das die Söhne des alten Müllers nach Hause bringen soll. Im isländischen Märchen „Tritil, Litil und die Vögel“ geht es um das Wiederfinden der verschwundenen, einzig geliebten Tochter eines Königs und einer Königin. Meist sind es drei Söhne, die sich auf die Wanderschaft begeben, aber nur der dritte zeigt sich bereit, scheinbar absichts- und ziellos dem ihm Begegnenden zu folgen. Er nimmt die kleinen Männlein oder die hungernden Tiere am Wegesrand wahr oder bleibt bei der zu Boden gefallenen Feder traurig sitzen, während seine beiden Brüder im Grimmschen Märchen „Die drei Federn“ zielstrebig nach Osten und Westen wandern. Die Gesamtheit der Märchen bietet so etwas wie ein Grundgerüst menschlichen Verhaltens dar, in ihnen zeigt sich „der Mensch“, unabhängig von den individuellen Bedingungen seines Daseins. Aus ihnen kann nicht nur der Psychologe etwas über die allgemeine Grundlage unseres Lebens in der Welt lernen. Deshalb ist es nicht verwunderlich, daß gerade die Märchen als Quelle zum Verständnis archetypischer Prozesse herangezogen werden. Und deshalb wird in der tiefenpsychologischen Ausbildung gefordert, daß der Studierende nicht nur das persönliche Material seines Patienten, sondern auch Märchen und Mythen in ihrem persönlichen Gehalt versteht.

Oft ist es nicht ein einziger Traum allein, sondern die erstaunliche Hartnäckigkeit einer Motivserie, die dem Betroffenen das Gefühl eines tragenden Grundes und steuernder Kräfte vermittelt. Die sprachlichen Formulierungen unterscheiden sich in diesen Fällen kaum von den aus allen Religionen bekannten Beschreibungen, so daß diese Erfahrungen im weitesten Sinne auch als religiös bezeichnet werden könnten. Es ist, als ob aus einem „Jenseits“, nämlich dem Jenseits des hilf- und machtlosen Bewußtseins, neue Kräfte einströmen. Der Ausdruck „einen Ein-Fall haben“ beschreibt dieses Phänomen sehr gut. In früheren Zeiten sprach man noch von „allen guten Geistern“, die einen entweder verlassen oder schützend umringen. Es ist unsere wissenschaftliche Errungenschaft, aber auch unser Schicksal, jetzt alle jene Kräfte als Seiten der eigenen Psyche in uns wiederzufinden, die wir jahrtausendelang als Kobolde, Götterfiguren, Elfen oder Meerjungfrauen außer uns wähnten und in Feld und Wald sich tummeln sahen. Einer konsequenten empirischen Betrachtung stellt sich damit aber auch neu die Frage nach Gott und Teufel in uns, und zwar – mag es auch paradox klingen – in einer wissenschaftlichen Form und Präzision. Daß damit gleichzeitig noch gänzlich unübersichtliche Grenzstationen wissenschaftlichen Fragens erreicht werden, bedarf kaum besonderer Erwähnung. Es läßt sich nachweisen, daß die die innere psychische Ganzheit des Menschen darstellenden Symbole, unter denen Kreise und Vierheiten, symmetrische Gebilde wie Mandalas eine besondere Rolle spielen, in gewissen Religionen gleichzeitig Gottesbilder darstellen und als solche verehrt werden. Für unseren Kulturkreis erinnere ich nur an die Vierheit des Kreuzes, eines unserer heiligsten Bilder. Diesem Sachverhalt versuchte Jung dadurch gerecht zu werden, daß er von einem „Archetypus des Gottesbildes" sprach, wohl bewußt, in welch problematisches Gebiet der Forschung er damit als Empiriker vordringt. Er versucht damit, den Sachverhalt zu fassen, daß dem Menschen bei dem Weg ins eigene Innere sehr häufig diese Bilder begegnen. Es wäre völlig verfehlt, hier von religiösen Spekulationen oder einem Religionsersatz zu sprechen. Es ist die Komplexität menschlichen Verhaltens, die die Nähe solcher Phänomene zeitigt. Der Forscher kann sie nur beschreiben, erklären kann er sie kaum. Für das Verständnis seiner Kritiker dringt Jung damit wieder für seine Zeit zu weit vor, wie schon einmal mit der Formulierung des kollektiven Unbewußten, noch ehe jemand von einer Verhaltensforschung sprach. Das Konzept des Archetypus führt aber, konsequent empirisch weiter verfolgt, mit Notwendigkeit bis in diese Bezirke hinein, die zu den zentralen Anliegen des Menschen gehören.

Es ließen sich noch viele Archetypen darstellen, etwa der des Schattens, des Helden, des alten Weisen, des großen Vaters, des Selbst usw. Wir müssen aber hier abbrechen, und ich darf Sie auf die einschlägige Literatur verweisen, in der Hoffnung, Ihnen einen Eindruck davon vermittelt zu haben, welch zentrale Fragen menschlichen Verhaltens und Erlebens mit dem Begriff „Archetypus" umschrieben, damit der wissenschaftlichen, aber insbesondere auch der persönlichen Reflexion zugänglich gemacht worden sind.

René A. Spitz
Beziehung

Durch den Namen meines Lehrers Freud werden der Sinn, der Standort und die Grenzen des Begriffes unseres Themas als zwischenmenschliche Gegenseitigkeitsbeziehung gegeben. In diesem Sinne werde ich ihn in meinen Ausführungen verwenden. Dennoch bleibt der Begriff noch immer ein so weiter und umfassender, daß wir uns heute, entsprechend unserem genetischen Zugang, auf die Naturgeschichte der Entstehung von Beziehungen während der ersten achtzehn Lebensmonate beschränken müssen.

Warum gerade diese Zeitspanne? Weil in diesen achtzehn Monaten der Bauplan und die ersten Fundamente der individuellen Persönlichkeit in ihrer Einmaligkeit niedergelegt werden. Mit achtzehn Monaten beginnt der werdende Mensch mit sich selbst Bekanntschaft zu machen; nun setzt er sich, neugierig und aktiv, auch mit der Umwelt in Beziehung.

Für den Riesenschritt vom hilflosen Neugeborenen ohne Bewußtsein und Wahrnehmung zur scharf individuellen Persönlichkeit scheinen achtzehn Monate eine kurze Zeitspanne. Aber unsere vier Säuglingsforschungs- und Studiengruppen an der

Universität von Colorado bewiesen in zehnjähriger Experimentalarbeit für einen Persönlichkeitssektor nach dem andern, daß das Entscheidende und Individuelle bereits mit drei Monaten unterschieden werden kann. Überdies berichtete uns jüngst ein japanischer Kollege, der dort, parallel mit unseren Gruppen, Säuglingsforschung betreibt, daß bei etwa sechshundert von ihm beobachteten Neugeborenen das Verhalten in den ersten zwei Lebenswochen sich in keinerlei Weise vom Verhalten gleichaltriger amerikanischer Neugeborener unterschied; aber schon nach drei Monaten zeigten diese sechshundert japanischen Babys das kulturcharakteristische Verhalten, welches den japanischen Säugling unverkennbar vom amerikanischen unterscheidet.

Es folgt daraus, daß der Umwelteinfluß der Außenweltbeziehungen schon mit der Geburt anfängt.

Die Entbindung selbst ist ja das entscheidende Ereignis, das die körperliche Einheit von Mutter und Kind mit einem brutalen Schlage beendet. Nun wird das körperliche Band der Nabelschnur in rasch steigendem Maße durch die Entwicklung der Beziehungen ersetzt. Vor der Geburt war alles nur körperlich. Nach dem ungeheuren Trennungsstrich der Geburt entwickeln sich langsam immer stärkere und maßgebendere psychische Funktionen. Es ist diese psychische Entwicklung, die durch die fortlaufenden gegenseitigen Beziehungen zwischen Mutter und Kind in Gang gehalten wird. Freilich, die Grundlagen dieser Beziehungen haben nichts an sich, was wir in der Alltagssprache als psychisch bezeichnen könnten. Im Gegenteil, diese Beziehungen beginnen höchst prosaisch. Sie betreffen die Vital-Bedürfnisse des Kindes – Trank, Speise, Wärme, Geborgenheit und anderes mehr. Wird das Gesamt dieser Bedürfnisse befriedigt, so entwickelt das Kind eine seelische Haltung, die wir mit den unzulänglichen Begriffen von Sicherheit und Zuversicht kennzeichnen können.

Und an diesem Punkte gerade führt die Realität einen dynamischen Faktor in die Beziehungen ein, der unbegrenzte Variationen schafft. Dieser Faktor ist die Versagung, die Frustration. Oft genug muß das Kind schreien, bis es das bekommt, was es braucht oder will. Und gerade dieses Schreien ist es, welches bei der Mutter eine Erwiderung auslöst, die weit tiefer geht als nur in das unmittelbar Bewußte. Als Beispiel gebe ich gerne eine von mir beobachtete Mutter an, die ihr Kind ein paar Tage früher abgestillt hatte und nun, als sie das Hungergeschrei des Kindes einer befreundeten jungen Mutter hörte, plötzlich an ihrer seidenen Bluse zwei dunkle Flecken bekam, die Folge des durch das Hungerschreien, also auf seelischem Wege, in Gang gesetzten Milchabsonderungsvorganges. Die Beziehung dieser Mutter zu ihrem Kind reichte also jenseits der Bewußtwerdung, der Wahrnehmung, in die unbewußten Tiefen ihrer Körperfunktion.

Auf der Gegenseite halten die Beziehungen des Kindes dieser Beziehung der Mutter die Waage. Freilich sind die zwei Partner dieses Zwiegespannes grundverschieden voneinander, ebenso wie auch die Natur ihrer Beziehung. Sie müssen es sein, denn sie ergänzen einander ja wie der Schlüssel das Schloß. Der eine Partner, das Neugeborene, hilflos, unfähig, nach der Entbindung außer Ausführung des Saugreflexes auch nur das geringste für sich zu tun. Seine gesamte Umwelt beschränkt sich auf eine einzige Person, auf seine Mutter. Ich habe daher die Mutter auch das „Umwelts-Ich" des Kindes genannt. Ohne dieses Umwelts-Ich, das ihm Hüter, Beobachter, Erhalter ist, würde das Neugeborene Minuten nach der Geburt zugrunde gehen. Das sofortige Eingreifen der anderen Hälfte dieser „Gruppe zu zweit", wie Freud diese Beziehung genannt hat, ist eine unabweisbare Notwendigkeit. Dieses andere Mitglied der Zweier-Gruppe ist die Mutter, und wie verschieden ist ihre Umwelt von der des Kindes. Im Gegensatz zum Kind vermag sie nicht nur sich selbst zu erhalten, sondern auch das Kind, und Erfüllerin seiner Wünsche und Bedürfnisse zu sein. Die vollkommene Hilflosigkeit des Neugeborenen muß durch das, was ich „Lebenstüchtigkeit für zwei" nennen möchte, ergänzt werden.

Selber hilflos, muß also der Säugling den Partner zu Hilfe rufen, und zwar mit einem Signal. Dieses Signal wird wohl meistens das Schreiweinen des Säuglings sein. Die Mutter freilich muß bereit sein, dieses Signal zu empfangen. Ein Beispiel davon erzählte ich vorhin; aber wie rasch sie auch auf das Signal des Säuglings reagieren mag, er wird eine geraume Weile leiden müssen, ehe sein jeweiliges Bedürfnis befriedigt werden kann.

Solche Frustrationen geben dem Säugling den Anreiz zur Entwicklung in zwei Richtungen: erstens zwingen sie ihn zur Aktivität, um sich durch Zufallsänderungen seines Verhaltens vom Leiden zu befreien. Andererseits entwickelt das Baby eine Toleranz der Frustration. Diese Toleranz macht den notwendigen Aufschub der Bedürfnisbefriedigung besser tragbar. Denn bei der Geburt ist das Neugeborene unfähig, auch nur eine Sekunde zu warten. Das kündet schon der Geburtsschrei. Die Einschaltung eines Aufschubes dieser Reaktion wird mit der

Zeit erlernt, dieser Aufschub ermöglicht es, das Verhalten schrittweise zu verändern, bis durch Versuch und Irrtum eine Lösung gefunden wird, die das Warten verkürzt.

Der Säugling lernt bald, daß sein Geschrei die Mutter heranholt; sie bringt ihm Hilfe in seiner Not. Und er lernt, die Befreiung von dieser Not mit der ihm gebrachten Hilfe in Beziehung zu bringen. Im Anbeginn ist das ein Zusammenhang, der durch die Gleichzeitigkeit der Sinneswahrnehmung im Nervensystem gegeben ist. Im weiteren Verlauf aber, nach der Entwicklung der Frustrationstoleranz, gesellt sich dieser Verbindung eine seelische Beziehung, die sich dank des Aufschubes zwischen Bedürfnis und Befriedigung entwickelt. Daher kündet ihm das Herannahen einer erwachsenen Person die Befreiung vom Leiden.

Und da folgt das Wunder: Ohne das körperliche Verhalten einzustellen, schafft die stete Wiederholung eine seelische, eine gedankliche Vorwegnahme zwischen dem herannahenden Erwachsenen und der Bedürfnisbefreiung.

Diese Antizipation hat als erster Pavlow vor etwa hundert Jahren beim Hund mit seinen Experimenten über das, was er den bedingten Reflex nannte, nachgewiesen. Denn wenn man dem Hund bei seiner Fütterung gleichzeitig den Laut einer Schelle darbietet, so genügt das nächstemal der Laut der Schelle, um Speicheln auszulösen. Der Hund antizipiert also die Nahrung. Denn die Antizipation ist ein exquisit seelischer Akt, als bedingter Reflex in zwei Welten verwurzelt: einerseits in der körperlichen Welt der Nervenwahrnehmung und Muskelfunktion, andererseits aber in der seelischen Welt der Antizipation. Diese Vorwegnahme selbst ist nicht mehr nur eine körperliche, sondern eine geistige Funktion. Sie ist das Wiedererkennen eines bereits Erlebten.

Die Vorläufer dieses Verhaltens konnten wir bereits zwischen der dritten und sechsten Lebenswoche beobachten. Seine Ursprünge reichen weit in die Entwicklungsgeschichte. In den Wochen, die dem Erreichen dieser Stufe folgen, gesellt sich diesem Verhalten beim Menschen ein Ausdruck der Gefühlslage, des Affektes, in der Form eines Lächelns und dem Zappeln freudiger Erregung, mit dem das Kind den Erwachsenen begrüßt.

Und wer könnte dem Lächeln eines Babys widerstehen? Sicherlich nicht seine Mutter. Sie erwidert es auf ihre Weise, je nach ihrem Temperament, und es entwickelt sich zwischen Mutter und Kind eine Beziehung, die aus dem Austausch gegenseitiger zärtlicher Verhaltensweisen in schneller Folge zu jener Gegenseitigkeit der Beziehungen führt, die ich als Aktions-Dialog bezeichnet habe. Der Natur der Entwicklung gemäß sind diese Beziehungen im Beginn im wesentlichen zärtliche. Freilich mehren sich die Gelegenheiten, bei welchen das Baby auch seine aggressiven Triebe an der Mutter ausläßt. In den darauffolgenden sechs Monaten fängt es an zu beißen, zu kratzen, es schreit und schlägt, es zerrt an ihren Haaren. Zumindest im ersten Jahr scheint das Kind seine sämtlichen Verhaltensweisen, sämtliche Formen des Gefühlsausdrucks, sowohl positiv wie negativ, an der Person der Mutter zu entwickeln, zu erlernen, zu üben und schließlich in sein Verhaltens-Repertoire einzugliedern. Diese ersten und intimsten Beziehungen im Menschenleben werden dann langsam auf andere Familienmitglieder ausgedehnt. Die freilich sind lange nicht so duldsam wie die Mutter. Und so entwickelt sich im günstigen Fall ein Grundplan, eine Skala von Beziehungen zu den Menschen einerseits, andererseits eine Unterscheidung zwischen dem ersten Liebesobjekt, nämlich der Mutter, und den Beziehungen zu allen anderen Menschen, die sukzessive in die Beziehungswelt des Kindes einbezogen werden.

Diese Entwicklungsstufe wird in der zweiten Hälfte des ersten Lebensjahres erreicht; zugleich beginnen die ersten Versuche des Spracherwerbs. Um den Beginn des zweiten Lebensjahres findet ein neuer Wendepunkt statt: das Kind erlernt, wiederum in der Beziehung zur Mutter, im Austausch mit ihr das Nein-Sagen. Damit beginnt das sogenannte Trotzalter, jene Altersstufe, in der das Kind zu allem nein sagt, auch zu dem, was es wünscht. Es ist, als ob das Kind das Versäumte an Aggression nachholen wollte. Und einige Monate später drückt das Kind seine Wünsche und seine Beziehungen mit Hilfe eines rasch wachsenden Wortschatzes aus. Dies ist der große Wendepunkt, an welchem die Menschheit sich von der Tierwelt trennt. Bis zu diesem Punkt drückt das Baby seine Wünsche, seine Proteste, seine Absichten durch Handlungen aus. Freut es sich, so lacht und zappelt es der Mutter entgegen. Ist es aggressiv und böse, so schreit es und zerrt sie an den Haaren. Von nun an aber vermittelt das Kind seine Beziehungen durch Worte. Die Beziehungsformel des Tieres, nämlich Zuwendung oder Flucht oder Kampf, wird nun ersetzt durch den sprachlichen Dialog. Nunmehr tritt die Sprache, der Dialog in den Dienst der menschlichen Beziehungen.

Dabei gibt es einem zu denken, daß der Spracherwerb

mit dem allumfassenden Zauberwort Mama oder Gleichwertigem auf der einen Seite, auf der andern aber mit dem weltweiten negativen Zeichen des Kopfschüttelns beginnt. Hier sehen wir vielleicht am klarsten, welche zentrale Rolle die Aggression in der Organisation und der Struktur des menschlichen Charakters und der menschlichen Beziehung spielt. Sie ermöglicht es, die biologische Abhängigkeit des Beginns der Säuglingszeit, des Handlungsdialoges, auf die humane Stufe der Mitteilung zu bringen. Auf jene Stufe, auf der das Netzwerk wechselseitiger Beziehungen beruht, welches von da ab den sich weiterentwickelnden Menschen bis zum Grab begleiten wird. Bis zu diesem Wendepunkt waren die zwischenmenschlichen Beziehungen des Babys mit der Mutter ausschließlich abhängige. Mit diesem Wendepunkt wandeln sie sich in Beziehungen, in deren Verlauf das Kind mit Hilfe der Aggression seine Autonomie als Individuum im eigenen Recht aus eben jenem Zwiespältigen, nämlich Aggressions- und Liebesbeziehungen zugleich, aufbaut.

Eben die Mischung der positiven und negativen Beziehungen knüpft das Band zwischen dem ursprünglichen Liebesobjekt, dem Objekt der Libido, und dem werdenden Menschen. Diese Bindung wird das Modell für alle späteren Beziehungen sein. Bis dahin bezog das Kind alles auf sich, inneres wie äußeres Erleben, nunmehr bezieht es die andern ein. Es beginnt das geschwätzige Alter, es wandelt sich die Mutter zum zentralen, unersetzbaren Liebesobjekt.

In einer normalen, richtigen Mutter-Kind-Beziehung, in der richtigen Gegenseitigkeit, ermöglicht es die Mutter auf diese Weise dem Kind, seine eigene Person im Sinne ihrer Gegenseitigkeitsbeziehungen zu organisieren und zu begreifen. Sie wird für das Kind nicht nur das Ziel seiner Wünsche, sondern auch das Modell, nach welchem sich das Kind gestaltet. Sie wird es dadurch, daß sie, wie wir sagen, introjiziert wird. Es wird im psychischen System des Kindes das Wesen der Mutter als ein psychischer Niederschlag von Erinnerungsspuren einverleibt, als eine seelische Struktur, die das Kind nunmehr mit sich trägt. Als seelische Struktur dient sie dem Kind als Prüfstein für seine eigenen Gefühle und Handlungen, aber auch als das Maß, das es an andere Personen anlegt.

Diese Wechselbeziehungen mit der Mutter ermöglichen es dem Kind, seine eigene Person und damit das, was wir sein Selbst nennen, von der Umwelt abzugrenzen. Die Schaffung seines eigenen gesicherten Selbst ermöglicht dann dem Kind, sich auch mit den anderen zu identifizieren und das zu empfinden, was Scheler als Sympathie bezeichnet hat. Die egoistischen Beziehungen des ersten Lebensjahres werden nun durch altruistische Beziehungen zum andern ergänzt und über den anderen hinaus zu dem, was der amerikanische Sozial-Philosoph G. Mead den generalisierten andern, also die Sozietät, genannt hat.

Soweit das Bild des Ursprunges der Entstehung und der Entwicklung der Beziehungen. Der Weg geht von den auf die eigene Person gerichteten Bedürfnissen zu den Gegenseitigkeitsbeziehungen mit der Umwelt. Welche Wichtigkeit für die Entwicklung selbst und für das spätere Leben des Menschen überhaupt die Entwicklung solcher Beziehungen und die Gegenseitigkeitsbeziehung zur Mutter hat, zeigte sich an einer Reihe von meinen Beobachtungen und Untersuchungen an Kindern, welchen solche Beziehungen im ersten Lebensjahr entzogen wurden und die diese Beziehungen während der ersten Lebensjahre entbehren mußten. Entzieht man dem Kind die Möglichkeit der Wechselbeziehungen während des ersten Lebensjahres, so sind die Folgen unerwartet schwer.

Gelegentlich einer um das Jahr 1930 unternommenen Sichtung der Literatur über das Thema der Säuglings-Sterblichkeit entdeckte ich, daß eine im Jahr 1912 durchgeführte Untersuchung des Preußischen Ministeriums in einem der größten Findelhäuser des Reiches im Laufe des ersten Lebensjahres eine Säuglings-Sterblichkeit von 71,5 % aufwies, indes die allgemeine Säuglings-Sterblichkeit im ersten Lebensjahr unter 1 % lag. Weitere Berichte mit vergleichbaren Ziffern veranlaßten mich, nach den Ursachen dieser unwahrscheinlich hohen Sterblichkeit zu forschen. Es gelang mir vor etwa 35 Jahren mit meinen Mitarbeitern, eine der ersten systematischen Vergleichsbeobachtungen in zwei Kinderheimen mit vier Beobachtungsstunden pro Woche und Kind über einen Zeitraum von ungefähr fünf Jahren durchzuführen. Der Vergleich war erschütternd.

Anstalt *Eins* war eine Strafanstalt, in der straffällige Mütter ihre unehelich geborenen Kinder in der Kinderabteilung persönlich pflegten, fütterten und betreuten. Da die Mütter Häftlinge waren, konnten sie sich den ganzen Tag mit ihren Kindern beschäftigen. Ich beobachtete dort 360 Mütter mit ihren Kindern. Krankheiten waren selten, meist leichte Erkrankungen der Atmungsorgane, und unter den 360 Kindern, die ich fünf Jahre hindurch zu sehen bekam, ergaben sich insgesamt zwei Todesfälle. Ihre Entwicklung war durchaus normal, es waren lebhafte, aktive, gesunde, intelligente Kinder.

Anstalt *Zwei* beherbergte nur 92 Kinder, die während vier Jahren dort von mir beobachtet wurden. Doch im Gegensatz zu der ungewöhnlich geringen Anzahl von Todesfällen in Anstalt *Eins* starben in Anstalt *Zwei* im Laufe der ersten zwei Jahre unserer Beobachtungen bereits 34 der 92 Kinder. Eine horrende Zahl. Worin bestand der Unterschied? Woran starb mehr als ein Drittel dieser Kinder?

Nicht an der Verpflegung; in beiden Anstalten war sie gleich ausgezeichnet, sowohl die Qualität wie die Quantität und den Abwechslungsreichtum betreffend. Nicht an der Unterbringung; denn in beiden Anstalten waren die Kinder in schönen, sonnigen Räumen untergebracht. Beide Heime lagen in parkartigen Gärten.

Der Unterschied bestand in den Gegenseitigkeitsbeziehungen, die den Kindern zuteil wurden. In Anstalt *Eins* fast übertrieben reiche Beziehungen mit den Häftlingsmüttern. In Anstalt *Zwei* arbeiteten zehn Kinderschwestern für 92 Kinder, daher konnte jedem Kind nur ein Zehntel einer Mutter, ein Zehntel der normalen Gegenseitigkeitsbeziehungen, ein Zehntel mütterlicher Fürsorge geboten werden. Die überforderten Kinderschwestern mußten den Kindern die Milchflasche in den Mund stecken und dann gleich weiterlaufen. Die Kinder wurden gebadet, hygienisch und rein gehalten und regelmäßig täglich von einem Arzt besucht. Aber das war auch alles. Die Gegenseitigkeitsbeziehungen, und zwar sowohl positive liebevolle wie auch negative, aggressive, waren völlig ausgeschlossen. Ich betone dabei eigens die aggressiven Beziehungen, da sie nach meinen Forschungen für die normale Entwicklung des Säuglings ebenso wichtig sind wie die positiven. Die negativen Beziehungen, die Frustration, die Versagung ist für eine Normalentwicklung des Kindes eine absolute Notwendigkeit. Und die Kinder in Anstalt *Zwei* hatten weder das eine noch das andere — sie waren sozusagen in sterilisierter Einzelhaft.

Die Kinder in Anstalt *Zwei* blieben in ihrer Entwicklung zurück, verfielen langsam, hatten keine Widerstandskraft gegen irgendwelche Infektionskrankheiten. Als wir sie zuletzt im Alter von etwa 4—4½ Jahren untersuchten, waren noch 22 Kinder im Heim. 34 waren — wie gesagt — gestorben, die andern adoptiert worden. Von den 22 verbliebenen Kindern konnte ein einziges in Sätzen sprechen, acht konnten ein bis zwei Worte sagen. Die andern waren stumm. Fünf von ihnen konnten selbständig gehen, acht konnten sich an den Möbeln weiterhanteln, die übrigen blieben im Bettchen, und nur einige konnten sich aufsetzen.

Daß Kinder ohne mütterliche Pflege verkommen, ist eigentlich nichts Neues. Freilich hat die Menschheit dieser Tatsache im allgemeinen nur sehr wenig Aufmerksamkeit geschenkt. Schon im 13. Jahrhundert hat der Chronist Salimbeni über Kaiser Friedrich II. berichtet, wie dieser hochintelligente und wissenschaftlich beflissene Monarch beschloß, nachzuforschen, ob Kinder eine Sprache erben und wenn, ob diese die Sprache der Heiligen Schrift, also Griechisch, ist oder die Sprache ihrer Eltern. Er ließ zwanzig Neugeborene von Pflegeschwestern aufziehen, denen er strengstens verbot, mit den Kindern je ein Wort oder Lächeln zu wechseln, sie nur, wenn notwendig, zu berühren, sie aber richtig zu füttern und reinlich zu halten. Freilich konnte er seinen Wissensdurst nicht befriedigen, denn alle zwanzig Kinder starben. Wie der Chronist berichtete: „Denn Kinder können nicht leben ohne das lächelnde Gesicht und ohne die Worte ihrer Mütter und ohne die Lieder, die man deswegen Wiegenlieder nennt."

In den fünfundzwanzig Jahren seit der Veröffentlichung meiner Ergebnisse haben zahlreiche Beobachtungen an Menschen und Experimente an Tieren diese Befunde durchgehend bestätigt. Je höher auf der Entwicklungsleiter das Tier steht, dem man die Beziehungen entzieht, desto schwerer sind die Folgen des Entzugs.

Beim Menschen ist es nicht anders. Es ist an uns, dafür zu sorgen, daß jedem Kind die ihm zustehenden naturgegebenen Gegenseitigkeitsbeziehungen zur Mutter und zu anderen Menschen zur Verfügung stehen. Nur dieser Austausch an Beziehungen ermöglicht es dem Kind, seine Menschlichkeit, seinen Charakter, seine Persönlichkeit zu entwickeln.

Jene Kinder, denen diese Beziehungen versagt bleiben, entwickeln sich, so sie am Leben bleiben, zu seelisch schwer geschädigten, delinquenten, asozialen Individuen. Um diese schweren Fehlentwicklungen zu vermeiden, muß jedes Kind die ihm unentbehrlichen Gegenseitigkeitsbeziehungen positiver und negativer Art, Liebe wie Frustration, erleben, wollen wir sie als gesunde Mitglieder der Gesellschaft aufziehen. Werden ihnen diese Beziehungen, wird ihnen dieser Austausch vorenthalten, so erziehen wir sie zu Verbrechen und Gewalttaten.

Ich kann es nicht besser ausdrücken, als ich es einmal zum Abschluß eines meiner Bücher gesagt habe: „In der Kindheit wurden sie um die Liebe betrogen – wenn sie erwachsen, bleibt ihnen nur der Haß."

Hermann Argelander
Charakter

Im allgemeinen Sprachgebrauch bezeichnet der Begriff Charakter die Summe der beständigen individuellen Eigenschaften und Wesenszüge eines Menschen, durch die er sich von anderen unterscheidet. In des Wortes ursprünglicher Bedeutung sind die individuellen Eigenheiten in den einzelnen Menschen „eingegraben" oder „eingeprägt". Die Definition des Charakters enthält somit zwei wichtige Merkmale: das unwandelbar Dauerhafte und das für den einzelnen Menschen Typische. Als drittes Kennzeichen kommt noch hinzu, daß alle Handlungen, Meinungen und Verhaltensweisen, die sich aus der Eigenart des individuellen Charakters ergeben, dem Menschen vertraut sind, weil er sich in ihnen wiedererkennt.

Der Charakter prägt also die individuelle Persönlichkeit von der Kindheit bis ins hohe Alter hinein. Im Verlaufe eines lebenslangen Bildungsprozesses schlagen sich nun persönliche Eigenheiten als Charaktereigenschaften nieder, die sowohl Verhaltensweisen des täglichen Lebens als auch die Einstellung zu den höheren Werten des Menschen individuell festlegen. Die Charaktereigenschaften bleiben immer für das Individuum typisch. Auch die Formen der mitmenschlichen Beziehungen werden durch die Eigenart des Charakters in einer unverwechselbaren Weise geregelt, so daß man sich auf ihre Eigentümlichkeiten absolut verlassen kann. Die relativ feste psychische Struktur Charakter äußert sich in relativ festgelegten Formen von Interaktionen.

Der Psychoanalyse, die sich die Aufgabe gestellt hat, das unbewußte Seelenleben des Menschen zu erforschen, bereitet der Umgang mit dem Charakter in der täglichen psychoanalytischen Praxis einige Schwierigkeiten; denn der Charakter mit seinen geschilderten Merkmalen verstellt die Sicht in das Reich des Unbewußten, das fremd und unheimlich wirkt. Die aus ihm aufsteigenden Motive können sich nicht in adäquater Weise den notwendigen Ausdruck verschaffen, weil sich der Charakter mit seiner verläßlichen Eigenheit in das Ungewöhnliche und Fremdartige einschaltet, sich dabei niemals verändert, sich nicht in Frage stellen läßt und nicht genügend Plastizität aufweist. Der Charakter schimmert als das Vertraute durch alle analytischen Situationen hindurch, die darauf angelegt werden, unbekannte Persönlichkeitsanteile zur Geltung zu bringen. Für die Absicht der psychoanalytischen Arbeit, Persönlichkeitsveränderungen zu bewirken, erweist sich der Charakter zunächst als ein störendes Element. Obwohl vom Charakter abgeleitetes Verhalten absolut persönlichkeitsspezifisch ist, kann es wegen seiner Starre auch schon in normalen Lebenssituationen unangemessen wirken. Ein extremes Beispiel dieser Art bietet die Romanfigur des Don Quichotte, die sich stets ihrem Charakter entsprechend verhielt, aber dadurch in tragikomische Situationen geriet. Die Charaktereigenschaften des Don Quichotte entsprachen nicht den Forderungen der je gegenwärtigen Situation, sondern wirkten vielmehr so, als ob sie für eine vergangene Zeit entwickelt wurden, die es nicht mehr gab.

Die Diskrepanz, die sich zwischen der persönlichkeitsgerechten und der situationsunangemessenen Verhaltensweise auftun kann, ist für den Psychoanalytiker ein ständiges Problem, da er ausschließlich mit künstlich arrangierten Situationen arbeitet, in denen das fremdartige unbewußte Seelenleben den ihm eigentümlichen Ausdruck finden soll. Tatsächlich könnten diese Situationen im kreativen Sinne, mit großer Geschwindigkeit und außerordentlich plastisch von den unbewußten Motivationen eingefärbt und gestaltet werden — eine Voraussetzung, auf die der Analytiker angewiesen ist —, wenn sich nicht unter anderem der Charakter dazwischenschalten würde. In einem

Bild veranschaulicht, müßte man sich vorstellen, daß die Strömung eines Flusses das Bild der Wasseroberfläche augenblicklich durch Strudel, Wellen, Wasserfälle und Überschwemmungen umgestaltet, je nach der schwankenden Wassermenge in den verschiedenen Jahreszeiten, den auf dem Fluß schwimmenden oder seinen Lauf behindernden Gegenständen oder den Veränderungen am Ufer. Der Charakter steht in diesem Beispiel wie ein gewachsener Felsen unbeweglich im Fluß und prägt auf der Wasseroberfläche um sich herum ein konstantes und für ihn typisches Strömungsbild. Wenn man einmal die konstante Eigenart der Strömungsveränderungen um den Felsen kennengelernt hat, wird man mit ihnen vertraut, während die wechselhaften und unberechenbaren Einflüsse auf die Strömung ein befremdendes und unheimliches Element bleiben. Will man aber gerade die Gesetzmäßigkeiten der scheinbar launischen Oberflächenstruktur des Wassers studieren, stören die konstanten Veränderungen, die durch die Felsen hervorgerufen werden, besonders wenn sie bereits einen großen Teil der Wasseroberfläche ausmachen. So kann man zum Beispiel die Ringbildung auf der Wasseroberfläche nicht beobachten, wenn man einen Stein in die Brandung wirft.

Während also die Charaktereigenschaften im Oberflächenbild des Menschen unveränderbare und vertraute Erscheinungen darstellen, bleiben die Phänomene des unbewußten Seelenlebens dem Menschen fremd und unzugänglich, obwohl sie im allgemeinen an der augenblicklichen Gestalt des Erscheinungsbildes eines Menschen oft in kaum erkennbarer Weise beteiligt sind. Trotz der qualitativen Unterschiede der beiden Persönlichkeitsbereiche hat das unbewußte Seelenleben etwas mit der Charakterbildung zu tun. Aus diesem Grunde kann der Psychoanalytiker den Charakter nicht aus seinem Arbeitsbereich ausklammern. Wir müßten unser Beispiel um die Annahme ergänzen, daß die Felsen in früher Vorzeit aus dem Fluß herausgewachsen sind und ihre Konturen, die ein für sie typisches Oberflächenbild des Wassers abgeben, seinerzeit von der Strömung selbst geprägt wurden, deren Einfluß sie jetzt in ihrem sichtbaren Anteil entzogen sind. Wenn wir weiter unterstellen, daß die Felsen immer noch wachsen, werden sich an den bereits sichtbaren Teilen nur die einmal gebildeten Konturen einschleifen können, während neue Felsen aus dem Wasser herauswachsen, die der typischen Oberflächenstruktur des Wassers neue Nuancen verleihen können.

Aus der Formation des Charakters läßt sich im Sinne

unseres Beispiels darauf zurückschließen, welche Strömungsverhältnisse des unbewußten Seelenlebens ihre Spuren hinterlassen haben. Mit dieser Fragestellung begann die Psychoanalyse, den Charakter zu studieren. Sigmund Freud hat sich als erster (1908) für Personen eines Charaktertypus interessiert, die „in regelmäßiger Vereinigung die nachstehenden drei Eigenschaften zeigten: sie sind besonders *ordentlich, sparsam* und *eigensinnig*". Jedes dieser Worte deckt eigentlich eine kleine Gruppe oder Reihe von miteinander verwandten Charakterzügen. „Ordentlich" begreift sowohl die körperliche Sauberkeit als auch Gewissenhaftigkeit in kleinen Pflichterfüllungen und Verläßlichkeit; „... die Sparsamkeit kann bis zum Geiz gesteigert erscheinen; der Eigensinn geht in Trotz über, an den sich leicht Neigungen zur Wut und Rachsucht knüpfen". Sigmund Freud erkannte in dieser Arbeit, daß dieser Charaktertypus mit Störungen einer frühkindlichen Entwicklungsphase in Zusammenhang stand, die durch die Beschäftigung mit der Darmzone und durch die Erziehung zur körperlichen Sauberkeit gekennzeichnet ist. Freud nannte sie die anale Entwicklungsphase. Der Ansatz Freuds zu seiner psychoanalytischen Charaktertypologie aufgrund der Entwicklungsphasen ist von seinen Schülern übernommen worden. 1924 hat K. Abraham neben E. Glover (1925) einen Beitrag zum Studium der Oralerotik für die Charakterbildung geliefert. Dieser Forschungsrichtung sind andere Psychoanalytiker gefolgt, wie zum Beispiel W. Reich mit seiner Darstellung des phallischen Charakters. Während das orale Charakterbild von den Zügen Optimismus und Großherzigkeit beherrscht wird, zeichnet sich der phallische Charakter durch Unbekümmertheit und Beherztheit aus, um nur einige Stichworte zu nennen. Damit waren Charakterbildungen erarbeitet worden, die den drei typischen, psychoanalytisch definierten Entwicklungsphasen entsprechen.

Die Charaktertypologie, die ihre Einteilung nach diesen Phasen vorgenommen hat, berücksichtigt bereits neben den Inhalten der Triebansprüche die Auswirkungen der seelischen Schutzmechanismen zur Abwehr der aus dieser Triebwelt stammenden Gefahren. In diesem Sinne charakterisiert etwa die Eigenschaft „ordentlich" den Aspekt der Kontrolle der Darmfunktion und nicht den Aspekt des vom Darm ausgehenden Bedürfnisses nach lustvoller Entleerung oder Beschmutzung. Die Eigenschaft „ordentlich" verdankt ihre Herkunft einer Stufe der Ich-Entwicklung während der analen Entwicklungsphase.

Mit der Abgrenzung von Triebentwicklung und Ichentwicklung finden wir eine neue Begründung für die qualitativen Unterschiede zwischen den Charaktereigenschaften und den Eigentümlichkeiten, die aus der unbewußten Welt des Menschen stammen. Die lebendige augenblickliche Gestaltungskraft, die mit dem unbewußten Seelenleben des Menschen verbunden ist und sich zum Beispiel auch im Traumleben äußert, stellt eine notwendige Ventilfunktion für die Spannungen der unbewußten Triebwelt dar. Wir nennen diese im Gegensatz zum Ich das Es. Die dem Menschen fremde, aber drangvolle Welt des Es läßt keine Lebenssituation vorübergehen, ohne den Versuch zu unternehmen, etwas von ihrem Untergrunddasein in die Struktur der gegenwärtigen Situation hineinzuschmuggeln, um eben diese Ventilfunktion auszuüben, notfalls unter Bildung von Kompromissen. Der Teil der Persönlichkeit, der unentwegt mit diesem Drang aus dem Untergrund beschäftigt ist, ihn in seiner Gefährlichkeit abwehrt und sich dabei auf Kompromisse einlassen muß, ist das Ich. Das Ich entwickelt seine Funktionen als ein Vermittler zwischen den Ansprüchen des Es und denen der Außenwelt. Die Charaktereigenschaften gehören zu dem Persönlichkeitsbereich des Ich. Sie bilden eine eigene Formation im Ich, die das Ich sich als zusätzliche und in seiner Dauerhaftigkeit verläßliche Hilfsorganisation herangebildet hat, um seiner schweren Aufgabe als Vermittler gerecht zu werden. Deshalb sind die Charaktereigenschaften ichgerecht oder ichsynton, wie wir als Psychoanalytiker sagen. Sie entsprechen dem Persönlichkeitsbild, wie es sich im Laufe des Lebens sichtbar ausformt.

Freud hat zusätzlich zu seinem Ansatz zur Entwicklung einer Charaktertypologie eine Erklärung angeboten, wie die Charaktereigentümlichkeiten im Laufe der Persönlichkeitsbildung entstehen. Ihr verhaltensbestimmendes Potential stammt ursprünglich aus dem Es, wird aber den Gesetzmäßigkeiten des Persönlichkeitsuntergrundes entzogen, um eine Ablenkung auf andere Ziele zu erfahren. Wir mußten deshalb unser Beispiel um die Annahme erweitern, daß die Felsen aus dem Fluß herausgewachsen sind und in ihrem sichtbaren Anteil dem Einfluß der Strömung entzogen wurden. Der dranghafte Triebanspruch wird neutralisiert und das verhaltensbestimmende Potential, das nicht mehr an den Triebanspruch gebunden ist, auf diese Weise in den Dienst des Ich gestellt. An dieser Stelle endet unsere Analogie mit der Wasseroberflächenstruktur des Flusses; denn der Charakter verleiht der Persönlichkeitsoberfläche nicht nur wie in unserem Flußbeispiel ein beständiges, individuelles typisches Gepräge, sondern er erfüllt im Ichbereich neue wichtige Funktionen. Als eigenständige Organisationsform wird er für neue Aufgaben benötigt. Die Charakterbildung ist demnach ein normaler Vorgang in der Persönlichkeitsentwicklung des Menschen. Seine spezifische Aufgabe besteht darin, das Gewicht des Ich im Spannungsfeld der verschiedenen Persönlichkeitsanteile so zu verstärken, daß Entscheidungen, Meinungen und Verhaltensweisen möglichst im ichgerechten Sinne zustande kommen.

Der Charakter verstärkt damit die Ichautonomie im Sinne eines Autonomiezuwachses für die Vermittlungsfunktion zwischen der Realität und den drängenden Ansprüchen des Es. In welcher Weise er diese Aufgabe erfüllt, hängt von den Einflüssen ab, die auf den Bildungsprozeß des Charakters eingewirkt haben. Der Charakter bildet sich; er wird nicht vererbt.

Wie die meisten Erkenntnisse in der Psychoanalyse wurde auch das Wissen um die Charakterbildung zunächst aus den krankhaften Entwicklungen erworben. Die Charaktertypologie ging von den auffällig übertriebenen und rigide fixierten Charaktereigenschaften aus. Sie machten sich besonders durch ihre Stereotypie und ihre Unangepaßtheit bemerkbar. Schon nach dem Konzept der Charakterausprägung durch die Entwicklungsphasen blieb es offen, welche Einflüsse sich im definitiven Charakterbild durchsetzen. So kann sich zum Beispiel im Stil eines Malers der Einfluß eines analen Triebbedürfnisses anzeigen, wenn er bestimmte Farben bevorzugt und sie dick und breit aufträgt, während die Triebabwehr im Charakterbild dominiert, wenn ein Büroangestellter kein Stäubchen auf seinem Schreibtisch ertragen kann. Es handelt sich also um das Schicksal, das eine bestimmte Triebentwicklung unter den verschiedensten Einflüssen hat. Neben der Natur des Triebes spielen dabei die angeborene Konstitution des Ich, die Fähigkeit zur „Sublimierung", das heißt die Fähigkeit, Triebansprüche zu neutralisieren und in Ansprüche mit höherwertigen Zielen zu überführen, und die Einwirkungen der Außenwelt eine große Rolle. Bei einer frühzeitigen und zu intensiven Charakterentwicklung eines Kindes können Umwelteinflüsse eine Charakterbildung hervorrufen, die es unmöglich macht, sich mit einer veränderten Umwelt im Erwachsenenalter angemessen auseinanderzusetzen. Ein solcher Mensch leidet dann an seinem Charakter. Auch plötzliche Umweltveränderungen können derartige Anpassungsschwierigkeiten hervorrufen. Zum Beispiel konnten sich viele Menschen aufgrund ihrer Charakterstruktur in Kriegs- oder Nachkriegsverhältnissen nicht zurechtfinden, und umgekehrt scheiterten manche Kriegshelden an den Bedingungen der sogenannten normalen Lebensverhältnisse.

Im Normalfall stabilisieren die Charaktereigenschaften das Ich und können Konflikte abfangen, die die Struktur des Ich gefährden. Eine zu wenig ausgeprägte Charakterentwicklung schwächt das Ich und trägt dazu bei, daß unlösbare Konflikte mit Hilfe von Krankheitsprozessen kupiert und in Schach gehalten werden müssen. Aus dieser wichtigen Funktion des Charakters läßt sich ein anderer Gegensatz formulieren, der für die klinische Arbeit der Psychoanalyse von großer Wichtigkeit ist. Es handelt sich um den Gegensatz zwischen Charakterneurose und Symptomneurose.

Je besser die psychoanalytische Theorie die verschiedenen Einflüsse, die auf die Charakterbildung einwirken, erkennen konnte, um so bunter wurden die Kategorien, nach denen Charakterbilder entworfen wurden. Letztlich lassen sich so viele Charakterstrukturen beschreiben, wie seelische Krankheitssyndrome geläufig sind. Ich zähle nur eine kleine Auswahl auf: der neurotische, der psychotische, der psychopathische, der triebhafte, der masochistische, der zwanghafte, der hysterische und der narzißtische Charakter.

Die Gegenüberstellung von Charakter- und Symptomneurosen führt uns an den Ausgangspunkt meiner Betrachtungen zurück. Die Psychoanalyse begann mit ihren Forschungen am Material psychischer Krankheitssymptome und erkannte, daß diese Symptome der Ausdruck nicht zu bewältigender, aktueller, unbewußter Konflikte waren. Die Symptome und ihre konflikthafte Herkunft waren ichfremd, der Kranke litt unter ihnen und konnte ihren Sinn nicht aus den ihm bekannten Lebenszusammenhängen verstehen. Die Theorie der Heilung lief darauf hinaus, die unbewußten Konflikte bewußt zu machen, um ihnen den Stempel des Nicht-zu-Bewältigenden und des Persönlichkeitsfremden zu nehmen. Erst später entdeckte man, daß seelische Krankheitssymptome nicht ausschließlich das Vorliegen krankhafter, unbewußter seelischer Prozesse anzeigen, sondern daß auch scheinbar gesunde oder unneurotische Menschen solchen unbewußten Prozessen erliegen, ohne sichtbare Krankheitssymptome zu produzieren. Bei vielen solcher Menschen wird eine Symptombildung durch eine ausgeprägte Charakterentwicklung verhindert, die, wie wir bereits hörten, das Ich in seiner Position verstärkt und damit Symptome als unvermeidliche Zugeständnisse an die Macht der unbewußten Triebwelt hinfällig machen kann.

Zu einer besonders eindrucksvollen Erfahrung wurde diese theoretische Vorstellung, als die Psychoanalytiker nicht mehr nur Kranke behandelten, sondern die gleichen Analysen auch bei Kollegen durchführten, die eine psychoanalytische Ausbildung anstrebten und die entweder überhaupt keine seelischen Krankheitserscheinungen an sich beobachtet hatten oder sich zumindest nicht als seelisch krank verstanden. Aus diesen Erfahrungen bildete sich die oft gehörte Ansicht, daß ein Psychoanalytiker in seiner therapeutischen Praxis Symptomneurosen behandelt, aber in seiner Ausbildungspraxis, das heißt bei den sogenannten Lehranalysen, überwiegend mit Charakterneurosen zu tun hat. Man lernte die Unterschiede aus der Praxis kennen und konnte feststellen, welche andere Qualität die Charaktereigenschaften besitzen. Was dem Analysanden vertraut war, erschien dem Analytiker starr, unhandlich und manchmal sogar analysefeindlich. W. Reich sprach von einem Charakterpanzer.

Die Charakteranalyse ist wesentlich schwerer durchzuführen und zu einem guten Ende zu bringen, weil der Patient seine vom Charakter bestimmten übertriebenen, unangemessenen und stereotypisierten Verhaltensweisen zunächst nicht als problematisch empfindet und ihm somit die Motivation dafür fehlt, sich mit ihnen auseinanderzusetzen. Erst wenn es gelingt, die von einer zu stark entwickelten Charakterformation abgedeckten unbewußten Konflikte wieder lebendig werden zu lassen — auch auf die Gefahr hin, daß entsprechende Ängste entstehen —, kann der Prozeß einer Analyse sich in Zusammenarbeit mit dem Patienten entfalten. Über die Erfolgsaussichten einer solchen Charakteranalyse sind die Meinungen sehr geteilt. Die nützliche und notwendige Funktion der Charakterbildung mit ihren persönlichkeitsstabilisierenden Eigenschaften kann sich als Hindernis auswirken, wenn im Prozeß einer Analyse Veränderungen durch Einsichten in bisher fremde und ungemeisterte unbewußte seelische Regionen angestrebt werden.

Clemens de Boor
Depression

Vergleichen wir unser Thema mit anderen unseres Buches, so mag es Leser geben, die sich zu Recht fragen: Was hat „Depression" in so einer Information über Psychologie zu suchen? Depression, so können sie entgegenhalten, ist ein Begriff, der in den Bereich der Krankheitslehre, der zur Medizin gehört. Und ohne Zweifel hätten solche Kritiker nicht unrecht; denn Depression ist eine Krankheit. Ihre Argumentation läuft aber in eine falsche Richtung, wenn die Beschäftigung mit Krankheit überhaupt allein zur Domäne des naturwissenschaftlich orientierten Mediziners gemacht wird. Wer die Psychologie aus der Krankheitsforschung und Therapie heraushalten will, zeigt, daß er einem Vorurteil unterliegt, nämlich dem, daß jede Krankheit nur durch Störungen verursacht ist, die einer physikalisch-chemischen Untersuchungsmethode und Therapie zugänglich sind. Das Gewicht dieser Behauptung liegt auf dem Wort „nur". Forschungsergebnisse der psychosomatischen Medizin haben gezeigt, daß es viele Krankheitszustände gibt, für die andere Faktoren sowohl in der Pathogenese als auch in der Therapie von mitentscheidender Bedeutung sind, und daß nur ein Abwägen, eine Würdigung der somatischen und der psychischen Aspekte der Krankheit dem Patienten hilfreich ist. Das gilt zum Beispiel auch für die Depression. Weder die Somatiker in der Medizin noch die Psychotherapeuten können bisher für sich allein behaupten, das Problem der Depressionsentstehung oder auch der Behandlung gelöst zu haben.

Was ist Depression? Depression ist kein Krankheitsbegriff wie zum Beispiel Masern mit eindeutigen Symptomen und eindeutiger Ursache. Depression ist für den Arzt ein Sammelbegriff für verschiedene Krankheitszustände mit unterschiedlicher Entstehung. Nicht jede Arbeitsunlust, nicht jede Verstimmung, nicht jeder ängstlich registrierte Leistungsverlust muß Zeichen einer Depression sein, aber kann es sein. Die Diagnose Depression ergibt sich für den Arzt aus der Zusammenschau eines psychopathologischen Zustandsbildes und dem Verlauf der Erkrankung.

Häufig hört der Arzt, wenn depressive Patienten ihre Symptome schildern, sie seien in trauriger, düsterer Stimmung; das Selbstgefühlt ist herabgesetzt, Schuldgefühle und Selbstanklagen werden geäußert, verbunden mit dem Gefühl von Hoffnungslosigkeit. Versucht der Arzt hier zu trösten, stößt er auf taube Ohren. Neben dieser geschilderten affektiven Verstimmung sind die Kranken oft ängstlich, manchmal, ohne Gründe dafür angeben zu können, nicht selten aber auch mit ängstlichen Vorstellungen über ihren eigenen Körper, die in ihrer Hartnäckigkeit den Charakter hypochondrischer Überzeugungen haben. Die Kranken schildern viele Beschwerden, mangelnden Appetit, Verstopfung, Herzbeschwerden, und insbesondere quält sie Schlaflosigkeit. Solche somatischen Störungen können ganz im Vordergrund stehen und den Arzt unter Umständen zu einer falschen Diagnose verführen. Auffällig ist auch das Bild einer allgemeinen Hemmung, einer „dynamischen Reduktion", die sich nicht nur in Mimik und Gestik, sondern überhaupt in einer motorischen Verlangsamung, nachlassendem Interesse, verlangsamtem Denken und Einschränkung der Kommunikationsbereitschaft äußert. Andererseits gibt es Kranke mit sogenannter agitierter Depression, die gerade durch ihre ausgeprägte Ruhelosigkeit, durch ihre unaufhörliche und erschöpfende Hypermobilität auffallen. Für depressive Kranke besonders kennzeichnend ist die häufige Beobachtung, daß die Symptome im Beginn des Tages besonders schwer sind und gegen Abend subjektiv als leichter erlebt werden: die sogenannte Tagesschwankung.

Versuche, eine systematische Ordnung in die Vielfalt der klinischen Bilder bei den depressiven Verstimmungszuständen zu bringen, haben die Psychiatrie jahrzehntelang beschäftigt. Diese Aufgabe war darum so schwierig, weil die Kenntnis der Ursachen von Depressionszuständen wenig gesichert war und darum der Spielraum für Meinungsbildungen groß blieb. Den gegenwärtigen Stand unseres Wissens formuliert der Psychiater P. Kielholz mit folgender Einteilung in:

1. Somatogene Depressionen, die im Gefolge anderer organischer Krankheiten auftreten, zum Beispiel bei Gehirnarteriosklerose, Infektionskrankheiten wie Encephalitis oder infektiöser Gelbsucht;

2. die sogenannten endogenen Depressionen, die in den Bereich der Psychosen gehören, also die manisch-depressive Psychose und depressive Zustände bei Schizophrenie, und

3. die psychogenen Depressionen, bei welchen Reaktionen auf schwere seelische Erlebnisse als reaktive Depressionen bezeichnet werden, während depressive Verstimmungszustände in Verbindung mit unbewußt gewordenen seelischen Träumen in der frühen Kindheit als neurotische Depression gelten.

Depressive Verstimmungszustände können Tage, Wochen oder auch Monate anhalten, sie können einmal oder auch wiederholt auftreten, und sie können im Wechsel mit manischen Zuständen auftreten. Wenn eine lebenslange chronische Form von Depressivität besteht, sprechen wir von depressiver Charakterentwicklung. Je nach dem Verlauf ergeben sich Anhaltspunkte für die Bildung der Diagnose, die nicht zuletzt deshalb oft schwierig ist, weil es Mischformen gibt.

Hinsichtlich der Ursachen der depressiven Verstimmungszustände, die auch als affektive Verhaltensstörungen bezeichnet werden, sollen uns im Zusammenhang dieses Buches die sogenannte endogene und die neurotische Depression vornehmlich interessieren. Man wird bei der manisch depressiven Psychose wie kaum bei einer anderen Psychose – ich zitiere Walter Schulte – „mit solcher Wahrscheinlichkeit mit einer somatischen Grundlage rechnen müssen". Jedoch sei es nicht leicht, diese Behauptung schlüssig zu beweisen. Es gibt aber doch einiges, was dafür spricht.

Die depressive Phase kommt und geht, es sind nur wenig Einflüsse durch das Erleben sichtbar. Man kann davon ausgehen, daß bei einem allgemeinen Erkrankungsrisiko von 0,5 bis 1 % in der Gesamtbevölkerung die Häufigkeit dieser Erkrankung in Familien von depressiven Patienten etwa bei 10–15 % liegt.

Insbesondere die Ergebnisse der Zwillingsforschung wirken auf den ersten Blick eindrucksvoll: bei eineiigen Zwillingen war bei Erkrankung des einen Zwillings in 69 % auch der andere krank, hingegen bei den zweieiigen nur in 19 % der untersuchten Paare. Dieser hohe Prozentsatz der Konkordanz bei den eineiigen Zwillingen wird als sichere Stütze für einen genetischen Ursachenfaktor interpretiert. Über die Art des Erbganges ist wenig Sicheres bekannt, eindeutige Mendelproportionen liegen nach Auffassung kritischer Autoren nicht vor. Ohne das Gewicht solcher genetischer und konstitutioneller Befunde unterschätzen zu wollen, müßte doch bei der Interpretation dieser statistischen Fakten für die Pathogenese der Depression mituntersucht und berücksichtigt werden, welches Gewicht psychodynamische Prozesse haben, die in den Bereich der Entwicklungspsychologie, der Familien-Gruppenpsychologie und der Zwillingspsychologie gehören. Die relative Häufung depressiver Erkrankungen in bestimmten Familien kann meines Erachtens nicht als genügend verstanden bezeichnet werden, wenn unberücksichtigt bleibt, welchen schwerwiegenden Einfluß das Zusammenleben eines Menschen in den frühesten Phasen der Kindheit mit einer wichtigen Bezugsperson in der Familie hat, die periodisch oder chronisch depressiv ist.

Einige Hinweise wenigstens seien mir erlaubt auf den wichtigen Forschungsbereich der Biochemie, die den lange vermuteten Stoffwechselstörungen für die Entstehung der endogenen Depression auf der Spur ist. Hierbei stützt sich die Forschung wesentlich auf die Untersuchungsergebnisse der Wirkungsmechanismen antidepressiver Psychopharmaka. Es handelt sich danach um eine Störung des Stoffwechsels sogenannter biogener Amine, in deren Gefolge zum Beispiel ein Mangel an Noradrenalin im Bereich des Hypothalamus auftritt. Dieser Hirnabschnitt ist eine zentrale Schaltstelle zur Regulierung wichtiger Lebensfunktionen. Die antidepressiven Medikamente greifen normalisierend in den gestörten Stoffwechsel ein und ermöglichen so das Abklingen der endogenen Depression. Mehr soll hier zu diesen interessanten Fragestellungen nicht gesagt werden, weil wir uns nun den eigentlich psychologischen Aspekten zuwenden müssen. Es schien mir aber doch wichtig, auf diese Gesichtspunkte hingewiesen zu haben. Nur die synoptische Kenntnis der somatischen, psychologischen und sozialen Faktoren wird uns solide theoretische Annahmen vermitteln – schreibt Edith Jacobson 1971 in ihrer Monographie über Depression –, um die Zustandsbilder der kindlichen, der erwachsenen, der psychotischen und neurotischen Depression zureichend zu verstehen und damit auch zu behandeln.

Der Beitrag, den die Psychoanalyse dabei leistet, ist die Erforschung der psychogenetischen und psychodynamischen Faktoren. Sigmund Freud hat mit seiner Arbeit über „Trauer und Melancholie" dafür die Grundlage geschaffen. Freud betont hier die Bedeutung des Verlustes eines Liebesobjektes und beschreibt die Ähnlichkeiten und Unterschiede bei den Reaktionen Trauer und Melancholie. Bevor wir dies jedoch im einzelnen besprechen, möchte ich hier zum besseren Verständnis über Arbeitsergebnisse des bekannten Pädiaters und Analytikers René Spitz berichten. Von ihm wird ein Krankheitsbild beschrieben, das überraschende Ähnlichkeit mit der Symptomatologie depressiver Erwachsener hat und dem er die Bezeichnung „anaklitische Depression" gab. Die untersuchten Kinder zeigten eine weinerliche Verstimmung, Desinteresse an der Umgebung, motorische Apathie, Verweigerung des Kontaktes, Schlaflosigkeit, Nahrungsverweigerung, Anfälligkeit gegenüber Krankheiten und Stillstand bzw. Rückgang des altersgemäßen Entwicklungsquotienten. Es handelte sich dabei ausnahmslos um Kinder, die, bis zum sechsten Lebensmonat von der Mutter versorgt, sich gut entwickelt hatten und bei denen sich eine gute affektive Beziehung zwischen Mutter und Kind hatte entfalten können. Zu einem Zeitpunkt zwischen dem sechsten und achten Lebensmonat war diesen Kindern aus äußeren Gründen die Mutter für die Dauer von drei Monaten völlig entzogen worden, und in dieser Zeit entwickelte sich zunehmend das vorhin beschriebene Zustandsbild. Wenn die Mutter zurückkehren konnte, verschwanden die Zeichen der anaklitischen Depression, und auch der Entwicklungsquotient wurde wieder altersgemäß. Wenn jedoch die Trennung länger als drei bis fünf Monate dauerte, ohne daß es gelang, einen zureichenden affektiven Ersatz zu schaffen, dann traten irreparable Schäden ein, die wir unter dem Begriff des Hospitalismus kennen. Besonders auffallend ist die Beobachtung, daß sich eine anaklitische Depression bei Trennung von der Mutter nur dann entwickelt, wenn vorher eine gute emotionelle Beziehung zwischen Mutter und Kind bestand. In keinem Fall kam es zu einer Depression, wenn die Beziehung vorher offensichtlich schlecht war. Im Fall einer Trennung vom Liebesobjekt ist es nach Spitz schwieriger, diesen Objektverlust zu ersetzen, wenn zuvor eine befriedigende Beziehung bestanden hatte, als bei einer unbefriedigend erlebten biologischen Mutter.

So überzeugend die Ähnlichkeit der Krankheitssymptome bei diesen Kindern und bei erwachsenen Depressiven auch ist, so betont Spitz doch die prinzipiellen Unterschiede des zugrundeliegenden Krankheitsprozesses. Hier kommt das schwere Krankheitsbild zustande durch den Mangel an affektiver Zufuhr von seiten der Mutter infolge der Trennung, einer Zufuhr, auf die das junge Kind zur Lebenserhaltung angewiesen ist. Dort handelt es sich um die Folgen eines Objektverlustes, der ein zwar gestörtes, aber doch erwachsenes und differenziertes System psychischer Regulation trifft. Das müssen wir nun im einzelnen ansehen.

Freud sagt in der erwähnten Arbeit „Trauer und Melancholie", die schwere Trauer um den Verlust einer geliebten Person enthalte die gleiche schmerzliche Verstimmung wie die Melancholie, den gleichen Verlust des Interesses für die Außenwelt, die Hemmung jeder Leistung, sofern diese nicht dem Andenken des Verstorbenen gilt. Bei der Trauer halten wir all dies nur darum nicht für krankhaft, weil wir die Veranlassung so gut verstehen und aus Erfahrung wissen, daß das Ich mit seiner Trauerarbeit diesen Zustand allmählich überwindet und den Menschen zu erneuten Objektbeziehungen, Interessen und Leistungen fähig macht. Ein wichtiger Unterschied zwischen Trauer und Depression liegt aber darin, daß wir nur bei der Depression die Störung des Selbstgefühls, die sich in Selbstvorwürfen und Selbstbeschimpfungen äußert, beobachten. Bei der Trauer ist die Welt arm und leer geworden, bei der Depression ist es das Ich des Kranken selbst, das so verarmt erlebt wird.

Eine Trauerreaktion tritt normalerweise dann auf, wenn jemand den Verlust einer geliebten Person erfährt oder den Verlust eines ideellen Wertes, der für ihn und sein Leben viel bedeutet hat. Auch der Beginn der Depression kann einen solchen Anlaß haben, aber häufig können wir hier keine solche direkte Veranlassung feststellen, und der Kranke scheint es auch nicht bewußt zu erfassen, was er eigentlich verloren hat. Dann ist es naheliegend, schreibt Freud, „die Melancholie irgendwie auf einen dem Bewußtsein entzogenen Objektverlust zu beziehen, zum Unterschied von der Trauer, bei welcher nichts an dem Verluste unbewußt ist". Diese Analogie bietet sich in der Tat an, wenn wir die psychoanalytischen Erfahrungen mit einer anderen Störung des Affektlebens zum Vergleich heranziehen, nämlich die Angst. Hier unterscheiden wir die Realangst von der neurotischen Angst und wissen, daß für die erstere äußere Anlässe und für die letztere unbewußte Motive verantwortlich sind. Während wir die Realangst in ihrer bewußten Motivation verstehen, erscheint uns die neurotische Angst als etwas Krankhaftes, das der Behandlung bedarf, weil der Kranke selbst durch bewußte Anstrengungen keinen Einfluß ausüben kann. Die motivierenden seelischen Prozesse, die seine Angst hervorrufen, sind außerhalb seines Bewußtseins.

Das Schicksal der Objektbeziehung bei Trauer und Depression soll uns nun beschäftigen. Der Trauernde, der ein Liebesobjekt verloren hat, löst widerstrebend und unter seelischen Schmerzen seine libidinösen Verknüpfungen mit dem verlorenen Objekt, das heißt zum Beispiel seine Wünsche, Befriedigungserwartungen, und wird nach erfolgter Trauerarbeit wieder frei für Beziehungen und Interessen. Anders der Depressive. Er hat zwar auch eine Erschütterung erlitten in der Beziehung zu einem Liebesobjekt, sei es durch Tod, Trennung oder Kränkung. Aber statt zu einer Loslösung der Bindung an das Liebesobjekt kommt es nun zu einem Rückzug der triebhaften Objektbesetzungen in das eigene Selbst und zur Identifizierung mit dem aufgegebenen Liebesobjekt. Durch diesen Prozeß der Identifizierung wird das Ich verändert. Vorwürfe, die sich ursprünglich gegen das enttäuschende, kränkende Objekt richteten, werden nun zu Selbstvorwürfen dadurch, daß der Teil des durch Identifizierung veränderten Ich sich den übrigen Ich-Anteilen kritisch verurteilend gegenüberstellt. Hört man den Selbstanklagen des depressiven Kranken zu, so kann man feststellen, daß sie oft weniger zur eigenen Person passen, vielmehr einer Person aus der Umgebung des Kranken zugeordnet werden können. Die ihr geltenden Vorwürfe werden von ihr weg gegen sich selbst gewendet. Diese Richtungsumkehr läßt eine Beobachtung verstehbar werden, die ein typisches Merkmal der Klagen des Depressiven betrifft. Seine Selbstvorwürfe haben eine andere Tönung als die eines Menschen, der sich wirklich Schuld oder Versagen vorzuwerfen hat. Man vermißt beim Depressiven das Gefühl der Scham, eher zeigt er eine aufdringliche Mitteilsamkeit, so, als fände er an seiner eigenen Bloßstellung Befriedigung. Diese von Freud so beschriebene Beobachtung findet sowohl in der psychoanalytischen als auch in der psychiatrischen Kasuistik immer wieder Bestätigung. Sie fordert aber auch eine zureichende Interpretation, bei der wir sowohl die Prozesse der Triebentwicklung als auch die Entwicklung und das Zusammenwirken der seelischen Instanzen wie zum Beispiel Es, Ich, Über-Ich und Ideal-Ich zu berücksichtigen haben werden. Wolfgang

Loch hat in seiner Monographie über „Theorie, Technik und Therapie der Psychoanalyse" 1972 diesem sehr schwierigen Thema breiten Raum gewidmet, wobei er der theoretischen Entwicklung der Psychoanalyse in der älteren und neuen Literatur Rechnung trug.

Hier muß ich mich beschränken auf die Darstellung zweier wichtiger Aspekte, die mit der Fixierung bzw. Regression der Triebentwicklung einerseits und der Entwicklung des Selbst, also der psychischen Struktur des depressiven Kranken, andererseits zu tun haben. Die Erfahrung zeigt, daß depressive Patienten vor Ausbruch ihrer Krankheit Merkmale zeigen, die wir auch bei zur Zwangsneurose disponierten Menschen finden: die bekannte anale Trias von sparsam, ordentlich und eigensinnig — dazu gehört auch ein großer Leistungsanspruch an sich selbst. In ihrem Gefühlsleben herrscht eine ungeschlichtete starke Ambivalenz libidinöser und aggressiver Triebregungen dem Liebesobjekt gegenüber vor. All dies weist uns auf eine Störung der Triebentwicklung hin, im Sinne einer Fixierung an die frühkindliche anale Phase des Trieblebens. Bei Kränkungen und Enttäuschungen durch das Liebesobjekt richten sich die ungemilderten Regungen der Feindseligkeit gegen dieses, und die Neigung wächst, es zu zerstören, bzw. die innerseelische Repräsentanz des Objekts zu entwerten und wie Kot auszustoßen. Weil aber das Ich des Depressiven in seiner Abhängigkeit sich dann von Hilflosigkeit bedroht fühlt, zieht es sich auf eine noch frühere Stufe des Erlebens und Verhaltens zurück, es regrediert auf die orale Phase der seelischen Entwicklung. Sie wird oral genannt, weil in ihr lustvolle Triebbefriedigung und Sicherheit durch das Munderleben vermittelt werden, und sie heißt narzißtisch, weil das Kind noch nicht zwischen sich und der Mutter als voneinander unabhängigen Objekten sicher unterscheiden kann. Das Sich-Einsfühlen mit einem entwerteten Objekt, das heißt die narzißtische Identifikation mit ihm, bleibt nicht ohne schädigende Folgen.

Dieser Prozeß, der unbewußt verläuft, ist die Grundlage dafür, daß der depressive Kranke sich selbst als wertlos erlebt und sich so kritisierend, verurteilend und feindselig behandelt. Die Feindseligkeit sich selber gegenüber, die bis zum Selbstmord gehen kann, hat ihre Wurzel in dem Konflikt zwischen einer überstrengen moralischen Instanz und dem entwerteten Introjekt in der psychischen Struktur des Kranken. Schon K. Abraham hat 1924 darauf hingewiesen, daß Schuldgefühle und Selbstbestrafung bei zwangsneurotischen und depressiven

Patienten auf dem Überwiegen aggressiver prägenitaler Triebimpulse gegenüber dem Liebesobjekt beruhen. Ein wichtiger Unterschied liegt darin, daß der Zwangsneurotiker an der Beziehung zum Objekt festhält, seine verdrängte Aggressivität auf Ersatzobjekte verschiebt, während der Depressive die Objektbeziehung aufgibt und, entsprechend der Regression auf eine sehr frühe Stufe des Seelenlebens, die gehaßten und entwerteten Anteile des Objektes sich einverleibt, also zu einem Teil seiner selbst macht.

Wir müssen uns nun noch diesem strukturellen Gesichtspunkt zuwenden, um zu untersuchen, was den depressiven Patienten zu seiner besonders starken Verletzbarkeit durch das Liebesobjekt disponiert. Jedem von uns sind doch Gefühlsregungen des depressiven Erlebens vertraut, wenn wir von einer geliebten Person gekränkt, verletzt oder im Stich gelassen werden: wir fühlen unser Wohlbefinden gestört, die Lust an sonst geschätzten Aktivitäten läßt nach, die Frage nach der eigenen Schuld und der Zorn auf den anderen, der uns das angetan hat – all dies stellt eine Arbeitsanforderung an unser Seelenleben dar, um das gestörte innere Gleichgewicht und die gestörte Beziehung zu den Objekten wiederherzustellen. Und doch kommt es dabei nicht zu dem Zusammenbruch des Selbstgefühls, das den Kranken mit neurotischer oder psychotischer Depression kennzeichnet. Was ist es, das in der Entwicklung der seelischen Struktur eines Menschen ihn dazu disponiert? So wie wir hinsichtlich der Triebentwicklung und der Objektbeziehungen Störungen phasenspezifischer Reifung im Sinne von Fixierung und Regression feststellen konnten, so lassen sich auch mit Hilfe der psychoanalytischen Theorie bestimmte Störungen der Strukturentwicklung beschreiben. Wir gehen dabei davon aus, daß das Kind nach der Geburt noch keine psychischen Strukturen hat, die es zur Regulation seiner Existenz befähigen; es ist angewiesen auf die symbiotische Beziehung zur Mutter, in der es sich selbst von der Mutter noch nicht getrennt erleben und unterscheiden kann. Sein Leben, sein Sichgutfühlen, Sicherheit und Geborgenheit werden allein von der Mutter garantiert. Doch diese Phase des primären Narzißmus des Kindes dauert nicht lange.

Die reifenden Sinnesorgane vermitteln erste Wahrnehmungen diffuser Art, erste aufkeimende Erinnerungsleistungen und unvermeidliche Frustrationen von Triebbedürfnissen führen zur Erfahrung von „Ich-Selbst“ und „Nicht-Ich-Selbst“, also zur Subjekt-Objekt-Spaltung. Das Erleben der eigenen Hilflosigkeit bringt das kleine Kind dazu, dieses versorgende Mutterobjekt zu idealisieren. In ihren Untersuchungen über kindliche Depression schreiben Sandler und Joffe (1965), ein Verlust dieser idealen Beziehungsperson sei für die Kinder unmittelbar mit „einer Bedrohung ihres Wohlbefindens", ihrer „narzißtischen Integrität" identisch. An dieser Stelle sei auf die vorher erwähnten empirischen Untersuchungen von René Spitz zurückverwiesen. Die frühkindliche Beziehung zu einem idealisierten Objekt ist darum so bedeutsam, weil seine Aspekte durch Internalisierung zu einem wichtigen Baustein der psychischen Struktur werden, zur Grundlage seiner Selbstrepräsentanz. Wird dieser Prozeß durch psychische Traumatisierungen in der frühen Objektbeziehung gestört, entwickeln sich Defektzustände im System der Selbstrepräsentanzen. Für die Regulation des gesunden Selbstgefühls ist eine stabile Beziehung zwischen dem Selbst und dem Ideal-Selbst notwendig – und gerade diese existiert bei den zur Depression disponierten Menschen nicht. Sie sind angewiesen darauf, in ihren späteren Partnerbeziehungen stets Wiederholungen ihrer frühkindlichen Idealobjekte zu suchen, die ihr Wohlbefinden und ihr Selbstgefühl garantieren. Ihre Partnerschaften haben oft einen symbiotischen Charakter, bzw. ihre Beziehungen entsprechen einer narzißtischen Objektwahl. Narzißtische Beziehungen sind aber labil und störbar, sie rufen bei Enttäuschung, wie Abraham formulierte, eine „Welle des Hasses" hervor. Die Verdrängung der freiwerdenden Aggression erzwingt dann die vorhin beschriebenen Prozesse der Ausstoßung und Entwertung der Objektrepräsentanz, die ja aber zugleich eine Entwertung und einen Verlust innerhalb des eigenen Selbst bedeutet. Dieses entwertete Selbst wird nun leicht zu einem Opfer der Verurteilung durch die Über-Ich-Instanz, die einen in der kindlichen Entwicklung später konstituierten Strukturaspekt der Psyche darstellt. Das Über-Ich als Träger der verbietenden und verurteilenden Gewissensfunktion enthält in seinem Kern den Niederschlag der elterlichen Verbote und Gebote aus der Zeit der ödipalen Beziehung des Kindes zu seinen Eltern.

Die Frage der Entwicklung einer neurotischen oder psychotischen Form der Depression hängt ganz entscheidend von dem Ausmaß der Störung im narzißtischen Regulationssystem und von dem Ausmaß der Regressionsprozesse ab.

Es scheint mir an dieser Stelle notwendig, ein Wort der Entschuldigung einzuflechten dafür, daß meine Ausführungen unvollständig sind, für manchen wohl auch in ihrer Kürze schwer verständlich. Die Aufgabe, einen so komplizierten Gegenstand, wie ihn der Begriff „Depression“ darstellt, abzuhandeln, war im gegebenen Rahmen nur unvollständig zu lösen. Viele der von mir verwendeten psychoanalytischen Gedanken und Begriffe werden ja in den folgenden Beiträgen noch ausführlich behandelt werden.

Meine Ausführungen zum Thema „Depression“ mag ich nicht beenden, ohne wenigstens auf die hauptsächlichen Gesichtspunkte der Behandlung dieser Krankheit hingewiesen zu haben. Es leuchtet ein, daß es bei der Vielfalt des Symptombildes kein eindimensionales Schema für die Therapie geben kann. Schwere Formen der Depression, insbesondere dann, wenn Selbstmordabsichten nachweisbar sind, lassen eine stationäre Therapie unumgänglich werden, weil nur so das Leben des Patienten mit einiger Sicherheit geschützt werden kann. Im melancholischen Stupor, aber auch bei ängstlich agitierter Depression ist die Behandlung mit wenigen Elektroschocks ein sicherer Weg, um den lebensbedrohlichen Zustand rasch zu beenden. In den Fällen, bei denen die Behandlung ambulant durchgeführt werden kann, stellt sich die Frage der medikamentösen und/oder psychotherapeutischen Behandlung. Wenn das Krankheitsbild für die Diagnose einer endogenen Depression spricht bzw. in psychoanalytischer Terminologie für eine narzißtische Neurose mit ihren tiefgreifenden Regressionsprozessen, dann macht zunächst der weitgehende Verlust der Kommunikationsfähigkeit des Patienten die Einleitung einer verbalen, analytischen Psychotherapie unmöglich. Hier liegt der Anwendungsbereich der Psychopharmaka; die stimmungsaufhellenden, Hemmung beseitigenden und Angst dämpfenden Substanzen können je nach den vorherrschenden Symptomen kombiniert werden, sie bewirken eine Besserung des Zustandsbildes, verändern aber nicht die gestörte Persönlichkeitsbildung des Kranken und schützen auch nicht vor einer späteren Wiederkehr der depressiven Symptomatik. Ihre Wirksamkeit ist bei den Formen neurotischer bzw. reaktiver Depression vergleichsweise gering, oder sie sind unwirksam. Eine stützende Psychotherapie sowie sozialtherapeutische Maßnahmen sind hilfreich für die Dauer der stationären Behandlung und während der ambulanten medikamentösen Behandlungszeit. Sie können helfen, den Kranken von Angst und Schuldgefühlen zu entlasten, sein ramponiertes Selbstwertgefühl zu stützen und die Resozialisierung nach Abklingen der schweren Krankheitsphase zu erleichtern.

Die analytische Psychotherapie depressiver Patienten

stellt an die Erfahrung des Arztes große Anforderungen. Der amerikanische Analytiker und Psychiater Fritz Redlich schreibt in seinem Lehrbuch „Theorie und Praxis der Psychiatrie": „Der mäßig oder schwer deprimierte Patient ist in gewissem Sinne süchtig nach Liebe, und Süchtige sind bekanntlich schwer zu behandeln." Der Analytiker muß es aushalten können, wenn es in der Behandlung zu einer therapeutisch wirksamen Übertragungsbeziehung kommt, für den Patienten über lange Zeit als „Idealobjekt" zu fungieren, aber auch die schweren Aggressionen des Patienten zu akzeptieren, zu verstehen und nicht darauf zu reagieren. Das Wiedererleben seiner frühkindlichen Verwundungen, deren Wiederholung in allen späteren Beziehungen sich so katastrophal auswirkte, das allmähliche Lernen, mit den heftigen Affekten von Liebe und Haß umzugehen, der allmähliche Aufbau einer stabilen Konfiguration des eigenen Selbst mit der damit verbundenen realistischeren Ideal- und Über-Ich-Bildung, das sind die Ziele, die erreicht werden müssen, um den Patienten vor Rückfällen in die Depression zu schützen.

Hildegund Fischle-Carl
Deutung

In seinem Bemühen um Weltbewältigung hat der Mensch sich relativ spät sich selbst zugewandt und sich selbst als Gegenstand des Forschens gewählt. Das hängt damit zusammen, daß die bisher praktizierten Forschungsmethoden nur zu einem geringen Teil übernommen werden konnten und ganz neue Wege des Forschens und Erkennens entwickelt werden mußten. Die Untersuchungsweisen der sogenannten „exakten Wissenschaften" bestätigten ihre Verifizierbarkeit damit, daß sie das wiederholbare Experiment entwickeln und ihre Ergebnisse in einer mathematischen Größe darstellen können. In der Anwendung bei der Erforschung des Lebendigen und vor allem im Bereich des Menschen blieben diese Verfahren steril und brachten kein wesentliches Ergebnis. Dies verhinderte jedoch nicht, daß Versuche neuer Methoden und Arbeitshypothesen abgelehnt und bekämpft wurden. Es war immer schwierig, liebgewordene Denkgewohnheiten und Arbeitshypothesen auf Teilgebiete zu begrenzen und sich Neuem zu öffnen.

Solange der Mensch und seine Verhaltensweisen nur rein phänomenologisch deskriptiv dargestellt wurden, waren alle

Aussagen sehr begrenzt. Nehmen wir als Beispiel: Ein Mensch wird als fleißig und arbeitsam bezeichnet. Mit diesem Verhalten ist noch nichts darüber ausgesagt, welche Motive dahinterstehen, was dieser Mensch damit bezwecken will. Wir wissen nicht, ob eine Flucht in die Arbeit, Werbung um Anerkennung, Kontaktschwäche oder Hingabe an ein Werk dahinterstehen. Die Bedeutung eines Verhaltens wird erst deutlich durch die Erkenntnis der Motivationen. Um menschliches Verhalten zu verstehen, müssen Zusammenhänge, Wechselwirkungen zwischen den verschiedensten Persönlichkeitsbereichen erforscht werden. Das bedeutet letztlich die Frage nach der Kausalität – die Frage nach dem Warum –, deren Beantwortung auch die Finalität – die Frage nach dem Wozu – erkennen läßt. Über die Suche nach den Begründungen unseres Verhaltens entstand die Motivationsforschung als Versuch einer Deutung.

In diesem Zusammenhang wurde Unbewußtes, das jenseits von unserem Bewußtsein wirkt, entdeckt. Die bisher unbekannten Mechanismen des Psychischen – der Vorgang der Projektion und der Introjektion, die Bedeutung der Identifikation und das Verständnis des Traumes – gehören zu den ersten Forschungsergebnissen auf diesem Gebiet. Nachdem das Hintergründige, das Dunkle, das Ich-Ferne und unbewußt Wirksame in der menschlichen Verhaltens- und Seinsweise entdeckt war, drängte die konsequente Fortführung dieser Erkenntnisse zu einem neuen Bild vom Menschen. Bewußtseinsverborgenes, Wechselwirkungen bisher unbekannter Zusammenhänge erhielten ungeahnte Bedeutung. Die nun geforderte Interpretation warf viele Fragen auf. Viel scheinbare Tugend wurde entlarvt. Standhaftigkeit konnte als Mangel an Flexibilität und Starrheit erscheinen, vermeintliche Nächstenliebe als verborgene Anhebung des eigenen Selbstgefühls. Vordergründiges wurde nicht mehr als das hingenommen, als das es sich den Anschein gab. Man erkannte die andere, weniger gereifte Seite im Menschen, das Primitive in uns. Solche Interpretationen forderten zu einer Selbstkritik auf, zu der die wenigsten fähig waren. Bisher hatte der einzelne sein Verhalten und Handeln mit Hilfe seines bewußten Denkens mit edlen Motiven besetzt und idealisiert. Er hatte sich Idole und Ideale gebildet, in deren unbestrittener Herrlichkeit er sich sonnte. Die Eigenliebe des Menschen hat sich oft der Wahrheit widersetzt. Man spricht heute von den drei schweren Kränkungen, die der Menschheit durch die Wissenschaft zugefügt wurden: durch Kopernikus wurde sie entthront als Mittelpunkt der Welt, Darwin führte den Menschen über seine biologische Entwicklung in die Nähe des Tieres, Freud hat den Menschen erschüttert, indem er ihm bewies, daß er seinem Bewußtsein nicht trauen darf. Er forderte ihn auf, zuerst in sich zu gehen, auf seine eigenen Tiefen zu horchen, um sich dann mehr erkennen zu lernen.

Nachdem der Traum als verstehbar und deutbar einen Zugang zum Hintergründigen bot, wurde all das entdeckt, was bisher nicht bewußt werden durfte, verdrängt wurde, was im Schatten der Persönlichkeit liegt. In dem sogenannten Schattenbereich stößt man auf Reste von infantilen Verhaltensweisen aus der persönlichen Kindheit, auf primitive Egoismen, die das Bewußtsein zu tarnen und umzudeuten weiß, auf narzißtische Selbstliebe, auf verdrängte Sexualität und Aggressionen. Was unbewußt blieb, ist immer auch unentwickelt und primitiv geblieben. Die Angst vor der Deutung unserer Hintergründe bewirkte eine Flut von starken Abwehraffekten. Unreflektierte, blinde Abwehr erfolgte von seiten der übrigen Wissenschaftler ebenso wie von seiten der Laien. Nicht nur da, wo berechtigte und begründete Fragen und Kritiken, wo echte Zweifel zu formulieren waren und auch noch sind, wurde dieser neue Weg der Erforschung des Psychischen abgelehnt und entwertet, sondern auch dort, wo echte Ansatzpunkte zu neuen Arbeitshypothesen bestehen.

Die Tiefenpsychologie schuf über die Deutung bisher unerkannter Zusammenhänge und Wechselwirkungen ein neues Bild vom Menschen. Sie erkannte auch seine Gefährdung durch mangelnde Kontakte zu den unbewußten Teilen der Persönlichkeit, durch die Abspaltung der ihm bisher unbekannten, dunklen Seite. Dies bedeutet Abkehrung von der eigenen Geschichte und damit Entwurzelung bis hin zur Krankheit. Nur über die Aufgabe des Idols, über den Verlust des idealisierten Menschenbildes führt der Weg zu neuen Erkenntnissen und Wahrheiten. Der Prozeß der Loslösung von hochstilisierten Idealbildern mußte natürlicherweise als schmerzlich empfunden werden. Interpretationen, die jeden selbst angehen und zwangsweise zur Selbstkritik und Entlarvung von Fehlhaltungen auffordern, können nicht ohne Widerstand angenommen werden. Das erlebt jeder bei sich selbst. Der Psychoanalyse wurde mit Recht vorgeworfen, daß sie destruktiv ist in ihrer Entidealisierung, daß sie moralische Werte und ethische Normen zerstört und einen ethischen Relativismus nach sich zieht. Die geforderte Rückkehr zur Nüchternheit der Selbsterkenntnis wurde als Zerstörung empfunden. Es ist wahr, daß die alten Vorstellungen und Idole untergraben wurden, doch wurde die doppelte Motivation dieses Vorgangs von wenigen nur erkannt: Hinter dem destruktiven Prozeß stand der Wille zum Zweifel und zur Kritik, ein Wunsch nach neuem Lernen und Horchen. Die Idole mußten beseitigt werden, um einen neuen Sinn zu entdecken. Es mußte ein Entmystifizierungsprozeß eingeleitet werden, um Bereitschaft zu erarbeiten für umfassendere Wahrheit und neues Verständnis.

Dieses Geschehen war auf anderen Gebieten schon eingeleitet: Nietzsche und Marx hatten die Methode der Interpretation als Methode der Entlarvung bereits eingeführt. Für diese Denker war wie auch für Freud die Deutung eine Schule des Zweifels. Alle drei haben das bisherige Bewußtsein als unzulänglich betrachtet und Bewußtseinserweiterung mit Hilfe ihrer Deutung angestrebt. Auch früher schon war philosophisch daran gezweifelt worden, daß die Dinge so sind, wie sie uns erscheinen. Die Dinge wurden als zweifelhaft erkannt. Jetzt zweifeln wir auch an dem Bewußtsein. Es tauchte die Frage auf, ob es so ist, wie es sich selbst erscheint. Daß es auch falsches Bewußtsein gibt, ist neu formuliert und an der Auslegung des Sinnes exemplifiziert worden. Die Zerstörer des bisherigen Bewußtseins fordern eine Wissenschaft des Sinns. Damit stehen sie im Gegensatz zu ihrer Zeit. Solche Destruktionen, die an Grundsätzliches rühren und Wesentliches verändern, sind Zeiten großer Erschütterungen und Umwälzungen. Ihre eigentliche Funktion und ihr Sinn liegen darin, Grundlagen für neue Denkansätze und Interpretationen zu schaffen, um damit den Weg zu bisher verborgenen Wahrheiten zu bereiten.

Tiefenpsychologie und Psychoanalyse haben nicht nur Kritik geübt und sich als Zerstörer erwiesen, vielmehr haben sie darüber hinaus auch die Fähigkeit zur Interpretation mitgeliefert. Schon Freud brachte uns wesentliche Erkenntnisse für den Umgang mit dem Unbewußten und für die Deutung des Sinnes im Verhältnis zwischen latent Bewußtem und Unbewußtem. Wenn auch die Folgezeit und die Weiterentwicklung der Arbeit auf diesem Gebiet viele Irrtümer Freuds erkannte, wenn wir heute in der Rückschau sehen, daß Freuds Verhaftetsein in seiner Zeit und in seinem persönlichen Menschsein seinem System einige Sackgassen bescherte, aus denen seine Nachfolger sich herauswinden mußten und noch müssen, kann man ihm echte Anerkennung nicht versagen. Hat er doch die ersten Ansätze aufgezeigt, wie man durch die Deutung unbewußter Prozesse Bewußtseinszuwachs erreichen kann. Man sprach darum zunächst von der Heilung durch das Bewußtsein. Dies trifft nur insofern zu, als damit eine Auseinandersetzung mit dem Realitätsprinzip verbunden ist.

Die Deutungsarbeit begann zunächst am einzelnen Menschen. Die Interpretation seiner Träume und Symptome wies den Weg. Tiefenpsychologische Arbeit ist Wortarbeit. Die Deutung vollzieht sich über das Wort mit Hilfe eines zweiten Bewußtseins, nämlich das des Therapeuten. Zur analytischen Arbeit gehört darum eine duale Beziehung als Voraussetzung zu einer solchen Zwiesprache. Die gemeinsame Arbeit besteht nicht einfach darin, Unbewußtes dem Bewußtsein nahezubringen. Verdrängtes annehmen zu lernen erfordert zunächst die Erforschung dessen, was das Motiv zur Verdrängung war und die Abspaltung bewirkt hat. Der Patient muß darum zunächst die erarbeiteten Erkenntnisse zu verarbeiten und jenes akzeptieren lernen, was er bisher mit blindem Affekt abweisen mußte. Nicht der Therapeut oder Analytiker weiß, was sein Patient oder Analysand aufzuarbeiten hat und lernen muß anzunehmen, vielmehr weist das eigene Unbewußte über die Träume und ihre Symbole den Weg. Die Träume sind Ausdruck und Sprache dessen, was bewußtseinsfern ist – oder aber, sofern Trauminhalte schon Bekanntes aussprechen, ist ihre Thematik noch aufzuarbeiten und zur echten Erkenntnis hinzuführen. Bewußtsein umfaßt weit mehr als nur intellektuelle und begriffliche Kategorisierung. Traumdeutungen sprechen in ihrer Bildsprache den ganzen Menschen in all seinen Erlebnisbereichen an. Wo solches Angesprochensein zur totalen Erkenntnis wird, muß auch das Emotionale einer Persönlichkeit berührt sein. Schon Platon hat darauf hingewiesen, daß durch Erkenntnis immer auch Werte im Menschen angesprochen werden. Der Traum hat den Träumer nur dann erreicht und nur dann etwas bewirkt, wenn er innerlich betroffen machen konnte, wenn der Träumer über seine Intellektualität hinaus angerührt wurde.

Analytiker dürfen darum die Übersetzung der Traumsprache in unsere Normalsprache nicht als gelungen betrachten, wenn lediglich ein begriffliches Einordnen und die Übertragung ins rein Intellektuelle erfolgt ist. Der Analysand soll nicht Psychologie lernen, vielmehr mit kleinen Deutungshilfen die Traumsprache unmittelbar zu verstehen üben; dies bedeutet, mit dem eigenen Unbewußten wieder Kontakte aufzubauen. Psychisches ist zwar nicht berechenbar, ist aber weit davon entfernt, etwas Chaotisches zu sein. Träume, Symptome, Fehlleistungen wurden erst durch Freud als das erkannt, was sie sind: sinnhaftes

Ausdrucksgeschehen, das sich zur Entschlüsselung darbietet. Mit Hilfe der Interpretation solcher Phänomene ist der Weg zu einer verborgenen Thematik einer Krankheit, einer Fehlentwicklung, einer Störung der Persönlichkeit aufzuspüren. Über die Deutung ist das Erlebnis von Sinnzusammenhängen möglich, dies ist eine Voraussetzung zum Verständnis der eigenen Persönlichkeit. Nur über die Beziehung zum Unbewußten ist ein Mensch als Ganzes zu begreifen und das zu ihm gehörige Leben zu verstehen. Jeder beobachtende und nachdenkende Mensch kann bei sich selbst Ängste, Launen, Hoffnungen, Zwänge feststellen, die einer bewußten Motivation entbehren. Wer vorurteilslos und ohne oberflächliche Rationalisierung sich selbst verfolgt, erlebt dabei, wie wenig man über sich selbst weiß — was zugleich heißt, wie sehr man durch sich selbst oder durch andere unberechenbaren Überraschungen ausgesetzt ist.

Um sich selbst zu begegnen, müssen wir darum den mühsamen und Geduld erfordernden Weg der Deutung kleiner Schritte und bisher ignorierter Bedeutungsinhalte gehen. Zunächst erfährt der Analysand aus seinem persönlichen Unbewußten. Er träumt seine persönliche Vergangenheit, seine eigene Archäologie. Die damit verbundenen und einst erlebten Kränkungen, Verletzungen, verdrängten Wunschregungen, Kompensationsversuche, infantilen Fixierungen, Regressionsneigungen, kurzum die ganzen unbewußten Motivationen unseres Seins und Handelns werden uns kundgetan. Teilweise bedient sich der Traum einer bildhaft verschlüsselten Zeichensprache. Nicht nur der Trauminhalt muß daraus entziffert werden, sondern auch der Widerstand, der gegen die Bewußtwerdung einer Traumaussage vorhanden ist. Um in der Deutearbeit zur Auseinandersetzung mit dem unbewußten Persönlichkeitsanteil zu gelangen, erfordert die Arbeit mit dem Widerstand gegen diesen dunklen Teil der Seele die besondere Aufmerksamkeit des Therapeuten. Interpretation hat nur soweit Sinn, als der Patient auf- und anzunehmen in der Lage ist, das heißt mit emotionaler Beteiligung etwas erarbeiten kann. Deutung, die nicht zum Erleben hinführt, ergibt nur nichts bewirkende Vielwisserei ohne Verbindlichkeit.

Die Traumsprache bedient sich der Symbolik. Nicht alle Traumbilder haben den Rang eines Symbols. Darunter verstehen wir ein Sichtbar- und Bildhaftwerden von etwas an sich Unsichtbarem, nämlich Deutlichwerden von Sinn und Bedeutung. Wir erleben also im Symbol ein Aufleuchten und Wahrnehmbarwerden einer Wirklichkeitserkenntnis. Das Symbol weist immer auf einen verborgenen Sinn hin, fordert zur Reflexion auf, will entziffert werden und drängt zur Interpretation. Symbolische Gestaltungen zeigen in ihrer Vielfalt den ganzen Reichtum der präphilosophischen Welterfahrung. Dadurch erklärt sich auch die Faszination, die mit manchen Symbolen verbunden ist. Über die Frage, wie es zur Symbolbildung kommt, warum der Mensch Symbolverständnis als Fähigkeit besitzt — also die Frage, warum Deutungsarbeit und Sinnverständnis überhaupt möglich sind —, darüber hat schon Freud nachgedacht. Vor allem Jung war in besonderer Weise von der bildgestaltenden und sinnbildenden Fähigkeit im Menschen beeindruckt. Er hat erkannt, daß das Sichtbar- und Deutlichwerden eines Sinnes, sein Konkretwerden, die höchste Stufe der Sinnvermittlung ist, mehr als die philosophische Reflexion allein darstellt. Darum sieht Jung im Hinhorchen auf die Symbole auch für den modernen Menschen einen entscheidenden Beitrag zum Welt- und Selbstverständnis. Im Gegensatz zum primitiven Menschen fordert er für den heutigen Menschen eine vom Bewußtsein getragene Naivität, also keine vorkritische, wie dies in primitiven Kulturen der Fall ist, sondern eine nachkritische Naivität.

Das Symbol ist nicht allein seiner Vielfalt wegen schwierig zu deuten, sondern auch darum, weil es Gegensätzliches in sich vereinigt, den Doppelaspekt in sich trägt. Die Sonne zum Beispiel symbolisiert nicht nur das Lebenspendende, Lebenerhaltende, Lichtgebende, sondern auch das Versengende, Gefährlich-Feurige, das tödlich werden kann. Bei der Symbolik der Naturmächte ist dies leichter zu verstehen als etwa beim Symbol der Mutter oder des Vaters. Auch sie haben ihren negativen Aspekt, können dem Individuum verheerend gegenübertreten, können tödlich wirken auf ein schwaches oder werdendes Ich. In der Vielfalt der Traumsymbole ist Deutung darum möglich, weil die Erfahrung zeigt, daß häufig Übereinstimmungen und gewisse Regelmäßigkeiten zu beobachten sind, die neben der ganz persönlichen Note des Träumers über sein Einzelschicksal hinaus auftreten.

Viele Symbole der Träume und der Kunstwerke von Vergangenheit und Gegenwart weisen über das rein Persönliche hinaus und führen zu überpersönlichen Themen. Wählen wir als Beispiel häufig verwandte Symbole aus Chagalls Werken. Wer die immer wiederkehrende Uhr mit dem Pendel lediglich als Zeichen und als unverarbeitetes Überbleibsel aus der Kindheit oder als ein affektiv besetztes Bild seiner persönlichen Vergangenheit betrachtet, kommt damit zu keinem Sinnverständnis.

Nimmt man den immer wieder gestalteten Fisch als verschlüsseltes Zeichen für den Vater – Chagalls Vater arbeitete in einer Lebensmittelhandlung, wo er häufig mit Fischen zu tun hatte, weshalb er auch des öfteren Fische mit nach Hause brachte –, ist dies nicht die Ebene, aus der man das Werk eines Künstlers interpretieren kann. Würde Chagall uns nur Kindheitserinnerungen, Details seiner erlebten Welt assoziativ ohne Sinnzusammenhang und ohne Bezug zu Wesentlichem darbieten, wäre er kein Künstler von Rang und könnte mit seinen Bildern uns nicht nachhaltig anregen und bewegen. Eine solche Interpretation könnte zwar bei entsprechender Bemühung einige persönliche Erlebnisse aus dem persönlichen Leben Chagalls psychologisieren, was jedoch nicht an das Wesentliche eines Kunstwerks heranführt. Wenn die Chagallschen Bilder beim Betrachter etwas auszulösen vermögen, so geschieht dies darum, weil Symbolisches dargestellt wird, weil Themen behandelt werden, die uns unmittelbar, jenseits unseres Bewußtseins berühren und unser Symbolverständnis beleben. Dies trifft um so mehr zu, sofern die Inhalte von Kunstwerken uns Welterleben nahebringen und Bereiche ansprechen, die in unserer Gegenwart verdrängt werden und kaum in unsere Bewußtseinsnähe gelangen. Wenn auf einem Chagallschen Bild über den Häusern, über der Kirche, über den Menschen, die sich lieben, mitten im Bild die alte Pendeluhr schwebt, ist dies eine Aussage: die Uhr symbolisiert die Zeit und damit die Vergänglichkeit, die Endlichkeit unseres Dasein. Der Fisch über der Uhr ist ein Symbol für das, was über der Zeit steht, jenseits des Endlichen. Er ist ein uraltes Symbol der Ganzheit, des All-Einen, des lebendigen Lebens. Christus wurde im frühen Christentum zuweilen als Fischsymbol dargestellt. Man findet dieses Symbol jedoch schon in viel früheren Kulturen. Bei dem Fisch über der Uhr schwebt noch der Feuervogel, das Symbol der geistigen Verwandlung, bekannt aus vielen Mythen und Kulten, den meisten aus der griechischen Sage als Phönix in Erinnerung. An diesen kurzen Beispielen ist zu erkennen, wie entscheidend es ist, von welcher Ebene aus und mit welcher Symbolkenntnis interpretiert wird. Henry Moore zum Beispiel ist nur in ganz wenigen Werken abstrakt, vielmehr symbolisierend. Er geht uns darum in besonderer Weise an, weil er Verwesentlichung bringt und an jene Thematik rührt, die in unserer Gegenwart verdrängt und zu wenig gelebt wird. Moore ist fasziniert von der dunklen Seite der Seele, vom weiblichen Aspekt des Daseins, vom Symbol des Mütterlich-Weiblichen und dem damit verbundenen ewigen Werdeprozeß, in dem Thema Mutter und Kind dargestellt. Dieses Thema ist nicht leiblich materiell, vielmehr psychisch und geistig zu verstehen.

Es ließen sich viele Beispiele aufzählen, die uns zeigen, daß auch die großen Künstler sich loslösten von Idealisierungen, sich nicht mehr dem Ideal des Schönen und Vollendeten zuwandten, vielmehr Bereiche suchten, die unmittelbar an das lebendige Leben und Erleben und den damit verbundenen irrationalen Aspekt rühren. Der Rückgriff aufs Archaische und ins Unbewußte ist unverkennbar.

Durch den Umgang mit den Träumen wurde die Psychoanalyse mehr als nur ein Anstoß zur Erneuerung der Psychiatrie und Psychologie. Das Archaische, das im Unbewußten des Einzelmenschen entdeckt wurde, konnte über die Symbolforschung und mit Hilfe der Interpretation in allen Kulturleistungen erkannt werden. Erst dann konnte man Kulturphänomene wie die Mythen, die Kunst, ebenso die Moral, das Ethische bis hin zum Religiösen in seiner Entwicklung verstehen. Der tiefenpsychologische Beitrag ist darum aus unserem heutigen Leben und Kulturschaffen nicht mehr wegzudenken. Er gehört zur modernen Kultur, weil die Tiefenpsychologie die Wege eröffnete, die zu einer Interpretation der Kultur führten. Durch die Deutung von Zusammenhängen wurde sie zugleich kulturverändernd. Die Psychoanalyse entdeckte, daß der Traum die persönliche Teilhabe an der Mythologie ist. Der Mythos kann dann als Wachtraum der Völker bezeichnet werden, der ebenso der Deutung harrt wie alle Symbole und Träume. Die Entwicklung des menschlichen Bewußtwerdens und menschlichen Welterlebnisses und der Weltverarbeitung wird uns dadurch erst möglich. Dabei ist eine wesentliche Erkenntnis zu beachten: Das Psychische als Ganzes ist nicht intellektualisierbar. Es bleibt immer neben der Erfahrung des Sinns — der in Worte zu fassen und in Begriffe zu kleiden ist — noch das Erlebnis des Wertes, gegeben durch die im Erleben enthaltene Intensität unserer Gefühle, unseres Ergriffenseins. Von ihm — nicht allein vom Wissen — hängt unsere Teilhabe an der Welt und an der Kultur ab.

Willi Schumacher
Drogen

Wenn es – in Analogie zum Umweltschutz – so etwas wie einen Innenweltschutz gäbe, dann wäre das Problem der Drogen als einer der Gesellschaft von hierher drohenden Gefahr mit an erster Stelle zu nennen. Es dürfte bereits eine Verharmlosung darstellen, wenn man dabei nur an Drogen im engeren Sinne, das heißt an berauschende, in Abhängigkeit und Sucht hineinführende Mittel denkt. Der weltweite, sich ständig steigernde Konsum an Tabletten überhaupt, an Schmerz-, Schlaf-, an angstlösenden, spannungsmindernden usw. Mitteln gehört in diese Betrachtung direkt mit hinein, jedenfalls wenn es darum geht, mögliche psychologische bzw. psychosoziale Wurzeln des Drogenkonsums und der Drogenabhängigkeit zu bedenken. Es dürfte in der Tat eine Art kollektiver Abwehrmechanismus sein, auf der einen Seite unermüdlich auf die Zunahme der Drogenabhängigkeit hinzuweisen und dabei auf der anderen Seite den ständig steigenden Tablettenkonsum zu übersehen, das heißt eben nicht wahrzunehmen, daß hier lediglich verschiedene Ausprägungen ein und desselben übergreifenden Phänomens getroffen sind.

Will man – wie wir es in einigen nachfolgenden Überlegungen tun wollen – versuchen, das Problem Drogen in seinen tieferreichenden Bedingungen zu diskutieren, so wird man gut daran tun, diese meist nicht erkannten Verlängerungen bis hin zum täglichen Konsum an Tabletten und sozial zugelassenen Genußgiften, zum Beispiel auch dem Alkohol, zu beachten. Auch eine weitere Gefahr ist zu vermeiden, nämlich die Verfärbung des Problems durch sozialkritisch anklagende Stellungnahmen, das fast schon obligate Zeigefinger-Heben. Auch hierbei dürften Abwehrvorgänge beteiligt sein, in dem Sinne, daß sich häufig nichts anderes dahinter verbirgt als die projektive Bekämpfung eigener geheimer Genuß- und Konsumwünsche bzw. deren Bestrafung im anderen.

Objektiv steht man allerdings vor dem Faktum einer erheblichen, offenbar auch noch zunehmenden Steigerung an Genuß- und Rauschmitteln, einem Umstand, der gesundheitspolitisch alarmierend erscheint und zum Handeln – auch gegen handfeste Vertriebsinteressen der Industrie – zwingt.

Wenden wir uns zunächst dem Drogenproblem im engeren Sinne zu. Ihrer hauptsächlichen Wirkungsweise nach lassen sich die heute verbreiteten psychoaktiven Substanzen in zwei, wenn auch unscharf voneinander abgrenzbare Gruppen einteilen: 1. die Gruppe der Halluzinotika, Mittel also, die vorwiegend Sinnestäuschungen hervorrufen, und 2. die der Euphorika, das heißt hauptsächlich stimmungsbelebende, Gefühle von Glück und Wohlbehagen erzeugende Stoffe. Zu den erstgenannten Substanzen rechnen vor allem die in den letzten Jahren so sehr bekannt gewordene Cannabis, der indische Hanf, auch bekannt unter dem Namen Haschisch, Bang, Marihuana, ferner Wirkstoffe wie Meskalin, Muscarin, Psilocybin, aromatische Verbindungen, die hauptsächlich in Pflanzen vorkommen, wie der mexikanische Peyotl (einer Kakteenart), dem Fliegenpilz u. a. Zur Kategorie der Halluzinotika gehört ferner das halbsynthetische Lysergsäurediäthylamid, bekannt unter dem Namen LSD. Zur anderen Gruppe, nämlich der, deren Substanzen sich vorwiegend durch eine euphorisierende Wirkung auszeichnen, gehören in erster Linie die Wirkstoffe des Opiums, vor allem das Morphin, ferner das heute so verbreitete, zumeist synthetisch hergestellte Heroin und das Kokain. Zwar rufen auch diese Stoffe Sinnestäuschungen hervor, sie jedoch stehen im Verhältnis zur euphorisierenden Wirkung ganz im Hintergrund. Unterschiedlich beurteilt wird die Frage der Suchterzeugung und damit die Gefährdung des einzelnen. Zweifellos bilden die euphorisierenden Substanzen hier die weitaus größere Gefahr. Je mehr offenbar die halluzinogene, also Sinnestäuschungen hervorrufende Wirkung im Vordergrund steht, wie etwa bei Meskalin und LSD (wahrscheinlich auch beim Haschisch), desto weniger werden Abhängigkeiten beobachtet, ein Umstand, der manche veranlaßt, die Gruppe der Halluzinotika überhaupt nur als sogenannte Einstiegsdrogen anzusehen, das heißt als Wirkstoffe, die lediglich den Schrittmacher bilden zu der dann folgenden Einnahme echter Suchtmittel, wie etwa Morphin oder Heroin. Hinsichtlich der Frage der Abhängigkeit wird vielfach unterschieden zwischen sogenannten „Cool-Drugs" und „Hot-Drugs". Während erstere – wie man meint – keine Suchtmittel im klassischen Sinne seien, also keine spezifischen Abhängigkeiten und auch keine Abstinenzerscheinungen nach Entzug zur Folge hätten, stellten die „Hot-Drugs" die eigentlich gefährliche Gruppe dar. Als typische „Cool-Drugs" galt lange Zeit die Cannabis, das Haschisch. Zur Gruppe der „Hot-Drugs" rechnen sämtliche Opiate, insbesondere das Heroin, ferner die Amphetamine und die (allerdings chemisch anders aufgebauten) Barbiturate. Anfänglich glaubte man, daß diesen verschiedenen Arten von Mitteln auch zwei Gruppen von Konsumenten entsprächen, die voneinander abgrenzbar seien und – was noch wichtiger schien – im wesentlichen auch gegeneinander abgegrenzt blieben. Hier jedoch stellte sich leider bald das heraus, was man später dann als Domino-Effekt oder als Drogen-Karriere bezeichnete, das heißt, daß im Gegenteil in aller Regel eine Eskalation im Mittelgebrauch stattfindet, wobei überdies häufig auch ein Wandel in der Art der Verabfolgung zu beobachten ist, nämlich vom anfänglichen „Soft-Use", der oralen Einnahme, bis zum bald üblichen „Hard-Use", dem intravenösen Einspritzen der Mittel, dem sogenannten „Schießen". Es ist demnach wenig sinnvoll, von sucht- oder nichtsuchtmachenden Drogen zu sprechen, etwa – wie dies oft geschieht – Haschisch in die Gruppe der harmlosen Stoffe einzureihen.

Wichtiger als die Frage, welche Drogenart nun gefährlich und welche weniger sozial gefährdend ist, scheint die Überlegung, welches die tieferen Bedingungen sind, die diese so verbreitete Bereitschaft zum „Griff nach dem Stoff" erklären können. Zweifellos handelt es sich hierbei um Auswirkungen tiefer gelegener innergesellschaftlicher Prozesse und Entwicklungen.

Um diesem Problemkreis näherzukommen, scheint es zweckmäßig, zunächst die engere Frage zu stellen, welche Bedeutung das künstliche Sich-Berauschen oder Sich-Betäuben für den einzelnen oder auch für Gruppen hat oder haben kann. Erst wenn man die Umstände oder gar Bedingungen kennt, die ein solches Verhalten nahelegen, kann man hoffen, Gesichtspunkte für eine wirksame Vorbeugung und Behandlung zu finden.

Bei Befragen nach den subjektiven Gründen für das öftere und auch dauernde Sich-Hineinversetzen in die Welt künstlicher Rausch- und Entrückungszustände werden – wenn auch mit unterschiedlicher Akzentsetzung – vor allem vier Motive oder Motivgruppen genannt:

1. Das Streben nach der befreienden, lösenden, ja erlösenden Wirkung der Droge. Alle Sorgen, alle Einschränkungen und Demütigungen verschwinden; unheimliche, teils schöne, teils auch angsterfüllende Bilder entstehen, alles wird leicht, faszinierend, intensiv; man wird zum Mittelpunkt, unangefochten, durch nichts begrenzt und eingeengt. Es ist das lustvolle Weg- und Entrücktsein, das „Feeling" oder „High", wie die schon klassischen Begriffe hierfür lauten. Der Gedanke drängt sich auf, daß die zunehmende Verwendung berauschender Mittel zum Rückzug, zur Flucht aus der gesellschaftlichen Wirklichkeit dienen soll. Damit allerdings stellt sich zugleich die Frage, wovor vor allem die Jugend, die ja beim Drogenproblem im engeren Sinne betroffen ist, flieht. Die Tatsache, daß wir heute in einer Überfluß-Gesellschaft leben, einer Gesellschaft, in der es zu einem weitgehenden Wegfall materieller Not und Bedrängnis gekommen ist, mag ein Fliehen-Wollen im Gegenteil eher schwer verständlich erscheinen lassen. Bemerkenswerterweise wird oft, und zwar gerade von Jugendlichen, der Zustand der Überfluß-Gesellschaft als Grund angegeben für die Abkehr, das Sich-Abwenden in Rausch und Versenkung. Es wird ein Unbehagen an einer angeblich nur noch materiell eingestellten Welt geäußert. Man will aussteigen aus dieser so vielfältig verunglimpften Leistungs- und Konsumgesellschaft. Wenn auch diese oder ähnliche Äußerungen inzwischen weithin abgegriffen sein mögen, so dürfte sich in psychologischer Betrachtung dennoch Wahres hinter ihnen verbergen. Es ist zu vermuten, daß sich hier vor allem eine emotionale Not freilegt, in die die Menschen unserer Zeit, und hier vor allem die Jugend, hineingeraten sind und möglicherweise immer noch mehr hineingeraten. In diesem Verständnis lassen sich dann auch die Fluchttendenzen in die Welt künstlicher Träume verstehen, in Zustände, in denen – wie im natürlichen Traum – Befreiung und Wunscherfüllung so viel leichter und müheloser zu realisieren sind.

2. Es werden indessen noch andere Gründe für das Sich-Hineinversetzen in die Welt künstlicher Rausch- und Versenkungszustände mittels Drogen angegeben, nämlich eine Steigerung der schöpferischen Fähigkeiten, das Suchen nach Ausdehnung und Bereicherung vor allem der künstlerischen Empfindungen und Leistungskräfte. Hier zu erinnern wäre an die Tatsache, daß bis in unsere Zeit hinein berühmte Dichter und Denker dem Rausch ergeben waren, ja in ihm ein Mittel sahen zur Steigerung von Freude, Lebenskraft und künstlerischer Kreativität, etwa Charles Baudelaire, der in seinem „Paradies Artificiel" dem Rausch und seinen szenischen Entrückungserlebnissen ein begeistertes Denkmal setzte.

3. Drogen sollen ferner helfen gegen Lebensschwierigkeiten, gegen Schmerz und Leid. Oft wird ein Fliehen-Wollen vor Depressionen, gelegentlich auch vor eigenen Aggressionen angegeben. Fast immer aber sind es Versagungsgefühle, schmerzliche Gefühle der eigenen Ohnmacht und Wertlosigkeit, die mittels Drogen überwunden, ja in ihr Gegenteil verkehrt werden sollen.

4. „Feeling" und „High"-Sein werden aufgesucht zur Überwindung sozialer Isolation. Es ist das „In"-Sein, das Gemeinsam-, das Miteinander-Sein, das vor allem von Jugendlichen gesucht wird. Über das gemeinsame Band der Droge wird ein Gruppengefühl erstrebt mit allen Zeichen der Abgrenzung, oft auch der Ablehnung und des Protestes nach außen hin.

An psychischen Wirkungen im engeren Sinne sind vor allem zwei Momente zu nennen, einmal die fast unbegrenzte Expansion der Vorstellungen und Phantasien und zum anderen die Aufhebung oder doch weitgehende Lockerung der Grenzen zwischen dem eigenen Selbst und der Umwelt, anders ausgedrückt: die Grenzenlosigkeit und Uneingeschränktheit des eigenen Erlebnisfeldes. Es ist nun unschwer erkennbar, daß der vorwiegend auf Leistung und Produktion eingestellte Apparat der modernen Industriegesellschaft gerade in dieser Hinsicht einen Zustand geschaffen hat, der sich für den einzelnen als Einengung, Unterdrückung und Unselbständigwerdung auswirkt. Dem Höchstmaß an sozialem Schutz und Sicherheit auf der einen steht gewissermaßen als Preis ein ebenso großer Zwang zu Einordnung und Gleichschaltung auf der anderen Seite entgegen. Es wird alles geregelt, geplant und bestimmt. Der einzelne fühlt sich gewissermaßen zu einer mehr oder weniger ersetzbaren Zahl im Räderwerk einer alles regelnden riesigen Verfügungs- und Leistungsmaschinerie reduziert. Gefühle der

Ohnmacht, einer weitgehenden Lähmung aller Eigeninitiative sind häufig die Folge. Während die Massen der Älteren mehr oder weniger bereitwillig in die angebotenen — oder besser: zugewiesenen — Freiräume von Besitzerwerb und Konsumgenuß ausweichen, ist die Jugend — aus Gründen, deren Erörterung hier zu weit führen würde — zu diesen einfach adaptiven Verarbeitungsformen vielfach nicht bereit. Es kommt im Gegenteil zu Protest und Auflehnung, der sich innergesellschaftlich in sehr verschiedenen Formen äußert. Als eine dieser Formen ist das oft so aktive und demonstrative Sich-Abwenden und Sich-Hineinbegeben in Rausch- und Traumzustände zu verstehen. Hierin zum Ausdruck kommt einerseits die Auflehnung gegen Gleichmachung und Normierung, andererseits werden eben jene Freiheit und Expansion gesucht, deren Erreichung die tägliche Wirklichkeit gerade für den Jugendlichen immer schwerer macht. Die Zustände rauschhafter Ausdehnung der eigenen Vorstellungs- und Phantasiewelt, aber auch der eigenen Größe und Bedeutung heben alle Enge und Kleinheit auf, der man sich im Alltag so ohnmächtig unterworfen fühlt. Hier, im künstlichen Traum, wird sofort und mit Leichtigkeit jene Eigeninitiative möglich, erhält das eigene Ich jene Größe und Bedeutung, die in der Belanglosigkeit des täglichen Realerlebens häufig so schmerzlich vermißt werden. In diesem Verständnis wäre also das Sich-Hineinversetzen in Rausch und Entrückung als regressive Flucht zu verstehen, als Befreiung von den Fesseln und Abhängigkeiten der so banal erlebten eigenen sozialen Wirklichkeit, gewissermaßen als ein „Fliehen, ein Sich-Entziehen mittels Drogen", dies sowohl mit dem Charakter der Abwehr, der passiven Verweigerung, wie auch des aktiven Protestes.

Einige Gesichtspunkte, die in diesem Zusammenhang eine Rolle spielen dürften, seien hier herausgegriffen. Zum einen ist dies eine offenbar vorhandene innergesellschaftliche Entwicklung in Richtung einer zunehmenden Empfindlichkeit und Widerstandslosigkeit gegenüber Kränkungen, Versagungen, ja gegenüber Schmerzen und Leid überhaupt. Die Bereitschaft, unter Umständen auch mit Leid und Depression leben zu müssen, nimmt ebenso ab wie die Bereitwilligkeit, eigene Entbehrungen, Verzicht und Versagungen auf sich zu nehmen. Sicherheit und materieller Überfluß sind offenbar verbunden mit der Abnahme an Zähigkeit und Durchhaltewillen, die bei Verfolgung eigener und auch kollektiver Ziele eben oftmals erforderlich sind. Die materielle Verwöhnung durch einen alles regelnden Versorgungsapparat hat — vermutlich als Folge von

Abhängigkeit und Einebnung der Individualität – jenen Trotz und Willen geschwächt, der den einzelnen als Individuum befähigte, Verzicht und Schmerzen durchzustehen. Hier gewinnt wohl auch der „Griff zur Droge“ seinen Stellenwert, verspricht *sie* doch, sofort und mit Leichtigkeit alle jene Probleme zu lösen, die zu ertragen oder durchzustehen man sich nicht mehr zutraut. Eine direkte Parallele hierzu stellt sicherlich der heute allgemein so verbreitete Tablettenkonsum und Medikamentenmißbrauch dar. Allerdings ist hier auch die andere Seite zu beachten, nämlich die organisierte Verführung durch bestimmte gesellschaftliche Kreise und Interessengruppen. So wie große Industriezweige den Medikamentenkonsum der Gesellschaft geradezu fördern und hieran verdienen, so existieren auch handfeste kommerzielle Interessen an der Verbreitung von Drogen bis hin zur bewußten Erzeugung von Bedürfnissen, der Manipulierung zur Abhängigkeit hin besonders auch bei Jugendlichen.

Ein weiterer, wahrscheinlich ebenfalls wichtiger Gesichtspunkt ergibt sich bei Berücksichtigung dessen, was die Psychoanalyse als Idealdimension der Persönlichkeit bezeichnet. Hiermit gemeint ist – wiederum abgekürzt gesagt – die Rolle und Bedeutung, die der Suche und Auffindung geschätzter Ideale und Werte in den entscheidenden Phasen der Jugendentwicklung zufällt. Über lange Zeiträume hinweg ist der Entwurf von Idealperspektiven, von Zielen, ja Utopien durchaus normal und natürlich. Er dient in besonderem Maße der Auffindung und Festigung der eigenen Identität, das heißt der Definition des eigenen Selbst und seiner Rolle im sozialen Umfeld. Dieser Idealsuche, ja Idealsehnsucht gegenüber steht die Ideallosigkeit, die Nüchternheit und Leere der heutigen Massengesellschaften. Wie zu allen Zeiten, so entwirft auch heute die Jugend ihre eigenen Ziele und Ideale. Manches hiervon äußert sich etwa in Erscheinungen wie den früheren Gammler- und Hippiebewegungen bis hin zu den heute mehr im Vordergrund stehenden Ideologie- und politischen Protestbewegungen der Jugend. Auch hierbei haben Drogen ihren Platz. In der Ekstase des Rausches gelingt nicht nur mit Leichtigkeit der Durchbruch zu eigenen, ansonsten unerreichbaren Ziel- und Wertvorstellungen, auch das Eins-Werden, das Verschmelzen mit eben diesen Idealen, das rauschhafte Glück einer scheinbar vollendeten Erfüllung ist damit möglich geworden.

Sicherlich wirken alle die hier genannten Momente zusammen: Das Sich-befreien-Wollen aus der Enge des Alltags, das Nicht-mehr-auf-sich-Nehmen- und Nicht-mehr-durchstehen-Können von Leid und Entbehrung sowie die Sehnsucht nach der „heilen Welt", das mühelose Sich-vereinigen-Können mit angebeteten Idealen und Zielen. Daneben sind sicher auch Protest und Antithesis gegenüber einer — wie man es empfindet — nur konsum- und leistungsbezogenen Gegenwartsgesellschaft von Bedeutung.

Ein letzter Gedanke mag vielleicht noch einen Schritt weiterführen. Es ist vorstellbar, daß die Unbeweglichkeit und Erstarrung der gegenwärtigen Gesellschaft, das Alles-verfügt- und Alles-bestimmt-Sein durch ihre Institutionen und Einrichtungen zu einer auf die Dauer unerträglichen Einengung des innerseelischen Lebens- und Entfaltungsraumes geführt hat. Es ist das passive Geführt-, Versorgt- und Manipuliert-Werden. Man denke beispielsweise an die tägliche „Schienung" psychisch so wichtiger Bereiche wie der des Vorstellens und Phantasierens durch Presse, Propaganda, vor allem durch das Fernsehen — Zustände weitgehender Passivierung, die sich unterschwellig in jenem dumpfen Unbehagen, jener Unruhe und Unzufriedenheit äußern, die besonders bei Jugendlichen so deutlich spürbar sind. Trotz oder vielleicht gerade als Folge der zunehmenden Dichte und Beschränkung dieses inneren Lebensfeldes ist es zu jener emotionalen Verarmung und Isolation gekommen, deren Anzeichen in der Tat ja heute in so vielfältigen Formen erkennbar sind. Gleichzeitig mit der dabei eingetretenen Rückwendung der Interessen auf das eigene Selbst dürfte hier auch die Herstellung künstlicher Phantasiewelten ihren Stellenwert haben. Wenn auch nur scheinbar und nur kurz dauernd, werden hierdurch doch jene Mobilität, jene Leichtigkeit und Freiheit erreicht, deren man zur Aufrechterhaltung des seelischen Gleichgewichts besonders in den drangvollen Phasen der Jugendentwicklung so dringend bedarf.

Wie erkennbar, ist der Bogen der Gedanken und Gesichtspunkte weit gespannt. Standen früher einmal kultische Absichten, standen Götterzauber und Zukunftsschau in Zusammenhang mit der Einnahme von Drogen im Vordergrund, so werden heute vor allem Entlastung, Befreiung, Glück und Erfüllung gesucht. Auch hier ändern sich die Bedürfnisse mit den Änderungen der Gesellschaft. In diesem Sinne ist das Fragen nach Bedeutung und Funktion des Drogenkonsums zugleich auch immer ein Fragen nach der jeweiligen Gesellschaft, ihren Ordnungen und ihren Entwicklungsperspektiven.

Günther Bittner
Entwicklung

Alles, was lebt, entwickelt sich und bleibt nie auf einem Punkte stehen. So auch der Mensch. Ich werde zunächst einige grundlegende Tatbestände der kindlichen Entwicklung behandeln, über die unter Tiefenpsychologen der verschiedenen Schulrichtungen weitgehende Übereinstimmung herrscht; werde sodann zeigen, unter welchen speziellen Gesichtspunkten Sigmund Freud die Erscheinungen des Kindeslebens erforschte, und möchte schließlich einige Fragen erörtern, die heute im Mittelpunkt des analytischen Forschungsinteresses stehen.

1. Der Mensch entwickelt sich von den allerersten Lebenskeimen, von der befruchteten Eizelle an. Manches ist der direkten Beobachtung und exakten Messung zugänglich, vor allem im körperlichen Bereich: schon im vierten oder fünften Schwangerschaftsmonat fühlt die Mutter die Bewegungen des Kindes, und der Arzt kann die Herztöne hören. Das Kind wird geboren, es wächst, nimmt zu an Gewicht, macht den Zahnwechsel durch, kommt in den Stimmbruch usw. Auch die Entwicklung mancher geistig-seelischen Lebensäußerungen läßt

sich leicht exakt feststellen: Die Bewegungsgeschicklichkeit nimmt zu, der Wortschatz, die Fähigkeit zu lernen und aus Beobachtungen Schlüsse zu ziehen: durch die Intelligenz.

Was die Tiefenpsychologen über die Entwicklung des Kindes erfahren wollten, war nicht so leicht zu beobachten: sie haben vor allem erforscht, wie Kinder fühlen, von welchen Wünschen und Motiven sie geleitet werden, was für Phantasien sie sich ausmalen, was sie ganz im geheimen bei sich selber denken. Dies alles ist aus verschiedenen Gründen nicht leicht festzustellen. Erstens kann man die Kinder nicht direkt danach fragen: sie würden entweder keine Antwort geben, weil sie es nicht gut ausdrücken können; die älteren würden ihre Gedanken vielleicht auch absichtlich vor dem neugierigen Frager verbergen. Der Erwachsene muß die Kinder daher lange kennen, aufmerksam beobachten und vor allem fähig sein, aus seinen Beobachtungen Schlüsse zu ziehen. Die weitere Schwierigkeit besteht darin, daß die meisten Erwachsenen selber vergessen haben, was sie als Kinder dachten und fühlten, und auch um keinen Preis daran erinnert werden möchten, weil sie selbst als Kinder so viel gelitten haben. Darum schließen sie die Augen und wollen gar nicht wissen, was Kinder bewegt.

Was das Kind im Mutterleib empfindet, ist uns nicht bekannt. Immerhin können wir auf Grund lerntheoretisch orientierter Experimente annehmen, daß auch der Embryo schon auf lustvolle und unlustvolle Reize unterschiedlich reagiert. Der Säugling jedenfalls spürt vom ersten Lebenstage an die Gefühle seiner Umwelt, vor allem seiner Mutter: ob sie ihn zum Beispiel sicher im Arm hält oder ob sie Angst hat, ihn anzufassen. Es ist oft beobachtet worden, daß Babys schreien, wenn Vater und Mutter Spannungen miteinander haben. Wenn die Spannungen sich lösen, vielleicht in einem reinigenden Donnerwetter, wird das Baby sogleich ruhig. Säuglinge können vom Kummer ihrer Mutter richtig krank werden, zum Beispiel eine Erkältung bekommen, für die es sonst keine Gründe gibt. Besonders schlimme Folgen treten ein, wenn sich überhaupt niemand richtig um das Baby kümmert, wie dies erstmals René Spitz in seinen bekannten Untersuchungen an Kindern in einem mexikanischen Findelhaus gezeigt hat. Der Säugling, können wir etwas vereinfacht sagen, wird in seiner Entwicklung von zwei Grundkräften entscheidend beeinflußt: von Liebe und Nicht-Liebe, das heißt genauer: Selbstverliebtheit des Erwachsenen, mit dem wissenschaftlichen Fachausdruck „Narzißmus“ genannt.

Die ganze Entwicklung scheint nun darauf angelegt zu sein, das Kind vom Lebensstrom und auch von den lebenszerstörenden Wirkungen von seiten der Mutter immer unabhängiger zu machen: Durch das Gehen- und Sprechenlernen, durch die zunehmende Beherrschung von Darm und Blase löst sich das Kind vom mütterlichen Einfluß. Besonders bei der Sauberkeitsgewöhnung kann das Kind schon starken Eigenwillen entwickeln. Die Sprache dient zuerst allein dazu, Wünsche auszudrücken. Manchmal ist es aufschlußreich, welches Wort ein Kind als erstes lernt: viele Kinder beginnen mit „Haben“ oder „Essen“, andere lernen zuerst „Nein“-Sagen.

Das Kind ist von Anfang an ein Forscher. Es will nicht nur die äußere Welt, sondern auch sich selbst, seinen Körper kennenlernen. Natürlich untersucht es den Körper vor allem hinsichtlich der in ihm angelegten Lustmöglichkeiten. Schon das Saugen und Lutschen bereitet offensichtlich Lust; nicht zufällig nehmen viele Kinder gern zum Einschlafen und auch sonst den Schnuller oder den Daumen. Vielfach schon mit ein, zwei Jahren entdecken die Kinder aber noch eine andere, stärkere Lustquelle: ihr Glied oder ihre Scheide. Sie fassen mit den Händen hin und finden es schön, kitzelnd, aufregend. Vom Entwicklungsstandpunkt aus ist es keineswegs bedenklich, sondern sogar notwendig, daß sich Kinder auf diese Weise die Lustquellen ihres Körpers zu eigen machen.

Und diese Entdeckung, daß schon kleine Kinder sexueller Lustempfindungen fähig sind, stand im Mittelpunkt der Kinderforschung Sigmund Freuds. Sie war es vor allem, die den Widerstand gegen die Psychoanalyse beflügelte; denn sie zerstörte das Bild von der Unschuld des Kindes, das man bis dahin gehegt hatte. Nun war Freuds Interesse an der Psyche des Kindes nicht rein theoretisch-wissenschaftlicher, sondern vor allem ärztlich-praktischer Natur; er suchte den Ursachen der seelisch bedingten Erkrankungen, der sogenannten Neurosen bei Erwachsenen auf die Spur zu kommen und fand dabei, daß sich die Entstehungsgeschichte aller schweren Neurosen bis in die frühe Kindheit zurückverfolgen ließ, ja er meinte sogar, im Neurotiker das „wenig verändert fortlebende Kind“ wieder zu treffen. Da Neurosen vor allem Gefühlskonflikte enthalten, ist es folgerichtig, daß sich Freud, im Unterschied zur akademischen Entwicklungspsychologie, vor allem für die Gefühle und die Triebwünsche des Kindes interessierte.

Entwicklung als Veränderungsreihe, die man datenmäßig erheben und aus deren Daten man gegebenenfalls allgemeinere Gesetzmäßigkeiten und Modelle konstruieren kann – das ist der Betrachtungspunkt der allgemeinen Psychologie. Es ist eine Betrachtung des menschlichen Lebenslaufs und seiner Gesetzmäßigkeiten gleichsam von außen her. Analytische Interpretation geht darauf aus, die innere Logik einer Entwicklung faßbar zu machen: also dem Patienten beispielsweise erkennen zu helfen, daß sein Leben nicht zusammenhanglos als zufällige Anhäufung von Daten verlaufen ist, sondern daß da Konstrukteure, Organisatoren – um mit René Spitz zu sprechen – am Werke waren. Es geht darum, einen roten Faden im Gewirr der Fakten zu finden, und zwar nicht als von außen herangetragene Gesetzmäßigkeit, sondern als innerlich erfahrene Kontinuität.

2. Sigmund Freud lernte nun als erstes, die neurotischen Störungen im Zusammenhang mit der Lebensgeschichte seiner Patienten zu begreifen: Die Kranken, sagt er, leiden an Reminiszenzen, an Erinnerungen. Und was sind Erinnerungen anderes als innegewordene, vom Individuum erlebte Entwicklung? So wird in der Analyse, wenn sich eine Erinnerung an die andere reiht, dem Patienten zugleich der „rote Faden", der eine Erinnerung mit der anderen verbindet, die innere Kontinuität seines Werdegangs in die Hand gegeben. In diesem Sinne schreibt Freud über eine seiner frühesten Patientinnen, Elisabeth v. R., sie sei von ihm zur Reproduktion ihrer Leidensgeschichte, einer aus mannigfaltigen schmerzlichen Erlebnissen gewebten, veranlaßt worden.

Die zweite unaufgebbare, von einer bloß von außen her das äußerlich Sichtbare registrierenden Entwicklungspsychologie uneinholbare Entdeckung Freuds besagt, daß alle diese „roten Fäden" in einem oder mehreren Knoten zusammenlaufen, die in der frühen Kindheit geschlungen worden sind. Die frühe Kindheit ist kein beliebiger Zeitabschnitt im Kontinuum des menschlichen Lebensablaufes, sondern der Schlüssel zum Verständnis des Ganzen. „Es rückt mir jetzt alles mehr in die erste Lebensepoche bis zu drei Jahren", schrieb er schon 1897 aufgrund seiner frühesten Beobachtungen.

Die dritte und umstrittenste Behauptung Freuds geht nun dahin, daß in dieser kindlichen Vorgeschichte der Neurosen das sexuelle Entwicklungsschicksal die bedeutendste Rolle spiele. Freud beobachtete schon früh, daß alle seine Patienten in irgendeiner Weise am Sexuellen litten. „Wo ich einen Fall zur gründlichen Reparatur übernommen habe", schreibt er schon 1893 an W. Fließ, „bestätigt sich alles, und manchmal findet der Sucher mehr als er zu finden wünschte." Er sah nun seine Aufgabe vor allem darin, die biographische Vorgeschichte der Sexualität zu rekonstruieren, bis in die frühe Kindheit zurück zu verfolgen. „Es ist gewiß nicht so", schreibt er einmal etwas drastisch, „daß der Sexualtrieb zur Pubertätszeit in die Kinder fährt wie im Evangelium der Teufel in die Säue. Das Kind hat seine sexuellen Triebe und Betätigungen von Anfang an, und aus ihnen geht durch eine bedeutungsvolle, an Etappen reiche Entwicklung die sogenannte normale Sexualität des Erwachsenen hervor." Auf der Suche nach kindlichen Vorstufen der Sexualität des Erwachsenen konnte er gewisse Regelhaftigkeiten aufzeigen: daß dem Kinde in verschiedenen Entwicklungsstufen bestimmte Körperstellen, sogenannte erogene Zonen, als bevorzugte Lustquellen zur Verfügung stehen: der Mund zuerst, der Darmausgang und schließlich das Genitale. Das Lutschen führt schon beim Säugling nach Freuds Beobachtungen zu „einer Art von Orgasmus"; ähnliches gilt später von den Empfindungen am After bei der Stuhlentleerung.

In diesen letzteren Gedankengang ist bei Freud schon ein Stückchen Konstruktion hineingeflossen. Aus welchem Grunde bezeichnet er das Lutschen als „eine Art von Orgasmus"? Wenn er sagt: „Eine Art von ...", so drückt dies aus, das Lutschen sei nicht genau dasselbe wie ein Orgasmus, aber nahe damit verwandt durch die Lustintensität. Soweit handelt es sich um Beobachtung, die von jedermann nachvollzogen werden kann. Nun sagt Freud weiter, alle diese Lust, auch die des Saugens, sei sexuell. Er verwendet den Begriff Sexualität also in einem weiteren Sinne, als es die Umgangssprache tut. Dies war sozusagen eine strategische Entscheidung. Oft ist es in der Wissenschaft so, daß wir mit den Begriffen, die wir wählen, eine Vorentscheidung über die Lösung treffen, die wir nachher mit Hilfe dieser Begriffe finden.

Freud hatte als das eine Ende des roten Fadens die gegenwärtige sexuelle Misere seiner Patienten in der Hand, er rollte die Entwicklungsgeschichte also folgerichtig von diesem Punkt her auf. Je nach persönlichem Interesse und therapeutischem Erfahrungskreis kann man die menschliche Entwicklung von verschiedenen Punkten her aufrollen. Heute beschäftigen uns in der psychotherapeutischen Praxis andere Krankheitsbilder, als Freud sie vorfand. Es sind vor allem Störungen des menschlichen Ich: des Selbstwertgefühls, des Lebensmutes, der inneren Freiheit. Darum interessieren wir uns in erster Linie für die Entwicklungsgeschichte des Ich.

3. Zum Psychotherapeuten kommen manchmal Menschen, die darüber klagen, daß sie sich überhaupt nicht als ein Ich, als handelnde Personen fühlen können. Sie tun alles mögliche, um ihre Umgebung zufriedenzustellen, fühlen sich dabei jedoch wie Sklaven oder Marionetten, völlig willenlos. Ich hörte einmal, wie ein Mann sagte, er fühle sich innerlich wie ein Sieb, könne kein Gefühl, keinen Entschluß festhalten, alles laufe wie Wasser durch ihn hindurch.

Solche oder ähnliche Zustände sind gerade unter jüngeren Leuten nicht selten anzutreffen: quälende Gefühle der Abhängigkeit, sei es von einem Partner, von einer Autorität, einem Stipendium oder was sonst – und gleichzeitig ein starker, schier unersättlicher Wunsch nach Freiheit, ein tiefer Haß gegen dieses Objekt, von dem man abhängig ist. Diese Menschen suchen verzweifelt einen Ort in der Welt, wo niemand sie abhängig macht. Sie müssen geradezu aus der menschlichen Gemeinschaft auswandern, weil alles und jedes sie an ihre Abhängigkeit erinnert. So wollte ein rauschgiftsüchtiger Jugendlicher um keinen Preis zu einer Therapeutin zurückkehren, die er an sich liebte und schätzte, aber: „Ich will sie nicht mehr, denn meine Eltern haben sie ausgesucht."

Zum besseren Verständnis dieser und ähnlicher Störungen will ich im folgenden den Entwicklungsverlauf von zwei widerstreitenden Tendenzen im Kindes- und Jugendalter genauer vergegenwärtigen: der Wünsche nach Abhängigkeit und nach Selbstbestimmung. Der Prototyp eines abhängigen Wesens ist der Embryo im Mutterleib, der extreme Wunsch nach Selbstbestimmung ist in gewissen kindlichen Allmachts- und Beherrschungsphantasien enthalten. Der einfacheren Verständigung wegen will ich daher diese beiden Tendenzen als embryonal und infantil bezeichnen. Der Embryo ist ganz und gar lebensunfähig ohne den schützenden Mutterschoß, also muß er sich, wenn er ein Ich, ein eigener Mensch werden will, um jeden Preis aus diesem warmen Nest, das ja zugleich ein Gefängnis ist, herausarbeiten. Dieses Sich-Herausarbeiten aus Abhängigkeiten, das Sprengen schützender und zugleich beengender Hüllen, ist eine der Grundforderungen des Lebens, die auf den verschiedenen Entwicklungsstufen immer wiederkehrt: nicht umsonst hat Adolf Portmann seinerzeit vom „extrauterinen Frühjahr" gesprochen, also von einer Zeit, in der das physiologisch gesehen „zu früh geborene Kind" noch des „sozialen Mutterschoßes" bedürftig sei. Gegen Ende des ersten Lebensjahres beginnt das Kind nun damit, sich dem sozialen Mutterschoß zu entreißen, vom Nesthocker gleichsam zum Nestflüchter zu werden – und dieses Sich-Herausreißen schafft mannigfache Krisen (Trotzanfälle, Labilität, Krankheitsanfälligkeit des Kindes im zweiten Lebensjahr). Oft mißlingt die Ablösung auch, das Kind bleibt in der Symbiose stecken, gibt die Anstrengung auf, ein Ich zu werden. „Symbiose und Individuation" – mit diesen beiden Polen hat die amerikanische Kinderanalytikerin M. Mahler das Lebensgesetz der Ablösung treffend bezeichnet, da beim Jugendlichen bzw. beim jungen Erwachsenen ähnliche Entwicklungsprobleme wiederkehren. Die „Gesellschaft" ist heute zum Inbegriff für Abhängigkeit schlechthin geworden. Gesellschaft wird erlebt als eine Art Lebensgrund, von dem man schlechthin abhängig ist, aus dem man nicht herauskann, der unmerklich und subkutan die Wertvorstellungen, die Sprache, die Verhaltensmuster des einzelnen bestimmt. Individualität, persönliche Freiheit erscheinen in diesem Vorverständnis als Illusion, als bloße „Charaktermaske". „Gesellschaft" ist in solchen Vorstellungen konzipiert nach dem Denkmuster eines „sozialen Mutterschoßes", eines umhüllenden Gefängnisses, aus dem kein Weg herausführt, weil wir keinen Raum der Freiheit jenseits der gesellschaftlichen Zwänge kennen.

Das Gegenstück zur embryonalen ist die infantile Weltauffassung. Das gesunde Kleinkind hat ein ausgeprägtes Gefühl seines Wertes. Es nimmt nichts wichtiger als seine Gefühle, seine Bedürfnisse, seinen eigenen Willen. Wiederum war es Freud, der als erster diesen Sachverhalt beschrieb: der Narzißmus des Kindes ebenso wie des Primitiven oder des Neurotikers sei der Grund für die „Überschätzung der seelischen Vorgänge gegen die Realität". Auch die infantile, narzißtische Überschätzung der eigenen Person, das übertriebene Wichtignehmen der eigenen Gefühle, die übertriebene Hochschätzung der eigenen Fähigkeiten ist nicht etwa auf eine einzelne Phase der kindlichen Entwicklung beschränkt, sondern zieht sich als roter Faden durch den gesamten Entwicklungsprozeß: schon das ein- bis zweijährige Kind ist beeindruckt von allem Erstaunlichen, Kraftvollen, Auffallenden – in seinen Lautmalereien ahmt es mit Vorliebe schnelle Bewegungen, erstaunliche Wirkungen nach: das fahrende Auto, den Donner, den Düsenjägerknall. Es ist beeindruckt davon, was man alles „machen" kann.

Später nimmt es sein Spiel, seine Phantasie oftmals wichtiger als die Realität, zum Beispiel wenn ein Spiel abgebrochen werden soll, weil die Mutter zum Essen ruft. Oder, wie ich an einem vierjährigen Jungen beobachtete, der von draußen immer mit großem Anlauf in seine Strandburg sprang. Als sich nach einiger Zeit seine Schwester in die Strandburg setzte, sagte er nicht etwa: „Geh weg“, sondern sprang einfach auf sie drauf und verletzte sie dabei. Als man ihm Vorhaltungen deswegen machte, sagte er nur: „Sie brauchte sich ja nicht dahin zu setzen.“

Beim Heranwachsenden und beim jungen Erwachsenen sind es unter anderem die sexuellen „Spielphantasien“, die narzißtisch überbesetzt werden: als ob der Orgasmus und die Bestätigung der eigenen männlichen Potenz das einzig Wichtige auf der Welt wäre, nach dem seinerzeit berühmten Ausspruch des Kommunarden Kunzelmann: „Was kümmert mich Vietnam, wenn ich Orgasmusschwierigkeiten habe.“ Immerhin hat er ehrlich gesagt, was er dachte, und schon das tun die wenigsten Leute.

Beide Entwicklungslinien zusammen, die embryonale und die infantile, sind insofern auf einen gemeinsamen Nenner zu bringen, als sie Versuche sind, sich in einer Welt zu behaupten, in der man sich nicht wohlfühlt, nicht geliebt fühlt. Es sind beides Versuche des Ich, sich vor den Folgen des Liebesmangels in der Kindheit zu schützen, solche fehlende Liebe durch übersteigerte Selbstliebe zu ersetzen; es sind sogenannte „narzißtische“ Tendenzen. Der Entwicklungsgeschichte dieser narzißtischen Strebungen gilt heute das besondere Interesse der Psychoanalyse. In diesem Sinne bezeichnet H. Kohut, dem wir die wichtigste neuere Untersuchung zu diesem Fragenkreis verdanken und dessen Gedankengänge in unserer „Psychologie für Nichtpsychologen“ von Ernest Wolf gründlich referiert werden, als das Objekt der narzißtischen Libido das archaische Selbst und die von ihm genannten „Selbst-Objekte“: damit sind Liebesobjekte, also Personen oder Idealbilder gemeint, die „nicht als getrennt und unabhängig vom Selbst erlebt werden“.

Ursprünglich bestehe zwischen Mutter und Kind, meint Kohut, ein vollkommener Gleichklang der Bedürfnisse. Dieses „Gleichgewicht ... wird durch die unvermeidlichen Begrenzungen mütterlicher Fürsorge gestört, aber das Kind ersetzt die vorherige Vollkommenheit (a) durch ... das Größen-Selbst; und ... (b) die idealisierte Elternimago“. Dieser Vorgang ist recht früh in der menschlichen Entwicklung anzusetzen, etwa um die Wende vom ersten zum zweiten Lebensjahr. Die menschliche Lebensgeschichte kann demnach als eine Geschichte der Gestaltungen und Umgestaltungen des Narzißmus verstanden werden.

So bedeutsam die Einsichten Kohuts auch sind, müssen doch vier Einwände vorgebracht werden:

Erstens: Der anfänglich völlige Gleichklang von Mutter und Kind, von dem Kohut ausgeht, ist wohl nur ein Wunschbild. Das Kind erwirbt seinen Narzißmus unter Umständen schon im Mutterleibe als Antwort auf erkältende, lebenzerstörende Gefühlsströme von seiten der Mutter.

Zweitens: Kohut bezeichnet die seelische Struktur, die sich narzißtisch auflädt, als das archaische Selbst. Dieser Ausdruck erscheint nicht glücklich: richtiger müßte man vom archaischen Ich oder vom Basis-Ich sprechen und dabei eingestehen, daß die bisherige psychoanalytische Auffassung des Begriffs Ich eine zu enge und lebensferne Konstruktion war, die durch neuere Erkenntnisse wie eben die von Kohut überholt ist.

Drittens: Kohut faßt den Narzißmus in mancher Hinsicht statischer auf als Freud: während Freud Narzißmus und Objektliebe gleichsam als zwei kommunizierende Röhren ansah – wenn in der einen die Besetzung zunimmt, nimmt die in der anderen ab –, meint Kohut, daß Narzißmus und Liebe verschiedenen Lebensbereichen angehörten und im Grund unabhängig voneinander seien. Narzißmus erscheint ihm daher nicht als etwas, das im Laufe der Entwicklung zur menschlichen Reife überwunden, sondern differenziert, neutralisiert und in reifere Formen umgewandelt werden muß. Kohuts Therapie bringt daher nur gewisse Schönheitskorrekturen am Narzißmus an, vermag ihn aber nicht in der Tiefe zu überwinden. Und damit hängt auch der vierte Einwand zusammen:

Viertens: Freud hatte erkannt, daß Entwicklung nur dort vorangeht, wo Gegensätze ausgeglichen werden müssen: Eros und Todestrieb, Ich-Liebe und Objektliebe sind solche Gegensätze, die das menschliche Sein in Bewegung halten. Bei Kohut hingegen fehlt der Gegenpol zum Narzißmus, und darum vermag er nicht wirklich sichtbar zu machen, wie menschliche Entwicklung von Stufe zu Stufe voranschreitet. Ich möchte daher versuchen, Kohuts Vorstellungen über die Entwicklung des Narzißmus zu ergänzen.

Der Narzißmus heftet sich an das archaische Ich, das Basis-Ich. Was die Psychoanalyse bisher als Ich bezeichnete, der bewußte und der Realität zugewandte Teil der menschlichen Persönlichkeit, ist nur ein kleiner Teil dessen, was unser Ich ausmacht. Was man bisher das Es nannte, das ist im wesentlichen das Ich. Es ist archaisch, grausam, es denkt nach den Regeln des Primärprozesses, das heißt, es setzt sich schrankenlos über die Gesetze der Logik hinweg, es fühlt sich allmächtig, als der Mittelpunkt des Weltalls – nicht ganz zu Unrecht übrigens, denn jeder Mensch ist ein kleiner Kosmos in sich, ein Mikrokosmos, wie die alten Philosophen sagten. Das Basis-Ich ist bald infantil, indem es seine Wünsche für die einzig maßgebende Wirklichkeit ansieht, bald embryonal, indem es sich begierig in alles einspinnt, was Wärme und Geborgenheit zu verheißen scheint.

Welches ist nun der Gegenspieler im Spiel des Lebens, der das archaische Ich dazu zwingt, sich nolens-volens doch von der Stelle zu rühren, sich zu entwickeln? Dieser Gegenspieler hat viele Namen: in Träumen erscheint er oft als der Weg, die Straße oder als Fluß, als Lebensstrom. Oder als das Gesetz, wie es in Kafkas Novelle heißt: „Vor dem Gesetz steht ein Türhüter. Zu diesem Türhüter kommt ein Mann vom Lande und bittet um Eintritt in das Gesetz." Der Mann müßte nun an dem Türhüter vorbei von Saal zu Saal gehen; aber er fürchtet sich, bleibt an der gleichen Stelle. Freud nennt diesen Gegenspieler gern „Schicksal" oder auch personifiziert: Göttin Ananke.

Ein wenig anthropomorph könnte man Entwicklung im tiefenpsychologischen Verständnis beschreiben als Spiel auf einer inneren Bühne, als Dialog der Psyche mit sich selbst, genauer: als Dialog zwischen dem Basis-Ich und dem Lebensstrom, wobei mit zunehmender Verstandesreife das bewußte Ich als beobachtende Person hinzutritt. Oder weniger anthropomorph gesprochen, kann man Entwicklung bezeichnen als eine Abfolge von Gleichgewichtszuständen, die sich immer einpendeln zwischen den Wünschen des Ich und den Anforderungen des Lebens.

Edeltrud Meistermann-Seeger
Familie

Über Familie gibt es eine Fülle von Untersuchungen und Theorien, auch von realen Erkenntnissen. Sicher ist, daß die normale psychische Entwicklung jedes Menschen abhängt von der Erfahrung, die er in seiner ersten Lebenszeit in der Familie macht. Die ersten psychischen Strukturen bilden sich durch den Austausch zwischen Mutter und Kind. Sie ermöglichen den Umgang mit den anderen Familienmitgliedern und später die Anpassung des Kindes an die Gesellschaft. Es werden in dieser ersten Lebenszeit all jene Funktionen vorbereitet, die der Mensch braucht, um in der Gesellschaft glücklich zu leben. Diese Vorbereitung ist die zentrale Aufgabe der Familie. Ich möchte darauf eingehen unter dem Aspekt der Psychoanalyse.

Die Familie ist eine Gruppe sehr verschiedener Personen. Sie wird als Einheit erst dann erkennbar, wenn eines ihrer jüngeren Mitglieder, also ein Kind, eine Forderung der Gesellschaft nicht erfüllen kann, wenn zum Beispiel ein Kind eine Kontakt- oder Lernstörung hat, sei es im Kindergarten, sei es in der Grund- oder Oberschule. Es versagt in einer Funktion, die die Familie zu lehren hat: die Anpassung an die Normen der Gesellschaft. Es ist dem Lehrer, dem Erziehungsberater, ja schon der Kindergärtnerin gewiß, daß Familienverhältnisse die Lernstörung auslösen und verursachen. Es wird dann nach der Quelle der Störung geforscht mit allen Techniken der Psychologie, der Soziologie und Verhaltensforschung. Nicht nur beim Kind und seiner Umgebung und seiner Begabung und Entwicklung suchen wir die Ursache der Störung. Denn wir wissen, daß Vater und Mutter als einzelne Personen und erst recht als Paar für die Störungen des Kindes verantwortlich sind. Sie haben eine ihrer Aufgaben im Familienfeld nicht erfüllt. So weist jede kindliche Neurose zurück auf eine Familienneurose.

Mit dem Begriff Familienneurose soll aber nicht die Bedeutung der Umwelt des Kindes überbetont werden. Es wird damit auf die stabile Verflechtung hingewiesen, die zwischen den Gliedern jeder Gruppe entsteht durch ihr Miteinander-Handeln, seien es bewußte oder unbewußte Interaktionen. Ohne das Beziehungsnetz zwischen den Familienmitgliedern würde der einzelne nicht gedeihen, die Gesellschaft könnte nicht bestehen, und die Entwicklung der menschlichen Kultur würde ihr Ende finden. Denn Familie hat neben der Aufgabe der biologischen Reproduktion und der Pflege des Nachwuchses vor allem durch ihre lockere, aber dauerhafte Verbundenheit die Pflicht, Träger von Tradition und Bewahrer menschlicher Bildung zu sein.

Die Psychoanalyse hat zwei Thesen über die weit zurückliegende Entstehung dieser Gruppenbildung Familie entwickelt, die ich Ihnen vorstellen möchte:

Die erste sieht Familie begründet auf einem Konflikt, der sich zwischen Vater und Söhnen schon in der sogenannten Urhorde entwickelte. Er ist heute noch spurenhaft in Familien wirksam. Es geht bei diesem Konflikt in der Urhorde um den Besitz der Weibchen, denen der Vater allein sich sexuell nähern darf. Es geht also um Empfindungen von Gier, Macht und Neid. Der Konflikt führt zum Mord am Urvater durch die heranwachsenden Söhne. Sie haben sich aber zu Lebzeiten des Vaters Gesetz, das Inzesttabu, so fest zu eigen gemacht, daß sie in nachträglichem Gehorsam sich selbst die Lust versagen, die ihnen der Vater vorher verbot: das heißt, sie verzichten auf den Besitz der Weibchen. Nach dem Verzicht, der auch das Rivalisieren zwischen den Söhnen einschließt, zerstreuen sie sich und gründen eigene Familien, nachdem sie sich den verbietenden Vater in einem Festmahl auch körperlich einverleibt haben. Er wird damit zu einem übernatürlichen Wesen — Gott, Dämon,

Totemtier. In dieser oder einer ähnlichen Form erzählen die Urmythen aller Kulturen die Entstehung der menschlichen Gruppe, Familie geheißen.

Wenn wir dieser Theorie über die Entstehung der Familie folgen, so verstehen wir, daß es in einer Gruppe, hier die der mörderischen Söhne, eine gemeinsame unbewußte Einstellung zu einem Konflikt gibt. Diese Einstellung ist das Schwanken zwischen Begierde und Aggression. Die sexuelle Gier wird verboten, ihr folgt die destruktive Begierde; daraus entsteht der Vatermord, dem folgt dann der Gehorsam. Eine Erinnerung an diesen Ablauf hat Sophokles uns in seinem Drama „Ödipus" hinterlassen. Die Psychoanalyse verfolgt diese Erinnerungsspur als den sogenannten Ödipus-Konflikt in der Geschichte jeder Familie und der Entwicklung jedes einzelnen. Gier, Mord, Sieg und Gehorsam sind die mythischen unbewußten Grundlagen der Familie.

In jeder Familienneurose lassen sich die einzelnen Teile dieses Dramas nachweisen. Der Ödipus-Konflikt ist allenthalben vorhanden, und aus seiner Beständigkeit können wir auf das lastende Gewicht von Familientraditionen schließen.

Die zweite psychoanalytische Theorie über die Grundlage der Familie ist deshalb annehmbarer, weil wir ihr heute noch in der Praxis täglich begegnen. Die Theorie sagt, Familie beruhe auf Triebverzichten, aber sie müssen von allen Mitgliedern geleistet werden. Anders als bei der Urhorde geschieht der Triebverzicht nämlich vor dem Ausbruch der mörderischen Aggression. Hierzu ein Beispiel dieser Verknüpfung: Ein Kind, das sein nachgeborenes Geschwister aus Eifersucht beseitigen will, muß darauf verzichten; denn die Mutter, seine Quelle für Nahrung und Liebe, würde ihm nicht einen Mord, ja nicht einmal den Haß gegen das Geschwister verzeihen. Die Mutter findet es ja selbstverständlich, daß das Kind seinen jüngeren Rivalen liebt. Sie hat völlig vergessen, wie es ihr selbst ergangen ist, und kann in aller Unschuld und Sicherheit das neu Hinzugekommene dem Älteren als Spielzeug anpreisen. Sie verlangt also nichts geringeres, als daß das Kind sich an ihren Wünschen und seinem Gehorsam erfreue und daß es sich an ihrer Wunscherfüllung anstatt an seiner Mordlust befriedige. Das Kind kann nur mit Hilfe der Liebe zu seiner Mutter, zum Geschwister, auch zum Vater lernen, auf Triebbefriedigung zu verzichten. Es muß in der Familie erfahren, glücklich zu werden auf eine Weise, welche die Familie nicht schädigt. Nicht jedes Kind lernt seine Geschwister lieben. Aber einen Ersatz können die Eltern für seine aggressiven Wünsche vermitteln: nach Meinung der Psychoanalyse sind Kultur, Kunst und Technik und das Wohlbehagen des Menschen zurückzuführen auf den geglückten und nicht erzwungenen Triebverzicht, wie ihn die Familie lehren sollte. So ist Familie die Quelle aller Freuden, die Triebverzicht mit sich bringen kann.

Diese Leistung wird erst möglich durch eine Instanz, die nicht nur beim Menschen, sondern nahezu bei allen Säugetieren vorgebildet ist. Sie erleichtert den Verzicht, sie fordert ihn sogar heraus. Diese Instanz heißen wir Gewissen. Das familiäre Gewissen gibt dem Kind die Chance, später Normen und Gesetze zu befolgen oder aber auch sie zu prüfen und zu verwerfen. Freud nannte dieses Gewissen Über-Ich. Es ist bei uns allen weitgehend unbewußt. Ein Kind baut sein Über-Ich nicht nach dem Vorbild oder den Vorschriften der Eltern auf, sondern es verleibt sich das den Eltern ebenfalls unbewußte Über-Ich ohne viel Federlesens ein. Das kindliche Über-Ich ist mit den annähernd gleichen Inhalten und Wertungen wie das der Eltern erfüllt. Sie haben es wiederum von ihren Eltern übernommen. So wird das familiäre Gewissen, das nicht identisch ist mit dem der Gesellschaft, zum Träger von Traditionen und Wertungen; sie pflanzen sich über lange Zeit, manchmal über Generationen hinweg fort.

Wir sehen also neben der biologischen Aufgabe, der Fortpflanzung, und der ökonomischen, der Versorgung der Familie, noch drei weitere Funktionen: Triebverzicht, kollektives Gewissen und die Übergabe von Zeit überdauernden Wertungen. Diese Aufgaben sind an unbewußte Wünsche und Einstellungen der Eltern gebunden. Sie sind daher wenig flexibel und durch eigene Reflexionen oder von außen kaum beeinflußbar.

Es gibt andere Aufgaben der Familie, die der Einsicht der Eltern bei einer Erziehungskrise leichter nahegebracht werden können – leichter als das: Du darfst dieses, und jenes darfst du nicht. Diese Aufgaben werden nämlich durch die realen Erfahrungen der Eltern und mit Hilfe ihrer dem Kind überlegenen Einsicht in die Realität der Welt bewältigt. Hier fühlen sich die Eltern sicher.

Als erstes: die Erweiterung der Wahrnehmungsfähigkeit und des Wahrnehmungsfeldes des Kindes. Als Beispiel möge eine Mutter dienen, die das Kind gern auf dem Arm oder Schoß hält und ihm die Welt auf lustvolle Weise zugänglich macht: sie zeigt ihm Dinge zum Sehen, Hören, Tasten, Greifen. Ein solches Kind ist von Anbeginn in seiner Entwicklung begünstigt. Das liegende Baby aber, im Liegen gefüttert und gewickelt, nimmt nur einen geringen Ausschnitt der Welt wahr. Es wird in seiner Gefühlswelt eingeengt und geschädigt, es wird autistisch und kontaktgestört. Dagegen öffnet das liebevoll gehaltene Kind sich der Welt und die Welt öffnet sich ihm.

Eng verbunden mit der Notwendigkeit, dem Kind die Welt zu zeigen und zu erweitern, ist jene andere Funktion, die vor allem dem Vater auferlegt ist: das Erlernen der Sprache der erwachsenen Welt. Diese Aufgabe wird häufig vernachlässigt, weil das Kind sich anfänglich mit seiner Mutter weitgehend wortlos verständigt. Es nimmt mit großer Genauigkeit ihre Mimik, ihre Regungen, ihre Wünsche und Bedürfnisse wahr. Die Mutter wiederum antwortet in der gleichen Form und spürt, wie man sagt, was das Kind braucht und will. Das Sprechen selbst ist zu Anfang der ersten Lebensjahre des Kindes für Außenstehende fast unverständlich. Manche Mütter benutzen diese Babysprache viel zu gerne und viel zu lange. Es ist der Vater, der die Dualunion zwischen Mutter und Kind unbedingt unterbrechen und dem Kind Forderungen stellen muß. Was wir hier mit „Spracherlernung" bezeichnen, soll also heißen: Der Vater muß dem Kind die Dinge der Welt in ihrem Funktionieren und ihrer Technik zeigen. Er muß zeigen, wie man die Dinge abstrakt benennen und sich über sie verständigen und sie gebrauchen kann. Tut der Vater das, so lernt das Kind, mit mehr als einer Person umzugehen.

Das heißt etwas ganz Besonderes: Mit der Erlernung der Sprache der Erwachsenen stellt sich dem Kind die Forderung, Mehrdeutigkeit zu tolerieren. Denn die väterlichen Ansprüche stehen für das Kind manchmal im Gegensatz zu denen der Mutter. Es muß sie deuten als Unterschiedlichkeit. So mag die Mutter dem Essen, der Haltung, der Kleidung des Kindes ein besonderes Gewicht geben, während der Vater alles dieses zurückstellt gegenüber dem Anspruch auf Lernbereitschaft. Sich-schmutzig-Machen etwa beim Malen, Spielen, Bauen wird dann bedeutungslos. Damit wird eine der wichtigsten Forderungen, die dem Kind von seiner Mutter gestellt wurden, die Sauberkeit, bezweifelbar. Sauberkeit ist für das Kind mehrdeutig durch die Gleichgültigkeit, die der Vater diesem Faktum gegenüber haben mag. Toleranz für Mehrdeutigkeit haben wir diese Aufgabe der Familie genannt. Sie wird, je älter das Kind ist, um so wichtiger, sie schränkt seine familiären Vorurteile ein. Nur Toleranz für Mehrdeutigkeit macht es möglich, das Elternhaus ungeschädigt zu verlassen, beispielsweise den Kindergarten zu besuchen ohne Empfindungen von Verstörung und Entfremdung, wenn etwa die Kindergärtnerin Singen und Gebet vom Kind verlangt, was im Elternhaus verpönt oder lächerlich gewesen sein mag, oder auch umgekehrt.

Schließlich ergibt sich aus diesen drei Aufgaben – Welterweiterung, Spracherlernung und Toleranz für Mehrdeutigkeit – eine neue Möglichkeit der Familie. Sie und nur sie kann dem Kind die Einsicht in Rangordnungen geben. Es mag sich zuerst um die Rangordnung Essen versus Schlafen handeln, später um die Rangordnung Mutterbefehl versus Vaterbefehl oder Lernen versus Spielen: der Möglichkeiten sind so viele, daß das Chaos der auf das Kind in unendlicher Fülle einstürmenden Eindrücke nur geordnet werden kann durch die Einsicht: Dieses ist oben und jenes ist unten, dieses geht vor und jenes kann zurückgestellt werden. Wie dem Kind das Wesen der Rangordnung vermittelt und auch wie die Inhalte dieser Rangordnung bezeichnet werden, ist für seinen eigenen Rang in der Gesellschaft später entscheidend. Nur der Blick für Rangordnungen gibt dem Kind das Rüstzeug, sich innerhalb der Gesellschaft zu behaupten. Er gibt dem Kind aber auch ein Mittel an die Hand, von sich aus die Gesellschaft zu beeinflussen, ja sie zu verändern.

Als letzte Aufgabe der Familie, die für die Entwicklung des Kindes bedeutsam ist, nenne ich die Angstbewältigung. Das Kind wird mit Angst und in Angst geboren. Denn die Mutter hat Angst, das Kind zu gebären, das Kind passiert während der Geburt eine Enge, die schon im Begriff der Angst enthalten ist, den Geburtskanal. Zum Trauma der Geburt gehören auch die veränderten Lebensumstände: lauter Ton, helles Licht, Kälte, Rauheit der Stoffe, vor allem aber die Notwendigkeit des Atmens. Diese veränderten Lebensumstände haben die grundsätzliche Angstbereitschaft des Menschen zur Folge. Die Eltern müssen das Kind lehren, diese Angst zu bewältigen und mit ihr zu leben. Muster der Angstbewältigung können sein: Nachdenken, Meditation, Berichte über Erfahrungen, Versuche der Eltern, das Kind mit der eigenen Sicherheit zu identifizieren, Erproben der kindlichen Kraft, Bestätigung der Sicherheit und der Phantasien des Kindes usw.

Eines kennzeichnet alle diese Aufgaben, die ich aufgezählt habe: jede Familie hat ihre eigenen Schemata, mit denen sie ihre Aufgaben erfüllt. Flexibilität, Vielfalt und Reichtum innerhalb dieser Schemata sind sehr verschieden. Je weiter und vielfältiger sie sind, desto stärker ist die Wirkung einer solchen

Familie in der Gesellschaft. Sobald eine Nation, eine Gesellschaft oder eine Schicht sich darauf versteift, Schemata zur Übermittlung von Familienfunktionen einzuengen und sie festzulegen, verschwindet innerhalb einer solchen Gruppe oder Gesellschaft oder Nation ein Stück Freiheit. Es verschwindet auch die Möglichkeit zum Wandel der Kultur. Vom Kulturwandel aber ist abhängig die Chance, bei der schweren Forderung nach Triebverzicht noch Befriedigung und Glück zu empfinden.

Wir sehen: zu guter Letzt dienen alle Funktionen der Familie der Erleichterung des Triebverzichtes. Je mehr im Auge behalten wird, daß nicht nur das Kind, sondern auch die Eltern im Entstehen und in der Entwicklung der Familie neue Möglichkeiten finden, glücklich zu sein, trotz oder gerade weil der Triebverzicht gefordert wird, desto weniger wird es zu jenen Konflikten und Störungen kommen, die wir unter dem Begriff der Familienneurose zusammengefaßt haben.

Ich möchte jetzt im letzten Teil meiner Ausführungen auf zwei Dinge eingehen, die in der Familie, vor allem aber für das Kind, von großer Bedeutung sind. Ich meine das Spiel und den Umgang mit der Sexualität.

Zuerst zum Spiel: Das Interesse des Kindes sollte ausgehen von seinen inneren Vorstellungen und Phantasien und von seinem eigenen Körper und sich dann wenden zu äußeren Dingen und zur Wahrnehmung des Kommens und Gehens der Mutter. Und weiterhin sollte sich das Interesse wenden zu allen sich bewegenden Dingen.

Es ist das Spiel, in dem der Säugling zum erstenmal sich selbst und Bilder seiner Phantasie darstellt, sie von der Umwelt absondert und sie unterscheidet von allem anderen. Das Spiel mit seinem eigenen Körper gibt ihm die Möglichkeit, sein Selbst zu trennen von dem der Mutter, mit dem er so lange verbunden war und sich noch lange nach der Geburt verbunden fühlt.

Wenn das Kind mit sich selbst und seinem Körper spielt, so verknüpft es seine inneren Bilder mit der äußeren Realität der täglichen Gegebenheiten. Damit ist das Spielen ein Vorläufer des erst sehr viel später möglichen Denkens und Sprechens über die Realität. So entwickelt sich im Kind auch die Fähigkeit, durch das Spiel verschiedene Quellen der Lust zu entdecken und damit umzugehen.

Spielzeit überbrückt aber auch die immer wieder auftretenden Wartezeiten für das Kind und vermindert die durch Warten ausgelöste Wut, Ohnmacht und Verlassenheit. Im Spiel wird diese Ohnmacht und die Unfähigkeit und die daraus entstehende Angst und Wut durch Lust gebunden. Kinderspiele sind zwar häufig auch aggressiv, aber nicht mehr mit dem destruktiven Charakter, den die unbewältigte Ungeduld hat, die jederzeit in Haß oder auch in Verzweiflung umschlagen kann. Im Spiel werden mehr und andere Möglichkeiten gefunden, um Versagung und Ohnmacht zu beantworten.

Das Kind kann auf spielerische Weise zuerst die Mutter erkennen und dann die Welt, die sich ihm immer mehr erweitert, es kann sie betrachten mit weniger Angst und mehr Sicherheit und zu guter Letzt auch mit Neugier. Diese Funktionen des Spielens gelten auch noch für die Erwachsenen, die mit dem Kind, sobald es möglich ist, spielen sollten.

Wenn aber ein Kind ohne Angst spielen kann und ohne dabei fürchten zu müssen, die Liebe der Mutter zu verlieren, so lernt es zugleich Regeln, denn Regeln gehören zum Spiel. Je mehr ein Kind Spielen verweigert, um so enger, gefährlicher und zerstörerischer erscheinen ihm später Ordnung und Regeln. Liegt das Kind still da und spielt nicht, so ist es ein Spielverweigerer.

Wenn die Mutter das Spiel fördert, wird das Kind sicherer; es kann seine Sicherheit erproben, genauso wie es sein Geschick beim Spiel steigern kann. Es kann nach einem Spiel dann zur Mutter zurückkehren und ihr seinen Erfolg vorführen und sich erneut dem Spiel zuwenden.

Das Spielen schult verschiedene Funktionen, die zwischen Mutter und Kind gelernt werden können im Anbeginn des Lebens und die in der Gesellschaft von großer Bedeutung sind: Realitätserkenntnis, Geschicklichkeitsbildung, Angstbewältigung, Selbstbehauptung, Erlernen und Variieren von Regeln und damit von Rangordnungen. Mit anderen Worten: das Kind gewinnt mit dem Spiel mehr Möglichkeiten, seinen Realitätssinn zu entwickeln; wenn es mit seinem Körper spielt, entwickelt es auch den erotischen Realitätssinn.

Nun noch ein Wort über die kindliche Sexualität. Sie ist im Anfang in allen Spielarten vorhanden und notwendig gebunden an die Glieder und Körperfunktionen, die dem Kind schon zur Verfügung stehen. Allzu leicht geschieht es nun, daß die kindliche Sexualität sich an diese lang geübte Sexualpraktik bindet, so daß etwa jedes Körperteil, Hand, Fuß, Finger, Zunge und natürlich die Genitalien für das Kind erotisch wichtig werden.

Solche autoerotischen Teilfixierungen treten immer dann auf, wenn nicht die Familie zeigt – sei es durch Verbot oder auch durch offene Erklärung oder auch durch Erfahrung, die dem Kind vorgestellt wird –, daß neben der infantilen und unreifen Sexualität auch andere Sexualwelten existieren. Die nicht auf sich selbst gerichtete Sexualität, also die Partnerlust der Erwachsenen, ist nur erlernbar, wenn in der Kindheit der Unterschied zwischen Selbstliebe und Partnerliebe gesehen und auch dem Kind bewußt wird. Kindliche Sexualakte dienen dazu, die Fähigkeiten der Unterscheidung im Kind zu wecken und Vielfältigkeit und freie Verfügung über innere Bilder mit der Sexualhandlung zu verknüpfen. Ich will damit sagen: Kinder haben ein anderes, für sie brauchbareres Sexualverhalten als die Erwachsenen. Es gilt, Kindern den Bereich ihrer eigenen kindlichen Sexualität zu öffnen, etwa den der Zärtlichkeit, und nicht in ihnen Neid und in den Eltern Größenlust zu wecken wegen der andersartigen Sexualität der Eltern. Führt man ihnen den Orgasmus der Erwachsenen in irgendeiner Form vor, so weckt man in ihnen Ohnmacht, Eifersucht und Neid, auch Ekel.

Das heißt aber, daß die infantile Sexualität eingeschränkt werden muß. Nur durch die Einschränkung wird die sexuelle Energie so konzentriert, daß sie später zur Verfügung ist, wenn man einen Partner erobern will, wenn man die Fähigkeit zur Liebe überhaupt haben will. Bisher hat die Gesellschaft keine Möglichkeit gefunden, sexuelle Begierden und die zugleich auftretende Unsicherheit des Kindes anders aufzuheben als durch Zwang. Die Zwänge befreien zwar das Kind von den Wirkungen der Unsicherheit, der Ungleichgewichtigkeit; sie machen es unabhängig von der daraus entstehenden Unruhe. Sie behindern es aber auch und machen es ihm unmöglich, für seine sexuellen Bedürfnisse und Antriebe etwas anderes zu übernehmen als die Muster, die seine Erzieher ihm übermitteln.

Die Familie hat bestimmte Aufgaben im Sozialisationsprozeß des Kindes: Begrenzung und Öffnung der Wahrnehmung, Spracherlernung, Entwicklung der Toleranz für Mehrdeutigkeit, Bereitstellung von Mustern zur Angstbewältigung und das Spielen und die sexuellen Erfahrungen. Nur wenn es dem Kleinkind möglich und erlaubt ist, mit der Mutter auf vielerlei Weise umzugehen und dann den Vater und die anderen Familienmitglieder hineinzuziehen in seine Handlungen, kann es später ungestört sich innerhalb der Gesellschaft behaupten.

Johann Gottfried Appy
Glück

Ich möchte von einem alten, bekannten Märchen ausgehen, um in unser Thema einzuführen. Es ist das Märchen vom „Hans im Glück", dem Einfalt noch zur Tugend gereichte. Getreulich diente er seinem Herrn während sieben Jahren, nahm als gerechten Lohn einen kopfgroßen Klumpen Goldes in Empfang und machte sich auf den Weg heim zu seiner Mutter. Doch dieser Ertrag vergangener Mühsal galt ihm so wenig, daß er ihn unterwegs gegen ein Pferd, das Pferd gegen eine Kuh, die Kuh gegen ein Schwein und so fort immer wieder eintauschte, bis er am Ende mit leeren Händen dastand. Überglücklich dankte er Gott auf den Knien, daß er ihn „auf eine so gute Art und *ohne* daß er sich einen *Vorwurf* zu machen brauchte" (Brüder Grimm) von aller Last befreit hatte – weshalb man ihn den „Hans im Glück" hieß. Andernorts berichtet man weiter, wie die Mutter ihn mit glänzenden Augen in ihre Arme schloß und ihm versicherte, daß er zwar dumm sei, sie ihn aber dennoch liebe.

Wer sich im Herzen einen Rest längst vergangener und naiver Kindergläubigkeit bewahrt hat, fühlt sich von diesem Märchen unmittelbar angerührt und in unbestimmbaren Glückserwartungen bestätigt, die so selbstverständlich scheinen, daß sie näherer Erklärung nicht bedürfen. Erst die Frage nach dem Sinn des Märchens zerreißt die anfängliche Gewißheit dieser Empfindungen, weckt Schamgefühle ob ihrer Einfalt und zwingt zu der Erkenntnis, daß solche Glückserwartungen mit der Aufgeklärtheit unseres Jahrhunderts nicht zu vereinen und eben nur Märchen sind. Offenbar macht naives Einfühlungsvermögen eine Erlebensebene von Glück spürbar, die durch rationales Denken nicht ohne weiteres erfaßt und anerkannt werden kann. Die Veränderungen, die der Begriff „Glück" mit der Bewußtseinsentwicklung von Individuum und Gesellschaft in der Geschichte der Menschheit durchgemacht hat, spiegeln diese Gegensätzlichkeit zweier Verstehensformen eindrucksvoll wider:

Von jeher galt das Glück als besonders erstrebenswertes Gut, auch wenn ihm im Dasein der Menschen in verschiedenen Kulturkreisen und zu verschiedenen Zeiten jeweils andere Bedeutungen zugesprochen wurden. Ob Priester oder Philosophen, Könige, Feldherren, Naturforscher und Träumer, ob arm oder reich — in allen sozialen Schichten gaben Suchende die Hoffnung nie auf, glücklich werden zu können; und vielleicht war es gerade die Unbestimmbarkeit dessen, was Glück im Leben des einzelnen ausmachte, die sie immer wieder auf die Suche gehen ließ. Anders die stets Zuversichtlichen, die eigenes Tun mit bewußten Vorstellungen von ihrem Glück rechtfertigten und nicht daran zweifelten, es, wenn nicht schon heute, dann spätestens morgen zu erlangen. Und selbst den ewig vom Unglück Verfolgten blieb vor der Resignation als letztes noch der erklärte Verzicht auf das diesseitige Glück, dem als Belohnung statt endlicher unendliche Erfüllung im Jenseits zugesagt war.

Wer sich heute jedoch mit der Frage nach dem Glück beschäftigt oder gar darüber spricht, stößt zunächst auf Ablehnung. Im schlimmen Fall wird er sogar der charismatischen Wiederverkündigung eines Glücks bezichtigt, das ausschließlich gesellschaftlich überliefert und im Dienste unterschiedlichster Machtinteressen manipuliert sei, inzwischen aber keinen existentiell glaubwürdigen Inhalt mehr habe. Auch Psychiater und Psychologen betrachten Glück in der Regel als das Produkt eines Wunschdenkens und bestenfalls als die Verleugnung von Unglück. Ihre Aufmerksamkeit richtet sich eher auf die Erforschung und Behandlung menschlichen Leidens, während das menschliche Glück den nicht zu erfüllenden Erwartungen von Kranken zugerechnet wird. Kurz: wie der Begriff „Liebe" scheint auch der Begriff „Glück" mehr von subjektiven als von objektiven Voraussetzungen bestimmt und wissenschaftlicher Erörterung daher unwürdig zu sein.

Die Chance, von dem Verdacht illusionärer Unwirklichkeit befreit und doch als erreichbarer existentieller Bestandteil menschlichen Daseins gesehen werden zu können, erhielt das Glück durch die Entdeckung des Unbewußten. Es war das Verdienst Sigmund Freuds, die bis dahin unverständlichen Verhaltensweisen, Gefühlszustände und Phantasien psychisch Kranker als Wiederholungen von Kindheitserinnerungen, die vergessen und im späteren Leben reaktualisiert wurden, entschlüsselt zu haben. Die symptomverursachende Wirkung solcher Erinnerungen führte er darauf zurück, daß sie von den Patienten nicht als Erlebnisse ihrer eigenen Vergangenheit wiedererkannt werden konnten, weil sie erst nach einem Prozeß der Unkenntlichmachung aus der Vergessenheit freigegeben wurden. Vergessen mußte demzufolge etwas anderes als verlieren bedeuten. Es entsprach eher einem Verdrängen in Bereiche, die, obwohl existent, bewußter Wahrnehmung nicht mehr zugänglich waren und aus denen die verdrängten Inhalte später in veränderter Gestalt wiederkehren konnten. Diese Bereiche nannte Freud das „Unbewußte"; und seine Forschungsergebnisse über die Beziehungen zwischen Bewußtem und Unbewußtem bildeten die Grundlagen für die Entwicklung der Psychoanalyse und ihre Anwendung auf allen Gebieten menschlichen Verhaltens und Lebens.

Diese neuen Kenntnisse gaben Freud die Möglichkeit, Glück als die nachträgliche Erfüllung eines alten und in Vergessenheit geratenen, das heißt unbewußten Kinderwunsches zu verstehen. Wenn Reichtum nicht glücklich macht, wie es im Volksmund heißt, ist das dem Umstand zuzuschreiben, daß Geld kein Kinderwunsch war. Obwohl sich diese Definition von Glück noch als problematisch erweisen wird, ermutigt sie uns, das Märchen vom „Hans im Glück" als symbolische Darstellung einer unbewußten Szenerie erneut auf seine existentielle Glaubwürdigkeit hin zu untersuchen. Dabei können wir von den Einwänden unserer Kritiker getrost absehen; denn was wir anfangs als unzeitgemäßes und einfältiges Verhalten in Frage gestellt sahen, ist jetzt als psychologisches Phänomen rehabilitiert: Wo „Hans im Glück" das Gold als äußeren Besitz erlebt, schätzt er es weniger als Nichts, weil es keinem unbewußten und vergangenen Kinderwunsch, sondern einem bewußten und gegenwärtigen Erwachsenenwunsch entspricht und deshalb nicht glücklich machen kann. Statt dessen strebt er zielbewußt nach einem Glück, das er am Ende seines Weges in den Armen der ihn zärtlich und bedingungslos liebenden Mutter wiederfindet.

Das eigentlich psychologische Problem des Glücks beginnt für uns dort, wo das Märchen aufhört: in der glückhaften Vereinigung von Mutter und Kind. Sie macht das Urbild „glückseliger Existenz" aus und ist als solches bis in religiöse Vorstellungen von der Wiederkehr eines paradiesischen Zustandes nach dem Tode eingegangen. Vor allem steht sie im Einklang mit den Kenntnissen der Psychoanalyse über die frühesten Entwicklungsstadien menschlichen Seelenlebens. Man weiß heute, daß die wichtigsten Weichenstellungen für die spätere Persönlichkeitsbildung im ersten Lebensjahr erfolgen, in welchem sich gerade die frühen Erlebnisse der Mutter-Kind-Beziehung unauslöschlich in die kindliche Seele einprägen und jede weitere Entwicklung beeinflussen. Wenn es wahr ist, daß Glück nur aus der nachträglichen Erfüllung eines alten und unbewußten Kinderwunsches entspringt, dann müssen wir annehmen, daß die Erfüllung von Wünschen, die eben diesem Lebensabschnitt entstammen, besonders glücklich macht. Daher läßt sich der Weg zum Glück am besten an jenem Weg aufzeigen, den die Erfahrungen von der Urgestalt der Mutter-Kind-Beziehung durch das Unbewußte des Menschen nehmen.

Durch die Geburt wird der Mensch, physisch und psychisch noch absolut hilflos, aus der Geborgenheit einer Innenwelt in die Unwirtlichkeit einer Außenwelt gestoßen. Diese neue Außenwelt droht die zwar einengende aber gerade deswegen vertraute Begrenztheit seines bisherigen Innenraumes aufzulösen. Daher bedarf es zu diesem Zeitpunkt der unmittelbaren Gegenwart einer mütterlichen Person, welche das Neugeborene erneut in spürbar zärtliche Obhut einhüllt, um es vor dem Eindringen der Realität abzuschirmen. Die Übernahme dieser Aufgabe folgt normalerweise einem bei Mensch und Tier gleichermaßen vorhandenen Instinkt, so daß nach der Geburt die Mutter zur ersten biologischen und psychologischen Steuerungsinstanz wird, die störende Erlebnisse wie Unlust, Schmerz und Angst von dem Kinde fernzuhalten vermag. Sie tritt gewissermaßen als Hilfs-Ich an die Stelle der im Kinde noch unentwickelten psychophysischen Organisation. Das Kind befindet sich unterdessen auf der Stufe eines, wie Freud es nannte, „purifizierten Lust-Ich" und darf Unlust zunächst ungehindert äußern, in der Gewißheit, rasche Befriedigung zu bekommen.

Man könnte diesen Zustand parasitär nennen, würde das Glück in der Wechselbeziehung von Mutter und Kind durch die negative Bedeutung dieses Wortes nicht abgewertet. Denn so wie die Mutter vor der Geburt die ungeteilte körperliche Einheit mit ihrem Kinde fühlte, so erlebt das Kind nach seiner Geburt die ungeteilte seelische Einheit mit ihr weiter. Alles Gute, Lustvolle und Sicherheitgebende verwirklicht sich in der Befriedigung eigener Bedürfnisse, die zugleich die Bedürfnisse des anderen stillt; während alles Böse, Unlustvolle und Angstzeugende ausgeschlossen bleibt. Es ist die innige Verschränkung zweier voneinander abhängiger Partner, die für die Aufrechterhaltung eines gemeinsamen harmonischen Gefühlsstroms sorgt und vor störenden Reizüberflutungen bewahrt, die von innen durch Triebspannungen oder von außen durch Umwelteinflüsse hereinbrechen könnten.

Diese gegenseitige Durchdringung gewährleistet aber nicht nur die konstante Befriedigung aller körperlichen und seelischen Bedürfnisse des Kindes; sie kompensiert darüber hinaus seine anfängliche Unfähigkeit, die Mutter als ein von sich selbst abgegrenztes, körperlich konfiguriertes Objekt wahrnehmen zu können. Michael Balint hat diesen frühen Bewußtseinszustand mit unserem Verhältnis zur umgebenden Luft verglichen: „Solange wir genügend Luft zum Atmen haben, nehmen wir sie als selbstverständlich hin, sie ist kein Objekt, nichts von uns Getrenntes, wir brauchen und gebrauchen sie.“ Und ebenso scheint auch das Kind, seinem momentanen Triebverlangen folgend, die Mutter brauchen und gebrauchen zu können, wodurch es sie zunächst zwar als Befriedigungsfunktion seiner selbst erfährt, aber noch nicht als Objekt, zu dem man Beziehungen hat. Man muß daher annehmen, daß das Kind in diesem Stadium in einer Welt lebt, in der kein Objekt, nichts von ihm Getrenntes zu existieren scheint. Die Mutter tritt ihm in dieser objektlosen Welt nur als subjektives Spiegelbild seiner selbst entgegen, über das es leichter zu verfügen vermag als über den eigenen Körper und die eigenen Gefühle. Denn schon die kleinste Unlust- oder Schmerzäußerung bewirkt, daß die Mutter herbeieilt und stillt, wärmt, liebt oder, wie wir noch sehen werden, glücklich fühlen macht. Die anfängliche Ohnmacht des Kindes, auf die bedürfnisbefriedigende Gegenwart der Mutter nur passiv hoffen und warten zu müssen, verwandelt sich dadurch in die vermeintliche Macht, diese Befriedigung selber aktiv veranlassen zu können.

Im Vollgefühl dieser Macht erlebt sich das Kind zu allem fähig, weil es die Mutter als Geschöpf seiner selbst begreift und erschafft; wodurch es erste Sicherheit, ein „Urvertrauen“

(Erikson) oder, psychologisch ausgedrückt, primäre Identität gewinnt, aus der heraus es den Mut für spätere Abenteuer mitbekommt. „Wenn man der unbestrittene Liebling der Mutter gewesen ist", sagt Freud, „so behält man fürs Leben jenes Eroberergefühl, jene Zuversicht des Erfolges, welche nicht selten wirklich den Erfolg nach sich zieht." Auch wo Glück als Erlebnisqualität das Einssein von Mutter und Kind durchdringt, wird es in Wahrheit von der Mutter eingebracht, da nur sie, unserer Definition entsprechend, diejenige sein kann, die in der gegenwärtigen Beziehung zu ihrem Kind eine vergangene und unbewußte Beziehung zur eigenen Mutter wiederzufinden vermag. Aber die Empfindung: „Ich bin glücklich, so wie du glücklich bist", entfaltet sich innerhalb dieser allseits geschlossenen Einheit für beide und sperrt „Unglück" aus. Man könnte daher von einem „sozialen Glückszustand" (Mitscherlich) sprechen, in welchem der Mensch am Beginn seines Lebens Glück erfährt, ohne etwas dafür tun zu müssen.

In unserem Märchen kehrt „Hans im Glück" in die Arme der Mutter zurück; ein Vorgang, welchen die Psychologie als Regression auf eine frühere Entwicklungsstufe bezeichnet. Reifungsprozesse des menschlichen Lebens verlaufen jedoch umgekehrt: Sie sind progressiv und brechen die ausgewogene Harmonie des anfänglichen sozialen Glückszustandes allmählich auf. Vor allem schafft das stetige Wachstum der kindlichen Bedürfnisse einen Reifungsdruck, der durch unvermeidbare Enttäuschungen verstärkt wird, wenn zum Beispiel die Mutter nicht sofort zur Stelle ist oder wenn sie die gewohnte Nahrung gegen eine neue eintauscht. Läßt sich die aufsteigende Unruhe durch den instinktgebundenen Reflex, an Fingern und anderen Dingen zu saugen, fürs erste noch dämpfen, so können primitive Ersatzhandlungen dieser Art auf die Dauer nicht mehr darüber hinwegtäuschen, daß die erwartete Befriedigung ausbleibt. Das Glück, welches dem Menschen als das Einssein mit sich und der Mutter in die Wiege gegeben war, wird nun an der Realität verlorengehen.

Dieser Verlust beginnt mit den kontinuierlichen Wiederholungen von Spannung und Entspannung, Enttäuschung und Befriedigung, die sich an jenen Umschlagstellen, die von dem Hinzutreten der Mutter gekennzeichnet sind, zu ersten sinnlichen Eindrücken von Unlust und Lust verdichten und schließlich als Wahrnehmungen von feindlichen und freundlichen Zuständlichkeiten niederschlagen. Das Kind lernt den Zustand der Unlust zu hassen und den der Lust herbeizusehnen. Sein anfangs noch hilfloses Weinen wird zunehmend zorniger, und alle innere und äußere Harmonie droht in aggressiven Gefühlen zu ertrinken. Und erst diesem Aufruhr entspringt plötzlich, als früheste selbständige Leistung menschlichen Seelenlebens, die Fähigkeit, Vorstellungen zu bilden. Das Kind entdeckt, daß es sein affektives Gleichgewicht durch den lustvoll vorstellbaren Wunsch nach Saugen wiederherstellen kann, und verknüpft von nun an die Ersatzhandlung des Saugens mit der Phantasie vom Saugen. Fühlen und Vorstellen verschmelzen dann zu der Erinnerung an die Gegenwart der Mutter und lassen darauf vertrauen, daß sie kommen wird und daß das eigene Verlangen bis dahin aufgeschoben werden kann. Um über die Verinnerlichung zu neuem Leben erweckt und erinnert werden zu können, muß daher die äußere Wirklichkeit des anfänglichen sozialen Glückszustandes vorher verlorengehen. Erst dann verwandelt sich Glück als ausschließlich passives Erwartungsziel menschlichen Hoffens plötzlich in die Fähigkeit des Menschen, glücklich zu sein.

Die als Phantasie verinnerlichte Einheit mit der Mutter ist für das Kind jetzt beliebig oft reproduzierbar geworden und gibt ihm die notwendige Sicherheit, sich mit seiner Umwelt auseinanderzusetzen. Alte, noch diffus wahrgenommene Zustände und Empfindungen werden schrittweise zu unterscheidbaren Erfahrungen von dem, was in der Beziehung zwischen Mutter und Kind abläuft. Die Welt beginnt Umrisse und Grenzen anzunehmen, und lustvolle Spiele vertiefen die wahrgenommenen Erlebnisse. Schließlich wird auch das Objekt „Mutter" als ein Nicht-Selbst erkannt, von dem sich das Kind nun als Subjekt oder, wie der Psychoanalytiker sagt, als Selbst trennen und erfahren lernt. Das glückhafte Bild der ursprünglichen Einheit mit dem Ganzen wird unterdessen von aktuellen Interessen mehr und mehr überlagert, bis es am Ende aus dem Blickfeld des partiellen, kleinkindlichen Bewußtseins verdrängt und mehr oder weniger unbewußt wird. In den Gefühlen und Phantasien des Menschen bleibt es in verkleideter Form aber erreichbar. Damit ist eine Vorbedingung unserer bisherigen Definition von Glück erfüllt: Es gibt im Unbewußten des Menschen Wünsche, die mit dem Urbild eines primär sozialen Glückszustandes verbunden sind und deren nachträgliche Erfüllung glücklich machen kann.

Verinnerlichungen stehen am Anfang aller psychischen Entwicklungsprozesse und helfen uns, nicht nur zu überleben, sondern darüber hinaus auch schöpferisch tätig zu werden. Im erholsamen Schlaf oder in der sexuellen Verschmelzung mit einem Partner erleben wir ein ähnlich vollkommenes Aufgehobensein und Glück wie in der frühen Kindheit mit der Mutter. Diese regressive Form des Glücks erscheint uns so selbstverständlich, daß wir erst ihr Fehlen als „Unglück" wahrnehmen und dann von Krankheit sprechen. Progressive Ansätze erhalten wir jedoch nur aus dem psychologischen Entwicklungsschicksal des Glücks, das mit dem sozial geschenkten Glück begann und zuerst verlorengehen mußte, um in verinnerlichter Gestalt neu erstehen und wieder verdrängt werden zu können. Indem der Mensch diese frühe Erfahrung fortwährend wiederholt, vermag er zu lernen und kreativ zu sein.

Wie die realitätsorientierte Frage nach dem Sinn des Märchens unsere anfänglichen Glücksempfindungen zerstörte, so geht jedes gerade erreichte Glück immer wieder verloren und macht weiterem Bemühen um Glück Platz. Nachträglich können wir ahnen, daß unser Märchen daher nur scheinbar zu Ende war; denn auch „Hans im Glück" wird das Glück in den Armen der Mutter wieder aufgeben und erneut auf die Suche gehen müssen. Als Freud, zweiunddreißigjährig, das Glück erstmals psychoanalytisch definierte, fuhr er unmittelbar anschließend fort: „Allerlei anderes dämmert noch und immer ist das Frühere vergessen." Nochmals zweiunddreißig Jahre älter, erkannte er: „Was im strengsten Sinne Glück heißt, entspringt eher der plötzlichen Befriedigung hoch aufgestauter Bedürfnisse und ist seiner Natur nach nur als episodisches Phänomen möglich."

Und in der Tat setzt das Streben nach Glück gleich wie das Streben nach Triebbefriedigung mit dem unlustvollen Mangel an Befriedigung ein. Doch die nachfolgende Befriedigung wird sogleich wieder zum Beginn neuen Strebens, weil die von Erinnerungen an vergangene und belastete Erlebnisse angefüllte Gegenwart schon vorwegnimmt, daß Unlustspannungen zurückkehren werden. Die Verknüpfung von triebgesteuertem Drang mit unbewußten, negativen Erfahrungen läßt ein zukünftiges „Unglück" vorausahnen und gibt dem Glück eine nur episodische Chance. Daher versteht der Psychoanalytiker das Phänomen des jede Befriedigung durchbrechenden weiteren Strebens nach Befriedigung als den Versuch, erwartetem Unglück entgegenzuwirken und autonom über Glück zu verfügen. Ein Ziel, das aber nicht nur dem Willen subjektiver Wünsche, sondern auch dem Widerstand einer objektiven Realität unterliegt, die uns zwingt, auf die Bedürfnisse anderer Rücksicht zu nehmen. Das Glück rückt dadurch erneut in das Zentrum des Spannungsfeldes zwischen Innen und Außen.

Dieser Konflikt entsteht schon mit der Trennung von Subjekt und Objekt und macht es möglich, wechselseitige Beziehungen zur Umwelt zu erkennen und einzugehen. Nun können solche neuen Beziehungsformen zunehmend bewußter entfaltet und als Beziehungen zwischen Ich und Du gestaltet werden; selbst wenn alle unlustvollen Wahrnehmungen, dem frühkindlichen Verschmelzungsmuster entsprechend, von dem Bewußtsein zunächst noch als „böse" abgespalten bleiben. Ein „gutes" Objekt und ein „gutes" Selbst, denen, kindlichem Wunschdenken zufolge, nur idealisierte Eigenschaften innewohnen, beginnen wechselseitig miteinander zu fühlen, zu wollen und zu handeln. Und obwohl der Mensch nach immer mehr Vollkommenheit strebt und schrittweise Autonomie hinzugewinnt, wird hier unübersehbar, daß Glück kein Besitz sein kann, der einem einzelnen zufällt, weil die Erhöhung von Lustbefriedigung allein ebensowenig wie Erfolg und die Erhöhung eigener Vollkommenheit zu Glücksgefühlen, sondern eher zu Gefühlen von Sicherheit und Triumph führen. Glück, wie wir es definieren, geschieht dagegen in der Beziehung von Menschen, die sich wechselseitig lieben und geliebt fühlen; und damit solches Glück wechselseitig teilbar und mitteilbar werden kann, muß der Mensch lernen, sich in den anderen einzufühlen und einfühlbar sich ihm verständlich zu machen. Erst die Entwicklung von Empathie und Sprache ermöglichen den Schritt vom egoistischen zum altruistischen, vom unteilbaren zum teilbaren und zum sozial erneut „mitteilbaren" Glück.

„Ein idealistisches Konzept, das existentiell unglaubwürdig bleibt", mögen Skeptiker einwenden. Sie haben recht, weil die Aggressionsneigung des Menschen die Beständigkeit solcher Ideale durchbricht. Denn sobald sich die Idealobjekte „Eltern" als nicht nur befriedigend und gut, sondern auch als versagend und böse erweisen, wird ihre Idealisierung in Frage gestellt, und das Kind antwortet mit Enttäuschung und Wut. Um aber das eigene Selbst und seine Liebesobjekte, und damit wiederum das Glück, vor unnötiger Zerstörung zu bewahren, muß jetzt alles aufgeboten werden, was das Böse zu verstehen und einzudämmen vermag. Die im Laufe der Reifung funktionsfähiger werdende psychische Organisation des Kindes, sein „Ich", versucht, diese Aufgabe erneut mit Hilfe der Verinnerlichungen zu bewältigen: Indem es begreifen lernt, daß es selber keineswegs nur ideale, sondern ebenfalls böse Wesenszüge in sich trägt, vermag es, die Idealisierungen sowohl an den Objekten als auch an seinem Selbst schrittweise aufzugeben und realitätsgerechterer Einschätzung näherzubringen. An die Stelle seiner frühkindlichen Größenphantasien tritt allmählich ein kritisches „Ich“, welches die Unterscheidungsfähigkeit zwischen sich und den anderen unterstützt und in Rivalität zu anderen die Grenzen eigener Aggression zu wahren beginnt. Gebote und Verbote der Eltern und der Umwelt werden auf diese Weise verinnerlicht und schlagen sich als eine psychische Instanz nieder, die man das Gewissen oder psychoanalytisch das „Über-Ich“ nennt. Aggressive Entladungen in Rivalitätsbeziehungen vermögen daher Lust- oder Triumphgefühle zu erzeugen, sie machen jedoch nicht glücklich. Wer den Forderungen seines Über-Ich zuwiderhandelt, was oft genug geschieht, fühlt sich schuldig und eher unglücklich. Ihm schlägt das Gewissen, heißt es im Volksmund.

In seiner fast schwermütigen Einstellung zum Leben hat Freud die Frage nach dem Glück zum Schluß sehr pessimistisch nur als ein „verlorenes“ Glück beantwortet: „Daß der Mensch glücklich sei, ist im Plan der ‚Schöpfung‘ nicht enthalten.“ Doch die weiteren Entwicklungen menschlichen Seelenlebens, die auch diesseits der Kindheit zur Identität, zur Generativität und zur möglichen Kreativität des Erwachsenenalters führen, lassen immer wieder erkennen, daß Glück ein existentiell zwar fortwährend bedrohtes, aber zu verwirklichendes Ziel darstellt. Es entsteht überall dort, wo es dem Menschen gelingt, sich einen alten und unbewußten Wunsch im Einklang mit seinen Idealen, seinem Über-Ich und seiner Wirklichkeit innerhalb seiner zwischenmenschlichen Beziehungen zu erfüllen. „Sein, was man geworden ist, und wissen, daß man einmal nicht mehr sein wird“, wie Erikson sagt, steht dann am Ende eines Lebensweges, der das Glück nicht in der Verleugnung von Unglück gesucht hat, sondern die Fähigkeit, glücklich zu sein, gerade in der Fähigkeit fand, Unglück zu sehen, zu verhindern und notfalls zu ertragen. Zur Fähigkeit, glücklich zu sein, bedarf es des Mutes zum Unglück, damit die Aggressionsneigung des Menschen, die unglücklich macht, wo sie zerstört, schöpferisch tätig überwunden werden kann.

Dieter Ohlmeier

Gruppe

Wie wollen wir das Thema „Gruppe" in Kürze und Prägnanz behandeln? Aus wissenschaftlichem Blickwinkel gesehen, ist es an einem Kreuzungspunkt verschiedener Disziplinen angesiedelt und erstreckt sich in die Bereiche der Sozialpsychologie, der Gesellschaftstheorie und der Psychoanalyse. Eine Synthese der Probleme und Ergebnisse aus diesen verschiedenen Wissenschaften liegt bisher nur in ersten Ansätzen vor. Und hiermit streifen wir bereits ein emotionales Problem, brisant und umkämpft: Das Konzept der Gruppe und die damit verbundenen sozialwissenschaftlichen, psychotherapeutischen oder auch gesellschaftsverändernden Strategien ist mit hohen Erwartungen, Konflikten und nicht zuletzt unbewußt motivierten Abwehrhaltungen gesättigt. Die Orientierung erscheint erschwert, scheint einer Dschungeldurchquerung konfrontiert.

Grenzen wir also das Thema von vornherein ein: Hier soll in erster Linie der psychoanalytische Standpunkt vertreten werden. Dadurch werden wir *erstens* auf die Bedeutung der Gruppe für die Entwicklung der seelischen Struktur und auf die sogenannte „innere Gruppe", die jeder Mensch von Kindheit an im Zuge seiner seelischen Entwicklung in sich errichtet, hingelenkt. *Zweitens* müssen wir uns mit der Behandlung seelischer Störungen im Rahmen einer therapeutischen Gruppe beschäftigen, also mit der analytischen Gruppenpsychotherapie. Und *drittens* stellt sich die Frage, wie das Thema „Gruppe" in die moderne Situation der Psychoanalyse eingepaßt ist, welche Probleme und Schwierigkeiten im Verständnis und Selbstverständnis der Psychoanalyse sich hier auftun.

Beginnen wir gleich mit dem letzten Punkt. Der Psychoanalytiker sieht sich in heutiger Zeit einer gewandelten „psychoanalytischen Szene" konfrontiert. Man erwartet von ihm die Analyse und Behandlung gestörter Kommunikationssysteme und nicht mehr ausschließlich die Beschränkung auf ein relativ abgegrenztes, abgrenzbares Individuum, wie es in der Anfangszeit der Psychoanalyse durchweg geschah. Die heutigen Klienten des Psychoanalytikers verstehen sich vielfach von Anfang an als Glieder eines sozialen Zusammenhangs, eines Kommunikationssystems (wie der Familie, der Berufsgruppe oder des Arbeitsteams, aber auch der gesellschaftlichen Struktur) und beziehen, wie der Gießener Psychoanalytiker Horst Eberhard Richter formulierte, „ihr psychisches Leiden unmittelbar auf die Struktur und Dynamik dieses sozialen Zusammenhangs". Dieses neuartige Selbsterleben, dem die Psychoanalyse zur Zeit ihrer Entstehung um die Jahrhundertwende kaum begegnet war, sucht weniger eine therapeutische Zweierbeziehung, sondern eher die Gruppe als Behandlungsrahmen. Die Einführung der Gruppe als eines neuartigen therapeutischen Instrumentes markiert denn auch, um nochmals mit Richter zu sprechen, als „Hoffnung auf einen neuen Weg, sich selbst und andere zu befreien", einen historischen Wendepunkt in der Entwicklung der Psychotherapie.

Ein pathetisches Wort, ein großer Anspruch! Die Einbeziehung des Gruppen-Aspekts beim Verständnis seelischen Krankseins und seiner Behandlung ist ein notwendiger Fortschritt, eine folgerichtige Ausweitung psychoanalytischen Theoretisierens und Handelns angesichts der heutigen psychosozialen Situation vieler, ja wohl der meisten Menschen: der zunehmenden Vereinsamung des sich isoliert fühlenden Individuums in einer weitgehend entindividualisierten, dem privaten Handeln und der persönlichen Identität abholden Massengesellschaft. Aber wir müssen uns auch einer Gefahr bewußt sein, die die heutige „Gruppeneuphorie" in sich trägt: Es ist der Wunsch nach Leben und Erleben in Gruppen, der die Besinnung auf das individuelle Selbst, die eigene Existenz lärmend überspielt und einer Flucht aus der so unsicheren, so unverläßlichen eigenständigen Identität gleichkommt. So gesehen, wendet sich der Ruf nach der Gruppe geradewegs gegen die Psychoanalyse, die in Theorie und Praxis vor allem Reflexion und Selbsterkenntnis, ein Mehr an persönlicher Selbstbestimmung und damit an Freiheit zum Ziel hat – nicht aber ein Überspielen, ein Agieren seelischer und sozialer Nöte, wie es sich in gewissen modischen, unkritischen Anwendungen von Gruppenkonzepten erweist. Der Vorwurf gegen die Psychoanalyse als eine „isolationistische“, elitäre und abkapselnde Denkweise und Behandlungsmethode, der Drang nach Gruppenanwendungen um jeden Preis und mit dem Ziel unkritischen gemeinsamen Handelns und „Sich-gegenseitig-Mut-Machens“ tragen den Charakter eines oder *des* modernen Widerstandes gegen die Psychoanalyse.

Andererseits hat ja gerade die Psychoanalyse, im Unterschied zu anderen Wissenschaften vom Menschen, von Anfang an ganz konsequent die Nicht-Isoliertheit des einzelnen, seine enge Verflechtung mit nahen Beziehungspersonen erforscht und verfochten. Hier sehen wir das eigentlich Revolutionäre an der Psychoanalyse. Diese Wissenschaft hat von Anfang an kollektives Unbehagen provoziert, indem sie das menschliche Verhalten als „systematisch gebrochenes“, das heißt von mannigfachen zwischenmenschlichen Interaktionen geprägt und abhängig, erkannte. Damit fügte sie dem bürgerlichen Selbstverständnis, Herr in den Grenzen des eigenen Hauses zu sein, eine tiefe Kränkung zu. „Die Individualpsychologie ist von Anfang an auch gleichzeitig Sozialpsychologie“, schrieb Sigmund Freud, und er betonte, daß im Seelenleben des einzelnen ganz regelmäßig „der Andere“ als Vorbild, als Objekt, als Helfer und als Gegner enthalten ist – nicht nur in der Form der aktuellen Begegnung mit anderen Menschen, sondern auf dem Weg der Internalisierung, bei der prägende zwischenmenschliche Beziehungen in die Persönlichkeit gleichsam eingebaut werden und zu typischen Reaktionsformen in Gruppen und anderen mitmenschlichen Interaktionen führen.

Diese Einsichten führten allerdings in der praktischen Anwendung der Psychoanalyse, also in der Behandlung, zunächst kaum zu gezielten behandlungstechnischen Erweiterungen. Der Hauptakzent liegt auch heute noch auf der klassischen Zweiersituation von Patient und Analytiker. So gerät die Anwendung psychoanalytischer Techniken auf Gruppen eventuell in den Ruch, daß psychoanalytische Grundbedingungen aufgegeben oder zu wenig beachtet würden. Hier offenbaren sich möglicherweise gewisse Identitätsängste, mit denen Psychoanalytiker auch heute noch — oder gerade heute, bei fortschreitender öffentlicher Anerkennung der Psychoanalyse, bei wachsenden sozialen und therapeutischen Forderungen nach Psychoanalyse in der modernen Gesellschaft — zu kämpfen haben. Aus derartigen Gründen mag auch ein Zögern konsequenter Theoriebildung über Fragen der psychoanalytischen Gruppenbehandlung resultieren, wie wir es immer noch antreffen können und das den britischen Psychoanalytiker Michael Balint noch 1970 zu der zugleich resignierenden und stimulierenden Frage veranlaßte, wer es denn eigentlich sein solle, der sich andere, „nicht-klassische“ und doch psychoanalytische Psychotherapien ausdenken muß — ob man diese Aufgabe den „wilden“, nicht ordnungsgemäß ausgebildeten Analytikern, den Eklektikern oder gar den Gesundbetern überlassen solle?

Es tut also not, daß auch die Psychoanalytiker selbst sich des legitimen Platzes von Gruppeneinflüssen in der Persönlichkeitsentwicklung und in der Behandlung seelischer Störungen bewußt bleiben und sich nicht durch modische und unkritische Forderungen nach Gruppenleben und Gruppentherapie um jeden Preis gleichsam verprellen und in eine isolierte Position treiben lassen, die der heutigen psychosozialen Situation, aber auch dem Entwicklungsstand der psychoanalytischen Wissenschaft nicht gerecht wird.

Wenden wir uns nun der psychoanalytischen Gruppentheorie, so unvollständig und einseitig sie bis heute noch sein mag, zu. Der Mensch tritt gleich bei der Geburt in eine Gruppensituation ein: in die Familiengruppe, die sogenannte „primäre Gruppe“, in der er aufwächst und die ersten und wichtigsten Schritte seiner seelischen Entwicklung durchmacht. Die Familiengruppe ist in ihrer Bedeutung für die psychische Entwicklung gar nicht hoch genug einzuschätzen. Die Persönlichkeitsentstehung ist in erster Linie als ein Sozialisationsprozeß des Kindes zu verstehen. Er erstreckt sich nicht nur auf die Übertragung geltender, das heißt von den Mitgliedern der betreffenden Gesellschaft, in die die Familie eingebettet ist, geteilter Techniken, Meinungen und Werte, die das soziale Verhalten der Gesellschaftsangehörigen bestimmen. Vielmehr bildet dieser Sozialisationsprozeß in erster Linie Wahrnehmungseinstellungen gegenüber anderen Menschen, Kontaktfähigkeit, persönlichkeitsspezifische Gefühlsqualitäten, Denk- und Handlungsstile — um nur einige wichtige Funktionen zu nennen — heraus. Und hierbei handelt es sich um die im engeren Sinne seelischen Qualitäten und Mechanismen eines Menschen.

Diese Schritte der psychischen Entwicklung vollziehen sich also in der Familie oder in dem familienähnlichen Verband, worin ein Kind aufwächst. Die Familie kann als eine Gruppe im psychoanalytischen Sinne aufgefaßt werden. Sie gehorcht somit bestimmten Gesetzmäßigkeiten, die sich vor allem in gemeinsamen, von allen Familien- und das heißt Gruppenmitgliedern geteilten unbewußten Wünschen und Phantasien, in gemeinsamen Denkweisen, gemeinsamen Handlungsimpulsen und Verhaltensmustern und auch in der Entwicklung gemeinsamer, gruppenspezifischer Abwehrhaltungen — im innerseelischen Bereich und im äußeren Verhalten — zeigen. Andererseits stellt eine Gruppe, und damit auch die primäre Familiengruppe, für das einzelne Mitglied einen Zuwachs an Sicherheit, Aufgehobenheit und gemeinsamem Selbstbewußtsein dar — jedenfalls im idealen Falle und beim Fehlen grober Störungen der Gruppenstruktur. Wir bezeichnen die Familiengruppe als „primäre Gruppe", weil sie dem Menschen jene Grundmuster des zwischenmenschlichen Verhaltens und der Interaktionsfähigkeit — und zwar einschließlich ihrer Störungen und Anfälligkeiten — vermittelt, die später für sein Verhalten und Erleben in sekundären, außerfamilialen Gruppen bestimmend sind.

Bereits der Beginn des menschlichen Lebens ist in eine Gruppensituation eingebettet: Bei seiner Geburt verfügt der Mensch über biologische Wachstumskräfte, über Triebe und vitale Bedürfnisse — jedoch nicht über eine vorgezeichnete, quasi automatisierte Ausrichtung für deren Entwicklung. Hierzu bedarf er der Menschen — oder sollen wir sagen: hierbei ist er den Menschen ausgeliefert? —, mit denen er von Geburt an in Berührung kommt, in Interaktion steht. Die Mutter nimmt die erste und wichtigste Stelle ein. Nach der Geburt befindet sich der Säugling sofort in einer Gruppenbeziehung: einer Zweiergruppe mit der Mutter. Die Mutter-Kind-Gruppe ist das erste „soziale Feld" und auch die erste Gruppenstruktur, und sie hat eine eminente Bedeutung für die seelische Entwicklung, für psychisches Kranksein oder Gedeihen. Aber diese Zweiergruppe ist auch von Anfang an abhängig von der gesamten Familiengruppe, sie ist abhängig von der Beziehung des Vaters zur Mutter und zu seinem und ihrem gemeinsamen Kind, aber auch von der Existenz und Einstellung der Geschwister, der Großeltern und anderer naher Beziehungspersonen.

Das Vertrauen in die Beständigkeit mitmenschlicher Zuwendung, das Gefühl der Sicherheit, die ein Mensch in seiner eigenen Existenz, aber auch anderen gegenüber in sich trägt, resultieren aus dieser frühen Phase der primären Familiengruppenvorgänge. Eine wesentliche Voraussetzung hierzu ist zwar einerseits die Fähigkeit der Mutter, vom Säugling verschieden, eigenständig zu sein — sie muß aber auch gleich sein können mit dem Säugling: sie muß in der Lage sein, wie ein sehr junges Kind fühlen zu können, ohne sich aber der „Erwachsenenwelt" dauernd zu entfremden. Zeitweise muß die Mutter also seelisch „zurückgreifen" können auf sehr frühe Gefühls- und Bewußtseinszustände, ja säuglingshafte psychische Zustände, um sich auf dieser frühen seelischen Entwicklungsstufe mit dem Säugling „eins fühlen" zu können. Diese seelische Regression der Mutter bringt den direkten Zugang zum Kind; die zeitweise gemeinsame Regression ist lebenswichtig für das Kind, das nicht nur körperlich, sondern auch psychisch an der Mutter wachsen soll und durch die Introjektion, das heißt die seelische „Einverleibung" der Mutterfigur die ersten Beziehungen zu anderen Menschen, zur Welt der anderen entwickelt.

Wir haben die Gruppenfunktion der Familie und ihre Bedeutung für Persönlichkeitsentwicklung und Kontaktverhalten des späteren Erwachsenen im wesentlichen am Beispiel der Mutter-Kind-Beziehung und ihrer Einbettung in die primäre Gruppe diskutiert. Nimmt man das Kind, das sich in der und durch die Familiengruppe entwickelt, zum Bezugspunkt, so sind für seine späteren Entwicklungsstufen ebenfalls charakteristische Gruppensituationen und typische Störungsformen zu nennen, die in seine Persönlichkeitsstruktur eingehen. So ist das Phänomen des Ödipus-Konfliktes ein Gruppenmodell schlechthin: die enge, leidenschaftliche, sexuell-erotisch getönte Zuwendung des Kindes zum gegengeschlechtlichen Elternteil, begleitet von Haß und Rivalität in Richtung der gleichgeschlechtlichen Elternfigur, welche aber wiederum, um die Konflikthaftigkeit und Brisanz noch deutlicher zu machen, von einer Identifikation, von einem unbedingten Gleich-sein-Wollen begleitet ist — diese beim drei- bis fünfjährigen Kinde in unserer Gesellschaft regelmäßig vorkommende stürmische Entwicklungsphase ist die erste „Aktionsszene", die in einem Gruppenrahmen dem Kinde und auch den Eltern Gelegenheit gibt, die intensiven Interaktionen von Liebe und Sexualität, von Rivalität und Identifizierung zu erfahren.

Seelische Entfremdung der Eltern, Spaltungen und „Doppelbödigkeiten“ innerhalb der primären Gruppe werden sich dem Kinde von Anfang an mitteilen und seine psychische Entwicklung bestimmen. Schwerere familiäre Gruppenkonflikte greifen störend in die seelische Entwicklung des Kindes ein und können die Entstehung der Persönlichkeitsstruktur frühzeitig in pathologische Bahnen lenken. Denn wir erwähnten bereits: die primäre Gruppe wird gleichsam „verinnerlicht“, sie wird internalisiert. So fließt eine spezifische Gruppenkonstellation in die Persönlichkeitsstruktur ein; im Seelenleben wird eine „innere Gruppenstruktur“ aufgerichtet. Es kommt zu einer Verinnerlichung, zu einer Internalisierung der Familie als eines Gruppen-Systems. Diese internalisierte Gruppe oder innere Gruppe bestimmt ganz entscheidend das Verhältnis zu anderen Menschen, vor allem auch zu Gruppierungen, zu sekundären Gruppen.

Diese verinnerlichten Gruppenstrukturen des Menschen sind es nun, auf denen die therapeutische Anwendung einer Gruppe, also die analytische Gruppenpsychotherapie, beruht. Die psychoanalytische Gruppe ist zunächst eine sekundäre Gruppe, die aus einer Reihe von Menschen — im allgemeinen sechs bis acht — zusammengesetzt ist, die wegen psychischer Störungen eine Behandlung aufsuchen. Sie stammen aus verschiedenen Familiengruppen, partizipieren an verschiedenartigen sekundären Gruppen in Ehe, Beruf, gesellschaftlicher Situation, besitzen eine jeweils individuelle Persönlichkeitsstruktur mit internalisierten Gruppeneigenschaften. In der Behandlungssituation wird nun diese zunächst sehr unterschiedlich und uneinheitlich zusammengesetzte Gruppierung in eine primäre Gruppe, die in ihrem Gefühlsleben, ihren Erlebnisweisen und in ihren Konflikten entsprechenden Vorgängen in der Familiengruppe sich annähert, übergeführt. Wie kann das geschehen?

Die psychoanalytische Behandlungsgruppe wird als ein Ganzes aufgefaßt, als ein einheitlicher Organismus, der „mehr“ ist als die Summe seiner Teilnehmer. Die Gruppe als Ganzes tritt zu dem behandelnden Therapeuten in Beziehung. Der Therapeut faßt die Äußerungen der einzelnen Teilnehmer — Angst, Aggressivität, Rivalität, Depression, mannigfache Wünsche und selbstauferlegte Verbote und Beschränkungen — als Kundgabe der gesamten Gruppe auf. Der einzelne wird als Sprecher oder Repräsentant von Empfindungen und Problemen verstanden, die die gesamte Gruppe betreffen — so als ob er den unausgesprochenen Auftrag der übrigen Teilnehmer erhalten habe, ein bestimmtes Problem in Worte zu fassen, zur Darstellung zu bringen. Gewiß wird der einzelne Sprecher von individuellen Erlebnissen und Schicksalen geleitet; aber es zeigt sich, daß das individuelle Schicksal immer auch eine überindividuelle Dimension hat. Denken wir an die primäre Familiengruppe: hier vollziehen sich „Grundmuster" gemeinsamer Interaktion, typische Gruppenkonflikte — so wie der Ödipus-Konflikt mit seiner Thematik von Liebe, Haß und Rivalität oder die frühe Mutter-Kind-Beziehung mit ihrer Möglichkeit des Vertrauens- und Geborgenheitskonfliktes, der Gefahr von Ungeborgenheit und Depression. Zu einem Wiederaufleben, einer Wiederholung dieser grundlegenden, überindividuellen Konflikt- und Beziehungsmuster kommt es in der therapeutischen Gruppe.

Es ist die Person des Therapeuten, an der sich Erleben und Erkennen, Wiederbelebung und Bearbeitung dieser Gruppenkonflikte vollziehen; die Übertragungsbeziehung der Gruppe zum Therapeuten wird, der klassischen psychoanalytischen Behandlungssituation entsprechend, zum Darstellungs- und Erlebnisfeld — oder sollen wir sagen: zur Bühne? — dieser Auseinandersetzungen.

Hierbei kommt es bei den Gruppenteilnehmern zu einer Regression, einem innerseelischen Zurückgreifen auf frühere psychische Entwicklungsstadien, eben die der primären Familiengruppenvorgänge. Die oft verfestigte Persönlichkeitshaltung des einzelnen Teilnehmers erfährt eine Auflockerung, ja eine zeitweise Suspendierung: die individuelle Persönlichkeit wird mit dem Eintritt in den therapeutischen Gruppenprozeß — zumindest teilweise und zeitweilig — durch eine kollektive, eine „Gruppenpersönlichkeit" abgelöst. Wie in einer primären Familiengruppe werden gemeinsame Gruppenkonflikte wieder lebendig und aktiv, werden im Hier und Jetzt der Gruppensituation erneut durchgespielt — nun aber Schritt für Schritt durch die Deutungen und Erklärungen, die der Therapeut gibt, dem Bewußtsein zugänglicher, ihres Angstcharakters entkleidet, ihrer Unsagbarkeit und konfliktbedingten Verdrängung entrissen. Das „Ensemble" der inneren Gruppe jedes einzelnen soll auf dem Wege der Teilnahme an dem gemeinsamen Gruppenvorgang, durch eine Wiederholung früherer Gruppenkonflikte im Zuge einer erwünschten und therapeutisch notwendigen „Regression im Dienste der Gruppe" günstiger und konfliktfreier strukturiert, ausbalanciert werden. Zur Schlüsselfigur wird dabei der Therapeut: an ihm vollzieht die Gruppe die entwicklungsmäßig frühen Auseinandersetzungen mit der Geborgenheit und Schutz gebenden Mutter, aber auch die Ängste vor dem Verlassenwerden und vor Hilflosigkeit, vor Depression und hoffnungsloser Verzweiflung. In der Auseinandersetzung mit dem Therapeuten erlebt die Gruppe die Atmosphäre von Auflehnung und Unterwerfung angesichts von Moral, Vorschriften, Regeln und Gesetzen; wiederbelebt werden familiäre Wertsysteme, ihre Akzeptation oder der Kampf dagegen, aber auch die Schwierigkeiten, die sich aus gesellschaftlichen und sozialen Zwängen für eine Familie ergeben haben mögen. In der therapeutischen Gruppe kommt es zu Aggressionen und Auflehnung gegen den Therapeuten, der während des Behandlungsverlaufes stets auch in die Rolle des verbietenden oder strafenden Richters, Polizisten oder Lehrers kommt – Gruppenphantasien über den Therapeuten, die im Zuge der Auseinandersetzung mit Moral und Gewissen, mit der Lust am ungezügelten Aggressivsein und totaler Rebellion regelmäßig aufkommen. Und wie in der ödipalen Familiengruppensituation werden Liebe, Haß und Rivalität, aber auch der Wunsch nach Gleichsein mit dem Therapeuten, nach Einnahme seines Platzes und nach seiner Vertreibung aus der Gruppe wieder wach.

Das gemeinsame Zurückgreifen auf frühe und früheste seelische Entwicklungsstadien und ihre typischen Konflikte, die gemeinsame Regression ist regelmäßig in psychoanalytischen Gruppenbehandlungen anzutreffen. Bei der Einstellung des Therapeuten auf die Gruppe als einen einheitlichen Organismus, als ein Ganzes, wird also versucht, den Gruppeneigenschaften der Persönlichkeit gerecht zu werden, so wie sie in der Gruppensituation zur Wiederholung, zur aktuellen Darstellung und zum frischen Erleben kommen. Die therapeutische Arbeit in einem Gruppenkollektiv – die in der Regel ein- bis zweimal pro Woche für je 100 Minuten und insgesamt über einen recht langen Zeitraum bis zu zwei oder drei Jahren durchgeführt wird – führt wiederum zu einer Besserung der seelischen Befindlichkeit des einzelnen Teilnehmers.

Im Durchlaufen typischer kollektiver Konfliktsituationen im Hier und Jetzt der Gruppe und in der Auseinandersetzung mit dem Therapeuten wird eine „Nacharbeit" jener aus der Kinderzeit stammenden überindividuellen Konflikte, die in die Persönlichkeitsstruktur eingegangen sind, möglich. So durchläuft die therapeutische Gruppe verschiedene Stadien: sie durchschreitet relativ undifferenzierte Kommunikationsmuster bis hin zu differenzierten Verhaltens- und Erlebnisweisen reiferer Art. Gegen Ende einer gelungenen psychoanalytischen Gruppe zeigt sich eine wachsende Souveränität im Umgang mit Konfliktängsten, eine verstärkte Reife und Unabhängigkeit im Umgang mit dem Gruppentherapeuten, eine offene, von unbewußt motivierten Ängsten freiere Kommunikation. In der Schlußphase der Behandlung tritt auch die „Regression im Dienste der Gruppe“ zugunsten des einzelnen wieder zurück, eine neue Konturierung der Einzelpersönlichkeiten wird deutlich.

Damit enden unsere Überlegungen zum Thema „Gruppe“, und der Rückblick zeigt viele, allzu viele Vereinfachungen, Voreiligkeiten und vor allem Einseitigkeit. Seien wir deswegen aber nicht zu pessimistisch und halten wir den kurzen Streifzug durch das Gebiet der Gruppe nicht für nutzlos. Vereinfachungen lassen uns, angesichts der Unsicherheit, der übermäßigen Wünsche und des hektischen Agierens auf dem Gruppensektor, eine einigermaßen klare Linie stetig einhalten. Voreiligkeiten sind ergänzbar und reversibel, vor allem aber führen sie uns zu den dringend benötigten wissenschaftlichen und behandlungstechnischen Modellvorstellungen. Einseitigkeit schließlich ist eine Tugend: wenn sie nämlich der konsequenten Weiterentwicklung und modernen Orientierung einer Wissenschaft dient. Gerade die Psychoanalyse zieht ihre Stärke und Wirksamkeit aus ihrer Einseitigkeit, auch in der Anwendung ihrer Theorie und Praxis auf Gruppen, unabhängig von Euphorie und unerfüllbaren Ansprüchen.

Ulrich Ehebald
Identifizierung

Der Begriff der Identifizierung hat in der Psychoanalyse eine zentrale Bedeutung, denn er beschreibt einen Vorgang, der zur Persönlichkeits-Entwicklung entscheidend beiträgt. An den Schicksalen der frühesten und der späteren Identifizierungen läßt sich die innere Geschichte des Menschen ablesen. Die identifikatorischen Vorgänge besonders der Kindheit, die unbewußt ablaufen, können auch als eine frühe Form der Liebe bezeichnet werden.

Die primäre Identifikation

Beim Säugling läßt sich Identifizierung in ihrer primitivsten Art beschreiben. Die Psychoanalyse spricht von symbiotischer Einheit von Mutter und Kind. Der Säugling stillt seinen Hunger durch Trinken der Muttermilch. Im Augenblick des Stillaktes wird die mütterliche Milch gierig eingesaugt, als warm und süß empfunden. Brust, Milch und gierig saugender Mund, sich füllender Säuglingsmagen sind eine Einheit. Nach Sättigung erlischt diese Symbiose. Könnte der Säugling sprechen, würde er zweifellos zu seiner Mutter sagen: Ich habe dich zum Fressen lieb! Diese Art zu lieben wird als einverleibende Identifikation beschrieben. Die gebieterischen Triebe von Hunger und Sattwerden sind die Regulative dieser frühen Liebe.

Im zweiten Stadium der primären Identifikation mit der Mutter treten automatisch einsetzende, aber weiterhin von Lust und Unlust gesteuerte seelische Mechanismen wie Projektion und Introjektion auf, an die sich differenziertere negative und positive Gefühle, die einerseits mit Haß, andererseits mit Liebe etwas zu tun haben, heften werden: Der hungrige Säugling ist offenbar imstande, die eigenen Unlustgefühle zusammen mit der versagenden Mutterbrust bildhaft als etwas Böses, Gefährliches nach außen zu projizieren, während der Stillakt selbst als Einverleibung, Introjektion einer guten spendenden Mutterbrust phantasiert werden dürfte. Wir können diese Verhältnisse bei gesunden Säuglingen nur erschließen. Die Beobachtung kleiner Kinder läßt gelegentlich den Mechanismus der Identifikation durch phantasierte Einverleibung deutlich werden. Freud berichtet von einem Kind, „das unglücklich über den Verlust eines Kätzchens war, frischweg erklärte, es sei jetzt selbst Kätzchen, dementsprechend auf allen vieren kroch, nicht am Tisch essen wollte“ usw.

Ein Kind spielt mit seiner Psychotherapeutin: „Laß uns so tun, als seiest du am Angeln und als sei ich der Fisch.“ Es spielt den Fisch, der nach der Angel schnappt, und phantasiert diesen Fisch, der am Körper der Therapeutin heraufgleitet und ihn zur Gänze verschlingt. Dann spuckt der Fisch den Körper wieder aus, und das Spiel beginnt von neuem.

Ein an Magenbeschwerden leidender Patient, der in pathologischer Weise an seine Mutter gebunden ist, ist nach der Geburt seines Sohnes depressiv geworden. Er erträgt es schlecht, daß das Kind, das noch gestillt wird, die Liebe seiner Frau auf sich zieht. Wieder einmal hat der Patient, nachdem er dem Stillakt zugesehen hat, Magenbeschwerden bekommen. Er träumt daraufhin, daß er seinen kleinen Sohn brät und verspeist. Wir erraten unschwer: im kannibalischen Akt drückt sich der unbewußte Wunsch aus, den kleinen Rivalen zu verzehren und sich identifikatorisch an seine Stelle zu setzen, um so in den Genuß der in der eigenen Kindheit so schmerzlich entbehrten Beziehung zur Mutter zu kommen.

Die Berichte über primitive Völkerstämme, die auf kannibalistischer Stufe stehengeblieben sind, zeigen diese einverleibende Art identifikatorischer Liebe, die freilich ihre Probleme haben kann, wenn sie in Handlung umgesetzt wird. Lakonisch bemerkt Freud: Der Kannibale hat seine Feinde zum Fressen lieb, und er frißt die nicht, die er nicht irgendwie liebhaben kann.

Jüngst schilderte ein im Fernsehen gezeigter persischer Film „Die Kuh" eindrucksvoll die Entstehung einer primitiven Identifikation durch totale seelische Einverleibung. Einem armen Bauern wird seine einzige Kuh, die allein sein Überleben sichert und deren liebevolle Pflege sein ganzer Daseinsinhalt ist, gestohlen. Der Film zeigt von Szene zu Szene deutlicher, wie dieser Bauer, sich mit seiner Kuh identifizierend, anfängt, wie eine Kuh wiederzukäuen, schließlich seine Sprache verlierend, immer kuhhafter wird und am Ende von den entsetzten Bauern, einer Kuh gleich, in ein Hospital verbracht werden soll. Auf dem Wege dorthin reißt er sich von seinen Fesseln los, stürzt in eine Schlucht und verendet wie ein Tier.

Wir lernen: Diese frühen Identifikations-Mechanismen können für die seelische Stabilität gefährlich werden. Werden sie beim Erwachsenen unter dem Druck massiver seelischer Belastungen auf regressivem Wege wiederbelebt, so können krankhafte Zustände entstehen. Unser persischer Bauer war zweifellos an einer Psychose erkrankt.

Wir halten fest: Von primärer Identifizierung kann man nur in der frühesten Phase des Lebens sprechen, in der es eine Persönlichkeit, ein Ich noch nicht gibt. Primäre Identifikation hat mit einer Ich-Leistung nichts zu tun, sie bezeichnet lediglich einen Zustand. Wir wollen uns ferner dies merken: Der etwas ältere Säugling vermag alles, was Lust bereitet, als Lust in sich selbst zu bemerken und alles, was Unlust bringt, als schlecht nach außen zu verlegen, zu projizieren. Wir können neben Gefühlen archaischer Liebe auch Gefühle archaischen Hasses bemerken.

Die sekundären Identifikationen

Während für den Säugling Außenwelt noch nicht existiert, beginnt das Kind mit Ende des ersten Lebensjahres die Realität als etwas außerhalb seiner selbst Befindliches wahrzunehmen und sich mit ihr auseinanderzusetzen.

Zunächst andeutungsweise, aber dann immer unübersehbarer werden eigentliche Ich-Aktivitäten, vor allem Nachahmung, beim Kleinstkind beobachtbar. Wir sprechen von Identifizierung mit der Gestik der Mutter und messen diesem Vorgang hervorragende Bedeutung für die Lernprozesse des Kindes bei.

Übrigens: nicht nur das Kind ahmt die Erwachsenen nach, sondern Eltern ahmen instinktiv ständig Gesten und Worte des Kleinkindes nach, wenn sie sich mit ihm beschäftigen. René Spitz spricht von einer „Regression der Eltern im Interesse des Kindes" und meint, daß diese „elterlichen Identifikationen auf archaischer Ebene eine Brücke bilden, über die das Kind durch Umkehrung des Prozesses die Identifikation mit den Eltern vollziehen kann".

Diese „echoartigen Spiegelungen der Gestik des Erwachsenen", die schon im dritten und vierten Lebensvierteljahr beobachtet werden, haben einen mächtigen Einfluß auf die allmähliche Entfaltung der kindlichen Persönlichkeit. Das Kind beginnt langsam aktiv diese spielerisch erlernte Imitationsgestik in den Dienst von Handlungen und Spielen zu stellen, auch wenn es allein ist.

Erst in diesem Augenblick können wir von eigentlicher, das heißt aktiver Identifikation sprechen: Das Kind hat Handlungen, die es nachgeahmt hat, seinem Gedächtnis eingeprägt und kann sie spontan wiederholen. Erste frühe Formen von Erinnerung werden verfügbar, und wir beobachten Ansätze von eigentlichen Ich-Aktivitäten.

Ein weiterer Schritt

In zunehmendem Maße erfährt das Kind jetzt nicht nur spielerische Befriedigung seiner Bedürfnisse, sondern in diesem Alter beginnen Gebote und Verbote seitens der Erzieher eine immer größere Rolle zu spielen. Das Kind befindet sich im Krabbelalter und beginnt seine Umwelt durch Betasten und Begreifen immer aktiver zu erforschen, um sich ihrer zu bemächtigen. Durch diese rasch zunehmende enorme Verstärkung motorischer Aktivitäten wird aber gleichzeitig die ständige Wachsamkeit und Besorgnis der Mutter gesteigert und findet ihren Ausdruck in einer erheblichen Zunahme zwar liebevoller, aber eindeutig versagender, verbietender Gesten und Worte.

So wird das Kind immer deutlicher von der geliebten Mutter in seinem impulsiven Bewegungs- und Eroberungsdrang vorsichtig, aber konsequent mit einem Verbot konfrontiert. Dieses Verbot wird sich in einem Schütteln des Kopfes, einem Drohen des Fingers, einem Wegnehmen eines Gegenstandes aus der Reichweite des Kindes oder einem klar gesprochen: Nein, das darfst du nicht!, vielleicht sogar gelegentlich in einem liebevoll verbietenden Klaps äußern.

Das Kind muß lernen, sich mit diesen Verboten, die seine lebhaften, drängenden Bedürfnisse einschränken, auseinanderzusetzen. Natürlich wird das ständig wiederholte „Nein" in ihm eine Gefühlsstimmung des Etwas-nicht-erreicht-Habens, also einer Niederlage, hervorrufen. Diese frühe Versagung verschafft dem Nein des Erwachsenen im Gedächtnis des Kindes eine dauerhafte negative Gefühlstönung. Andererseits verstärkt die Versagung die aktiven, aggressiven triebhaften Impulse, die nun immerfort mit der Erinnerung: Nein, das darfst du nicht! zusammenstoßen.

So gerät das Kind gegen Ende des ersten Lebensjahres in einen heftigen Konflikt, der immer dynamischer wird und das gesamte zweite Lebensjahr begleitet. In dieser Zeit ist das wichtigste Hilfsmittel, das schließlich zur Konfliktbewältigung führt, die Identifikation.

Dem kleinen eineinhalbjährigen Georg ist mehrfach untersagt worden, die Bücher in der Bibliothek des Vaters aus dem Bücherbord herauszuziehen. Eines Tages beobachtet die Mutter, wie Georg wieselartig flink auf allen vieren auf die Bücher zukrabbelt, fluggs sein Ärmchen ausstreckt, plötzlich innehält, den Kopf schüttelt, „nein, nein!" sagt und das Ärmchen sinken läßt.

Die eindreivierteljährige Sabine sitzt eine Weile auf ihrem Töpfchen, hat aber offenbar keine Lust, etwas zu produzieren. Nach einiger Zeit steht sie auf, schlägt sich selbst auf den Po und sagt: „Pitschi, papitschi!" Sie setzt sich dann wieder hin und wiederholt den gleichen Vorgang einige Male. Kurze Zeit später produziert sie ihr Würstchen unter erheblichem, lustvollem Kraftaufwand. Sie betrachtet alsdann wohlgefällig das vollbrachte Werk, um am Ende plötzlich mit deutlicher Ekelgebärde zu sagen: „Bägs, bägs!"

Jede Mutter wird über solche Beobachtungen berichten können. Sigmund Freud hierüber 1931: „Es ist leicht zu beobachten, daß auf jedem Gebiet des seelischen Erlebens ein passiv empfangener Eindruck beim Kind die Tendenz zu einer aktiven Reaktion hervorruft. Es versucht, das selbst zu machen, was vorhin mit ihm gemacht worden ist. Es ist ein Stück Bewältigungsarbeit an der Außenwelt, die ihm auferlegt ist." Diese

Arbeit wird auf identifikatorischem Wege geleistet. Georg identifiziert sich mit dem „Nein“ der Mutter offensichtlich ohne Vorbehalt.

Sabine lehnt sich in einer Vorform von Trotz gegen ein bereits verinnerlichtes Gebot spielerisch auf und produziert nicht das, was sie soll. Plötzlich jedoch identifiziert auch sie sich mit dem mütterlichen Gebot in Wort und Gebärde. Wenig später beobachten wir das Kind, voller Lust sich dem Defäkationsakt widmend. Dann jedoch wendet sich Sabine mit den Worten „bägs, bägs“, welches die Worte der Mutter waren, wenn sie früher in die Windeln gemacht hatte, vom vollbrachten Werk ab. In eindrucksvoller Deutlichkeit führt uns dieses Kind, wie in einem Rollenspiel, den Wechsel der Identifikation vor Augen: einmal volle Identifikation mit dem lustvoll besetzten eigenen Körper, sodann gänzliche Identifikation mit der Mutter. Die Identifikation mit dem eigenen Körper befriedigt primitiv-triebhafte Bedürfnisse, während in der Identifikation mit der Mutter sich eine Ich-Aktivität zeigt, die durchaus auch mit Befriedigung einhergeht, aber auf höherer Ebene als deutlicher Ausdruck einer kommunikativen Anpassungsleistung. Sabine zeigt: der Mutter zuliebe oder deutlicher: weil die Mutterliebe so gut tut, bin ich wie die Mutter und wende mich wie diese mit ihren Worten von meinem prachtvollen Kothaufen ab.

„Das Kind ... übernimmt die Rolle der Mutter ... und spielt Mutter und Kind mit seinem eigenen Körper“ (Anna Freud). Ich schilderte hier zwei typische Beispiele dessen, was ich Identifizierung mit dem versagenden, geliebten Objekt nennen möchte. Spitz hierüber: „Unsere Beobachtungen an Kindern im Alter des Einsetzens der Identifikation zeigen, daß ein unbedingter Drang besteht, sich, koste es was es wolle, mit dem Liebesobjekt zu identifizieren.“ Spätestens hier wird deutlich, welch ungeheure erzieherische Verantwortung vornehmlich in dieser frühen Zeit auf den erziehenden Personen liegt.

Mit der Übernahme der Nein-Geste auf dem Wege der Identifikation leiht sich das Kind gleichsam vom Liebesobjekt Mutter Kraft, den archaischen Anspruch seiner Triebbedürfnisse zu ordnen. So wird im Kind erstmals ein Denkvorgang erzeugt, durch den eine Umwandlung seelischer Energie auf breiter Front in Gang gesetzt wird. Indem das Kind die Mutter nachahmt, wird es fähig, sich all das selbst zu beschaffen, was ihm früher die Mutter verschafft hatte. Identifizierung bietet so größere Unabhängigkeit von der Mutter. Mit dieser neu errungenen Autonomie kann die Trotzphase einsetzen.

Wir halten fest: Diese Autonomie wird zwar auf dem Wege über die Identifikation erreicht. Aber der entscheidende Fortschritt in der Persönlichkeitsentwicklung liegt darin, daß das Kind in der Lage ist, durch einen im Ich stattfindenden Denkvorgang zur Verarbeitung dieser Identifikation in sich selber zu gelangen und in Zukunft damit zu operieren.

Spitz betont energisch: „Diese Abstraktion ist niemals ein Identifikations-Vorgang, es ist eine selbständige Errungenschaft der synthetischen Aktivität des Ichs ... Die Erwerbung des ‚Nein' ist der Indikator für die neu erreichte Stufe der Autonomie, für die Wahrnehmung des ‚Anderen' und die Gewahrung des ‚Selbst'. Es bezeichnet den Beginn einer Neustrukturierung der Denkvorgänge auf einer höheren, komplexeren Ebene. Es gibt den Anstoß zu einer ausgedehnten Ich-Entwicklung, in deren Rahmen die Vorherrschaft des Realitätsprinzips über das Lustprinzip immer ausgeprägter wird."

Während sich die früheste Kindheit auszeichnet durch den Hunger nach Liebesbezeugungen, der durch Einverleibung gestillt wird, zeichnet sich dieser entscheidende Fortschritt, der durch die denkende Bearbeitung der Identifikation im Kinde zustande kommt, dadurch aus, daß es gleichzeitig Liebesfähigkeit entwickelt. Das Kind kann den Eltern zuliebe einen Triebverzicht leisten. Einem andern zuliebe auf etwas zu verzichten, das ist das Fundament der Liebe. Damit steigen die zwischenmenschlichen Beziehungen von der Stufe der Triebbefriedigung zur Stufe sozialer Beziehungen auf.

Spitz schließt sein Buch „Nein und Ja" mit dem lapidaren Satz: „Das ist der Weg zur eigentlichen Menschwerdung des Menschen."

Trotzphase

Die Bearbeitung ständiger weiterer Identifizierungs-Vorgänge und Persönlichkeitswachstum gehen von nun an Hand in Hand. Wir sagen, die Trotzphase beginnt, und meinen damit, daß das Kind, das auf dem Wege der Identifikation gelernt hat, das mütterliche Nein zu seinem eigenen Nein zu machen, jetzt nicht nur in der Lage ist, das Nein der Mutter zuliebe gegen einen eigenen Triebanspruch zu wenden, sondern es kann auch gegen einen Wunsch der Mutter sagen: Nein, ich will nicht! Damit beginnt sich im Ich, da die Gebote der Mutter keineswegs vergessen, sondern im Gedächtnis aufbewahrt werden, gerade wenn das Kind trotzt, ein Bereich abzusondern, den wir später als Gewissen bezeichnen werden. Ein solcher Keim von Gewissensbildung war schon bei Sabine zu beobachten. Ein Beispiel (nach Hans Zulliger) zeigt den Vorgang deutlicher:

Der zweijährige Thomas steht vor einem Spalierbaum halbreifer Kirschen. Das eine Händchen streckt es begehrlich nach vorne, mit dem anderen schlägt er darauf und knurrt: „Böses Händchen, schlimmes Händchen, mußt Schläge haben!" Schließlich geht der Kleine weg, ohne Früchte abgerissen zu haben. Dem beobachtenden Lehrer erzählt die Mutter später: „Ich habe Thomas, der immer Kirschen abriß, als sie noch grün waren, mit den gleichen Worten auf die Händchen geschlagen."

Wir beobachten von Georg über Sabine bis zu Thomas eine deutliche Veränderung: Georg ist noch fasziniert von der auf dem Wege der Identifikation mit der Mutter erworbenen Funktionslust seines Ich. Mit seinem ersten Nein gelingt es ihm triumphal, einen Triebimpuls zu beherrschen. Sabine ist im deutlichen Zwiespalt: Soll ich, soll ich nicht? Mal identifiziert sie sich lustvoll mit ihrem körperlichen Bedürfnis, mal spielt sie gegen diese Bedürfnisse „kleine Mutter". Ihr Ich weiß noch nicht, wo es vor Anker gehen soll. Schließlich weist ihr die identifikatorische Liebe zur Mutter den Weg: mit ihrer Abscheugebärde hat sie die analen Triebimpulse beherrschen gelernt. Wir beobachten bei ihr Anfänge der Gewissensbildung. Thomas zeigt sehr deutlich ein Gewissen, das uns freilich noch nicht recht integriert erscheinen will. Er hat es noch nötig, sich die Worte der Mutter selbst vorzusprechen. Der andere Ausgang des Konfliktes, daß er trotzig gegen die Stimme des Gewissens, das wie eine Art Fremdkörper noch die Stimme der Mutter ist, handelt und Kirschen abreißt, ist durchaus denkbar.

Wir lernen: Die frühe Form identifikatorischen Liebens bekommt im Trotzalter einen zwiespältigen Aspekt: das Kind fühlt sich zu seiner Entscheidung aufgerufen, sich für oder gegen einen Triebimpuls zu verhalten. Die Kunst der Erziehung in dieser Zeit liegt darin, dem Kind die notwendigen Versagungen so anzubieten, daß sie identifikatorisch angenommen werden können, aber daß auch gelegentlich dagegen getrotzt werden kann. Gesunder Trotz stärkt das Ich. Erik Erikson sagt über das kindliche Ich dieser Zeit: „‚Ich bin, was ich will!' Die Eltern müssen es ertragen lernen, daß ihr Kind einmal ihre

Liebe will, das anderemal das Verbotene trotzig tut, um die Stärke seines Willens — und natürlich auch die Liebe der Eltern — auf die Probe zu stellen."

Die ödipale Zeit

Der Trotzphase folgend bringt die nächste Entwicklungs-Phase erneut massive Konflikte. Das Kind, das normalerweise beide Eltern gleichermaßen liebt, wird in diesen Jahren wahrnehmen, daß es in der Liebe zum gegengeschlechtlichen Elternteil einen überlegenen, erwachsenen Rivalen vorfindet; der Bub den Vater, das Mädchen die Mutter. So wird die Liebe zum gleichgeschlechtlichen Elternteil durch Gefühle von Rivalität, Neid, Unterlegenheit, gelegentlichem Haß getrübt und gerät in eine gefährliche Krise. Der Gefühlskonflikt, den ich eben beschrieb, ist unter dem Namen ödipaler Konflikt längst bekannt.

Das gesunde Kind löst diesen Konflikt, indem es ein gebieterisches Bedürfnis nach Identifikation mit dem gleichgeschlechtlichen Elternteil entwickelt. Der Bub möchte so werden wie der Vater, das Mädchen so wie die Mutter. Dieser identifikatorische Schub hilft den Kindern, unlösbare Triebkonflikte dieser Jahre zu überwinden. Er läßt die Dimension der Zukunft in der menschlichen Persönlichkeit entstehen: Ich möchte so werden wie —. Aber auch die Dimension der Vergangenheit beginnt ihre Kraft zu entfalten mit einem inneren Gefühlsakzent der Sehnsucht nach einem verlorenen Paradies, in dem die Eltern noch ungebrochen von widersprüchlichen Gefühlen geliebt werden konnten — so möchte unsere Phantasie die Erinnerung an jene Frühwelt aufbewahrt wissen.

Latenzzeit

Die Lernprozesse der frühen Kindheit sind abgeschlossen. Das Ich hat Ungeheures geleistet. Es hat durch Triebaufschub und -verzicht auf der einen, Realitäts-Bewältigung auf der anderen Seite gelernt. Es ist gereift durch Anverwandlung der angebotenen Identifikationen. Es ist besonders dieser innere Prozeß der Anverwandlung, der in den nächsten Jahren voranschreitet und dem Ich hilft, sich selbst zu finden, sein eigenes Wesen zu entdecken. Ich habe versucht, das Wort Anverwandlung der Identifikationen durch ein besseres zu ersetzen, aber

„Integrationsfähigkeit" oder „normative Kraft des Ich" schienen mir weniger tauglich, diese einzigartige Leistung des Menschen, er selbst zu werden, zu kennzeichnen. Beispiele illustrieren den Vorgang besser.

Zulliger läßt Schulkinder über das Thema „Gewissen und innere Stimme" Aufsätze schreiben.

Wir hören vom zehnjährigen Robert: „Wenn ich etwas Schlechtes anstellen will, dann höre ich die innere Stimme. Sonst höre ich sie nicht... Es ist so, als wenn ich Vaters Stimme hörte. Sie klingt gleich wie seine. Und wenn er auch da wäre, würde er auch sagen: Nimm dich in acht!"

Honoré Daumier erzählt über seine Kindheit: „Lange Zeit habe ich die innere Stimme meines Gewissens nicht von der Stimme meines Lehrers unterschieden. Auch glaubte ich, wenn mein Gewissen zu mir sprach, ihn vor mir zu sehen in schwarzem Gewande, mit schulmeisterlicher Miene und einer Brille auf der Nase!"

Solche Zeugnisse geben weitere Kunde vom Schicksal der Identifikationen, die nunmehr entscheidend zur Gewissensbildung beitragen. Uns dünkt freilich, als sei hier die Gewissensbildung unter zu starkem erzieherischem Druck erfolgt. Hier wirkt Identifikation noch immer wie ein Fremdkörper im Ich.

Die vielen Identifikationen, die nicht das Gewissen, sondern das Ich selbst bereichern, sollen nur kurz gestreift werden. Wir alle hören von unseren Kindern in dieser Zeit, daß sie Kapitän werden wollen oder Robinson usw. Diese Identifikationen zeigen die lebendige Bemühung, eine eigene Persönlichkeit zu werden, um sich so vom Vater und der Mutter langsam abzulösen. Der kleine Stephan bewältigt auf ideale Weise das Problem; er will Koch im Speisewagen werden. So kann er sich mit dem reiselustigen Vater und mit der vorzüglich kochenden Mutter gleichzeitig identifizieren, aber auch sich von ihnen entfernen.

Die sechzehnjährige Susanne kann uns ihre Identifikations-Vorgänge schon reifer schildern: „Die innere Stimme ist keine eigentliche Stimme, die man hört. Man könnte höchstens sagen, man sage etwas zu sich selber. In Wirklichkeit hat man ein Gefühl für das, was Recht und was Unrecht ist. Mit der ‚Stimme' ist gar nicht eine Stimme gemeint, sondern eine Art Abstimmung. Ich kann darüber abstimmen, was ich machen will, ob das Gute oder das Schlechte. Aber ob etwas gut oder schlecht ist, das muß ich selber wissen. Manchmal weiß man es gar nicht so sicher."

Schicksale mißglückter Identifikation

Unsere Patienten geben uns Kunde von mißglückten Anverwandlungen identifikatorischer Prozesse. Das neurotische Ich wird gleichsam in eine Identifikation hineingesogen, wird Beute einer Über-Identifikation (Erikson), die ihre Wurzeln immer in der fehlerhaften Identifikation mit neurotisch gestörten Eltern hat.

Dr. N. ist Jurist. Er empfindet gegen jugendliche Delinquenten mit langen Haaren, Süchtige, Gammler, eine besondere Abneigung und neigt hier zu harten Strafen. „Die Typen, die nicht arbeiten, auf Kosten anderer leben — das ist mir eine schöne Einstellung! Diese Nassauer-Tour — das bringt mich in Wut!"

In der psychoanalytischen Behandlung, die wegen einer Zwangsneurose notwendig war, stellt sich folgendes heraus: Der Vater war früher Offizier. Er fiel im Kriege, als N. zwei Jahre alt war. Die Mutter hatte Mühe, die fünf Kinder zu erziehen. Oft wird die Strenge des Vaters von ihr beschworen: „Wenn euer Vater noch lebte, dann wäret ihr nicht so frech!" N. erinnert sich: „Im Wohnzimmer hing sein Bild in voller Uniform mit Orden. Ein strammer Krieger, der streng auf uns herabsah. Wenn ich allein war, hab' ich als Kind häufig das Bild abgenommen und habe ihm dicht in die Augen gesehen und habe gefragt: Wer bist du? — Ich wollte ihn ergründen."

Wir erkennen das verzweifelte Bemühen des Buben, vom Bild des toten Vaters eine Antwort zu erhalten: „Wer bist du, damit ich weiß, wer ich bin." Der Bub erhielt keine Antwort, und die Erziehung der Mutter prügelte ihn in die Über-Identifikation mit einem strengen Vater hinein. Die verdrängten Ich-Anteile kamen erst im Verlaufe der Analyse heraus. N. fällt auf, daß er ganz „instinktiv", wenn irgendwo der Film Easy Rider gespielt wird, ihn sich ansieht. (Für meine Leser, die den Film nicht kennen: Zwei jugendliche Gammler durchschweifen auf prachtvollen Motorrädern die Vereinigten Staaten, leben in den Tag hinein vom Handel mit Haschisch. Schließlich werden sie von neidischen Law and Order-Bürgern ermordet.) N. hat diesen Film wohl zehnmal gesehen und sagt darüber in der Analyse: „Diese Typen, die lasse ich stellvertretend für mich durch die Welt ziehen. Ich bin nun einmal aufgrund meines Alters dazu nicht mehr in der Lage. Und ich habe ja eine bürgerliche Position." Doch dann erinnert sich N. weiter: „Im Alter von 5—6 Jahren war ich Anführer einer Bande Gleichaltriger, die in Trümmergrundstücken reichlich Schätze fanden und den Schwarzhandel des kleinen Städtchens mit vielerlei dunklen Verkäufen bereicherten. Heute wäre das eine kriminelle Existenz", bemerkt N. erschüttert.

Die Aufarbeitung dieses massiven Konfliktes führte dazu, daß N. der Strafjustiz abrupt den Rücken kehrte und lange brauchte, um dieses andere „Ich" in sich zu akzeptieren, sich anzuverwandeln. Der Gewinn dieser Erschütterung war: das Verschwinden der Zwangssymptome und eines allzustrengen Richters von der Bildfläche und ein Mensch, der fortan in besserem Einklang mit sich selbst lebte als vor der Behandlung.

Als Erwachsener war N. unter der Diktatur eines strengen Gewissens in die Rolle eines Strafrichters hinein geflohen, um sich gegenüber dem Druck heftiger verpönter Triebimpulse zu behaupten. N. war die Beute einer Über-Identifikation mit einem strengen Gewissen geworden. Die unerwünschten triebnahen Ich-Anteile wurden zum Teil tief verdrängt – der Bandenführer –, zum anderen Teil wurden sie auf dem Wege unbewußter projektiver Identifikation bei jugendlichen Delinquenten hart bestraft, andererseits aber – wiederum projektiv identifikatorisch – in immer wiederholtem, schier süchtigem Aufnehmen des Films Easy Rider auf geheime Weise „stellvertretend" befriedigt.

Ende der vierziger Jahre behandelte ich Lorenz K., der wegen heftiger Examensangst das Abitur nicht bestanden hatte. Er berichtet von einer strengen Mutter und einem schwächlichen Vater, der wegen Tuberkulose nicht zum Kriegsdienst eingezogen wurde. „Der Vater trug, wo auch immer er arbeitete, die Kapitulationsurkunde vor sich her. Schon als Kind sagte ich mir: Ich will nie sein wie der ... Oft stehe ich heute vor dem Spiegel und denke: Um Gottes willen, ich sehe ihm doch nicht ähnlich? Ich bin ganz erschüttert, daß ich mehr von ihm in mir entdecke. Hitler war in unserer Familie sehr präsent. In jedem Zimmer hing der Kerl. Meine edle, gebildete Mutter sagte in der Kristallnacht auf meine ängstliche Frage, was los sei: ‚Das sind eben Juden, die sind an allem schuld!'"

Zwölfjährig findet K. einen blonden, kräftigen, hünenhaften Klassenkameraden, den er von ferne anhimmelt, ohne nähere Bekanntschaft mit ihm zu suchen. „Ich dachte immer wie Tonio Kröger in Thomas Manns Novelle: ‚Wer so blaue Augen hätte und so in Ordnung und glücklicher Gemeinschaft mit aller Welt lebte, wie Du! ... Zu sein wie Du ...' Ich verlor mich in solchen Augenblicken ganz in ihn hinein. Befreundet war ich aber zu der Zeit mit einem mickrigen Jungen, schwarzhaarig und häßlich. Der einzige, der im Sport noch schlechter war als ich. Das war meine ganze abgelehnte Seite. Das war der Teufel; den suchte ich und haßte ich gleichzeitig."

Zur gleichen Zeit entwickelte Lorenz, wenn er in der Eisenbahn zur Schule fuhr, eine Phantasie: „Ich bin Hitler und fahre durch die besetzten Gebiete." Lorenz hatte hochfliegende Pläne, er scheiterte bereits im Abitur.

Wir entdecken unschwer: Lorenz mußte sich projektiv mit einem „Heldenideal", das von den Forderungen der Mutter gebildet war, identifizieren und mußte die negative Identifizierung mit seinem Vater, der von der Mutter verachtet wurde, in sich selbst verdrängen. Er mußte in der Pubertätszeit in einem zwiespältigen Zustand den Teufel, in sich selbst und in anderen, bekämpfen, indem er Hitler spielte. Er sagte in der Behandlung einmal: „Ich hasse meinen Nächsten wie mich selbst."

Wir müssen feststellen: Unbewußte projektive Identifikation ist ein neurotischer Abwehrmechanismus, der zwar dem einzelnen zur Konfliktabwehr dienen kann, es ist aber ein besonders gefährlicher Abwehrmechanismus, weil hier andere mit in das Abwehrgeschehen hereingezogen werden können.

Wie oft haben wir Psychotherapeuten in der „vaterlosen Gesellschaft" es gerade mit den Folgen fehlerhafter Identifizierung hinsichtlich der männlichen Rolle zu tun! Unseren beiden Patienten fehlte ein starker gesunder Vater, und die fehlerhafte Erziehung der verzweifelten Mütter trieb beide in die neurotische Fehlidentifikation.

Jugendliche brauchen starke Vorbilder, mit denen sie sich identifizieren können, um sich selbst zu finden. Heute haben wir es häufig mit den Folgen eines zu laschen erzieherischen Stiles zu tun. Stichwort: antiautoritäre Erziehung. Ich teile die These des Analytiker-Ehepaares Lowenfeld, daß viele „moderne Eltern" ihre Kinder erzieherisch im Stich lassen. Sie passen sich oft ängstlich an ihre Kinder an, statt ihnen Vorbild zu sein. Ein Ich aber auf diese Weise allein gelassen, durch identifikatorische Angebote nicht gestärkt, kann kein zuverlässiges Gewissen bilden. Diese Kinder können die Aufgabe der Triebkontrolle und der Sublimierung nicht leisten.

„Viele Jugendliche fühlen sich von den Eltern betrogen, ohne bewußt zu wissen, was ihnen vorenthalten wurde. Die Idealfiguren, die sie sich suchen, repräsentieren ihre seelischen Bedürfnisse: man könnte sagen, daß sie, enttäuscht von dem schwachen Vater, sich nach einem starken sehnen. Deshalb identifizieren sie sich mit den Männern wie Che Guevara, Mao Tse-tung und Ho tchi Minh, die gleichzeitig die kindlich-sadistischen Phantasien befriedigen" (Lowenfeld). Unter dem Schutz solcher Ideal-Identifikationen wird die Gesellschaft personifiziert und mit negativen Projektionen versehen. Auf diesem Wege können unbewußte, infantile sadistische Triebimpulse nur allzuleicht in extremen Aktionen befriedigt werden.

Ob unser Richter Jugendliche haßt, ob ein ganzes Volk schrie: Die Juden sind an allem schuld!, ob Extremisten heute schreien: Schlagt die Kapitalisten tot! – hinter all diesen Haltungen steckt die bewußte Identifikation mit scheinbar geläuterten Idealen und die unbewußte Macht der in den vermeintlichen Gegner hineinprojizierten eigenen negativen nicht bewältigten Identifikationen. Nie wurde grausamer gemordet und gefoltert als im Namen von Ideologien. Massenweise werden die Schwachen gleichsam eingesaugt von einem kollektiven mit puristischer Ideologie durchtränkten Gewissen, mit dem sie sich total identifizieren, während die „Andersgläubigen" unbewußt mit den eigenen sadistischen Phantasien projektiv identifiziert werden. Auf dem Wege dieser gefährlichen Projektion wird der Gegner alles Menschlichen entkleidet, damit er nur besser gehaßt werden kann (Manés Sperber). Hier werden jene archaischen frühen Projektionen wieder lebendig, die wir im Absatz über die primäre Identifikation beschrieben haben.

Innerseelische Tragödien, die den einzelnen zur Beute von Überidentifikationen werden lassen, können so, besonders wenn noch dazu geschickte Verführer – meist selbst längst ähnlich in ihrer Persönlichkeit korrumpiert – sich dieser Menschen bemächtigen, zu jenen grauenhaften Exzessen führen, wie wir sie zum Beispiel in jeder Revolution beobachten können. Ob nun gemordet wird im Namen der Inquisition, im Namen der kommunistischen Weltrevolution oder nationalistischer Ideologien wie in Chile: immer zeichnen sich diese Morde durch rücksichtslose Grausamkeit und durch das Fehlen jeglichen schlechten Gewissens bei den Massenmördern aus. Wir haben das vor uns, was wir eine „faschistische Persönlichkeit" nennen können. Deren Bewußtsein ist gekennzeichnet durch das Gefühl innerer Leere gegenüber einem terroristischen Gewissen: „Du bist nichts, deine Ideologie ist alles! Töte alle, die nicht deines Glaubens sind!" Die projektive unbewußte Identifikation mit dem Gemordeten zwingt diese Persönlichkeiten immer wieder zu morden. Sie können ihr „reines Gewissen" nur aufrechterhalten, wenn sie sich umgeben fühlen von KZ und den toten Opfern, an denen sich ihr unbewußter Sadismus, an dem sie im Grunde so leiden, ausgetobt hat.

Als Carlo Schmid Ben Gurion das letzte Mal vor dessen Tode in seinem Kibbuz besuchte, erhielt dieser einen Telefonanruf und sagte: Carlo, eben hat mich der Polizeichef von Jerusalem angerufen. Sie haben zwei Diebe geschnappt, und beide waren Juden! Endlich werden wir normal!" Damit wollte Ben Gurion sagen, daß bis dahin nur die Palästinenser mit allem Schlechten, Verbrecherischen von der Polizei identifiziert wurden. Eine gefährliche, pathologische Projektion!

Ich möchte zum Schluß an das sechzehnjährige Mädchen Susanne erinnern. Sie zeigt uns, wie wir uns einen Menschen vorstellen müssen, dem es gelungen sein dürfte, die Identifikationen seiner Kindheit und Jugendzeit sich anzuverwandeln und eine stabile Identität zu finden.

Gewiß nimmt auch der Erwachsene ständig neue Identifizierungen vor, die ihm jedoch im Gegensatz zur Kindheit und Jugendzeit bewußt sind oder doch bewußt sein sollten. Ein gesunder Erwachsener sollte in der Lage sein, elastisch die für die Bereicherung des eigenen Erfahrungsschatzes wichtigen Identifizierungen einzugehen, um sie zu der ihm eigenen Synthese zu verarbeiten. Diese Fähigkeit, die sich bis ins hohe Alter – sofern sie ständig geübt wird – erhalten kann, kennzeichnet die Reife einer Persönlichkeit. Wir können vielleicht von Weisheit sprechen, wenn wir damit nicht narzißtische olympische Entrücktheit meinen, sondern die ständige Bereitschaft, im Wissen um die eigenen Möglichkeiten und Grenzen sich immer wieder auf das Wagnis neuer Identifizierungen und die dadurch gegebenen Möglichkeiten des Verstehens anderer und die Korrektur des eigenen Wesens einzulassen. So wird Identifizierung zur erkennenden Einfühlung. Im Gegensatz dazu können wir so häufig jene Erstarrung alter Menschen bemerken, die dann eintritt, wenn sie nicht mehr den Mut finden, auf dem Wege der Identifikation durch erkennende Einfühlung sich selbst in Frage zu stellen. Man kann diese Starrheit auch als geistigen Tod bezeichnen. Jedoch gilt es, immer wieder Neues zu entdecken, sich damit zu identifizieren, um so dieses Neue zu verinnerlichen und dem eigenen Wesen anzuverwandeln. So stünde vor allem beim älter werdenden Menschen die Kategorie der Elastizität gegen die der Starrheit. Die Schicksale der frühesten Kindheitsidentifikationen aber entscheiden darüber, ob es dem Menschen gelingt, bis zu seinem körperlichen Tod geistig lebendig zu bleiben oder nicht.

Margarete Mitscherlich-Nielsen
Konflikt

Damit ein Konflikt entstehen kann, bedarf es mindestens zweier Interessenrichtungen, die sich nicht leicht vereinen lassen und eine Kampfbereitschaft erzeugen. Wenn wir etwa von politischen Konflikten sprechen, zum Beispiel einem Territorialkonflikt wie augenblicklich im Nahen Osten, denken wir an hartnäckig aufrechterhaltene Konflikte zwischen nicht zum Kompromiß geneigten Gegnern. Die Bereitschaft zu einer Schlichtung schwerwiegender gegensätzlicher Interessen ist nur dann zu erreichen, wenn die Vernunft die Führung übernimmt und nicht der Sieg der eigenen Sache als einzige Lösung angesehen wird.

Die Konflikte, mit denen sich der Psychoanalytiker beschäftigt, sind anderer Art. Er denkt bei Konflikt vor allem an psychische Erfahrungen, in denen es dem Individuum nicht gelingt, gleichzeitig bestehende konträre Interessen, Bedürfnisse, Wünsche zu befriedigen. Die Konfliktgegner können zum Beispiel Anstrengungen unseres bewußten Ich (was man gemeinhin Willensanstrengung nennt) und triebhafte Impulse sein. Unsere Ich-Leistungen wie unser triebhafter Anspruch auf Befriedigung verlaufen aber teilweise unbewußt und sind dann ohne Möglichkeiten bewußter Beeinflussung. Wenn der territoriale Konflikt beim Aufwand einiger „Vernunft" schlichtbar gedacht werden kann, so trifft das für den Konflikt zwischen unbewußten seelischen Konflikten nicht zu. Dieser innerseelische Konflikt geht einerseits von den Trieben bzw. den Vorstellungen und Erfahrungen aus, die unsere Triebe im Erlebnisfeld repräsentieren; andererseits kann unser Gewissen eine feindselige Haltung gegen die Befriedigung unserer Triebwünsche einnehmen und damit einen ausgesprochen dauerhaften Konflikt begründen, der, da er vom Bewußtsein ausgeschlossen wurde, längst nach Abschluß seines aktuellen Anlasses in der Kindheit untergründig im Erwachsenen weiterschwelt. Mit Konfliktlösung durch Willensentscheid ist es hier zunächst nicht getan.

Es gibt auch Konflikte zwischen unserer kritischen rationalen Einsicht in die Entstehungsgeschichte unserer „Weltanschauung" mit ihren Wertvorstellungen und den trotz vernünftiger Kritik nicht zum Schweigen zu bringenden Reaktionen aggressiver Art, wenn diese Werte angegriffen werden. So wie wir überhaupt bestimmte Verhaltensweisen nicht zu ändern vermögen, obwohl unsere Vernunft ihre Unzweckmäßigkeit und Irrationalität längst erkannt hat. In der Sprache der Psychoanalyse wären das Konflikte zwischen unserem (kritischen, bewußten) Ich und dem „Es": dem Bereich der von Anfang an unbewußten seelischen Inhalte oder unbewußt gewordenen Spannungszustände.

Damit sind einleitend Merkmale des Konfliktes beschrieben: Es geht um den Widerstreit von Interessen; je ausgewogener das Kräfteverhältnis der Mächte ist, die den Konflikt beschwören, desto wahrscheinlicher ist es, daß dieser Konflikt lange anhalten und – ob es nun ein Rüstungs- oder ein Ich-Über-Ich-Es-Konflikt ist – viel Energie verschlucken wird. Wobei jede Seite behaupten wird, sofern sie sich ihrer Bedürfnisse überhaupt bewußt geworden ist, ihre Anstrengungen seien defensiv. Zu diesem Konfliktverständnis gehört, daß man sich vom Gegenspieler bedroht fühlt, ihn als Feind empfindet, der einen überwältigen kann und vor dem man Angst haben muß. Sieg oder Niederlage – nicht Kompromiß oder Synthese – stellen dann in unserer Erwartung zunächst den Ausgang eines Konfliktes dar.

Ob seine Lösung gelingt oder mißlingt, hängt von der Distanzierung zu dieser Haltung ab. Das gilt sowohl für den äußeren wie für den inneren Konflikt. Wie weit eine Kompromißbereitschaft in den Fragen der Triebbefriedigung oder des Territorialkampfes besteht, bei der beide Teile sich in den „Gegner“ einfühlen können, hängt von der Fähigkeit unseres Ich ab, dem Realitätsprinzip und nicht allein dem Lustprinzip zu folgen, oder – von einer anderen Sicht her gesehen – von der Fähigkeit, die eigene Realitätsvorstellung, das eigene Bedürfnis nicht rücksichtslos auf Kosten anderer Realitäten und Bedürfnisse durchsetzen zu wollen. Besteht hier eine relative Einschränkung des kritischen Ich, das mit Allmachtsvorstellungen nicht fertig werden kann, oder – im Bereich des innerpsychischen Konfliktes – negieren die Bedürfnisse der einen Instanz diejenigen der anderen, dann ist meist der weiterführende Kompromiß, der zu einer fruchtbaren Synthese unterschiedlicher Interessen führen kann, verspielt und statt dessen ein Zusammenbruch – realer oder neurotischer Art – nicht ferne.

Wenn wir an den Krieg Hitlers denken oder an ein privates Wahnsystem – aber auch an viele Tabus und die fraglosen Werte jeder Kultur –, dann wird versucht, das Individuum dahin zu beeinflussen, daß es manche Konflikte gar nicht als solche erlebt; es verleugnet konflikthafte Zustände und nimmt viele Forderungen als selbstverständlich hin. Entsprechend hat sich auch manches Individuum seinen verinnerlichten Moralvorstellungen, seinem Über-Ich zu beugen gelernt, seine Triebbedürfnisse, Wünsche, Vorstellungen entsprechend unterdrückt und den Konflikt zwischen den gegensätzlichen Strebungen verdrängt oder verleugnet.

Bei der Betrachtung äußerer und innerer Konflikte entdeckt man, daß diese Unterscheidung zutreffend und unzutreffend zugleich ist. Auch unser Verhalten in der äußeren konfliktträchtigen sozialen Welt wird nicht nur von außen, sondern auch mehr oder weniger stark von unserer inneren Konfliktlage mitbestimmt. In ihren bewußten Anteilen werden beide – äußerer und innerer Konflikt, also der Konflikt zwischen Strebungen in uns – durch das zur selbstkritischen Wahrnehmung befähigte Ich mit beeinflußt. In beiden Fällen werden Konflikte, die in einer Niederlage enden, zum Beispiel im Wettkampf einer beruflichen Konkurrenz oder in der Befolgung eines Gebotes, das unser Über-Ich errichtet hat, als Schwäche, vielleicht als Erniedrigung erlebt.

In jeder Neurose, so meinte schon Freud, wendet der Kranke sich von seiner äußeren Wirklichkeit ab, weil er sie ganz oder teilweise unerträglich findet. Ähnlich berichtete auch der Psychoanalytiker Otto Fenichel, daß im Zweiten Weltkrieg mit seinen Massenverfolgungen und Bombardierungen großer Städte schizophrene Zusammenbrüche von kurzer Dauer weit häufiger zu sehen waren als im Ersten Weltkrieg. Sobald die Verhältnisse sich besserten, konnte der Kontakt mit der Wirklichkeit wieder hergestellt werden. In dem Essay „Die kulturelle Sexualmoral und die moderne Nervosität" (S. Freud, Ges.W. VII, Seite 143–167) klagte Freud die Gesellschaft seiner Zeit an, durch eine übermäßige Unterdrückung der Sexualität neurotische Entwicklungen gefördert zu haben und Ursache der gängigen Heuchelei zu sein, die in der doppelten Moral ihren Ausdruck fand. Mit der gesellschaftlichen Verurteilung jeder Sexualität, die sich nicht monogam auf die Ehe beschränkte, wurden vor allem die Frauen – die gesellschaftlich vernichtet wurden, wenn sie die doppelte Moral der Männer ausleben wollten – dazu gezwungen, ihre sexuellen Gefühle einzuengen oder sie ganz und gar zu verleugnen. Die dadurch entstehende Angst vor der Wahrnehmung eigener Triebbedürfnisse führte zur generellen Einengung der Wahrnehmung und hatte eine sozial bedingte, neurotische Denkeinschränkung zur Folge, die dann bekanntlich der Frau als genuine weibliche Denkunfähigkeit angelastet wurde. Man erinnere sich an Otto Weiningers „Geschlecht und Charakter". Die konfliktschaffende Wirkung gesellschaftlicher Moralvorschriften, Werteinstellungen und deren Beteiligung an der massenhaften Verbreitung neurotischer Konflikte ist jedenfalls offensichtlich.

Mehr noch als für die bewußten Anteile eines aktuellen Konfliktes interessierte sich aber der Analytiker für die unbewußten Motive, die den Konflikt zustande brachten und ihn aufrechterhielten. Er beschäftigte sich deswegen weniger mit der Beschreibung des Konfliktes als mit seiner Dynamik. Das Gebiet, auf dem die Psychoanalyse bisher am meisten zu leisten vermochte, war die einfühlende Analyse typisch kindlicher Konflikte und ihre spätere Wirkung auf die Charakterentwicklung des Erwachsenen und seine neurotischen Symptombildungen und neurotischen Verhaltensweisen. Es zeigte sich dabei, daß das, was sich als Konflikt auslösend erweist, nicht nur vom Verhalten der Eltern, sondern auch von den Phantasien, Wünschen und Ängsten des Kindes abhängig ist. Darüber hinaus wurde klar, daß jede kindliche Entwicklungsstufe ihre spezifischen Konflikte und Ängste aufweist.

Im Zentrum der psychoanalytischen Konflikttheorie stand

seit jeher der ödipale Konflikt. Sein Inhalt ist allgemein bekannt: Ödipus – dem unbewußten Zwang des Delphischen Orakels folgend – erschlägt seinen Vater und heiratet seine Mutter. Freud nahm diese antike Tragödie als Vorbild für das, was bewußt oder unbewußt in der Phantasie jedes Menschen, der in einer Familie oder in einer familienähnlichen Gemeinschaft aufwächst, im Laufe seiner Entwicklung stattfindet. Im ödipalen Konflikt verbinden sich die Triebbedürfnisse des Kindes in besonders dramatischer Weise mit Objektbeziehungen, die einander konflikthaft gegenüberstehen. Viel hängt für den Ausgang dieses Konfliktes von der Einfühlungsfähigkeit der „Objekte", damit sind die primären Beziehungspersonen, die Eltern, gemeint, ab. Sie müssen verstehen, daß trotz aller ödipalen Feindseligkeit dem gleichgeschlechtlichen Elternteil gegenüber dieser auch geliebt und gebraucht wird und deswegen die Gleichzeitigkeit der verbotenen Liebeswünsche und Aggressionen in dem Kind Angst und Schuldgefühle erweckt. Die Verdrängung dieses angsterregenden Konfliktes kann zu seiner Verewigung führen, wodurch spätere menschliche Beziehungen auf spezifische Weise geformt und manifeste Konfliktsituationen hergestellt werden, die unlösbar zu sein scheinen. Ein manifester Konflikt wiederum, dessen latente unbewußte Ursache nicht erkannt wird, treibt den Menschen häufiger zu Extremreaktionen als ein auf die äußere Realität beschränkter, bewußter Konflikt, der oft leichter gelöst werden kann.

Die Auswirkungen solcher im Unbewußten bestehenbleibender Konfliktsituationen sollen geschildert werden. Ein erstes Beispiel: Ein junger Mann kam in die Sprechstunde und klagte über Arbeitsstörungen und Schwierigkeiten im Umgang mit Autoritäten. Immer wieder geriet er in Konflikte mit Vorgesetzten, deren Verhalten er als hierarchisch-unterdrückend, autoritär oder gar als sadistisch empfand. Er pflegte sich zuerst von ihnen einschüchtern zu lassen, dann aber, wenn seine Angst ihren Höhepunkt erreicht hatte, seine gegensätzlichen Meinungen in besonders aggressiv-defensiver Form zu äußern. Nicht selten vermochte er durch diese Ausbrüche, die recht gezielt die schwachen Seiten seiner Gegner trafen, diese auch einzuschüchtern.

Er war der einzige Sohn aus einer nicht sehr harmonischen Ehe. So lange er sich erinnern konnte, hatte er ein inniges Verhältnis zu seiner Mutter gehabt, seinen Vater immer als einen Eindringling empfunden, viel Ablehnung und Renitenz ihm gegenüber gezeigt und dessen Bestrafungsaktionen mit Haß und Angst beantwortet. Ähnliche Angst hatte er in der Schule vor seinen Mitschülern, die sich in Gruppen zusammentaten und ihn auf dem Heimweg hänselten und bedrohten. Als er sich eines Tages von ihnen eingekreist fühlte, wurde seine Angst so groß, daß er sie durch einen aggressiven Anfall abzuwehren versuchte und wütend schlagend auf seine Quäler eindrang. Der Hauptanführer bekam es mit der Angst zu tun. Seitdem ließen ihn seine Quälgeister in Ruhe.

In der Schule versagte er zunehmend, da der schwelende ödipale Konflikt ihn unbewußt so in Anspruch nahm, daß die Energie dieses ungewöhnlich begabten Jungen davon gänzlich aufgezehrt wurde. In der Pubertät verliebte er sich in eine ältere Cousine, die deutlich an seine Mutter erinnerte. Da auch sein Vater sich für diese Frau interessierte, wurde der alte Konflikt wieder aktuell. Mit Mühe und Not schaffte er das Abitur, um in der Universität sofort wieder in die gleiche Situation eines unerledigten ödipalen Konfliktes zu geraten. Er verliebte sich in die Assistentin eines Professors, die auch seine Zuneigung beantwortete, und mußte andererseits die Art des Professors so irritierend empfinden, daß er sich in dauernden konflikthaften Auseinandersetzungen mit ihm befand. Die aus der Kindheit stammenden Konflikte und die ihnen zugrundeliegenden Schuldgefühle und Ängste nahmen nach wie vor alle seine Kraft in Anspruch, so daß er unfähig war, seiner wissenschaftlichen Arbeit ungestört nachzugehen. Mit der Auflösung seiner Schuld- und Angstgefühle in einer psychoanalytischen Behandlung, das heißt mit der Erhellung der ursprünglichen kindlichen Konfliktsituation, gelang ihm eine Verhaltensänderung, mit der er im aktuellen Konflikt die infantilen Reminiszenzen und irrationalen Ängste aus dem Spiel halten konnte.

Äußere Versagungen wirken individuell unterschiedlich. Der eine vermag Enttäuschungen seiner Liebeswünsche besser zu ertragen als solche seiner Machtbedürfnisse und Selbstwertgefühle und umgekehrt. In unserem Fall hatte der junge Mann viel weniger Probleme, die sich auf Liebesenttäuschungen bezogen, als solche, in denen er sich entmachtet und erniedrigt fühlte. Er war sich der Liebe seiner Mutter immer sicher gewesen, genauso vermochte er später immer wieder die Liebe einer Frau auf sich zu ziehen. Daß er sich für diese Bevorzugung, die er unbewußt mit den ödipalen Wünschen der Mutter gegenüber verband, selbst bestrafte, indem er in der Schule keinen Erfolg hatte und auch später auf der Universität sich nicht genügend konzentrieren konnte, war ihm völlig unbewußt.

Seine Arbeitshemmung störte aber seine Selbstwertgefühle erheblich, und sein Bedürfnis, so groß und mächtig zu werden, wie er den Vater empfunden hatte, wurde dadurch schmerzlich beeinträchtigt. Seine tatsächlichen und vermeintlichen Erniedrigungen in der Kindheit sowie der Wunsch, so groß zu sein wie der Vater, um seine Rivalen aus dem Feld schlagen zu können, hatten seine Macht- und Rachebedürfnisse in den Mittelpunkt seiner Strebungen gestellt. Bei genauerer Betrachtung stellte sich jedoch heraus, daß der Vater nur dem kleinen Jungen so mächtig erschienen war, in Wirklichkeit aber auch von dem eigenen Vater wenig geachtet wurde und sich als Versager fühlte. Seine oft lieblose Art, mit dem Sohn umzugehen, war Ausdruck der Unzufriedenheit mit sich selbst und der daraus folgenden Unfähigkeit, auf die Erfolglosigkeit seines Sohnes in der Schule anders als mit Wut und gekränkter Eitelkeit zu reagieren. Das Verhalten des Vaters stammte also aus der eigenen Erniedrigung, von seiner Familie als Versager angesehen worden zu sein. Diese Familie und deren Überbewertung des Erfolges war wiederum nur ein Spiegelbild gesellschaftlicher Haltungen, deren Wertkriterien Sieg oder Niederlage, Erfolg oder Versagen waren.

Wir vertreten die Auffassung, daß nicht nur äußere Versagens- und Konfliktsituationen Anlaß für die Entwicklung innerer Konflikte sind, sondern daß auch innere Spannungen und Versagungen ihre Wirkung auf spezifische Konflikte, Ziel- und Wertvorstellungen einer Gesellschaft ausüben. Bei der Entstehung von innerer und äußerer Realität handelt es sich um ein kompliziertes feedback-System. Wir huldigen also keinem „naiven Individualismus".

Der heutige Analytiker ist sich darüber im klaren, daß Konflikte in größeren Gruppen nicht nur aus einer Summe individueller Konflikte bestehen, er weiß, in welchem Umfang Selbstgefühl, Lernfähigkeit, „Weltanschauung", kurz der Geist von der Materie, das heißt von den ökonomisch-gesellschaftlichen Bedingungen und den durch sie geschaffenen zwischenmenschlichen Beziehungsmustern abhängig ist. Er erlebt andererseits im Umgang mit seinen Patienten, deren Familien und in Gruppen, in welch vielfältiger, verschlungener Weise innere und äußere Realität miteinander verbunden sind und einander beeinflussen. Er verliert deshalb nicht seine primäre Aufgabe aus den Augen, Individuen von ihren psychoneurotischen Einengungen, ihrer Liebesunfähigkeit und ihren inneren Zwängen zu befreien. Dadurch werden aber kritische Fähigkeiten erweckt und Erkenntnisse erworben, mit deren Hilfe das, was bisher fraglos als „Realität", als „Wahrheit" von sich und anderen akzeptiert wurde, unter einem neuen Blickwinkel und mit größerer Distanz betrachtet werden kann. Bei der Erlösung aus den Fesseln der unmittelbaren sozialen Unterdrückung und Not kann der Analytiker jedoch nur Hilfsdienste leisten.

Nur wenn wir die psychische Entwicklungsgeschichte eines Konfliktes zu verfolgen lernen, gelingt es uns, herauszufinden, wann und warum eine Enttäuschung, Versagung, ein Mißverstehen die Bildung einer Neurose ausgelöst hat, was unter anderen Umständen nicht der Fall sein muß. Wir entdecken, daß äußere Versagungen erträglichen Ausmaßes vor allem dann pathogen wirken, wenn sie auf eine biographisch frühere Versagung treffen, die einen inneren Konflikt auslöste, der verdrängt, das heißt dem Bewußtsein entzogen wurde. So kann eine Liebesenttäuschung zu einer neurotischen Reaktion führen, wenn sie eine Wiederholung unerledigter verdrängter konflikthafter Situationen, etwa ödipaler Art, darstellt.

Ein zweites Beispiel: Eine Patientin kam in die Behandlung, weil sie mit der Enttäuschung, die ihr ein älterer verheirater Mann bereitet hatte, nicht fertig wurde. Sie litt seither unter Suizid-, das heißt unter Selbstmordgedanken, mit denen sie sich und andere, insbesondere den Vater, an dem sie mit besonders starken Gefühlen hing, quälte. Der ältere Geliebte hatte lange Zeit um ihre Zuneigung geworben, bevor sie auf seine Wünsche einging. Als er sich danach bald wieder von ihr zurückzog, offenbar weil die zu große Intensität ihrer Gefühle ihn erschreckte und seine Ehe gefährdete, geriet sie in eine Depression. Im Laufe der Behandlung stellte sich heraus, daß die Patientin die Ehefrau des Geliebten kannte, sich bei einer früheren Gelegenheit schwer von ihr enttäuscht fühlte und das Eingehen auf die Liebeswerbungen des Freundes auch Rachebedürfnisse dieser Frau gegenüber befriedigte. Weiter zeigte sich, daß sie ähnlich negative Gefühle der Mutter gegenüber empfand und in der Kindheit und frühen Jugend sich mehrmals vom innigst geliebten Vater heftig enttäuscht fühlte. Da die Liebe zum Vater und zum älteren Freund immer auch mit Haß- und Rachebedürfnissen der Mutter und der Ehefrau gegenüber verbunden war, geriet sie in unlösbare Konflikte zwischen Wunsch und Strafbedürfnis, zwischen Rachebedürfnissen und Selbstzerstörung. Im versuchten und angedrohten Suizid befriedigte sie beide Seiten des Konfliktes: sie rächte sich an den enttäuschenden Eltern und bestrafte sich selber zur gleichen Zeit. Diese Problematik wurde schon von Freud (S. Freud: Bruchstück einer Hysterieanalyse, Ges.W. Bd. V) 1905 in seinem berühmt gewordenen Fall „Dora" dargestellt. Sie scheint zeitlos, das heißt vom gesellschaftlichen Wandel der Beziehung zu den Eltern und zu dem anderen Geschlecht wenig beeinflußt zu sein.

Ein drittes Beispiel soll demonstrieren, daß Konflikte sich dann zu einem scheinbar unlösbaren Hin und Her verhärten können, wenn ihre unbewußten Anteile verdrängt bleiben.

Eine junge Frau kommt zur psychotherapeutischen Beratung, da sie sich in einer Situation befindet, die so unerträglich ist, daß sie an Selbstmord denkt. Nachdem sie sich vor einigen Jahren von ihrem Mann hat scheiden lassen, der im Laufe der Ehe zu trinken begann, kehrt sie immer wieder zu ihm zurück, obwohl sie weiß, daß nach kurzer Zeit das Zusammenleben wieder über ihre Kräfte geht. Er kann, so meint sie, ohne sie nicht sein, und vielleicht würde sie nie mehr so von einem Menschen gebraucht und geliebt werden wie von ihm. Bei genauerer Betrachtung wird allerdings klar, daß dieser Mann auch Beziehungen zu anderen Frauen unterhält und sie im Grunde ausnutzt. Dennoch kann sie sich von dem Gedanken nicht lösen, daß er ohne sie verloren ist und daß auch sie ohne ihn nicht leben kann. Aus dem Anfang der Beziehung zu ihrem geschiedenen Mann erfahren wir, daß sie zu ihm wie zu einem starken und schutzgebenden Vater aufgesehen hat und sie ihn eigentlich heiratete, weil sie von ihm Geborgenheit und Führung erhoffte. Ganz ähnlich, so sagt sie, sei es in der Kindheit gewesen, auch ihr Vater habe ihr diese Wünsche nicht erfüllt, er sei schwach gewesen und habe die Familie wiederholt verlassen. Unter diesen Umständen blieb ihr nichts anderes übrig, als sich an die zuverlässigere Mutter zu wenden, auch wenn sie sich oft über ihre Abhängigkeit von ihr geärgert habe.

In der Nachkriegszeit, während der Flucht aus dem Osten, wurde sie mit ihrem elf Jahre jüngeren, damals zweijährigen Bruder von der Mutter getrennt und beschwichtigte ihre extremen Verlassenheitsgefühle und Angstzustände offenbar dadurch, daß sie selber die Mutterrolle übernahm und den kleinen Bruder versorgte. Auch nach der Wiedervereinigung der Familie behielt sie diese Rolle bei und blieb weitgehend für die Betreuung des Bruders verantwortlich. Der Vater hatte beruflich keinen Erfolg, ließ sich selber gern versorgen und überließ der Mutter, für das materielle Wohl der Familie aufzukommen.

Es wurde im Laufe ihrer Erzählungen klar, daß sie sich

seit ihrer Kindheit nach einem starken und sie beschützenden väterlichen Mann sehnt, sich aber immer wieder von dem, was sie „Schicksal“ nennt, selbst in die Rolle desjenigen gedrängt fühlt, der die ganze Verantwortung übernehmen muß. Unklar bleibt ihr dabei, daß sie mit diesem Verhalten, das eine Umkehr ihrer ursprünglichen Wünsche darstellt, sich mit einer aktiv die Verantwortung übernehmenden Mutter identifiziert und auf diese Weise ihre Angst vor dem schutzlosen Ausgesetztsein zu meistern versucht. Unklar ist ihr auch, daß dies einer der Gründe ist, warum sie unfähig ist, sich von ihrem Mann zu trennen, obwohl sie untergründig weiß, daß sie die falsche Wahl getroffen hat und sich von ihm ausnutzen läßt.

Indem sie sich in der psychotherapeutischen Behandlung mit ihren konfliktbeladenen Wünschen nach einem starken Vater auseinandersetzte und erkannte, daß die Identifikation mit der versorgenden Mutter sowohl Abwehr wie Erfüllung dieser Wünsche darstellte, gelang es ihr, die Konfliktsituation, in die sie geraten war, in neuerem Licht und eher als lösbar zu betrachten. Es wurde ihr klar, daß der später als schwach erscheinende Vater ursprünglich von ihr idealisiert worden war und daß sie ihn der Mutter vorgezogen hatte, welche diese Abwendung der Tochter mit Liebesentzug beantwortete. Das wiederum machte der Patientin große Angst, denn zweifellos war die Mutter die zentrale Schutzfigur in dieser Familie und stand auch für den Vater im Mittelpunkt des Interesses. Nur mit Hilfe der Identifikation mit ihr konnte sie die Aufmerksamkeit des Vaters auf sich ziehen und in einer extremen Verlassenheitssituation ihre seelische und physische Not meistern. Unbewußt befand sie sich bei Beginn der Behandlung in einer ähnlichen Situation, obwohl, bei klarem Licht betrachtet und unter den zeitlich veränderten Umständen, der aktuelle Konflikt keineswegs eine solche extreme Verlassenheitssituation darstellte. Diesen Aspekt gewann er nur unter den von ihr unbewußt geschaffenen Voraussetzungen, daß sie dem Ehemann gegenüber die Mutter spielen mußte. In Wirklichkeit konnte dieser Mann durchaus ohne sie leben; er hatte bekanntlich verschiedentlich Beziehungen zu anderen Frauen angeknüpft. Noch schien es unmöglich, daß sie einen Partner finden konnte, der besser auf ihre berechtigten Wünsche nach mehr Schutz und Zuverlässigkeit einzugehen vermochte.

Diese Beispiele machen anschaulich, daß die Psychoanalyse eine spezifisch menschliche Konflikttheorie ist. Freud vertritt die Auffassung, daß der Konflikt mit der äußeren Realität, wie auch derjenige, der in der Psyche selber entsteht, unvermeidbar ist. Er glaubte nicht an die Möglichkeit einer Gesellschaft, in der der Mensch ohne Konflikte aufwachsen könne. Im Gegenteil, er sah den Konflikt als konstituierend auch für die normale Entwicklung an. Das hat er, wie schon erwähnt, vor allem am Ödipuskomplex und an dessen Schicksal ausgeführt, das heißt an den gelingenden oder mißlingenden Lösungsformen, zu denen sich das Individuum unter dem Einfluß heftiger kontrastierender Gefühle motiviert fühlt. Das Kind, das in dieser Phase den gleichgeschlechtlichen Elternteil eben nicht nur haßt und ihn als Rivalen beseitigen will, sondern ihn auch liebt und bewundert, löst den bedrängenden Konflikt normalerweise dadurch, daß es sich mit dem gleichgeschlechtlichen Elternteil identifiziert. Mit dieser Identifikation mit Vater oder Mutter erreicht es, daß es sich so groß und mächtig wie Vater oder Mutter fühlen und damit in der Phantasie auch den jeweilig begehrten Elternteil besitzen kann, ohne Angst vor Rache oder Liebesverlust erleiden zu müssen. Solche geglückten Identifikationen zeigen an, daß Konflikte durch Synthesen gelöst werden können, die einen Entwicklungsfortschritt einleiten.

Denn mit diesen Identifikationen, den Verinnerlichungen von Vorbildfiguren – sofern diese nicht allzu neurotisch sind – erreicht das Kind eine größere Unabhängigkeit, lernt es mit den Eltern als zwei verschiedenen Personen unterschiedliche Beziehungen aufzunehmen und zunehmend eine eigene Persönlichkeit aufzubauen. Die Zunahme der differenzierten Wahrnehmungsfähigkeit und die Fähigkeit zur Verinnerlichung von Gefühlsbeziehungen und Eigenschaften von Vorbildfiguren, die es mit dem eigenen Selbst verbinden kann, setzt das Ich des Kindes instand, seine Fremd- und Selbstwahrnehmung weiter zu entwickeln, und verstärkt seine gesunde Neugierde und seine Lust am Lernen. So kann ein Konflikt nach psychoanalytischer Auffassung je nach seinem Gewicht sowohl die Entwicklung des Individuums fördern wie auch zu einer Neurose führen.

Wie in den Konflikten der Außenwelt, in denen nicht nur die gegensätzlichen Interessen von Nationen, von Klassen oder Institutionen aufeinanderprallen, sondern auch innerhalb solcher Gruppierungen sich zahlreiche Konflikte entwickeln, so findet auch der individuelle Konflikt nicht nur zwischen dem Subjekt und der Außenwelt und nicht nur zwischen den verschiedenen psychischen Instanzen statt, er spielt sich auch im Über-Ich, im Ich und im Es selber ab. So können im Über-Ich zwei unterschiedliche moralische Forderungen einander gegenüberstehen, im Ich Identifikationen nicht übereinstimmen, unterschiedliche Rollenforderungen sich widersprechen, im Es libidinöse und aggressive Triebstrebungen einander bekriegen. Der Psychoanalytiker stößt in seinen Behandlungen immer dann auf den Widerstand seiner Patienten (die er auffordert, spontan alles zu sagen, was ihnen einfällt), wenn dadurch Erinnerungen wach zu werden drohen, die mit angsterregenden, konflikthaften Erlebnissen verbunden sind oder die im Widerspruch stehen zu dem Bild, das man sich von sich selber oder von seinen Vorbildfiguren gemacht hat. Wenn passive und aktive Bedürfnisse, männliche und weibliche Anteile des Menschen sich nicht zu einem von ihm akzeptierten Selbstbild vereinen lassen, ist das oft darauf zurückzuführen, daß das Ich und das Über-Ich als psychische Vertreter der gesellschaftlichen Rollenforderungen und Wertvorstellungen den einen oder anderen Persönlichkeitsanteil ablehnen und verurteilen. Um solche inneren und äußeren, Angst und Unlust erregenden Konflikte erst gar nicht wahrzunehmen, baut das Ich seine vielfältigen Abwehrmechanismen auf. Aus dem manifesten Konflikt wird dann oft ein latenter, der sich in Symptomen, Verhaltens- und Charakterstörungen, Strafbedürfnissen und ähnlichem äußern kann.

Am genauesten untersucht ist das neurotische Symptom, das sich im hysterischen Anfall, in hysterischen motorischen Lähmungen, dem hysterischen Zittern oder in einer Zwangsneurose, zum Beispiel einem Waschzwang, oder auch in psychosomatischen Symptomen wie Asthma, Magengeschwür usw. äußern kann. Bei all diesen Zuständen handelt es sich um die Verdrängung eines Konfliktes und dessen Ersatz mit Hilfe einer Kompromißbildung zwischen einander widersprechenden Strebungen. In einem großen hysterischen Krampfanfall zum Beispiel erinnert die coitusähnliche Körperstellung daran, daß hier sexuelle Wünsche durchbrechen. Gleichzeitig ist die Schmerzhaftigkeit und Peinlichkeit solcher Symptome dazu geeignet, auch das Strafbedürfnis des Über-Ich oder des Gewissens zu befriedigen. Kompromißbildungen solcher Art sind die Fehlleistungen, Deckerinnerungen und Träume, in denen zwei entgegengesetzte Strebungen miteinander in Konflikt liegen und sich – nach ihrer Verdrängung aus dem Bewußtsein – in diesen Kompromissen beide zur Geltung bringen. Sobald die den Symptomen zugrundeliegenden Strebungen und Konflikte bewußt werden, erfüllen sie offenbar ihre Kompromißfunktion nicht mehr. Die hysterischen Anfälle, die hysterischen motorischen Lähmungen, das hysterische Zittern sind selten geworden, seitdem die Psychoanalyse ihre Symbolik begriffen hat und dieses Wissen allmählich auch ins allgemeine Bewußtsein drang. In solchen Fällen schaffen sich die ihrem Stoff nach gleichbleibenden Konflikte einen neuen Ausdruck. Das wurde deutlich an den verschiedenartigen psychisch bedingten Symptomen der beiden letzten Weltkriege: die Kriegszitterer des Ersten Weltkrieges, die als Hysteriker „entlarvt" waren, wurden zu den Magenkranken des Zweiten Weltkrieges.

In einer Zeit unabsehbarer Veränderungen, in der wir heute leben und in der wir uns der Umwertung bisheriger Werte oft hilflos ausgesetzt sehen, müssen wir auch mit noch unbekannten inneren und äußeren Konflikten rechnen. Die Folgen, die allein aus der Tatsache entstehen, daß der Vater in unserer technisch-industrialisierten Welt mit der dadurch bedingten Arbeitsteilung in seiner beruflichen Darstellung für das Kind immer unsichtbarer und unverstehbarer geworden ist und ihm deswegen als unmittelbare Identifikationsfigur fehlt (A. Mitscherlich: Auf dem Wege zu einer vaterlosen Gesellchaft, München 1963), werden langsam immer deutlicher. Hier entsteht ein Defekt, ein Mangelzustand, der Konfliktlösungen mit Hilfe weiterführender Identifikationen erschwert.

Das vollständige Fehlen des Vaters als Identifikationsobjekt während wichtiger Perioden der kindlichen Entwicklung – wie das etwa in Kriegszeiten der Fall ist – oder sein durch Zeitmangel und Konkurrenzdenken verursachtes Desinteresse am Kind wiegt noch schwerer und hat, wie wir es bei unseren Patienten beobachten konnten, zur Ausbreitung von oberflächlichen und unbeständigen Gefühlsbeziehungen, das heißt zu schweren narzißtischen Störungen beigetragen. In diesem Syndrom bleibt die symbiotische Mutterbeziehung über Gebühr lange bestehen und wird dann oft plötzlich abgebrochen.

Die Fähigkeit zur Subjekt-Objekt-Trennung bildet sich dann nicht genügend aus, der Mitmensch wird in diesem Zustand mehr als externalisierter Teil der eigenen Person und weniger als eigenständiges Wesen wahrgenommen, dessen Andersartigkeit man respektieren lernt. Der ödipale Konflikt, der Identifikation in Gang setzt, tritt verspätet oder kraftlos ein. Der Aufbau einer inneren Wertwelt, die sichere Orientierung an überzeugenden Werten fehlt. Störungen der mitmenschlichen Beziehungen treten auch deswegen auf, weil das Interesse um den eigenen unsicheren Selbstwert konzentriert bleibt. Dieser wird entweder übertrieben, Größenphantasien beherrschen dann die psychische Szene, oder eine übergroße

Kränkbarkeit führt zu einem narzißtischen Kreisen der Aufmerksamkeit um die eigene Person.

Erst in der Drei-Personen-Beziehung mit ihren ödipalen Auseinandersetzungen zwischen einander widersprechenden Interessen – auch der Vater beansprucht die Mutter und wird vom Sohn als Störenfried empfunden – lernt das Kind langsam und mühevoll sich in Bedürfnisse einzufühlen, die im Gegensatz zu den eigenen stehen. Anfänglich veranlaßt die Wahrnehmung dieser Widerstände gegen eigene dringende Wünsche Wut, dann Angst und schließlich eine Identifikation mit dem „Widersacher". Das kann zu Überangepaßtheit, zu einer Einengung unserer Phantasie, Ausdrucks- und Handlungsfähigkeit führen. Wenn aber die Eltern einigermaßen verständnisvoll und gefühlsmäßig beteiligt auf diese schwierige Lebensperiode ihrer Kinder eingehen, werden durch solche Identifikationen Gefühle, Haltungen, Eigenschaften, Werturteile verinnerlicht, die unsere Ich-Fähigkeit erweitern; wir lernen sowohl Unterschiede und Gegensätze besser wahrzunehmen als auch, wo es möglich ist, sie zu vereinen. Die Ich-Lust, die solche Verstehenserweiterungen ein Leben lang für uns bedeuten können, hilft uns, Kränkungen zu überwinden, die sonst einen Rückzug aus mitmenschlichen Beziehungen veranlassen würden.

In der konkurrenzlosen praeödipalen Zweierbeziehung mit der Mutter entsteht kein entsprechender angst- und wuterregender Grund, durch neue Identifikationen, Einfühlungen, Synthesen seine Ich-Fähigkeit zu erweitern. Die mit dieser Erweiterung des Ich verbundene größere innere Sicherheit und bessere Orientierung im Bereich der eigenen und fremden Denkweisen und Wertvorstellungen bleibt durch fehlende Konfliktkonfrontation unterentwickelt. So sehen wir, daß der Mensch in den Gefühlskonflikten lebenslang an den Erfahrungen seiner Kindheit orientiert bleibt. Der Rückblick auf sie muß noch kein Rückschritt sein – im Gegenteil. Die Ich-Lust, sich selbst auf alten Schauplätzen zu begegnen, entsteht nicht nur durch die Erkenntnisse, die wir durch diese Konfrontation gewinnen, sondern auch daraus, daß in der Distanz das einst Schreckliche viel von diesem seinem Schrecken verloren hat.

William G. Niederland

Kreativität

Wenn ich mir gestatte, meine Ausführungen mit einer persönlichen Bemerkung zu beginnen, so geschieht dies aus einem einfachen und hoffentlich auch Ihnen, meine Leser, plausibel erscheinenden Grunde: das Persönliche soll der Veranschaulichung und Sichtbarmachung eines an sich überaus schwierigen, in seiner Gänze noch ungelösten Problems auf dem Gebiete der modernen, psychoanalytisch ausgerichteten Psychologie dienen: der Erhellung eines der Rätsel menschlichen Schaffens – der Kreativität.

Noch 1954 schrieb Rudolf Goldschmit-Jentner: „Der Genius gehört zu den großen Geheimnissen des Menschentums; alle Bemühungen, sein Wesen zu ergründen ... alle Versuche, das Geheimnis seines Seins lebensgesetzlich zu erfassen, sind zum Scheitern verurteilt."

In den zwanzig Jahren seit dieser recht pessimistisch anmutenden Einstellung gegenüber dem Schöpferisch-Genialen im Menschentum hat sich manches geändert.

Die persönliche Reminiszenz, von der ich einleitend sprach, geht auf meine frühen Schuljahre während des Ersten

Weltkriegs in einer süddeutschen Provinzstadt zurück. Es gab dort eine nicht sonderlich angesehene Lokalzeitung, die bei aller Mittelmäßigkeit sich bei uns Schulkindern eines ausgezeichneten Rufes erfreute. Allwöchentlich erschien darin eine „Kinderecke", von einem „Onkel Franz" geschrieben und redigiert, dessen kleine Erzählungen, humoristischen Verse, Skizzen, Glossen uns Kinder mächtig begeisterten und uns durch die harten Kriegsjahre hindurch wenigstens für einen Tag in der Woche heiter und glücklich stimmten.

Ich muß gestehen, daß ich heute kaum noch etwas von dem Inhalt der Franzschen „Kinderecke" weiß — es war wohl mehr oder weniger etwas im Stile der allbekannten „Max- und Moritz"-Geschichten, obschon Onkel Franz gewiß kein Wilhelm Busch war. Wie dem auch sei, wir Schulkinder waren von unserem Onkel Franz, wenn auch keiner von uns ihn kannte noch dessen wirklichen Namen wußte, höchlichst begeistert, und wir stellten uns ihn als einen ganz großen, stattlichen, ja erhabenen Dichter und Menschen mit einem Goethe-Kopf und von olympischer Gestalt vor.

Wie tief enttäuscht war ich einige Jahre später, als ich im Stadttheater der gleichen Stadt — dann schon als wohlbestallter Gymnasiast — ein kleines, halbverwachsenes Männchen von dürftiger Gestalt im Parkett sitzen sah und mein Nachbar in der Sitzreihe mich heimlich anstieß, auf das bucklige Männlein wies und flüsternd zu mir sagte: „Das ist Onkel Franz!" Ich konnte es lange nicht fassen, aber erinnere mich noch, dem Nachbarn leise erwidert zu haben: „Der sieht so häßlich aus, daß er schon wieder anfängt, schön zu wirken."

Man wird mit Recht fragen: Was hat dieser längst vergangene Vorfall mit unserem heutigen Thema zu tun? Gemach: der damalige Vorfall führt uns, für viele von Ihnen vielleicht überraschend, mitten in die Problematik des Schöpferischen hinein und bietet sogar in gewissem Sinne den Schlüssel zu dessen Verständnis.

Wie Goldschmit-Jentner und vor ihm die meisten anderen Forscher auf diesem Gebiete sagten — ich nenne unter den letzteren nur Lange-Eichbaum und Ernst Kretschmer —, fehlte uns bis vor kurzem jegliche Kenntnis über das Wesen der Kreativität. Wir wußten eigentlich nur, daß sie existierte und für den Fortschritt der Menschheit von höchster Bedeutung war.

Dieses Unwissen ist vielleicht auch der Grund dafür, daß es noch heute keine allgemein gültige Definition des Genialen gibt. Keiner unter uns dürfte daran zweifeln, daß Bach, Beethoven, Dante, Einstein, Goethe, Kierkegaard, Leonardo da Vinci, Michelangelo, Rembrandt, Shakespeare Genies waren. Jedoch das Geniale in ihnen wirklich zu erfassen und scharf zu definieren ist uns auch heute noch nicht möglich, es sei denn, daß wir uns mit der allgemeinen Feststellung begnügen, daß jene Menschen Großes, ja Einzigartiges geleistet und etwas der Wesensart nach Neues zur Kulturentwicklung beigetragen haben.

Bei allem unserem Wissensmangel über das Wesen des Genies sind uns in den letzten Jahren immerhin einige Grundzüge des Schöpferischen im Menschen kenntlich geworden. Es handelt sich, wenn man den Wurzeln eines schöpferischen Vorgangs nachspürt und vor allem die seelischen Prozesse bei sensitiven, künstlerisch tätigen Menschen analytisch untersucht, um seelische Kräfte, die aus dem tiefen Bedürfnis, verlorengegangene Lebens- und Liebesgüter wiederherzustellen, erwachsen. Daher nennen wir diese inneren, in toto unbewußten Kräfte: psychische Wiederherstellungstendenzen oder -impulse. Wenn immer bei einem sensitiven Menschen durch ein Trauma, durch den Verlust eines Liebesobjekts ein „Riß" im seelischen Ich-Gefüge zustande gekommen ist, so regen sich im Innern des betroffenen Menschen – falls das erlittene Trauma nicht zur völligen Gefühls- und Willenslähmung führt – eben jene seelischen Kräfte, die wir als Wiederherstellungstendenzen bezeichnet haben, da sie in der Tat der Wiederherstellung und „Wiederbelebung" des verlorenen Liebesgutes dienen.

Daß die Aufdeckung dieses bedeutsamen seelischen Vorgangs erst in unserer Zeit erfolgen konnte, liegt vor allem daran, daß die innere Suche nach dem verlorenen Liebesgut zumeist unbewußt vor sich geht und daß, falls diesem ersten Schritt im Innern der zweite folgt, nämlich der Wiederherstellungsakt als solcher, letzterer Wege einschlägt und Ziele verfolgen mag, die überhaupt nicht mehr als bewußte Wiederherstellungsprozesse erkenntlich sind.

Da diese Bezüge nicht leicht zu erfassen sind, beeile ich mich, sie mit Hilfe einiger Beispiele zu verdeutlichen. Manchen meiner Hörer ist vielleicht bekannt, daß im Mittelpunkt meiner eigenen Forschungen auf diesem Gebiete seit langem psychobiographische Untersuchungen über das Leben und die schöpferische Kraft künstlerischer Menschen stehen, deren Schaffen und hinterlassenes Lebenswerk den bestimmenden Anteil tiefgegrabener, traumatischer Früherlebnisse erkennen läßt. Aus der Fülle einschlägiger Forschungen greife ich als Beispiele Heinrich Schliemann, den großen Archäologen und Entdecker

Trojas, sowie den bedeutenden schweizerischen Schriftsteller Conrad Ferdinand Meyer heraus.

Zunächst einiges über das Leben und Werk Heinrich Schliemanns: Er wurde im Jahre 1822 als Pastorensohn in Neu-Buckow, Mecklenburg, in einem Pfarrhaus geboren, das am Rande eines Friedhofs gelegen war, „den Kirchhof vor unserer Tür", wie Schliemann in einer autobiographischen Skizze selbst später sagte. Als der nachmalige Archäologe noch ein Kleinkind war, wurde sein Vater, der Pastor Ernst Schliemann, nach Ankershagen, Mecklenburg, versetzt in eine Pfarre, die sich ebenfalls inmitten eines Kirchhofs befand. Schliemann verlebte dort seine ersten neun Kindheitsjahre. Vieles weist darauf hin, daß die beunruhigenden, beängstigenden und vermutlich auch erregenden Fragen von Geburt, Tod, Untergehen, Sterben und Begrabenwerden, die er als Pfarrerssohn so häufig mitzuerleben Gelegenheit hatte, niemals ihren spezifischen, erlebnisdynamisch weiterwirkenden Charakter verloren. Als Schliemann neun Jahre alt war, starb seine Mutter, an der er sehr gehangen hatte, und er wurde von seinem Vater zunächst zu einem Verwandten in eine andere Pfarre, danach als Lehrjunge in eine Lebensmittelhandlung nach Fürstenberg (gleichfalls Mecklenburg) verschickt. Als Lehrling ging es ihm so schlecht, daß er „zum Sterben zu viel, zum Leben zu wenig hatte" und sich mit 18 Jahren zur Auswanderung nach Amerika entschloß. Dazu kam es aber nicht oder erst viel später. Er hatte sich nämlich als Kajütenjunge auf einem Segelschiff nach Amerika verdingt, das jedoch in einem heftigen Sturm im Ärmelkanal Schiffbruch erlitt und unterging. Er wurde gerettet, zunächst auf die holländische Insel Texel, dann nach Amsterdam verbracht. Seine Rettung gab ihm das Gefühl, daß er zu „höheren Zwecken" bestimmt sei, wie er selbst in einem Brief kurz danach schrieb.

Ohne auf seine ereignisvolle Weiterentwicklung, die ihn über Holland, Rußland, Amerika innerhalb von 15 Jahren zum Handelsherrn und vielfachen Millionär machte, hier eingehen zu können, sei erwähnt, daß er bereits vor dem Tode seiner Mutter zwei Brüder und nach deren Tod zwei weitere Brüder verloren hatte und er als der alleinig verbleibende Sohn des inzwischen aus der Ankerhagener Pfarre verstoßenen Pastors trotz Schiffbruch und sonstiger Fährnisse überlebte. Die hieraus resultierende innere Überlebensschuld kann in vielen seiner Briefe und Beschreibungen gefunden werden.

Von größerer Bedeutung für unsere Betrachtung ist Schliemanns Hinwendung zur Archäologie: zwischen 1870 bis

1873, genau vor einem Jahrhundert, entdeckt er die Stätte des homerischen und vor-homerischen Troja, gräbt sie aus und erbringt den Nachweis – entgegen der damals vorherrschenden Meinung, wonach die Ilias und der Trojanische Krieg nichts als Mythen seien –, daß Troja wirklich bestanden hat.

Hier kommen wir zum tiefenpsychologischen Kern von Schliemanns leidenschaftlichem Interesse an der Archäologie, das ihn zum eigentlichen Schöpfer dieser neuen Wissenschaft machte. Vor Schliemann war die Archäologie im wesentlichen auf die Ausgrabungen von Kunstwerken und wissenswerten Kulturgegenständen beschränkt geblieben. Winckelmann und seine an Pompeji usw. interessierten Nachfolger waren in der Hauptsache an der Rettung und Bewahrung wichtiger Kunstobjekte aus dem klassischen Altertum beteiligt gewesen. Für Schliemann war dies anders: Ihm kam es vor allem auf die Enterdung, wenn ich so sagen darf, der toten und eingesargten („begrabenen") Welt an, die er wieder ans Tageslicht bringen wollte – ein Unterfangen, das ihn zum eigentlichen Begründer dieser modernen Wissenschaft machte. Denn ist nicht die Archäologie im Grunde eine Wissenschaft, die uns Kunde gibt von der entschwundenen und begrabenen Welt der Toten, wie sie einst lebten und schafften? Aber sie ist natürlich mehr als dies: sie ist auch die Wissenschaft, die durch ihre Ausgrabungen das Tote und Entschwundene wieder der Erde entnimmt, sie aus dem Dunkel des Grabes wieder ans Licht bringt, sie im wahren Wortsinne wiederfindet und wiederherstellt.

Und hier rundet sich unser Bogen zurück zur Friedhofswelt des jungen Heinrich Schliemann, die seine früh verlorene Mutter und Brüder barg. Aus seinen Tagebüchern und Briefen wissen wir, daß er deren Verlust niemals überwinden konnte und daß seine völlige Hingabe an die Archäologie aufs engste mit seinen persönlichen Erlebnissen verknüpft war. In mehreren seiner Briefe schreibt er, daß „ausgraben" und „leben" für ihn identisch seien und daß er, falls man ihn an weiteren Ausgrabungen behindern würde, nicht am Leben bleiben wolle. In der Tat versuchte er – längst bevor er sich leidenschaftlich der Archäologie hingab, und hingeben ist hier das richtige Wort –, die Leiche seines in Kalifornien verstorbenen Bruders Ludwig auszugraben. Die Wiederherstellungstendenzen werden hier mit Deutlichkeit sichtbar, und das mit diesen verbundene Schöpferische – der schöpferischen Person völlig unbewußt – ist im Grunde ein ins Unkenntliche verlagerter Wiederherstellungsprozeß zur Wiedergewinnung entschwundener Liebesobjekte.

Da sich natürlich die verlorenen Liebesgüter (im Falle Schliemanns die tote Mutter und die toten Brüder) in Wirklichkeit und in concretu nicht wiederbeleben lassen, gehen die unbewußten Wiederherstellungsstrebungen in solchen Fällen unablässig und mit einem oft unerbittlichen Schaffensdrang, ja Schaffenszwang verbunden weiter. Was der Grund ist, daß viele schöpferische Menschen kaum jemals zur Ruhe kommen und oft fieberhaft tätig und übertätig sind.

Nach diesen längeren Ausführungen über das Schöpferische im Lebenswerk Schliemanns kann ich mich vielleicht bei meinem Beispiel des großen schweizerischen Schriftstellers Conrad Ferdinand Meyer kürzer fassen. Meyer war der Sohn eines hochgestellten, geistig aufgeschlossenen Beamten, der als Erziehungs- und Regierungsrat in der Kantonalverwaltung von Zürich tätig war und sich auch als Lokalhistoriker eidgenössischer Gemeinden Verdienste erwarb. Der Vater starb im Alter von 41 Jahren, als der junge Conrad gerade sein 15. Lebensjahr erreicht hatte. Wir wissen aus den Berichten seiner einzigen Schwester Betsy, daß er sich einsam, mutlos, tief verzagt fühlte und an „Lebensüberdruß" litt.

Dem psychologisch geschulten Beobachter wird aus diesen Berichten ohne weiteres klar, daß der Tod des Vaters den halbwüchsigen Sohn in einen langwährenden seelischen Depressionszustand versetzt hatte, dessen innere Nachwirkungen in seinen mitmenschlichen Beziehungen und auch in seinen ersten literarischen Versuchen bald sichtbar wurden. Einige Zeit nach dem Ableben des Vaters begann er nämlich, historische Erzählungen aus der vergangenen Welt des Mittelalters zu schreiben. Diese schriftstellerischen Anfangsschritte sind zwar unbedeutende literarische Fragmente geblieben, aber die darin geübte frühe Stoffwahl ist vom psychoanalytischen Standpunkt aus sehr aufschlußreich: die meisten dieser schüchternen und unvollendeten Früherzählungen haben nämlich eine bedeutende historische — Vatergestalt zum Hauptthema, darunter Kaiser Heinrich IV., Friedrich II., König Tarquinius, Karl der Große. Auch späterhin, auf dem Höhepunkt seines schöpferischen Wirkens, sind nahezu sämtliche Romane und Novellen Meyers auf geschichtliche Perioden und Persönlichkeiten ausgerichtet, zum Beispiel Jürg Jenatsch, Pescara, Der Heilige und andere. Sie alle enthalten in düsteren Farben und bis ins einzelne beschriebene Todesszenen, Verzweiflungsepisoden und tiefempfundene Schicksalsabläufe.

Die psychoanalytische Untersuchung der in den Romanen

und Gedichten Meyers zum Ausdruck kommenden Stoffwahl und deren Inhalte ergibt folgendes:

Die von ihm zur schriftstellerischen Bearbeitung auserlesenen Heldengestalten seiner Erzählungen sind samt und sonders die ins Monumentale gesteigerte Dar- und Wiederherstellung des einen großen Helden seiner Jugend – des Vaters, den er als das verlorene Liebesgut wiederherzustellen suchte. Dadurch, daß der Dichter seinen Stoff der aktuellen Zeitgeschichte entrückte und das Geschehen in der Novelle oder in den Gedichten („Huttens letzte Tage", „Der Sterbende Cromwell") um Jahrhunderte zurückverlegt, wird die Vergangenheit zu einer Art Zeitkulisse, hinter der er seine tiefsten Gefühle vor der Welt – und gleichzeitig auch vor sich selbst – verbirgt, wobei das Zurückversetzen in die zeitliche Ferne beim Durchschnittsleser kaum einen Verdacht auf selbstbiographisches Geschehen aufkommen läßt. Nur durch sehr sorgfältige Analysen kann dieser autobiographische Kern freigelegt werden.

Die gleichen Hintergründe lassen sich durch eine Analyse der Werke des bekannten amerikanischen Schriftstellers Edgar Allan Poe, des „Vaters" der heute so verbreiteten „Mystery-Stories" und Detektivromane, aufdecken. Die zumeist makabren Todeserzählungen und grauenerregenden Gedichte („The Raven") Poes sind nicht zu verstehen, wenn man nicht in Betracht zieht, daß er als kleiner Junge durch ein schweres seelisches Trauma ging, nämlich den qualvollen Tod seiner jungen Mutter an Tuberkulose aus nächster Nähe miterlebte und wahrscheinlich eine volle Nacht allein, da der Vater abwesend war, mit der Leiche der Mutter in einer eng möblierten Stube verbrachte, bis mitleidige Nachbarn am nächsten Morgen ins Zimmer kamen und den kleinen Buben wegnahmen. Poes Gedichte „To my Mother" und „Annabelle Lee" sind seelische Wiederherstellungsakte im wahren Sinne des Wortes.

Diese Wiederherstellungsimpulse gehen jedoch weit über den Versuch der Wiederbelebung eines durch Tod oder Verlassen verlorengegangenen Liebesobjekts hinaus. Sie äußern sich ferner in dem ständigen Bedürfnis, die Unversehrtheit des eigenen Körpers wiederherzustellen.

Was für den Verlust eines Liebesobjekts in der Außenwelt gilt, hat auch für die Innenwelt des eigenen Körper- und Selbstbilds Geltung. Mit Sicht hierauf seien Krankheit, Mißbildung, Verlust eines Körperteils und das Gefühl tatsächlicher oder imaginärer Häßlichkeit erwähnt. Sie alle können ein vorhandenes kreatives Potential, das untergründig und unterschwellig im Seelischen stets bestanden haben mochte, in unter Umständen stürmische Bewegung setzen. Dies mag auf den ersten Blick überraschend erscheinen oder gar befremden. Doch Krankheit ist ja, wie wir alle wissen, nicht nur ein irgendwo im leiblichen Sein sich abspielender körperlicher Veränderungsprozeß, sondern wird innerlich erlebt und „reacted to" (wie man im Amerikanischen sagt), das heißt: Krankheit stellt ein Erlebnis der Seele dar. Man denke nur an die Taubheit Beethovens und Goyas; die Tuberkulose Chopins, John Keats', Mozarts, Schillers, Schuberts, Robert Louis Stevensons und vieler anderer schöpferischer Meister; die Verkrüppelungen von Kierkegaard, Byron, Leopardi und Walter Scott; die lebenslangen Kränklichkeiten eines Darwin, Dostowjewski, Kepler, Molière, Rousseau, Schopenhauer; die schweren körperlichen Mißbildungen eines Lichtenberg, Mendelssohn, Menzel, Toulouse-Lautrec; die Geistesstörungen eines Hölderlin, Friedrich Nietzsche, Robert Schumann, Vincent van Gogh.

Mit Sicht auf die relative Häufigkeit des Auftretens von Gemütskrankheiten bei schöpferischen Geistern haben schon vor Jahrzehnten Lange-Eichbaum und Ernst Kretschmer von der Verbindung „Genie und Irrsinn" gesprochen, ja diese Beziehung fast zum Modeschlagwort gemacht. Auch auf diese Zusammenhänge hat die psychoanalytische Forschung neues Licht geworfen. Gewiß spielte bei manchen dieser Krankheitszustände eine diagnostizierte oder nicht-diagnostizierte (und daher unbehandelte) Syphilis eine erhebliche Rolle. Jedoch ist zu beachten, daß nach meinen Untersuchungen wohl jedes Genie in seinem Schaffen unbewußt auf tiefgegrabene – verdrängte – traumatische Früherlebnisse zurückgreift.

Aus solcher Regression zu diesem Früherlebten und oft pathogen Traumatischen erklärt es sich, daß das Denken und Fühlen des Genies nicht das des Durchschnittsmenschen ist. Das Genie taucht sozusagen unter in die verborgensten Tiefenschichten des menschlichen Geistes, verweilt in ihnen bei seinem Schaffensdrang auf unbestimmte, nicht selten längere Zeit, und wenn es ihm dann nicht immer gelingt, unversehrt wieder an die Oberfläche zu gelangen, so kann es geschehen, daß ihn das gleiche Schicksal erreicht, das Schiller in seiner „Taucher"-Ballade so poetisch und rührend geschildert hat.

Das Krankheitserlebnis eines begabten Menschen geht weit über das rein Physische hinaus und ist vor allem ein seelisches Erlebnis. Kein Geringerer als Thomas Mann hat dies in seinen Werken „Der Zauberberg", „Doktor Faustus" und „Tod in Venedig" beschrieben. In der letzteren Kurznovelle läßt er den Schriftsteller Aschenbach sagen, daß „beinahe alles Große, was als ein Trotzdem dastehe, trotz Kummer und Qual, Armut, Verlassenheit, Körperschwäche, Laster, Leidenschaft und tausend Hemmnissen zustande gekommen sei". Auch spricht Thomas Mann im „Tod in Venedig" von der „gelben, sinnlich benachteiligten Häßlichkeit, die es vermag, ihre schwelende Brunst zur reinen Flamme zu entfachen, ja sich zur Herrschaft im Reiche der Schönheit aufzuschwingen ..." und von der „bleichen Ohnmacht, welche aus den glühenden Tiefen des Geistes seine Kraft holt".

Auf weitem Umweg kommen wir hier auf unseren eingangs erwähnten Kinderfreund „Onkel Franz" zurück, der sich uns – für den damals begeisterten Schüler enttäuschend – als ein verwachsenes, zwerghaftes Männlein entpuppte. Ohne den guten Franz in die Reihe der großen Geister zu rücken oder gar ins Faustische zu erheben, mag daran erinnert sein, daß gemäß allen Faust-Forschungen und insbesondere denjenigen des Goethe-Forschers Max von Böhn der wirkliche Faust „ein kleines, dürres, gebrechliches Männlein gewesen sei".

Die Olympiergestalt und -haltung Goethes selbst mag all dem vorher Gesagten widersprechen. Aber vielleicht doch nur scheinbar. Auch Goethe ist durch sein Damaskus und Golgatha geschritten, und was das Physisch-psychisch-Leidende anbelangt, so wissen wir aus seinem semi-biographischen „Werther" einiges darüber. Auch wissen wir von jenem immer noch nicht ganz geklärten Blutsturz – tuberkulös? psychosomatisch? –, der ihn inmitten seiner Blütezeit als junger Student in Leipzig traf und zur Rückkehr in seine Heimatstadt Frankfurt zwang. In Straßburg hatte Goethe weitere Störungen und Symptome – wohl in direkter Beziehung mit der konfliktreichen Neigung zu Friederike –: Erscheinungen, die wir heute rechtens als psychisch bzw. psychogen bezeichnen würden.

In der Tat hat niemand klarer und nachdrücklicher die von uns genannten Wiederherstellungs- und Wiederbelebungsstrebungen, die wenigstens teilweise dem Schöpferischen im Menschentum zugrunde liegen dürften, dargetan als Goethe selbst in seinem klassischen Vers:

„Und so lang du das nicht hast,
dieses Stirb' und Werde,
bist du nur ein trüber Gast
auf der schönen Erde."

Gerhard Mauch
Kriminalität

Stellen Sie sich vor, Sie kaufen in einem Supermarkt ein und beobachten, wie Ihr Nachbar an dem Regal, vor dem Sie stehen, zwei große Büchsen Kaffee einsteckt. Sie werden sagen: „Das ist doch Diebstahl!" Daß man nicht stehlen darf, weiß jeder. Das klingt ganz einfach. Was soll man also noch über Kriminalität sagen?

Immerhin ist es aber erstaunlich, mit welcher Rigorosität das Verbot des Stehlens seit Jahrtausenden immer wieder neu durchgesetzt wird. Warum brauchen wir überhaupt Strafgesetze, die doch nur Selbstverständlichkeiten ausdrücken? So ganz problemlos scheint das Phänomen der Kriminalität also doch nicht zu sein. Offenbar haben wir in Gesetzen niedergelegte Verbote nötig. Denn täglich verstoßen Menschen gegen grundlegende Normen wie: „Du sollst nicht stehlen", oder: „Du sollst nicht töten." Diese Normen sollen das Zusammenleben in einer organisierten Gesellschaft sichern. Gäbe es sie nicht, würden wir womöglich einem neuen Raubrittertum verfallen. Das Faustrecht würde wieder auferstehen. Kurzum: Terror zu Lasten der Anständigen, der Schwachen und Mutlosen würde zum Gesetz.

Wir sehen, daß Gesetze nicht unbedingt Recht zum Inhalt haben müssen. Es wäre leichtfertig, jeden, der gegen ein geschriebenes Gesetz verstoßen hat, als Kriminellen zu bezeichnen. Kriminell ist also nur derjenige, der gegen solche Ge- und Verbote verstößt, die das Zusammenleben in einer Gesellschaft und die Gesellschaft selbst schützen sollen. Dementsprechend geht unser heutiges Strafrecht normalerweise davon aus, daß nur solche Taten strafwürdig sind, die die Allgemeinheit oder ein einzelnes Mitglied schädigen oder, wie man in der Fachsprache sagt, die sozialschädlich sind.

Im Laufe der Jahrhunderte sind die Gesetze, in denen solche grundlegenden Normen festgehalten wurden, immer perfekter, immer detaillierter geworden. Und trotzdem gibt es stets Menschen, die Straftaten begehen. Die ständig gefüllten Strafanstalten sind ein beredtes Zeugnis dafür. Allein in Baden-Württemberg sitzen im Jahr durchschnittlich fünf- bis sechstausend Strafgefangene in unseren Anstalten. Sind sie alle Kriminelle? Verbrecher? Sofern sie gegen Strafgesetze verstoßen haben, die Grundnormen unserer Rechtsgemeinschaft ausdrücken, sind sie nach unserer bisherigen Definition Verbrecher.

Doch kann man auch anderer Ansicht sein, wenn man die Vorgeschichte der Straftat, die Beweggründe, die zur Straftat geführt haben, in Betracht zieht. So erlebte ich einmal, wie ein Strafgefangener einem anderen vorwarf: „Du bis ein Verbrecher." Der eine hatte einen Betrug begangen, der andere einen Raub, zweifellos Straftaten, die unsere Rechtsgemeinschaft und Rechte einzelner erheblich berühren. Der Räuber aber wehrte sich: „Ich bin kein Verbrecher. Ich fühle mich nicht als Verbrecher, auch wenn ich jemanden überfallen und ihm das Geld weggenommen habe." Eine Flut von Erklärungen sollte darlegen, daß er kein Verbrecher sei. Er habe eine schlechte Kindheit gehabt: sein Vater sei ein Dieb gewesen, seine Mutter eine Hure. Und überhaupt, er selbst trage nicht die Schuld dafür, daß er so geworden sei und den Raub begangen habe.

In der Tat, im Lichte der Vorgeschichte stellt sich der Verstoß gegen das Strafgesetz mit der Überschrift „Raub" ganz anders dar. Wir können ein wenig von dem begreifen, was wir Kriminalität nennen. Die Ursachen in vollem Umfang aufzuhellen gelingt weder uns noch der Wissenschaft. So ist allein mit der Theorie, daß jegliches Verhalten von der Umwelt, also in erster Linie von der Erziehung abhängig sei, nicht zu erklären, daß zum Beispiel von fünf in demselben Milieu aufgewachsenen

Geschwistern nur zwei kriminell werden, die anderen aber nicht mit Strafnormen in Konflikt geraten.

Selbst wenn man aber den Raub des genannten Strafgefangenen nach seiner Vorgeschichte und Motivation erklären könnte, wäre seine Tat dann kein Verbrechen? Vermutlich doch. Denn was ein Verbrecher und ein Verbrechen ist, scheint völlig klar zu sein. Da nützen auch Erklärungen nicht viel. Nun gibt es aber Situationen, in denen wir uns vorstellen können, daß wir etwa einen Menschen töten würden. Begründung: „Ich schoß auf den Mann, weil ich sonst selbst umgekommen wäre", oder: „Ich schoß, weil ich bedroht wurde." In diesen Situationen schließt auch unser Strafgesetzbuch die Strafbarkeit der Tötung aus, sei es, weil die Tat aus besonderen Gründen gerechtfertigt war oder weil sie zu entschuldigen ist. Solche Rechtfertigungs- und Entschuldigungsgründe sind zum Beispiel Notwehr oder Notstand.

Abgesehen von diesen Fällen erscheint also jede Handlung als ein Verbrechen, die unser Zusammenleben oder unsere Rechtsgüter stört. Welche Rechtsgüter sind das aber? Spontan würden wir antworten: Leben, Freiheit und Eigentum. Aber fragen wir uns doch, ob diese Rechtsgüter, die wir als fundamental ansehen, stets Hauptgegenstand von Ge- und Verboten waren und sein müssen. Im Notstandsfall können uns bestimmte Güter, etwa Autos, entzogen werden. Ist das Diebstahl? In einer sozialistischen Gesellschaftsordnung wird das Privateigentum abgeschafft. Wäre das für uns Diebstahl? Das Grundgesetz erlaubt beispielsweise, ein Grundstück zu enteignen, wenn es für den Bau einer Straße benötigt wird. Ist das Diebstahl?

In früheren Zeiten durften Leibeigene nicht Grund und Boden besitzen. Hat man sie bestohlen? Erst durch die bürgerlichen Revolutionen des letzten Jahrhunderts wurde das Recht auf Eigentum gegen die Obrigkeit erkämpft und durchgesetzt. Und erst in unserer heutigen Gesellschaftsordnung hat es als grundlegendes Rechtsgut für jeden verständlich und von jedem verstanden Anerkennung gefunden, so daß das alte biblische Gebot „Du sollst nicht stehlen" wieder allgemeine Geltung erlangte.

Und wie steht es mit der Freiheit? Zwar hat dieses Rechtsgut eine längere durchgehende Tradition; doch erinnere ich auch hier nur an die Lage der Leibeigenen in früheren Zeiten oder an das aus der mittelalterlichen Lebensordnung stammende Sprichwort: „Stadtluft macht frei." Wer auf der untersten Sprosse der Lehensleiter stand, hatte eben kein Recht auf

Freiheit. Auch dieses Recht hat das Bürgertum im vergangenen Jahrhundert erst erkämpft, zunächst für sich; später hat es sich allgemein durchgesetzt und bis heute behauptet. Doch erleben wir gerade heute Tendenzen, die uns raten wollen, die individuelle Freiheit zugunsten einer Ideologie aufzugeben oder wenigstens einzuschränken.

Schließlich das höchste Rechtsgut, das wir haben: das Leben. Wie steht es damit? Zu verschiedenen Zeiten in verschiedenen Kulturkreisen kannte man Menschenopfer. Im alten Rom war der Hausvater Herr über Leben und Tod. Im Krieg wird das Töten von Menschen im allgemeinen nicht als Verbrechen geahndet. Selbst das Leben also erhält unter verschiedenen Voraussetzungen einen verschiedenen Wert.

Wenn wir daher die Verletzung von Leben, Freiheit und Eigentum als Verbrechen betrachten, so kann das nur für uns und unsere Gesellschaft gelten, in der wir leben. Nur unsere geschichtliche Entwicklung vom Altertum über die Anfänge des Christentums bis in die heutige Zeit läßt uns einleuchtend erscheinen, weshalb wir Leben, Freiheit und Eigentum als Grundwerte für unser Zusammenleben betrachten. Diese Werte haben wir in uns aufgenommen oder, wie die Psychotherapeuten sagen, internalisiert.

Es mag an dieser Stelle dahinstehen, wie weit diese Internalisierung geht oder gegangen ist, ob nur unser individuelles Gewissen davon berührt wurde oder ob tiefere Schichten unserer Seele davon erfaßt wurden. Jedenfalls kann aus Erfahrung gesagt werden, daß mindestens ein Verhalten, das die Werte Leben, Freiheit, Eigentum respektiert, gelernt werden muß.

Wer schon als Kind nicht zur Achtung von Leben, Freiheit und Eigentum erzogen wurde, läuft immer wieder Gefahr, hinter den Gittern unserer Strafanstalten zu verschwinden. Es ließe sich von „Verbrecherkarrieren" berichten, deren einzige Unterbrechungen des lebenslangen Aufenthaltes in Heimen oder Gefängnissen in nur wenigen Wochen Freiheit bestanden, die nur zur Begehung neuer Straftaten genutzt wurden. Kann ein chronischer Verbrecher unter diesen Umständen nachholen, was er in seiner Jugend versäumt hat? Kann man einem Kriminellen überhaupt beibringen, welche Werte er zu achten hat? Oder hat er einen blinden Fleck?

Erinnern wir uns an den vorhin erwähnten Räuber, der sich nicht als Verbrecher fühlte. Er wußte zwar, daß Raub ein Verbrechen ist. Jedoch vermochte er nicht einzusehen, daß genau diese Wertung auf seine Tat zutraf. Er war nicht in der Lage, sein „Verbrechersein“ zu akzeptieren. Ich denke, daß wir eine derartige Einstellung bis zu einem gewissen Grade nachempfinden können. Denken wir nur an die zahllosen Ordnungsvorschriften, die unser Leben mittlerweile bestimmen, zum Beispiel im Straßenverkehr. Da heißt es auch ständig: „Du sollst nicht . . ., Du sollst nicht!“ Hat nicht jeder von uns schon einmal eine Straße überquert, obwohl die Fußgängerampel Rot zeigte? Im Augenblick des Überquerens hielten wir es nicht für gefährlich und gefährdend, die rote Ampel zu mißachten. Wenn aber dann doch ein Unfall geschieht, in dem nicht nur wir, sondern auch andere verletzt werden, suchen wir nach tausend Erklärungen und Entschuldigungen für unser Verhalten. Etwa so: Wäre der Autofahrer nicht so verrückt schnell gefahren, wäre gar nichts passiert; wäre mir die Sicht nicht versperrt gewesen, wäre gar nichts passiert; hätte mich ein anderer nicht behindert, wäre gar nichts passiert usw. Mit einem Wort: ich trage keinesfalls die Schuld an dem Unfall! Und genauso empfindet der Räuber, der nicht einsehen will, daß ausgerechnet seine Tat ein Verbrechen ist.

Man wird einwenden können, daß das Übertreten einer Verkehrsvorschrift doch nicht mit einem Raub vergleichbar sei. Immerhin können die Folgen, nämlich die Verletzung eines Menschen, die gleichen sein. Wir müssen uns daher fragen, wie es kommt, daß wir zwei verschiedene menschliche Handlungen verschieden bewerten, selbst wenn sie zu ähnlichen oder gleichen Folgen geführt haben. Würden wir vielleicht gar nicht so verschieden werten, wenn wir und unsere Vorfahren seit Jahrhunderten an Verkehrsampeln gewöhnt wären und hunderttausendfach die Folgen einer Verkehrsübertretung erlebt hätten? Offenbar setzt das Entstehen eines Unrechtsbewußtseins – und darum handelt es sich hier – voraus, daß ein Ge- oder Verbot und die schädlichen Folgen, wenn man es verletzt, in unser Gewissen oder gar in unser Wesen eingedrungen sind. Das Erkennen und einfühlbare Begreifen der Sozialschädlichkeit einer bestimmten Handlung hindert uns normalerweise daran, diese bestimmte Handlung auszuführen.

Wie lange es dauert, bis sich eine innere Schwelle bildet, die uns an der Begehung von Straftaten hindert, läßt sich mit Allgemeingültigkeit nicht sagen. Bei reinen Ordnungsvorschriften, wie dem Parkverbot, ist zweifelhaft, ob eine generelle Schwelle überhaupt entsteht, so daß die Verletzung einer solchen Vorschrift wohl kaum jemals zu einem Unwerturteil der

Gesellschaft über den betreffenden Täter führen wird. Wenn wir dagegen an Vorschriften des Umweltschutzes denken, so läßt sich feststellen, daß sich ein allgemeines Unrechtsbewußtsein allmählich herausbildet. Verstöße gegen Umweltschutzvorschriften werden vielleicht schon in wenigen Jahren von der Allgemeinheit mit einem Unwerturteil belegt werden, das bislang nur Straftaten im herkömmlichen Sinne gilt.

Was hilft es aber, wenn die Allgemeinheit eine bestimmte Tat als Unrecht, als Verbrechen einstuft, der einzelne Täter jedoch eine entsprechende Schwelle nicht hat, die ihn an der Begehung dieser bestimmten Tat hindern könnte? Wie soll etwa der Sohn eines Diebes ein Unrechtsbewußtsein entwickeln und bei der Begehung eines Diebstahls Schuld empfinden, wenn er seit seiner Kindheit mit seinem Vater auf Diebestour gegangen ist? Man muß sich fragen, was mit einem solchen Menschen geschehen soll, vor allem dann, wenn er – wie die meisten chronischen Kriminellen – trotz härtester Strafen immer wieder straffällig wird, wie ein Kind, das sich am glühenden Ofen stets aufs neue die Finger verbrennt, dem die Hitze nichts auszumachen scheint.

Diese Fragen zu beantworten fällt sehr schwer. Denn dazu müßte geklärt werden, woher Kriminalität kommt. Zu klären, was Kriminalität ist, genügt nicht. Denn wie wir gesehen haben, bezeichnet eine Gesellschaft alles das als Verbrechen, was als Wert erkannte und internalisierte Ge- und Verbote verletzt und damit das „gedeihliche" Zusammenleben sowie allgemein anerkannte Rechtsgüter stört oder beeinträchtigt. Weitaus schwieriger festzustellen ist es, wie es kommt, daß der eine die notwendige Schwelle, die ihn von der Begehung von Straftaten abhält, entwickelt und der andere, nämlich der Verbrecher, nicht.

Manche sagen, zum Verbrecher werde man auf Grund seines individuellen Schicksals. Andere sagen, zum Verbrecher werde man geboren. Wieder andere, der Mensch sei von Grund auf böse, jeder ein latenter Verbrecher. Was sagt Freud dazu? „Das tiefste Wesen des Menschen besteht aus Triebregungen elementarer Natur, die bei allen Menschen gleichartig sind und auf die Befriedigung gewisser ursprünglicher Bedürfnisse zielen. Diese Triebregungen sind an sich weder gut noch böse." Es sei Aufgabe des Kulturprozesses am Erwachen des Gewissens (Errichtung ethischer und rechtlicher Normen), die „Urnatur" in der Verdrängung zu halten, zu domestizieren oder gar zu sublimieren. Andere indessen behaupten, Kriminalität sei ein

Produkt der jeweiligen Gesellschaft; so mache sie auch den einzelnen zum Verbrecher. Für diese Ansicht spricht, daß die Allgemeinheit offenbar ihre „Sündenböcke" oder, um mit dem Schweizer Strafrechtslehrer Nägeli zu sprechen, ihre „schwarzen Schafe" braucht, um die ihr innewohnende kriminelle Energie sozusagen abzureagieren. Nägeli meint, daß diese schwarzen Schafe „einerseits von der Gesellschaft isoliert . . . und andererseits von der Gesellschaft wieder integriert werden" müssen, „denn sie sind ein Teil der Gesellschaftsordnung".

Diese Tatsache spricht aber zugleich gegen die Theorie von der Kriminalität als Produkt der jeweiligen Gesellschaft. Denn danach braucht jede, nicht nur die jeweilige Gesellschaft ihre schwarzen Schafe. Das zeigt sich in Gesellschaftsordnungen, die unter anderem auch deshalb errichtet wurden, um die Kriminalität als Symptom oder Auswuchs des Kapitalismus zu beseitigen. Auch in sozialistischen Gesellschaften hat man mit dem Phänomen der Kriminalität zu kämpfen.

Die Schwierigkeiten, festzustellen, welche Bedingungen den einen oder anderen zur Begehung eines Verbrechens führen, liegen hauptsächlich darin begründet, daß eben diese Bedingungen nicht dingliche Fakten sind, sondern auf der Summe zwischenmenschlicher Beziehungen beruhen. Bedingungen, die zu einem Verbrechen geführt haben, lassen sich nicht beliebig wiederherstellen. Mit ihnen kann nicht experimentiert werden. Im Gegenteil, jeder experimentelle Eingriff in gesellschaftliche und individuelle Beziehungen verändert gerade diese Beziehungen. Wir müssen uns daher mit der Feststellung begnügen, daß Kriminalität ohne gesellschaftliche Strukturen und auch ohne individuelle Fehlentwicklungen nicht denkbar ist. Das individuelle Schicksal offenbart sich in der jeweiligen Gesellschaft, in der es erlebt wird, das heißt, der Kriminelle weist eine individuelle Störung auf und beeinträchtigt die Ordnung der Gesellschaft gerade wegen dieser Störung.

Man kann es auch anders sehen: Der Mensch ist nun einmal kein Engel, deshalb wird auch die gesellschaftliche Organisation, die er sich geben muß, um existieren zu können, nie ein Paradies sein.

Was die gesellschaftliche Seite der Ursachen für die Kriminalität angeht, so hat uns die bereits zitierte Sündenbocktheorie wertvolle Hinweise gegeben. Sie sollten uns veranlassen, Kriminelle künftig mit anderen Augen zu betrachten und sie als Teil unserer Gesellschaft akzeptieren zu lernen.

Das individuelle Einzelschicksal eines Kriminellen besser

zu begreifen, dazu verhilft uns die Tiefenpsychologie. Sie gibt uns Hilfen an die Hand, den einen oder anderen Kriminellen und seine Tat nicht nur zu verstehen, sondern sogar manchmal zu behandeln. Sie macht erkennbar, wie entscheidend für das Einschlagen einer kriminellen Karriere häufig schon die potentielle Ich-Ausstattung sein kann; dazu gehören unter anderem Gedächtnis, Wahrnehmungsfähigkeit, Motorik, Fähigkeit zur Realitätsaufnahme, alles Dinge, die zur Intelligenz eines Menschen beitragen. Besonders an der Fähigkeit zur Erkennung und Verarbeitung der Wirklichkeit, der Umwelt wird deutlich, wie sich die Bereiche des individuellen Schicksals und der gesellschaftlichen Umstände überschneiden oder sogar gegenseitig bedingen. Je nachdem, in welchem Milieu ein Kind aufwächst und welchen Einflüssen seine frühkindliche Entwicklung ausgesetzt ist, ist die Erkennung und Verarbeitung der Umwelt, das heißt die Realitätsaufnahme, verschieden. Ein traumatisches Milieu wird zu einem Defekt der Realitätsaufnahme führen, zur Reduzierung der Lebenskraft, zu einer gestörten Persönlichkeit.

Daran ist zu sehen, daß der so aufgewachsene und erzogene Kriminelle zugleich Produkt eines individuellen Schicksals und des Milieus ist, in dem er aufwächst und lebt. Für das Milieu wiederum – denken wir nur an Obdachlose oder Flüchtlinge – zeichnet die Gesellschaft insgesamt mindestens zum Teil verantwortlich. Jeder wird die Akzente verschieden setzen, je nach den Ansatzpunkten, die er wählt: den des Individuums, des Milieus oder der Gesellschaft. Aus diesem Grunde ist es so schwierig, zu einem einheitlichen und von allen akzeptierten Begriff von der Kriminalität zu kommen.

Als Ergebnis können wir aber meines Erachtens festhalten, daß kriminell derjenige handelt, der gegen die Spielregeln verstößt, die sich eine Gesellschaft gegeben hat. Denn ohne solche Spielregeln könnte sie nicht existieren. Von Bedeutung ist hierbei, ob diese Spielregeln von grundlegendem Interesse für das Zusammenleben in der Gesellschaft sind und ob sie in unserem Bewußtsein und in tieferen Schichten unserer Seele als allgemeingültig verankert sind. Dazu gehören in unserer Gesellschaftsordnung uralte Ordnungsprinzipien wie „Du sollst nicht töten" oder „Du sollst nicht stehlen". Neuere Ordnungsprinzipien wie „Du sollst rote Verkehrsampeln beachten" bedürfen wohl noch einiger Zeit, bis sie zum allgemein anerkannten Erfahrungsschatz und zu den fundamentalen Spielregeln zählen werden. Reine Ordnungsvorschriften wie „Du sollst da oder dort nicht mit deinem Auto parken" werden wahrscheinlich auf absehbare Zeit nicht dazu zählen, weil sie eben nicht Rechtsgüter schützen, die wir als lebensnotwendig und unabdingbar betrachten.

Wir empfinden eine Tat also dann als Verbrechen, wenn sie gegen alle fest verankerten Ordnungsprinzipien verstößt oder wenn sie neue Regeln verletzt, die wir als unabdingbar notwendig für unser Zusammenleben erkannt und internalisiert haben. Weshalb nur ein kleiner Prozentsatz unserer Mitbürger straffällig und deshalb eingesperrt wird – in der Bundesrepublik Deutschland gibt es etwa 50 000 Betten für Strafgefangene –, läßt sich mit genereller Verbindlichkeit nicht klären. Wir haben gesehen, daß die verschiedensten Ursachen dafür verantwortlich sein können. Eines kann man heute freilich behaupten, nämlich daß die Entwicklung eines Menschen zum Verbrecher nicht nur von seiner Erziehung oder von seiner unmittelbaren Umgebung abhängt, sondern mindestens auch von der Verfassung der Gesellschaft, in der diese Entwicklung möglich war, daß also jeder von uns einen Teil Mitverantwortung für die Kriminalität in unserer Gesellschaft trägt.

Blenden wir zurück: Jeder kann kriminell werden, nicht jeder hält sich an die Ordnung. Der Rückfalltäter hat – so scheint es mir – einen blinden Fleck. Er sieht die Gefahr gar nicht, in der er selbst schwebt, wenn er den anderen wirklich schädigt. Aber der Straftäter ist ein Teil der Gesellschaft und gehört zur Ordnung. Wie gesagt: „Die Gesellschaft braucht ihre schwarzen Schafe." Diese „schwarzen Schafe" müssen einerseits von der Gesellschaft isoliert, andererseits von ihr integriert werden, denn sie sind ein Teil derselben Gesellschaftsordnung.

Der Mensch müßte erkennen, daß er unvollkommen ist, voller Unzulänglichkeiten und ungestillter Hoffnungen. Wenn der Mensch das erkennt, wenn es ihm bewußt würde, daß jeder – du und ich – eine Straftat begehen könnte, allein dann zum Beispiel, wenn wir in Not wären, in Kriegszeiten bedenkenlos das Gesetz übertreten würden, dann könnten wir im Kriminellen, im Verbrecher eher auch unseren Mitmenschen sehen und eine positivere Grundhaltung ihm gegenüber einnehmen, als wir es bislang zu tun gewohnt sind oder waren.

Helmut Enke und Editha Enke-Ferchland
Kultur

Es soll von „Kultur" die Rede sein. Wir werden erfahren, daß es zwischen der Wesensart eines Menschen, seinen Charaktereigenschaften, ja seinen Begabungen und Talenten und der Kultur, in die er hineingeboren wurde und in der er erzogen worden ist, mächtige Beziehungen gibt.

Margaret Mead, eine der bekanntesten Kulturforscherinnen, untersuchte Südseekulturen und berichtet vom Stamme der Mundugumur: Dort ist nur der zum Künstler bestimmt, der mit der Nabelschnur um den Hals geboren wurde, weil man fest daran glaubt, er könne besser als alle anderen die verschlungenen Muster auf Baumrinden bringen. Und in der Tat, die so erwählten Künstler erweisen sich als nicht unbegabt.

Mit diesem kleinen Beispiel wollte ich Sie auf unser Thema einstimmen. Mit dem Stichwort Kultur ist ja ein ungemein weites und überaus kompliziertes Thema angerissen. Wir tun deshalb gut daran, von einer einfachen Frage auszugehen. Diese Frage lautet: Was lernen wir als Psychologen und Tiefenpsychologen aus dem Vergleich verschiedener Kulturen? Diese Frage wird unsere Erörterungen weitgehend ausfüllen;

gegen Ende dieses Beitrags sollen dann noch einige Bemerkungen über das Befinden des Menschen in unserer eigenen Kultur angeschlossen werden.

Was ist Kultur? Schlagen wir ein gängiges Lexikon auf, so stoßen wir auf eine recht bekannte, allgemeine Definition: „Kultur ist die Gesamtheit der typischen Lebensformen einer Bevölkerung einschließlich der sie tragenden Geistesverfassung, besonders der Wert-Einstellungen" (W. E. Mühlmann). Es folgt sodann der sehr wichtige Hinweis, daß Kultur immer eine „Raumstelle" hat: sie ist gebunden an die Kulturlandschaft innerhalb geographischer Grenzen. Durch diese geographische Bindung grenzt sich begrifflich das „Kulturelle" vom allgemein „Sozialen" ab. Deshalb unterscheiden sich auch kultur-psychologische Untersuchungen recht klar von sozial-psychologischen Untersuchungen: kultur-psychologische Untersuchungen finden immer in bestimmten Räumen, in bestimmten Siedlungsgebieten statt und bleiben an diese gebunden.

Doch zurück zu unserer Frage: „Was lernen wir aus dem Vergleich verschiedener Kulturen?" Nun kann ich an den Vergleich der Erziehungsgewohnheiten, der Sitten, Bräuche, der Verhaltensweisen und Charaktereigentümlichkeiten der Menschen in verschiedenen Kulturen mit zwei unterschiedlichen, ganz allgemeinen Erwartungen, mit zwei unterschiedlichen Erkenntnis-Interessen herangehen:

1. Ich kann mich für das interessieren, was in den verschiedenen Kulturen gleich oder doch sehr ähnlich ist. Ich kann also Gemeinsamkeiten menschlichen Verhaltens und menschlicher Eigentümlichkeiten über die Kulturen hinweg sehen und feststellen.

2. Ich kann mich für die Unterschiedlichkeiten (wiederum der Sitten, Verhaltensweisen, Eigenschaften usw.) zwischen den Kulturen interessieren, also für die jeweils kulturspezifischen Ausformungen. – Finden wir kulturspezifische Verhaltensweisen, Eigenschaften bei einzelnen Menschen, so können wir immer davon ausgehen, daß diese erworben, umweltbedingt, also nicht angeboren sind.

Finden wir aber beim Kulturvergleich über die Kulturen hinweg Gemeinsamkeiten menschlichen Verhaltens, so ist es immerhin denkbar, daß wir auf angeborene Verhaltensweisen gestoßen sind. In jedem Fall aber wird es sich bei solchen Gemeinsamkeiten um Verhaltensweisen von hoher allgemeiner psychologischer Gültigkeit handeln.

Aus dem Kulturvergleich können wir also dort, wo wir

Gemeinsamkeiten finden, einiges lernen über das Verhältnis von Anlage und Umwelt und über die Gültigkeit psychologischer und tiefenpsychologischer Grundannahmen.

Das Anlage-Umwelt-Problem hat die Menschen bis heute nicht losgelassen. Es gibt in der Psychologie Richtungen, die immer wieder nachzuweisen suchen, daß alles menschliche Verhalten umweltbedingt, erworben, erlernt sei. So vertritt einer der führenden und bekanntesten amerikanischen Lern-Psychologen, Skinner, die Auffassung, daß nur die Umwelt den Menschen forme, und er zieht daraus weitreichende Folgerungen, wenn er schreibt: „Die wissenschaftliche Analyse des Verhaltens entthront den autonomen Menschen ... Er muß von nun an durch seine Umwelt und im besonderen durch seine Mitmenschen kontrolliert werden."

Wir wollen uns an dieser Stelle nicht mit der ethischen Problematik befassen, die ein solcher Satz (etwa im Blick auf Orwells 1984) mit sich bringt, sondern nur festhalten, daß eine andere Gruppe von Wissenschaftlern sich um den Nachweis dessen bemüht, was im menschlichen Verhalten vorgegeben, angeboren oder auch „vorprogrammiert" ist. Dieses Anliegen vertritt entschieden Irenäus Eibl-Eibesfeldt in seinem neuen Buch „Der vorprogrammierte Mensch" mit dem bezeichnenden Untertitel: „Das Ererbte als bestimmender Faktor im menschlichen Verhalten". Eibl-Eibesfeldt ist Schüler und Mitarbeiter von Konrad Lorenz. Er kommt also aus dem Gebiet der vergleichenden Verhaltensforschung, der Ethologie, die sich zunächst auf das vergleichende Studium tierischen Verhaltens konzentrierte.

Hier kann ich uns eine kleine, abschweifende Nebenbemerkung über die „Tücke des kleinen ‚n'" nicht ersparen. Eth*n*ologie (mit „n") bedeutet „Völkerkunde", von griechisch: Ethno = Volk, Stamm. Infolgedessen werden die Kulturforscher sehr oft allgemein auch „Ethnologen" genannt. Demgegenüber bedeutet Ethologie (ohne „n") von griechisch Ethos „Sitten- und Brauchkunde". Der Ausdruck Ethologie wurde aber mehr und mehr reserviert für das Studium des Verhaltens und der Lebensweise von Tieren, eben für die erwähnte „vergleichende Verhaltensforschung". Die vergleichende Verhaltensforschung hat sich nun in jüngerer Zeit wieder dem Menschen zugewandt und bezeichnet sich sodann als „Human-Ethologie".

Die vergleichende Verhaltensforschung an Tieren hatte die sehr wichtige Erkenntnis gebracht, daß Tiere über ein für jede Tierart kennzeichnendes, stammesgeschichtlich erworbenes, angeborenes Inventar von Verhaltensweisen verfügen. „Ein frischgeschlüpftes Entlein kann mit wohlgeordneten Bewegungen laufen und schwimmen. Es seiht mit komplizierten Schnabelbewegungen den Schlamm nach Nahrung durch und versteht es, sein Gefieder zu säubern . . , bei Gefahr unterzutauchen und anderes mehr." Dieses Verfahren kann nicht von der Mutter gelernt sein, denn es tritt auch ein, wenn die mögliche Erfahrung entzogen wurde, wenn das Entlein nämlich von einer Hühnerglucke ausgebrütet wurde. „Entgegen den Bemühungen der Mutter, ‚das Entlein' vom Wasser wegzulocken, strebt es dem Wasser zu und grundelt im Schlamm. Nie wird es ihm einfallen, dem Vorbild der Mutter folgend nach Körnern zu picken." Das Interesse der Human-Ethologie ist es nun, in ähnlicher Weise angeborene, „vorprogrammierte" Verhaltensweisen auch beim Menschen nachzuweisen. Auch beim Menschen gibt es, wenngleich unter recht tragischen Umständen, Verhältnisse, die denen einer „Aufzucht unter Erfahrungsentzug" nahe kommen. So zeigen Taubblindgeborene die meisten „normalen" mimischen Ausdrucksbewegungen, wie Lachen, Weinen usw., obgleich sie ihre Mitmenschen nie sehen und hören konnten. Dies wurde auch bei taubblindgeborenen Contergan-Kindern beobachtet, denen beide Arme fehlten und die also auch nicht die Möglichkeit hatten, Erfahrungen zu ertasten.

Ein anderer, wichtiger Forschungsweg der vergleichenden Verhaltensforschung beim Menschen führt uns wieder zu unserem eigentlichen Thema zurück. Die Human-Ethologen suchen bei der sehr genauen Beobachtung verschiedener Kulturen nach den in allen vorkommenden Gemeinsamkeiten menschlichen Verhaltens, die sie Universialien nennen. Solche Gemeinsamkeiten gehen nach Eibl-Eibesfeldt „bis in Einzelheiten". Er fand, „daß Menschen in allen Kulturen beim freundlichen Grüßen lächeln, nicken und mit einer schnellen Bewegung . . . die Augenbrauen heben". Diesen Augengruß filmte er unter anderem bei Europäern, Urwald-Indianern am oberen Orinoko, bei den Papuas, Samoanern und Balinesen. Kulturelle Unterschiede betreffen nur die „Leichtigkeit, mit der das Verhalten ausgelöst werden kann". Japaner grüßen nur ihre guten Freunde, Samoaner dagegen jedermann sogleich auf diese Weise.

Wie ich schon sagte, spielt sich heute die wissenschaftliche Kontroverse zum (psychologisch uralten) Anlage-Umwelt-Problem zwischen einer Gruppe von Lernpsychologen bzw. Verhaltenstherapeuten und den vergleichenden Verhaltensforschern, den Human-Ethologen, ab.

Eine gleichermaßen wirklichkeitsnahe wie wissenschaftlich liberale Haltung zu dem Anlage-Umwelt-Problem hat von jeher die Tiefenpsychologie und Psychoanalyse eingenommen. Sigmund Freud hat nicht nur immer wieder auf die Bedeutung der Konstitution, der gegebenen Verfassung eines Menschen, hingewiesen, er hat auch im Blick auf das, was er die Kultur-Eignung des Menschen nennt, einen angeborenen und erworbenen Anteil unterschieden. Dies ist gebunden an seine Triebtheorie, auf die wir später noch zurückkommen werden. Die entsprechende Stelle aus Freuds Arbeit „Zeitgemäßes über Krieg und Tod" (1916) möchte ich aber jetzt schon zitieren. Freud schreibt: „Heißen wir die einem Menschen zukommende Fähigkeit zur Umbildung der egoistischen Triebe unter dem Einfluß der Erotik seine Kultur-Eignung, so können wir aussagen, daß dieselbe aus zwei Anteilen besteht, einem angeborenen und einem im Leben erworbenen, und daß das Verhältnis der beiden zueinander ... ein sehr variables ist."

Nun hat sich allerdings die Psychoanalyse fast nie primär für den Nachweis angeborener Faktoren interessiert. Für die psychoanalytische Behandlung war die Erkundung von Umwelt- und Erziehungseinflüssen zweifellos bedeutsamer. Dennoch gibt es (über die Kulturen hinweg) Gemeinsamkeiten, die für die Tiefenpsychologie wichtig sind, weil sie – das sagte ich ja schon am Anfang – tiefenpsychologische Grundannahmen bestätigen. So hat Freud einmal vermutet, daß Mythen, Märchen und Sagen als „Träume der Völker" vergleichbar den Träumen des einzelnen sind. Weil dies Thema in der „Psychologie für Nichtpsychologen" unter mehreren Gesichtspunkten behandelt wird, möchte ich mich auf Andeutungen beschränken.

Von großem Interesse für die Psychoanalyse sind die Gemeinsamkeiten der in den Kulturen bestehenden Verbote. So ist das Inzest-Verbot (und das hat dann seine Bedeutung für den Ödipus-Komplex) in allen untersuchten Kulturen nachweisbar. In allen untersuchten Kulturen sind Sexualbeziehungen zwischen Mutter und Sohn, Bruder und Schwester, Vater und Tochter verboten. Einige Zahlen zum Vergleich: die Entführung einer verheirateten Frau ist ebenfalls in allen Kulturen zu 100 % verboten. Der Ehebruch der Frau ist in 87 % der untersuchten Kulturen verboten, voreheliche Beziehungen von Männern bzw. Frauen in 41 bzw. 44 % der untersuchten Kulturen.

Entscheidend wichtig für die psychoanalytischen Grundannahmen ist, wie gesagt, das einschränkungslose Inzest-Verbot. So viel über die Gemeinsamkeiten. Der Nachweis von

Unterschiedlichkeiten, von kulturspezifischen Ausformungen ist nicht minder interessant und ertragreich. So gibt es im Sexualverhalten im einzelnen sehr gewichtige aufregende Unterschiede. Ein Eingeborener der Tobriand-Inseln auf Neu-Guinea darf eine Frau töten, wenn er sie in den Armen eines Geliebten findet. Ganz anders die Toda in Vorderindien: sie finden einen Mann unmoralisch, der seine Frau nicht auch anderen Männern gönnt. Ein Beduinen-Stamm tötet Männer und Frauen, die sich homosexuell betätigen. In anderen Stämmen gelten Männer, die die weibliche Rolle gegenüber Männern übernehmen, als mächtige Zauberer.

Zu den gewissermaßen klassischen kulturvergleichenden Untersuchungen gehören die der schon erwähnten Margaret Mead, die mit diesen Untersuchungen das Interesse verband, die Geschlechtsrollen, also die Rollen von Mann und Frau, in der eigenen, der nordamerikanischen Kultur besser zu verstehen. Noch immer hat ja in der nordamerikanischen und auch in unserer europäischen Kultur die Meinung Gültigkeit, Männer seien aktive, kluge, vernünftig denkende, handelnde Wesen; Frauen seien passiv, hingebungsvoll, gefühlvoll und verfügten in der Regel nicht über den schweifenden Geist.

Margaret Mead fand nun Südseekulturen, in denen die männlichen und weiblichen Mitglieder der Kultur relativ gleichartig erzogen werden. Das gilt sowohl für die fürsorglichen, sanften Arapesh wie für die gewalttätigen, sexuell energischen und rachsüchtigen Mundugumur. Anders war es bei den Tschambuli, bei denen Männer und Frauen zu unterschiedlichen, ja fast gegensätzlichen Verhaltensweisen erzogen wurden. Dabei sind die Rollen von Männern und Frauen ganz andere als in unserer Kultur: Alle Männer sind Künstler oder kunsthandwerklich tätig. Sie lernen frühzeitig Tänze auszuführen, Masken oder Kopfschmuck herzustellen. Die Frauen sorgen für die Nahrungsbeschaffung. Sie bereiten das Essen zu. Aus diesen und anderen Untersuchungen ist zu entnehmen, daß die Geschlechtsrollen keineswegs nur biologisch bestimmt sind, sondern darüber hinaus entscheidend kulturell fixiert werden; Chancengleichheit für aktive Frauen und passive Männer sollte auch für unsere Kultur zumindest denkbar sein.

Die Psychoanalyse verbindet mit dem Kulturvergleich noch besondere Interessen. So studierte Erik H. Erikson den Einfluß kultureller Faktoren auf die Entstehung der Wesenseigentümlichkeit, der Charaktereigenschaften der Angehörigen einer bestimmten Kultur. Er untersuchte zwei Indianerstämme, die sich in Indianer-Reservaten der Vereinigten Staaten von Amerika befinden, die Sioux und die Yurok. Hierbei war besonders interessant zu sehen, daß in den Reservaten Erziehungsgewohnheiten beibehalten wurden, die in den Reservaten selbst nicht mehr unbedingt sinnvoll waren, früher aber für den jeweiligen Stamm sehr sinnvolle Funktionen hatten. Bei den Sioux, die früher ein umherziehender, jagender, schweifender Stamm waren, gilt auch heute noch Besitz als verwerflich. Die Anhäufung von Schätzen hätte den Stamm nämlich früher beim Umherziehen behindert. Hierauf sind auch die Erziehungsgewohnheiten abgestimmt. Ganz anders ist die Einstellung der früher seßhaften, sammelnden und Fische fangenden Yurok, bei denen beispielsweise der Erwerb von Besitz auch heute noch im Reservat hoch bewertet und durch die Erziehung gefördert wird. Sie kennen – im Gegensatz zu den Sioux – Geiz, Trotz, Behalten und Wettbewerb.

Ein weiteres Interesse der Psychoanalyse bestand in dem Nachweis, daß die psychoanalytische Methode selbst auch in anderen Kulturen anwendbar und ertragreich ist. So unterzogen Schweizer Psychoanalytiker, das Ehepaar Parin und ihr Kollege Fritz Morgenthaler, Mitglieder der westafrikanischen Stämme der Dogon auf Mali und der Agni an der Elfenbeinküste einer fast regulären psychoanalytischen Kur.

Die ausgewählten Personen zeigten sich in den analytischen Gesprächen sogar aufgeschlossener, als die Forscher es von den Europäern gewohnt waren. Eine gefühlsmäßige Beziehung zwischen dem „Eingeborenen" und dem „Analytiker" kam rasch zustande. Die Lehre von der „Übertragung" wurde bestätigt. Auch bei den Dogon und Agni wurden frühkindlich erlebte menschliche Beziehungen in der späteren Entwicklung und in den psychoanalytischen Gesprächen wiedererlebt. Dies erfolgte jedoch in einer kulturspezifischen Weise. Für Dogonkinder spielt die Mutter eine größere Rolle – der leibliche Vater hat kaum eine erlebnisnahe Bedeutung. So tauchte bei den Gesprächspartnern in der Psychoanalyse relativ häufig die Angst, die Mutter zu verlieren, die Trennungsangst, auf.

Nach der Abstillung werden bei den Dogon-Säuglingen sehr rasch die Beziehungen auf mehrere Personen verteilt. Auch das bestimmt die psychoanalytischen Gespräche. Während bei uns Europäern die Gewissensbildung vorwiegend durch Eltern-Verbote und -Gebote zustande kommt, fanden die Schweizer Psychoanalytiker einen hohen Einfluß des Clans auf die Gewissensbildung.

Genug der Beispiele. Wir wollten sehen – das war unsere Grundfrage –, was wir für die Psychologie und die Tiefenpsychologie aus dem Kulturvergleich lernen können.

Nun leben wir ja auch selbst in einer Kultur, und die Frage, inwieweit unsere eigene Kultur uns einschränkt, unser Wohlbefinden trübt, ja krankmachende Faktoren enthält, ist gerade in letzter Zeit immer wieder aufgeworfen worden. Je kultureller, desto unglücklicher – meinte Anton Tschechow. Ich hatte angekündigt, daß wir uns gegen Ende dieses Beitrags noch ein wenig mit psychoanalytischen Gedankengängen über unsere Kultur beschäftigen wollen. Wir konnten zeigen: Es gibt in allen Kulturen Gebote und – ganz besonders – Verbote, die ganz offensichtlich zur Ermöglichung des Gemeinschaftslebens einer Kultur entscheidend beitragen. Um des Gemeinschaftslebens willen schränken die einzelnen Mitglieder einer Kultur ihre Bedürfnisse ein. Sie leisten Verzicht.

So ist dann bekanntlich auch für Sigmund Freud der Triebverzicht, der Verzicht auf den Vollzug elementarer Bedürfnisse, die Voraussetzung für die Bildung einer Kultur. Für ihn bezeichnet „das Wort Kultur die ganze Summe der Leistungen und Einrichtungen ..., die zwei Zwecken dienen, dem Schutz des Menschen gegen die Natur und der Regelung der Beziehungen der Menschen untereinander".

Freud geht von der Annahme eines ursprünglichen Zerstörungs-, ja Tötungstriebes als Quelle der Aggression aus. Er bekennt sich zu Hobbes: Im Urzustand war ein Mensch des anderen Wolf. „Homo homini lupus." Verheißungen über eine natürliche Güte des Menschen, seien sie religiöser oder politischer (speziell marxistischer) Art, werden in den Bereich der Illusionen verwiesen. Allein durch Triebverzicht, durch Triebverschiebung kann kulturelles Gemeinschaftsleben zustande kommen. Dabei ist der Vorgang der Trieb-Sublimierung ein besonders hervorstechender Zug der Kulturontwicklung: Bei der Sublimierung treten anstelle des ursprünglichen sexuellen Triebzieles (der sexuellen Vereinigung) andere Triebziele auf, deren Erreichung zumindest eine „Ersatzbefriedigung" verheißt. Nach Freud macht es die Triebsublimierung möglich, „daß höhere psychische Tätigkeiten, wissenschaftliche, künstlerische, ideologische eine so bedeutsame Rolle im Kulturleben spielen".

Es bleibt bei dem harten, lapidaren Satz: „Unsere Kultur ist ganz allgemein auf der Unterdrückung von Trieben aufgebaut." Dieser Satz steht in Freuds bereits 1908 veröffentlichter

Arbeit über „Die kulturelle Sexualmoral", deren Aussagen in unserem gesellschaftlichen Bewußtsein – in unserer Kultur – in jüngster Zeit wieder sehr aktuell geworden sind. Freud schrieb dort: „Man sucht die Ursachen für die Nervosität unserer Zeit in der Regel nur in der Unruhe und Hast des modernen Lebens. Diese Erklärung ist jedoch unzulänglich, sie berücksichtigt nicht das sexuelle Moment... Die kulturelle Moral verlangt vom Individuum eine weitgehende Einschränkung seiner Sexualbetätigung... und... ist für viele Personen eine Quelle der Krankheit."

Hieraus zu folgern, ein völliger Verzicht auf „kulturelle Sexualmoral" könne das Heil sein, ist sicher falsch. Jedes Gemeinschaftsleben und damit auch jedes kulturelle Gemeinschaftsleben ist in der Tat darauf angewiesen, daß die einzelnen ihre Bedürfnisse aufeinander abstimmen – und das bedeutet dann auch immer Verzicht.

Auf einem anderen Blatt steht, daß diese Notwendigkeit zur Bedürfnisregulierung und zum Verzicht in unserer Gesellschaft sehr oft manipulativ ausgenützt wird, um kleinen Teilen der Gesellschaft, bestimmten Klassen Vorteile und Herrschaftspositionen zu sichern. Durch die sogenannte Kulturschule (innerhalb der psa-Bewegung) und die soziologischen Forscher der Frankfurter Schule (Marcuse, Adorno, Horkheimer) wurde der Blick geweitet.

Von der heutigen Gesellschaft werden, um reibungslose Arbeitsteilung, Massenansiedlung (Verstädterung) zu ermöglichen und um Klassenstrukturen zu erhalten, Erziehungsmethoden eingesetzt, die nicht nur die Sexualität, sondern auch die individuelle Entfaltung, die Kreativität des einzelnen, über das kulturnotwendige Maß hinaus behindern. Auf diese Weise entstehen anstelle von kräftigen, verantwortungsvollen Persönlichkeiten ich-schwache Individuen, die sich – um mit Erich Fromm zu sprechen – „vor der Freiheit fürchten". Sie machen die „schweigende Mehrheit" aus. Gleichzeitig – und das ist einer der letzten Entwicklungsschritte unserer Kultur – keimt ein Interesse auf, die Beziehungen der Menschen zueinander zu erhellen und zu klären. Ich denke hierbei nicht nur an den Zustrom zu den Sozialwissenschaften, speziell zur Soziologie, sondern auch an den allenthalben zu beobachtenden Gruppen-Trend. Überall gibt es Gruppen: Therapie-Gruppen, gruppendynamische Gruppen, Marathon-Gruppen, Encounter-Gruppen usw. Diese Gruppen stellen (wie übrigens die Sozialwissenschaften überhaupt) gleichermaßen eine Gefahr wie eine Chance dar. Sie gestatten dem vereinsamten, ich-schwachen einzelnen, sich menschliche Beziehungen und Kontakte einzukaufen. Bliebe es dabei, es wäre schlimm. Aber Gruppen haben auch eine Chance, wenn sie sich in ihrer kulturellen Bedeutung, in ihrer gesellschaftlichen Bezogenheit reflektieren und es dem einzelnen ermöglichen, durch Klärung seiner Beziehungen seine Identität zu finden, ihn sozial zu emanzipieren. Der Vollzug einer sozialen Aufklärung kann die Chance unserer Kultur sein.

Ernst-F. Sievers
Leistung

Über Leistung in einer Leistungsgesellschaft zu sprechen ist ein Problem, es in einer halben Stunde zu tun, ein zweites, und vom psychologischen Standpunkt aus ein drittes. Zwangsläufig muß ich mich beschränken und eine Auswahl treffen.

Mir ist daran gelegen, darzustellen, wie sich Leistung in unser gesamtes Leben gewissermaßen eingeschlichen hat, mit anderen Worten: wie der psychologische Tatbestand Leistung auch mit bestimmten soziologischen Bedingungen in Zusammenhang zu bringen ist. Ich werde versuchen, das in einer Folge von elf Beispielen zu tun. Durch möglichst große Anschaulichkeit möchte ich gerne erreichen, daß in dem einen oder anderen Beispiel dieser oder jener Züge von sich selbst oder anderen wiedererkennt. Anschaulichkeit geht auf Kosten der Akribie. Deshalb sind Vereinfachungen und Unvollständigkeit auch dann unvermeidbar, wenn die Auswahl der Beispiele nicht so willkürlich ist, wie das vielleicht scheinen mag.

Zwei Warnungen noch vorweg: 1. Seien Sie nicht zu voreilig in dem Versuch, sich selber wiederzufinden. 2. Bedenken Sie bitte immer wieder eines: Psychologische Sätze sind grundsätzlich nicht umkehrbar. Beispiel: Um ein Gefühl innerer Leere am Wochenende zu übertönen, kann jemand schwarz arbeiten. Aber nicht jeder Schwarzarbeiter fühlt sich von einem Gefühl innerer Leere bedroht.

1. *Der Fleißige ist am stärksten allein*

Leistung als Möglichkeit, Unabhängigkeit und Identität zu wahren

In einer Gesellschaft, in der Reizüberflutung an der Tagesordnung ist, in der die Vielfalt innerer und äußerer scheinbarer Orientierungsangebote zur völligen Orientierungslosigkeit führen kann und in der doch eine merkwürdige Form von Konformismus herrscht, in einer so gearteten Welt kann es eine Möglichkeit sein, sich durch Leistung auf sich selbst zurückzuziehen, in einer Art „splendid isolation" zu leben. Sie können das in vielfältiger Weise beobachten: Der Wissenschaftler, der nur sein Labor kennt, den nur sein Fachgebiet interessiert. Das böse Wort vom „Fachidioten" gehört möglichenfalls auch hierher. Offenbar hat es die Gesellschaft nötig, Menschen abzuwerten, die sich durch Beschränkung einerseits und Leistungskonzentration andererseits eine Sonderposition schaffen: ihr Fachwissen macht sie ebenso unentbehrlich wie unangreifbar. Sie sind die einzigen, die es sich selbst in einem modernen Großbetrieb noch erlauben können, ein fast sonderlingshaftes Leben zu führen.

Wenn die Begabung nicht ausreicht, um durch besondere Leistung sich zu distanzieren, kann das auch durch die Art der Tätigkeit geschehen. Am eindrucksvollsten ist mir aus meiner Praxis jener Patient geblieben, der anstelle einer gut bezahlten Fließbandtätigkeit lieber den Fabrikhof fegte. Da war er wenigstens für sich allein.

2. *Leistung ist für das Gewissen wie ein sanftes Ruhekissen*

Leistung als Folge eines überhöhten Ich-Ideals

Die Identitätsfindung kann auch in anderer Weise erschwert sein, als im ersten Beispiel beschrieben. So kann sie gestört sein durch mangelndes Selbstvertrauen oder starke Selbstzweifel. In diesem Falle kann der Mensch den Versuch machen, seine Identität dadurch zu finden, daß er zunächst einmal festlegt, wie er sein sollte. Er bildet ein Ich-Ideal, wobei verständlich ist, daß – je weniger jemand von sich überzeugt ist – um so ausgeprägter sein Ich-Ideal sein muß. Wir sprechen von einem „überhöhten" Ich-Ideal. Für die Bildung eines solchen überhöhten Ich-Ideals bietet sich Leistungsstreben insofern an, als die Leistung in der Wertskala unserer Gesellschaft sehr hoch rangiert.

Das sind dann jene Menschen, die sehr genau zu wissen glauben, was sie eigentlich alles leisten müßten, aufgrund der vorher genannten Behinderungen das gesteckte Ziel aber nicht erreichen. Ein für die Betreffenden sehr unangenehmer Teufelskreis ist die Folge, in dem „ungenügende" Leistung eine weitere Heraufsetzung des Ich-Ideals erfordert und in dem ein so überhöhtes Ich-Ideal die tatsächlichen Leistungen noch geringer erscheinen läßt.

Es ist vielleicht der Augenblick, kurz zwei Behinderungen zu nennen, die als ein besonderer Feind jeder echten Leistung wie auch dem ausphantasierten oder intendierten Leistungsstreben im Wege stehen. Ich meine Bequemlichkeitshaltungen und Tagträumereien. Folgendes Beispiel mag das illustrieren:

Ein junger Ministerialbeamter träumt davon, wie er Karriere machen wird: Abteilungsleiter, Staatssekretär oder Minister wären ihm gerade recht. Ein Teil des Tages vergeht mit Tagträumereien dieser Art. Sie mindern verständlicherweise die Effektivität seiner Arbeit.

Aber noch von einer anderen Seite wird er an der Erreichung seines Zieles gehindert. Seine Bequemlichkeit verbietet es ihm, länger zu arbeiten, als die Dienststelle es vorschreibt, oder sich Akten mit nach Hause zu nehmen. So kann er mit besonderen Leistungen nicht aufwarten, und seine Vorgesetzten gewinnen eher den Eindruck, als gehe sein Ehrgeiz über die jetzige Tätigkeit als Regierungsrat nicht hinaus.

3. *Liebe durch Leistung*

Die Überforderung auf der Leistungslinie

Dieses Beispiel eignet sich, um zu zeigen, wie in früher Kindheit eine ganz bestimmte Leistungseinstellung zustande kommen kann, ein Gesichtspunkt, der bei den übrigen Beispielen eher zu kurz kommt.

Es gibt in manchen Familien und speziell bei manchen Müttern eine ganz bestimmte Art, vor allem mit dem ältesten Kind umzugehen. Das ist besonders dann der Fall, wenn mehrere Kinder relativ schnell hintereinander geboren werden. Für die Mutter liegt es dann nahe oder ist auch notwendig, das älteste Kind – insbesondere dann, wenn es eine Tochter ist – möglichst frühzeitig zur Hilfe im Haushalt und zur Betreuung der jüngeren Geschwister heranzuziehen. „Du bist doch meine Große, du kannst das schon!"

Für die so behandelte älteste Tochter sieht sich die Situation so an: Für sie sind Zuwendung, Kontakt und Liebe der Mutter nur auf dem Wege über Leistung zu erreichen. Das, was den jüngeren Geschwistern selbstverständlich und bedingungslos zufällt, muß sie durch Leistung verdienen. Das hat einen sehr unerwünschten und von der Mutter auch nicht beabsichtigten Effekt: Diese Älteste kommt sich weniger wertvoll vor als ihre Geschwister. Andere werden um ihrer selbst willen geliebt, sie um ihrer Tüchtigkeit willen. Das kann sich wie eine „innere Formel" in ein Kind eingraben und deshalb auch sein Leben als Erwachsener bestimmen. Auch als Erwachsener wird es glauben, nur Anerkennung und Liebe gewinnen zu können durch Fleiß, Arbeitsamkeit und Tüchtigkeit. Dadurch werden unter anderem Partnerwahl und das Zusammenleben mit dem Partner erschwert. An die Stelle spontaner emotionaler Zuwendung zum Partner wird die Vorstellung treten, für ihn dasein zu müssen, im Haushalt und in der Kindererziehung etwas leisten zu müssen. Darunter wird das emotionale Klima und damit die Beziehung zum Partner leiden.

Um Irrtümer zu vermeiden, sei ausdrücklich darauf hingewiesen, die in diesem Beispiel dargestellte „Leistungslinie" ist nur eine unter vielen Möglichkeiten, wie sich Leistungsstreben in einem Kind entwickeln kann.

4. *Schaffe, schaffe, Häusle bauen*

Leistung als Ausdruck von Erwerbs- und Besitzstreben

Der Wunsch nach Erwerb und Besitz gilt als eines der Grundbedürfnisse des Menschen, mit denen er – sozusagen – geboren wird. Auch wenn gerne eingestanden werden soll, daß innerhalb verschiedener Gesellschaftsordnungen dem Besitzstreben unterschiedliche Bedeutung beigemessen und dadurch der Umgang mit diesen Tendenzen in jedem einzelnen mitgeformt wird, so kann man doch für unsere Gesellschaft – mindestens zur Zeit noch – davon ausgehen, daß dem Besitzstreben eine große Bedeutung zukommt. Nach wie vor ist aber für die meisten Menschen die wesentliche Voraussetzung, um zu Geld und Besitz zu kommen, zu arbeiten. Und so begegnen wir auch in diesem Zusammenhang der Leistung.

Bleibt die Frage: Warum genießen Geld und Besitz einen so hohen Stellenwert? Ich denke, eine erste Antwort gibt das Schwaben-Wort, das über diesem Kapitel steht: „Schaffe, schaffe, Häusle bauen." Es könnte doch auch heißen: „Schaffe, schaffe, Aktien kaufen." Daß es gerade ein Haus sein soll, das die Frucht von Arbeit und Leistung symbolisiert, zeigt zugleich das Bedürfnis des Menschen nach Behausung und damit nach Sicherheit und Geborgenheit an. Wenn man das gleiche negativ ausdrückt, kann man auch sagen, Leistung kann auch eingesetzt werden, um Verhungerungs- und Verlustängste in Schach zu halten. Hierfür lieferte ein guter Freund von mir ein treffendes Beispiel. Sein Haus und seine Praxis wurden während des Krieges durch Bombenangriffe total zerstört. Sofort begann er, auf seinem einsam und ungefährdet gelegenen großen Wochenendgrundstück mehrere kleine Häuser zu bauen. Ein rational völlig unverständliches Handeln, da ihm alle Häuser bis auf eines vom Wohnungsamt umgehend beschlagnahmt wurden, was vorauszusehen war. Aber seine Verlustängste waren gemindert.

5. *Die unerledigten Akten*

oder: Die Anforderung kommt immer von außen

Wenn Sie mir bisher aufmerksam gefolgt sein sollten, werden Sie bemerkt haben, daß meine bisherigen Beispiele von der scheinbar selbstverständlichen Annahme ausgingen, Leistungsstreben sei dem Menschen ähnlich angeboren wie der Wunsch nach Erwerb und Besitz. Daß dem nicht so ist, zeigt schon ein kurzer Blick auf den Alltag: Es gibt auch Antriebslosigkeit, Faulheit, Bequemlichkeit, den Wunsch nach Passivität und Verwöhnung. Deshalb soll uns am folgenden Beispiel die Frage beschäftigen: Wie geht es dem, der Leistungsstreben nicht als inneren Antrieb erlebt, und wie kommt er in unserer Gesellschaft zurecht? Hier ist es vielleicht noch wichtiger als in anderen Fällen, vorweg darauf hinzuweisen, daß es sich nur um ein Beispiel handelt, nicht um regelhaftes Verhalten. Jemand kann das, was er innen nicht verspürt, nach außen verlagern, von wo es dann scheinbar wieder auf ihn zukommt. Wir sprechen in einem solchen Falle von Externalisation.

Ein bezeichnendes Beispiel für diesen Mechanismus liefern manche Angestellte und Beamte in Behörden oder Verwaltungen. Auf sie kommt die Arbeit zu in Form von Akten, die ihnen irgend jemand – manchmal fast anonym – auf den Schreibtisch legt. Da liegen sie nun und müssen „bearbeitet" werden. Die Frage nach Lust oder Unlust, nach Interesse oder Gleichgültigkeit dieser Tätigkeit gegenüber stellt sich scheinbar nicht mehr. Äußere Terminsetzung tritt an die Stelle der Frage nach der inneren Motivation. Somit wird Arbeit als etwas erlebt, das von außen auf jemand zukommt, aber nicht als etwas, bei dem es auf inneres Leistungsstreben ankommt. Hier sei nochmals ausdrücklich vermerkt, daß auch diese Feststellung nicht umkehrbar ist. – Mit anderen Worten: nicht jedem Angestellten und Beamten fehlt der innere Antrieb zur Leistung.

6. *Wer schwarz arbeitet, sieht auch schwarz*

oder: Wie überwinde ich mein Leergefühl am Wochenende?

Wochenendarbeit ist ein weit verbreitetes Phänomen. Zu seiner Erklärung gibt es vermutlich eine Reihe soziologischer Gesichtspunkte, von denen der wirtschaftliche der nächstliegende zu sein scheint. Aber so, wie wir seit längerem wissen, daß häufig die Berufstätigkeit von Frauen nicht in erster Linie dem Ziel dient, der Familie die Anschaffung eines Farbfernsehers zu ermöglichen, dient auch die Wochenendarbeit nicht nur wirtschaftlichen, sondern auch psychologischen Bedürfnissen. Wochenendarbeit steht hier für alle „Arbeit" in der Freizeit. Also Arbeit anstelle wirklicher Freizeitbeschäftigung im Sinne der Liebhaberei oder des Hobbys.

Die Tendenz, in der Freizeit zu arbeiten, schließt an unser letztes Beispiel an: Wenn die Leistungsanforderung von außen her nicht mehr gestellt wird, ein innerer Antrieb zugleich aber nicht verspürt wird, was geschieht einem solchen Menschen? Er fällt in ein großes schwarzes Loch, in eine Leere. Manche Menschen können das zu ihrem Kummer sehr eindrucksvoll schildern. Und manche können sich – gewissermaßen wie

Münchhausen – an den eigenen Haaren wieder aus dem Loch herausziehen. Sie tun das, indem sie die Anforderung von außen, die sie brauchen, um sich wenigstens als aktiv und nützlich zu empfinden, selber schaffen. Sie legen sich – um beim vorigen Beispiel zu bleiben – die Akten gewissermaßen selber auf den Tisch.

Vor einigen Jahren war ich an einem Samstagabend zu einer Hochzeit eingeladen. Als sich am Sonntagmittag nach und nach die Gäste wieder versammelten, um sich noch einmal zu bedanken und zu verabschieden, fehlte nur der Vater der Braut. Auf Nachfrage erfuhr man – im Tone völliger Selbstverständlichkeit –, der sei schon lange wieder in seiner Praxis, um Arztbriefe zu diktieren.

Um nicht mißverstanden zu werden, ich weiß nichts über die wirklichen Motive des Verhaltens des Hausherrn und Brautvaters. So kann meine Interpretation nur verstanden werden als eine unter mehreren denkbaren Erklärungsmöglichkeiten.

7. *Der Fassadenkletterer aus Leistung*

Leistung als Ausdruck des Strebens nach Macht und Prestige

Wie äußerlich erfolgreich Leistungsstreben sein kann, wird in unserer Gesellschaft am deutlichsten am Bild des Managers. Seine höchsten Werte, für die er seine ganze Kraft und Leistung einsetzt, sind Macht, Prestige und soziales Ansehen. Angestrebt wird also nicht – wie etwa im ersten Beispiel – eine innere Autonomie, sondern eine nach außen gewandte Macht, eine Herrschaft über andere. Sicherheit wird auch nicht – wie beim Schwaben – gewonnen durch materiellen Besitz, sondern durch sozialen Aufstieg. Die Faszination, eines Tages an der Spitze der Pyramide angekommen zu sein, verläßt sie oft ihr Leben lang nicht. Um dieses Ziel zu erreichen, verfügen sie über die ausgefeiltesten Arbeitsmethoden. Eine scheint zu sein, möglichst alles sofort zu erledigen oder mindestens soweit, daß der Vorgang eines Tages wieder auf ihrem Schreibtisch landet. Ein anderes Problem ist, die Grippe zu nehmen. „Seine Grippe nehmen" ist eine stehende Redewendung in unserer Gesellschaft geworden. Dahinter verbirgt sich unter anderem das Bedürfnis, sich – wenn auch nur vorübergehend – vom Druck der Leistungsgesellschaft zu befreien, und das mit einer scheinbar oder tatsächlich berechtigten Begründung. Es ist durchaus die

Frage, ob es sich bei diesem Phänomen nicht um einen ganz legitimen Akt der Notwehr gegen die Überforderung durch eine Leistungsgesellschaft handelt.

Nicht so der Manager. Er darf seine Grippe grundsätzlich nur über das Wochenende nehmen. Ab Freitagmittag darf es ihm schlecht gehen. Er wird von seiner Sekretärin gewaltsam zwei Stunden früher nach Hause geschickt. Zu Hause steckt ihn die besorgte Ehefrau sofort ins Bett. Am Samstag wird die Krankenhauseinweisung erwogen, weil das Fieber inzwischen auf 40 Grad angestiegen ist. Am Sonntag beginnt es, ihm ein bißchen besser zu gehen. Nachmittags steht er ein Stündchen „zum Tee“ auf. Schließlich am Montagmorgen erscheint er, zwar noch etwas angeschlagen, aber doch „wieder ganz der Alte“, im Betrieb.

8. *„Im Bett bin ich der Boß“*

Austragung von Rivalität und Konkurrenz durch Leistung

Der Slogan „Im Bett bin ich der Boß“ fand sich meines Wissens eines Tages als Überschrift über einigen geistreichen Ausführungen zum Thema Emanzipation in der Wochenzeitung „Die Zeit“. Das Thema Emanzipation paßt deshalb so gut zu unseren Überlegungen, weil Emanzipation heutzutage nur allzu oft nicht mit Verselbständigung, sondern mit Rivalität übersetzt wird. Nun bedarf es zunächst nur eines kurzen Hinweises, um klarzustellen, daß Rivalitäten zwar auf sehr unterschiedliche, aber selbstverständlich auch auf dem Wege über konkurrierende Leistung ausgetragen werden können. Aus dem Berufsleben zum Beispiel ließen sich dafür vermutlich beliebig viele Beispiele finden. Es ist mir aber in diesem Zusammenhang daran gelegen, zu zeigen, wie Leistungsvorstellungen in ein Gebiet eingedrungen sind, wo man sie nicht so schnell erwartet hätte: in die Sexualität. Dort ist Leistungsstrebigkeit sehr oft eine so enge und unheilvolle Verbindung mit Rivalitäts- und Konkurrenzvorstellungen eingegangen, daß es schwerfallen kann, beides noch auseinanderzuhalten. Rivalität und Konkurrenz spielen teils bewußt, teils unbewußt in vielen Partnerbeziehungen eine entscheidende Rolle. In solchen Fällen kann es im sexuellen Bereich sehr leicht dazu kommen, daß jeder den anderen durch „bessere Leistung“ zu übertrumpfen sucht. Für die Frau wird der Orgasmus zu einer „Leistung“, die sie erbringen muß. Nur so kann sie sich selbst, dem Partner und anderen beweisen, daß sie eine vollwertige Frau ist. Für den Mann ist primär der Orgasmus noch häufiger mit Leistungsvorstellungen verbunden. Ein sexuell potenter Mann zu sein ist für das Selbstverständnis der meisten Männer wichtig. Darüber hinaus wird sexuelle Potenz nicht so selten mit Leistungsfähigkeit überhaupt gleichgesetzt. Hinzu kommt schließlich, daß von vielen Männern der Orgasmus der Frau zugleich auch als Ausdruck ihrer Leistungsfähigkeit verstanden wird. Der erfolgreiche Liebhaber erreicht nicht nur den eigenen, sondern auch den Orgasmus seiner Partnerin.

9. Der Putzteufel

oder: Wie halte ich mir meine sexuellen und aggressiven Impulse vom Leibe?

Als „Putzteufel" bezeichnet man jemanden, der schlechthin unglaubliche Leistungen auf dem Gebiet der Sauberkeit bzw. genauer gesagt der Sauberhaltung vollbringt. Hier stellt sich allerdings die Frage, ob es sich hier noch um eine Leistung im bisherigen Sinne handelt. Wir hatten in allen voraufgehenden Beispielen gesehen, daß „Leistung" mit sehr vielfältigen Tendenzen, Motivationen, Wünschen und Antrieben verbunden sein kann. Aber immer schien der Betreffende zumindest in gewissen Grenzen Herr seiner Leistung zu sein. Mit anderen Worten: Es hing mehr oder minder von seinen bewußten Intentionen ab, ob er etwas leisten wollte, wieviel er zu leisten gedachte und welcher Art seine Leistung sein sollte.

Beim „Putzteufel" begegnen wir nun erstmalig jemandem, der in bezug auf Sauberkeit weitgehend nicht mehr Herr seiner eigenen Entscheidungen ist, sondern einem inneren Zwang unterliegt. Er will nicht sauber machen, er muß sauber machen. Mit anderen Worten: Das Putzen hat für seinen inneren Haushalt einen besonderen, genau bestimmbaren Bedeutungsgehalt. Mit dem Putzen wird ein inneres Problem nach außen verlagert. Wo vorgeblich äußere Sauberkeit angestrebt wird, ist innere Sauberkeit das Ziel. Bleibt die Frage: Innere Sauberkeit wovon? Das hängt davon ab, welche Triebregungen in einer Gesellschaft am meisten unter Tabu stehen oder standen: Das waren in unserer Gesellschaft vor allem sexuelle Triebe und speziell für die Frau aggressive Impulse. Wer den Putzzwang hat, meint also sexuelle Reinheit und scheinbare Friedfertigkeit. Letztere wird allerdings im häufig aggressiven Ablauf des Putzens durchbrochen. Vor allem aber leiden ganze Familien unter einem Putzteufel derart, daß die darin versteckte Aggressivität ganz unverkennbar ist. Wenn ich recht beobachtet habe, nimmt der Typ „Putzteufel" unter den jungen Frauen ab. Das wäre psychologisch auch ganz verständlich: Abbau sexueller Tabus und die Emanzipation der Frau lassen innere Konstellationen, wie sie hinter dem Phänomen „Putzteufel" stehen, nicht mehr so häufig entstehen.

10. Ordnung ist das halbe Leben

Leistung als Ausdruck des Wunsches nach äußerer und innerer Ordnung

Ordentlich zu sein, Ordnung zu halten gilt in unserer Gesellschaft als anerkennenswerte Leistung. Aber auch unabhängig davon sind die Vorteile der Ordnung unverkennbar. Wer immer weiß, wo sein Feuerzeug, sein Kugelschreiber und seine Autoschlüssel sind, braucht nicht zu suchen.

In dieser Beziehung war mir am eindrucksvollsten ein Bekannter, den ich um Feuer bat. Er faßte in seine rechte Rocktasche und sagte: „Bedaure, ich habe mein Feuerzeug nicht mit!" Auf meinen schüchternen Einwand hin, das Feuerzeug könne ja vielleicht in einer der anderen Taschen sein, entgegnete er freundlich, aber bestimmt: „Wenn ich es bei mir hätte, könnte es nur in der rechten Rocktasche sein." Aber auch wer seine Kleidung nicht wahllos im Zimmer herumwirft und nicht einfach ein unerledigtes Schriftstück auf das andere packt, braucht weder aufzuräumen noch mühsame Suchaktionen auf seinem Schreibtisch zu unternehmen.

Über diese uns allen vertraute alltägliche Funktion von Ordnung hinaus hat sie für manche Menschen eine sehr viel weitergehende Bedeutung. Für sie heißt Ordnung halten zugleich auch dafür sorgen, daß die Welt in Ordnung bleibt. Für sie sind Beständigkeit, Gleichmaß und Unveränderlichkeit wichtig für ihr Gefühl von Sicherheit in dieser Welt. Dafür sind sie bereit, ein hohes Maß an Leistung aufzubringen, nicht nur in ihrem persönlichen Leben, sondern auch im größeren Rahmen. Hierher gehören etwa konservative Bestrebungen in der Politik. Man denke nur an den Adenauer-Slogan: „Keine Experimente".

Aber auch vieles an geistiger und wissenschaftlicher Arbeit, das der Erhaltung des Bestehenden, dem Bewahren tradierter Werte dient, hat seine psychologischen Wurzeln in einem tiefsitzenden Bedürfnis nach Sicherheit durch Ordnung.

11. Öfter mal was Neues

Von der Schwierigkeit, etwas nicht nur anzufangen, sondern es auch durchzuführen

Manche Menschen haben es schwer, anzufangen, manche fangen gerne an, und zwar möglichst jedesmal etwas Neues. Solche Menschen können in einer ganz bestimmten Art schwierige Vorgesetzte sein. Sie haben eine Vielzahl von Ideen und Einfällen. Jedesmal, wenn ihnen ein neues Projekt eingefallen ist, lassen sie einen Mitarbeiter kommen, tragen ihm vor, was ihres Erachtens geändert oder neu gestaltet werden sollte. Sie entlassen den Mitarbeiter schließlich mit dem Auftrag, die Verwirklichung in die Hand zu nehmen. Der Mitarbeiter tut, wie ihm geheißen, und meldet sich einige Zeit später wieder bei seinem Chef, um über die ersten konkreten Schritte in der gewünschten Richtung zu berichten. Zu seinem Erstaunen muß er feststellen, daß das Interesse des Chefs weitgehend geschwunden ist. Dafür hat er eine neue Idee. Derselbe Ablauf beginnt von vorne. Das Produzieren ständig neuer Einfälle, Vorhaben und Projekte hat einen Selbstzweck. Oft erkennt man das zuerst daran, daß jede neue Idee mit ungeheurem Schwung, mit innerer Anteilnahme und Begeisterung vorgetragen wird. Hier muß die eigentliche Befriedigung liegen, und in der Tat, hier liegt sie auch. Dieser Mensch ist sozusagen das Gegenteil dessen, den ich unter dem Stichwort „Ordnung ist das halbe Leben" dargestellt habe. Mit einem Wort: Hier wird nicht Beständigkeit, sondern Veränderung gesucht. Das Gefühl der Sicherheit im Leben wird aus der Vorstellung gezogen, daß nichts unabänderlich ist, daß man immer alles wieder neu gestalten kann, im Großen wie im Kleinen. Diese Sicht des Lebens kann auch ein Versuch sein, die Angst vor dem Tode zu mindern. Solange man alles verändern kann, müssen auch Alter und Tod nicht unausweichlich sein.

Abschließende Bemerkungen

Damit bin ich am Ende meiner Beispiele angelangt. Bei aller zwangsläufigen Lückenhaftigkeit hoffe ich, daß ein Bild davon entstanden ist, aus welch unterschiedlichen Antrieben, Wünschen, Befürchtungen und Motivationen Menschen Leistungen erbringen können.

Zugleich aber ist die individuelle Vielfalt des Leistungsverhaltens nicht zu trennen von den soziologischen Bedingungen, unter denen wir leben. Der hohe Stellenwert, den Leistung in unserer Gesellschaft einnimmt, legt es dem Menschen nahe, zu versuchen, viele seiner Probleme und Konflikte auf dem Wege über die Leistung zu lösen. Das wird möglichenfalls nicht immer so bleiben. Junge Menschen gehen zum Teil schon heute sehr viel unbefangener mit Arbeit und Leistung um. Manche Genügsamkeit – zum Beispiel in der Kleidung – könnte auch verstanden werden als der Wunsch, nicht so abhängig vom Geld und damit von der Leistung zu sein. Auch wird Leistung mehr als früher zur Erreichung kurzfristiger Ziele in Form des Jobs eingesetzt. So kann ein junger Mann beschließen, vorerst nur so lange zu arbeiten, bis er das Geld für den geplanten Italienaufenthalt mit seiner Freundin zusammen hat. Aber auch noch vieles andere, was wir am Verhalten der Heranwachsenden und Jugendlichen beobachten, spricht dafür, daß ihnen das Leistungsverhalten ihrer Eltern nicht nachahmenswert erscheint. Sie wehren sich dagegen, selber nur an ihrem Leistungsverhalten gemessen zu werden. Der Protest gegen die leistungsorientierten Eltern wird zum Protest gegen die Leistungsgesellschaft. So entstehen Randgruppen unserer Gesellschaft wie die Gammler, Hippies, Jesus-People und andere. Sie alle sind auch auf der Suche, ihre eigenen inneren Schwierigkeiten auf andere Weise als durch Leistungsehrgeiz zu lösen.

Unsere Aufgabe sollte es sein, ihnen dabei zu helfen. Dazu wird es notwendig sein, uns von der uns liebgewordenen Vorstellung zu trennen, die Welt käme schon in Ordnung, wenn nur jeder von uns sein Bestes leisten würde.

Werner Correll
Lernen

Im Unterschied zum Tier verfügt der Mensch am Anfang seines Lebens kaum über funktionsbereite Verhaltensformen. Alles, was er zum Leben braucht, muß er erst lernen. Lernen ist daher für den Menschen von existentieller Bedeutung und beschränkt sich keineswegs nur auf verbalen Wissenserwerb. Die Erforschung des Lernprozesses ist daher immer schon Gegenstand psychologischer Untersuchungen gewesen, wenn auch die experimentelle Erforschung dieses Prozesses erst jüngeren Datums ist.

Die sehr zahlreichen Untersuchungsbefunde über das Lernen lassen sich in drei typische Lerntheoriengruppen einteilen, wenn man sie unter dem Gesichtspunkt ihrer pädagogischen Anwendbarkeit betrachtet (vgl. W. Correll: Lernpsychologie. Donauwörth, 12. Auflage, 1972).

1. Lernen als reaktives Konditionieren oder bedingte Reaktion

Unter dem Blickpunkt der ersten Lerntheorie besteht Lernen hauptsächlich aus einer Assoziation zwischen einem Reiz

(Stimulus) und einer Reaktion. Iwan P. Pawlow ist einer der wichtigsten Vertreter dieser Lerntheorie. Er ging bei seinen Experimenten unter anderem so vor, daß er einen hungrigen Hund daraufhin untersuchte, ob er beim Anblick eines unbedingten Stimulus (etwa Nahrung) ebensoviel Speichel absonderte, wie wenn man einen neutralen Stimulus (etwa einen Glockenton) bot. Es zeigte sich bald, daß der Hund zunächst zwar auf den unbedingten Stimulus Speichel absonderte, nicht aber auf den neutralen Reiz des Glockentons. Nun ließ er den Ton ertönen, und einen Bruchteil einer Sekunde später bekam der Hund das Futter. Diesen Vorgang der Konditionierung wiederholte man etwa 25mal. Schließlich sonderte der Hund beim bloßen Ertönen des Glockentons genausoviel Speichel ab wie angesichts des Futters. Der Hund hatte „gelernt", daß der Glockenton als bedingter Stimulus mit dem Futter als dem unbedingten Stimulus in Verbindung steht und daß deshalb mit derselben Reaktion – einer bedingten Reaktion – zu antworten war, wobei sich die Zeit zwischen dem Ton und dem Speichelfluß (die Latenzzeit) kontinuierlich verringerte.

Auch im menschlichen Bereich spielt dieses elementare Lernen im Sinne des reaktiven Konditionierens bzw. des Aufbauens einer bestimmten Reaktion eine sehr große Rolle. Man braucht nicht einmal an die aufsehenerregenden Experimente, die J. B. Watson mit seinem Sohn durchgeführt hat, zu denken, sondern kann sich auch durchaus an fast alle Lernvorgänge während der frühen Kindheit – einschließlich des Sprechenlernens – erinnern, um dies einzusehen. In der Schule und im Bereich des Erwachsenenlernens allerdings ist das reaktive Konditionieren nur noch dort von Bedeutung, wo nach einem ganz bestimmten, gleichbleibenden Schema sozusagen gedrillt wird, denn in dem anderen Bereich, wo Denken, Erkennen, Problemlösen im Spiel ist, handelt es sich schon um eine andere Art des Lernens, mit welcher sich unter anderem die zweite Lerntheorie befaßt.

2. *Lernen nach Versuch und Irrtum, als operatives Konditionieren*

Was vor allem E. L. Thorndike in seinen Versuchen mit Katzen herausfand, kann man leicht auch im menschlichen Bereich nachweisen: Immer, wenn man vor einer neuen, nicht überschaubaren und schwierigen Situation steht, versucht man automatisch, diese dadurch zu lösen, daß man scheinbar planlos Versuche anstellt, die dann schließlich gleichsam zufällig zum

Ziele führen. Steht man etwa mit einem Bund unbekannter Schlüssel vor einer verschlossenen Tür und muß unbedingt und möglichst rasch in das Gebäude kommen, so wird man wahrscheinlich wahllos bald den einen, bald den anderen Schlüssel so lange ausprobieren, bis einer dieser blinden Versuche zufällig paßt und die Tür geöffnet wird. Diese Phase des „trial and error“-Verhaltens wird aber immer kürzer, je häufiger man dieselbe Situation wiederholt, man hat durch „Versuch und Irrtum“ gelernt, die Situation zu bewältigen, indem man in unserem Beispiel sofort den richtigen Schlüssel zur Hand nimmt. Thorndike hat danach sein Frequenzgesetz formuliert, das besagt, daß eine Verbindung zwischen Reiz und Reaktion durch Wiederholung verstärkt, während sie durch mangelnde Wiederholung geschwächt wird. Noch wichtiger war das Effektgesetz Thorndikes, das an dieselbe Erfahrung anknüpft und das besagt, daß eine Verbindung zwischen Stimulus und Reaktion dadurch verstärkt wird, daß die Reaktion durch einen befriedigenden Nacheffekt, also durch ein Erfolgserlebnis, bestätigt wird. Dies bedeutet nichts anderes, als daß man hauptsächlich dadurch lernt, daß man im Anschluß an eine Lernhandlung ein Erfolgserlebnis registrieren kann. Dies hat in der neueren Zeit zur Anwendung im sogenannten operativen Konditionieren geführt, wobei man Lernen systematisch dadurch zustande bringt, daß man die gewünschte Handlung oder Einstellung, sobald sie dargestellt worden ist, verstärkt, das heißt den Organismus bestätigt, ihm zu einem Erfolgserlebnis verhilft. Auf diese Weise hat man den außerordentlichen Vorteil, daß man nicht mehr, wie das beim Lernen nach dem reaktiven Konditionieren I. P. Pawlows der Fall war, abwarten muß, bis ein bestimmter Reiz eine bestimmte Reaktion auslöst, sondern daß man eine beliebige erwünschte Handlung in so kleine Teile zerlegen kann, daß sie leicht zu beobachten sind, so daß diese Handlungsteile, sobald sie sich zeigen, verstärkt, das heißt durch ein Erfolgserlebnis bestätigt werden können. Jeder Organismus reagiert auf eine solche Verstärkung ganz so, wie es Thorndike in seinem Effektgesetz ausgeführt hat, nämlich durch ein häufigeres oder intensiveres Darstellen der vorausgegangenen Handlung. B. F. Skinner und C. L. Hull waren diejenigen Lerntheoretiker, die diesen Gedanken fast bis zur Perfektion weiterentwickelten, indem sie zeigten, wie bei Mensch und Tier so gut wie jede zu lernende Verhaltensform in kleinere Teile zerlegt werden kann und wie diese Teile dann, nachdem sie sich dargestellt haben, durch entsprechende Verstärkungen im Sinne von Erfolgserlebnissen gefolgt werden, so daß man jede beliebige Verhaltensform bzw. jede beliebige Leistung auch lernen, operativ konditionieren kann. Sogar Einstellungen, also Motivationen zum Beispiel, lassen sich auf diese Weise aufbauen, was für die praktische Lernarbeit von außerordentlicher Bedeutung geworden ist. Weiß man doch, daß der Lernerfolg entscheidend von der Motivation des Lernenden abhängig ist und daß auch die Handlung überhaupt von einer Motivation eingeleitet wird.

Allerdings fand man bald, daß dauernde und ununterbrochene Verstärkung ähnlich wirkungslos ist wie etwa ein unkritisch erteiltes und allzu häufiges Lob: man stumpft dagegen ab, es wirkt nicht mehr. Exaktere Untersuchungen – wiederum zuerst an Tieren – zeigen nun, daß eine ganz bestimmte Form der Verstärkung die besten Wirkungen auf den lernenden Organismus hat; es handelt sich um die sogenannte variierende Zeitintervall-Reaktionsquotenverstärkung, die weder nach einem gleichbleibenden Zeitintervall (etwa alle X Minuten bzw. alle X Tage) noch nach einer bestimmten und gleichbleibenden Reaktionsquote (etwa jede X. Verhaltensform wird verstärkt), sondern nach einem unrhythmischen, nicht periodischen System der freien Variation abläuft. Der Organismus kann sich bei einer solchen Verstärkung auf keinen gleichbleibenden Rhythmus einstellen, weil ein solcher auch gar nicht vorhanden ist. Daher äußert er die verstärkte Verhaltensform, das heißt die zu lernende Reaktion, schließlich auch dann noch, wenn keine Verstärkungen mehr erfahren werden. Dies wäre dann ein Lernen, das um seiner selbst willen vollzogen wird, weil offensichtlich keine äußeren Verstärkungen mehr dafür verabreicht werden. Die Motivation, die ein solches Verhaltensschema auslöst, nennt man eine primäre Motivation (oder auch intrinsische Motivation) im Unterschied zur sekundären Motivation, die zu einer Handlung führt, die zu ihrer Fortsetzung immer noch äußere Verstärkungen benötigt. Es liegt auf der Hand, daß primär motivierte Handlungen weitaus konzentrierter und intensiver dargestellt werden als sekundär motivierte. Und es liegt auch auf der Hand, daß das Befriedigungserlebnis bei primär motivierten Handlungen wesentlich größer ist als bei nur sekundär motivierten Abläufen. Im Lernen geht es also darum, möglichst zu primär motivierten Lerneinstellungen hinzuführen, weil diese sich selbst tragen und relativ unabhängig sogar vom Lehrer praktiziert werden (wer primär motiviert ist für Mathematik, betreibt dieses Lernen auch außerhalb der Schule, auch wenn es nicht kontrolliert wird ...).

Weil man als Lehrer oder Erzieher die Verstärkungen der ganzen Lerngruppe nur sehr ungenau im Auge behalten kann, wird allerdings diese Wirkung nur gleichsam zufällig eintreten. Exakt steuerbar wird dagegen die Motivation durch Anwendung des programmierten Lernens, besonders mit Lernmaschinen, da hierbei die Verstärkungen exakt registriert werden können. Hierauf beruht auch ein wesentlicher Vorteil dieser Lernmethode gegenüber konventionellen Lernformen.

Diese beiden ersten Lerntheorien gingen davon aus, daß sich der Lernende ohne maßgebende Beteiligung seines Intellekts mit einer problematischen Situation auseinandersetzt. Entweder er reagiert auf bestimmte Stimuli (Theorie Nr. 1) oder er führt so lange blinde Versuche aus, bis einer davon zufällig verstärkt wird, das heißt erfolgreich verläuft (Theorie Nr. 2), um anschließend diese verstärkte Verhaltensform häufiger zu äußern als vorher. Demgegenüber betont nun die 3. Lerntheorie, daß unter Umständen auf weite Teile des Übens und des blinden Probierens verzichtet werden kann.

3. *Lernen durch Einsicht (Gestaltspsychologie)*

Die Gestaltspsychologie sieht in dem Phänomen der Einsicht eine Brücke zwischen Reiz und Reaktion ohne blindes Probieren und ohne reaktives Üben. Die Lösung eines Problems kann nach dieser Theorie plötzlich erfolgen, indem man die blinde Probierphase gleichsam in den Bereich der Vorstellung, des Denkens verlagert, wo man das „Aha-Erlebnis" durch „inneres trial and error" sozusagen unendlich schnell herbeiführen kann. Die Voraussetzung dafür, daß statt des äußeren das innere trial and error tatsächlich angewandt werden kann, ist allerdings eine für den Lernenden überschaubare Situation. Er muß die Struktur eines Problems überschauen können und die Zusammenhänge erkennen; wenn dies nicht der Fall ist, fällt man automatisch auf das Lernen im Sinne der 2. oder 1. Lerntheorie zurück. Wenn wir diese Erkenntnis auf unser Beispiel mit dem Schlüsselbund und der verschlossenen Tür anwenden, so ergibt sich, daß man dieses Problem, wenn es überschaubar für den Lernenden ist, auch dadurch schneller lösen kann, daß man die Struktur des Türschlosses mit den Gestalten der einzelnen Schlüssel am Bund vergleicht und auf diese Weise von vornherein nur noch einige wenige Schlüssel in die engere Wahl des Probierens zu ziehen braucht, indem man auf dem Weg über nur vorgestelltes Erproben einige zu große oder zu kleine Schlüssel ausschließen kann.

Um aber Einsichtslernen zu ermöglichen, ist also die Anschaulichkeit der Lernsituation von entscheidender Bedeutung.

Wie wir sehen, ist Lernen, betrachtet aus dem Gesichtswinkel aller drei Lerntheorien, weit mehr als bloß Wissenserwerb oder Fertigkeitsaneignung: Lernen ist ein Prozeß der Wechselwirkung zwischen Mensch und Welt (zwischen Organismus und Umwelt), in dessen Verlauf die Verhaltensformen des Menschen durch die gemachten Erfahrungen verändert werden. Dieser Prozeß dauert an, solange der Mensch lebt, weil er immer in und mit einer Welt – seiner Welt – lebt!

Von hier her ist es auch nicht allzu schwer, die wichtigsten Erkenntnisse aller drei beschriebenen Lerntheorien zu einer mehr einheitlichen und in der Praxis des Problemlösens und des Lernens im engeren Sinne anwendbaren Auffassung des Lernvorganges zusammenzufassen. Wir kommen dann nämlich zu einem mehrfach gegliederten Prozeß, bei dem die einzelnen Phasen jeweils eine mehr oder weniger starke Übernahme der Befunde der einzelnen Lerntheorien darstellen. Es handelt sich also um eine praktische Synthese der zentralen Lerntheorien (vgl. W. Correll: Lernpsychologie, Donauwörth, 12. Auflage, 1972, und ders.: Einführung in die pädagogische Psychologie, Donauwörth, 8. Auflage, 1971).

Diese Synthese des Lernprozesses knüpft an die Analyse des Denkvorganges an, weil auch das Denken einen Prozeß der Verhaltensänderung darstellt. Denken und Lernen durchlaufen grundsätzlich dieselben Stufen von einem bestimmten Ausgangsverhalten zu einem definierten Zielverhalten:

Die erste Stufe im Lernprozeß ist die der Motivation. Ohne Motivation ist, darin sind sich alle Lerntheorien einig, kein zielstrebiges Lernen möglich. Lernmotivationen lassen sich nun systematisch dadurch herbeiführen, daß man an vorhandene Bedürfnisse (Grundmotive) anknüpft, indem man entsprechende Verstärkungen erfahren läßt. Der Lernende muß auf dieser ersten Stufe erfahren, daß die geforderte Lernaktivität einen Weg zur Befriedigung eines seiner Grundbedürfnisse darstellt. Er soll dies dadurch erleben, daß vorhandene Fähigkeiten auf den Widerstand der Umwelt treffen, während ein gewecktes Motiv verwirklicht werden möchte und dazu neue Verhaltensformen gelernt werden müssen. Um welche Grundmotive handelt es sich dabei?

Zuerst kann hier das Grundbedürfnis nach sozialer Anerkennung, also nach Akzeptanz innerhalb einer Gruppe, genannt werden. Man möchte innerhalb dieser Gruppe um seiner Position, Leistung oder um eines anderen (Status-)Wertes willen anerkannt werden. Lernen kann sehr stark unter diesem Aspekt betrieben werden, weil Lernen häufig ein Weg zu Prestige und Status darstellt. Populär veranschaulicht, könnte man hierbei auch an die Hackordnung der Hühner denken, wobei das jeweilige Omega-Huhn an der untersten, das Alpha-Huhn aber an der obersten Stelle sitzt. Alle Hühner streben danach, möglichst dem Alpha-Huhn ähnlich zu sein und sich von Omega zu unterscheiden, zumal die Omega-Hühner auch eine – herdenbedingte – kürzere Lebenserwartung haben als die Alphas. Lernen erscheint also von diesem Grundbedürfnis her als „Weg zur Alpha-Position“, was immer man sich unter dieser Position im einzelnen vorstellen mag (Macht, Einfluß, Prestige usw.).

Ein zweites Grundbedürfnis ist das nach Sicherheit und Geborgenheit, unabhängig von der jeweiligen Leistung. Man möchte erleben, daß man auch ohne aktuellen Leistungsnachweis anerkannt und aufgenommen ist, sozusagen als Persönlichkeit und nicht als Leistungsträger. Dieses Grundmotiv stellt sich meistens dann an der Spitze der Bedürfnispyramide ein, wenn das Motiv nach sozialer Anerkennung befriedigt ist. Es ist kein Wunder, wenn man beobachtet, daß gerade heute bei jüngeren Menschen das Motiv nach Sicherheit und Geborgenheit oft an der ersten Stelle steht, ist doch Sicherheit und Geborgenheit durch viele Umstände unserer Zeit nicht so leicht zu erfahren und sogar häufig bedroht. Lernen muß dann angeboten werden als Weg zur nicht nur materiellen Sicherheit, sondern auch zur emotionalen Geborgenheit. Nicht nur Kinder lernen bekanntlich gelegentlich des „Lehrers“ wegen – auch der Erwachsene kann aus solchen mehr subjektiven Motiven heraus einen Lernstoff faszinierend finden. Allerdings soll es dabei nicht bleiben, sondern dieses mehr subjektive Interesse soll dann in ein objektives Sachinteresse übergeführt werden.

Ein drittes Grundmotiv ist das Streben nach Vertrauen zu einem Menschen, dem man sich vorbehaltlos anvertrauen möchte. Gerade der Lehrer, Erzieher oder Ausbilder wird daher oft in dieser Rolle der Vertrauensperson erscheinen müssen. Interesse auch für die lernunabhängigen Sorgen und Nöte und Vorlieben des Lernenden sind daher oft entscheidend für das Gelingen der Lernmotivation unter diesem Aspekt. Lernen ist hier der Weg zum Vertrauen eines bestimmten Menschen.

Das vierte Grundbedürfnis ist das nach Selbstachtung, das heißt nach Übereinstimmung des Denkens und Wollens mit den subjektiven Normen und Werten. Lernen ist von hier her ein Weg zur Identität des Menschen, zur Überwindung moralischer oder ethisch gefaßter Zweifel. Wissen kann in der Tat häufig eines der besten Mittel gegen Vorbehalte einer bestimmten Tätigkeit gegenüber sein. Man denke nur an Jugendliche, die manchmal den Sinn eines Lernauftrages erst dann richtig einsehen können, wenn man ihnen diesen Sinn in einem größeren Zusammenhang wirklich einsichtig macht – und den meisten Erwachsenen geht es eigentlich ebenso.

Das fünfte Grundbedürfnis, an das sich im Lernprozeß anknüpfen läßt, ist das nach Unabhängigkeit und Verantwortung. Der Lernende möchte selbst und aus eigener Verantwortung heraus Lerninhalte fixieren, also etwa an der Zusammenstellung des Lerninhaltes beteiligt sein und aus eigener Wahl heraus sich für dies oder jenes entscheiden – natürlich unter Übernahme der entsprechenden Verantwortung.

Sobald nun durch Anknüpfung an eines dieser Grundbedürfnisse, je nach der Situation des Lernenden, eine Lernmotivation erzeugt ist, erfolgt auf der zweiten Stufe des Lernens die Zielsetzung des Lernprozesses. Hier soll möglichst in der Form eines überschaubaren Nahzieles das Anliegen der jeweiligen Lerneinheit für den Lernenden einleuchtend dargestellt werden. Fernziele sind wirkungslos, weil sie zu keiner Verstärkung führen, sondern lediglich zu Mißerfolgserlebnissen. „Nahziel“ heißt in diesem Zusammenhang ein Ziel, das man innerhalb von etwa 20 Minuten tatsächlich erreichen kann, was nicht ausschließt, daß man anschließend noch ein weiteres Ziel formuliert und abermals anstrebt. Der Lernende muß exakt wissen, was er in einer Lerneinheit tatsächlich und konkret meßbar lernen soll, und er muß das Befriedigungserlebnis haben, dieses Ziel nach etwa 20 Minuten auch erfahren zu dürfen.

Die dritte Stufe des Lernprozesses ist die der spontanen Verarbeitung, wobei der Lernende ohne Reflexion spontan zu dem auf der zweiten Stufe definierten Problem Stellung nimmt. Das divergierende Denken kann hier in Aktion treten, das heißt, es brauchen keine mit einer Norm übereinstimmenden Lösungsvorschläge erbracht zu werden, sondern es können und sollen „neue Wege“ beschritten werden. Das freie Gespräch mit großer Bereitschaft des Lehrers, auf die jeweiligen Vorstellungen ohne Wertung einzugehen, ist auf dieser Stufe das richtige Vorgehen.

Erst auf der vierten Stufe erfolgt dann die logische Verarbeitung der auf der dritten Stufe erarbeiteten Hypothesen. Man überdenkt die spontan produzierten Lösungsvorstellungen, allerdings ohne noch ihre empirische Bewährung einzubeziehen. Es handelt sich sozusagen um eine Phase des „inneren trial and error" im Sinne unserer zweiten Lerntheorie. Nur diejenigen Hypothesen, die auf der vierten Stufe überdacht und logisch als stimmig erachtet wurden, können dann auf der fünften Stufe einer Verifikation oder praktischen Anwendung unterzogen werden. Erst was sich hierbei bewährt, gilt als „wahr", erst was sich hier anwenden läßt, gilt als „gelernt". Übungen und Anwendungen auf der fünften Stufe sind allerdings nicht nur Wiederholungen, sondern in der Form von „Overlearning" vorzunehmen, damit eine „mechanische oder automatische" Eindrillung der Lösung verhindert wird und eine verstandene Einverleibung erfolgen kann! Overlearning bedeutet dabei hauptsächlich eine Wiederholung des Lösungsgesichtspunktes unter immer wieder neuen Problemsituationen, das heißt, die Aufgaben sollen immer wieder anders formuliert sein, aber die Lösungen sollen sich stets mit demselben Repertoire bewältigen lassen, so lange, bis dieses Repertoire auch in einer ganz neuen, noch nicht eingeübten Situation, wie sie vielleicht außerhalb der Lernsituation an den Lernenden einmal gestellt werden könnte, frei und kreativ eingesetzt werden kann. Auf diese Weise ist dann auch ein wesentlicher Beitrag zu Transfersteigerung erzielt.

Diese fünf Stufen des Lernens sind durchaus auch fünf Phasen des Problemlösens überhaupt, die man überall anwenden kann, wo es sich um therapeutische, kognitive oder auch manuelle Probleme handelt, die zunächst und auf „Anhieb" nicht bewältigt werden können.

Die sinnvolle Zusammenstellung solcher Problemsituationen, an denen allgemein Anwendbares gelernt werden soll, ist das Hauptproblem des Curriculums bzw. der Auswahl und Anordnung von Lerninhalten. Hierbei sollten vor allem der Gesichtspunkt der Individualisierung, der Sozialisierung und der der Fachgerechtigkeit berücksichtigt werden. Dies bedeutet, daß man bei der Auswahl der sinnvollen Lerninhalte zunächst von der Individualität der Lernenden auszugehen hat, indem man bedenkt, welche Lernmotivation, welches Lerntempo und welche Lernfähigkeit (dabei auch welche Intelligenz) die Lernenden für die Bewältigung der anstehenden Fragen mitbringen. Konsequent wird sich daraus der Gedanke der Differenzierung ergeben, weil die Menschen grundsätzlich verschieden sind in bezug auf ihre Lernausstattung und man diese Verschiedenheiten nur zum größten Nachteil für die Lernenden übersehen würde! Vom Standpunkt der Sozialisierung her betrachtet ergibt sich die Notwendigkeit zur Auswahl der Lerninhalte unter dem Aspekt des Erarbeitens der Lösungen nicht nur immer als einzelner, sondern, wo immer es sich anbietet, in einer Lerngruppe. Partnerschaftliche Lernaktivitäten müssen dadurch gelernt werden, daß an eine ganze Gruppe gemeinsame Aufgaben und auch gemeinsame Erfolgserlebnisse vergeben werden. Gleichzeitig liegt auf der Hand, daß nicht alle Gebiete gleichermaßen für solches Gruppenlernen geeignet sind, sondern als Individuallernprobleme verarbeitet werden sollten. Schließlich muß der Gedanke der Fachgerechtigkeit auch schon bei der Auswahl und Aufteilung des Lerninhalts berücksichtigt werden, weil sonst leicht die sehr große Gefahr entsteht, daß fachlich nicht kompetente Personen Inhalte vermitteln müssen, was zu einer Labilisierung und damit zu einer Verfälschung des Lehrstils (in Richtung auf dominatives Verhalten) und auch zu einer Verwässerung des Lerninhalts führen könnte.

Wiederum könnte man sich leicht vorstellen, daß weite Phasen des Lernens durch Lernprogramme unabhängig vom individuellen Lehrer vermittelt werden könnten, wenn gewährleistet ist, daß immer wieder der lebendige Kontakt mit einer Lehrerpersönlichkeit, auch unter motivationspsychologischen Gesichtspunkten, stattfinden kann. (Für die Weiterentwicklung des Programmierten Lernens in dem computerunterstützten und mediengetragenen Unterricht gilt ein Entsprechendes.)

Unter dem Gesichtspunkt der Lehrtechnik kann man ebenfalls einige grundsätzliche Zweckmäßigkeiten aufzeigen, von denen der Erfolg der Lehrbemühungen entscheidend beeinflußt wird und von denen umgekehrt auch die Effizienz des Lernens abhängt. Zunächst gilt es hierbei, auf eine möglichst optimale Verstärkung des Lernenden zu achten. Ohne Erfolgserlebnisse, ohne Verstärkung also, erhält sich auf die Dauer keine Lernmotivation. Man erhält diese Verstärkungswirkung am besten dadurch, daß man die Aufgabenschwierigkeiten an die Kapazität des Lernenden möglichst exakt anpaßt und die Zielsetzungen so „nah" hält, daß der Lernende sie jeweils in etwa 20 Minuten erreichen kann. Sodann kommt es auf möglichst starke Aktivierung des Lernenden an, das heißt, daß zum Beispiel die Selbsttätigkeit des Lernenden dem bloßen Nachvollziehen einer

Lösung jederzeit überlegen ist. Besser als die Lehrerfragen sind zum Beispiel die Schülerfragen, und besser, als einen Schüler etwas nachsagen zu lassen, ist es allemal, ihn selbst zur Lösung eines anstehenden Problems anzuhalten (auf dem Weg über die fünf geschilderten Stufen des Denkens und Lernens). Schließlich muß der Lernstoff möglichst anschaulich vermittelt werden, wozu einmal die sinnvolle Verwendung von Perzeptionshilfen gehört (technische Lehrhilfen wie Filme, Projektoren, Modelle, Simulatoren usw.), zum andern aber auch die Schulung der Komparation der erfahrenen Einzelheiten in einer Art „innerer" Anschauung und schließlich die Abstraktion als das Herauslösen des Allgemeingültigen aus dem wahrgenommenen einzelnen. Ob man nun vom letzteren ausgeht und zum ersteren hinführt oder umgekehrt, ob man also induktiv oder deduktiv vorgeht, hängt in erster Linie vom Inhalt des Lernstoffes selbst ab; meistens wird es sich um eine Kombination von beiden Verfahren handeln müssen. Eine vierte Regel ist die, daß der Unterricht bzw. das Selbstlernen so geschehen soll, daß nicht nur bis zum perfekten Beherrschen des Lernproblems gelernt wird, sondern wesentlich darüber hinaus, indem ein und dieselbe Lösungsform in ganz verschiedenen Problemsituationen angewandt wird („Overlearning"). Gerade dieser Aspekt des Überlernens ist sehr wichtig für die allemal angestrebte Transferhilfe im Lernen, das heißt für die Steigerung der Fähigkeit des Menschen, aus einer einmal gelernten Situation anwendungsbereite Fähigkeiten für die Bewältigung neuer Situationen zu entwickeln.

Wenn auch Lernen, je nachdem, von welchem Standpunkt aus man es betrachtet, ganz verschiedene Schichten und Bedeutungsinhalte annehmen kann, so scheint doch, daß die hier besprochenen Grunderkenntnisse über den Lernprozeß und seine Techniken geeignet sein könnten, die wichtigsten Erkenntnisse der Lerntheorien zu anwendungsbereiten Regeln für das Lernen und Lehren zu machen. So gesehen, wird Lernen und Lehren zu dem sinnvoll aufgebauten Prozeß der Lebensbewältigung schlechthin. Der Mensch hat zwar durch seine angeborene Ausstattung immer schon die Lernfähigkeit mitbekommen, aber es liegt an ihm selbst, sie richtig einzusetzen und zu steigern.

Gemma Jappe

Libido

Mit dem nach medizinisch-akademischer Sitte[1] lateinischen Wort Libido hat Freud die körperlich-seelische Energie bezeichnet, kraft derer wir Menschen lieben und nach Liebe verlangen. Liebe steht dabei sowohl in des Wortes umfassendster Bedeutung als Mutterliebe, Kindes-, Eltern-, Freundes-, Nächstenliebe, ja sogar Vaterlands-, Schönheits-, Wahrheitsliebe – Selbstliebe nicht zu vergessen – als auch zugleich in seiner spezifisch geschlechtlichen Bedeutung als sinnliche Lust und körperliche Vereinigung. Diese Verbindung der heiligsten Schätze des Herzens und des Geistes mit dem in einer platonisch-christlichen Tradition als tierisch geächteten körperlichen Begehren hat Freud den Vorwurf des Pansexualismus eingetragen; ein Vorwurf, der ihn um die Jahrhundertwende fast zum Aussätzigen verfemte, ein Vorwurf, der auch heute noch nicht ganz verklungen ist. Freud hat immer wieder zu verstehen gegeben, wie viel er sich durch Nachgiebigkeit in diesem einen und entscheidenden Punkte hätte ersparen können.

Zugleich hat er keinen Zweifel daran gelassen, daß die Psychoanalyse mit ihrem über die Genitalfunktion hinaus erweiterten Begriff der Sexualität steht und fällt. Wir wollen nun versuchen zu verstehen, wie Freud zu seiner Konzeption der Libido gekommen ist und was für eine Aussage damit gemacht ist.

Den Terminus Libido gebraucht Freud zum ersten Mal in einem unveröffentlicht gebliebenen Manuskript aus dem Jahre 1894[2], wo er sich mit der Angstneurose[3] beschäftigt, einem Krankheitsbild, das durch chronische Überängstlichkeit, Reizbarkeit, Schlaflosigkeit usw. sowie durch akute Angstanfälle gekennzeichnet ist. Freud löst diese Angst aus der Verknüpfung mit einer möglichen oder vermeintlichen Gefahr (zum Beispiel ohnmächtig zu werden, einen geschlossenen Raum nicht rechtzeitig verlassen zu können), sofern sich solche Angst nicht von vornherein als objektlos, das heißt ohne angebbaren Grund, darstellt. Er betrachtet sie vielmehr von ihrem psychovegetativen Erscheinungsbild her und erkennt sie als Zustand oder Abreaktion abnormer innerer Spannung, die von irgendeiner Quelle her gespeist werden muß. Diese findet er regelmäßig in einer starken wiederholten körperlichen Sexualreizung, die aus je spezifischen Gründen nie zur vollen Entfaltung in psychischer Sexualerregung kommen kann. Die verhinderte Leidenschaft, die verdrängte Libido bildet gleichsam das Substrat der abnormen Spannung, sie verwandelt sich, wie es Freud damals ausdrückte, in Angst.

Derselbe Grundgedanke, zunächst jedoch ohne ausdrückliche Zentrierung auf die Sexualität, liegt der hypnotisch-kathartischen Therapie der Hysterie und deren Theorie zugrunde. Die Hysterie, ein damals viel beachtetes, heute sehr viel versteckter auftretendes Leiden, imponiert durch Lähmungen, Schmerzen, sogenannte große Anfälle, Verwirrtheit und Dämmerzustände. Die psychische Natur dieser Symptome war schon vor Freud von der französischen Psychiatrie, vor allem Charcot, durch die Anwendung von Hypnose und Suggestion erwiesen worden. Der Wiener Arzt Josef Breuer verwendete als erster die Hypnose nicht zur Beeinflussung, sondern zur Exploration seiner berühmt gewordenen Patientin Anna O. Unter der Wirkung der Hypnose konnte die Patientin Szenen erzählen, an die sie sich im Normalzustand nicht erinnert hatte. Nach der von entsprechendem Affekt begleiteten Wiedergabe einer solchen verschwand das mit ihr verknüpfte Symptom: zum Beispiel hatte sie einen unerfindlichen Ekel davor, Wasser zu trinken; sie erinnert sich in der Hypnose, den Hund ihrer Gouvernante, ein besonders ekelhaftes Tier, einmal aus einem Glas Wasser trinken gesehen zu haben; nachdem sie diese Szene mit allen Anzeichen des Abscheus erzählt hat, erwacht sie aus der Hypnose mit dem Verlangen nach einem Glas Wasser und ist hinfort von ihrem Ekel befreit. Breuer und Freud, der nach dem Beispiel Breuers mit anderen Patienten verfahren war, folgerten, daß in der Situation selbst der Affekt durch starke entgegengesetzte Motive, in unserem Beispiel durch den Respekt vor der Gouvernante, unterdrückt worden sei; dieselben Motive geben auch Anlaß, die ganze Szene aus dem Bewußtsein zu verdrängen. Der Affekt, der auf diese Weise weder während des Vorfalls noch nachträglich „erledigt" werden kann, muß sich einen anderen Ausweg suchen: er löst sich aus dem Gesamtzusammenhang und wird zu einer isolierten, nun nicht mehr verständlichen Hemmung, oder er „konvertiert", das heißt, er verkehrt sich in einen körperlichen Schmerz. Aufgabe der Therapie war es nun, so Breuer und Freud, dem „eingeklemmten Affekt" Abfluß durch die Rede zu verschaffen, das heißt ihn wieder in seinem legitimen Zusammenhang einzuführen und so seine Verarbeitung zu ermöglichen.

Dieselbe Trennung des Affektes von seiner ihm zugehörigen Erinnerung oder Vorstellung findet Freud auch bei der Zwangsneurose, jedoch mit dem Unterschied, daß hier der Affekt auf psychischem Gebiete verbleibt, sich jedoch auf eine andere Vorstellung verschiebt. Der Zwangsneurotiker leidet unter Vorstellungen oft auch harmlosen Inhalts, die sich ihm gewaltsam aufdrängen, die er als unerträglich peinlich empfindet, unter scheinbar sinnlosen Ritualen, die er zur Vermeidung maßloser Angst ausführen muß. Freud weist nach, daß dem Auftreten solcher Vorstellungen jedesmal eine gewaltige Anstrengung vorangegangen ist, etwas unangenehm Peinliches zu vergessen, und daß die Vorstellung immer erst dann auftrat, wenn der Anstrengung scheinbar Erfolg beschieden war[4]. In dem ursprünglichen Zusammenhang – durchwegs sexuellen Charakters – fand die Peinlichkeit ihre Berechtigung und wurde die Angst verständlich.

Allen drei hier zitierten Typen ist eine Grundeinsicht gemeinsam, die wir in der späteren Trieblehre wiederfinden werden: daß die affektive Kraft einer psychischen Regung nicht unauflöslich mit deren Inhalt und situativem Kontext verbunden ist, sondern sich daraus verselbständigen, als Angst frei flottieren, ins Körperliche konvertieren oder sich auf andere Zusammenhänge verschieben kann, dabei aber doch immer dieselbe Kraft bleibt. Damit hat Freud die mechanistische Betrachtungsweise seiner Zeit, wonach die psychopathologischen Phänomene aus einem rätselhaften Zerfall der psychischen Kräfte abstrakt kausal begründet wurden, überwunden, ohne doch den quantitativen Gesichtspunkt preiszugeben, der die Einheit des Seelischen auch dort garantiert, wo der bewußte Sinnzusammenhang zerfallen ist. Noch ist theoretisch nicht festgelegt, um was für eine einheitliche Kraft oder Quantität es sich dabei handeln soll, obwohl es natürlich ohne jeden Zweifel eine biologisch fundamentale sein muß. Die Rolle der Sexualität bleibt zunächst rein pragmatisch, ergibt sich vor allem aus der Methode. Als nämlich Freud vom hypnotisch-kathartischen Verfahren dazu überging, den Patienten selbst durch seine eigenen Einfälle den verlorengegangenen Zusammenhang finden zu lassen, zeigte sich erst die volle Wucht der Verdrängung in Gestalt des Widerstandes gegen die Aufdeckung der Zusammenhänge, wobei es regelmäßig sexuelle Motive waren, die die peinlichsten Gefühle hervorriefen und die stärksten Gründe zur Ablehnung und dem Vergessenwollen ergaben.

Noch zäher erwies sich das Sträuben gegen die Erinnerung, noch dramatischer der endliche Triumph der analytischen Aufklärungsarbeit, wo es sich um vergessene, endgültig verlorengeglaubte Erinnerungen und Gefühle aus der Kindheit handelte. Auch hier waren es regelmäßig peinliche Erlebnisse, die der Idylle einer harmlosen Kindheit aufs entschiedenste widersprachen. Gewöhnlich trat dabei ein dem Kinde nahestehender Erwachsener oder ein älteres Kind als sexueller Verführer auf. Dem konventionellen Verständnis von Sexualität zufolge konnten es nur perverse Erwachsene und verdorbene Kinder sein, die sich dergestalt an unschuldigen Kindern vergriffen, die fraglichen Szenen mußten also trotz aller beobachteten Häufigkeit prinzipiell eine Ausnahmesituation darstellen. Auf der anderen Seite drängte sich Freud nach und nach unabweisbar die Einsicht auf, daß ein aktuelles Erlebnis für sich genommen, so unlustvoll es immer sein mag, einer pathologischen Abwehr, das heißt der Verdrängung, nicht fähig ist[5], daß die Bedingungen dafür vielmehr die affektive Verknüpfung des jetzigen Ereignisses mit einem aus einer früheren Lebensepoche ist, als die psychischen Verarbeitungsmöglichkeiten noch nicht zureichend ausgebildet waren[6]. Diese Bedingungen schienen gerade die sexuellen Erlebnisse der Kindheit zu erfüllen; sie stellten einen „vorzeitigen“ Reiz dar, dem die kindliche Psyche noch nicht gewachsen war, und bildeten zwangsläufig den Anknüpfungspunkt für spätere sexuelle Erfahrungen.

Während also die Tatsache der Verdrängung sexuell gefärbte Kindheitserlebnisse als regelmäßige Voraussetzung forderte, konnten diese doch mit dem bis dahin geltenden Verständnis von Sexualität nur als Ausnahmen erfaßt werden. Den Ausweg aus diesem Dilemma fand Freud bei der Analyse seiner eigenen Träume[7]. Sie zeigte ihm, daß auch ein gesundgebliebenes Individuum, also jedermann, Erlebnisse der Kindheit verdrängt hat und daß der Grund für diese Verdrängung in Wünschen zu suchen ist, die als verboten erlebt und später verworfen wurden, aber nichts von ihrer Kraft verloren haben. In seiner Selbstanalyse stieß Freud auch auf das Phänomen der sogenannten Deckerinnerungen. Darunter versteht man meist stark visuell betonte Bilder aus früher Kindheit, die oft als erste Erinnerungen besonders geschätzt werden; die Analyse erweist aber, daß sie meist nicht aus dieser Zeit stammen, sondern zu einem späteren Zeitpunkt aus einem Konflikt heraus, einem Traumbild vergleichbar, gebildet und in die frühe Zeit zurückverlegt werden. Da eine scharfe Trennung zwischen Deckerinnerung und anderen Erinnerungen nicht möglich ist, wird damit zugleich die Unterscheidung von Phantasie und Erinnerungen stark relativiert: Es gibt für die eigene innere Rückschau kein sicheres Kriterium dafür, was an einem vergangenen Erlebnis real und was phantasiert war. Jedermann hat die Neigung, die eigene Vergangenheit mit einer Legende zu umspinnen, die mit seiner wahren Geschichte zum Unkenntlichen verschmilzt (man denke an die glänzende und subtile Darstellung dieses Vorgangs in Thomas Manns Josef-Roman). Das heißt aber auch: die psychische Realität ist eine andere als die faktische; denn nicht die Ereignisse als solche bestimmen schon mein Leben, sondern was ich aus ihnen mache bzw. was in mir aus ihnen wird.

Mit dieser Einsicht konnte Freud die These von der sexuellen Verführung der Kinder fast mit Erleichterung[8] fallen lassen. Was seine Patienten ihm erzählt hatten, brauchte nicht mehr wirklich vorgefallen, es konnten Phantasien sein, ohne darum an Bedeutung und Gültigkeit irgend etwas zu verlieren. Das Wirkliche und Wirksame daran war und blieb, jedenfalls bis zu seiner therapeutischen Verarbeitung, der kindliche Affekt.

Woher konnte dieser Affekt kommen? Seine Intensität (also wiederum der quantitative Gesichtspunkt!) ließ keinen Zweifel darüber zu, daß er einem zentralen Lebensinteresse entstammen mußte: Die zwangsläufige Verknüpfung mit der späteren Sexualität, der Inhalt der Verführung durch eine meist geliebte Person, der – wiewohl phantasiert – nicht zufällig sein konnte, die Wünsche am Grunde der Träume und die im Zusammenhang mit ihnen rekonstruierten Kindheitserlebnisse machten es unabweisbar, daß es ein Liebesleben des Kindes gibt, nicht weniger leidenschaftlich und reichhaltig als das des Erwachsenen, jedoch von einer Körpernähe, die der Erwachsene nur selten und ausnahmsweise voll begreifen kann.

An diesem Punkt angelangt, konnte sich Freud nicht genug darüber wundern, daß die Erscheinungen des kindlichen Liebeslebens der Allgemeinheit so lange verborgen geblieben waren; zum Beispiel die intensive Eifersucht des Kindes auf ein neu ankommendes Geschwister, auf die Beziehung der Eltern zueinander, auf jede die Ausschließlichkeit der Beziehung störende dritte Person; von daher die bohrende Frage, wo die kleinen Kinder herkommen; das – oft freilich frühzeitig unterdrückte – Interesse an sexuellen Vorgängen bei Tieren; die Neugierde auf den Körper der Eltern sowie der Spielgefährten; die Lust, den eigenen Körper zur Schau zu stellen; die deutliche wechselseitige Bevorzugung von Mutter und Sohn einerseits, Vater und Tochter andererseits; endlich die kindliche Masturbation und ihre Äquivalente, die sogenannten Schlimmheiten. Aber schon lange vor diesen (der Erwachsenen-Sexualität sehr ähnlichen) Erscheinungen zeigt das Kind ein intensives lustbetontes Interesse an seinem Körper, dessen Funktionen und Produkten; es ist stolz auf seine Exkremente, spielt mit ihnen und probiert auch davon. In noch früherer Zeit macht das Lutschen an Daumen und Schnuller augenfällig, daß der Mund nicht nur für die Nahrung da ist.

Fassen wir bis hierher zusammen: Das psychopathologische Symptom, ob Angst, Lähmung, überwertige Vorstellung oder was auch immer, muß aus einer kontinuierlich fließenden Reizquelle gespeist werden. Es bildet die fehlgeleitete Abfuhr einer Kraft, deren normaler Ausweg verlegt ist. Die Bedingung einer solchen Sperre liegt in einem fundamentalen Mißverhältnis von Reiz und Reaktionsmöglichkeit, wie es nur in der Diskrepanz von kindlichem und erwachsenem Erleben gegeben ist. Die kontinuierliche Reizquelle, die die Symptome unterhält, ist also in aus der Kindheit stammenden Triebbedürfnissen zu suchen. Ich werde nun versuchen, denselben Sachverhalt rein psychologisch auszudrücken: Die psychopathologischen Symptome haben einen Sinn; sie vertreten Gefühle und Wünsche, die von ihrem Gegenstand getrennt, aus der ihnen zugehörigen

Situation herausgerissen wurden. Damit einem Wunsch solche Gewalt geschehen kann, muß er unannehmbar sein in einem Maße, wie das ein ganz der Gegenwart zugehöriger Wunsch niemals sein kann; unannehmbar bis zur Verdrängung sind solche Wünsche, die in der Kindheit nicht verarbeitet werden konnten, ihre Intensität behalten haben und nun in der Welt des Erwachsenen nicht nur unerfüllbar, sondern unvorstellbar geworden sind.

Ich habe dieses terminologische Spiel gemacht, um zu zeigen, wie der Begriff der Libido, einmal mit kontinuierlich fließender Reizquelle, das andere Mal mit Wunsch oder Gefühl wiedergegeben, genau an der Grenzlinie einer physiologisch-mechanistischen und einer psychologisch-hermeneutischen Betrachtungsweise steht. Man kann darin auch die Entwicklung von der einen zur anderen verfolgen: Solange die Sexualität rein vom aktuellen somatischen Reiz her begriffen wird, kann und muß die Betrachtung eine reizphysiologische sein; mit der Einführung der Kindheitserinnerungen als Bedingung für die Verdrängung wird ein psychologisches Moment postuliert, das sich in die vorherige Betrachtungsweise nicht fügen will, weil ja gerade der Gedanke einer endogenen, somatisch bedingten Reizquelle durch den einer Traumatisierung durch Angehörige ersetzt wurde, die innere Notwendigkeit für diese Erlebnisse also entfiel. Dies ist das eigentliche Dilemma der Verführungshypothese. In der Annahme, daß die kindlichen traumatischen Erlebnisse Phantasien sind, mithin von inneren Kräften gebildet werden, konvergieren beide Betrachtungsweisen. Wie vorher die Erwachsenensexualität werden auch die infantilen Triebwünsche als körperlich bedingte Reize betrachtet, die aber nicht auf physiochemischem Wege, sondern in Phantasien, das heißt in einer psychischen Leistung wirksam werden. Während so auf der einen Seite die Psyche – Gedächtnis, Phantasie, Wunsch, Affekt – als aufs engste an körperliche Bedürfnisse gekoppelt erscheint, wird andererseits die Sexualität aus einer ahistorischen, rein biologischen Funktion zum psychologischen, spezifisch menschlichen Schicksal. Freud spricht darum bevorzugt von Psychosexualität.

Wir sind nun darauf vorbereitet, die Grundzüge der Freudschen Trieblehre zusammenhängend zu skizzieren. Entsprechend seiner Einsicht, daß ein Wunsch sich von seinem Inhalt lösen, seinen Ausdruck völlig verändern und dennoch nicht erlöschen kann, unterscheidet Freud am Trieb Quelle, Objekt und Ziel. „Die Quelle des Triebes ist ein erregender Vorgang in einem Organ, und das nächste Ziel des Triebes liegt in der Aufhebung dieses Organreizes."[9] Das Objekt des Triebes ist die Person, der Gegenstand oder Körperteil, woran das Ziel erreicht, der Trieb also befriedigt wird. Jeder konkrete Triebwunsch muß zwar alle drei Komponenten – Quelle, Ziel und Objekt – aufweisen, aber diese drei Komponenten sind nicht unlösbar miteinander verknüpft, sondern einzeln austauschbar, wodurch vielfältige Kombinationen möglich werden. Diese Schablone ermöglicht Freud eine ungeheure theoretische Vereinfachung im Vergleich mit anderen Trieblehren, die den Trieb von seinem Gegenstand her klassifizieren. In seiner Konstruktion ist kein Raum für einen Zärtlichkeits-, Vollkommenheits-, Spiel- oder Bemächtigungstrieb, nicht einmal für einen Geselligkeits- und einen Herdentrieb oder wie die begrifflichen Sackbahnhöfe alle heißen mögen. Da ein und derselbe Trieb all diese Ziele und Objekte wählen kann, ist es nicht notwendig, für jedes einen gesonderten Trieb zu hypostasieren. Was aber ein und derselbe Trieb sei und was nicht, bestimmt sich aus seiner Quelle. Wir sehen hier den engen Zusammenhang zwischen der Methode der Psychoanalyse und ihrer Triebtheorie, denn nur die psychoanalytische Erforschung eines Triebwunsches kann dessen Herkunft klären[10]. Entsprechend seinen therapeutischen Erfahrungen über die infantile Genese sexueller Wünsche und Ängste klassifiziert Freud die Sexualität nicht nach ihrer Beziehung zur Fortpflanzung, sondern gemäß ihrer Entwicklungsgeschichte.

Als Quelle der sexuellen Erregung gelten Freud die erogenen Zonen. Die ontogenetisch am frühesten vorherrschende erogene Zone ist der Mund; in Anlehnung an das Hauptbedürfnis des Trinkens genießt der Säugling die Reizung der Mundschleimhäute und führt sie selbst herbei durch Lutschen oder Wonnesaugen, das sich mehr und mehr von der Nahrungsaufnahme verselbständigt. Das Liebesobjekt des Babys ist die Mutterbrust, ersatzweise sein eigener Daumen, große Zehe oder Bettzipfel (man beachte, daß es sich nie um eine ganze Person handelt und daß die Einheit des Objektes in der Eigenschaft begründet ist, in den Mund gesteckt werden zu können). Mit der Reifung der Muskulatur wird der Mund als ausschließliches Befriedigungsorgan abgelöst durch eine zunehmende Bedeutung der Sphinkterzone; Ausscheiden und Zurückhalten des Darminhaltes werden nun zu lustvollen Sensationen, zum Liebesobjekt werden der eigene Kot und alles, was man im wahrsten Sinn des Wortes be-sitzen und be-handeln kann, auch die Mutter wird nach Maßgaben dieser neuen Modalität geliebt. Erst später, auf Grund eines langen Reifungs- und Entwicklungsvorganges, werden die Genitalien zur vorherrschenden erogenen Zone, wird der gegengeschlechtliche Partner zum Objekt des Sexualstrebens.

Was berechtigt nun zu der einen Bezeichnung Sexualität für so verschiedene Erscheinungen? Es ist einmal der Fortbestand des Früheren und seine Unterordnung unter das Spätere. Weder die orale noch die anale Befriedigung verschwinden völlig; sie gehen als Komponenten in die genitale Sexualbetätigung ein (zum Beispiel küssen, betasten, beriechen, beschauen usw.). Das Umgekehrte ist nicht der Fall, die genitale Sexualität ordnet sich den anderen nicht unter, weshalb Freud von den oralen und analen Triebkomponenten als von Partialtrieben spricht, die sich unter das Primat der Genitalien integrieren müßten. Zum anderen können die verschiedenen Befriedigungsformen einander vertreten: Wo genitale Befriedigung nicht möglich ist, wird sie oft durch orale (Essen, Rauchen) oder anale (Besitz, Pedanterie, Rechthaberei) kompensiert. Die Perversionen, unzweifelhaft sexuelle Akte, stehen in enger phänomenologischer und genetischer Beziehung zu den infantilen Formen der Befriedigung. Eine scharfe Abgrenzung ist an keiner Stelle möglich und würde zu endlosen Willkürprozeduren und Zusatzannahmen führen. Der psychoanalytisch erwiesene Zusammenhang zwischen den einzelnen Erscheinungen macht es notwendig, sie alle unter den einen Begriff der Sexualität zu subsumieren.

Mit demselben Recht der Betrachtung von der Entstehung her werden nun auch alle anderen Gestalten der Liebe, sowohl die Zärtlichkeit als die rein geistige Liebe, der Sexualität zugerechnet, obwohl sie in Erscheinungsweise und aktuellem Ziel sich weit von ihr entfernt haben. Was alle ihre Erscheinungen verbindet, die Energie, die von einer Stufe zur anderen dieselbe bleibt und eine wechselseitige Vertretung der Befriedigungsweisen ermöglicht, heißt Libido[11].

Die in der geschilderten Weise sinnliche Liebe des Kindes stößt auf die Schranken, die ihr die geliebten und gefürchteten Erziehungspersonen setzen. Ihnen zuliebe und unter ihrem Druck verzichtet das Kind auf seine ursprünglichen Befriedigungen, wird ein „liebes Kind", das, statt den Fliegen die Beine auszureißen, zum Beispiel die Uhren im Hause repariert. Statt zur Mutter ins Bett zu wollen, wird es ihr ritterlicher und aufmerksamer Helfer, statt seinen Vorteil zu erkämpfen, setzt es sich für Gerechtigkeit ein. Das alles sind Ersetzungen des Triebzieles und / oder des Triebobjektes. Wie man weiß, gehen solche Änderungen nicht ohne Kämpfe und Wunden vonstatten. Gerade die technisch-quantitative Ausdrucksweise der Libido-Theorie ist dazu angetan, daran zu erinnern, daß keine Tugend vom Himmel fallen, kein „Laster" vom Erdboden verschwinden kann. Der einen muß eine libidinöse Quelle erschlossen, dem anderen ein vollgültiger Ersatz geschaffen werden.

Aber welcher Ersatz wäre jemals vollgültig? Die Entwicklung der Libido zu kulturell höherwertigen Zielen ist darum immer von der Regression bedroht, das heißt der Neigung, zu den ursprünglichen Befriedigungen zurückzukehren. Diese Neigung ist um so stärker, je schärfere Brüche es in der Entwicklung gegeben hat. Kindliche Wünsche, die zu früh oder forciert aufgegeben, aber auch solche, die verwöhnend befriedigt wurden, bilden sogenannte Fixierungspunkte der Libido, von wo ab die Entwicklung nur noch mit halber Kraft weitergegangen ist und wohin sie immer zurücktendiert. Die Krankheitslehre der Psychoanalyse unterscheidet verschiedene Krankheitsbilder danach, auf welcher Stufe diese Entwicklungshemmung eingesetzt hat. Die psychoanalytische Therapie macht sich die Reversibilität der Entwicklung zunutze, indem sie die Regression der Libido zum pathogenen Fixierungspunkt begünstigt, um von da aus neue und bessere Wege der Konfliktlösung zu eröffnen.

Welche Kräfte aber ermöglichen oder erzwingen eine Ablösung des Triebes von seinen ersten Zielen und Objekten? Von Anfang an war dies für Freud die „Not des Lebens"[12]. Als deren innerpsychischer Agent gilt das Ich, dem Freud anfangs eine Triebkraft eigenen Ursprungs zuschrieb. Unter dem Gesichtspunkt, daß jede höhere Differenzierung einen Verlust an Unmittelbarkeit und Leben bedeutet, kann der Todestrieb als die Gegenkraft der Libido angesehen werden. Die konsequente Verfolgung der genetischen Betrachtungsweise jedoch hat immer klarer gezeigt, daß das Ich seine Kraft aus libidinösen Quellen bezieht, das heißt, daß wir nur aus Liebe verzichten oder uns ändern können, ja daß die narzißtische Liebe, das ist unser Stolz und die Hochschätzung durch uns selbst und andere, für fast alle Verzichte entschädigt.

Die Lehre von der Libido, die die Kluft zwischen seelischer Krankheit und Gesundheit aufgehoben hat, ist im Grunde genommen eine Theorie des Subjektes[13]. Sie besagt, daß die Kontinuität unseres Lebens, die Einheit mit uns selbst, immer schon in der Kraft unseres Begehrens gegeben ist und durch Bewußtsein, Einsicht, geplanten Entwurf unseres Selbst allenfalls eingeholt werden kann. Sie löst das Subjekt aus seiner monadischen Position, denn Libido ist nicht nur Einheit unseres Selbst, sondern Verflechtung mit dem anderen. In mein eigenes Schicksal ist der andere, ist die Welt auf vielfache Weise eingegangen. Subjekt ist aber nicht nur Einheit, sondern auch Widerspruch seiner selbst. Mag es aus praktischen Erwägungen[14] unumgänglich sein, ihn von außerhalb der Libido her zu begründen, so liegt doch in ihr selbst ein Widerspruch: sie steigt an und schwillt ab, verströmt und fließt zu, will hingeben und empfangen, andererseits haftet, verbindet und beharrt sie. Vielleicht macht gerade dieser Widerspruch die Kontinuität aus? – Die einzige dem Wunsch wirklich entgegengesetzte Macht, ihm darum doch nicht äußerlich, ist die von Freud oft zitierte, aber nie ausdrücklich in die Psychologie eingeführte Notwendigkeit. Die unerbittliche Ökonomie des Triebes ist ihr Gesetz; die Flexibilität der Libido in bezug auf Ziel und Objekt ist der Ausweg des Wunsches aus der starren Notwendigkeit, zugleich wird aber die Libido gerade auf diesem Wege sich selbst, ihrem Ursprung gegenüber, zum Zwang.

[1] Freud, S.: „Psychoanalyse und Libidotheorie", in: Gesammelte Werke, Frankfurt: S. Fischer 1960 ff., Bd. XXII, S. 229 (GW)

[2] Manuskript E in: „Aus den Anfängen der Psychoanalyse", Briefe an Wilhelm Fließ, Abhandlungen und Notizen aus den Jahren 1887–1902, Frankfurt: S. Fischer, 1962, S. 80

[3] Wie schon seit mindestens 2 Jahren; siehe a.a.O., S. 61, vgl. auch: „Über die Berechtigung, von der Neurasthenie einen bestimmten Symptomenkomplex als ‚Angstneurose' abzutrennen", GW I, S. 313–342

[4] Freud, S.: „Weitere Bemerkungen über die Abwehr-Neuropsychosen", GW I, 385 ff.

[5] „Entwurf einer Psychologie", in: Aus den Anfängen der Psychoanalyse (s. Anm. 2), S. 352 f.

[6] A.a.O., S. 151 ff.

[7] A.a.O., S. 423: Anm. 1 zu S. 187; wie auch Brief an Wilhelm Fließ Nr. 70 v. 3. 10. 97, a.a.O., 189 f.

[8] Brief an Fließ Nr. 69, in: Aus den Anfängen der Psychoanalyse (s. Anm. 2), S. 188

[9] Freud, S.: „Drei Abhandlungen zur Sexualtheorie", GW V, S. 67

[10] Bernfeld, S.: „Über die Einteilung der Triebe", in: Antiautoritäre Erziehung und Psychoanalyse Bd. II, Frankfurt: März 1970, S. 612–629

[11] Laplanche, J. et Pontalis, J. B.: Vocabulaire de la Psychoanalyse, Paris: Presses Universitaires, 1968, S. 224

[12] „Entwurf einer Psychologie" (s. Anm. 2), S. 306

[13] Schulz, W.: Philosophie in der veränderten Welt, Pfullingen-Neske 1972, S. 676, 381 f.

[14] „Es mag dann sein, daß die Sexualenergie, die Libido ... nur ein Differenzierungsprodukt der sonst in der Psyche wirkenden Energie ist. Aber eine solche Behauptung ist nicht belangreich ... möglicherweise hat diese Uridentität mit unseren analytischen Interessen so wenig zu tun, wie die Urverwandtschaft aller Menschenrassen mit dem Nachweis der von der Erbschaftsbehörde geforderten Verwandtschaft mit dem Erblasser." Freud, S.: GW X, S. 144

Ernest S. Wolf

Narzißmus

Die Psychoanalyse ist eine noch junge und wachsende Wissenschaft. Ihre Forschungsmethode war eine Schöpfung Sigmund Freuds, und diese Methode bestimmt die charakteristische subjektive Eigenschaft ihrer Beobachtungen: Die Psychoanalyse ist eine introspektive Psychologie.

Die psychoanalytische Theorie und die psychoanalytische Therapie sind Ergebnisse dieser Methode und teilweise abhängig von den Menschen, die sich als Patienten der analytischen Methode unterwerfen. So war es ein vorteilhaft glückliches Zusammenkommen von Freuds Genie und medizinischem Interesse an Hysterie in dem wissenschaftlich und kulturell revolutionären Milieu Wiens während der letzten Dekade des 19. Jahrhunderts, das die großen Entdeckungen der psychoanalytischen Neurosenlehre brachte. Wir lernten über Bewußtes und Unbewußtes; Ich, Es und Über-Ich; Trieb und Anpassung an die Realität; über Kindheitstraumata und die auf sie folgenden Erkrankungen des Erwachsenen; über Übertragung und Gegenübertragung: Unsere Beziehungen zu anderen sind das Konfliktsprodukt unserer Triebe und Verdrängungen.

Heute aber stehen wir an der Schwelle einer zweiten großen Eroberung des psychischen Gebiets, zu dem Heinz Kohut uns jetzt die Tore öffnete. In diesem zweiten Gebiet finden wir die Beziehungen zu uns selbst, den Narzißmus. Wir werden versuchen, den Narzißmus so vorurteilslos als einen Baustein unserer menschlichen Natur zu untersuchen, wie Freud es mit der Sexualität erreichte.

Analog zur psychoanalytischen Erforschung der Störungen der Sexualität bei Hysterikern haben Kohuts psychoanalytische Untersuchungen der narzißtischen Persönlichkeitsstörungen die Wechselfälle des Narzißmus erläutert oder, in anderen Worten, die Entwicklung und Wandlung des Selbst illuminiert. Der Narzißmus ist natürlich nicht das Privateigentum nur der Psychologen und gehört schon immer zur Problematik der Menschlichkeit. Auch Freud erkannte eine narzißtische Phase in der normalen Entwicklung des Kindes, aber sah sie als ein zu bewältigendes Hindernis auf dem Wege von der Selbstliebe zu der Liebe von anderen. Mit dieser Theorie einer gegenseitigen Beziehung zwischen der Selbstliebe und der Liebe von anderen hat Kohut nun auf Grund seiner klinischen Erfahrungen gebrochen, und er behauptet, daß sowohl die Selbstliebe wie auch die Liebe anderer sich beide getrennt in zwar aufeinander einwirkenden, aber im wesentlichen doch unabhängigen Linien entwickeln. Infolgedessen ist die Möglichkeit einer reifen Selbstbeziehung gegeben, die nicht zur Nächstenliebe führt, sich aber in Schöpfungskraft, Humor, Empathie und Weisheit sublimiert. Der Schock, den unsere moralische Sensibilität bei dieser Gleichsetzung von Selbst und anderen erleidet, beweist nur die Kraft, mit der unser jüdisch-christliches Wertsystem es vermag, unser wissenschaftliches Urteilsvermögen zu beeinflussen.

Es ist nun eine Tatsache, daß bei dem heute praktizierenden Analytiker kaum noch so viele Hysteriker und Zwangsneurotiker Hilfe suchen, wie das zu Freuds Zeiten der Fall war. Statt dessen füllen sich die Sprechstunden des Analytikers mit Menschen, deren Liebesfähigkeit mehr oder weniger neurotisch gestört sein mag, da sie mit der Verarbeitung ihrer ödipalen Konflikte nicht fertig geworden sind, deren Persönlichkeitsstörungen jedoch weit über dieses Prokrustesbett hinausragen und oft nur durch Berücksichtigung ihres narzißtischen Gleichgewichts umschlossen werden können. Nicht alles Sexuelle ist Sexualität.

Ich möchte das einmal illustrieren – aber nicht mit einer

Reihe von Krankengeschichten, denn das würde zu viele Stunden beanspruchen, und außerdem könnte mir nachgesagt werden, daß sie nicht typisch seien, sondern bloß meine Voreingenommenheit spiegeln. Glücklicherweise können wir Psychologen uns oft auf die tiefen Erkenntnisse des Künstlers, insbesondere des Schriftstellers, stützen, wie es auch Freud tat, als er seine Einsichten in die dunkelsten Kammern der menschlichen Psyche bei Sophokles, Shakespeare und Goethe bestätigt fand. Der Künstler hat die Gabe, das Erz seines Verstehens schöpferisch in das edle Metall seines Werkes zu kondensieren, aus dem wir weniger Begabten dann unsere eigenen Formen des Verstehens schmieden können.

Hans Schnier ist die Hauptgestalt in Heinrich Bölls Roman „Ansichten eines Clowns". Ich erlaube mir, ihn zu benutzen, um meine Ansichten etwas anschaulicher zu machen. Hans Schnier war ein exzentrischer, aber doch noch aktiver Mann, bis Marie ihn verließ. Ohne Marie zerfällt er: Melancholie, Kopfschmerz und die Unfähigkeit, sich zu konzentrieren, zerstören sogar die einzige Lebensrolle, die ihm geblieben war, nämlich den Clown zu spielen. Baden, Schlafen oder Alkohol sind nur vorübergehend wirksame Mittel. Auch der wohlwollende Beistand seiner Freunde hilft ihm nichts: er hat Marie nötig, muß sie haben; nur sie würde seine einzige dauerhafte Heilung sein. Um Marie drehen sich alle seine Gedanken und spitzen sich zu in einem verzweifelten Verlangen, mit ihr „die Sache zu tun". Verlangen: ja; Sexualität aber nicht.

Was ist nun los mit Hans Schnier? Was fehlt allen diesen Menschen, die sich dem Alkohol oder Rauschgift, dem Glücksspiel oder Börsenspekulieren, dem sinnlosen Vergnügen oder mystischen Grübeleien mit leidenschaftlicher Sucht ergeben?

Klinische Erfahrung lehrt, daß diese Süchtigen nach einem verlorenen Teil ihres Selbst, nach einem Stück ihrer psychischen Struktur suchen, daß sie eine innere Leere fühlen, die sie immer zum Versuch zwingt, diese auszufüllen. Kohuts Erweiterung der Freudschen Psychoanalyse hat es uns ermöglicht, diese Phänomene zu verstehen und in ihrer Entwicklung wissenschaftlich zu erklären. Die Psychoanalyse bestätigt wieder des Dichters Wordsworth Spruch: Das Kind ist des Mannes Vater.

Bevor wir aber dieses Kind näher betrachten, muß ich Sie bitten, sich in das innere Leben des Kindes einzufühlen. Wir sind ja alle einmal Kinder gewesen und haben die Fähigkeit, uns wieder in diesen psychischen Zustand zurückzuverwandeln oder zumindest uns an ihn, wenn auch verschwommen, zu erinnern. „Willst du die andern verstehen, blick in dein eigenes Herz." Betrachten wir also den Säugling, der anscheinend so hilflos auf die Mutter angewiesen ist. Fühlt er sich auch so hilflos? Wenn er hungrig ist, wird er gefüttert. Ist er naß, dann trocknet man ihn. Ist er allein, kalt und elend, dann schreit er sich an Mutters warme weiche Brust, und von ihren starken Armen gehalten, überströmt ihn ein Gefühl der Sicherheit. In dieser Welt des Säuglings hat er alle Macht, alles gehört ihm, außer ihm besteht noch gar kein Wille. Für das Kind ist die Herrschaft über die Betreuung eine Selbstverständlichkeit, sagt Kohut – so selbstverständlich, wie der Erwachsene über seinen Körper und seine Gedanken verfügt. Erst später wird eine Differenzierung zwischen Ich und Du langsam wachsen.

Natürlich ist es klar, daß das Kleinkind solche mütterliche Betreuung zum Gedeihen nötig hat; aber es ist gleichfalls klar, daß diese Betreuung nie vollkommen sein kann. Die Unvollkommenheiten in der Versorgung erregen in dem Kind unlusterweckende seelische Spannungen, mit denen das Kind durch den Aufbau seines eigenen psychischen Apparates fertig zu werden versucht. Kleine Versagungen und Enttäuschungen sind daher ein wichtiger Ansporn zur seelischen Weiterentwicklung; wenn aber die Unzulänglichkeit der Versorgung ein gewisses Maß überschreitet, dann kann der noch leicht verwundbare psychische Apparat des Kindes diese traumatische Störung seines seelischen Gleichgewichtes nicht bewältigen. Anstatt eines Reifungsschrittes ergibt sich eine Stockung der Entwicklung. Und wenn diese Stockungen sich summieren, dann wird der psychische Apparat unvollkommen sein, da er teilweise auf einem kindlichen Niveau geblieben ist. Große Teile der psychischen Struktur bleiben unentwickelt oder sind funktionell verkrüppelt. Der Mangel an psychischen Strukturen und Funktionen, die es dem Kind ermöglichen würden, sich selbst zu trösten und seine inneren Spannungen auszugleichen, hat zur unvermeidlichen Folge, daß das betroffene Kind weiter allzusehr auf seine Fürsorger angewiesen bleibt. Schon beim Kind finden die Erwachsenen das nicht immer Akzeptable – und unsere Abweisung wird natürlich noch viel stärker sein, wenn ein anscheinend erwachsener Mensch uns mit seinem kindlich-süchtigen Verlangen bedrängt. Im allgemeinen reagieren wir hier nicht mit Freundlichkeit und Verständnis.

Wir hatten schon gesehen, wie wonnig sich das Kind normalerweise in seiner Machtposition fühlt, und können annehmen, daß dieses Gefühl der Vollkommenheit von infantilen Größenphantasien begleitet ist. Durch den Einfluß der Wirklichkeit schrumpfen diese Illusionen schrittweise ein, während gleichzeitig das rudimentäre Du, der Erwachsene, mit absoluter Vollkommenheit und Macht ausgestattet wird. Es entsteht ein idealisiertes Elternbild anstelle der Größenphantasie über das Selbst. Die intime Verbindung mit den Eltern fördert das Gefühl, an ihrer Vollkommenheit teilzunehmen, und des Kindes Selbstachtung ist nicht ernstlich gestört.

Es geht aber anders, wenn psychische Traumate die seelische Entwicklung aufhalten. Das verletzte Kind hält an seiner Größenphantasie fest, und im Zusammenstoß mit der Wirklichkeit werden diese infantilen Illusionen nicht der Realität allmählich angepaßt, sondern unverändert ins Unbewußte verdrängt. Solche unbewußten „archaischen" Größenphantasien üben einen ununterbrochenen Druck auf das bewußte Selbstgefühl und Verhalten von narzißtisch verletzten Menschen aus. Depression über die Unerfüllbarkeit der Größenphantasien wechselt mit aufgeregtem Exhibitionismus; Überbewertung des Selbst wechselt mit Minderwertigkeitsgefühlen.

Hans Schnier, der Clown, illustriert uns diese Symptome der archaischen infantilen Größenphantasie. Zum Beispiel: Er fährt nur erster Klasse, ob er sich's erlauben kann oder nicht. Er glaubt, mehr von Theologie zu verstehen als die Theologen, mehr vom Geld als die erfolgreichsten Unternehmer, mehr von der Kunst als die besten Kritiker. Es ist dabei nicht besonders wichtig, ob er mit seinen Ansichten recht hat oder nicht. Entscheidend ist hier die subjektive Überbewertung der eigenen Ansichten, die immer alles andere verächtlich in den Schatten setzen. Während der Aufführung seiner Clown-Nummern fällt ihm plötzlich ein, er könnte auch jonglieren oder singen; er kann sich nicht beschränken, ohne sich selbst langweilig vorzukommen. Außerdem ist er noch mit einer mystischen Eigenschaft begabt: er kann durchs Telefon Gerüche wahrnehmen. Kein Zweifel, es besteht ein gewisser Größenwahn in ihm, und seine Berufswahl war durch seinen Exhibitionismus bestimmt. Dazu kommt dann noch seine Angst vor der Erregung und seine Angst vor dem Versagen. So groß sind diese Ängste, daß er meistens sogar auf die Bühne gestoßen werden muß. Ja schon in der Vorbereitung für die Aufführung ist die narzißtische Spannung so groß, daß er das Gefühl des Bestehens des eigenen Selbst verliert; vor dem Spiegel stehend, fühlt er sich in eine mechanische, tote Puppe verwandelt, empfindet sich als Marionette, als beinahe verrückt und in Gefahr, ständig verrückt zu bleiben. Marie ist seine Rettung; nur wenn er sich in Maries warmen, lebenden Augen spiegeln kann, kehrt er zurück, ist er er selbst.

Nun, fragen wir noch einmal, was fehlt denn Hans Schnier, was waren die Traumata seiner Kindheit, die seine psychische Struktur so unvollkommen machten und die ihn so sehr mit Größenphantasien belasteten? Böll gibt uns nur ein paar flüchtige Hinweise. Er skizziert die Eltern mit einigen wenigen Andeutungen seiner Feder. Die Oberflächlichkeit von Schniers Mutter empfindet man als Kälte. Ohne wirkliche Überzeugungen lebt sie dem Augenblick der Bequemlichkeit. Sie sendet die Tochter fast gefühllos in einen nutzlosen Tod; sie verwehrt dem Sohn die Unterstützung, derer er bedarf. Ein guter öffentlicher Eindruck ist wichtiger für sie als das Leben ihrer Kinder. „Vielen gefallen ist schlimm.“ Ihre übertriebene Sparsamkeit ist krankhaft, und in diesem reichen Haushalt gibt es nie genug zu essen. Für die Kinder hat sie kein Sensorium, und man kann sich leicht ausmalen, was Hans Schnier fehlte: nämlich eine richtige Mutter.

Der Vater ist ein Koloß im Geschäft; aber zu Hause steht er auf tönernen Füßen. Als Schützer, als Vorbild, als wirklicher Mann und Vater versagt er. Von der Ferne sieht er groß aus; aber nah gesehen ist er ein kleiner und kleinlicher Mensch. Er verwechselt sein Mitgefühl mit Schwäche, die er verbergen zu müssen glaubt. Von seinem Sohn zieht er sich zurück. Dem Hans Schnier fehlt daher auch noch ein Vater, es fehlt ihm ein Mann, den er achten und verehren kann.

Ich will noch einmal kurz zusammenfassen: Um sich gedeihlich zu entwickeln, braucht das Kind der Mutter Empathie, braucht ihre einfühlende Liebe, so daß es sich in den lachenden Augen der Mutter widerspiegelt und dadurch bestätigt sieht. Später benötigt das wachsende Kind auch noch zuverlässige Eltern – zum Beispiel der Sohn den Vater –, die es respektieren und auch idealisieren kann. Werden diese Erwartungen zu scharf enttäuscht, dann entwickelt sich die seelische Struktur des wachsenden Menschen nicht ganz, und sein psychischer Apparat wird Defekte haben. Dies nennen wir dann eine narzißtische Persönlichkeitsstörung.

Kann diesen Menschen geholfen werden? Wir können heute aufgrund von Kohuts Arbeiten mit einem bedingten Ja antworten. In der psychoanalytischen Behandlung ist es meistens möglich, sich mühsam zu seinen kindlichen Wunden zurückzufinden. Im Verlauf der Analyse erwachen die alten Erinnerungen; sie waren ja nur scheinbar vergessen. Was sich dann so wiederbelebt, wird in der analytischen Situation schmerzhaft wiedererlebt; aber diesmal zielen alle die erneuerten Triebe und Ängste, Hoffnungen und Widerstände auf ein neues Objekt, den Analytiker. Man nennt dieses Phänomen die Übertragung, und durch die Übertragung wird eine analytische Behandlung erst möglich. In der analytischen Behandlung der narzißtischen Persönlichkeitsstörungen erscheinen zwei Arten der Übertragung: die Spiegelübertragung und die idealisierte Übertragung.

Ein Bild ist besser als hundert Worte, und da wir uns heute nicht in Einzelheiten verlieren wollen, können wir uns nicht auf genaue Definitionen einlassen. Statt dessen werden wir versuchen, uns diesen Begriffen metaphorisch zu nähern. Die Spiegelübertragung ist sozusagen die Wiederbelebung des Bedürfnisses des Kindes, sich in den Augen der Mutter zu sehen und sich dadurch in der Existenz seines vollkommenen Selbst gesichert zu fühlen. In analoger Weise dient die wohlwollende und verstehende Gegenwart des Analytikers als Spiegel für die Existenz des Patienten. In ähnlicher Weise ist die idealisierte Übertragung die Wiederbelebung des Strebens des Kindes, sich mit einem hochverehrten Vater oder mit einer hochverehrten Mutter seelisch zu vereinigen. In der Analyse erscheint diese Bestrebung als eifrige Forderung, zum idealisierten und überbewerteten Analytiker aufschauen und ihn verehren zu dürfen. Durch Erklärung und Deutung dieser spontan erscheinenden Phänomene eröffnet der Analytiker seinem Patienten den Weg zum Verständnis der Kindheit, auf dem die Einsicht in die Bedürfnisse des erwachsenen Selbst des Patienten erreicht werden kann.

Übertragungen stellen sich spontan ein. Sie werden durch die inneren psychischen Zustände bestimmt und sind nicht das Ergebnis des Verhaltens des Analytikers. Voreiliges Eingreifen durch verfrühte Deutungen oder verführerische Sympathie würden die nötige analytische Neutralität zerstören. Statt spontaner Übertragung würde sich dann eine verzerrte Reaktion einstellen, die der analytischen Arbeit im Wege stünde und die Heilung verhindern würde. Der Analytiker muß emphatisch verstehen, aber ohne falsche Sentimentalität. Er muß bereit sein zu erklären, aber ohne Mahnungen und ohne zu predigen, daß man sich an die Wirklichkeit anpassen muß. Er muß es erlauben können, daß sich die Übertragung spontan ohne sein Eingreifen entfalten kann.

Natürlich ist dies alles nicht so einfach, wie es hier dargestellt wird. Freud verglich die verhüllten Jahre der frühen Kindheit mit einer prä-historischen Landschaft. Die traumatischen Erinnerungen liegen zutiefst vergraben; aber wenn man ihnen nahekommt, brechen die alten, unerfüllten Wünsche oft mit vulkanischer Gewalt aus. Die ausgrabende Arbeit stößt auf harte Widerstände und erreicht nur langsam ihr Ziel. Der Patient mag zum Beispiel auf die Abwesenheit des Analytikers während des Wochenendes oder während der Ferien reagieren wie ein Kind, dessen Mutter verschwunden ist und das sich daher tief deprimiert fühlt. Wiederbelebte Traumata sind immer schmerzhaft, besonders wenn die unvermeidlichen Mißverständnisse des Analytikers die Zurückweisungen der Kindheit zu wiederholen scheinen. Wenn solche Enttäuschungen nicht allzu groß oder allzu häufig sind, können sie zum Verständnis der Empfindlichkeit des Patienten führen und dadurch zum Heilungsprozeß beitragen. Der in der Kindheit unvollkommen gebliebene Aufbau der psychischen Strukturen kann sich dann wiederbeleben und auch nachgeholt werden. Ein unterbrochener Entwicklungsablauf kommt wieder in Gang.

Das Streben nach Unabhängigkeit stärkt sich langsam, und die Symptome verringern sich. Die Abwesenheit des Analytikers übers Wochenende oder in den Ferien wird nicht mehr als so gefährlich empfunden. Gelinderte Melancholie und geminderte Wutanfälle erlauben ein mehr erträgliches Leben. Die schöpferischen Kräfte wachsen wie auch die Fähigkeit, den Enttäuschungen der Welt mit Humor zu begegnen.

Überhaupt muß man Schöpferkraft, Sinn für Humor, Weisheit und Einfühlungsfähigkeit als Errungenschaften eines vollentwickelten, reifen Narzißmus betrachten. Alter bringt nur dann Weisheit, wenn die narzißtischen Wunden der Kindheit geheilt sind. Ein Leben, gelenkt von den höchsten Idealen, ist der Reichtum, den eine vollkommene Reifung des Narzißmus schenkt. Hier möchten wir aber vorübergehend noch einmal auf die graue Theorie zurückgreifen. Das Gewissen des Kindes und auch seine Ideale gestalten sich aus dem, was es sich von den idealisierten Eltern zu eigen macht. Aber mit dem Beginn der Adoleszenz tritt der Anteil der Eltern in den Hintergrund und schrumpft ein. Der Jugendliche fühlt, daß er die alten Ideale, die von den Eltern herstammen, nicht mehr respektieren kann. Er ist nun führerlos. In dieser Notlage wendet er sich seinen Altersgenossen zu, besonders wenn sie in derselben prekären Lage sind wie er. Ohne lenkende Ideale kann ja niemand handeln, und wenn die innere Leitung plötzlich fehlt, muß eine äußere Führung gesucht werden. Oftmals bilden sich höchst intime Freundschaften, oft in der Form von geheimen Bündnissen, während dieser adoleszenten Jahre. Solche Bünde geben Sicherheit, und es wird Zeit gewonnen, in der wieder ein eigenes inneres Wertesystem aufgebaut werden kann. Die neuaufgebauten Ideale stellen nicht nur eine Neuausgabe der elterlichen Vorbilder dar, sondern sie können auch Niederschläge jener Personen enthalten, die in der Jugendzeit als musterhaft verehrt worden waren. Glücklich sind jene, die ihre Helden in den edlen Geistern der Geschichte und Kultur finden. Sie sind gegen die bittersten Enttäuschungen geschützt.

Die in der Adoleszenz so häufig intimen und geheimen Beziehungen zu einem besonderen Freund haben auch eine enge Verbindung mit der Kreativität. In der narzißtischen Identifizierung mit dem als Freund gewählten Menschen entdeckt die Psychoanalyse eine Verschmelzung beider in ein erweitertes Selbst. Nicht nur der Freund, sondern manchmal sogar die ganze Welt wird als mit dem Selbst vereint empfunden. Von innen erlebt, sieht die einverleibte Welt dann plötzlich anders aus, als sie vorher von außen erschien. Die Kraft des Freundes, die der künstlerisch begabte Mensch in sich aufgenommen hat, kann ihm vielleicht den Mut geben, seine neu entdeckte Welt in einem Kunstwerk schöpferisch darzustellen. Eine originelle Vorstellung kann freilich nicht in alltäglicher Sprache ausgedrückt werden, sondern erfordert die Schöpfung ursprünglicher und eigenartiger Ausdrucksweisen. Das ist ein einsamer und furchterzeugender Weg, und man braucht viel Mut, um ihn zu betreten. Die von dem Freunde erborgte Kraft erlaubt es dem jungen Künstler, sich kühn den Gefahren des Alleingangs auszusetzen.

In vielen Biographien von Künstlern und anderen kreativen Persönlichkeiten kann man solche Verschmelzungsbeziehungen mit einem besonderen Freund gerade dann erkennen, wenn die Kreativität ihren Höhepunkt erreicht hat. Als Beispiele möchte ich die innere Verflechtung Freuds mit Fließ erwähnen, auch Melvilles mit Hawthorne oder schließlich Goethes mit Lavater und Plessing. Und es muß nur noch die paradox erscheinende Tatsache erwähnt werden, daß vorübergehende Störungen der Verschmelzung mit dem Freunde ganz besonders dazu führen können, die schöpferischen Kräfte zu mobilisieren. Diese Erscheinung ist analog zu den Folgen der leichten Störungen im Verhältnis des Kindes zu seiner Mutter. So wie solche frühen

Störungen zu konstruktiven Ergebnissen führen, spornen auch die Dissonanzen der Freundschaft zu auflösender Schöpfung an.

Des Künstlers schöpferisch gestaltetes Werk wird von ihm als ein Teil seines Selbst empfunden. Eine gut gelungene Arbeit kann dem Künstler auf mehreren Wegen Harmonie und Selbstachtung verschaffen. Erstens wird der Drang nach Vollkommenheit der psychischen Struktur durch das Kunstwerk teilweise erfüllt, wodurch die innere Spannung vermindert wird. Zweitens befriedigt das Werk auch den Exhibitionismus, besonders wenn äußerer Beifall den geheimen Phantasien der Perfektion zustimmt. Die Freude an der Vollkommenheit, die Verzweiflung über die Unvollkommenheit des Kunstwerks tritt für den Künstler an die Stelle der Kindheitsgefühle über das von der Mutter freudig begrüßte oder aber zurückgewiesene Selbst.

Die Psychoanalyse ist eine vielseitige und umfassende Psychologie, die sich nach mancherlei Richtungen hin erstreckt. Der Narzißmus ist zwar eine wichtige Dimension im psychischen Raum; aber sie ist nicht die einzige. Die neueren Erkenntnisse im Gebiet des Narzißmus beeinträchtigen keineswegs den Wert der großen Entdeckungen, die wir Freud zu verdanken haben. Wir beschäftigten uns heute in unseren Betrachtungen zwar nicht mehr ganz so viel mit der Sexualität, wie es früher in der Analyse der Fall war. Die entscheidende Rolle der infantilen Sexualität und des Ödipus-Komplexes in der Entstehung der Neurosen hat sich aber nicht vermindert und wird auch von uns noch immer voll anerkannt. Wir haben gesehen, wie die Erlebnisse der Kindheit auf die Entstehung eines kohärenten Selbst Einfluß nehmen und wie dann die Unvollkommenheiten des Selbstzusammenhalts zur narzißtischen Persönlichkeitsstörung führen.

Was können wir noch über die Zukunft der Studien des Narzißmus sagen? Manche Rätsel der Gruppenpsychologie werden sich vielleicht lösen lassen, und manche der brennenden sozialpolitischen Fragen der Gegenwart können vielleicht einer Antwort nähergebracht werden, wenn wir sie im Lichte unserer Einsichten über den Narzißmus betrachten. Für die Psychologie mag dies nur eine weitere wissenschaftliche Aufgabe sein; aber für die Welt ist es vielleicht eine Frage des Überlebens. Und so besteht dann auch die kleine Hoffnung, daß die Erkenntnisse der psychoanalytischen Psychologie nicht nur zum Heil des Individuums, sondern auch zum Wohle der Gesellschaft ihren Beitrag leisten werden.

Peter Kutter
Neurose

Wie sieht Neurose aus? Was ist Neurose? Wodurch entsteht Neurose?

Ich könnte nun einige Symptome aufzählen, auf Grund derer der Arzt oder Psychologe die Diagnose Neurose stellt und die bestmögliche Behandlung ableitet. Ich könnte auch in eine Diskussion über den Neurosebegriff eintreten, die Geschichte dieses Begriffs erklären und seinen Bedeutungswandel im Laufe der Zeit aufzeigen. Ich könnte ferner versuchen, darzustellen, wie verschieden unser Verständnis von Neurose ist, je nachdem, aus welcher Schule der Forscher stammt, aus der Psychoanalyse, aus der Lerntheorie oder aus den Gesellschaftswissenschaften.

Das alles möchte ich nicht tun; die Gefahr, zu pädagogisch, zu akademisch, zu abstrakt zu werden, wäre zu groß.

Ich möchte mein Thema lieber abwandeln, um einiges zu sagen über Menschen mit seelischen Schwierigkeiten oder besser: über Menschen in seelischer Not. Damit stehen wir unmittelbar im Alltag und in unserer ganz persönlichen Umwelt. Wer hat da nicht einen Freund oder Bekannten, der nervös ist, nicht mehr arbeiten kann, der ängstlich die Menschen meidet, enttäuscht darüber, weil ihm eine Freundschaft zerbrochen ist. Hat er Glück, dann findet er einen verständnisvollen Vater oder eine Mutter, bei denen er sich aussprechen kann, oder einen Lehrer, dem nichts Menschliches fremd ist, einen Pfarrer, der ihm nicht mit frommen Sprüchen kommt, sondern ihm zuhört, wenn er seine Geschichte erzählt. Dann fängt er sich wieder, überwindet die Krise und ist damit eine Stufe weiter gekommen. Findet er keinen Menschen, der ihm zuhört, oder findet er nur solche, die ihn abwertend „hysterisch" oder „neurotisch" nennen, dann wird er sich um so mehr in sein Leid verbohren, sich immer mehr im Kreise drehen und so vergraben, daß er allein nicht mehr herauskommt; es sei denn, er wäre ein Münchhausen, der sich selber am eigenen Schopf aus dem Sumpf zieht.

Was will ich damit sagen? Menschen mit Neurosen sind Menschen mit seelischen Schwierigkeiten, Menschen wie jeder von uns, die, wenn sie Glück haben und mit jemandem reden können, ihre Schwierigkeiten meistern, die aber, wenn sie Pech haben und sich selbst überlassen bleiben, Gefahr laufen, sich immer mehr in ihre Not zu verstricken. Damit ist gesagt, daß es keine Schande ist, einmal seelisch zusammenzubrechen, daß man sich dessen nicht schämen muß und daß es kein Ausdruck von Minderwertigkeit ist, wenn man einmal nicht mehr weiterkommt, den Psychiater aufsuchen oder beim Psychotherapeuten eine Psychoanalyse durchführen muß. Zu jedermanns Beruhigung sei laut und deutlich gesagt, was sich mir in der psychoanalytischen Praxis immer wieder bestätigt hat: Die Schwere seelischen Leidens steht immer in einem linearen Verhältnis zur Schwere der seelischen Belastungen, die einen Menschen getroffen haben. Aber immer noch haftet ein Geruch von Minderwertigkeit, von degenerierter Konstitution an solchen Menschen; nicht von ungefähr legen die davon Betroffenen größten Wert darauf, daß niemand davon erfährt, wenn sie in Behandlung sind. Beamte bezahlen lieber selbst ihre Psychotherapie, um ihre Laufbahn nicht zu gefährden, und Politiker dürfen, wie der Fall Thomas Eagleton zur Genüge zeigte, schon gar nicht beim Psychiater gewesen sein, wenn sie nicht riskieren wollen, disqualifiziert zu werden. Damals hätten die zuständigen Fachgesellschaften ein klärendes Wort sprechen müssen. Es wäre auch gar nicht so schwierig gewesen, Verständnis für seelische Krisen eines Politikers zu wecken; denn wie eine Gallup-Umfrage ergab, hatten 59 Prozent der Befragten keinen Anstoß daran genommen, daß der von McGovern als sein Vizepräsident vorgesehene Senator sich früher psychiatrisch hatte behandeln lassen. Die Politiker waren also ängstlicher als das Volk.

Mit diesen Andeutungen will ich Verständnis wecken für Menschen mit seelischen Schwierigkeiten, damit ihnen zu ihrer Not nicht noch mehr Leid zugefügt wird; aus Unsicherheit, Gleichgültigkeit oder gar Bosheit. Ich möchte deswegen Verständnis wecken, weil, wie es unlängst in einem Bericht der „Stuttgarter Zeitung" hieß, die Neurose zur Volkskrankheit wird: „Ein weit verbreitetes Leiden, das oft aus falscher Scham zu spät erkannt und behandelt wird." Man rechnet mit fünf Millionen neurotisch erkrankter Menschen in der Bundesrepublik Deutschland; jedoch dürfte die Dunkelziffer weitaus höher liegen, da viele Neurosen nicht erkannt werden und unter einem anderen Namen laufen, wie etwa funktionelle Störungen, Reizmagen oder vegetative Dystonie, dem Sammelbegriff für die „Problempatienten" des praktischen Arztes. Auf einer gemeinsamen Tagung der Arbeitgeberverbände und des Deutschen Gewerkschaftsbundes, dem sogenannten „Gesundheitsforum", hieß es, daß 30 Prozent der Bevölkerung Europas unter Neurosen leiden und etwa die Hälfte der Sozialversicherten vorzeitig aus dem Arbeitsprozeß ausscheidet: Ergebnis eines langen Prozesses, der oft genug aus einer seelischen Notlage heraus entstanden ist, die nicht als solche erkannt worden war.

Wie sieht denn nun eine Neurose aus? Ich will versuchen, darauf eine Antwort zu geben, indem ich einige Fälle bekanntgebe. Als ich dafür geeignete Fälle aus Literatur und Praxis heraussuchte, fiel mir auf, daß es drei große Gruppen von Neurosen gibt, die sich in ihren Symptomen, den seelischen Ursachen und in ihrem Verhältnis zu der herrschenden gesellschaftlichen Situation deutlich voneinander unterscheiden. Aus jeder der drei Gruppen möchte ich jetzt in kurzen Skizzen ein Beispiel zeigen.

Da ist zunächst der Fall einer jungen, etwa dreißigjährigen Frau. Sie quält sich mit zwanghaft auftretenden Grübeleien, unerklärlichen Herzbeschwerden und kann nicht mehr allein sein. Nachts schläft sie unruhig und zerbricht sich den Kopf darüber, was sie falsch gemacht habe. Sie wuchs in gut bürgerlichen Verhältnissen auf, streng katholisch erzogen. Alles, was mit Sexualität zusammenhing, war Sünde und mußte unterdrückt werden. Die Frau bewegte sich auf einem schmalen Weg, hatte wenig Männerbekanntschaften, heiratete einen tüchtigen Ingenieur und blieb doch unglücklich. Etwas fehlte ihr. Da begegnete ihr ein lebensfroher Mann, der es verstand, ihre eigene versteckte Lebensfreude zu wecken; eine Versuchungssituation, und es war um sie geschehen. All ihre Sinnlichkeit blühte auf und suchte Erfüllung. Das aber war das von den Eltern Verbotene. So konnte sie das sie befreiende Erlebnis nicht genießen; im Gegenteil, sie mußte es in sich selbst so abwürgen, wie es ihre strengen Eltern in der Kindheit mit ihr gemacht hatten. All dies war ihr aber nicht bewußt. Erst die Psychoanalyse brachte den Konflikt ans Tageslicht, den sie nicht bewältigen konnte und der darin bestand, daß der Wunsch in ihr wach wurde, zu genießen, gegen den ein Verbot stand, das in ihr nachwirkte, gegen das sie sich aber, erst einmal in Versuchung gekommen, nun auflehnte; allerdings um den Preis der Angst vor Strafe und des schlechten Gewissens. Da sie jetzt in Wirklichkeit niemand mehr strafte wie in der Kindheit, strafte sie sich unbewußt selbst. Ergebnis: das neurotische Leiden. Wie die Analyse zeigte, hatte also der aktuelle Konflikt einen Vorläufer in der Kindheit: Da hatte sich das vierjährige Mädchen in aller Unschuld in den Vater verliebt und einmal mit ihm zärtlich im Bad gespielt, als die Mutter eintrat und das Kind sich durch deren strengen Blick verurteilt fühlte. In der Kindheit also war unserer Patientin ein Verbot eingepflanzt worden, das sie einengte und das zu übertreten sie reizte. Diese Wünsche aber waren die „unverträglichen Vorstellungen", von denen Freud schon 1894 sprach, die verdrängt oder abgewehrt werden mußten, unter Entwicklung neurotischer Symptome, die als „Kompromißbildungen" zu bezeichnen sind; Kompromißbildungen zwischen den verdrängten sinnlichen Wünschen und den strafenden verdrängenden Kräften. Zielt der verbotene Wunsch auf den gegengeschlechtlichen Elternteil und wird der gleichgeschlechtliche wegen des Verbots gleichzeitig gehaßt, dann haben wir das vor uns, was in der Psychoanalyse „Ödipus-Komplex" genannt wird. Das Mädchen liebt den Vater und haßt die Mutter, nach Sigmund Freud der „Kernkomplex" aller Neurosen. Dieser Ur-Konflikt wurde durch die aktuelle Versuchungssituation wiederbelebt. Ohne den infantilen Konflikt als Vorläufer hätte die Patientin sicher nicht so neurotisch reagiert. Das aktuelle Erleben war nur der „Auslöser" eines im Unterbewußtsein schwelenden infantilen Konfliktes. Auf die Ebene dieses ungelösten Konfliktes regrediert der neurotische Mensch; er fällt darauf zurück, weil er in einem versteckten Winkel seiner Seele immer daran fixiert blieb. Hier war ein „Komplex" verborgen, der, wie Freud einmal sagte, „wie ein Fremdkörper unaufhörlich Reiz- und Reaktionserscheinungen in dem Gewebe unterhält, in das er eingebettet ist". Dadurch gehen den davon befallenen Menschen viele Kräfte verloren; Kräfte, die dadurch aufgebraucht werden, daß die verpönten Wünsche unter Schloß und Riegel bleiben müssen. Unsere Patientin quälte sich mit Grübeleien, ein innerer Zwang, obwohl als unsinnig erkannt, trieb sie dazu. Das sind Erscheinungen einer Zwangsneurose. Sie hatte aber auch Herzbeschwerden, für die sich eine körperliche Ursache nicht finden ließ. In diesen Symptomen waren, wie die Analyse zeigte, Wünsche nach Liebe, Angst vor Strafe und die Strafe selbst enthalten. Man kann mit Freud auch sagen: „Der Schmerz war an die Stelle einer Gefühlsäußerung getreten" oder wurde zu einem „Ersatz für verbotene Befriedigung", „Ausdruck einer längst vergangenen Schädigung im frühkindlichen Sexualleben" bzw. Folge eines „Konfliktes zwischen Ich und Sexualstrebungen". Das sind Symptome einer Organ-Neurose. Wird die Angst unmittelbar spürbar, sprechen wir von Angstneurose. Bei unserer Patientin war es so, daß sie Angst vor dem Alleinsein hatte. Alleinsein war für sie eine angsterregende Situation, die sie zu vermeiden suchte. Ist die Angst an eine solche Situation gebunden, die umgangen wird, dann haben wir eine Phobie vor uns. Zusammengefaßt handelt es sich bei unserer Patientin um eine seelische Störung mit zwangshaften organneurotischen und phobischen Symptomen; akut ausgebrochen durch eine Versuchungssituation, die deswegen so schwere Folgen nach sich zog, weil, wie wir abgekürzt in psychoanalytischer Fachsprache sagen, die Patientin unbewußt an eine ungelöste ödipale Konfliktsituation fixiert geblieben war, in der sie die natürlichen sinnlichen Wünsche als verboten erlebt hatte und solcherart an einen Schuldkomplex gebunden blieb. Der Fall soll beispielhaft für alle jene stehen, die zwar in geordneten bürgerlichen Verhältnissen aufgewachsen sind, aber unter strenger Sexualmoral und deswegen mit dem Erwachen ihrer sinnlichen Wünsche in schwere Skrupel und Gewissenskonflikte geraten: Prototyp der Neurose einer bürgerlichen, puritanischen und triebfeindlichen Gesellschaft.

Anders liegt der nächste Fall eines dreiunddreißigjährigen unverheirateten Mannes aus der Unterschicht. Sein Vater war ein Arbeiter, der sich von seinen Vorgesetzten alles gefallen ließ und vorzeitig Invalide wurde. Seine Mutter versuchte dem Kind zu geben, was sie konnte. Was der heranwachsende Junge aber suchte und gebraucht hätte, nämlich ein positives väterliches Vorbild, konnte sie ihm nicht ersetzen. So wuchs unser Patient praktisch vaterlos auf. Sein Vater hätte auch im Krieg gefallen oder Alkoholiker gewesen sein oder einfach nur eine schwache Figur darstellen können – die häuslichen Verhältnisse wären für ihn nicht viel anders gewesen; Verhältnisse, die Alexander Mitscherlich treffend als „auf dem Weg der vaterlosen Gesellschaft" gekennzeichnet hat. Ohne dumm oder faul gewesen zu sein, lernte unser Patient in der Schule schlecht. Er ging bei der Post in die Lehre, blieb aber dabei unbefriedigt und fand nur Ausgleich im Sport, in dem er es sogar zu Höchstleistungen brachte. Als er sich dabei aber einmal den Knöchel gebrochen hatte, war es aus. Es kam zu dem, was man im Volksmund „Nervenzusammenbruch" nennt, verbunden mit heftigen Kopfschmerzen, der Angst, keine Luft mehr zu bekommen, und Schmerzen im Unterleib, gefolgt von schwerer Depression, Unlust und Mutlosigkeit. Nach einer „Odyssee" von Arztbesuchen, Krankenhaus- und Sanatoriumsaufenthalten kam er in psychotherapeutische Behandlung, wo im Laufe einer Kurztherapie von insgesamt nur fünfzehn Stunden klar wurde, was ihm fehlte. Über die reale Begegnung mit dem Therapeuten fand er nun doch noch einen Vater, der an die unentdeckten Möglichkeiten in ihm glaubte, mit dem er sich aggressiv auseinandersetzen und mit dem er sich identifizieren konnte. Seine Kopfschmerzen und seine Depressionen waren aus einer inneren Leere heraus entstanden, aus dem Fehlen eines starken Vaters, eines Ideals, dem er nacheifern und an dessen Wert er selber teilhaben konnte. Sein Leiden entsprang der schmerzlichen Erkenntnis, daß er sich seines eigenen Vaters schämen mußte und daß er selber nicht dem entsprach, was er gerne hätte sein wollen. „Neurotische Depression" lautet in diesem Fall die Diagnose, und er steht für viele, deren Väter im Krieg gefallen sind, deren Väter die Schmach des Dritten Reichs, mit dem sie sich identifiziert hatten, nicht überwinden konnten, die in Alkoholmißbrauch auswichen oder sich, wie im Falle des Vaters unseres Patienten, in ihrer charakterlichen Schwäche alles gefallen ließen. Statt einer Depression hätte die innere Leere unseres Patienten auch zu unerklärlichen hypochondrischen Beschwerden, einem psychosomatischen Symptom oder zu Gefühlen der inneren Entfremdung führen können. In diesem zweiten Beispiel aus der Praxis ist die Ursache der Neurose nicht der Ödipus-Komplex, vielmehr der Mangel an einem väterlichen Vorbild, ohne das der Bezug zur Wirklichkeit und zu einer realistischen Auseinandersetzung in der Welt, in Denken und Handeln, nur schwer möglich ist; Prototyp der Neurose in einer vaterlosen Gesellschaft.

Anstelle eines speziellen Falles aus der dritten Gruppe schildere ich die Symptome von Patienten, wie sie sich in den letzten Jahren in zunehmendem Maße in der psychotherapeutischen Praxis einfinden. Sie neigen zu Sucht – Alkohol oder Drogen –, „klauen“ gern in Kaufhäusern und leben in schnell wechselnden Beziehungen. Sie haben meist mehrere Partner gleichzeitig, mit denen sie auch sehr schnell schlafen, ohne allerdings richtig genießen zu können. Ihr Gefühlsleben ist überhaupt verarmt oder – besser gesagt – noch gar nicht richtig entwickelt. Mir fällt ein damals dreiundzwanzigjähriger Student ein, der, unzufrieden mit sich selbst, kontaktlos und lethargisch vor sich hinlebte. Wenn er ein Mädchen hatte, mußte er es sogleich wieder fallen lassen. Man könnte von „Wegwerf-Verhältnissen“ sprechen. Mit seiner Mutter hatte er nie ein gutes Verhältnis: „Ihre Gefühlsreaktionen paßten mir nicht“, sagte er. Später zeigte sich, daß es gar keine Gefühle waren, die das Verhältnis zwischen Mutter und Kind seit frühester Kindheit charakterisierten, daß zwar äußerlich alles glatt ablief, die Sehnsucht des Kindes nach Erwiderung seiner Gefühlsäußerungen aber unbeantwortet blieb.

In einem anderen Fall war die durchaus zu warmherzigen Gefühlen fähige Mutter gestorben, als das Kind zwei Jahre alt war. In wieder einem anderen war die Mutter vom Wochenbett an kränklich und depressiv – unfähig, dem Kind die Zuwendung zu vermitteln, die es gebraucht hätte. In einem weiteren Fall hätte die Mutter dies alles vollbringen können, sie zog es aber vor, ihren beruflichen Interessen nachzugehen, und vernachlässigte dadurch das Kind.

Allen diesen Fällen ist die mangelnde Zuwendung durch eine ebenso verständnisvolle wie unaufdringliche Mutter gemeinsam. Mit anderen Worten: Es fehlt ihnen an Mutterliebe. Dabei hat die Mutter, wie es Sigmund Freud einmal meisterhaft formulierte, eine „einzigartige, unvergleichliche, fürs ganze Leben unabänderlich festgelegte Bedeutung als erstes und stärkstes Liebesobjekt, als Vorbild aller späteren Liebesbeziehungen – für beide Geschlechter“. Nun sind die Verhältnisse nicht so einfach, wie ich sie hier darstelle. Es ist nicht allein fehlende Mutterliebe, die schadet, es kann auch zu viel Liebe sein, die schädlich ist; dann nämlich, wenn das Kind Ersatzobjekt ist für die anderweitig enttäuschte Mutter, oder wenn die Mutter in das Kind etwas hineinsieht, was es gar nicht ist. Die schwierige Entwicklungsphase des Kindes aus der Abhängigkeit zur Selbständigkeit ist in den soeben geschilderten Fällen nicht geglückt. Wie die Psychoanalyse solcher Patienten zeigt, fühlen sie sich alleingelassen, einer schmerzlichen Verlassenheitsangst ausgesetzt, die die Kehle zuschnürt, obwohl nur heftiges Schreien Entlastung bringen könnte. Arthur Janov hat mit seinem Buch „Der Ur-Schrei“ auf diesen Ur-Schmerz hingewiesen und gezeigt, wie mit dem Verdrängen des Schmerzes auch das Fühlen überhaupt „abgeblockt“ wird. Dies trifft auch für die soeben geschilderten Fälle zu. Was ihre Behandlung betrifft, so zwingen wir sie nicht, wie Janov, in stationärer Therapie zum Nacherleben ihrer Schmerzen, sondern überlassen es ihnen selbst, sich im Laufe eines sorgfältig gelenkten analytischen Prozesses diesen frühen Schmerzen und Ängsten auszusetzen; dann nämlich, wenn sie bereit dazu sind und wenn ihr Ich die frühe Not in kleinen Schritten aufarbeiten und integrieren kann.

In dieser dritten Gruppe haben wir Neurosen vor uns, die ganz anders geartet sind als die der ersten und zweiten Gruppe. Sie hängen alle damit zusammen, daß die frühe Mutter-Kind-Beziehung nicht gemeistert wurde. Man könnte provokativ sagen: Prototyp der Neurose in einer mutterlosen Gesellschaft, einer Gesellschaft, in der die Mütter keine Zeit mehr haben, sich ihren Kindern zuzuwenden, weil ihnen Emanzipation wichtiger ist; eine oft falsch verstandene Befreiung, die sie von ihrem Frau-Sein wegführt und allzu leicht mit den Männern konkurrieren läßt, wogegen wahre Emanzipation nicht nur die Entfaltung der unentwickelten männlichen Möglichkeiten der Frau, sondern gerade auch die Entwicklung der verkümmerten weiblichen Fähigkeiten einschließlich einer natürlichen Mütterlichkeit meint.

Ich fasse zusammen: Menschen mit Neurosen sind Menschen in seelischer Not, die aus dem Gleichgewicht geraten sind, weil in ihrer Kindheit etwas nicht stimmte. Die Schwere ihrer Störung steht in linearem Verhältnis zur Größe der erlittenen Not. Neurosen sind weit verbreitet und stellen mit dreißig Prozent der Bevölkerung ein volkswirtschaftliches Problem ersten Ranges dar.

Anstelle einer abstrakten Abhandlung skizzierte ich drei große Gruppen verschiedener Neurosen:

1. Die Neurose aus dem Ödipus-Komplex, dem Konflikt des Kindes, das zwischen Mutter und Vater steht, die es gleichzeitig haßt und liebt, unfähig, das Problem zu lösen. Es kommt unter Verdrängung und anderen Abwehrmaßnahmen zu Notlösungen, die je nach Anlage und sozialen Umständen zu Zwangsneurosen, Organ-Neurosen oder Phobie führen. Schuld-

und Gewissensprobleme wegen verpönter sexueller oder aggressiver Regungen stehen dabei im Vordergrund: Neurosen also, die in der bürgerlichen Gesellschaft mit ihrer Unterdrückung von Sexualität und Aggressivität die Regel sind.

2. Die Neurose aus Mangel an einem echten Vatervorbild, charakterisiert durch vielseitige körperliche Beschwerden, ein Gefühl des Unvermögens, der Arbeitsunlust und der Depression: die Neurose der vaterlosen Gesellschaft.

3. Die Neurose, die aus Mangel an natürlicher Mütterlichkeit entstanden ist bei Kindern, die sich selbst überlassen waren und die schmerzlich unerfüllte Sehnsucht nach Geborgenheit nicht anders ertragen konnten als dadurch, daß sie all ihren Schmerz mitsamt allen anderen Gefühlen tief verdrängten; Menschen, die oberflächlich gut funktionieren können, in ihrem Gefühlsleben aber verarmt sind und unfähig zu echtem zwischenmenschlichen Austausch: die Neurose einer mutterlosen Gesellschaft.

Diese Dreiteilung, so anschaulich sie auch sein mag, darf aber nicht dazu führen, klare Definitionen über Neurose vorzuenthalten. Ich gebe sie hier zum Schluß, damit sie um so eher im Gedächtnis bleiben: Was also ist Neurose? Neurose ist gekennzeichnet durch Symptome wie Angstzustände, zwanghaftes Grübeln, körperlich nicht begründbare Kopf-, Herz- oder Bauchschmerzen oder depressive Verstimmungen, um nur die wichtigsten Symptome zu nennen. Je nach vorherrschendem Symptom stellt man die Diagnose: Angstneurose, Zwangsneurose oder depressive Neurose.

Wie entsteht Neurose? Neurose entsteht aus ungelösten unbewußten Konflikten. Man könnte statt von Neurose auch von „Konfliktose" sprechen. Es handelt sich um Konflikte, die bis in die Kindheit zurückreichen, aus unbewältigter Vergangenheit stammen oder aus nicht-verarbeiteten belastenden Erlebnissen, die dann durch unbewußte Abwehr- oder Verteidigungsmaßnahmen aus dem Bewußtsein ausgeschlossen bleiben, aber viel Energie an sich binden, die dann der Lebensbewältigung fehlt.

Was kann man dagegen tun? Die bereits ausgeprägte Neurose bedarf des Fachmannes, des Psychotherapeuten, komme er nun aus der Medizin oder aus der Psychologie. In akuten Fällen übernehmen die Krankenkassen, in chronischen die Versicherungsanstalten die Kosten. Das Übel ist nur, daß es zu wenig Fachleute gibt. Den meisten wird der Arzt mit geeigneten Arzneimitteln ihr Leiden wenigstens leichter erträglich machen können. Aber auch praktische Ärzte können wirksam helfen, indem sie ihren Patienten richtig zuhören und sie verstehen. Dasselbe gilt für Sozialarbeiter und alle helfenden Berufe. Diese sollten nur selbst eine Gruppe im Hintergrund haben, in der sie sich aussprechen und ihre Problempatienten besser verstehenen lernen können.

Noch wichtiger als die Therapie aber ist die Vorbeugung. Sie fängt in der Kinderstube an und steht unter dem unmittelbaren Einfluß der herrschenden gesellschaftlichen Verhältnisse. Nicht nur zu heilen ist also das Gebot, sondern vorzubeugen. Voraussetzung hierzu ist, daß nicht nur die Zusammenhänge von Neurose und Gesellschaft durchsichtig werden, so wie ich es zu zeichnen versuchte, sondern daß wir selber humaner miteinander umgehen und besser lernen, mit uns selbst und anderen auszukommen, aufeinander zu hören und miteinander zu reden.

Hans Dieckmann
Phantasie

Jean Paul sah in der menschlichen Phantasie die Grundlage aller Kunst. In seinem Aufsatz „Über die natürliche Magie der Einbildungskraft" unterschied er zwischen einer genießenden und einer schaffenden Phantasie, von denen die erstere „die poetische Seele sei, die den Sinn des Unendlichen feiner hat", während die schöpferische ihn versorgt und nährt. In poetischen Ausdrücken spricht der Dichter davon, daß die Phantasie ihm innerhalb seines Kopfes einen Blumengarten vor die Seele stelle. Während die Sinne die Natur mit fünf verschiedenen Platten abdrückten, täte es die Phantasie als „sensorium commune" mit einer. So sei diese nicht der Nachklang der Sinne, sondern das „unisono" derselben. Als ihr wesentliches Charakteristikum sieht er auch das Aufbrechen der sinnlichen Wahrnehmung in das Unendliche an.

Wir alle erleben wohl in unserem Phantasieren noch das gleiche wie der Dichter zu seiner Zeit. Wir sprechen aber, insbesondere in der Wissenschaft, nicht mehr mit solchen poetischen Ausdrücken von dem Phänomen „Phantasie". Unter der Phantasie verstehen wir unsere Vorstellungen und unser Vorstellungsvermögen, das entweder verbunden mit Denkinhalten in unserem Bewußtsein frei oder gelenkt strömt und fließt oder die Inhalte unserer Erinnerungen zu neuen Gebilden zusammenfaßt. Ebenso wie Jean Paul kennen wir außerdem die schöpferische Phantasie, die anschauliche Inhalte zu einer echten Neuproduktion aufbaut.

Wenn wir aber hier die Phantasie unter tiefenpsychologischen Gesichtspunkten betrachten wollen, müssen wir zunächst eine andere Unterscheidung machen, indem wir nämlich zwischen bewußten und unbewußten Phantasiebildungen trennen. Jeder von uns kennt das bewußte Phantasieren, das am deutlichsten in der Form der sogenannten Tagträumereien auftritt. Tagträume sind am ausgeprägtesten in der Kindheit. Neben den Einschlaf- und Spielphantasien stellen sich das Kind und der junge Mensch in seinen Tagträumen eine Welt dar, die zunächst als eine Wunscherfüllung imponiert, aber daneben auch das kreative Element eines möglichen späteren Entwicklungs- und Weltentwurfs in symbolischer Form in sich trägt.

So berichtete ein Patient mit einer schweren Herzneurose mir einmal, daß er im Alter von sechs bis acht Jahren durch einige Bilder von Kreuzigungen fasziniert wurde. Er verfiel in stundenlange Tagträumereien, in denen er entweder Kreuzigungen erlebte oder selbst gekreuzigt wurde. Was steckte hinter diesen Phantasien, die viele Jahre anhielten, bis sie verdrängt wurden und erst in der Analyse wieder auftauchten? War es nur ein sadomasochistischer Wunsch, zu erleben, wie andere gequält wurden, oder wollte er selbst gequält werden? Dieser Patient hatte einen schweren Mutterkomplex. Er war mit seiner persönlichen Mutter, obwohl er bereits Mitte dreißig war, äußerlich und innerlich noch aufs engste verbunden. Der Schritt in die Selbständigkeit und Unabhängigkeit, die Loslösung und der Übergang von der persönlichen Mutter in die Auseinandersetzung mit der archetypischen Mutter, der Mutter Natur, der Mutter Erde, der Mutter Welt, war ihm nicht gelungen. Ein Teil seines Wesens war in der Abhängigkeit zu seiner persönlichen Mutter verblieben, weil, wie er es in der Behandlung auch offen sagte, er weder ihr noch sich selbst so weh tun könnte, wie es eine Trennung erfordert hätte. So versuchte seine eigene Seele, diesen ungesunden und lebensfeindlichen Zustand zu kompensieren, indem sie ihm hartnäckig dieses ihn faszinierende Bild des Gekreuzigten vorhielt, hinter dem die Idee des freiwilligen Auf-sich-Nehmens von Leid und Qual in einer passio und die Idee von Tod und Wiedergeburt steht. Die Worte

„Weib, was habe ich mit dir zu schaffen?“, die Jesus zu seiner Mutter gesagt haben soll, haben für diesen Patienten eine tiefe und sinnvolle Bedeutung. Auch war für ihn die lebendige Erfahrung notwendig, daß Reifung nur über Leid und Qual erfolgt, ein Leid, das man in erster Linie auf sich selbst nehmen muß, aber auch in notwendigem und sinnvollem Umfang dem anderen zumuten darf. Im Verlauf seiner Therapie vollzog er dann endlich diesen schmerzhaften Prozeß, den seine eigene Phantasie seit seinem sechsten Lebensjahr von ihm forderte. Hier denken wir auch daran, daß gerade in dieser Zeit zwischen dem sechsten und dem achten Lebensjahr in unserer Kultur eine frühe Schwellensituation liegt, nämlich der Schulbeginn und damit auch eine Mutter-Kind-Trennung, da das Kind nicht mehr den ganzen Tag zu Hause bei seiner Mutter bleiben darf, sondern in die oft recht rauhe Welt unserer Grundschulen hinaus muß. Schon hier hat es offenbar bei diesem Patienten an einer inneren Verselbständigung und Ablösung gefehlt. Genau auch hier taucht die ihn faszinierende Phantasie auf, die die symbolischen Elemente enthält, um seine Bewußtseinssituation zu kompensieren.

Ich habe hier mit Absicht für das Tagträumen ein etwas ungewöhnliches Beispiel gewählt. Die meisten unserer Tagträume handeln von paradiesischen Ländern, von großen Heldentaten oder von glänzenden Erfolgen. Diese Phantasien haben sehr viel deutlicher das genießende Element, von dem Jean Paul spricht. Sie besitzen damit einen sehr doppeldeutigen Aspekt, der keineswegs nur kreativ oder kompensatorisch ist, sondern der auch ins Pathologische und Destruktive gehen kann. Der süße Genuß, in eine magische Welt zu fliehen, in der wir alle unsere Wünsche und Bedürfnisse erfüllen können und in der wir gleichzeitig ein vielbejubelter Musiker, ein bedeutender Staatsmann, ein großer Entdecker, ein hervorragender Wissenschaftler und vieles andere mehr sein können, übt auf die Menschen, nicht nur auf Jugendliche, eine betörende Faszination aus. Diese kann es mit sich bringen, daß wir oft gerade dann, wenn wir unsere Wachheit am dringendsten benötigen, in Träume versinken. Die genußvolle Hingabe an solche regressiven Phantasien kann schön sein, erholsam oder sogar notwendig für den seelischen Haushalt, wenn wir in einer stillen Stunde für uns allein sind. Sie kann aber auch zum gefährlichen Gift werden, wenn sie uns überfällt, wo wir gebraucht werden.

Die Reise des Heros in das magische Land der Phantasie ist ein Grundmotiv unzähliger menschlicher Mythen und Märchen. Sie gilt fast immer dem Erwerb eines Schatzes oder der Behebung einer gefährlichen Situation und nicht dem reinen Genuß. Aber auch hier gibt es das Motiv einer Verweigerung der Rückkehr und des Sich-nicht-mehr-Zurechtfindens in der realen Welt, wenn die Rückkehr zu spät oder ungewollt erfolgt. Eines der schönsten Beispiele hierfür ist die Geschichte des indischen Krieger-Königs Mutschukunda. Dieser war ein so mächtiger König unter den Königen, daß ihn sogar die Götter einmal zu Hilfe riefen in einem Streit gegen die Dämonen. Er verhalf ihnen zu einem glänzenden Sieg, und aus Dankbarkeit gewährten sie ihm die Erfüllung seines höchsten Wunsches. Der von der furchtbaren Schlacht völlig übermüdete König wünschte sich nun nichts sehnlicher als einen endlosen Schlaf, und daß derjenige vom Strahl seiner Augen verbrannt würde, der ihn als erster störe. Die Götter gewährten es, und Mutschukunda verschlief tief in einer Berghöhle die Zeiten und Welten. Viele Zyklen später regierte der Gott Krischna als König in Indien. Als eine Barbarenhorde in das Land einfiel, gewann Krischna den Krieg durch List und ohne Blutvergießen, indem er den König der Barbaren zum Zweikampf aufforderte und ihn in die Höhle des Mutschukunda lockte. Dieser hielt den Schlafenden für seinen Gegner und versetzte ihm einen Fußtritt, damit er aufwachen und kämpfen solle, wobei er dann unter dem Strahl der erbosten Augen Mutschukundas zu einem Häufchen Asche verbrannte. Als Mutschukunda aus der Höhle heraustrat, sah er, daß die Menschen inzwischen winzig klein geworden waren und er unter ihnen ein Riese war. So verließ er sie wieder, zog sich in die Einsamkeit zurück und war für die Welt verloren.

Man kann über diese Geschichte viel Nachdenkliches sagen. Hier sei sie nur als ein Beispiel benutzt für das Versinken in der Traumwelt und den damit erfolgten Abriß von der äußeren Realität.

Wenn wir das bisher Gesagte zusammenfassen, so haben wir zwei Seiten an unseren Tagesphantasien kennengelernt:

1. eine konstruktive und prospektive Seite, in der die Phantasie dazu dient, das Bewußtsein zu verändern und zu erweitern. Sie stellt damit für den betreffenden Menschen eine wertvolle Hilfe zu seiner Entwicklung und Reifung dar, indem sie ihm hilft, seine Probleme zu lösen. Zu dieser konstruktiven Seite gehört auch die Einwirkung der Phantasien, die auf einen anderen Menschen bezogen sind, zum Beispiel die positiven Phantasien einer Mutter, die die Psyche des Kindes umspielen. Sie fördern dessen geistige Entwicklung.

2. eine pathologische und destruktive Seite, die in eine reine Lusterfüllung versinken läßt und den Umgang mit der Realität erschwert, wenn nicht sogar in besonders pathologischen Fällen verunmöglicht.

Hierbei ist es immer eine Frage des bewußten Ich, seiner Einstellung und seines Umgangs mit dem Phänomen der Phantasie, welche Seite sie ihm gegenüber hervorkehrt. Sie hat damit etwas Ähnliches an sich wie die Frau Holle im Märchen, die ihre gütige und spendende Seite der fleißigen Goldmarie, die negativ-destruktive der faulen Pechmarie zuwendet. Ein Ich, das die Phantasiewelt als ein Material betrachtet, das einer ernsthaften inneren Arbeit wert ist, wird auch Wertvolles für sein Leben aus ihr gewinnen. Ein schwaches Ich, das sie nur als einen Lustgewinn ansieht, wird zu einem Pechvogel werden, der in seinen Träumereien kleben bleibt.

Ich habe Mythen und Märchen zitiert und bin damit in einen weiteren Bereich gegangen, den der kollektiven Phantasie. Diese Geschichten sind ja nicht die Erfindung eines einzelnen, der sie einmal ausgedacht hat, sondern sie sind aus der kollektiven Phantasie eines Stammes, einer Bevölkerungsgruppe oder eines ganzen Volkes hervorgegangen. Es ist sehr interessant und faszinierend, daß diese kollektiven menschlichen Phantasiebildungen überall auf der Welt unterhalb gewisser ethnischer und nationaler Unterschiede immer wieder gleiche Analogien bilden und der anscheinend so ungeheure Formenreichtum der Phantasie keineswegs unendlich ist. Motive oder Motivketten, die genau das gleiche Grundmuster besitzen, tauchen auch bei weit entfernten und historisch nicht in Berührung gekommenen Volksstämmen in Ritus, Mythos und Märchen auf. Man erklärt dies heute in der Märchen- und Mythenforschung mit einer Polygenese des Gleichen, das heißt, dieselbe Idee findet eine kreative, bildliche Darstellung unabhängig von der äußeren Berührung in sehr verschiedenen Kulturräumen.

Diese Grundmuster hat C. G. Jung als die Archetypen bezeichnet und hat nachgewiesen, daß sich in ihnen die allgemeinen menschlichen Grundprobleme sowie die Entwicklungs- und Entfaltungsprozesse der menschlichen Psyche darstellen. So stellen für den analytischen Psychologen diese Mythen und Märchen die Symbolsprossen für einen seelischen Wachstumsprozeß dar, und in den archetypischen Strukturen finden wir die Grundlage unserer Phantasietätigkeit. Diese archetypische Struktur bildet gewissermaßen einen Anordner von Bildelementen, die sich zu bestimmten Motiven und Motivabläufen zusammentun, welche, von der persönlichen Umkleidung befreit, dann auch die Grundlage unserer individuellen Phantasien bilden, bei denen wir oft ganz zu Unrecht den Eindruck haben, daß es sich um etwas ganz Intim-Individuelles und Einmaliges handele. Wir erleben ja diese Tagträume und Phantasien meist so intim und irrational ungewöhnlich, daß wir sie kaum unserem Partner oder besten Freund mitzuteilen geneigt sind, und auch der Arzt innerhalb einer Analyse erhält erst nach längerer Zeit und bei wachsendem Vertrauen Einblick in sie.

Untersuchen wir einmal eine beliebige derartige persönliche Phantasie auf ihr Grundmuster hin: Da berichtet eine Patientin, daß seit ihrer Kindheit in ihrer Phantasie ein mächtiger und bedeutender Vater lebt. Sie selbst ist das Kind eines Besatzungssoldaten, mit dem die Mutter kurz nach dem Kriege ein bis zwei Jahre zusammenlebte. Die Patientin weiß genau, daß er ein einfacher Soldat war, sie kennt auch den Zivilberuf des Vaters, ein mittlerer technischer Beruf. Trotz dieses Wissens um die Realität hat sie aber in ihrer Phantasie einen ganz anderen Vater aufgebaut, an dem sie auch bis in die Zeit ihrer Therapie hin festhielt. Eigentlich, so lautet die Phantasie, ist dieser einfache Soldat gar kein einfacher Techniker, sondern ein mächtiger Fürst, der in dem fernen Lande, aus dem er kommt, über ungeheure Reichtümer und ausgedehnte Besitzungen verfügt. Eines Tages würde er von dort zurückkehren und sie abholen und – so möchten wir fast fortfahren – natürlich in einer goldenen Kutsche, bespannt mit sechs herrlichen Pferden, womit man dann bereits mitten in einem Märchen wie bei den Gebrüdern Grimm wäre.

Wie C. G. Jung ausgeführt hat, waren derartige Phantasien in der antiken Kulturwelt einmal eine allgemein anerkannte und legitime Wahrheit. Das „Waisenkind", die Vater- oder Mutterwaise oder beides zugleich als Kind Gottes oder als ein von einem Gott gezeugter Heros ist ein ungemein häufiges mythologisches Motiv. Pan, Dionysos und selbst Zeus, der von seiner Mutter ausgesetzt wurde, um gerettet zu werden, sind solche göttlichen Waisen. Romulus und Remus, Moses, Semiramis und viele andere sind ebenfalls Waisen in der Welt der Heroen. Fast jeder bedeutende Heros der Antike hat außerdem wie Herakles neben seinem realen Vater noch den göttlichen Vater. Diese doppelte Vaterfigur, wie wir sie in der Phantasie der Patientin finden, den einfachen sterblichen Vater und den überhöhten göttlichen Vater, ist ein sehr kollektives. gar nicht individuelles uraltes mythisches Motiv. Im Grunde genommen ist so die Phantasie dieses modernen Menschen, wenn man sie von den wenigen persönlichen Elementen entkleidet, nichts anderes als die Wiederholung eines alten Volksglaubens, der früher einmal allgemeine Überzeugung gewesen ist. So deckt hier die moderne Psychologie hinter einem individuellen Tagtraum ein Grundmuster der kollektiven Phantasie auf und findet gleichzeitig in der menschlichen Phantasie den Mutterboden aller Mythologie.

Anders als unsere Tagträume, die mehr oder weniger das Element einer bewußten Steuerung durch den Willen an sich haben, sind die unbewußten Phantasiebildungen unserer Träume. Im Schlaf schalten wir die Steuerung des Ich und des Bewußtseins aus und tauchen in einen unbewußten Zustand ein, den die Poesie auch als Bruder des Todes bezeichnet. Unsere Phantasie lebt im Schlaf weiter und schafft unermüdlich in jeder Nacht eine Fülle von Traumbildern, von denen wir nur einen Bruchteil erinnern. Die moderne Schlafforschung hat auf dem Boden der schnellen, feinschlägigen Augenbewegungen, die jedesmal auftreten, wenn wir träumen, festgestellt, daß jeder Mensch in jeder Nacht mehrere Träume hat und diese auch mitteilen kann, sofern man ihn unmittelbar im Anschluß an diese Phase weckt und danach fragt. So wissen wir heute, daß unsere Seele ununterbrochen Tag und Nacht Phantasiebildungen erzeugt, von denen offenbar nur ein geringer Prozentsatz die Schwelle unseres Bewußtseins überschreitet.

Diese unbewußten Phantasien entfalten nun tiefgreifende Wirkungen. Schon im Schlafexperiment läßt sich nachweisen, daß am Prozeß des Träumens nicht nur die Seele beteiligt ist, sondern auch der ganze Körper. In allen Schlafphasen, in denen wir träumen, treten deutlich meßbare körperliche Reaktionen auf. Diese betreffen nicht nur den Bereich des sympathischen und parasympathischen Nervensystems, sondern auch den der quergestreiften Muskulatur. So müssen wir konstatieren, daß unsere Phantasien, wobei hier auch die bewußten Tagesphantasien mitgemeint sind, mehr oder weniger mit einer seelischen Energie, der Libido, aufgeladen sind. Diese beeinflußt nicht nur seelische, sondern auch körperliche Vorgänge. Ist die Einstellung des Bewußtseins revisionsbedürftig und vernachlässigt der betreffende Mensch seine kompensatorischen unbewußten Phantasien, unterdrückt oder verdrängt er sie, so sammelt sich allmählich immer mehr dieser Energie in den verdrängten Phantasien an. Schließlich entsteht ein pathologischer Komplex, der bei entsprechender Abspaltung die Tendenz zur Konstituierung einer Sonderpersönlichkeit aufweist. Auf Grund der hohen energetischen Aufladung macht dieser Komplex dann seelische oder seelisch bedingte körperliche Symptome. Wieder finden wir hier bei der unbewußten Phantasie diese zwei Seiten, die hilfreiche und die destruktive. Wendet sich das Bewußtsein offen und aufmerksam den oft skurrilen und irrationalen Phantasien zu und versucht, sie zu verstehen und zu verarbeiten, so entfaltet sich eine kompensatorische Funktion und korrigiert oder erweitert die bewußte Einstellung. Wendet sich das Bewußtsein ab oder verdrängt es, dann entsteht der abgespaltene pathologische Komplex, der sich destruktiv in Form von Krankheitssymptomen auswirkt.

Es ist hier nicht der Ort, um ausführlicher über Traumdeutung, Traumtheorie und Traumforschung zu sprechen, da es sich hierbei um einen weiten und diffizilen Bereich handelt und da dieses Thema extra bearbeitet wird. Ich möchte nur auf die Tatsache hinweisen, daß diese unbewußten Traumphantasien im Gegensatz zu der bewußten Phantasiewelt einen sehr viel stärker irrationalen, verworren erscheinenden und schwer verständlichen Charakter haben. Sie sind, wie wir bereits sagten, der Steuerung unserer bewußten Intentionen entzogen, und die unbewußte Phantasie bildet in den Träumen sehr merkwürdige, teilweise unbegreifliche Formen und Gebilde. Das Unbewußte spricht zu uns in diesen Phantasien in einer Bildersprache, der einzigen noch existenten Universalsprache der Menschheit, wie sie Erich Fromm einmal genannt hat. Dementsprechend müssen wir die innere Welt auch erst in die Sprache und das Verständnis unseres Bewußtseins übersetzen wie eine uns unverständliche Tafel in hethitischer Keilschrift, die wir zu entziffern haben.

Die Analytische Psychologie C. G. Jungs hat sich schon sehr früh den Standpunkt zu eigen gemacht, daß diese unbewußte Phantasiewelt, in der sich fast die Hälfte unseres Lebens abspielt, keineswegs nur eine einfache, verschlüsselte Welt der Wunschvorstellungen ist. Die Seele hat neben ihrer Tagseite, dem Bewußtsein, auch eine Nachtseite, ein traumhaftes Phantasieren, das man als ein unbewußtes psychisches Funktionieren bezeichnen muß. Auch in unserem Bewußtsein gibt es nicht nur Wünsche und Befürchtungen, sondern unendlich viele andere Dinge, und so besteht auch die allergrößte Wahrscheinlichkeit dafür, daß auch die Nachtseite unserer Seele über einen ähnlichen, vielleicht sogar noch viel größeren Formenreichtum an Lebensmöglichkeiten und Inhalten verfügt. Dieser mag sogar weiter und größer sein, denn die essentielle Natur unseres Bewußtseins besteht in Konzentration, Einschränkung und Ausschließlichkeit. So ist für die Analytische Psychologie die unbewußte Phantasiewelt mehr als nur eine Wunscherfüllung. Es wäre schade, wenn Wissenschaft und Forschung sich mit Freuds Schlüssel der Wunscherfüllung zufriedengeben würden und sich damit selbst einengten. In der Phantasiewelt unserer Träume finden wir nämlich neben den Wünschen und Befürchtungen auch manchmal sehr harte und unerfreuliche Wahrheiten; wir finden in ihnen den Grund philosophischer Ideen wie auch Erinnerungsbilder, Pläne und Entwürfe für die Bewältigung aktueller oder zukünftiger Situationen und Probleme, ja sogar Antizipationen, irrationale Erlebnisse und telepathische Visionen.

Das letztere, die parapsychologischen Phänomene, sind natürlich in den unbewußten Phantasien etwas relativ Seltenes; aber wenn man darauf achtet, sind sie doch häufiger als man zunächst geneigt ist anzunehmen. Dieser Bereich, der von der heutigen Wissenschaft mehr und mehr anerkannt wird, ist ebenfalls in unserer Phantasiewelt zu Hause und stellt sich in ihr dar. Ich möchte hierfür ein kurzes Beispiel geben:

Eine Patientin brachte in eine Analysenstunde einen seltsamen und für sie unverständlichen Traum. Sie hatte geträumt, in einer Frauenklinik auf der Geburtsabteilung zu sein. Ihre Schwester bekam dort unter großen Schwierigkeiten ein sehr merkwürdiges Kind, das eine Art Tier war und eigentlich nur aus einem Fellknäuel mit langen Haaren bestand. Das Verständnis des Traumes auf der Ebene eines Geschwisterproblems erschien ihr unbefriedigend, insbesondere auch deswegen, weil der Traum sie auf eine sonderbare Art beeindruckt hatte. Am Abend des gleichen Tages erhielt sie dann von ihrem Schwager einen Anruf. Die Schwester war verheiratet und lebte in einer anderen Stadt. Die Patientin hatte längere Zeit nichts mehr von ihr gehört. In dem Telefongespräch teilte ihr nun der Schwager mit, daß die Schwester am vergangenen Abend in der dortigen Frauenklinik operiert worden sei an einer sehr seltenen Unterleibsgeschwulst. Diese Geschwulst entsteht durch die Fehlentwicklung einer Keimanlage und enthielt, wie meist in diesen Fällen, einen kugelförmigen Ball mit Haaren und einigen Knochenteilen, das phylogenetische Tierfell, das wir in der Keimentwicklung als ein Stadium durchlaufen.

Ich kehre aber zurück zu allgemeinen Aussagen über unsere Phantasietätigkeit. Wenn wir die Phantasien im Bewußtsein und die unbewußten Phantasien miteinander vergleichen, so sehen wir, daß ihr Unterschied weit mehr in der Form und der Art des Ausdrucks als im Inhalt, dem Sinn oder der Funktion besteht. Wie überall in der Natur ist außerdem diese Grenze zwischen den bewußten und den unbewußten Phantasien fließend, so daß zwischen den Träumen des Tages und der Nacht der Unterschied nicht allzu groß ist. Neben und unterhalb unserer gerichteten Denkprozesse ist ja auch im Tagerleben diese mehr archaische Schicht des Träumens und Phantasierens tätig. Sie entsteht spontan meist ohne unsere bewußte Absicht und bildet spielerisch und scheinbar mühelos aus den in uns vorhandenen Bildelementen, aus unbewußten Motiven heraus ihre Gestaltungen. Während das bewußte und gerichtete Denken auf Anpassung, Wissenserwerb und Realität ausgerichtet ist, ist die Phantasie scheinbar nutzlos für die Anpassung und führt eher von der Realität fort auf die subjektiven Inhalte unserer Seele. Ich sage absichtlich „scheinbar“, denn wir haben hier gesehen, wie auf lange Sicht und bei dem richtigen Umgang gerade die spielerische Phantasie schöpferische Kräfte und Inhalte entfaltet, die zu einer besseren Bewältigung von Innen- und Umwelt führen können.

Der entscheidende Vorgang hierbei ist aber der, daß man seine Phantasien ernst nimmt als eine seelische Tatsache, die einem aus dem Unbewußten heraus zustößt. Man darf nicht nur der Zuschauer seiner Phantasiewelt sein, sondern auch der in ihr leidende und handelnde Mensch. Vollzieht man diesen Schritt nicht, so bleibt man in der Rolle des törichten Parsifal, der nicht wagte zu fragen und dem so der Gral wieder entglitt. Im seelischen Bereich wandeln sich dann nur die Bilder, und man selbst bleibt ungewandelt. Erst wenn man seine Phantasien so wirklich nimmt, wie man selbst als seelisches Wesen wirklich ist und in sie eintritt, können sie ihre wandelnden Kräfte entfalten. Wie das aussehen kann, möge zum Abschluß ein Beispiel zeigen:

Ein noch relativ junger Patient, ein Akademiker, hatte bereits in frühen Jahren eine glänzende Karriere gemacht und sehr schnell Machtpositionen erhalten, bis er an einer schweren Depression erkrankte. Dieser Mann hatte einen Tagtraum, in dem er mit Sokrates und Napoleon spazierenging und mit diesen beiden lange Gespräche führte. Es war dem sehr rationalistischen Menschen außerordentlich peinlich, diesen „Unsinn“ mitzuteilen, der natürlich für ihn nur eine nebensächliche Spielerei war. Offenbar hatte diese Spielerei aber doch sehr tiefgreifende Wirkungen für ihn. Beide Figuren hatte er in seinem Leben auf einer Ehrgeizlinie zu verwirklichen versucht, das Wissen verkörpert durch den Sokrates und die Macht durch den Napoleon. Hätte er diese Phantasien ernst genommen und die beiden als Teile seiner eigenen Seele gesehen, hätte er deren Umwelt erlebend betreten, dann wäre er wahrscheinlich neben dem Sokrates auf die Diotima und neben dem Napoleon auf die Josephine gestoßen. Damit wäre ein weibliches Element und mit ihm die Idee der Beziehung in seine Phantasie gekommen. Hätte es etwas genützt, wenn er sich auch mit diesen beiden Frauen etwas unterhalten hätte? Ich glaube, nach allem hier Gesagten können wir diese Frage bejahen. Er hätte dann nämlich die Einseitigkeit seiner bewußten Einstellung erkannt. Seine seelische Energie wäre nicht nur in den Erwerb von Wissen und Macht geflossen, sondern auch in die Entwicklung und Gestaltung seines Eros. Er hätte vielleicht eine etwas weniger schnelle und glänzende Karriere gemacht, dafür wäre er gesund geblieben. Genau dahin mußte ihn dann auch die spätere Analyse seiner Phantasiewelt führen.

Ich habe hier an Hand von Beispielen aus meiner analytischen Praxis versucht zu zeigen, wie wichtig es ist, seine Phantasie ernst zu nehmen und ihr gerade in unserer heutigen Welt den Stellenwert einzuräumen, bei dem ihre Weite, Fülle und Lebendigkeit sich hilfreich für die Entwicklung der menschlichen Seele erweisen.

Gerhart Scheunert

Sadomasochismus

Sadismus und Masochismus waren – seit Krafft-Ebings 1886 erschienener „Psychopathia sexualis" nach ihren bedeutendsten literarischen Schilderern, dem Marquis de Sade und dem Ritter Leopold von Sacher-Masoch, benannt – die Bezeichnungen für zwei sexuelle Perversionen: Beim Sadismus ist die Befriedigung an Leiden und Demütigung des anderen gebunden, beim Masochismus an Leiden oder Demütigung, die man selbst erduldet. Das legte schon früh nah, das Symmetrische und Komplementäre der beiden Phänomene hervorzuheben und ein Gegensatzpaar in ihnen zu sehen, in dem sich auf pathologischer Ebene ein fundamentales Prinzip der Entwicklung und der Erscheinungsweisen des menschlichen Sexuallebens spiegelt, nämlich der Gegensatz von Aktivität und Passivität, bezogen auf den Konflikt zwischen Personen: von Beherrschung und Unterwerfung.

Der Zusammenhang besteht ohne Zweifel, wie wir noch sehen werden, und unser Ausdruck „Sadomasochismus" ist legitim und spiegelt klinisch aufweisbare Tatbestände. Eine unzulässige Versimpelung des Problems ist es aber, die Komplementärität so zu sehen, daß man meint, der Masochist suche einen Sadisten, der Sadist sein masochistisches Opfer. Gilles Deleuze hat in einer interessanten vergleichenden Analyse („Sacher-Masoch und der Masochismus“, Inselverlag 1968) der literarischen Phantasmen Sacher-Masochs und de Sades gezeigt, daß der oft zitierte „Masochismus des Sadisten“ und „Sadismus des Masochisten“ strukturell sehr verschiedener Art sind. De Sades Libertin geht es um „die Negation in ihrer ganzen Breite und Tiefe“. Das Ideal der sadistischen Apathie fordert, auch die letzte Ausschweifung solle frei von Gefühl, auch von Lustempfindungen sein. Die Lust des Ich über den Schmerz des Objektes bedeute nur, daß „das Negative immer nur als Kehrseite des Positiven zu haben ist“. Die sadistische Lust hat fast zur Bedingung, daß das Opfer nicht einwilligt, nicht masochistische Lust empfindet. Der von de Sade als „Übermensch im Bösen“ geschilderte Sadist, der in absolutem Egoismus die letzte Verwirklichung der Verneinung erstrebt, bezieht, meine ich, seine destruktiven Energien aus den Anteilen der Aggression, die „aus der Matrix des archaischen Narzißmus hervorwuchern“. Sie haben etwas mit dem Phänomen der „narzißtischen Wut“ als Reaktion auf schwere narzißtische Kränkungen zu tun. Heinz Kohut schreibt: „Die menschliche Aggression ist dann am gefährlichsten, wenn sie an die zwei großen absolutistischen psychologischen Konstellationen geknüpft ist: das grandiose Selbst und das archaische allmächtige Objekt.“ (Näheres über diese Konzepte finden Sie in Heinz Kohuts Buch über „Narzißmus“, Suhrkamp-Verlag 1973). „Der grauenhaftesten Zerstörungsgewalt des Menschen begegnet man nicht in der Form wilden regressiven und primitiven Verhaltens, sondern in der Form ordnungsgemäßer organisierter Handlungen, bei denen die zerstörerische Aggression des Täters mit der absolutistischen Überzeugung von seiner eigenen Größe und mit seiner Hingabe an archaische allmächtige Führerfiguren verschmolzen ist“ (Kohut).

Wir haben es erlebt. Aber dieser Frage können wir hier nicht weiter nachgehen.

Um unserem heutigen Stichwort „Sadomasochismus“ Inhalt zu geben, müssen wir uns mit dem Problem des Masochismus befassen. Es war Sigmund Freud, der schon früh gezeigt hat, daß sich Elemente des Masochismus — definiert als Neigung, leibliches oder seelisches Leiden und Demütigung zu suchen und Befriedigung daraus zu ziehen — in zahlreichen Formen sowohl sexuellen wie auch nicht-sexuellen Verhaltens wiederfinden, ohne daß man von der Perversion „Masochismus" sprechen kann. Er unterscheidet letztere als „erogenen Masochismus" von dem „femininen Masochismus" als Lust am Übermanntwerden, eine Möglichkeit beider Geschlechter, und besonders von dem, was er „moralischen Masochismus" genannt hat, habituell und zum Wesenszug geworden im „masochistischen Charakter". Mit diesem „moralischen", von Theodor Reik auch „sozialer" und von Bergler „psychischer" Masochismus genannten möchte ich mich zunächst befassen. Danach will ich an Fallbeispielen zu zeigen versuchen, in welchem Verhältnis dieses — nicht im umgangssprachlichen Sinne sexuelle — „masochistische Verhalten" zu der Perversion Masochismus steht und welche Funktion dieser zufällt.

Freud hatte ursprünglich versucht, das so schwer verständliche Phänomen der scheinbaren Verwandlung von Unlust in Lust pychologisch zu verstehen. Er interpretierte die Wendung zum masochistischen Verhaltensmuster als eine Rückwendung aggressiver Impulse auf die eigene Person und eine Verkehrung des Triebzieles, das nun passiv wird. Dies geschehe im Zuge der Abwehr aktiver aggressiver Wünsche im Rahmen der ödipalen Rivalität mit dem Vater und der damit zusammenhängenden Kastrationsangst. Die abgewehrten aggressiven Bedürfnisse werden verinnerlicht und machen das „Über-Ich" sadistisch. Das wird als Strafbedürfnis („aus unbewußtem Schuldgefühl", wie man etwas fragwürdig zu sagen pflegt) sichtbar. Während die verinnerlichte Aggression beim Zwangskranken innerhalb der Person bleibt und zum Beispiel in selbstquälerischen Gewissensskrupeln zur Abfuhr zu kommen sucht, werde beim Masochisten ein Objekt in der Außenwelt gesucht, das die ursprüngliche sadistische Rolle des Subjektes übernimmt. Später, nachdem Freud seine Todestriebhypothese formuliert hatte, arbeitete er in einer ganz anderen Richtung weiter. Masochismus war nun für ihn nicht mehr ein sekundär durch Entwicklung und Erziehung entstandenes Phänomen, sondern eine primär gegebene Tatsache, ein uranfänglicher Trieb. Es hat sich — wobei hier nicht der Ort ist, diese Hypothese zu diskutieren — inzwischen gezeigt, daß dieses Denkmodell für das Verständnis der klinisch zu beobachtenden Tatsachen wenig hilfreich, ja in die Irre führend war. Schon sehr bald hatte Wilhelm Reich 1932 in einer mit klinischem Material seine Kritik belegenden Arbeit, „Der masochistische Charakter", gezeigt, daß es für das Verständnis dieser Phänomene der Annahme eines hypothetischen Todestriebes nicht bedarf. Vielleicht hat

Reichs Verquickung seiner klinischen Beobachtungen mit seinen politisch-ideologischen Anschauungen mitgewirkt, seine Kritik nicht so wirksam werden zu lassen, wie zu wünschen gewesen wäre. Später versuchten dann unter vielen anderen L. Eidelberg und Reik („Masochismus in Modern Man", 1940) und in mehreren Arbeiten Bernhard Berliner, auf dessen Untersuchungen ich mich hier im wesentlichen stütze, wieder zu einer psychologischen Erklärung des Phänomens zurückzukommen. Wolf-D. Grodzicki behandelte die Frage 1967 in einer Untersuchung über die Bedeutung dieser Erscheinungen für die analytische Behandlungstechnik im gleichen Sinne.

Was ist das: ein „masochistischer Charakter"? Es ist nicht einfach ein Mensch, der sich selbst Schädliches tut, der es sich unbewußt arrangiert, „am Erfolge zu scheitern", etwa weil dieser Erfolg eine verbotene Befriedigung seiner aggressiven Rivalität mit Personen seiner Kindheit, etwa dem Vater, sein würde und er sich durch das Scheitern für diese Wünsche bestrafen muß. Es ist nicht nur ein Mensch, dessen eigener Sadismus gegen ihn selbst gewendet ist, so daß er sich zum Beispiel mit Skrupeln und Zweifeln selbstquälerisch herumschlägt. Das alles sind Charakteristika des Zwangscharakters und gehört zur Pathologie der Zwangsneurose. Der masochistische Charakter ist vielmehr ein Mensch – er ist uns allen sicher schon oft in unserem Leben begegnet –, der durch sein provokatives Verhalten, sein Anklammern, sein selbstmitleidiges Klagen über sein Leiden, seine Riesenansprüche auf Zuwendung, Vorwürfe, daß man ihn nicht möge, sich nicht um ihn kümmere, ihn nicht verstehe, sein Versagen, das unbewußte Sabotieren seiner eigenen Möglichkeiten bis hin zur Pseudodebilität und allerlei Selbsterniedrigungen die Zuwendung des anderen zu erzwingen versucht und mit größter Wahrscheinlichkeit erreicht, daß er als lästig erlebt, zurückgewiesen wird, feindselige Abwehr auslöst, symbolisch „geschlagen" wird, also das Gegenteil von dem, was er ersehnt. Es ist nicht eigentlich der Schmerz und das Leiden, das er als Lust sucht, sondern Leiden ist ihm paradoxes Mittel, Liebe zu bekommen. Keiner dieser Menschen würde je von sich aus zugeben, er suche lustvoll Leiden und Erniedrigung, und ebensowenig, daß sein Verhalten aggressiv und provozierend sei. Die Fähigkeit dieser Menschen, sich zu ihrem jeweiligen Gegenüber so in Beziehung zu setzen, daß „zwangsläufig ein Bestraft-, Geschädigt-, Abgelehnt-, Gedemütigt- oder Enttäuschtwerden erfolgen muß", ist unerschöpflich. Was sie selbst aber wahrnehmen, ist nur die gegen sie gerichtete Aktion; ihren auslösenden Anteil daran können sie nicht sehen und verleugnen ihn. Sie wehren eigentlich nicht ihre Aggressionen ab, statt dessen die Wahrnehmung ihrer eigenen Aggressivität. Wir können die Verhaltensmuster dieser Menschen mit Recht als sadomasochistisch beschreiben. Die Aggressivität dieser Charaktere äußert sich indirekt in den Vorwürfen über Mangel an Zuwendung und Liebe, in enttäuschendem Versagen, auch in dem, was Grodzicki treffend als „Malheur-Aggression“ beschrieben hat, als ungeschickte, tölpelhafte oder taktlose, den Partner kränkende oder ärgererweckende Äußerung oder Handlung, für die dann auch noch Trösten und Beruhigen erwartet wird.

Ich wiederhole: Masochismus ist nicht einfach auf das Subjekt zurückgewendeter Sadismus. Er ist eine spezifische Art der Störung der Objektbeziehungen eines Menschen, ein „pathologischer Weg des Liebens“. Bernhard Berliner zeigte: Es handelt sich um eine neurotische Lösung eines infantilen Konfliktes zwischen dem Bedürfnis, geliebt zu werden – und zwar ursprünglich auf dem Niveau der Wünsche nach oraler Befriedigung und nach Hautkontakt –, und der aktuellen Erfahrung, von der Person nicht geliebt zu sein, deren Liebe man unbedingt braucht, also im Regelfalle eines Elternteiles, meist der Mutter. Es ist merkwürdigerweise hier auch bei sehr erfahrenen Analytikern der Einwand aufgetaucht, dann müßte ja bei dem psychischen Masochisten real in der Vorgeschichte ein grausamer hassender Elternteil zu finden sein. Das ist ein Mißverständnis; Fälle realer schwerer Grausamkeit, Mißhandlungen etwa, führen viel seltener zur Entstehung masochistischen Verhaltens als zur Delinquenz oder (im günstigeren Falle) zu Rebellion. Hier geht es um Kindheitsbeziehungen mit scheinbar milderen Formen der Ablehnung: ambivalente Eltern, deren Gefühlszwiespältigkeit sich zeitweise oder gegenüber bestimmten Bedürfnissen des Kindes mehr zur feindseligen Seite neigt und die dann ihre seelische Grausamkeit unbewußt genießen, dem Kinde unter dem Vorwand der Liebe Schuldgefühle machen. Es geht um traumatisch wirkende Ereignisse bei der Entwöhnung, der Sauberkeitserziehung, der Onaniebekämpfung, um Verlassenwerden von der Mutter oder ihrer Abwendung zugunsten eines Geschwisters, überautoritäre Haltungen mit unerfüllbaren Leistungsforderungen, oder um die eigene Triebabwehr der Eltern, wie in einem Falle meines Patienten, wo nach einem Stadium eher oraler und analer Verwöhnung auf die ersten phallisch- und genitalsexuellen Bedürfnisregungen des Knaben mit angst- und haßvoller Ablehnung geantwortet wurde.

Grodzicki hat ein entscheidendes Moment des ursächlichen Beziehungsmusters treffend herausgestellt. Normal ist eine Konvergenz von Bedürfnis und Bedürfnisbefriedigung. Das Grundmuster ist: Was möchtest du von mir – ich tue es. Sobald das Kind reifungsmäßig dazu fähig ist, vollzieht es eine Identifikation mit dem Befriediger. Das heißt auf der analen Stufe etwa: Du möchtest mich sauber – ich tue es. Beim später masochistischen Menschen befriedigt aber die ursprüngliche Beziehungsperson der Kindheit „primär nicht das Bedürfnis seines Gegenübers, sondern ihren eigenen Triebwunsch, wobei das Kind Ersatzobjekt ist". Das Kind ist Mittel zum Zweck und bleibt in seinem Bedürfnis, geliebt zu werden, unbefriedigt. Es erlebt sich in seinem So-Sein abgelehnt und ungeliebt, zugleich aber als „gebraucht" vom Erwachsenen für dessen Bedürfnisse. Die Erfahrung zeigt, es handelt sich bei diesen Bedürfnissen des Erwachsenen meist um aggressive, feindselige – wenn auch verhüllt.

Seelischer Masochismus ist also eine Abwehr gegen das passive Liebesbedürfnis des Subjektes und den Sadismus einer infantilen Beziehungsperson, wobei Verleugnung (der Erfahrung des Ungeliebtseins) und die Erotisierung des Schmerzes als Abwehrmechanismen benützt werden. Der ungestillte Liebeshunger nimmt Ablehnung und Grausamkeit hin, als ob sie Liebe wären, und ist sich des Unterschieds nicht mehr bewußt. Das Leiden wird verinnerlicht.

Schuldgefühl und Strafbedürfnis: das meint im Zusammenhang des psychischen Masochismus Bedürfnis nach der Liebe einer Person, die straft und einen sich schuldig fühlen macht. Durch Leiden und Unterwerfung kann wenigstens die Vorstellung dieser Liebe gewonnen werden. Ich bin mit Berliner der Meinung, es gibt keine triebhafte Schmerzlust; Schuldgefühl und Strafbedürfnis des Masochisten sind Bestandteil einer Abwehrmaßnahme.

Wie kommt es nun zu dieser spezifischen Art indirekter „passiver" Aggression, die den masochistischen Charakter so kennzeichnet und uns das Recht gibt, von sadomasochistischem Verhalten zu sprechen? Hier wird der von Anna Freud zuerst beschriebene Abwehrmechanismus der „Identifizierung mit dem Angreifer" wirksam.

Wir wissen, in der Trauerarbeit bewältigen wir den Verlust des Liebesobjektes, indem wir es verinnerlichen. Wir „introjizieren" es. Es wird in den für uns wichtigen Zügen zum Bestandteil unseres Selbst. So verinnerlicht auch das sich abgelehnt fühlende Kind den ablehnenden, feindseligen oder sich entziehenden Elternteil, den es doch nicht aufgeben kann. Es agiert nun gegen sich und andere so, wie die ursprüngliche Beziehungsperson der Kindheit es ihm gegenüber tat. Unbewußt hat das Kind erfaßt, daß der Erwachsene es als Objekt für die Abfuhr seiner aggressiven Strebungen gebraucht hat und noch braucht. So macht es sich so, wie dieser es unbewußt haben möchte: unliebenswert, widerwärtig, „ungezogen", quengelig. Es kommt zu dem Paradox, daß hier versucht wird, durch Leiden und Klagen einerseits, durch Versagen und objektiv boshaftes Verhalten andererseits, kurz dadurch, daß man sich so unliebenswert wie möglich macht, die ersehnte Zuwendung dennoch zu erlangen. Man bietet sich dem ursprünglichen Liebesobjekt, meist einem Elternteil, und in der Folge anderen Dritten, die dessen Nachfolge angetreten haben, werbend so an, wie dieses einen einst gebraucht hatte: als jemand, den man berechtigt ablehnen und strafen kann. Stigmatisiert als Unerwünschter, stellt sich der psychische Masochist mit diesem Stigma zur Schau als seiner Form der Bitte um Zuwendung und Liebe. In seinem bewußten Erleben ist nur dieses Verlangen und das Leiden unter der Ablehnung. Diese Menschen sind erstaunlich blind gegenüber den aggressiv-provokatorischen Komponenten ihres Verhaltens und bleiben es sogar in einer psychoanalytischen Therapie noch sehr lange.

Mit dieser Unterwerfung unter die Macht der Eltern und der Identifizierung mit deren Aggression borgt sich das Kind auch von der Autorität deren „Drang zu strafen" aus. Das, was Freud in seiner älteren Theorie als den wesentlichen Mechanismus des moralischen Masochismus beschrieb, die Wendung des Sadismus gegen die eigene Person, ist nach unserer Auffassung die Identifizierung mit dem feindseligen und strafenden primären Liebesobjekt, einem Elternteil. „Was gegen das Selbst gerichtet wird, ist nicht der Sadismus der Person, sondern der Sadismus des verinnerlichten Liebesobjektes." „Das Strafbedürfnis, das Freud als zentrales Motiv des moralischen Masochismus ansah, ist die Übernahme jenes Dranges zu strafen, der in der Beziehungsperson der Kindheit wirkte. Das Ergebnis ist Selbstbestrafung und Bestrafung anderer. So wird der ‚Drang zu strafen' entwickelt und an die nächste Generation weitergegeben." Berliner, den ich eben zitierte, meint, die Identifizierung mit dem elterlichen Antrieb zu strafen scheine die überzeugendste Begründung für die Weitergabe unserer moralischen Maßstäbe. Es zeige die immense Rolle, die der moralische Masochismus in unserer Kultur spiele.

Dem Kundigen wird aufgefallen sein, daß deutliche Ähnlichkeiten der Psychodynamik, die für die Entwicklung des psychisch masochistischen Verhaltens hier aufgezeigt wurde, und der bei der neurotischen Depression bestehen. In der Tat zeigt die klinische Beobachtung, daß psychischer Masochismus und neurotische Depression öfters kombiniert auftreten oder alternieren. Wenn die ungelöste Konfliktsituation, die mit dem masochistischen Verhalten abgewehrt werden soll, doch wieder durchbricht, die masochistische und auch die – als Rückwendung der Passivität in Aktivität, das heißt Verstärkung der Aggression auftretende – contramasochistische Abwehr zusammengebrochen ist, sehen wir zum Teil schwere depressive Zustandsbilder. Und hier ist der Punkt, der uns nach meinen Erfahrungen einen Zugang zum Verständnis wenigstens eines Teiles der Fälle masochistischer Perversion öffnet.

Theoretisch müssen wir annehmen, daß jeder perversmasochistische Mensch auch ein schwerer psychischer Masochist ist. Das bestätigt sich letztendlich auch, aber der erste Eindruck scheint dem oft zu widersprechen. Wir finden Menschen mit einem real durchgespielten oder habituell autoerotische Handlungen begleitenden erotisch-masochistischen Phantasma, die als aktiv-männliche Typen imponieren, die mit ihrem privaten und beruflichen Leben mehr oder weniger gut zu Rande kommen, oft auch neben ihrem Masochismus scheinbar normale heterosexuelle Kontakte haben. Dieses manifeste Bild entpuppt sich als eine überkompensierende Reaktionsbildung auf den abgewehrten Selbstanteil, der die Struktur des masochistischen Charakters aufweist. Berliner wies hier auf die Analogie zur Ulcuspersönlichkeit hin, wo auch reaktive, aktiv leistungsgerichtete manifeste Charakterzüge die dahinterliegenden passiven Wünsche und Strebungen verdecken und abwehren.

Eine ganze Anzahl klinischer Beobachtungen haben mir nun gezeigt – ich muß dabei offenlassen, ob diese Beobachtungen auf alle manifest-erogen Masochistischen verallgemeinert werden können –, daß es anscheinend gerade das masochistische Phantasma ist, sei es, daß es in der perversen Inszenierung real durchgespielt wird oder auch nur in der Autoerotismen begleitenden, aber ebenfalls ritualisierten Phantasie, was es dieser Gruppe von Menschen mit masochistischer

Charakterstruktur ermöglicht, die kompensatorische aktive, von deletären psychisch-masochistischen Zügen befreite Haltung wenigstens zeitweise aufrechtzuerhalten. Ich gebe zwei Beispiele:

Ein etwa vierzigjähriger Mann hatte bis zwei Jahre vor der Zeit, wo ich ihn sah, ein unauffälliges, relativ erfolgreiches Angestelltenleben gelebt in einer, wie er sagt, „glücklichen" Ehe mit einer von ihm als freundlich und warmherzig geschilderten Frau. Nur diese Frau hatte etwas von seiner Perversion gewußt. Angeblich ohne eigenes Vergnügen daran, sei sie „aus Liebe zu ihm" auf seine Wünsche eingegangen und habe alle paar Wochen eine masochistische Inszenierung des Themas „Ein unartiges Kind wird gestraft und geschlagen und dann doch gnädig angenommen" durchgespielt. Die Frau habe ihm wegen dieser Wünsche in den Zwischenzeiten keine Verachtung gezeigt, sexuell habe er jeweils normal mit ihr verkehren können, bis sich der masochistische Drang wieder übermächtig gemeldet hätte. Eines Tages verlor er diese Frau unter tragischen Umständen – auf der Heimfahrt von einer Feier seiner beruflichen Beförderung durch Autounfall. Er fühlte sich an diesem Unfall schuldig und reagierte mit überdurchschnittlicher Trauer. Ein Jahr danach heiratete er eine andere Frau, die im Gegensatz zu der ersten deutlich manifeste sadistische Wesenszüge aufwies. Seinen Wunsch, sein masochistisches Spiel mit ihm zu spielen, wies sie höhnisch und spottend zurück, sie nützte jede Gelegenheit, ihn real allein und vor anderen herabzusetzen, zu kränken und zu demütigen. Darauf entwickelte dieser Patient eine neurotische Depression mit allen Zügen und Verhaltensweisen eines psychischen Masochisten, versuchte die Zuwendung dieser feindseligen Partnerin nach dem geschilderten Verhaltensmuster zu erzwingen und verfiel schließlich in eine rasch deletär zunehmende Trunksucht. Als ich ihn sah, hatte er bereits deswegen seine berufliche Position eingebüßt.

Das zweite Beispiel betrifft einen ebenfalls etwa vierzigjährigen Mann, der periodisch an depressiven Verstimmungen litt, die wegen der Periodizität eine phasisch-endogen-melancholische Erkrankung hatten erwägen lassen. Die depressive Symptomatik wies jedoch sehr viele Züge, die ich oben als charakteristisch für den masochistischen Charakter beschrieben habe, auf. Im Laufe der Behandlung ergab sich, daß der Patient ein masochistisches Phantasma hatte, was er nach immer dem gleichen Drehbuch, mit oder ohne Masturbationsbegleitung tagträumerisch durchzuspielen pflegte: Seine Frau – die in der

Realität von diesen Phantasien nie etwas wußte noch später erfahren hat – tritt in seinem Phantasiespiel als strenge Mutterfigur auf, die seine Bettdecke aufreißt und ihn zwingt, vor ihren Augen so lange zu onanieren, „bis alles heraus ist und kein Tropfen Same mehr kommt". Mit einer Rutendrohung treibt sie ihn dabei zur Eile an. Wenn das Ziel der völligen „Samenauslieferung" erreicht ist, wird sie liebevoll und freundlich, beginnt eine sorgfältige Säuglingspflege mit ihm und wickelt ihn in sehr straff sitzende Windeln. Sie beschimpft ihn dabei „in streng-liebevollem Tone", daß das Windeln immer noch nötig sei, und droht ihm, was sie mit ihm tun werde, wenn er sie wirklich naß mache. Er „weiß", er wird einnässen. Meist kam es an dieser Stelle des Phantasmas zum Orgasmus.

Aus der Kindheitsvorgeschichte ist bemerkenswert, daß dieser Mann nach einer recht verwöhnenden Frühkindheit mit einem verführenden Verhalten der Erwachsenen in bezug auf orale und anale Befriedigungen harte Ablehnung, angstvolle Beunruhigung der Mutter, harte Strafen und Unterdrückung aller phallisch- und genitalsexuellen Regungen durch die Mutter erlebt hatte. Interessant war, daß zu diesem masochistischen Spiel noch etwas hinzugehörte. Nämlich die sehr lustvolle Vorstellung, er habe seine Frau, die das alles eigentlich gar nicht tun wolle, auf irgendeinem magischen oder sonstigen Weg gezwungen, dieses Spiel mit ihm zu spielen, aber so, daß sie gar nicht wußte, daß sie es von ihm gezwungen tat. Während der Analyse ergänzte er die Phantasie dahingehend, ich, sein Analytiker, habe seine Frau auf seinen Wunsch unter einem Vorwand hypnotisch behandelt und ihr dabei den posthypnotischen Auftrag gegeben, ihn seiner Phantasie entsprechend zu behandeln.

Ich kann nicht in eine Analyse der Einzelheiten dieser masochistischen Inszenierung eintreten, die ja wie eine Illustration der von mir dargestellten Psychodynamik des masochistischen Verhaltensmusters wirkt. Das mir hier Entscheidende ist, daß der Patient immer dann, wenn er in der Lage war, sein masochistisches Phantasiespiel zu spielen, sich psychisch „gesund" fühlte und tatsächlich seelisch einigermaßen im Gleichgewicht war, arbeits- und leistungsfähig, frei von depressiver Symptomatik und psychisch-masochistischem Gehabe. Wir dürfen also das Phantasma als eine Abwehrmaßnahme deuten, durch die der krankmachende Konflikt gewissermaßen zerniert wird, isoliert in einer neutralisierenden Phantasie festgehalten und von einer deletären Ausbreitung über das Ich des Patienten abgehalten und – unter Quarantäne gleichsam – einer teilweisen Abfuhr zugeführt. Das kann immer nur zeitweise gelingen, periodisch bricht diese pathologische Abwehr zusammen; dann kommt es zum Durchbruch einer psychisch-masochistischen und depressiven Symptomatik.

Bei meinem Patienten verschwand jedesmal, wenn er in Depression verfiel, das Bedürfnis, sein perverses Phantasma zu realisieren. Es mag daher der Schluß erlaubt sein, daß für einen Großteil pervers-masochistischer Patienten die in der Phantasie oder real erfolgende masochistische Inszenierung die Funktion der Abwehr der diffusen Überschwemmung des Ich mit masochistischer und depressiver Selbstdestruktion hat. Eine Abwehr, die letztlich zum Mißlingen verurteilt ist.

Tobias Brocher

Sexualität

Was Sex ist, weiß offenbar heute bereits jedes Kind. Der Kommentar eines zwölfjährigen Berliners in der Diskussion einer Sexualerziehungswoche lautete: „Mix Sex könn' Se keenen Hund mehr hintern' Ofen vorlocken!"

Über Sexualität wird vermutlich deshalb so viel geredet und geschrieben, weil sie so wenig verstanden und noch weniger bewältigt wird. Sie erweist sich jedoch als ein Reizangebot, das neben vielen anderen Marktprodukten hohen Gewinn verspricht, sobald sie als Report in Pseudo-Dokumentation angepriesen wird. Eine aggressive Aufklärungswut beflissener Gesellschaftsveränderer erhofft fundamentale Wandlungen durch bebilderte Handanweisungen zum richtigen Gebrauch der Sexualorgane. Dabei handelt es sich mehr um die Isolation von Benutzungsregeln anderer oder des eigenen Körpers zur Lustgewinnung, die als Ideal und erstrebenswertes Hauptziel propagiert wird.

Die Psychologie der Sexualität ist um so schwerer zu begreifen, je mehr der Eindruck vermittelt wird, jedermann wisse alles aus eigener Erfahrung. Es ist zum modernen Gesellschaftsspiel geworden, über Sexualität und Psychologie zu reden und dabei mit nur halb verstandenen psychoanalytischen Begriffen oder Schlagworten eines pseudopolitischen Gebrauchsmarxismus à la Meyer um sich zu werfen. Dabei ist die Angst vor der Sexualität objektiv größer geworden. Das zeigt sich sowohl an der Zunahme seelisch bedingter sexueller Funktionsstörungen wie Impotenz, Frigidität oder Angst vor Versagen insbesondere bei körperlich kerngesunden jungen Menschen, wie auch an der Unbestimmtheit der äußeren Geschlechtsunterscheidung in Kleidung und Erscheinen. Die scheinbare, schlagwortreiche Selbstsicherheit gegenüber der Sexualität ist psychologisch von tiefer Unsicherheit im Handeln begleitet.

Was ist Sexualität? Was meinen wir mit diesem Wort? Die Antwort wäre einfach, wenn wir uns mit der Feststellung der Naturwissenschaft begnügen könnten, daß es sich um einen angeborenen, der Fortpflanzung und Erhaltung der Art dienenden biologischen Trieb handelt, den wir mit anderen Säugetieren teilen. Offenbar gibt es aber in diesem Zusammenhang spezifisch Menschliches, das uns unterscheidet. Einmal die Fähigkeit, über eigenes Handeln nachzudenken und zu urteilen, zum zweiten die Möglichkeiten, sexuellen Impulsen Aufschub zu erteilen und Phantasie an die Stelle der Realität zu setzen.

Sehen wir einen Augenblick zurück: Vor sechzig Jahren wäre es unmöglich und anstößig gewesen, in der Öffentlichkeit über Sexualität zu sprechen, abgesehen davon, daß es weder Rundfunk noch Fernsehen gab. Ein Gang durch eine Großstadt würde unsere Großeltern veranlassen, beim Anblick eines Durchschnittskinos und der Plakatsäulen entrüstet nach der Sittenpolizei zu rufen. Sexualität war ein Tabu-Thema. Das Wort Sexus bedeutet Geschlecht, sowohl im Sinne von männlichen oder weiblichen Personen als auch zur Unterscheidung beider Geschlechtsgruppen. Sexualität bedeutet Geschlechtlichkeit im weitesten Sinne aller Handlungen und Vorstellungen, die sich auf die Geschlechtsorgane und auf direkte oder indirekte sexuelle Vorgänge beziehen. Die aus dem Englischen stammende Abkürzung „Sex“ bedeutet das gleiche, meint aber im alltäglichen Sprachgebrauch eine Verkürzung der Sexualität im Sinne der Beschränkung auf direkte Sexualinhalte, die dem Anreiz, der Befriedigung oder der Erregung der sexuellen Phantasien und Vollzüge dienen. Der neu geprägte Begriff „Sex-Shop“ verdeutlicht, daß es sich dabei um ein Sexual-Geschäft dreht, bei dem Bücher, Filme oder andere Mittel zum Kauf angeboten werden, die durch Reizsteigerung einer überwiegend technischen Befriedigung sexueller Wünsche dienen sollen. Der vorgestellte oder reale Partner und die verschiedenen Befriedigungsmittel werden dabei im Hinblick auf nur eine einzige Qualität bewertet, die, als „sexy“ bezeichnet, ausschließlich auf die geschlechtliche Funktionsfähigkeit, Brauchbarkeit und Benutzungsmöglichkeit bezogen ist. Die dazugehörige Person bleibt belanglos hinsichtlich ihrer sonstigen, nicht-sexuellen Eigenschaften und wird damit beliebig auswechselbar. Dadurch wird die geschäftliche Ausbeutung sexueller Unsicherheiten, seelischer Entwicklungsrückstände und die Verleugnung dauerhafter, tragfähiger Liebesbeziehungen zur Regel. Sexualität wird psychologisch verdinglicht und damit entmenschlicht als Spiegelbild einer Marktwelt, die auch den Preis für Sexualität bestimmt. Die enge Verflochtenheit von sexuellem Verhalten und keineswegs direkt mit der Sexualität verbundenen gesellschaftlichen Wertvorstellungen und Überzeugungen wird an solchen Entwicklungen erkennbar. Sexualität und sexuelles Verhalten ist stets in den jeweiligen sozio-kulturellen Bezugsrahmen gestellt, der die Verhaltensregeln durch wechselnde Übereinkünfte festlegt.

Als sexuelle Revolution gilt, daß wir frei über Sexualität sprechen und im Vergleich zu früheren Auffassungen in gewissen Grenzen auch freier handeln können. Diese Freiheit ist nicht ohne Preis. Die Wirklichkeit zeigt eher eine Scheinfreiheit, während Sexualität einem zwanghaften Vollzug und einer Leistungsideologie untergeordnet oder zu anderen Zwecken mißbraucht wird. Das entspricht den aktuellen zivilisatorischen Begleitumständen, die schließlich auch die Sexualität psychologisch dem allgemeinen Prinzip der Gewinnerhöhung zum eigenen Vorteil unterordnen. Am deutlichsten wird dieser Handelscharakter der Sexualität in der offenen oder verdeckten Prostitution erkennbar: sexuelle Entspannung gegen Bezahlung ohne das Risiko einer persönlichen, bleibenden Beziehung als Geschäftsvertrag. Die Anzeigenspalten der Boulevardblätter verdeutlichen diese Marktpsychologie.

Gleichzeitig besteht innerhalb einer widersprüchlichen Wertpluralität Sexualität als Ausdruck und Grundlage dauerhafter Liebesbeziehungen zweier Personen, die durch Verzichtsbereitschaft und Anerkennung ihrer Verschiedenheiten im Lebensablauf füreinander einstehen und sich gegenseitig durch ihre verschiedenen Entwicklungskrisen zu neuer Reifung verhelfen. Es gibt kaum eine deutlichere Gegenüberstellung dieses extremen Widerspruches in der Wertskala zur Erhellung des aktuellen psychologischen Konflikts in den Sozialbezügen der Sexualität als die zwei im Augenblick gleichzeitig geltenden Formeln: „Bis daß der Tod euch scheide ..." und „Bumms mal wieder!"

Wie ist dieser Wandel zu verstehen? Die sexuelle Entwicklung des Menschen verläuft in zwei voneinander getrennten Abschnitten. Sie umfaßt die frühkindliche seelische und die puberale, körperliche Sexualentwicklung. Auf jeder Stufe des Lebens ist psychologisch ein Rückfall auf diese früheren Erlebnisweisen möglich, da Zeit und Raum im seelischen Bereich nicht existieren. Ereignisse, die objektiv zeitlich weit auseinander liegen, bestehen durch ihre gleiche oder ähnliche Erlebnisqualität im Unbewußten nebeneinander. Da Sexualität ein Grundthema jeder menschlichen Entwicklung ist, bleiben frühe Erfahrungen so ein Leben lang erhalten. Schließlich sind alle Menschen ein Ergebnis sexueller Beziehungen ihrer Eltern — eine nicht zu verleugnende Realität.

Unsere besonderen Vor-Lieben und Abneigungen, auch in Liebe und Sexualität, unsere Lustbedürfnisse und Unlustvermeidungen beruhen auf ersten Erfahrungen unserer psychosexuellen Entwicklung in den ersten fünf bis sechs Lebensjahren. Diese ersten seelischen Erfahrungsmuster umfassen zum Beispiel Berührungserlebnisse der Haut bei der Körperpflege und Nahrungsaufnahme als Säugling und Kleinkind in enger Beziehung und Abhängigkeit von der Mutter oder der jeweiligen Pflegeperson als erster Liebesquelle. Andere Sinneserlebnisse während dieser Entwicklung verursachten Konflikte und erste Verselbständigungsversuche während der Reinlichkeitspflege, beim Gehenlernen und anderen Beziehungserfahrungen, die mit Lust und Unlust verbunden sind. Das kindliche Bedürfnis fordert eine ausschließliche Lustqualität. Das Ertragen von Unlust muß erlernt werden. Als sichere Lustquelle und Ersatz für erlittene Unlust bieten sich dem Kind der eigene Körper und insbesondere die Geschlechtsorgane und andere lustvoll besetzte erogene Zonen, wie etwa Mund und Afteröffnung an, die auch im späteren Leben sexuelle Lustquellen bleiben. Das Kind freilich erlebt diese Lust durchaus unschuldig als Ausgleichsmöglichkeit für die Pein der Anpassung an soziale Forderungen. Trotz, Durchsetzungswille, Größenphantasien, schließlich Identifizierung mit dem gleichgeschlechtlichen Elternteil, Selbstwahrnehmung und Selbstbehauptung sind die Stufen der psychosexuellen Entwicklung, die schließlich unsere Identität als Mann oder Frau später bestimmen. Unsere Fähigkeit zu vertrauen, zu geben und zu empfangen, unser Selbstwertgefühl, unser Anlehnungsbedürfnis und Mitgefühl für andere, vor allem aber unsere Fähigkeit zu lieben wird durch den einzigartigen Vorgang dieser Entwicklung geprägt, in dem wir lernen, das ausschließliche Lustprinzip und den kindlichen Anspruch auf sofortige sexuelle Lusterfüllung zugunsten des Wirklichkeitsprinzips aufzugeben. Erst dies befähigt uns zu sozialem Verhalten, das nicht von egoistischen Ansprüchen diktiert wird.

Vielleicht wird von hier aus deutlicher, warum wir im Bewußtsein behalten müssen, daß auf jeder Stufe des Erwachsenen ein Rückfall in diese Bedürfnisse der kindlichen Lustansprüche möglich ist. Das läßt die zeitgenössische gewaltsame Sexualpropaganda und das tatsächliche Sexualverhalten in einem anderen Licht erscheinen. Wir werden fragen müssen, ob es sich dabei um eine kollektive Regression, einen Massen-Rückfall in kindliche Sexualvorstellungen, handelt oder ob eine Verlagerung anderer Triebbedürfnisse in den Sexualbereich vorliegt.

Im zweiten Abschnitt der Sexualentwicklung müssen wir die biologischen Veränderungen seelisch bewältigen lernen, die ohne unser Zutun oder eine Beeinflussungsmöglichkeit in den Reifungsjahren, genannt Pubertät, etwa vom neunten bis fünfzehnten Lebensjahr einsetzen. Die volle Ausbildung der angelegten Geschlechtsorgane und Hormondrüsen bewirkt die Entwicklung der sekundären Geschlechtsmerkmale wie Scham- und Achselbehaarung, Veränderung der Stimme, des Körperbaus, Entwicklung der Brüste und Eintritt der Monatsregel beim Mädchen und Bartwuchs und erste nächtliche Samenentleerungen beim Knaben. Nun wird niemand gefragt, ob er lieber ein Mann oder eine Frau sein möchte, während zugleich in dieser beunruhigenden Phase durchaus keine klaren Vorstellungen über die geschlechtliche Identität bestehen. Im nächsten Teilabschnitt, der Adoleszenz, können wir daher über viele Jahre hin das innere und äußere Ringen um die Bewältigung der vollen Geschlechtsreife beobachten. Flucht nach vorn und falsche sexuelle Überaktivität ohne seelische Beziehungsfähigkeit ist genauso häufig wie angstvoll entmutigter Rückzug. Viele soziale Konflikte, Zerwürfnisse mit Eltern und Vorgesetzten, jähe Stimmungsschwankungen, innere Verzweiflung und Depression, auffälliges und angeberisches Verhalten, Konzentrationsunfähigkeit und Lernstörungen, Lebensüberdruß und Größenwahn haben ihren Ursprung meist in der uneingestandenen Angst vor der Unfähigkeit, heftige sexuelle und aggressive Impulse bewältigen zu können. Das wird um so schwieriger, je höher und komplizierter die sozialen Anforderungen sind. Bei hohem Leistungsniveau komplexer technisierter Gesellschaften verlängert sich diese Entwicklung häufig aus Gründen, die nicht allein im Jugendlichen liegen. Von Fachleuten in diesen Gesellschaften wird daher eine voll ausgereifte Liebesfähigkeit und verantwortliche, bindungsfähige sexuelle Partnerbeziehung kaum vor dem fünfundzwanzigsten Lebensjahr erwartet. Psychologisch befindet sich der Jugendliche jedoch in einer bisher kaum zu bewältigenden Konfliktlage, die viele Jugendliche nicht mehr aushalten zu können fürchten. Körperlich zu voller sexueller Reife und Zeugungsfähigkeit herangewachsen, erlaubten ihm die gesellschaftlichen Traditionen bisher keine offiziellen sexuellen Beziehungen. Die gewaltsame Unterdrückung sexueller Impulse mit verstärkten Phantasien, Entlastung durch Selbstbefriedigung oder heimliche Sexualbeziehungen führten gleichermaßen nicht selten zu den verschiedensten Neuroseformen. Die sogenannte sexuelle Revolution hat diesen Konflikt zwar in eine andere Richtung gelenkt, aber eher zu einer Verschärfung als zu einer konstruktiven Lösung beigetragen, da die gesellschaftlichen Wertnormen gegenüber der Sexualität in extremen Kontrasten gegeneinander stehen, nämlich absoluter und sofortiger Anspruch auf totale Lusterfüllung einerseits und Verzichtsbereitschaft, Aufschub und Lernforderungen andererseits.

Dabei folgt die gegen alle Werttradition gerichtete pseudopolitische Propagierung von Sexualität als Austausch- und Entspannungsfunktion im Grunde genau dem kapitalistischen Marktprinzip, das sie zu bekämpfen vorgibt. Lust zu aller Zeit ist die Verheißung der freien Marktwirtschaft zur Erhöhung des Bruttosozialproduktes. Die dadurch zunehmende Unfähigkeit zu dauerhaften, verläßlich individuellen Liebesbeziehungen, die einer vagen Kollektivideologie unterstellt werden sollen, führt aber auch zu reaktiven Charakterverbildungen. Als Abwehr gegen den kollektivistischen Zwang, zugleich aber auch aus dem Bedürfnis, aus diesem Kollektiv herauszuragen, entwickeln sich gerade jene Seiten der Persönlichkeit, die extrem egoistisch und narzißtisch sind. Sexuelle Verhaltensweisen werden mehr und mehr von unbewußter Selbstliebe bestimmt. Der Partner soll die eigene Existenz bestätigen. Geliebt werden ist stärker gefragt als lieben. Diese Bindungsunfähigkeit aus Angst vor Selbstwertverlust und Konfrontation mit der eigenen Wirklichkeit führt zu einer Unechtheit der sexuellen Beziehungen, die dann in vielerlei seelisch bedingten Funktionsstörungen zum Ausdruck kommen. Die Sexualität „funktioniert" nicht, weil ein Maschinenmodell angewandt wird, das die spezifisch menschlichen Bedingungen außer acht läßt. Der Rückgriff auf kindliche Ebenen der Sexualbefriedigung ist die Folge. Die entstandenen Enttäuschungen und Ernüchterungen gegenüber den überhöhten sexuellen Anspruchserwartungen stehen aber in engem Zusammenhang mit der Gewinnideologie und der Reduzierung der Liebesbeziehungen auf die Sexualorgane und -funktionen. Sexualität wird so zwischen den Extremen kommerzieller Ausbeutung und antikapitalistischer Politisierung psychologisch zum Transportmittel für aggressive Bedürfnisse. Diese Verschiebung auf eine zunehmend kulturell primitivere, kindlich aggressive Erlebnisebene, die gerade der Vermeidung von Sexualität dient, hat psychologische und soziale Folgen in ganz anderen Bereichen, da unbewältigte, infantile Sexualität zu aggressiver Überkompensation zwingt, um ein Gleichgewicht des subjektiven Selbstwertgefühls aufrechtzuerhalten.

Sexualität wurde und wird von einer Mehrheit auch heute noch im weitesten Sinne als Liebesfähigkeit verstanden. Befähigung zur tragfähigen Dauer einer Partnerbindung mit gegenseitiger Hilfe und Unterstützung in den Wechselfällen und Entwicklungskrisen des Lebensablaufes begründen den psychologischen Vertrag gegenseitiger freier Einwilligung in sexuelle Beziehungen, die zum Ausdruck, nicht zum Anlaß der Liebesbeziehung werden. Sexualität in diesem Sinne ist die stärkste, sozial verbindende, nach schöpferischen, neuen Lösungen suchende innere Kraft. Ihre Motive halten zerstörerische Aggressionsbedürfnisse in Schach und wandeln diese zu möglichen konstruktiven Lösungen um. Kultur beruht auf dieser Milderung von Aggression durch Sexualität, wie die vielfache antike Symbolik von Mars und Venus erweist. Liebe zwischen zweien schützt den einzelnen aber zugleich auch vor den gleichmachenden Strebungen des Massendenkens. Jede kollektive Primitivisierung der Sexualkultur mit dem Zwang zu triebhaftem Sexualvollzug oder Teilperversionen hat unvermeidlich eine Zunahme destruktiver Erscheinungen auf anderen Gebieten zur Folge. Der ausschließlich menschlichen Fähigkeit zur Umformung und schöpferisch-denkerischen Gestaltung sexueller Impulse durch Triebaufschub und Verzicht auf direkte sofortige Erfüllung verdanken alle Kulturen nicht nur große künstlerische, literarische und moralische Leistungen, sondern auch die verhandlungsfähige Offenheit sozialer Beziehungen ohne Feindlichkeit.

Gewiß, es gibt sexualfeindliche und sexualfreundliche Geschichtsepochen, jedoch läßt sich für beide Richtungen das jeweilige Ausmaß des Verlustes oder Gewinns an schöpferischen Möglichkeiten bestimmen. Heute stehen wir jedoch vor einem völlig neuen Problem. Es gibt genügend Gründe, anzunehmen, daß sexuelle Verhaltensweisen und Einstellungen Erwachsener weitgehend von der Art abhängen, wie Kinder in den ersten Lebensjahren behandelt und aufgezogen werden. Einfacher: Wer niemals Liebe empfing, wird es schwer haben, Liebe zu geben, die von anderen erwartet wird. Vielmehr wird er unstillbar ständig Liebe verlangen, aber Verwöhnung erwarten. Die jeweils besondere Prägung und Sozialisierung des Kindes hängt von den gesellschaftlichen Überzeugungen und Wertvorstellungen ab. Die Abwertung der Sexualität zu einer isolierten Körperfunktion hat kulturspezifische Konsequenzen, von denen das psychologische Selbstverständnis des einzelnen beeinflußt wird. Die Aufteilung, Verlagerung, Verschiebung und Zerstückelung von menschlichen Teilbeziehungen in anderen als sexuellen Sozialzusammenhängen wirkt sich in bestimmter Weise auf die Sexualität aus. Erscheinungen wie die Flüchtigkeit, die Unpersönlichkeit, die Ausbeutung oder der Mißbrauch sexueller Beziehungen zur einseitigen egoistischen Befriedigung sind Spiegelsymptome eines gesellschaftlichen Bewußtseinszustandes, bei dem lediglich die gleichen Regeln, die in anderen Zusammenhängen gerechtfertigt erscheinen, auf die sexuelle Partnerbeziehung übertragen werden.

Deutlichstes Beispiel ist die Ausbeutung der Frau als erotisches Reizmittel für den kindlichen Zeige- und Schautrieb. Sexualität dient hier der Profitmaximierung. Der Mißbrauch wird hingenommen, weil die Gewinnideologie in anderen Bereichen bejaht wird. Die gewaltsame Forcierung kindlicher und jugendlicher Sexualität gegen den Willen des Kindes als angeblich notwendiger politischer Befreiungsversuch ist ein anderer Mißbrauch sexueller Impulse für aggressive oder neurotische Zielsetzungen. Beides bleibt nicht ohne Auswirkung auf individuelle Sexualbeziehungen. Solange Grundregeln aufrechterhalten werden, die tradiert sind, entsteht die Gefahr der Verdinglichung der Sexualität vor allem dann, wenn sie durch Mangel an Liebe ihrer menschlichen Eigenschaften beraubt wird. Das führt zu Symptomen, die an ganz anderer Stelle erscheinen, so etwa in der Zunahme der Gewaltkriminalität und allgemeiner Gewalttendenzen, wie sozialer Rücksichtslosigkeit und Abwertung der Bedeutung des einzelnen Menschenlebens, radikalen politischen Tendenzen und einer Verringerung jeder Bemühung um konstante Partnerbeziehungen, die als altmodisch gelten. Ebenso deutet die zuvor erwähnte ichbezogene Selbstliebe im Sinne vielfach aufgespaltener narzißtischer Charakterstrukturen auf eine Abwertung der Sexualität als verbindende Kraft. Unter dem Einfluß einer überwiegend auf egoistischen Lustgewinn gerichteten Ideologie versagen dann die Pflege- und Zuneigungsgefühle dem Nachwuchs gegenüber, was eine verstärkte Lieblosigkeit des Sozialklimas zur Folge hat. Die Ausbildung der Liebesfähigkeit und des Ur-Vertrauens als Basis menschlicher Beziehungsfähigkeit und Sexualität gründet sich auf die Gleichmäßigkeit und Gefühlsintensität der frühen Zuwendung zum Kinde. Erst das aufmerksame Interesse und die tätige Hilfe und Anregung des Erwachsenen während der frühen psychosexuellen Entwicklung ermöglichen dem Kind die Bejahung und Entfaltung der in ihm angelegten Sexualität in einem sicheren sozialen Rahmen. Egoistischer Anspruch auf Lustgewinn verträgt sich wenig mit unvermeidlichen Verzichtsleistungen zugunsten des Nachwuchses. Ansprüchlichkeit ohne Begrenzung und Bindung an gültige Wertvorstellungen verhindert dauerhafte gegenseitige Beziehungen, die Weiterentwicklung ermöglichen. Der biochemische Fortschritt der Pille als Verhütungsmittel würde eine Entwicklung der psychologischen Verantwortung für die eigene und fremde Sexualität erfordern. Hier hinkt die seelische Bewältigung der Konsequenzen neuer Entwicklungen genauso nach wie auf anderen Gebieten, auf denen unser Leben durch angewandte wissenschaftliche Forschungsergebnisse verändert wird. Paradoxerweise hat die sexuelle Befreiung psychologisch zum Gegenteil geführt, nämlich zu einer vorübergehenden zwanghaften Versklavung an Sexualität, deren wesentlicher Inhalt, die Liebe, mißverstanden und mißachtet wird. Hier entwickelt sich ein Teufelskreis: Entfremdung von zuvor gültigen Werten und subjektive Isolation verstärken das Bedürfnis nach Anlehnung und Zuflucht, wobei sich Sexualität als die intensivste und freilich von außen gesehen auch leichteste Befriedigungsmöglichkeit gegen unbestimmte Unlustgefühle anbietet. Da zugleich aber Triebaufschub, Zurückstellung oder schöpferische Umwandlung dranghafter sexueller Impulse an den tiefsten Punkt der sozialen Wertskala geraten sind, wird diese unpersönliche Sofort-Sexualität zur Hauptquelle der Enttäuschung, weil ihr jedes Spannungselement und jede personale Beziehung fehlen.

Es scheint aber bereits, als würde jener für einen Narren

gehalten, der nicht sofort von einer günstigen Gelegenheit für sich Gebrauch macht, sondern an die psychischen Folgen einer vom Gefühl her entleerten Sexualbeziehung denkt. Tatsächlich führt das Gefühl der Leere und Sinnlosigkeit flüchtiger Sexualkontakte zu einer Verlagerung der Triebbedürfnisse auf die Aggression. Deren zerstörerischer Anteil ist in den sozialen Symptomen unverkennbar. Die Hoffnung auf umwälzende Änderungen durch Aktivierung von Aggression ist aber ein Ergebnis der durch die Leichtigkeit der erreichbaren sexuellen Befriedigung entstandenen Langeweile und Unlust. Von der Aggression wird größere Reizbefriedigung erwartet als von der Sexualität. So richten sich schließlich die Umsturzwünsche gegen ein nicht genauer definiertes System, das in Wirklichkeit in einer schiefen Werteinstellung der Umstürzler zur eigenen Sexualität begründet ist. Die mangelnde Bewältigung eigener Konflikte soll durch Schuldverschiebung auf ein anonymes Kollektiv getarnt werden.

Als Pubertätserscheinung ist diese Wertunsicherheit und deren Projektion auf andere beim einzelnen seit langem bekannt. Erfaßt sie jedoch größere Teile einer Gesellschaft, so entstehen ernste Überlebensprobleme, weil der Wert dauerhafter Partnerbeziehungen in Frage gestellt wird. Die modernistische, zeitgenössische Verkehrung des Grundwertes der Liebe, nämlich ihre Tragfähigkeit über Zeit und Raum hinaus, in das Gegenteil, eine jeweils nur auf Sexualfunktionen eingeschränkte Raum- und Zeiteinengung ist bereits eine Perversion der Sexualität, die einen Rückgriff auf kindliche Verhaltensmuster darstellt. Hier wird nur noch ein Teil der Gesamtperson, nämlich das Sexualorgan oder andere Körperteile eines im übrigen apersonalen, auswechselbaren Objekts zur Selbstbefriedigung benutzt. Es ist dieser kindliche Anteil der Sexualität, in der nur ein Teilobjekt für die Befriedigung eines isolierten Triebanteils gesucht wird, der die zeitgenössische Entwertung der Sexualität und ihre Verwandlung in psychologisch als pervers zu bezeichnendes Verhalten charakterisiert. Die Vereinigung der Geschlechtsorgane besagt nichts über die damit verbundenen Vorstellungen und Phantasien. Diese aber entscheiden, ob sich beide Partner in der Wirklichkeit befinden oder sie durch Sexualismus zu vermeiden suchen. Beziehen sich die Phantasien zum Beispiel nur auf einen Teil der Person des Partners, so handelt es sich bereits um einen Abspaltungsvorgang. Der Teil für das Ganze ist das Grundgesetz der Perversion. Werden bestimmte seelische Bedingungen isoliert, die

die übrige Gesamtheit des Partners verleugnen, so ist psychologisch der Weg zur Perversion schon beschritten. Auf seelischer Ebene geschieht dann etwas ähnliches, was der psychotisch geisteskranke Sexualmörder mit dem isolierten Herausschneiden des Geschlechtsorgangs seines Opfers ausagiert, nur verleugnen wir psychologisch allzu leicht diese Zerstückelung des Partners auf seelischer Ebene und entsetzen uns über das Verbrechen. Die Ursachen für solche Abspaltungstendendenzen liegen keineswegs allein im einzelnen. Es ist ein Rückfall auf kindliche Sexualität in einem Stadium kulturellen Übergangs zu neuen, erweiterten Wertvorstellungen, die noch nicht bewältigt wurden, weil sie höhere Anforderungen stellen. Im Augenblick hat die Sexualität einen falschen, sich verselbständigenden Eigenwert bekommen, der in seiner Beziehungslosigkeit eine fast krebsartige seelische Überwucherung anderer Persönlichkeitsanteile bewirkt. Wir wissen aus jahrzehntelangen Forschungen heute, daß der Säugling und das Kleinkind völlig unschuldig und triebhaft kindlich über einen unerschöpflichen Reichtum der Befriedigungsmöglichkeiten sexueller Triebanteile verfügen. Der psychologische Fachausdruck dafür „polymorph pervers“ mag den Unkundigen zunächst erschrecken, der an die reine Unschuld des Kindes denkt. Gemeint ist damit aber nur die Vielfalt der Fähigkeiten des Kindes zur lustvollen sexuellen Erregung und Befriedigung von Teiltrieben, so etwa im Fingerlutschen, Spielen am Ohrläppchen, Schautrieb, Entblößungslust, Ausscheidungs- und Schmutzlust, Spiel mit stellvertretenden Teilobjekten, die die Mutter verkörpern, bis schließlich sehr früh die Geschlechtsregion als Hauptquelle der durchaus unschuldigen Lust entdeckt wird. Das Kind erlebt zwar die sexuelle Qualität, aber im Gegensatz zum Erwachsenen weiß es noch nichts von deren Bedeutung, was der paradiesischen Unschuld entspricht, denn erst die Erkenntnis verpflichtet zum verantwortlichen Handeln. Treffen wir aber auf diese Bedingungen der Sexualität beim Erwachsenen, so handelt es sich um einen Rückfall auf die kindliche Ebene, wie etwa bei der fetischistischen Perversion, bei der ein Gegenstand, ein Strumpf, eine Locke, ein Handschuh, der Abguß eines Fußes die sexuelle Partnerbeziehung ersetzt, da die Phantasie befriedigender ist als die Realität. Eine ähnliche Vermeidung der Sexualität durch Sexualität liegt dann vor, wenn nur isoliert das Sexualorgan des Partners angestrebt wird, die persönliche Beziehung jedoch gerade durch sexuelle Überaktivität vermieden werden soll. Hier wird Sexualität zum Medium für aggressive Befriedigung oder für narzißtische Bestätigung, das heißt Bestätigung der Selbstverliebtheit. Dies aber sind häufige Merkmale zeitgenössischer Sexualität, die damit aus dem personalen Gesamtbezug einer ständigen Verbindung gleichsam künstlich herausgeschnitten wird.

Damit wird der entscheidende Inhalt voller, ausgereifter Sexualität gegenüber solchen kindlichen Resten oder Rückfällen deutlicher: die Fähigkeit zu personaler Liebe und sozialer Bindung. Psychologisch bedeutet das nicht mehr und nicht weniger als die Bereitschaft, das Anders-Sein des Partners als Person und in seiner Geschlechtlichkeit voll anzuerkennen und damit in der eigenen Einstellung zu sich selbst eine fortschreitende Wandlung zu vollziehen, in der mehr und mehr vom eigenen So-Sein, wie man ist, der Identität, aufgegeben und zugunsten einer wechselseitig auf den Partner gerichteten Aufmerksamkeit und Entwicklung verändert werden kann.

Sexualität offenbart dabei im Vollzug die eigene und die fremde Wirklichkeit. Die Stimmigkeit oder Unstimmigkeit der Partnerschaft erfährt ihre härteste Probe in der Sexualität, da sich Echtheit, Täuschung oder Selbsttäuschung enthüllen. Dieser Belastungsprobe lebendiger Wandlung ist Sexualität, die, nur auf Triebbefriedigung gerichtet, jeden nur das Seine suchen läßt, auf die Dauer nicht gewachsen. Vielmehr bleibt die Sexualität in solchen Beziehungen starr, unwandelbar und zwanghaft ohne befreiende Beglückung, da sie im Grunde als Abwehr gegen Veränderung eingesetzt wird. Im Gegenteil: sie wird zum Ärgernis, weil die Unstimmigkeit und Unfähigkeit zu notwendiger Entwicklung und Wandlung schmerzlich bewußt wird; deshalb muß sie vermieden werden; sie ist der häufigste Grund für das Scheitern von Ehen an einem Mißverständnis, als sei Sexualität der Kitt für verlorene Liebe. Zur stumpfen Gewohnheit geworden, entzweit Sexualität schließlich, weil ihre Bedeutung verkannt und nur noch als animalisches Triebbedürfnis eingeschätzt wird, was sie konsequent aller menschlichen Züge, einschließlich des Humors und erheiternder Komik beraubt, die ihr eigen sind. Ausgereifte Sexualität befähigt zu einer ständigen Wandlung der Innen- und Außenwelt, weil sie immer neue schöpferische Kräfte und Einfälle freisetzt. Sie ist lebenserhaltend, da sie auf das Leben schlechthin bezogen ist, das aus ihr hervorgeht.

Alles Gerede über die notwendige Veränderung gesellschaftlicher Bedingungen und der zum Überdruß zitierten Herrschaftsverhältnisse, bei denen man nie weiß, welche Herrschaften eigentlich gemeint sind, befreien uns nicht von der Selbstverantwortlichkeit für das eigene Leben und dessen Entwicklung. Die Psychologie der Sexualität erscheint deshalb so kompliziert, weil im Unbewußten Kindheit, Reifungsjahre und Erwachsensein im sexuellen Erleben an ein und demselben inneren Ort zusammenfallen, bestimmt durch die gleiche tiefverwurzelte Qualität des Erlebens. Für den Erwachsenen gibt es keine Möglichkeit mehr, für die Ursachen seines Lebens und Verhaltens wie ein Kind die Eltern oder die sozialen Bedingungen verantwortlich zu machen. Das versucht nur der Neurotiker, und alle, die sich durch das Leben plagen, nehmen ihm mit Recht übel, daß er eine Freifahrkarte beansprucht, wo alle den vollen Fahrpreis zahlen. Der Neid, von dem wir so wenig reden, hat für die Psychologie der Sexualität eine ebenso große Bedeutung wie die Angst vor dem Zu-kurz-Kommen. Beide offenbaren nur, was Sascha Guitry einst bei seinem Tischgespräch auf die neugierige Frage einer jungen Dame antwortete, ob er es vorziehe, geliebt zu werden oder zu lieben. Er antwortete lächelnd: „Zu lieben, Mademoiselle – es ist sicherer!“

Anton Houben
Sozialisierung

Bis vor 25 Jahren wurden in der psychologischen Literatur viele Lebensformen, Verhaltensweisen oder seelische Entwicklungen als wesentlich für den Menschen schlechthin angesehen. Man trifft dort auf Abhandlungen über den Pubertierenden, über das Wesen der Frau oder über die Gewissensbildung. Den meisten Lesern wird zum Beispiel das Stereotyp der Frau bekannt sein, wonach Frauen auf Grund anatomischer und physiologischer Gegebenheiten und ihrer geschlechtsspezifischen Funktionen von Natur aus unterwürfig, mütterlich, abhängig, eitel, gefühlsbetont und an Kinderpflege und Haushalt interessiert seien.

Die Konsequenz solcher Ansichten ist, daß Individuen, die diesem „wahren Wesen" des Menschen nicht entsprechen, leicht als abnormal und minderwertig eingestuft werden. Bereits die Erfahrung jedoch der tiefgreifenden Veränderungen seelischer Einstellungen, die der soziale Wandel der letzten Jahrzehnte mit sich gebracht hat, mahnt zur Zurückhaltung gegenüber derartigen Auffassungen. Darüber hinaus liegt eine Fülle wissenschaftlicher Studien vor, die eine unvermutet tiefe

Abhängigkeit der menschlichen Entwicklung von gesellschaftlichen Faktoren belegen. In diesen Untersuchungen wurde stets der Prägung des Individuums in seiner Eigenart als Mann und Frau, als Vater und Mutter, als Führer und Partner in wechselnden Umwelten nachgegangen.

Um noch einmal auf das Bild der Frau zurückzukommen, sei hier ein Ergebnis von Margaret Mead wiedergegeben, die drei verschiedene Völkergruppen Neuguineas untersuchte: die Tschambuli, die Arapesch und die Mundugumor. Es wurden hier drei völlig verschiedene Rollenerwartungen über das Leben der Frauen festgestellt. Die Tschambuli bieten zum Beispiel einen extremen Gegensatz zu den uns vertrauten Verhaltensnormen. Hier tätigen die Frauen die wichtigsten Geschäfte, betreiben Ackerbau und üben allgemeine Autorität aus, wohingegen der Mann als das eigentlich „schwache Geschlecht" angesehen wird. Bei der zweiten Gruppe, den Arapesch, würden wir nach unseren westlichen Maßstäben von einer „rein femininen Gesellschaft" sprechen. Beide Geschlechter gehen in erster Linie Tätigkeiten mütterlicher Art nach. Männer und Frauen tun die gleiche Arbeit, wobei sich fast alles um das Hegen und Pflegen der Kinder wie auch der Arbeitskameraden dreht. Bei den Mundugumor ist „Aktivität und Aggressivität" das wesentliche Leitbild, nach dem sich jeder – ob Mann oder Frau – verhält. Insofern handelt es sich hier nach unseren Vorstellungen um eine übertrieben „maskuline" Gesellschaft.

In diesem Beitrag über Sozialisation ist die Rede von jenen Faktoren, durch die der einzelne sich zu einem Mitglied seiner besonderen Gesellschaft, in der er eigene Rollen übernimmt, entwickelt. Die angeführten Beispiele zeigen uns, daß es in jeder Gesellschaft ganz bestimmte Rollenvorschriften gibt, nach denen die Menschen ihr eigenes Verhalten regulieren und nach denen sich auch die Erwartungen des anderen richten. Die Einhaltung dieser Rollenvorschriften zieht dabei stets Ermunterung und Beifall nach sich, wohingegen die Nichtbeachtung einer Vorschrift eine Bestrafung zur Folge hat. Nun können diese Vorschriften in einer Gemeinschaft unterschiedlich streng gehandhabt werden, es können bei Mißachtung bestimmter Regeln besonders harte Strafen erfolgen, oder die Erfüllung einer Rollenvorschrift wird weniger beachtet.

Inwieweit jedes Mitglied einer Gesellschaft den Normen entspricht, hängt nun außerdem von dem ab, was wir allgemein als „unser Gewissen" bezeichnen, die Psychoanalyse spricht hier vom Über-Ich. Wir stellen fest, daß sich die Menschen gelegentlich in einer Weise verhalten, die weder ihren einfühlbaren Wunschregungen entspricht noch mit irgendwelchen zu erwartenden Prämien oder Sanktionen seitens ihrer Umgebung in unmittelbaren Zusammenhang gebracht werden kann. Wenn jemand, der gegen Monatsende kaum noch das für seinen dringenden Bedarf nötige Geld besitzt, unbeobachtet eine Börse mit Hundertmarkscheinen findet und diese ins Fundbüro bringt, so wird sein Handeln offenbar von einer inneren moralischen Instanz geleitet.

In diesem Zusammenhang sind die Arbeiten von Paul Parin und Fritz Morgenthaler interessant. Die beiden Psychoanalytiker haben bei ihren Untersuchungen über das Seelenleben westafrikanischer Stämme festgestellt, daß den Eingeborenen ein Gewissen in unserem Sinne fehlt. Statt dessen verfügen sie über ein anderes, das sogenannte „Clangewissen". Aus der Fülle der von diesen Autoren angeführten Beispiele möchte ich folgendes zitieren: Ein französischer Straßenbauaufseher hat die Aufgabe, mit dreißig afrikanischen Arbeitern einen Abschnitt einer Straße zu unterhalten. Die Arbeiter hatten zu ihrem Chef ein gutes Verhältnis. Sobald dieser abwesend war, legten sie die Arbeit nieder. Ihre Leistungen waren dementsprechend schwankend. Als der Aufseher sie zur Rede stellte, waren sie erstaunt und ohne Verständnis. Ihre Antwort lautete: „Weder Sie noch Ihr Vertreter haben es gesehen! Wenn Sie da sind, arbeiten wir ja eifrig."

Erhellend ist auch die Eigentumsmoral dieser Afrikaner. Es existiert ein Verbot zu stehlen; aber es gilt nur gegenüber Stammesangehörigen und Personen, die durch Gastfreundschaft zur Gemeinschaft gehören. Wer einen Fremden bestiehlt, bleibt im Urteil der anderen wie in seinem eigenen ein anständiger Mensch. Wird aber jemand beim Diebstahl innerhalb des Stammes ertappt, dann vollziehen Dieb und Stammesangehörige in sonderbarer Einmütigkeit (zumindest symbolisch) einen Akt der Ausstoßung. So berichten Parin und Morgenthaler von einem jungen Afrikaner, der in einem Dorf Gerätschaften entwendet hatte. Ertappt, mußte er diese zurückgeben, machte jedoch keinen Versuch zu fliehen, sondern blieb am Tatort weinend sitzen, obwohl alle Nachbarn versuchten, ihn mit Schlägen und Schelte fortzutreiben.

Dieses eine Beispiel steht für eine Reihe ähnlicher Beobachtungen, die darauf hindeuten, daß die Ge- und Verbote des Gewissens dieser afrikanischen Stämme nicht nur inhaltlich von den für uns gültigen abweichen, sondern daß ihr Gewissen auch anders strukturiert ist. Unser Gewissen ist eine innere Instanz, deren Normen auch beim Ausbleiben sozialer Sanktionen gelten, das sich oft mit Schuldgefühlen bemerkbar macht, auch oder gerade dann, wenn von unserer Umwelt keine Strafe droht. Die Afrikaner haben offenbar ein Gewissen, das auf Partizipation an der sozialen Verantwortlichkeit eines geschlossenen Stammes beruht.

Der einzelne fühlt sich nicht verantwortlich, erlebt aber seinen Stamm – oft in einer Prestigefigur repräsentiert, wie etwa jenem Straßenaufseher – als Träger eines kollektiven Gewissens. Wenn dieses Clangewissen in Funktion tritt, fühlt sich der einzelne daran beteiligt und macht mit – sowohl beim Verwirklichen der Vorschriften wie auch beim Rächen der Missetaten, auch wenn es sich um die eigenen handelt.

Diese Beispiele aus der vergleichenden Völkerkunde mögen genügen, um zu zeigen, wie der einzelne bis in zentrale Bereiche seines seelisch-körperlichen Daseins von seiner jeweiligen Gesellschaft beeinflußt wird.

Während diese Studien uns vor Augen führen, wie unterschiedlich die Sozialisierung des einzelnen bei diesen Naturvölkern und in unserer Gesellschaft verläuft, ist weiter auch die Verschiedenartigkeit der sozialen Kulturen selbst zu beachten.

Im Gegensatz zu den oben erwähnten Afrikanern leben wir nicht in einer eindeutig und fest gefügten Gesellschaft mit unumstößlichen und für alle in gleicher Weise geltenden Rollenvorschriften. Unsere westlichen Gesellschaften sind vielmehr durch eine Vielfalt variierender Rollenvorschriften gekennzeichnet. Je nach der sozialen Schicht, dem Berufs- und Familienstand, der Konfession und der engeren Heimat gelten andere Verhaltensregeln. Hierzu ein Beispiel: Ein in zerrütteter Ehe lebender Mann, der sich scheiden lassen will, würde in einem oberbayerischen Dorf eine soziale Regel verletzen und von den Nachbarn geächtet werden. Im Gegensatz dazu würde dieser Mann in intellektuellen Großstadtkreisen wahrscheinlich gerade durch das Gegenteil, wenn er sich nicht scheiden ließe, die dort geltenden Regeln verletzen.

Die Probleme der Schichtspezifität haben im Zuge der Auseinandersetzung mit Sozialisationsprozessen allgemein zunehmend an Beachtung gewonnen. Die Beschreibungen über die Sozialisationsbedingungen innerhalb der einzelnen Subkulturen stimmen in der Literatur auffallend überein. Wieder kann hier das Gemeinte nur mit der Hervorhebung einiger wesentlicher Punkte deutlich werden. Die Familienstruktur der Mittelschicht ist in der Regel flexibler als in der Unterschicht, das heißt: Vater und Mutter stehen in einer partnerschaftlichen Beziehung zueinander, erzogen wird in erster Linie mit Worten. „Sozialer Aufstieg", „Leistung" und „Lernen" gelten als anzustrebende und nicht mehr hinterfragbare Erziehungsnormen. Im Gegensatz dazu geht es in der Unterschicht primär darum, den als gefährdet erlebten Status quo zu erhalten. Die Ehe der Eltern wie auch die Erziehung von Jungen und Mädchen ist viel strenger an einer nach den Geschlechtsunterschieden orientierten Rollenerwartung ausgerichtet. Ferner wird hier primär durch die Tat, durch konkretes Verhalten und nicht durch Appelle an die Einsicht und Vernunft des Kindes erzogen. Diese divergierenden Erziehungsstile haben entscheidenden Einfluß auf die Entwicklung der Sprache, des Denkens und infolgedessen auf den Schulerfolg eines Kindes.

Es muß heute als Tatsache anerkannt werden, daß in den verschiedenen sozialen Schichten verschiedene Sprach- und Verhaltensstile vorherrschen, die die Verständigung zwischen den Schichten ungemein erschweren. So sind intelligente Kinder aus der Unterschicht von vornherein benachteiligt, weil sie von Lehrern unterrichtet werden, die die Sprache der Mittelschicht sprechen.

Die Erklärungen über die Ursachen dieser gesellschaftlichen Unterschiede wie auch die Schlußfolgerungen in bezug auf die Debatte über „Chancengleichheit" und soziale Gerechtigkeit gehen im Gegensatz zu den Deskriptionen weit auseinander. Wir können diesem Problem hier nicht nachgehen, es sei lediglich festgestellt, daß in den westlichen Gesellschaften tiefgreifende schichtspezifische Unterschiede in den Sozialisationsbedingungen anzutreffen sind, die neben den gesamtgesellschaftlichen Einflüssen die Identität des einzelnen formen. Aufwendige in den USA unternommene Versuche einer kompensatorischen Erziehung, die leider fehlgeschlagen sind, wie auch Horst Eberhard Richters Erkenntnis über die Notwendigkeit von Geduld und persönlichem Einsatz bei der Randgruppenarbeit zeigen nur zu deutlich, daß es in diesem Bereich mit Mitteln aus einer sozialtechnologischen Trickkiste nicht getan ist.

Wenn wir eben die Umwelt und die in ihr geltenden Normen als wesentliche Determinante des Verhaltens erkannt haben, ist jetzt von einem personalen Gesichtspunkt folgendes zu ergänzen: Bei der Interpretation bestehender Normen läßt sich je nach Freiheitsgrad einer Gesellschaft, das heißt je nachdem, wieviel Spielraum für Variationen einer Norm zugelassen werden, ein mehr oder minder großes Spektrum individueller Differenzen erkennen. Jedes Individuum bringt nämlich zur Anpassung an seine Gemeinschaft und der in ihr geltenden Normen persönliche Voraussetzungen mit, die zwar durch seine Erziehung entscheidend geprägt wurden, ihm aber dann auch eine relative Unabhängigkeit von der Umwelt gewährleisten.

Wieder soll das Gemeinte an einem Beispiel verdeutlicht werden, ich beziehe mich hier auf ein Experiment des Sozialpsychologen Solomon E. Asch: Eine Gruppe von acht Personen wurde angewiesen, Längenunterschiede zwischen mehreren auf Karten abgebildeten Linien einzuschätzen. Ein Vorversuch hatte gezeigt, daß die Aufgabe einfach und ohne Fehler zu bewältigen war. In dem eigentlichen Experiment gab es aber in Wahrheit nur *eine* „echte" Versuchsperson; die sieben übrigen waren instruiert worden, an bestimmten Stellen einstimmig ein falsches Urteil abzugeben. Die Reaktionen der echten Versuchspersonen waren sehr unterschiedlich. Ein Viertel von ihnen blieb völlig unbeeinflußt, während ein Drittel seine Schätzungen in mindestens 50% der Versuche in Richtung auf die Mehrheit verschob. Als nun das Experiment dahingehend variiert wurde, daß nur sechs der sieben „unechten" Versuchspersonen einheitlich falsche Angaben machten, während die siebente richtig einzuschätzen beauftragt wurde, ergab sich, daß die echten Versuchspersonen sehr viel seltener in Übereinstimmung mit der Mehrheit fehleinschätzten. Mit nur einem Gleichgesinnten erwies sich der einzelne weit weniger manipulierbar.

So zeigt uns dieses Experiment einerseits die normierende Kraft einer Gruppe, aber auch ihre stabilisierende Wirkung auf das Selbstvertrauen. Andererseits wird an dem Viertel der Versuchspersonen, die unbeeinflußt an ihrem Urteil festhielten, deutlich, daß selbst bei manipulierten und für alle Personen exakt gleich gehaltenen Situationen erhebliche individuelle Differenzen in der Abhängigkeit vom Gruppendruck zu beobachten sind.

Was wir eben in der Laborsituation kennengelernt haben, läßt sich auch an konkreten Lebenssituationen nachweisen. Die Bedeutung dieser „Ich-Autonomie" wird uns vor allem deutlich, wenn wir uns Situationen mit einem existenzbedrohenden Gruppendruck vergegenwärtigen, wie zum Beispiel Gefangenschaft und Gehirnwäsche. Die hier zur Anwendung kommenden Methoden lassen sich meist in zwei Phasen unterteilen: in „De- und Resozialisierung". „Das Ziel jeder Desozialisierung ist die Beseitigung früherer Schlüsselwerte und aller Verhaltensweisen, durch die die Individualität im Sozialverhalten des Individuums zum Ausdruck kommt.“ Dies wird durch den radikalen Abbau alter Einstellungen und Verhaltensweisen erreicht. Dazu werden alle Kontakte zur Familie und zur Außenwelt untersagt. Werte des vorherigen Lebens werden systematisch diffamiert und so zerstört. Jede Inhaftierung wie auch die Einberufung von Soldaten mit der bei uns üblichen Grundausbildung setzen tendenziell solche desozialisierenden Prozesse in Gang. Im Extremfall – das zeigen uns die Berichte ehemaliger KZ-Insassen – kann dieser Prozeß so weit gehen, daß der Mensch auf eine kindliche, abhängige Lebensweise regrediert. Sein Sozialisationsprozeß entwickelt sich buchstäblich zurück.

Die Resozialisierung bezeichnet dagegen jenen Vorgang, durch den der einzelne dazu gebracht wird, die Auswirkungen einer früheren Sozialisation aufzugeben und durch ein neues Verhaltensrepertoire zu ersetzen. So war es das ausdrückliche Ziel der Gestapo, politische Gefangene zum Nazismus zu bekehren, wie die chinesischen Kommunisten im Korea-Krieg durch die sogenannte Gehirnwäsche versuchten, UN-Gefangenen ihre Ideologie aufzuoktroyieren. In beiden Fällen hat man dazu die Mechanismen der normalen Sozialisation ausgenutzt, wie Leon Mann in seiner Sozialpsychologie gezeigt hat: Man war bestrebt, alte Gruppenbindungen aufzuheben, weil sie ja die bestehenden Wertvorstellungen stützen, und sie durch neuartige Beziehungen zu ersetzen. Die Führer und Offiziere wurden von den Gruppen getrennt, wie auch Freunde und Bekannte. In diese aufgelöste Gruppe, wo der einzelne durch die Beeinträchtigung der Zusammengehörigkeit verunsichert war, wurden ausschließlich schlechte und teilweise gefälschte Nachrichten aus der Heimat eingeschleust, was zu weiterer Desorientierung und zu Mißtrauen unter den Gefangenen führte. Zeigten diese nun Ansätze, die kommunistische oder nazistische Ideologie in irgendeiner Weise zu bejahen, dann wurden Erleichterungen gegeben. Jedes Nachgeben hatte aber zugleich die Erzwingung neuer Zugeständnisse zur Folge. Akte der Kollaboration wurden durch Sonderrationen an Essen und Medikamenten belohnt.

Fragt man nach dem Erfolg, dann scheint die Gehirnwäsche bei etwa 15% der amerikanischen Soldaten entscheidende Veränderungen hervorgerufen zu haben. Bei denjenigen, die standhielten, handelte es sich um integre Persönlichkeiten mit einem festen Wertsystem. Aber ihre Standhaftigkeit war auch darin begründet, daß sie während der Haft aktiv bestrebt waren, einen Gruppenzusammenhang aufrechtzuerhalten, dem gruppenzerstörenden Einfluß zu widerstehen. Für diese zuletzt Genannten kann das Verhalten von 229 türkischen Soldaten herangezogen werden, von denen sich im Gegensatz zu den amerikanischen kaum einer der Kollaboration schuldig machte. Bei den Türken gab es nämlich eine grundsätzliche Verhaltensregel: es war stets der verbliebene Ranghöchste als Führer anzuerkennen und in seinen Absichten zu unterstützen. Insofern war hier durch die Wirkung der heimatlichen Sozialisierung unter den Gefangenen eher die Gewähr für die Kontinuität des Gruppenverhaltens gegeben.

Das Phänomen der Gehirnwäsche hat uns die Möglichkeiten und Grenzen der Sozialisation gezeigt. Ferner ist dabei die Bedeutung vorheriger Sozialisation deutlich geworden. Das gibt uns wiederum Anlaß, nun auf eine von der Psychoanalyse immer wieder betonte Tatsache aufmerksam zu machen: die nachhaltende und lebenslänglich andauernde Wirkung frühkindlicher Erfahrungen. Hierzu sei ein Beispiel aus der Zwillingsforschung erwähnt, das René Spitz kürzlich mitteilte:

Die Zwillinge Rosy und Cathy – sie sind mit Sicherheit eineiig und verfügen daher über dieselbe Erbmasse – nahmen bereits im Mutterschoß eine unterschiedliche Entwicklung, die sich später fortsetzte. Cathy wurde als ein gesunder und robuster Säugling geboren, während Rosy schwach und hilfsbedürftig war. Cathy war dementsprechend immer ruhig und zufrieden, während Rosy häufig unruhig war und eine besondere Lallkunst entwickelte, um sich bemerkbar zu machen. Die Mutter – sie wird als einfühlsam und gerecht beschrieben – erkennt die unterschiedlichen Bedürfnisse ihrer Kinder und reagiert darauf. Während sie Cathy mehr in Ruhe läßt – sie würde sie nur stören –, nimmt sie Rosy häufiger auf. Mutter und Kind stellen sich aufeinander ein. Die gleiche Mutter wird also zugleich für jedes der beiden Kinder eine andere, wie auch die Zwillingspartner für die Mutter zwei verschiedene Lebewesen mit verschiedenen Bedürfnissen sind. Dieses Wechselspiel setzt sich dann immer weiter fort und führt dazu, daß Rosy und Cathy sich zu zwei völlig verschiedenen Charakteren entwickeln. Rosys Kontakt zur Umwelt bleibt während der weiteren Entwicklung stets eng an den Menschen gebunden, auch im sprachlichen Bereich entwickelt sie sich schneller als ihre Schwester. Dagegen nimmt Cathy in erster Linie Kontakt zur Umwelt über das leblose Ding auf und lernt auch primär am Gegenstand, was ihre besondere Geschicklichkeit erklärt. Die Entwicklung der Kinder wurde bis in das siebte Lebensjahr verfolgt, und diese beiden konträren Grundhaltungen gegenüber der Umwelt haben sich erhalten. Jedes der Kinder hatte seine besonderen Begabungen, aber auch seine besonderen Schwierigkeiten. So neigt Cathy zum Beispiel dazu, Dinge mit Gewalt beherrschen zu wollen, und ist weniger kontaktfreudig, wohingegen sich bei Rosy eine zu starke Abhängigkeit gegenüber den Eltern entwickelte, die mit der Angst verbunden war, die Eltern möglicherweise einmal zu verlieren. Diese Angst, von den Eltern getrennt zu werden, zeigte sich bei einem Urlaub der Eltern, als die Kinder zu den Großeltern kamen, und beim Eintritt in den Kindergarten. Rosy scheint in starkem Maße auf die Gegenwart vertrauter Personen angewiesen zu sein, um sich selbst sicher zu fühlen. Cathy hat nie eine solche Trennungsangst gezeigt.

Ich habe aus der vielschichtigen Studie über Rosy und Cathy nur einige Beobachtungen herausgegriffen, um zu verdeutlichen, daß das Individuum von frühester Kindheit an seine Sozialisation nicht passiv erduldet, sondern sie auch aktiv mitgestaltet.

Von psychoanalytischer Seite hat vor allem Erik Erikson dazu grundlegende Erkenntnisse beigesteuert. Er hat die Sozialisation als einen lebenslangen Prozeß beschrieben, der sich in einer Abfolge von Entwicklungsphasen vollzieht, die jeweils Krise und Stabilisierung enthalten. Jeder durch Reifung und Entwicklung bedingte Fortschritt der triebhaft-motivationalen Bedürfnisse und Fähigkeiten eines Individuums bringt neue Möglichkeiten und neue Erfordernisse des Umgangs mit seiner Umgebung mit sich. So tragen Neugeborene eine Rollenerwartung an ihre Mutter heran, die in etwa heißen könnte: „Du bist nur zum Geben da!“ Diese Rolle wird von der Mutter in einer Weise angenommen, die sowohl ihrer persönlichen Eigenart als auch den Traditionen und Regeln der Kultur entspricht. Aber – wir haben das bei Rosy und Cathy gesehen – die Mutter stimmt ihre Mittel des Gebens auch auf Aktionen und Reaktionen des jeweiligen Kindes ab. So entwickelt sich ein wechselseitiger Prozeß, durch den das Kind ein zweifaches lernt: anzunehmen, was gegeben wird, und jemanden zum Geben zu gewinnen.

Gelingt diese wechselseitige Koordination des Verhaltens nicht, tritt eine Krise ein. Mutter und Kind werden in ihrer gegenseitigen Beziehung zunehmend nervös, gespannt und gereizt. Dauert eine solche Krise an, dann entwickelt sich im Kind nicht jene psychosoziale Grundqualität, die Erikson Urvertrauen nennt, vielmehr bildet sich eine als Urmißtrauen bezeichnete Einstellung. Aber auch wenn diese erste Phase der psychosozialen Entwicklung bei günstigem Verlauf zur Ausprägung des Urvertrauens führt, enthält es doch den Keim einer bestimmten sozialen Schwäche und damit einer Krise. Urvertrauen ist nämlich der strukturelle Niederschlag dieser frühesten Beziehungsform des Gebens und Nehmens. Weil sie gut funktioniert, neigen beide Beteiligten dazu, sie beizubehalten.

Andererseits wird sich das reifende Kind seines „Selbst-Könnens" bewußt. Und das erfordert eine veränderte Beziehung des Kindes zu seiner Umwelt und der Erzieher zum Kind. Während sie bisher Geben und Annehmen koordinieren mußten, wird jetzt eine beiderseitige Umstellung der Beziehung auf „Selbst-Können" und „Anleiten" fällig. Die Ablösung aus der alten und die Herstellung einer wohlfunktionierenden Integration der beiderseitigen neuen Rollen vollziehen sich gewöhnlich in einer Krise. Dieser Vorgang der wechselseitigen Koordination der Rollen im Sozialisationsvorgang zwischen Individuum und Umwelt, der vorhin am Beispiel der ersten Entwicklungsphase erläutert wurde, wiederholt sich das ganze Leben hindurch in einer Abfolge von Wachstumsprozessen des Individuums und Wandlungen seiner Gesellschaft. Von Anfang an vollzieht sich darin eine Anpassung des einzelnen an die Kultur oder die Kulturen, in denen er lebt. Zugleich aber findet der einzelne in und durch diesen psychologischen Prozeß und seinen mehr oder minder gestörten Verlauf entsprechend zu seiner Identität. Das Gefühl der Identität besteht in dem angesammelten Vertrauen, den eigenen und den sozialen Wandel aufzunehmen und doch sein Selbst in einer inneren Einheitlichkeit und Kontinuität aufrechterhalten zu können, deren Wert von der Gemeinschaft und den Beziehungspersonen erkannt und anerkannt zu werden verdient.

Hans Kilian
Sozialpsychologie

„Die Psychologie ist eine Wissenschaft, die auch die Damen interessiert. Sie ist ein Zeitvertreib für gebildete Klatschbasen beiderlei Geschlechts, die sich gerne damit beschäftigen, das Innenleben ihrer Mitmenschen auszuspähen und auf den Markt zu tragen." — Man kann sich darüber streiten, ob diese boshafte Bemerkung Bernard Shaws zutrifft oder nicht. Selbst wenn ein Körnchen Wahrheit in ihr stecken sollte, erscheint es fraglich, ob eine solche Aussage nicht ihren Sinn in der modernen Psychologie verliert. Tatsächlich befaßt sich die gegenwärtige Psychologie seit geraumer Zeit mehr mit dem Zählen und Messen exakt bestimmbarer Daten äußeren Verhaltens als mit Versuchen wissenschaftlicher Deutung inneren Erlebens.

Seit jeher unzutreffend ist die Aussage Bernard Shaws mit Sicherheit für die Sozialpsychologie — genauer gesagt: für die Psychologie der sozialen Beziehungen —, von der man freilich sagen kann, daß sie seit jeher weniger Anklang und Popularität genießt als zum Beispiel die wissenschaftliche Innenschau eines Teiles der Tiefenpsychologie und der aus ihr abgeleiteten Persönlichkeitstheorie. Nicht etwa, daß die Sozialpsychologie das Persönliche des Menschen außer acht ließe. Ganz im Gegenteil: es zeigt sich, daß die wichtigsten und fruchtbarsten Beiträge zur wissenschaftlichen Erforschung der menschlichen Persönlichkeit heute aus der Sozialpsychologie kommen. Aber gerade da liegt für viele Menschen eine Quelle des Unbehagens; denn die Sozialpsychologen weisen mit ihren Untersuchungen nach, daß die subjektiven Gefühle, Bedürfnisse und Einstellungen, die wir gerne für unser persönlichstes Eigenleben halten – gewissermaßen für unser unveräußerliches Privateigentum –, in Wirklichkeit Eigenschaften unseres „Sozialcharakters" oder gar Symptome kollektiver „Sozialneurosen" sind: unbemerkt eingedrungene Produkte der Außenwelt, Merkmale gesellschaftlicher Zugehörigkeit, Folgen unserer Anpassung an äußere Verhältnisse, durch die wir geprägt und bestimmt werden, weil wir sie nicht selbst bestimmen oder ändern konnten.

Die Perspektive der Sozialpsychologie ist so angelegt, daß unsere Innenwelt unversehens als Bestandteil der Außenwelt erkennbar wird, auf deren Struktur wir wenig Einfluß haben. Und umgekehrt: die Außenwelt, zu der wir ein rein sachliches, objektives Verhältnis zu haben glaubten, erweist sich in dieser Perspektive als eine Wirklichkeit, die durch subjektive Wahrnehmungsmuster, Vorurteile, einseitige Einstellungen und Empfindungen aus dem Speicher unseres Innenlebens wie durch einen Zerrspiegel entstellt, verkürzt oder vergröbert werden kann. Mehr noch: durch Vorurteile, subjektive Reaktionsmuster und mehr oder weniger reflektorische Handlungsweisen, die vorwiegend der Verteidigung unseres Selbstgefühles, der Aufrechterhaltung unseres Gleichgewichtes, kurz: der Stabilisierung unseres Innenlebens dienen, wird unsere Außenwelt unter Umständen überhaupt erst in der Weise geformt, wie wir sie – vermeintlich ohne unser Zutun – vorfinden. Die Außenwelt kann bis zu einem gewissen Grade eine hausgemachte Inszenierung der Innenwelt sein. Je weniger wir wahrnehmen und wahrhaben wollen, daß es eine solche hausgemachte Inszenierung gibt, desto mehr sind wir in der Regel unbemerkt in ihr befangen oder Marionetten gleich in sie verstrickt.

Mit anderen Worten: wenn sich die Sozialpsychologen mit dem subjektiven Innenleben und mit der menschlichen Persönlichkeit befassen, so tun sie dies sehr oft mit einer Blickrichtung, die uns zuwider ist, weil sie – ähnlich wie die Blickrichtung der Freudschen Psychoanalyse – unserem bewußten Selbstverständnis zuwiderläuft. Es geht hier jedoch nicht mehr allein um Besonderheiten und verborgene Details unseres unbewußten Seelenlebens, deren Vorhandensein wir gerne leugnen möchten, weil sie unsere Eitelkeit kränken oder mit unseren Idealen unvereinbar sind. Die Sozialpsychologie rüttelt vielmehr an Strukturen, die die Grundverfassung unserer subjektiven Existenz und die Grundlagen unseres Selbstgefühles ausmachen. Sie hebt die Illusion des Für-sich-Seins der subjektiven Einzelseelen aus den Angeln ihrer Selbstgewißheit. Sie zeigt nämlich, daß gerade der Schein des Für-sich-Seins des Individuums keineswegs eine natürliche Verfassung des einzelnen Menschen, sondern eine historische Besonderheit unserer bürgerlichen Kultur ist. Kulturvergleichende sozialpsychologische Forschungen machen deutlich, daß unsere Erlebnisweise, die für uns das Gefühl und den Begriff einer unverrückbaren Wirklichkeit begründet, überaus relativ und also keineswegs selbstverständlich ist.

Es gibt Völker wie zum Beispiel die von den Züricher Psychoanalytikern Parin und Morgenthaler erforschten Dogon in Westafrika, bei denen das Gefühl des Für-sich-Seins des Individuums so gut wie nicht entwickelt ist. Die Trennung von Innenwelt und Außenwelt ist nicht in der Weise vollzogen, wie sie bei uns bekannt ist. Man bringt seine Innenwelt in Ordnung – sofern man diesen Ausdruck überhaupt sinnvoll verwenden kann –, indem man sich mit der Außenwelt, mit seiner Sippe und mit der Natur in Einklang bringt.

Beispiele dieser Art lassen sich beliebig vermehren. Sie zeigen, warum die Sozialpsychologie bei weitem weniger populär ist als die klassische Psychologie, die das isolierte Individuum in den Mittelpunkt der Betrachtung rückt und in der Vereinzelung menschlicher Existenz geradezu eine naturgegebene Lebensbedingung des Menschen sah. Man kann sich fragen, ob die Beliebtheit der Psychologie des Individuums und die geringe Popularität der Sozialpsychologie nicht ein und dieselbe Quelle haben: die erstere bestätigt den Menschen unserer Kultur und Gesellschaft ihr Lebensgefühl, das auf der Vorstellung der Unabhängigkeit und Freiheit der einzelnen Persönlichkeit und ihres Innenlebens fußt. Die Sozialpsychologie stellt dieses Lebensgefühl in Frage, indem sie zeigt, inwieweit es auf einer Fiktion beruht. Sie versetzt uns in die Lage des bekannten Tausendfüßlers, der nicht mehr weiß, wie er seine Füße setzen soll, weil ihm seine Bewegungen aus irgendeinem Grunde nicht mehr selbstverständlich sind. Wen nimmt es unter diesen Umständen wunder, daß sozialpsychologische Erkenntnisse bis heute viel länger als andere psychologische Einsichten und viel seltener als diese dazu gelangen, allgemeines Bildungsgut zu werden?

Tatsächlich ist die Sozialpsychologie, wenn man von ihrer Anwendung in einer volkstümlichen Gruppendynamik absieht, eine Sache der Spezialisten geblieben. Ich möchte sagen: es gibt einen Widerstand gegen die Aufdeckung des sozialen Unbewußten, der mit seiner Intensität und Hartnäckigkeit dem von Sigmund Freud entdeckten Widerstand gegen die Aufdeckung des individuellen Unbewußten keinesfalls nachsteht. Um die Stärke dieses Widerstandes zu verstehen, muß man sich klarmachen, daß Aufdeckung des sozialen Unbewußten allemal heißt, einen beträchtlichen Teil jener Gewißheiten aufzugeben, auf die die Menschen ihr Selbstgefühl, ihren Stolz, ihre „Identität" und das Bewußtsein ihrer Rechtfertigung gründen. Tatsächlich geben die Menschen vielfach eher ihr Leben auf als ihre „Identität" und die Fundamente ihres Selbstgefühles. Einige sozialpsychologische Forscher vertreten deshalb die Ansicht, daß das Bedürfnis nach einer integrierten Identität das stärkste Bedürfnis des Menschen sei, das Sexualität und Aggression nicht nur übertrifft, sondern für seine übergeordneten Bedürfnisse in Dienst nimmt.

Um zu verstehen, was Sozialpsychologie heute ist — so lautet meine These —, muß man verstehen, was der Widerstand gegen die Sozialpsychologie bedeutet. Wer diesem Gedankengang zu folgen versucht, wird sich allerdings vielleicht eines lästigen Einwandes nicht erwehren können. Die Sozialpsychologie ist immerhin in derselben Kultur entstanden, die ich als die des bürgerlichen Individuums bezeichnet habe. Wenn der Widerstand so groß ist, wie kommt es dann, daß sich ein solcher Zweig der Forschung überhaupt entfalten konnte? Ist dies nicht widersinnig? Kann man die Behauptung vom Widerstand gegen die Sozialpsychologie aufrechterhalten, wenn man sieht, welchen Aufschwung sie auf allen Gebieten des modernen Lebens und Zusammenlebens nimmt? Verkehrspsychologie, Verkaufspsychologie, Arbeits- und Betriebspsychologie, psychosoziale Gesundheitspflege, Sozialpsychologie der Schule, des Bildungswesens und der Massenmedien, schließlich auch Konflikt- und Friedensforschung: allein die Aufzählung dieser Anwendungsgebiete zeigt, daß es sich um ein weit verzweigtes Wissensgebiet handelt, das aus unserer modernen Gesellschaft nicht mehr wegzudenken ist. Ich möchte sogar so weit gehen zu sagen: die komplexe Großgesellschaft, in der wir leben, kann weder ihr wirtschaftliches und politisches Gleichgewicht noch das psychische Gleichgewicht ihrer einzelnen Mitglieder aufrechterhalten, wenn sie nicht in steigendem Maße auf psychologische Sozialtechniken der Führung und der Verhaltenssteuerung zurückgreift. Die Alternative wäre allenfalls ein Rückfall in die Lenkung durch äußeren Zwang, wie wir ihn in faschistischen und in kommunistischen Ländern sehen. Es gibt gute Gründe für die Annahme, daß der Rückfall von der Demokratie in die Unterdrückung immer dann Platz greift und Platz greifen muß, wenn die vorhandenen Mittel der sozialpsychologischen Steuerung der Gesellschaft versagen.

Mit anderen Worten: die Sozialpsychologie hat sich gegen alle Widerstände entwickelt, weil sie lebensnotwendig war. Wenn man jedoch genau hinschaut, stellt man fest, daß sie sich nur unter großen Schwierigkeiten über jenes Maß hinaus entwickeln kann, in welchem sie lebensnotwendig geworden ist. Wer die moderne Sozialpsychologie unter den erwähnten Gesichtspunkten analysiert, kann unschwer feststellen, daß in ihr antagonistische Kräfte wirken, die ihre Entfaltung zum einen Teil fördern, zum anderen Teil jedoch hemmen. Der Widerstand gegen die Entfaltung der sozialpsychologischen Erkenntnis äußert sich zum Teil dadurch, daß das Gesichtsfeld der Forschung mehr oder weniger radikal auf meßbare Daten sozialen Verhaltens eingeschränkt wird, deren man zum Zwecke der sozialtechnischen Verhaltenssteuerung habhaft werden möchte. Sozialpsychologie als Psychologie des sozialen Unbewußten – als Psychologie des gestörten inneren Erlebens äußerer Verhältnisse und gegebener sozialer Beziehungen –, ist bis heute eine unterentwickelte Wissenschaft geblieben, weil der Widerstand gegen solche Erkenntnis weitaus größer ist als ihre Lebensnotwendigkeit.

Nur auf einem Gebiete beginnt sich allmählich ein Wandel abzuzeichnen. Die Zunahme der psychischen Erkrankungen in unserer Gesellschaft, die Vermehrung der Entwicklungs- und Verhaltensstörungen schon im Kindes- und Jugendalter, schließlich das kollektive Auftreten von Drogensucht und anderen Schäden, die man auch als „sozialpsychogene Krankheiten" bezeichnet hat, reißen allmählich eine Bresche in die Mauer des beschriebenen Widerstandes. Die Lebensnotwendigkeit ungeteilter sozialpsychologischer Erkenntnis setzt sich durch, wo es nicht mehr nur um akademische Fragen geht, sondern vielmehr um das, was ein psychologischer Schriftsteller kürzlich als „Innenweltverschmutzung" bezeichnet hat. Er meinte damit eine Verschmutzung der Innenwelt, die der Umweltverschmutzung in ihrer Gefährlichkeit durchaus vergleichbar ist. Mehr noch: er meinte Gleichgewichtsstörungen des inneren Erlebens, deren gehäuftes Auftreten überhaupt nur als Folge von Gleichgewichtsstörungen der Außenwelt verstanden werden kann.

Sie werden sich fragen, worauf ich hinaus will. Nun, ich will darauf hinaus, daß die Trennung von Innen und Außen, die in der Kultur des bürgerlichen Individuums auf die Spitze getrieben worden ist, uns bereits heute keine ausreichende Grundlage für unsere Orientierung und für ein tragfähiges Selbstgefühl mehr bietet. Wichtig ist zu wissen, daß diese Abtrennung des persönlichen vom gemeinsamen Leben nicht naturgegeben, sondern historisch entstanden ist. Im Mittelalter gab es sie noch nicht. Zwischen dem Mittelalter und der Gegenwart liegt ein Zeitalter, das wie keine andere Kulturepoche der Vergangenheit den einzelnen Menschen zur Entfaltung gebracht hat. Dies ist die positive Seite der Bilanz. Die negative Seite der Vereinzelung des Individuums und der Trennung von Innen und Außen besteht in einer Verarmung und Verkümmerung der Beziehungen zwischen den Menschen.

Es gibt offensichtlich eine Grenze des Wachstums und der Differenzierung individueller Autonomie, an welcher der Reichtum menschlicher Entfaltung wieder in Armut umschlägt. Die Entdeckung dieser Grenze bildet eines der zentralen Themen sowohl der Sozialpsychologie als auch der neueren Psychoanalyse, die es nicht nur mit einer quantitativen Zunahme, sondern auch mit einem qualitativen Wandel der psychischen Entwicklungsstörungen und Neurosen zu tun hat. Wo die Beziehungen zwischen den Menschen verarmen, verarmt letztlich auch die Beziehung des Menschen zu sich selbst. Psychische Verelendung durch Beziehungslosigkeit zu anderen und zu sich selbst ist der häufigste Tatbestand und gemeinsame Nenner, auf den die Neurosen und psychischen Gleichgewichtsstörungen der Menschen in der heutigen Gesellschaft zurückgeführt werden können.

Um zu verstehen, was dies bedeutet, muß man hinzufügen, daß in der Zeit der Entstehung der Psychoanalyse im ersten Viertel dieses Jahrhunderts ganz andere Krankheitsursachen und Krankheitsformen überwogen. Damals ging es in erster Linie um verdrängte und verpönte Triebregungen, um unterdrückte Sexualität und Aggression, um Bedürfnisse nach einer Autonomie der individuellen und privaten Lebensgestaltung, die für große Teile der Bevölkerung noch nicht erreicht war. Die Neurosen der Jahrhundertwende waren – mit den Augen eines

Sozialpsychologen gesehen – die Krankheiten eines „überorganisierten" Familienmilieus, während die Neurosen der Gegenwart eher als Störungen des Zerfalls und der Desintegration von Familien oder anderen Kleingruppen aufzufassen sind. Die weithin erfolgte Auflockerung der Familienbindungen und der Schwund der Kleingruppen und Nachbarschaften, in die die Menschen einbezogen waren, haben das Individuum nicht nur freigesetzt, sondern auch in die kollektive Armut psychosozialer Beziehungslosigkeit und latenter Verwahrlosung gestoßen. Um dies zu verstehen, muß man sich klarmachen, daß der bürgerliche Individualismus der Vergangenheit so lange eine tragfähige Lebensform bildete, wie er durch den Fortbestand traditioneller Bindungen und Kleingruppen kompensiert war und mit diesen in einer mehr oder weniger fruchtbaren Polarität lebte. Die Dekompensation des Gleichgewichtes trat erst mit dem Verlust dieser Polarität in zunehmendem Maße in Erscheinung.

Die heute vorherrschenden Formen psychischer Erkrankungen werden von der neueren Psychoanalyse auch als Störungen des Selbstgefühles und der Selbstwertregulation oder – mit einem Fremdwort – als narzißtische Störungen beschrieben. Was ist damit gemeint? Das Wort Narzißmus ruft in der Regel ein Mißverständnis hervor. Bekanntlich war Narziß ein Jüngling der griechischen Sage, der sein eigenes Spiegelbild in einem Bach entdeckte und sich in dieses Bild verliebte. Der Begriff des Narzißmus meint im allgemeinen Sprachgebrauch so etwas wie das Verhalten jenes Narziß: eine übertriebene Selbstliebe und Selbstbezogenheit. Wenn heute jedoch von narzißtischen Störungen die Rede ist, meint man das genaue Gegenteil: nämlich ein Defizit an Selbstgefühl und Selbstliebe, welches zugleich unfähig macht, eine ausreichende Beziehung zu anderen aufzunehmen. Narzißtisch gestörte Menschen sind sich selbst entfremdet, weil sie anderen entfremdet sind. Und umgekehrt: sie sind einander entfremdet, weil sie sich selbst entfremdet sind. Beide Aspekte schließen sich nicht aus, sondern sind zwei Seiten eines gleichen Teufelskreises, der sich zu mehr oder weniger schweren Krankheitsbildern wie zum Beispiel Drogensucht, Depression und Arbeitsunfähigkeit verstärken und steigern kann. Neuere Forschungen lassen erkennen, daß auch Perversionen auf einer solchen Grundlage zustande kommen. Die Perversion erweist sich in solchen Fällen als ein Ausweg, als ein Versuch der Bewältigung oder – wie ein Fachmann auf diesem Gebiet formuliert hat – als eine Art

Schutzverband, mit dem die tiefe Wunde einer verborgenen narzißtischen Störung notdürftig abgedeckt und gegen eine weitere Verletzung geschützt wird.

Eine andere Erscheinungsform, in der narzißtische Erkrankungen heute auftreten, sind Lernstörungen und Verhaltensstörungen von Schulkindern, von denen jeder Lehrer ein Lied zu singen weiß. Störungen dieser Art, die auf der Grundlage einer krankhaften Entwicklung der Selbstwertregulation und des Selbstgefühles zustande kommen, treten heute in einem massenhaften Umfang auf, der in früheren Generationen nicht zu beobachten war. Lernstörungen waren die Ausnahme, so daß man sich vielfach damit begnügen konnte, anzunehmen, es handle sich um Faulheit. Wenn die Faulheit jedoch das Ausmaß einer Epidemie annimmt, muß man offensichtlich umdenken, will man nicht den berechtigten Vorwurf ernten, als Lehrer, Schularzt oder Schulpsychologe selber denkfaul zu sein. Die Kinderpsychoanalyse lehrt uns, daß Lernstörungen nicht in einem Defizit der Intelligenz, sondern in der Motivation und in einer gestörten Beziehung des Kindes zu sich selbst begründet sind, die eine gestörte Beziehung zu anderen voraussetzt.

Nun werden Sie sich vielleicht als erfolgreicher Bürger nicht unmittelbar betroffen fühlen. Tatsächlich handelt es sich vorwiegend um Kinder aus desintegrierten Familien und benachteiligten Schichten der Bevölkerung. Es zeigt sich jedoch, daß sich die genannten Störungen über die Grenzen der benachteiligten sozialen Schichten hinaus ölfleckartig über die ganze Gesellschaft ausbreiten.

Ich komme damit zu dem Fazit meiner Aussage: Genaugenommen hat Sozialpsychologie mehr als je zuvor mit einer historischen Krise der psychosozialen Beziehungen zu tun. Folglich kann sie sich kaum mehr beschränken auf die Betrachtung des Individuums, welches in einer gegebenen Situation auf soziale Reize reagiert. Die Isolierung des Feldes der Betrachtung führt dazu, daß die wichtigsten Faktoren, die eben die Lebensbedingungen konkreter historischer Menschen sind, außerhalb des Gesichtsfeldes bleiben. Eine Sozialpsychologie, die sich ausschließlich mit der Entwicklung und Anwendung psychologischer Sozialtechniken beschäftigt, versagt heute allenthalben, weil sie nicht einmal mehr die Probleme der technischen Regulierung menschlichen Verhaltens lösen kann. Wir leben in einer Situation, in der wir in Gefahr stehen, daß äußere Disziplinierung durch Zwang, wie wir sie in autoritären Regimen gekannt haben, wieder das einzige Mittel zu werden droht, überhaupt irgendeine Ordnung aufrechtzuerhalten. Es sei denn, wir fänden einen dritten Weg. Die Sozialpsychologie – so meine ich – könnte dazu helfen, einen solchen dritten Weg zu finden. Da wir unser Verhalten nicht mehr alleine nach Vorbildern steuern können und da die meisten von uns nicht einfach einen Rückfall in den äußeren Zwang einer Diktatur wünschen, bleibt uns nur, einen neuen Schritt sozialen Lernens zu vollziehen. Es geht darum, die soziale Erosion der menschlichen Beziehungslosigkeit durch eine Aufforstung zu bekämpfen, die nicht mehr nur durch individuelle Psychotherapie und durch traditionelle Formen der Erziehung geleistet werden kann. Ansätze zu einer solchen Aufforstung finden sich in neuen Anwendungen der Sozialpsychologie auf den Gebieten der Gemeinwesenarbeit, der Sozialtherapie und der Familientherapie. Genaugenommen geht es aber um mehr. Ich bin versucht zu sagen, daß wir eine sozialpsychologische Volksbildung brauchen, die uns dazu verhilft, die Konflikte unserer psychohistorischen Entwicklung besser zu verstehen und zu verarbeiten. Aber dies ist bereits ein neues Thema, das ich hier zum Schluß nicht mehr ausführen kann. Was ich deutlich machen wollte, ist, daß die Sozialpsychologie nicht nur als das angesehen werden kann, was sie gestern war und heute ist. Es geht um den Teil der Psychologie, der vielleicht am meisten in Entwicklung begriffen ist und den wir trotz seiner heute noch weithin bestehenden Unbeliebtheit möglicherweise mehr als alle anderen Gebiete der Psychologie für die Praxis einer gemeinsamen Lebensbewältigung in unserer Gesellschaft brauchen werden.

Joachim Scharfenberg
Symbol

Ein junger Mann kommt zum Psychoanalytiker mit der Klage darüber, daß neben vielen Ängsten und Zwängen ein Symptom ihn besonders quäle: er müsse jeden Abend vor dem Einschlafen im Bett eine Rolle vorwärts und eine Rolle rückwärts ausführen. Ohne die Vornahme dieses läppischen Zeremoniells könne er keinesfalls einschlafen, ja an manchen Tagen müsse diese Übung bis zur körperlichen Erschöpfung fortgesetzt werden. Ihre beruhigende Wirkung erhöhe sich für ihn noch dadurch, daß er mit halblauter Stimme dazu geistliche Lieder singe.

Wer diese Symptombeschreibung hört, den reizt sie zunächst zum Lachen. Ihre Komik besteht wohl in der unvermuteten Kombination einer turnerischen Übung, die als Purzelbaum schon eine Verbindung zum Kindlich-Spielerischen hat, mit dem Religiösen – für viele von uns auch bereits abgewandert in den Bereich des Seltsamen, Skurrilen, Belächelnswerten.

Für unseren Patienten steht jedoch nicht die Komik seines eigenen Verhaltens im Mittelpunkt seiner Empfindungen, sondern der eherne Zwang, mit dem die Vorstellung von ihm Besitz ergriffen hat: ohne die vorgeschriebene Übung kein entspannender Schlaf! Freilich vermag er sich verstandesmäßig von seiner abendlichen Turnübung zu distanzieren. Er erachtet sie keinesfalls für heilsnotwendig und bezeichnet sie oft als „sinnlos“ und als „Quatsch“. Aber das hilft ihm wenig, wenn er einmal den Versuch unternimmt, die angeblich sinnlose Prozedur am Abend wegzulassen.

Nun wird man gewiß sagen können, daß dem jungen Mann am besten geholfen sein würde, wenn man dem falschen Lernprozeß, den er offensichtlich einmal durchgemacht und der ihm zu diesem Symptom verholfen hat, jetzt einen neuen Lernprozeß entgegensetzt, der ihn vollends von der Sinnlosigkeit und Läppischkeit seines abendlichen Tuns überzeugt. Wenn man dazu noch die Fähigkeit, darauf verzichten zu können, mit bestimmten sublimen Lustprämien belegt, ist es sogar wahrscheinlich, daß das Symptom allmählich verschwindet. Aber der Patient hat nie erfahren, was der Fremdkörper in seiner eigenen Seele denn nun eigentlich bedeutet hat. Wer sich jedoch auf eine solche Fragestellung einläßt, der läßt sich auf eines der erregendsten Abenteuer des menschlichen Geistes ein, zu dem die Psychoanalyse einen nicht unbeträchtlichen Beitrag geleistet hat: zu dem Umgang mit Symbolen.

Sigmund Freud setzte sich zum ersten Male in größerem Maßstabe mit der Bedeutung und Deutung von Symbolen auseinander, als er begann, den Traum zu erforschen. Im Traum machen wir ja alle ein Stück jener Erfahrung, die unseren eingangs erwähnten Patienten so sehr beunruhigte: Wir „produzieren“ im Schlafzustand der Unbewußtheit Bilder und Vorstellungen, die wir weder mit unserem Willen zu beeinflussen noch oftmals auf Anhieb und unmittelbar zu verstehen vermögen. Häufig lösen sie die zwiespältigsten Gefühle aus: auf der einen Seite finden wir sie komisch, reizen sie uns zum Lachen, möchten wir sie als unsinnig einfach abschütteln, auf der anderen Seite ahnen wir mehr als daß wir es wüßten, daß sie etwas für uns Wichtiges und Belangvolles enthalten könnten, wenn wir nur in der Lage wären, ihre eigenartige Sprache zu verstehen und zu deuten.

Eben diesen Zwiespalt fand Freud auch vor, als er sich daran machte, die gesamte Literatur, die es zum Traum gab, durchzuarbeiten. Auf der einen Seite, vornehmlich in der wissenschaftlichen Literatur, herrschte das Bestreben, den Traum als das „sinnlose Spiel der erregten Phantasie“ abzutun und sich von ihm zu distanzieren; auf der anderen Seite

– vor allem durch uralte Traditionen und in der Volksmeinung vertreten – die Überzeugung, der Traum bedeute etwas ungemein Wichtiges für den Menschen, und der ausdauernde und immer mit neuen Mitteln unternommene Versuch, Träume zu deuten.

Was könnte gewonnen sein, wenn man versuchte, die Vorgänge des Traumes mit dem in Verbindung zu bringen, was man in der Menschheitsüberlieferung ein Symbol nannte? Symbol war bei den alten Griechen ein Erkennungszeichen. Indem man verschiedenen Mitgliedern einer Gruppe, die sich persönlich nicht kannten, jeweils die beiden Hälften eines zerbrochenen Gegenstandes gab, konnte man sich daran erkennen, daß man sie an den Bruchstellen wieder zusammenfügte. Sollten die unverständlichen Vorstellungen und Bilder eines Traumes solche „Symbole“ sein, die aus zwei Teilen bestehen, von denen der eine verlorengegangen war, die aber nur zu erkennen waren, wenn man beide Hälften wieder zusammenfügte?

Wenn die Psychoanalyse sich als eine Psychologie des Unbewußten verstand, wenn sie annahm, daß psychisches Leben keineswegs nur in dem Bewußtsein bestand, das einer von sich selbst haben kann, wenn sie weiterhin annahm, daß der Mensch eine Neigung hat, bestimmte schmerzliche oder anstößige Vorstellungen aus dem Bewußtsein zu verbannen, dann mußte ihr spezifischer Beitrag zum Symbolverständnis so aussehen, daß das Traumsymbol ein Zeichen ist für eine dahinterliegende Vorstellung, die vom Bewußtsein nicht zugelassen und deshalb nur symbolisch vertreten und dargestellt werden kann.

Hier drängte sich nun unmittelbar die Parallelität zu dem auf, was die Psychoanalyse ein neurotisches Symptom nannte. Was einen Menschen dazu bringen kann, Dinge zu tun, die er gar nicht tun will, mußte dann eine Stellvertretung für etwas Vergessenes und Verdrängtes sein. Wie ist das vorstellbar?

Kehren wir noch einmal zu unserem eingangs geschilderten Patienten zurück. Die Analyse seines merkwürdigen Symptoms ergab in der Tat, daß es die Funktion hatte, als symbolischer Repräsentant für ein vergessenes Erlebnis von höchster Wichtigkeit zu dienen: Als Fünfjähriger hatten seine ersten Schritte zur Selbständigkeit darin bestanden, daß er es, wie so viele seiner Altersgenossen, liebte, wild in Haus und Garten herumzutoben. Das war ihm aber besonders streng verboten worden, da der Vater schwer leidend war und vor Lärm und

Aufregung geschützt werden mußte. Eines Tages hatte der kleine Junge aber doch wieder herumgetobt und war dabei so unglücklich gestürzt, daß er einen regelrechten Purzelbaum schlug und sich eine nicht unbedeutende Kopfwunde zuzog. Stark blutend wurde er zur großen Aufregung der ganzen Familie nach Hause gebracht. Als wenig später der Vater starb, sagte man ihm, er habe durch seinen Unfall und die damit verbundene Aufregung den Tod des Vaters mitverschuldet. Die dadurch verursachten Schuldgefühle waren für unseren Patienten nicht mehr erträglich. Er befreite sich von ihnen, indem er den ganzen Vorgang vergaß. Sein Charakter nahm die Züge eines äußerst gefügigen, gehorsamen, übergenauen Kindes an. Als er die Pubertät durchlaufen hatte, trat mit manchen anderen auch erstmals jenes Symptom auf, durch das er sich das verhängnisvollste Ereignis seines Lebens vergegenwärtigte – Rolle vorwärts – und zugleich symbolisch ungeschehen machte – Rolle rückwärts. So konnte er notdürftig die Schuldgefühle unter Kontrolle halten, die seinen nächtlichen Schlaf beeinträchtigten. Die Erinnerung war ersetzt durch eine Handlung, die als symbolische Stellvertretung für ein reales Ereignis dienen konnte. Die psychoanalytische Therapie mußte den umgekehrten Weg gehen: als dem Patienten die Erinnerung an das Ereignis wieder zur Verfügung stand, konnte er die symbolisierte Stellvertretung durch das Symptom aufgeben, da nun andere, bewußte Möglichkeiten der Bearbeitung des Konfliktes eröffnet waren.

Ein solches Verständnis eines Symptoms als eines Erinnerungssymbols auf dem Felde der psychoanalytischen Krankheitslehre mag noch einleuchten. Läßt es sich jedoch übertragen in jenen Bereich der Alltagserfahrung, in dem auch jeder sogenannte „Normale“ mit den Manifestationen des Unbewußten zu tun bekommt? Liegt den Bildungen der Traumsymbole der nämliche Mechanismus zugrunde, wie wir ihn bei der Entstehung des neurotischen Symptoms zu beschreiben suchten?

Die frühe Psychoanalyse war nun tatsächlich der Meinung, daß es sich so verhalten müsse. Neben den individuell gebildeten Symptomen und Traumsymbolen gibt es zweifelsfrei Symbolbildungen überindividueller Art, die nicht jedesmal neu geschaffen werden, sondern die gleichsam bereitliegen, die ein für allemal fertig sind, deren sich das Individuum nur bedient. Der ersten Psychoanalytikergeneration sprang geradezu ins Auge, daß diese kollektiven Symbole fast ausschließlich mit der Sexualität zu tun hatten. Das ließ den Schluß zu, daß der

Mensch den Umgang mit seiner eigenen Sexualität vornehmlich in symbolisch verschlüsselter Form vornimmt. Fast allgemein schien die Tendenz zu herrschen, an die Stelle von Sexualorganen und sexuellen Vorgängen solche nichtsexueller Art zu setzen, die durch irgendeine bildhafte Ähnlichkeit zu einer solchen Ersetzung herausforderten. Langgestreckte und hochragende Gegenstände wie Schornsteine und Türme wurden so in unzähligen Träumen als Phallussymbole, Hohlräume wie Taschen und Töpfe als Vagina, rhythmisch gegliederte Tätigkeiten als symbolische Darstellungen des Sexualaktes selber erkannt. So konnte man eine konstante Bedeutung von Sexualsymbolen annehmen, die unabhängig von individuellen Bedingungen zustande kommt.

War aber eine solche überindividuelle Symbolbildung noch als das Ergebnis eines Verdrängungsaktes, des Abschiebens von traumatischen Erfahrungen ins Unbewußte zu verstehen? Auf der Ebene des Individuums schwerlich. Doch Freud schreckte nicht vor den Konsequenzen einer Parallelisierung von Einzelschicksal und Menschheitsgeschick zurück. Wenn das Kernproblem aller individuellen Entwicklung der Ausgang des sogenannten Ödipus-Komplexes war – und die Psychoanalyse glaubte, dies durch sorgfältig geprüfte Erfahrung belegen zu können –, jener Situation also, in der das etwa fünf- bis sechsjährige Kind den gegengeschlechtlichen Elternteil begehrt und durch das Vorhandensein des gleichgeschlechtlichen Elternteils und durch die Realität zum Triebverzicht gezwungen wird, dann mußte dem ein menschheitsgeschichtliches Ereignis in der Vorzeit entsprechen, ein vorgeschichtliches Trauma, das unausweichlich zur Verdrängung und damit zur Symbolbildung nötigt.

Freud hat diese Überlegung zu seiner sattsam bekannten und sattsam kritisierten Urhordentheorie geführt, die viele Psychoanalytiker nicht nachzuvollziehen vermochten. Die daraus sich ergebenden Konsequenzen für die Symboltheorie blieben jedoch über Jahrzehnte hinweg Allgemeingut der psychoanalytischen Theorie. Sie lassen sich auf die kurze Formel bringen: Nur was verdrängt ist, bedarf der Symbolisierung – das Symbol ist das Ergebnis eines menschheitsgeschichtlichen Verdrängungsvorganges. Das hieß aber in der Konsequenz, die Vorstellung von seelischer Gesundheit mit der Abwesenheit von Symbolen zu verbinden.

Eine solche Position mußte zur Kritik herausfordern und hat zu einer Revision des psychoanalytischen Symbolbegriffs geführt, wie sie heute innerhalb der Psychoanalyse bereits weithin geleistet oder doch in der Diskussion ist. Sie kann sich auf folgende Überlegungen stützen:

1. Die Menschheit ist symbolbewußter geworden. Konnte man über einen langen Zeitraum hinweg annehmen, daß unsere Sinne die Außenwelt korrekt widerspiegeln, so daß das zentrale Problem der Wissenschaft das der Beobachtung war, so wird heute dieses Problem immer stärker von dem der Bedeutung überschattet. Auch in der Naturwissenschaft setzt sich immer stärker die überraschende Wahrheit durch, daß unsere Sinnesdaten in erster Linie Symbole sind. Das heißt, das Gebäude des menschlichen Wissens kann nicht mehr als eine ungeheure Sammlung von Sinnesmitteilungen angesehen werden, sondern als ein Gebäude aus Tatsachen, die Symbole, und Gesetzen, die deren Bedeutung sind. So formuliert es die Philosophin Susanne K. Langer. Damit kann aber die Symbolbildung nicht als das Ergebnis der Verdrängung angesehen werden, sondern sie muß als der Schlüssel aller menschlichen Existenz aufgefaßt werden, als diejenige Fähigkeit, die den Menschen zum Herrn der Erde macht. Symbole sind gespeicherte Bedeutung, und auf das Verstehen von in Zeichen gespeicherter Bedeutung ist der Mensch angewiesen, um überhaupt handeln zu können.

2. Was die tierische von der menschlichen Intelligenz unterscheidet, ist somit die Fähigkeit, Symbole nicht nur als Anzeichen für die Dinge selbst anzusehen, sondern sie als Vorstellungen im eigenen Innern zu speichern. Wenn man einem klugen Hund den Namen einer Person nennt, so richtet er Augen, Ohren und Nase auf diese Person, sofern sie gerade anwesend ist. Der Mensch dagegen vermag mit Hilfe der Symbole eine Haltung gegenüber Gegenständen einzunehmen, die nicht anwesend sind, sondern die in Vergangenheit oder Zukunft Gegenstände unserer Erfahrung sein könnten. Während für das Tier Anzeichen ihre Gegenstände ankündigen, bewegen Symbole den Menschen dazu, sich das Gemeinte vorzustellen.

Es sind diese Überlegungen, die Freud dazu veranlaßten, bereits in einer seiner frühesten Schriften zwischen Objektvorstellung und Wortvorstellung zu unterscheiden und nur die Beziehung zwischen Wortvorstellung und Objektvorstellung eine symbolische zu nennen, nicht aber die zwischen Objekt und Objektvorstellung.

3. Nun könnte man auf die Idee kommen, daß die Symbolbildung auf einen gemeinsamen Bewußtseinsakt der Menschen zurückzuführen sei, gleichsam auf eine Verabredung, die für

bestimmte Objektvorstellungen bestimmte Wortvorstellungen setzt. Dies gilt jedoch nicht nur für eine bestimmte Gruppe von Symbolen wie die mathematischen, die einen bestimmten Denkzwang ausüben. Wenn ich sage: $(a + b)^2$, muß der andere denken: $a^2 + 2ab + b^2$, sonst denkt er falsch. Man hat sich deshalb angewöhnt, solche Symbole „diskursive Symbole" zu nennen und von den Symbolen zu unterscheiden, die etwa wie das Dichterwort oder das religiöse Symbol eine Fülle von verschiedenen Vorstellungsmöglichkeiten zu repräsentieren und zu provozieren vermögen. Sie scheinen sich durch eine besondere Beziehung zum Unbewußten auszuzeichnen, die damit neu zu bestimmen war.

4. Wenn das Symbol als das Ergebnis eines Verdrängungsvorganges angesehen wurde, der vor allem in der Sexualverdrängung sich konkretisierte, dann wäre das Symbol überflüssig geworden in einer Zeit, die eine solche Sexualverdrängung nicht mehr meint aufrechterhalten zu müssen. Wir leben heute in einer Bewußtseinslage, die auf die Entstehungszeit der Psychoanalyse mit ihrer enormen Sexualverdrängung bereits als auf eine geschichtliche Epoche zurückzublicken vermag. Eine menschenfreundlichere Sexualmoral, der bewußtere Umgang mit der Sexualität scheint uns vorstellbar und wird in größerem Umfang bereits praktiziert. Ist dadurch die Notwendigkeit, mit Symbolen umzugehen, hinfällig geworden? Ganz sicher nicht. Eher das Gegenteil ist der Fall.

Wenn man die vier angedeuteten Argumentationsreihen einmal zu Ende denkt, dann könnte die Neuformulierung des psychoanalytischen Symbolverständnisses geradezu zu einer Umkehrung führen. Sie sei hier einmal probeweise versucht: Nicht die Verdrängung ruft die Notwendigkeit zur Symbolisierung hervor, sondern der Verzicht auf den Umgang mit Symbolen schafft die Verdrängung. Das Symbol ist nicht das Symptom einer Menschheitsneurose, sondern gerade dann, wenn man die symbolische Kommunikation einstellt, droht die Neurose.

Ich möchte versuchen, diese Hypothese am Leitfaden des eingangs zitierten Falles zu erläutern, und zwar in einer doppelten Hinsicht:

Einmal: Woran ist unser Patient, der von seinem Zwangssymptom nicht loszukommen vermag, erkrankt? Ganz sicher daran, daß er sein Symptom nicht als ein Symbol für etwas anderes, Dahinterliegendes anzusehen vermag. Es ist für ihn zur faktischen, ihn bestimmenden Wirklichkeit geworden, zu dem, was ihn unbedingt angeht, was er deshalb zwanghaft verwirklichen muß, von dem er sich nicht distanzieren kann, mit dem er keinen spielerischen Umgang pflegen kann, das er nicht bearbeiten, nicht verändern kann. Verallgemeinert kann man sagen und damit Erkenntnisse der frühen Psychoanalyse aufgreifen: Die Neurotiker erkranken an ihrer Art des Umgangs mit Symbolen. Es besteht eine symbolische Beziehung zwischen der Veranlassung und den Symptomen der neurotischen Erkrankung, aber dem Kranken ist die Fähigkeit, diese Beziehung als eine symbolische zu erkennen und sich dementsprechend verhalten zu können, verlorengegangen. Er versteht sie „literalistisch", er nimmt den sprachlichen Ausdruck wörtlich, er empfindet den „Stich ins Herz" oder den „Schlag ins Gesicht" bei einer verletzenden Anrede wie eine reale Begebenheit. Wenn er zuviel herunterschlucken mußte, entwickelt er Magengeschwüre, die Enge der Erziehungsatmosphäre im Elternhaus kann ihn zu Asthmaanfällen veranlassen. Er ist nicht imstande, sprachliche Gebilde, die in seiner Erinnerung vorhanden sind, durch Bewertung ihres Symbolcharakters gleichsam in kritischer Distanz zu halten, sie werden wortwörtlich verstanden und bekommen dadurch in einem ewigen Kreislauf immer erneute Wirksamkeit, die sich direkt ins Körperliche umsetzen kann. Der Neurotiker erkrankt also eigentlich an seinem Umgang mit der Sprache, die sich in Erinnerungssymbolen niedergeschlagen hat. Anstatt diese Erinnerungssymbole zur Verfügung zu haben, ihnen sprachlichen Ausdruck verleihen, vermittels ihrer kommunizieren, sie verantworten zu können, verwirklichen sie sie in ihrem Verhalten, oft an ihrem Leibe, werden sie von ihnen „besessen".

Könnte es sein, daß in einer Zeit, in der das Bewußtsein der Notwendigkeit des Umganges mit Symbolen schwindet, die typische Zeiterkrankung das „psychosomatische Syndrom" ist, das heute eine so große Rolle in der ärztlichen Praxis spielt? Könnte es ferner sein, daß diejenige gesellschaftliche Agentur, der in besonderer Weise der Umgang mit Symbolen anvertraut ist, nämlich die institutionalisierte Religion, erkranken muß, neurotisiert werden muß, wenn ihr das Bewußtsein davon schwindet, daß ihr ihre Wahrheiten vorwiegend in symbolischer Gestalt anvertraut sind, wenn sie beginnt, ihre eigenen Symbole „literalistisch" mißzuverstehen, und sie als Information über Fakten ausgibt?

Es können diese beiden Fragen hier nicht weiter verfolgt werden, ich möchte jedoch noch auf einen anderen Aspekt des neuen psychoanalytischen Symbolverständnisses aufmerksam machen, der mir zu den angeschnittenen Fragen in einem Korrespondenzverhältnis zu stehen scheint. Noch einmal wenden wir uns unserem zwangsneurotischen Patienten zu:

Er erkrankt an seinem Umgang mit Symbolen, so hatten wir gesehen. Eine für ihn überwältigende Erfahrung schmerzlichster Art in der Phase seines Lebens, in der sich das kleine, schwache Ich noch hilflos den Stürmen seines Gefühlslebens ausgeliefert sah, ist aus seinem Erinnerungsvermögen geschwunden, aus dem Bereich des Bewußtseins verbannt worden. An seine Stelle ist eine symbolische Stellvertretung getreten, ein Erinnerungssymbol, dessen eigentlicher Sinn vergessen wurde, das keine so gefährlichen Affektstürme mehr auslöst, das aber doch die verschwundene Erfahrung repräsentiert. Freilich um den Preis, daß sie von der allgemeinen Kommunikation ausgeschlossen ist, daß sie – nach einem trefflichen Ausdruck von Jürgen Habermas – „privatisiert“ wurde. Sie läßt sich nun nicht mehr mit anderen teilen und austauschen, sie stößt den Kranken in Einsamkeit und Isolation. Erst das therapeutische Verfahren der Psychoanalyse vermag diese in Privatsprache umgesetzte Erfahrung wieder in einen Kommunikationsprozeß hineinzunehmen, der es erlaubt, die verlorengegangenen Aspekte des Symbols wiederzugewinnen und zu ergänzen. Wie kann sie das? Doch wohl nur, weil sie der Überzeugung ist, daß das, was unser Patient in seiner Kindheit erlitten hat, nicht sein einmaliges und gänzlich individuelles Problem darstellt, sondern lediglich individuelle Ausprägung eines Problems von größter Allgemeinheit darstellt, nämlich den sogenannten „ödipalen Konflikt“, den jedes Glied unserer noch immer patriarchalisch stigmatisierten Gesellschaft in verschiedenen Variationen und in mehr oder weniger dramatischer Ausgestaltung durchläuft. Indem sie vermittels ihrer Deutungskategorien die Fähigkeit gewonnen hat, Konflikte des Menschen auf einige Grundkonflikte von überzeugender Einfachheit zu reduzieren und sie dadurch zu verstehen, vermag die psychoanalytische Therapie Verdrängungen aufzuheben. Die Verdrängung wäre dann ein Vorgang, durch welchen Symbole, die unterdrückte Bedürfnisse und Konflikte interpretieren, aus der öffentlichen Kommunikation ausgeschlossen und in Privatsprache umgesetzt werden.

Ob es vorstellbar wäre, daß unser Patient es sich hätte ersparen können, eine Neurose zu entwickeln, wenn er an einen Kommunikationsprozeß von symbolischer Interaktion angeschlossen gewesen wäre, der es ihm ermöglicht hätte, seinen Grundkonflikt so zu bearbeiten und zu verarbeiten? Daß diese Aufgabe über lange Zeit von den Institutionen der Religion offensichtlich geleistet wurde, hat Freud darauf gebracht, einen Zusammenhang zwischen dem Zurücktreten der Allgemeinverbindlichkeit der Religion und dem Anwachsen der Neurosen zu sehen. Er hat daraus den Schluß gezogen, man müsse die Religion als eine universale Zwangsneurose ansehen.

Mir scheint, unter dem Eindruck der Neuformulierung des psychoanalytischen Symbolbegriffs könnte es zu einer gewissen Einschränkung dieses Schlusses kommen: Nur wenn einer religiösen Gemeinschaft das Bewußtsein davon geschwunden ist, daß sie mit Symbolen umgeht, und wenn die Teilnahme der Gläubigen an Symbolen und Ritualen sich in tiefer Unbewußtheit vollzieht – dann wird es sich kaum vermeiden lassen, daß dies zwanghafte Züge annimmt, mit den Mitteln der Faszination arbeiten muß, Herrschaft stabilisert, Freiheit verhindert und Zukunft verschließt. Ein bewußter, ein spielerisch-distanzierter Umgang mit Glaubensinhalten, der sich des tiefen Sinnes der Symbole erfreuen kann und sie zu deuten versteht, wird eher eine gegenteilige Wirkung ausüben können. Freilich steht einer solchen Möglichkeit heute ein Vorurteil vieler offizieller Vertreter der Religion entgegen: Man nimmt nämlich weithin an, der Umgang mit den Symbolen der Überlieferung sei deshalb gestört, weil die geschichtliche Entwicklung derlei Ausdrucks- und Kommunikationsformen überholt und erledigt habe. Die religiösen Symbole könnten deshalb keine Wirkung mehr entfalten, weil der Mensch in seiner Lebenswelt sich auf fundamentale Weise verändert habe und ihm der Zugang zu solchen Bereichen auf Grund der Veränderungen, die er in seinem Weltbild vorgenommen habe, versperrt sei. Es gelte also, Symbole in Begriffe, Feier in Information, Spiel in Kategorien der Entscheidung zu transformieren.

Das entspricht, wie wir gesehen haben, keineswegs der psychoanalytischen Erfahrung. Eine solche Erkenntnis darf jedoch nicht zu dem Schluß verleiten, eine reine Rückwendung zu dem entfremdeten Bereich der Symbole werde automatisch wie eine Befreiungstat wirken, und ihr werde ohne weiteres alles, was aus unseren Kindertagen in uns ungenutzt bereitliegt, gleichsam „entgegenjauchzen“. Der Umgang mit Symbolen wird sich nicht durch eine Rückkehr zu den infantilen oder juvenilen Denk- und Empfindungsstrukturen neu beleben lassen, sondern ein solcher neuer Umgang mit diesem Bereich wird der tatsächlichen Bewußtseinserweiterung, die unser geschichtliches Schicksal geworden ist, Rechnung tragen müssen. Ein Jugendlicher, der sich nach der Pubertät, nach einer intensiven Phase des Realitätsbewußtseins, in der nur das Faktische galt, vielleicht durch die Erfahrung einer ersten Liebe motiviert, erneut der Welt der Symbole zuwendet, wird es nie mehr mit der Naivität und Unmittelbarkeit des Kindes tun können, auf das Symbole offenbar direkt wirken. Sein Bewußtsein wird jetzt den symbolischen Gehalt plus dem Bewußtsein des symbolischen Charakters des Symbols selber umfassen müssen.

Vielleicht, daß die Menschheit als ganze sich heute einer ähnlichen Herausforderung konfrontiert sieht, die allerdings zu einem erregenden Abenteuer des menschlichen Geistes werden könnte!

Wolfgang Loch
Therapie

Von und über Psychotherapie spricht und schreibt heute geradezu „alle Welt". Man weiß in Fach- und Laienkreisen – und es ist noch nicht allzu lange her, daß man es weiß –, eine ganze Reihe von Beschwerden und Symptomen haben eine oder eine Mehrzahl von „seelischen" Wurzeln, auch wenn man es ihnen nicht auf den ersten Blick ansieht. Dies gilt zum Beispiel für Zwölffingerdarmgeschwüre oder Asthma-Anfälle, die ja vom Erscheinungsbild her als rein körperliche Defekte oder Funktionsstörungen imponieren. Daß die von solchen Leiden Befallenen seelische Besonderheiten aufweisen wie etwa mürrische Verstimmung und ängstlich gefärbte Pedanterie oder schwere Ängste, die dann natürlich in der asthmatischen Attakke sich bis zum Gefühl akuter Todesbedrohung steigern, wurde – und für das letzte Beispiel ist das ja unmittelbar evident – als Ausdruck, als Begleitphänomen der körperlichen Affektionen verstanden. Umgekehrt erklärte man lange Zeit ganz primär im seelischen Bereich sich manifestierende abnorme, krankhafte Zeichen wie tiefe Niedergeschlagenheit, unverständliche Ängste, zum Beispiel die Vorstellung, trotz eines beträchtlichen Bankkontos total verarmt zu sein, oder irrationale Zwangshandlungen, zum Beispiel unentwegt mit der Zunge die eigenen Zähne zählen zu müssen, oder auch sogenannte Perversionen wie Fetischismus, immer dann, wenn sie für den „normalen Menschenverstand" ohne „verstehbaren" Anlaß oder situativen Zusammenhang auftraten, für rein körperlich bedingt. Man hatte in all diesen Fällen versäumt oder zumindest in ungenügendem Ausmaß berücksichtigt, daß die an derartigen Symptomen Leidenden, schon bevor sie krank wurden, eine ganz besondere Charakterstruktur, eine sehr spezifische Reaktionsweise besaßen. Man hatte insbesondere einfach im Angesicht der primären Unverstehbarkeit der Phänomene, ihrer offensichtlichen Abnormität oder sogar Ver-rücktheit kapituliert, es für schlechthin unmöglich gehalten, einen, um obige Beispiele aufzugreifen, Verarmungswahn, einen Zählzwang, eine Perversion oder, um weitere „Symptome" zu nennen, eine Platzangst, eine chronische Gereiztheit oder Schlaflosigkeit für den beobachtenden, den diagnostizierenden Arzt verstehbar, einsichtig zu machen. Tatsächlich hatten wir bis vor wenigen Jahrzehnten keine Methode, die imstande war, exakt dieses zu leisten, nämlich bisher für Patient wie Arzt Nicht-Deutbares, Nicht-Verstehbares in Verstehbares zu übersetzen, zu zeigen, wie offenkundig Sinnloses von einem geheimen Sinn bewegt und gefügt ist. Eine solche Methode oder besser: solche Methoden hat Freud, hat die Psychoanalyse entwickelt, und sie ist unaufhörlich dabei, sie weiter zu verfeinern und effizienter zu machen. Wie diese Art von seelischer Behandlung, wie die psychoanalytische Diagnostik und Therapie aussieht, will ich versuchen an zwei kurzen „Fall-Skizzen" zu zeigen.

Erstens: Eine 44jährige, unverheiratete, kinderlose, vollschlanke, modisch dezent gekleidete Dame wird mir vom Internisten in die Sprechstunde geschickt. Auf der Überweisung steht: Vegetative Labilität, Schlaflosigkeit. Internistisch und neurologisch ohne krankhaften Befund. Die Dame ist lebhaft, sie wirkt leicht, nein doch eher heftig aufgeregt, zugleich verängstigt. Rote Flecken kommen und gehen im Bereich des Halses. Sie spricht, aufgefordert, mir zu sagen, was sie störe und quäle, zunächst etwas stockend, dann aber lebhaft und mit deutlicher emotionaler Beteiligung. Der Inhalt ihrer Mitteilungen: Seit etwa drei Wochen, bis dahin sei sie eigentlich immer ziemlich gesund gewesen, finde sie kaum Schlaf, könne nicht mehr arbeiten, sei nervös, ängstlich, unruhig und gereizt, müsse weinen, sie wisse nicht warum; kurz, sie kenne sich kaum selbst noch; so gehe es nicht weiter. Schon beginne sie auch zu grübeln. Sie sei ganz unsicher geworden, traue sich nicht auf die Straße, meide Bekannte, was alles sonst nie der Fall gewesen war. Und dann das Geschäft: sie könne da schon gar nicht mehr hingehen, obwohl sie doch dort seit nunmehr achtzehn Jahren tätig sei und obwohl doch gerade beruflich immer alles glatt und zufriedenstellend verlaufen sei. Ich frage sie nach der Art des Geschäftes und ihrer Tätigkeit. Es ist ein Familienbetrieb, ein kleineres Konfektionshaus, und sie ist im Laden und auch beim Einkauf die rechte Hand des Chefs. Dieser Chef, so berichtet sie rasch weiter, sei ein rüstiger, eigentlich verehrungswürdiger, feiner Mann von Anfang sechzig, aber — und jetzt wird die Patientin zunehmend aufgeregter — nun sei es zwischen ihr und ihm zu Ende. Wieso?, frage ich. Zitternd, im Wechsel errötend und erblassend, erzählt sie von einem Zwischenfall vor drei Wochen, sie habe eigentlich gar nicht mehr daran gedacht. Da sei es zum erstenmal in ihrer ganzen Dienstzeit zu einer sehr ernsten Kränkung durch ihren Chef gekommen. Sie hatte eine schwierige Kundin zu bedienen. Es klappte nicht mit ihr. Zufällig kam ihr Chef dazu, riß die Bedienung an sich und verkaufte der inzwischen strahlenden Kundin einen teuren Mantel. Und dann habe er ihr Vorwürfe wegen ihres der Kundin gegenüber ungeschickten Verhaltens gemacht, noch dazu in deren Gegenwart. Es habe sie maßlos getroffen, denn es sei ihr klar gewesen, der Chef habe diese sie übrigens so irritierende Person attraktiv gefunden. Nach einigen weiteren Fragen nach ihrem beruflichen Lebenslauf, wobei mir immer klarer wurde, daß der Chef eine von ihr bewunderte Vaterfigur ist, lenke ich unser Gespräch auf ihr Elternhaus. Dabei wird es ziemlich rasch deutlich, daß meine inzwischen entstandene Vermutung stimmt. Der Chef ist tatsächlich in vieler Hinsicht ein Duplikat ihres Vaters, und die Kundin hatte irgendwie mit ihrer Mutter Ähnlichkeit. Das Erstaunliche: die Patientin selbst realisiert diese Verbindung, und noch während unseres etwa 65—70 Minuten dauernden Gesprächs beruhigt sie sich weitgehend. Ich sehe sie nach vierzehn Tagen wieder. Schon hat sie ihre Tätigkeit wieder aufgenommen, sie vermag wie früher zu schlafen und wirkt in jeder Hinsicht ausgeglichen. Sie sagt: „Es stimmt, ich hatte mir in bezug auf meinen Chef etwas eingebildet, ich war gekränkt, daß er dieser für meinen Geschmack miesen Kundin den Hof machte, sie besser behandeln konnte als ich." Wir sprechen noch ein wenig über ihre „verpaßten Chancen" im Leben, warum sie an eine Vaterfigur fixiert blieb. Sie ist in diesem Gespräch ohne Bitterkeit, ohne auffällige Resignation.

Was war geschehen? Weder der Internist noch der „Psychotherapeut" hatten zunächst durch rasche Verordnung von Beruhigungsmitteln einen Symptomenkomplex, der rein deskriptiv an eine leichtere Form einer agitierten Depression erinnerte, als organisch verursacht etikettiert noch etwa durch stärkere Psychopharmaka der Patientin die Möglichkeit der Gewinnung von Einsicht in das eigene seelische So-Sein und Reagieren abgeblockt. Beim Psychotherapeuten war es dann gelungen, der Patientin zu zeigen, daß eine Kränkung ihr pathologisches Zustandsbild herbeigeführt hatte, eine Frustration, die in einem direkten und überzeugenden Zusammenhang mit der persönlichen Lebens- und Entwicklungsgeschichte der Patientin stand. Der Chef hatte für sie den Vater repräsentiert, an den sie sich gebunden fühlte, die Kundin stand stellvertretend für die Mutter, und es war plötzlich klar geworden, daß deren Bevorzugung durch ihren verehrten Chef in ihr selbst sexuelle Bedürfnisse gegenüber dem Chef-Vater weckte, und zwar – und dies ist für die Psychodynamik entscheidend – nachdem sie in der Rolle eines die Kundin-Mutter schön kleidenden Vaters versagt hatte. Nach Aufdeckung dieser Zusammenhänge konnte sie die letztere Rolle wieder übernehmen. Damit war zumindest der Zustand quo ante wiederhergestellt, wobei bis zu einem gewissen Grade zu hoffen war, daß ihr zugleich ein wenigstens kleiner Entwicklungsschritt gelungen war, nämlich ihre Fixierung an übermäßige Abhängigkeit von ihrem Chef zu verringern.

Der skizzierte Fall, will man eine Bezeichnung für die Art des bei ihm angewendeten Verfahrens angeben, könnte als eine „Krisenintervention" mittels psychoanalytischer Einsichten und einer psychoanalytischen Methode begriffen werden. Die Methode, die benutzt wurde, bestand darin, daß die Patientin aufgefordert worden war, zu erzählen, was sie störe und quäle. Dabei kam es dann sogleich zur Erinnerung an ein rezentes traumatisches Ereignis. Im weiteren gelang es rasch, dieses Trauma, die Kränkung, mit einer lebensgeschichtlich bedingten Fixierung an den Vater und, um korrekt zu sein, aber auch an die Mutter klarzumachen. Dies in einer Weise – und das ist schlechthin entscheidend, soll diese Klärung von Zusammenhängen, soll diese Gewinnung von Einsicht und Selbstverständnis therapeutisch nützlich sein –, die es der Kranken ermöglichte, sich „anders" zu verhalten, in neuer, weniger pathogener

Weise zu reagieren. Die psychoanalytischen Einsichten, die benutzt und vermittelt wurden, bestanden dabei (a) in der Kenntnis des sogenannten „Ödipus-Komplexes", will sagen im Wissen von der das psychische Leben und Reagieren formenden Bedeutung der affektiv-emotionalen Beziehungen zwischen Kind und Eltern – einer Drei-Personen-Beziehung –, vor allem der im gegenwärtigen Beispiel positiv libidinösen Relation der Tochter zum Vater und ihrer dazu simultanen negativ libidinösen Einstellung zur Mutter, sowie (b) in der dazugehörigen Kenntnis der „Übertragung", das heißt der Tatsache, daß jeder, daß wir alle stets mit allen Mitteln versuchen, die Beziehungen, an die wir fixiert sind, wiederherzustellen, auch wenn wir in neue, anscheinend ganz andere Lebensumstände gelangen, eben weil es genau diese Beziehungsgefüge sind, innerhalb derer wir uns einigermaßen sicher glauben bewegen zu können, obgleich wir zugleich gar nicht selten auch ganz erheblich unter ihnen leiden. Wir nehmen diese Leiden in Kauf, wir bezahlen den Preis so mancher Symptome, weil das, was uns droht, wenn sie nicht bestünden, viel unerträglicher, ja, wie wir meinen, mit der Fortexistenz unseres jetzt wenigstens einigermaßen funktionierenden Ich ganz unvereinbar wäre. Aus derartigem Zusammenhang ist sogleich zu entnehmen, daß die stabilisierenden Fixierungen und Übertragungen immer auch eine „Abwehr" sind und daß sie nur aufgegeben werden können, wenn die neuen Erfahrungen, die jetzt im Augenblick der Deutung der Zusammenhänge durch den Arzt aktuell gemacht werden, von der Art sind, daß eine neue Lebenseinstellung gewagt werden kann. Im diskutierten Fall waren eine ganze Reihe von glücklichen Faktoren im Spiel, die uns den schnellen, ziemlich guten Ausgang der Therapie verständlich machen, wobei hinzugefügt werden muß, daß die Katamnese nur wenige Wochen umfaßt, so daß natürlich allerlei Zweifel hinsichtlich einer allzu optimistischen Beurteilung der Kurztherapie bestehen bleiben. Aber einige günstige Faktoren seien genannt: einmal die Tatsache, daß die Symptomatik erst seit wenigen Wochen bestand; zum anderen, daß die Patientin bis jetzt psychisch stets ziemlich gesund gewesen war und auch kein ernstes organisches Leiden aufwies; schließlich, und das hatte ich oben noch nicht hervorgehoben, war sie, wenngleich ödipal noch immer gebunden, keine Einzelgängerin, sie hatte etliche Bekanntschaften und übte zudem erfolgreich einen Beruf aus, der sie ständig mit Menschen in Kontakt brachte. Wo solche prognostisch günstig zu beurteilenden Momente fehlen, benötigen psychische

Behandlungen oft (aber nicht immer!) relativ lange Zeiträume. Dafür ein zweites Beispiel, an dem wir nun nicht nur die Übertragung auf die Person des Arztes kennenlernen, sondern außerdem einen Einblick in eine narzißtische Problematik gewinnen können.

Zweitens: Es handelt sich um einen 29jährigen Studenten der Geographie. Im ersten Gespräch erzählte er von einer seit je bestehenden Impotenz. Daneben rangierten gewisse Lernstörungen – er hatte sein Studium noch nicht beendet – an zweiter Stelle, sie schienen ihn nicht sehr zu beunruhigen. Der Patient wirkte auf mich zunächst als ein mittelschwerer Fall, wobei ich von den verschiedenen Gründen, die mich zu diesem Urteil bestimmten, hier wegen der Kürze unserer Zeit nur den einen nenne: sein ganzes Gebaren ist scheu, betont vorsichtig, ja fast mißtrauisch, so daß ich, die große Empfindlichkeit erratend, die hinter allem stand, annehmen muß, im Gebiet der Selbstwertproblematik, der Abhängigkeit von phantastischen Idealen und also den ihnen notwendig korrelierten Straf-, Schuld- und womöglich Verfolgungsängsten liegen erhebliche Konflikte. Der Patient war zu einer Behandlung stark motiviert und zeigte auch insoweit ein ausreichendes Vertrauen.

Ich schlage eine lange psychoanalytische Kur vor. Schon die ersten Stunden bestätigen aber meine Ahnungen hinsichtlich einer tiefergreifenden Störung, und zwar in einem Ausmaß, das sie erheblich übertraf. War es also vielleicht gut gewesen, daß ich die Impotentia coeundi nicht als *die* Krankheit verstanden hatte und ihn zu einer Verhaltenstherapie geschickt hatte? Oder hätte die Herstellung seiner Potenz ausgereicht, um seine so geringen Selbstwertgefühle in genügender Weise zur Entwicklung zu bringen? Nun, nach etwa 60–70 Sitzungen (Sitzungen umfassen im Rahmen der Psychoanalyse je 50 Minuten und finden 4–6 mal in der Woche statt), hat er eine etwa normale Potenz gewonnen, aber sein Selbstwertgefühl ist in keiner Weise gewachsen. Vielmehr verschärfen sich die Kontaktprobleme. Sie betreffen seinen Umgang mit Männern wie mit Frauen. Erhebliche Hemmungen und massive Aggressionen wechseln sich miteinander ab, ausgelöst durch eine mimosenhafte Empfindlichkeit, den klaren Indikator für narzißtische Verletzlichkeit. Einmal sagt er, wenn er auf jemand stoße, der auch nur um „Millimeter" von ihm verschieden sei, dann würde er ihn am liebsten umbringen.

Eines Tages fällt auf, daß er am Ende von Sitzungen, die ihm einen besonderen Gewinn bringen, sich äußerst flink davonmacht, mir dabei scheue, scheele, zugleich lauernde, scharf beobachtende Blicke zuwerfend. Er kommt mir vor wie ein Hund, der ein aufgeschnapptes Stück Fleisch zwischen den Zähnen, mit eingezogenem Schwanz, doch zum Zubeißen ständig bereit, eiligst in Sicherheit zu bringen versucht. Als er mir dann noch sagt, er müsse nach solchen Stunden sich immer bald vergewissern, ob er noch seinen Schlüssel bei sich habe, als zudem in Verbindung mit einem jetzt wiederholt sich einstellenden Ejakulationsausfall eine Neid- und Konkurrenzproblematik in Hinblick auf Nahrungsmittel thematisiert wird, ist die Vermutung gerechtfertigt, daß der Patient einerseits Kastrationskonflikte durchlebt, daß er andererseits – und hier lag das dynamisch wesentliche Moment – erfahren will, wie ich als der zurückbleibende Beraubte und also wohl gierig Hungrige mich verhalten werde. Werde ich vor Neid zerplatzen oder aus Rache einen kastrierend-destruktiven Totalangriff auf ihn starten? Mein fortgesetztes interpretierendes Verhalten, die Realität unserer gemeinsamen Arbeit läßt dergleichen Befürchtungen als Phantasien erfahren und erkennen. So gelangt der Patient im Verlaufe von gut drei Jahren in den Stand, anzuerkennen und auszuhalten, daß *er* sowohl wie auch *ich* etwas „Gutes", eine „Potenz" besitzen dürfen, die einem jeden von uns die Möglichkeit gewährt, zu geben und auch zu nehmen, ohne von der Gefahr bedroht zu sein, völlig ausgesogen oder entmachtet zu werden, was beides auch immer heißt, jeder Lustmöglichkeit bar zu sein.

Auch in diesem Fall war als Methode das freie Sprechenlassen, die „freie Assoziation" in Verbindung mit der psychoanalytischen Deutungstechnik zur Anwendung gekommen; und zwar nun, wenn ich so sagen darf, im Unterschied zum ersten Fall, in gleichsam „reiner" Form: Der Patient war zu Beginn der Therapie nur mit der psychoanalytischen Grundregel, nämlich der Aufforderung, ohne sich zu scheuen, alles zu sagen, was ihm in den Sinn komme, vertraut gemacht worden, und ich hatte ihn außerdem gebeten, sich auf meine Couch zu legen, während ich hinter ihm in einem Sessel Platz nahm. Die meisten wissen heute, daß dies die klassische Anordnung ist, in der sich die psychoanalytische Untersuchung und Therapie abspielt. Ich kann nicht auf alle Gründe eingehen, die uns Analytiker bestimmen, an dieser Anordnung in der Mehrzahl der Fälle festzuhalten, und es ist jetzt auch nicht möglich, etwas darüber zu sagen, wann eine solche Anordnung nicht durchführbar ist. Es sei nur angemerkt, daß sie zweifellos geradezu optimale Voraussetzungen dafür schafft, die – um eine Formel Freuds zu gebrauchen – „Arbeitsweise des psychischen Apparates" in Kooperation mit dem Patienten zu erforschen. Eine Arbeitsweise, die sich im Ablauf der freien Einfälle, die ja insbesondere auch Träume und Phantasien umfassen, manifestiert, insofern es möglich wird – und das ist natürlich eine Bedingung sine qua non –, aus diesem Material mittels des Deutungsverfahrens die Inhalt und Form des Erlebens determinierenden, verborgenen, unbewußten Gedanken und Strebungen zu erschließen. Das ist nur möglich, wenn es einem gelingt, sich mit dem Patienten versuchsweise zu identifizieren, um dadurch aus seiner Perspektive ihn begreifen zu lernen und so seine Motivationen und seine Ziele zu verstehen, so daß man sie ihm mitteilen kann. Eine ganz bedeutende Rolle kommt dabei der schon erwähnten Übertragung zu, das heißt der Tatsache, daß die verbalen und averbalen Mitteilungen, daß das gesamte Verhalten des Patienten im Verlauf der Behandlung die Eigenschaft annimmt, fast genau den Mustern zu entsprechen, die der Patient im Umgang mit seinen entscheidenden Beziehungspersonen erlernt hat. Man sagt, wenn solche Verhaltensmuster die Arzt-Patient-Beziehung beherrschen, dann hat der Patient eine „Übertragungsneurose" entwickelt.

Im Beispiel des 29jährigen Studenten war zuletzt eine Übertragungsneurose, bei der der Therapeut mit einem Mutteraspekt besetzt wurde, im Vordergrund, wobei allerdings vom manifesten Material her, zum Beispiel in bezug auf die genannte Kastrationsproblematik, anscheinend eine Vaterübertragung bestand. Letztere stellte, wie man es in der Fachsprache ausdrückt, eine „Abwehr" dar, weil tatsächlich Kastrationsangst und Kastrationswunsch hier der phallischen Mutter galten, suchte der Patient doch in den zu dieser Behandlungsphase gehörenden Abschnitten in seinen Phantasien und Träumen nach dem Penis am oder auch im Leibe der Mutter. All dies gehört zu einer vor dem klassischen Ödipus-Komplex liegenden Entwicklungsphase, gehört in den „narzißtischen Regulationskreis", wo es noch so entscheidend auf die Konstitution und die sichere Trennung von „Selbst- und Objektrepräsentanzen" ankommt, will sagen auf die klare Unterscheidung des Selbstes von der ursprünglichen Beziehungsperson, die die Fachsprache „Primärobjekt" nennt. Daß eine solche Problematik zur Diskussion stand, geht auch aus der oben geschilderten Szene am Ende von „guten Stunden" hervor, wo der Patient in den Arzt den „neidisch-hungrig-gierigen Anteil" seines Selbst projiziert hatte, was unter anderem sein sowohl angsterfüllter wie scharf beobachtender Blick verriet, was der Therapeut aber vor allem deshalb glaubte annehmen zu dürfen, weil er in diesen Momenten andeutungsweise das Gefühl hatte, „entleert" zurückzubleiben. Man spricht bei derartigen Reaktionen im Therapeuten von „Gegenübertragung", wobei es selbstverständlich der genauen Prüfung der Frage bedarf, ob die Gegenübertragung wirklich Reaktion auf die Übertragung des Patienten ist und nicht etwa eine aus der Neurose des Therapeuten stammende Übertragung auf den Patienten darstellt, denn dann würde sie nichts zur Diagnose, zur Aufklärung der zwischenmenschlichen Beziehungsdynamik des Patienten beitragen können, sondern die neurotischen Interaktionsmuster eher verstärken oder deformieren.

Übrigens, um eine solche Gefahr zu verringern, wird von denen, die für die Ausbildung der psychoanalytischen Therapeuten verantwortlich sind, verlangt, daß die zukünftigen Therapeuten sich einer eigenen Lehr- oder Trainingsanalyse unterziehen. Diese soll ihnen helfen, die eigenen, die Wahrnehmung des anderen behindernden dunklen Flecke zu durchschauen; sie soll sie vor allem auch dazu anregen, in schwierigen Fällen durch weitere persönliche Analyse ihre Untersuchungsinstrumente zu verbessern.

Bei dieser soeben diskutierten „Projektion" eines Persönlichkeits- oder Selbstanteils in den Analytiker handelt es sich auch wieder um eine „Abwehr", einen „Widerstand", denn die gierig-neidischen Strebungen und Motivationen konnten vom Patienten noch nicht ins eigene Ich-Selbst integriert werden, weil sie in ihrer derzeitigen Intensität und Dringlichkeit sogleich wieder die jedes psychische Funktionieren tragende Beziehung zu einer als „gut" erfahrenen und unbedingt benötigten Beziehungsperson (oder einem Teil dieser Beziehungsperson, zum Beispiel der spendenden Brust), wie sie dem Patienten ja jetzt im interpretierenden und somit das Selbst- wie Weltverständnis fördernden Therapeuten begegnet, zerstören würde. Mit anderen Worten: Es bestand zwischen diesen Wünschen und dem ebenfalls unausweichlichen Verlangen, mit dem Therapeuten eine gute, tragende Beziehung zu leben, die überhaupt bewußtes psychisches Funktionieren, das verantwortliche Leben als „Ich-Selbst", garantiert, ein Konflikt.

Die gegebenen Hinweise zur Projektion von Persönlichkeitsanteilen lassen erkennen, daß in der eingestellten psychoanalytischen Behandlungssituation in der Tat eine Differenzierung zwischen den „psychischen Anteilen“, die zum Patienten, und denen, die der „Psyche“ des Arztes gehören, noch nicht stattgefunden hatte. Man kann deshalb sagen, dieser Patient war in dieser Behandlungsphase bis zu einem partiell „symbiotischen Zustand“ regrediert.

Eine solche „Regression“ zu einer je individuell spezifischen Frühphase der seelischen Entwicklung, die der infantilen Fixierung entspricht und die also den „Kernkonflikt“ spiegelt, ist oft Voraussetzung zur Heilung, weil nur ihre Durcharbeitung die Basis für einen „Neubeginn“ des seelischen Lebens legt, und das heißt hinfort bessere, weniger pathogene zwischenmenschliche Beziehungsverhältnisse wagen und haben können. Fixierung und Kernkonflikt weisen dabei auf die Phase der Biographie des Patienten zurück, in der „das Trauma“ oder „die traumatischen Verhältnisse“ sich abspielten, die zu Integrationsmängeln zwangen, also zu Maßnahmen, welche von der erwachsenen Persönlichkeit her gesehen als „Abspaltungen“ und „Verdrängungen“ (als Abwehr) imponieren und damit als „neurotische Disposition“ fungieren, denn das Abgewehrte und also ja Existierende stellt eine permanente Forderung zu seiner Verarbeitung und Integration. Die Korrektur der Abwehr ist daher ein wesentliches therapeutisches Ziel, denn sie dient der Herstellung der Kontinuität des seelischen Lebens.

Darüber hinaus soll es gelingen, die im Kernkonflikt versammelten Verhältnisse samt den ihnen entsprechenden Emotionen und Affekten durch den psychoanalytischen Dialog neu erlebbar zu machen, wodurch es in Konfrontation mit der aktuellen gegenwärtigen Realität der Behandlung, die die Realität und emotionale Erfahrung der sich in den Sitzungen fortlaufend ereignenden Arzt-Patient-Beziehung ist, dazu kommt, daß der Patient die bisher ihm ebenso notwendigen wie lästigen Fixierungen — und das sind ja unbewußte Handlungs- und Erlebnisschemata — aufzugeben vermag. Wenn so die verjährten Konflikte als nicht mehr existierende erkannt werden, können neue, weniger pathogene zwischenmenschliche Erfahrungen gemacht werden, was in summa heißt, daß sich Erlebnis- und Leistungsfähigkeit des Patienten vermehren.

Das bisher Demonstrierte und Gesagte kurz zusammenfassend, dürfen wir vielleicht folgendes anmerken: Die psychoanalytische Psychotherapie untersucht mittels der freien Assoziation und der Deutungstechnik (diese ist letztlich eine Zustellung zureichender Gründe für das psychische Verhalten) die Art und Weise, wie bestimmte unbewußte Faktoren das Gesamtverhalten, das Denken und Fühlen eines Patienten kodeterminieren. Der psychoanalytische Therapeut findet diese Faktoren auf, indem er Übertragung und Widerstand zu erkennen trachtet, das heißt, indem er das zähe Festhalten (den Widerstand) an den die Symptomatik tragenden Erlebens- und Handlungsmodalitäten als Ausdruck der Interpretation der Gegenwart durch Fixierungen an bestimmte, einer frühen Entwicklungsphase zuzuordnende Handlungs- und Erlebnisschemata versteht, die ihrerseits eine seinerzeit notwendige biopsychologische Antwort auf psycho-soziale Umstände und Ereignisse sind, in die der Patient verwickelt war. Die Diskrepanz, die für den Patienten zwischen den Modalitäten seiner Fixierungen samt deren Folgezuständen und seinen präsentischen Verhältnissen besteht, konstituiert für ihn wiederum einen Konflikt. Dieser „aktuelle Konflikt“ ist (siehe erstes Beispiel) ein abgeleiteter. In der behandlungsbedingten Übertragungsneurose inszeniert sich der Kernkonflikt (siehe zweites Beispiel), der womöglich – und das sei hier noch angemerkt – seinerseits auf eine „Grundstörung“ (M. Balint) verweist. Diese stammt aus der Zeit der primären Entzweiung von Psyche und Soma und ist durch damalige Asynchronien zwischen dem sich entwickelnden Kleinstkind und seiner wesentlichsten Beziehungsperson bedingt, ist also präkonfliktuöser, präverbaler Natur, weshalb auch ihre Kompensation primär an die formale Struktur der Patient-Arzt-Beziehung, an die Bereitstellung der für die Entfaltung des seelischen Lebens erforderlichen zwischenmenschlichen Bedingungen geknüpft ist, zu welch letzeren etwa der feste Rahmen der Behandlungssituation ebenso wie Zuverlässigkeit, Taktgefühl und ein stets waches Einfühlungsvermögen auf seiten des Arztes gehören.

Im Rahmen der psychoanalytischen Untersuchung, einer, wie wir jetzt wissen, dialogischen Erforschung der Gründe und situativen Bedingungen des So-Seins und So-Funktionierens des Patienten, wird dem Patienten „erlebte Einsicht“ in den genetischen wie funktionalen Zusammenhang seiner psychischen Akte vermittelt und ereignet sich ineins damit ein persönlicher Wandel. Hier liegt das berühmte, die psychoanalytische Psychotherapie auszeichnende Junktim zwischen Heilen und Forschen (S. Freud), hier liegt auch zugleich ihre emanzipatorische, ihre kritische Funktion, vergrößert sie doch demjenigen, der ihrer Methode folgt, indem sie ihn vom „Wiederholungszwang“ seiner infantilen interpersonalen Dynamik erlöst, den Raum personaler Freiheit und Verantwortung.

Elisabeth Kübler-Ross
Tod

Ich habe mich seit acht Jahren mit der Arbeit mit Sterbenden ärztlich befaßt. Man fragt mich oft, wie ich überhaupt auf so eine Idee gekommen sei. Das kam wohl vor allem deshalb zustande, weil die große Einsamkeit der Todgeweihten in amerikanischen Spitälern in krassem Gegensatz zu meinen Kranken in meiner schweizerischen Landpraxis stand. Ich versuchte dann, diesen Kranken spezielle Aufmerksamkeit zu schenken. So kam ich auf den Gedanken, mit todkranken Patienten, die dazu bereit waren, Gespräche über ihren Zustand zu führen, die vom Pflegepersonal mit angehört werden konnten. Die Kranken konnten sich freiwillig und offen darüber äußern, wie sie sich zu ihrer Krankheit, zum Tod und zum Sterben einstellten.

Seminaristen, Krankenschwestern, Ärzte und Fürsorgerinnen nahmen an diesen wöchentlichen interdisziplinären Seminaren über Kranke im Endstadium teil, ohne von den Befragten gesehen oder gehört zu werden, aber natürlich mit deren vollem Wissen und Einverständnis. Manchmal kamen auch Angehörige zu diesen Gesprächen, besonders wenn es sich um Familienangehörige handelte, die Mühe hatten, dem Tod eines

Verwandten ins Auge zu sehen. Nach jedem Gespräch wurden die teilnehmenden Studenten nach ihrer Reaktion gefragt, und wir versuchten, unsere eigenen Widerstände, unsere Ängste und Probleme zu verstehen und nichts zu verurteilen. Die Sterbenskranken wurden so zu unseren Lehrern. Sie lehrten uns nicht nur Lektionen des Lebens wie des Sterbens, das ja letztlich von der Qualität unseres Lebens abhängt. Die Kranken waren dankbar, uns einen Dienst erweisen zu können. Die Studierenden wurden so in menschlicher Weise an ihre eigene Sterblichkeit erinnert, und Lehrer und Studenten, Kranke und Ärzte, Schwestern und Seelsorger wurden bereichert.

Ich möchte nun kurz zusammenfassen, was wir von unseren bald achthundert Sterbenskranken gelernt haben, die wir begleiteten vom Anfang ihrer Krankheit bis zu ihrem Ende. Ich glaube, es ist wichtig zu wissen, daß unsere Kranken von ihrem Sterben wußten, und zwar auch solche, denen die Diagnose nie offiziell mitgeteilt wurde. Vom Tod Bedrohte lassen sich nicht von uns täuschen. Sie spüren bald, wenn wir mit geheuchelter Fröhlichkeit in ihr Zimmer treten oder unsere Krankenvisiten kürzen aus Angst, daß sie uns konfrontieren könnten. Kranke wissen nicht nur, daß sie dem Tode nahe sind, Kranke können uns auch sagen, wann sie sterben. Ich glaube, es ist eine Kunst, die wieder gelehrt und gelernt werden muß, daß wir richtig zuhören können. Kranke gebrauchen grundsätzlich drei verschiedene Sprachen, um uns mitzuteilen, daß sie vom Tod gekennzeichnet sind.

Wir charakterisieren einmal diese Sprachen. In der ersten Sprache (in der Schweiz wäre das Schweizerdeutsch) drückt man sich unmittelbar aus. Wenn eine alte Frau Ihnen sagt: „Ich weiß, daß ich Krebs habe, daß ich dieses Spital nicht mehr verlasse", so spricht sie natürlich von ihrem Tode. Solche Kranke werden wir alle verstehen. Das sind aber jene Patienten, die eigentlich unsere Hilfe nicht mehr nötig haben; das sind Kranke, die uns vielleicht mehr helfen, als wir ihnen helfen können. Jeder Patient, der ruhig über seinen eigenen Tod sprechen kann, hat schon ja gesagt zu seiner Sterblichkeit. Kranke, die uns wirklich brauchen und die wir selten verstehen, nicht nur, weil wir nicht hören können, sondern auch, weil diese Sprachen auch nicht gelehrt werden, sind solche Patienten, die eine symbolische Sprache verwenden: das ist vor allem das kleine Kind, das sterben muß, das sind Jugendliche, die nicht eigentlich daran denken, daß es auch ihnen passieren könnte, das sind alte Leute, die einfach schreckliche Angst haben vor dem

Tode. Solche Patienten verwenden eine Symbolsprache, die man in Worten, die man aber auch ohne Worte ausdrücken kann.

Wenn ein kleines Kind spielt oder wenn es eine Zeichnung macht, kann es durch diese nicht-verbale Sprache mitteilen, daß sein Tod nahe ist. Wir hatten einen dreizehnjährigen Jungen, der schon über ein Jahr auf ein Nierentransplantat wartete. Er wurde immer trauriger, immer ungeduldiger und immer einsamer. Eines Tages bat mich eine Schwester, diesen Jungen zu besuchen, weil sie ihn einfach nicht mehr ausstehen konnte. „Es ist ein böser Junge", sagte die Schwester, „er macht überall Schwierigkeiten; ich möchte ihn am liebsten aus dem Spital entlassen." Ich beobachtete diesen Jungen, der viel kleiner war, als man von einem Dreizehnjährigen erwartet, weil er so lange mit Medikamenten behandelt wurde. Ich schaute ihm zu, wie er kleine, schwerkranke Kinder zu erschießen versuchte, ganz symbolisch mit einer Pistole, die nur in seiner Phantasie existierte. Ich fragte ihn, was er da machen will, und dann sagte er mir ganz plötzlich: „Haben Sie gemerkt, daß die alle schwer krank sind?" Natürlich hatte ich das gemerkt, aber ich hatte immer noch nicht verstanden, weshalb er sie niederschoß. Plötzlich wurde es mir klar, daß dieser Junge eine Sprache ohne Worte brauchte. Mit dem Erschießen dieser schwerkranken Kinder wollte er schließlich sagen, daß, wenn die Susi erschossen werden könne, er vielleicht eine Möglichkeit bekommen werde, ihre Niere zu erhalten, und damit werde er eine Chance haben, selber weiterzuleben. Wenn wir dann böse sind auf solche Kinder, die sich nicht gut benehmen, werden wir nie verstehen, daß ein ganz verzweifelter Wunsch hinter dem Versuch steht, das andere kranke Kind umzubringen. In dieser Weise sprechen kleine Kinder über ihren Tod.

Susi ist ein anderes Beispiel. Susi war schwer krank, allein in einem Krankenzimmer, in einem Sauerstoffzelt. Mitten in der Nacht fragte sie eine Krankenschwester: „Was wird denn passieren, wenn plötzlich hier ein Feuer ausbricht?" Die Krankenschwester reagierte selbstverständlich mit einem Satz: „Das kommt doch gar nicht in Frage, es raucht doch hier gar niemand." Als die Schwester aus dem Zimmer trat, kam es ihr plötzlich in den Sinn, daß dieses Kind vielleicht über etwas ganz anderes sprechen wollte. Eine ältere Schwester half ihr dabei und sagte ihr, daß Susi jetzt bereit war, über ihr eigenes Sterben zu sprechen. Die Schwester ging zurück in das Zimmer des Kindes, öffnete den Reißverschluß des Sauerstoffzeltes, legte ihren Oberkörper ganz nahe an das Kind heran und fragte es einfach: „Glaubst du, daß sowas helfen wird?" Susi begann dann zu weinen und antwortete: „Ich weiß, daß ich sehr bald sterben muß, und ich muß doch mit einem Menschen, mit einer Menschenseele darüber sprechen." Die Krankenschwester und die kleine Susi redeten über eine Stunde über das Nahen des Todes und über die Einsamkeit dieses Mädchens, das mit keinem Erwachsenen sonst darüber sprechen konnte.

Wenn wir diese Sprachen verstehen, werden wir sehen, daß alle unsere Patienten ohne Ausnahme sich der Nähe des Todes bewußt sind und daß sie nicht nur mitteilen können, *daß,* sondern oft sogar, *wann* sie sterben werden.

Ein kleiner vierjähriger Junge, den ich jetzt in Behandlung habe, hat vor kurzer Zeit plötzlich seiner Mutter gesagt: „Weißt du, Mami, ich fühle mich jetzt so krank, daß ich sicher bald sterben muß." Die Mutter, die ohne Religion lebt, hatte natürlich große Mühe, mit dem Jungen über so etwas zu sprechen. Sie hatte keine Vorstellung von einem Himmel, für sie war der Tod einfach das Ende. Und es ist ungeheuer schwer für eine Mutter, dem Tod eines eigenen Kindes entgegensehen zu müssen, wenn das das absolute Ende bedeutet. Als der Junge über seinen eigenen Tod anfing zu sprechen, hat die Mutter am Ende nur fragen können: „Wie glaubst du denn, daß das sein wird?" Und der Junge hat sich's einen Moment überlegt und sagte dann wie ein alter, weiser Mann: „Weißt du, ich glaube, was passiert, ist, daß du mich in einem Krankenauto vom Spital an jenen Ort bringst, wo Beth-Ann jetzt wartet." Dieser Ort ist natürlich der Friedhof, für den der Junge noch keinen Namen kannte. Die Mutter überlegte noch einen Moment und sagte dann: „Gibt es noch irgend etwas, das ich wissen sollte?" Und der Kleine schaute die Mutter ernsthaft an und sagte: „Ich glaube, es wäre mir wirklich wichtig, daß du Frau Dr. Ross anrufst und daß du sie fragst, ob sie ganz sicher das Licht anzündet im Krankenauto und die Sirenen ganz laut laufen läßt, damit die Beth-Ann weiß, daß ich bald komme." Auch dies ist wieder eine Sprache, die kleine Kinder brauchen, wenn sie von ihrem eigenen Tode sprechen. Ich finde es rührend, daß dieser Junge, dem kein Himmel gegeben wurde, sich seinen eigenen Himmel macht, indem er sich einen Ort vorstellt, wo seine kleine Freundin auf ihn wartet, die sechs Monate vorher auch schwer gelitten hat und an Leukämie gestorben ist.

Was ich betonen möchte, ist dies, daß alle Menschen, auch Kinder, über den Tod nicht nur sprechen können, sondern auch sprechen müssen, weil man ein so wichtiges Erlebnis doch nicht ganz allein tragen kann.

Unsere Patienten gehen meistens durch fünf Stufen vom Anfang ihrer Krankheit bis zum eigentlichen Tod. Kranke, die einen Arzt hatten, der offen und ehrlich und frühzeitig mit ihnen über ihren Gesundheitszustand sprechen konnte, ohne ihnen die Hoffnung zu rauben, verhielten sich am besten und waren fähig, in kurzer Zeit durch die verschiedenen Phasen zu gehen, von der totalen Ablehnung bis zur letzten Stufe, der friedlichen Zustimmung. Es ist wichtig, daß wir wissen, daß die Hoffnung der Gesunden etwas ganz anderes ist als die Hoffnung der Sterbenden. Am Anfang einer Krankheit – und das stimmt auch für uns Gesunde – ist die Hoffnung immer mit Genesung, erfolgreicher Behandlung oder Lebensverlängerung verbunden. Am Ende des Lebens, wenn der Todkranke ja sagen kann zu seinem eigenen Tod, wird er auch Hoffnung brauchen; aber diese Hoffnung ist nicht mehr mit diesen drei Faktoren verbunden; seine Hoffnung wird sich dann etwa ändern in eine Hoffnung, daß Gott mich im Himmel akzeptiert, oder zum Beispiel in die Hoffnung, daß meine Kinder auch ohne mich auskommen können etc. Es ist wichtig, speziell für Ärzte und Seelsorger, auf die Hoffnung der Kranken zu hören und nicht ihre eigenen Hoffnungen auf sie zu projizieren.

Am Anfang einer schweren Krankheit werden die meisten unserer Kranken ursprünglich gar nicht glauben, daß sie eine so schwerwiegende Krankheit haben könnten. Solange sie diese Tatsache abschütteln oder aus ihrem Bewußtsein zu verbannen suchen, soll man sie selbstverständlich nicht zwingen, der Wahrheit ins Auge zu schauen. Weniger als ein Prozent all unserer Todgeweihten blieben in dieser Stufe stecken. Nach der Verneinung kommt der Zorn. Der zornige Protest gegen das Schicksal folgt oft sehr bald; das ist die Phase des Grolls, die sich naturgemäß auf Ärzte, Schwestern, Angehörige und auch auf „Gott" richtet. Wenn wir die Anschuldigungen und diesen Ärger nicht persönlich nehmen, sondern unseren Patienten helfen, diesen Zorn ohne Schuldgefühle auszudrücken, wird der Kranke bald aufhören, sich zu fragen: „Warum denn ich? Warum denn nicht die andern?" Nach dieser Stufe des Ärgers, des Zorns, des Grolls, die sehr schwierig ist für die Angehörigen, kommt dann die dritte Phase, die des Verhandelns: des Verhandelns mit den Schicksalsmächten oder mit Gott. Und dann folgt die Depression, mit der auch wir wieder, die Gesunden, Mühe haben. Wie oft sieht man einen Angehörigen, einen

Seelsorger oder eine Schwester, einen Todkranken beinahe vorwurfsvoll begrüßen: „Na, was ist denn das für ein langes Gesicht! Es ist doch nicht so schlimm." Natürlich ist es schlimm für den Kranken! Sonderbar, wieviel Verständnis wir für eine Witwe haben, die ein ganzes Jahr lang Trauerkleider tragen kann wegen des Verlusts ihres geliebten Mannes, und ein Sterbender, der alles verliert, was er in Jahrzehnten geliebt hat, soll nicht trauern? Wir müssen unsere Kranken trauern lassen, und wir weinen sogar manchmal mit ihnen. Wir verstehen es, daß ihre Interessenwelt sich mehr und mehr einschränkt, daß ein stilles Zusammensein, ein Halten der Hände, ein schweigendes Streicheln über die Haare wichtiger wird als jegliches Gespräch. Wenn wir unseren Sterbenden nicht aus den Augen, aus dem Wege gehen, ihre Gegenwart nicht scheuen, sondern sie im Gegenteil suchen, werden sie bald spüren, daß das Sterben keine schreckliche Angelegenheit sein muß, daß es sogar zu einem tiefsinnigen, ja zu dem tiefsinnigsten Ereignis werden kann. Wenn der Sterbende und seine Familie all diese Stufen teilen und zusammen den Augenblick der Aussöhnung, des Jasagens erreichen können, wird der Tod seinen Stachel verlieren. Der Sterbende wird nicht mehr einsam und verzweifelt sein und wird Ihnen als größtes Geschenk für Ihre Liebe etwas geben, das Sie vielleicht erst viel, viel später schätzen lernen: Er selbst nämlich ist die beste Quelle der Hoffnung, und er wird Ihnen helfen, Ihre eigene Furcht vor dem Tode zu überwältigen.

Friedrich Beese
Traum

Manche Wissenschaftler sahen die Träume bis vor kurzem noch als ein sinnloses Produkt auf Grund zufälliger Erregungen von Gehirnzellen während des Schlafes an. Die Ergebnisse der jüngsten Forschungen über Träume und die sich gleichzeitig mit diesen abspielenden körperlichen Vorgänge haben jedoch erwiesen, daß Träume zu den grundlegenden Lebensvorgängen jedes Menschen gehören, daß sie bestimmten, zum Teil bereits überschaubaren Gesetzmäßigkeiten unterliegen und daß eine Störung der Traumtätigkeit zu schweren gesundheitlichen Beeinträchtigungen führen kann.

Es hat aber auch zu allen Zeiten schon Menschen gegeben, welche die Träume nicht nur ernst nahmen, sondern die sogar davon überzeugt waren, daß sich im Traum ein tieferes Wissen über das eigene Selbst und die Zukunft des Träumers äußert, als es ihm durch das wache Tagesdenken zuteil wird. Dieser Umstand hat häufig dazu geführt, das Traumwissen als Eingebung oder Offenbarung von höheren Mächten zu betrachten. Josef und andere berühmte Traumdeuter des Altertums haben sich deshalb bei der Auslegung ihrer eigenen Träume und derjenigen ihrer Zeitgenossen als Interpreten außermenschlicher, göttlicher Offenbarungen und Weissagungen verstanden.

Man hat aber auch schon immer gewußt, daß dem Menschen im Traum ein Wissen über ihn selbst zuteil wird, das nicht von außen kommt, sondern aus dem Reservoir seiner eigenen Seele. Ein Wissen, das durch die besondere Eigenart unseres Tagesdenkens nicht erreicht werden kann.

Auch der Volksseele, die in den sprachlichen Schöpfungen der Worte und Redensarten ihren Ausdruck findet, ist seit langem das im Traum enthaltene tiefere Wissen vertraut. In einem Satz wie: „Das fällt mir nicht einmal im Traume ein" hat sich die Erkenntnis deutlich niedergeschlagen, daß dem Menschen im Traume mehr einfällt als im wachen Denken, daß er im Traum zu einem tieferen und umfassenderen Wissen gelangen kann.

Es konnte nicht ausbleiben, daß die Wissenschaftler, vor allem Psychologen, Nervenärzte und Physiologen, nachdem die nächtlichen Traumproduktionen als Bestandteile der menschlichen Seelentätigkeit erkannt worden waren, mit ihren jeweiligen Forschungsmethoden die Gesetzmäßigkeiten und den Sinn des Traumgeschehens zu ergründen versuchten. Sie stießen dabei bis zum Ende des vorigen Jahrhunderts auf wichtige Teilergebnisse. Sie fanden zum Beispiel, daß im Traum Ereignisse erinnert werden können, die im wachen Erleben seit langem vergessen waren. Sie entdeckten, daß in vielen Träumen Vorgänge des vorangegangenen Tages, sogenannte Tagesreste, wenn auch oft in abgewandelter Form, wieder erschienen. Auch die Verarbeitung von außen oder vom Körperinneren kommender Sinnesreize im Traum, wie das Klingeln eines Weckers, der im Traum zum Läuten des Telefons wird, oder der Druck der gefüllten Harnblasenwand, der im Traum zum Aufsuchen der Toilette und anschließendem Urinieren führt, wurde beschrieben. Aber all diese Teilerkenntnisse konnten über lange Zeit hinweg nicht zu einer in sich geschlossenen Theorie zusammengefügt werden, einer Theorie, die vor allem die Fragen beantworten müßte, welchen psychologischen und gegebenenfalls auch physiologischen Sinn der Traum im Gesamtgefüge der Lebensvorgänge des Menschen haben könnte.

Eine solche umfassende Traumtheorie wurde erst um die Jahrhundertwende von Sigmund Freud in seinen Büchern „Die Traumdeutung" und „Über den Traum" vorgelegt. In Freuds psychoanalytischer Traumtheorie fanden alle früheren Teilerkenntnisse über das Traumgeschehen eine plausible Erklärung. Obwohl sie in den folgenden Jahren in einzelnen Punkten abgewandelt oder ergänzt wurde, hat sich diese Traumtheorie im wesentlichen als richtig und gültig erwiesen. Die Befunde der experimentellen Traumforschungen der beiden letzten Jahrzehnte, auf die ich später noch zu sprechen kommen werde, haben darüber hinaus zu Ergebnissen geführt, welche die meisten Forscher als wissenschaftlich stichhaltige Bestätigungen der Freudschen Traumtheorie ansehen.

Der Grundgedanke der psychoanalytischen Traum-Theorie besteht in der Annahme, daß jedem Menschen, also dem psychisch gesunden ebenso wie dem psychisch kranken, an jedem Tag seines Lebens ein so hohes Maß von Triebeinschränkung auferlegt wird, daß es zu einem Anwachsen von Triebspannungen in seinem Inneren kommt und daß diese angestauten Triebenergien sich in eingebildeten Ersatzhandlungen im Traum entladen. Um es noch genauer zu sagen: Im Traum werden die am Vortage nicht erfüllten Wünsche, die aus spontanen oder von außen provozierten Triebregungen hervorgegangen sind, die man deswegen auch Triebwünsche nennt, einer halluzinatorischen Erfüllung zugeführt.

Daß im Traum nachträglich von der Tagesrealität her nicht erfüllbare oder von den persönlichen moralischen Normen des Träumers in dessen Bewußtsein nicht zugelassene Wünsche in Erfüllung gehen können, ist der Menschheit schon seit langer Zeit bekannt. Der Gefangene träumt von der Freiheit, der Hungrige von einem Festmahl, der Seemann von seiner Braut und das kleine Mädchen von der Puppe, die es gern haben möchte. Der Wunschcharakter des Traumes wird deutlich, wenn man an die Bedeutung dessen denkt, was mit dem Ausdruck „sich etwas erträumen“ gemeint ist.

Das Ergebnis einer nachträglichen, ersatzweisen Erfüllung eines am Vortage nicht realisierten Triebwunsches wird dadurch möglich, daß der Träumer in der Regel während des Träumens die Gewißheit hat, daß die von ihm geträumten Vorgänge Wirklichkeit sind. Erst beim Erwachen wird ihm bewußt, daß er „nur geträumt“ hat, daß die geträumten Vorgänge nicht wirklich passiert sind. Die Intensität der Traumwirklichkeit kann sehr stark sein. So war ein neunjähriges Mädchen, das im Traum das langersehnte Pony geschenkt bekam, nach dem Erwachen noch ganz von der Traumrealität erfüllt und blieb dementsprechend davon überzeugt, daß sie ein Pony besaß. Sie suchte lange Zeit im Haus und in der Umgebung danach, und erst ganz allmählich setzte sich die traurige Erkenntnis in ihrem Bewußtsein durch, daß sie gar kein Pony besaß, sondern daß sie dies nur geträumt hatte.

Wie läßt sich aber mit dieser Wunscherfüllungstheorie der Träume die Tatsache vereinbaren, daß nur ein kleiner Teil der erinnerbaren Träume diesen offensichtlich beglückenden Wunscherfüllungscharakter hat, während die große Mehrzahl der Träume gefühlsmäßig mehr neutral ist, häufig unverständlich, verworren oder absurd erscheint und in nicht wenigen Fällen sogar ausgesprochen bedrückende oder angstauslösende Vorgänge zum Inhalt hat? Um diesen Widerspruch aufzulösen, bedarf es der Einbeziehung des „Über-Ich" in unsere Betrachtungen, das heißt derjenigen seelischen Instanz, die schon am Tage das Bewußtwerden bestimmter Triebwünsche verhindert, die mit den persönlichen, in der Kindheit erworbenen Verboten, moralischen Gesetzen und Tabus in Widerspruch stehen. Diese „über dem Ich" stehende Instanz entfaltet auch noch im Traum ihre Wirksamkeit und verhindert in den meisten Fällen – mit der einzigen Ausnahme der einfachen und direkten Wunscherfüllungsträume wie dem vom Pony – eine unmittelbare nachträgliche Wunscherfüllung im Traum.

Dies geschieht in der Weise, daß eine Zensur ausgeübt wird. Diese Traumzensur verfolgt das Ziel, dem Träumer einerseits eine nachträgliche ersatzweise Wunscherfüllung zu ermöglichen, ihn aber gleichzeitig während des Träumens durch die unverhüllte Darstellung seines am Vortage nicht erfüllten Triebwunsches nicht zu erschrecken und damit zum angstvollen Erwachen zu veranlassen. Auf diese Weise wird erreicht, daß die mit dem Nachtschlaf verbundene notwendige Erholung und Regeneration des Organismus nicht unterbrochen wird. Freud nannte den Traum deshalb mit Recht den „Hüter des Schlafes".

Während der am Vortage nicht erfüllte Wunsch, den Chef anzubrüllen, ohne stärkere Entstellungen im Traum erscheinen kann, da er nicht übermäßig vom Über-Ich eingeschränkt wird, bedarf der unbewußte Vortagswunsch, das eigene Kind aus der fahrenden Straßenbahn fallen zu lassen, zur Unkenntlichmachung für den Träumer einer stärkeren Entstellung.

Eine solche von der Traumzensur in Gang gesetzte „Traumarbeit" bedient sich verschiedener Hilfsmittel, vor allem der Verdichtung, der Verschiebung, der Umkehrung, der symbolischen Darstellung, der Anspielung und noch anderer. Die Entstellung der ursprünglichen Traumabsichten durch diese Hilfsmittel der Traumzensur ist meist so hochgradig, daß in dem auf diese Weise zustandegekommenen Traumgebilde – ähnlich wie in einem chiffrierten Telegramm – der beabsichtigte Wunsch nicht mehr zu erkennen ist.

Um nachträglich diesen ursprünglichen Traumsinn zu erhellen, bedarf es der Umkehrung dieses Vorganges, das heißt der Entschlüsselung des Traumes. Diesen Weg hat die psychoanalytische Traumforschung beschritten, und dieser Weg wird auch bei der Traumanalyse im therapeutischen Umgang mit den Träumen von Patienten begangen. Hierbei macht sich der Analytiker eine unwillkürlich im Seelenleben jedes Menschen wirksame Dynamik zunutze, auf Grund derer in dessen unreflektierten spontanen Einfällen zu den einzelnen Traumbestandteilen, den sogenannten freien Assoziationen, die verborgenen Wünsche allmählich dem Bewußtsein entgegendrängen.

Hierzu ein Beispiel: Eine 45jährige Frau, die mit einem wesentlich älteren, seit längerer Zeit schwer kranken Mann verheiratet war, hatte folgenden Traum: „Ich sitze neben einem jungen Mann, der mir irgendwie bekannt vorkommt, in einem Restaurant. Er raucht eine Zigarette. Plötzlich beugt er sich dicht zu mir. Dabei fällt etwas glühende Asche in meinen Ausschnitt. Ich bin wütend, und er entschuldigt sich."

Zu diesem Traum kommen ihr spontan folgende Einfälle:

1. „In einem ähnlichen Restaurant habe ich neulich einen Mann am Nebentisch gesehen, der dauernd auf meinen Ausschnitt gestarrt hat, so daß es mir schon peinlich wurde."

2. „Gestern morgen war mein Sohn zu Besuch da. Ich ging ins Badezimmer, da ich dachte, er schlafe noch. Da stand er splitternackt vor dem Spiegel, rasierte sich und rauchte eine Zigarette. Ich sah auch sein Glied und mußte auf einmal feststellen, daß er jetzt ein richtiger Mann geworden ist."

3. „Ach ja, der Schlips des jungen Mannes im Traum war übrigens derselbe, den mein Sohn gestern um hatte."

Diese und einige weitere Einfälle führten bei der unter ihrer seit längerer Zeit erzwungenen sexuellen Enthaltsamkeit leidenden Frau zu der gegen großen inneren Widerstand sich allmählich durchsetzenden und mit starker Erregung einhergehenden Erkenntnis, daß sie sich schon gelegentlich bei dem Wunsch ertappt habe, ihr Sohn möge anstelle ihres kranken und alten Mannes stehen.

Im Traum dieser Patientin hatte sich die Zensur zur Unkenntlichmachung eines als verboten erlebten inzestuösen sexuellen Wunsches unter anderem folgender Hilfsmittel bedient: Der Sohn wurde durch eine andere Person ersetzt. Die gewünschte sexuelle Vereinigung wurde durch mehrere Entstellungen verschleiert: Anstelle des sexuellen Eindringens am Genitale wurde die gemeinte Region in den weniger anstößigen Bereich des Kleiderausschnittes verschoben. Der Penis wurde durch eine brennende und rauchende Zigarette ersetzt. Das sexuelle Eindringen wurde durch die Berührung mit brennender Zigarettenasche symbolisiert. Die Lust bei der sexuellen Vereinigung wurde in einen Empörungseffekt umgekehrt.

In diesem Beispiel gelangten durch die Analyse des Traumes unterschwellige sexuelle Wünsche in das Bewußtsein der Träumerin. In anderen Fällen dient die von der Traumzensur ausgehende Verschleierungsaktivität der Unkenntlichmachung verbotener aggressiver Triebwünsche oder vom Über-Ich des Träumers nicht zugelassener Besitz- oder Machtwünsche.

Der Mensch befindet sich während des Träumens in einer „anderen Welt". Sie ist viel mehr seine eigene persönliche Welt als die des wachen Denkens am Tage, wo er infolge der Vielzahl der von den Mitmenschen und der Gesellschaft geforderten Anpassungsleistungen und Verpflichtungen weit weniger zu sich selbst kommt. In dieser persönlichen Traumwelt tritt das vom kritischen Verstand bestimmte Tagesdenken zurück und treten bildhafte Vorgänge in den Vordergrund des Geschehens. Die schöpferische Phantasie, über die in dieser Themenreihe schon gesprochen wurde, schafft Traumgebilde und Traumhandlungen, die häufig eine enge Beziehung zu den magischen Vorstellungen kleiner Kinder und zu den Märchen und Sagen der Menschheit haben. Der Träumer kehrt also gleichzeitig im Traume in frühere, kindlichere Stufen seines geistigen Erlebens zurück, er regrediert in seine Kindheit. Häufig werden dabei auch konkrete Erinnerungen an die eigene Kindheit in direkter oder abgewandelter Form in den Traum mit einbezogen, nicht selten in unmittelbarer Verknüpfung mit Erinnerungen und Merkmalen gegenwärtiger Erlebnisse.

Infolge der Regression auf eine kindliche Erlebnisstufe, die noch vor der Entwicklung der kritischen, realitätsbezogenen Denkfähigkeit liegt, kann sich der Träumer ohne Mühe über alle logischen Widersprüche und Naturgesetze hinwegsetzen, was im wachen Erleben nur diejenigen Erwachsenen tun, die an einer Psychose erkrankt sind und sich innerhalb ihres Wahnerlebens in eine eigene Phantasiewelt zurückgezogen haben. Der Mensch kann im Traum fliegen, er kann unter Wasser schwimmen, er findet es selbstverständlich, wenn ein Pferd spricht, wenn ein von einer Kugel getroffener Mensch nicht tot umfällt, wenn ihm eine Frau begegnet, die auf der Stirn ein drittes Auge hat, oder wenn er im Traum als Zehnjähriger auf der Schulbank sitzt. Die Bindung an Form, Raum und Zeit verliert im Traum ihre Bedeutung.

Es ist in erster Linie ein Verdienst von C. G. Jung, erkannt zu haben, daß die im Traum sich offenbarende schöpferische Phantasie des Menschen nicht nur dazu verwendet wird, um die bildhafte und szenische Darstellung verbotener Triebwünsche vom Vortage unkenntlich zu machen, damit der Traum seine Funktion als Hüter des Schlafes erfüllen kann, sondern daß die mittels der Traumphantasie zustandegekommenen Bilder und Handlungen dem Träumer gleichzeitig auch seine verborgenen Selbstverwirklichungsmöglichkeiten zeigen können. Der kausalen Erklärungsmöglichkeit des Traumes, die danach fragt: Was habe ich in der Vergangenheit gewünscht und gefürchtet und warum sind mir diese Wünsche und Befürchtungen bisher nicht bewußt geworden?, hat Jung die finale Interpretationsmöglichkeit des Traumes hinzugefügt. Sie fragt danach: Welcher Ansatz oder Hinweis ist in diesem oder jenem Traumbild für die zukünftige Entwicklung einer bisher vernachlässigten Seite der eigenen Persönlichkeit enthalten?

In diesem Zusammenhang wies Jung auch darauf hin, daß nicht nur die von dem Träumer selbst im Traum vollzogenen Handlungen seine verborgenen Möglichkeiten offenbaren, sondern auch alle Personen, Lebewesen und Gegenstände, von denen der Mensch träumt, Ausdruck seiner eigenen produktiven Phantasie sein und somit Anteile seiner eigenen gegenwärtigen Person und seiner zukünftigen Seinsmöglichkeit enthalten können.

Diese von ihm „Deutung auf der Subjektstufe" genannte Betrachtungsweise von Träumen ist vergleichbar mit der Interpretation einer Dichtung als Darstellung verschiedener Persönlichkeitsanteile des Autors mittels einer Verteilung derselben auf mehrere Personen: Sowohl Faust als auch Mephisto, wenn wir das Drama „Faust" einmal als Traum des Autors Goethe nehmen, enthalten Persönlichkeitsmerkmale des Autors. Aber auch in den Äußerungen Wagners, des Schülers oder Valentins oder des Erdgeistes offenbaren sich Wesenszüge, Wünsche, Ängste und verborgene Seinsmöglichkeiten Goethes. Dies gilt sogar auch für Gretchen, Helena, Marthe, die Hexen und die Mütter. Denn unsere zur Selbstverwirklichung drängende schöpferische Phantasie macht vor der Geschlechterschranke nicht halt, wissen wir doch, daß in jedem Manne auch eine weibliche Seite enthalten ist, wie in jeder Frau eine männliche.

Im folgenden will ich ein Beispiel für die finale Deutungsmöglichkeit des Traumes geben. Eine Patientin hatte mehrere Nächte hintereinander folgenden gleichartigen Traum: „Eine Schildkröte läuft auf einer Terrasse entlang bis zum Rand. Sie hat Angst, herunterzufallen, da unten ein tiefer, dunkler, felsiger Abgrund ist. Trotzdem zieht sie dieser Abgrund magisch an."

Beim letzten Mal endete der Traum nicht an dieser Stelle, sondern geht wie folgt weiter: „Dieses Mal fiel die Schildkröte vom Rand der Terrasse in die Tiefe. Der Rückenpanzer zerbrach auf dem Felsen. Darunter kam ein Tier mit einer ganz weichen, rosigen und verletzlichen Haut zum Vorschein. Es lag im Gras und bewegte sich kaum. Der Boden war auf einmal nicht mehr felsig, sondern weich und mit grünem Gras bewachsen."

Die Patientin verstand diesen Traum selbst als einen Hinweis auf ihre zukünftige Entwicklung: Sie muß einen Sprung in eine unbekannte Tiefe, eine andere Seinsebene machen, damit ihr Charakter-Panzer, der ihr bisher in gleicher Weise Schutz gegeben hat, wie er sie von einem lebendigen Kontakt mit dem Leben und mit anderen Menschen abgehalten hat, zerbrechen kann. Sie wird dann zwar zunächst verletzlich und hilflos wie ein neugeborenes Kind sein; aber sie wird die Geborgenheit und Fülle ihrer neuen Umgebung genießen können.

Ich erwähnte bereits am Anfang, daß gegen die psychoanalytische Traumtheorie zahlreiche Einwände erhoben wurden, vor allem derjenige, daß man von einer allgemeinen Gültigkeit der Hypothese, der Traum erfülle eine lebenswichtige Funktion beim Menschen, deswegen nicht sprechen könne, da viele Menschen nur selten träumen und eine Reihe von Menschen überhaupt gar nicht, ohne daß man bei diesen Menschen gesundheitliche Schäden nachweisen könne.

Dieser Einwand konnte erst nach dem Vorliegen der Ergebnisse einer vor zwanzig Jahren in Gang gekommenen neuen Forschungsrichtung widerlegt werden, nämlich der experimentellen Traumforschung.

Der Amerikaner Kleitmann prüfte 1953 zusammen mit seinem Schüler Aserinsky mittels Ableitung von Aktionsströmen der Augenmuskeln Angaben eines Augenarztes nach, der bei Schlafenden unter den geschlossenen Augenlidern langsame Bewegungen der Augäpfel wahrgenommen hatte. Die beiden Forscher konnten diese Befunde nicht nur bestätigen, sondern entdeckten außerdem plötzlich eintretende und nach 5—40 Minuten wieder verschwindende Phasen rascher Augenbewegungen. Letztere glichen den Augenbewegungen bei der optischen

Wahrnehmung bewegter Vorgänge und führten zu dem Schluß, daß der Schläfer während dieser Phase mit raschen Augenbewegungen – rapid eye-movements – optische Innenwahrnehmungen hatte, also träumte.

Diese Vermutung wurde durch systematische Weckversuche bestätigt, wonach die Versuchsschläfer, wenn sie während dieser rapid eye-movements, abgekürzt R.E.M.-Phasen, geweckt wurden, unmittelbar die letzten Teile eines Traumes wieder erzählen konnten, während dies nach einem Wecken in der Zwischenphase mit langsamen Augenbewegungen, slow eye-movements, S.E.M., nicht der Fall war. Es zeigte sich, daß die Reproduzierbarkeit des gerade gehabten Traumes sehr rasch – innerhalb von 3–5 Minuten – nach Beendigung der R.E.M.-Phasen abnahm.

Das erste überraschende Ergebnis dieser Forschungen war, daß alle Versuchspersonen, die während oder unmittelbar nach Beendigung einer R.E.M.-Phase geweckt wurden, einen Traum erinnern konnten, das heißt auch diejenigen, die vorher angegeben hatten, bisher niemals in ihrem Leben geträumt zu haben. Man muß deshalb korrekterweise jetzt zwischen guten und schlechten Traumerinnerern unterscheiden und nicht mehr zwischen Träumern und Nicht-Träumern. Denn es steht jetzt mit Sicherheit fest, daß alle Menschen jede Nacht träumen.

Die experimentelle Traumforschung, welche durch zusätzliche Ableitungen der Hirnaktionsströme mittels des Elektroencephalographen, durch die Registrierung der Muskelaktionsströme in den Sprech- und Gliedmaßenmuskeln, der Hauttemperatur, Durchblutung und Schweißabsonderung in verschiedensten Körperregionen und die Messung der Puls- und Atemfrequenz erweitert wurde, hat in den folgenden Jahren zu wichtigen wissenschaftlichen Erkenntnissen geführt:

1. Der Nachtschlaf des Menschen vollzieht sich nach einem biologischen Rhythmus, wonach zwischen Phasen tieferen und überwiegend traumlosen Schlafes 4–6 Phasen mit Merkmalen veränderter Körperfunktionen und gesteigerter psychischer Aktivität hervorragen. Letztere sind mit den R.E.M.-Phasen identisch. Auf körperlichem Gebiet sind erhöhter Pulsschlag, erhöhter Spannungszustand der Sprach- und Extremitätenmuskeln, verringerter Spannungszustand der mimischen und Nackenmuskeln, beim Manne Steifwerden des Gliedes und bei der Frau verstärkte Durchblutung der Klitoris festzustellen. Die psychische Seite dieses veränderten Zustandes besteht in einer intensiven Traumtätigkeit.

2. Die biologische Notwendigkeit eines ungestörten Ablaufes dieser 4–6 nächtlichen Traumperioden geht aus den schweren psychischen Störungen hervor, die regelmäßig dann auftreten, wenn Versuchsschläfer gewaltsam am Träumen gehindert wurden, indem sie nach dem Beginn einer R.E.M.-Phase geweckt wurden. Die dann auftretenden Störungen äußerten sich in Halluzinationen, Angst und Unruhe. Sie verschwanden wieder, wenn die Betreffenden wieder träumen konnten. Daß dann das Versäumte nachgeholt wurde, zeigte sich darin, daß die Traumphasen vorübergehend längere Zeit anhielten und zeitlich in dichterer Folge auftraten.

3. Bei der systematischen inhaltlichen Untersuchung der Träume von Gesunden und zusätzlich solcher von Neurotikern, ein erst in den Anfängen stehendes Forschungsanliegen, hat sich gezeigt, daß die Träume von Neurotikern länger dauern als die von Gesunden und daß ihre Inhalte in einem nachweisbaren qualitativen Zusammenhang mit den Triebkonflikten der träumenden Personen stehen.

4. Auch die Bedeutung der Tagesreste für die Gestaltung des Traumgeschehens ist von der experimentellen Traumforschung bestätigt worden.

5. Die halluzinatorischen Vorgänge im Traum beanspruchen im wesentlichen die gleichen Zeiten wie dieselben Vorgänge, wenn sie sich in der wachen Tagesrealität abspielen würden. Die von einigen früheren Traumforschern geäußerte Vermutung, daß sich in Wirklichkeit stundenlang dauernde Vorgänge im Traume auf wenige Sekunden komprimieren würden, ist damit widerlegt worden.

6. Schließlich haben die Traumexperimente es wahrscheinlich gemacht, daß dem Traum eine wichtige zusätzliche Funktion zufällt, nämlich die einer Erhaltung und Übung der Gedächtnis- und Erinnerungsfähigkeiten.

Die regelmäßig mit Träumen einhergehenden, jede Nacht bei jedem Menschen mehrmals einsetzenden biologischen Phasen veränderter Funktion des Organismus werden psychologisch in der Weise benutzt, daß während dieser Phasen ein triebdynamischer Ausgleich durch halluzinatorische Ersatzhandlungen stattfindet. Gleichzeitig werden während der Träume und mit Hilfe der Träume die während unseres wachen, realitätsbezogenen, vernünftigen Tagesdenkens behinderten seelischen Kräfte der Erinnerung und der schöpferischen, unserer Selbsterneuerung und Selbstverwirklichung dienenden Phantasie jedesmal von neuem belebt.

Alexander Mitscherlich
Übertragung

Ohne gefühlshafte wie ohne intellektuelle Erinnerung könnten wir zu keinem Verständnis der Welt kommen. Gebranntes Kind scheut das Feuer. Lustvolles drängt auf Wiederholung, Unlustvolles auf Vermeidung. Die Gefühle, die sich im Umgang mit dem Vater einstellen oder mit dem Geschwister, der Mutter, bahnen eine Erwartungshaltung an, die in der Beziehung zum Lehrer, Kameraden, Geliebten auf Fortsetzung drängt. Spätere affektive Erfahrung libidinöser wie aggressiver Art wird an früherer gemessen. Das gilt auch für sehr allgemeine Beobachtungen, die wir machen. Wenn wir zum Beispiel im Ausland reisen, sind wir zunächst versucht, das abweichende affektive Verhalten der Fremden danach zu beurteilen, wie es sich unserer Erwartungshaltung, unseren Klischees fügt oder ihnen widerspricht. Je elastischer und toleranter wir in unserer Beurteilung und Einstellung sind, desto objektgerechter verhalten wir uns. Wir werden an frühere Erfahrungen erinnert, aber nicht dazu gezwungen, durch einen inneren Mechanismus in uns selbst auf starrer Wiederholung zu beharren.

Vom Anfang unserer Überlegungen an ist es wichtig, an

dem psychischen Vorgang, den wir Übertragung nennen, einen bewußten von einem unbewußten Anteil zu unterscheiden. Erinnern von Erlebnissen und Erfahrungen enthält mehr oder weniger positiven oder negativen Übertragungsaspekt. Was sich aber unter pathologischen Entwicklungsbedingungen herstellt, sind Übertragungsbeziehungen *unkontrollierbarer,* weil unbewußter Art. Hier läuft Übertragung nicht in Lernvorgänge aus, die eine Weiterentwicklung über den ursprünglichen Erfahrungshorizont hinaus bewirken würden; vielmehr setzt sich ein Befriedigungswunsch durch, der alle Weiterentwicklung ignoriert und die Wiederkehr des Gleichen zu erzwingen scheint. Diese Unterbrechung der fortschreitenden Lebensgeschichte eines Individuums durch sein unangemessenes Verlangen, in der Gegenwart wiederholt zu werden, charakterisiert ein Merkmal des psychoanalytischen Begriffs der Übertragung. Die unverständliche Lernunfähigkeit des neurotisch fixierten Individuums rührt von unbewußt bleibenden Übertragungen her.

Übertragung ist zu einem zentralen Begriff der psychoanalytischen Theorie geworden. Infolgedessen liegen zahlreiche Äußerungen zur definierenden Begriffsklärung vor. Eine besonders klare Definition hat Ralph R. Greenson gegeben: „Übertragung ist das Erlebnis von Gefühlen, Triebwahrnehmungen, Attitüden, Phantasien und Abwehrvorgängen, die sich auf eine Person in der Gegenwart beziehen. Es handelt sich aber um eine Wiederholung und Verschiebung von Reaktionen, die sich zuerst in der Kindheit mit einer wichtigen Person dieser Zeit zutrugen. Im Bezug auf die Person der Gegenwart ist die ihr entgegengebrachte Erwartungshaltung jedoch unangemessen."

Wir halten fest, daß wir es schematisiert mit einer allgemeinen Übertragungsneigung und einer spezifischen innerhalb der psychoanalytischen Behandlung zu tun haben. Gemäß unseren Vorerfahrungen erwarten wir von einem Partner der Gegenwart ähnliches Verhalten, wie wir es einstmals (in der kindlichen Prägungsphase) mit einer wichtigen Beziehungsperson dieses Zeitabschnittes erlebt haben.

Neben der stetig sich vollziehenden normalen Übertragung gibt es auch eine pathologische, die ebenfalls an ungezählten Schauplätzen unseres Lebens geschieht und nur in der psychoanalytischen Behandlung eine besondere Aufmerksamkeit erfahren hat. Sie ist ausgezeichnet 1. durch das Unbewußtbleiben des Vorgangs und 2. durch unbeherrschbar heftige oder auffällig fehlende Handlungsimpulse; eine Unangemessenheit, die häufig zu grotesken Situationen führt. Die psychoanalytische Behandlung gibt uns die Möglichkeit zu beobachten, wie der Kranke regrediert, das heißt zurückkehrt zu Szenen und Verhaltensklischees, die er in der frühen Kindheit erworben hat und auf deren Repetition in der Gegenwart er pocht. Dies geschieht, weil der Entwicklungsfluß in Zusammenhang mit solchen Erlebnissen ins Stocken geraten ist. Statt dessen macht sich ein quälender *Wiederholungszwang* geltend.

Anknüpfend an dieses Wort „Wiederholungszwang" müssen wir im Auge behalten, daß psychologische Begriffe sich nur im Kontext mit ihresgleichen, mit anderen Mitgliedern aus der Begriffsfamilie, mit denen sie funktionell verbunden sind, verstehen lassen. Wir haben in dieser kurzen Einleitung in die Begriffsbestimmung der „Übertragung" bereits mehrere solcher Begriffe kennengelernt: die positive (zärtliche) und die negative (aggressive) Übertragung; bewußte und unbewußte Übertragung; und wir werden weiterhin von Übertragungsneurose, von Agieren und Widerstand gegen Veränderungen der Übertragungsqualitäten durch die psychoanalytische Behandlung hören. Das verweist auf ein schwer entwirrbares psychisches Geschehen, und es wird uns nicht erstaunen, daß Freud das psychische Phänomen, daß ein affekterregendes Ereignis der Vergangenheit die Kraft behält, auf seiner Wiederholung mit anderem Partner Jahre, oft Jahrzehnte später zu bestehen, befremdlich gefunden hat. Sobald man freilich zu sehen gelernt hat, wie sich Übertragung geltend macht, wird man für diese Mühe entlohnt, denn sie hat uns Wichtiges zu sagen. Der Patient, erkannte Freud, führt uns in ihr „mit plastischer Deutlichkeit ein wichtiges Stück seiner Lebensgeschichte vor, über das er uns wahrscheinlich sonst nur ungenügend Auskunft gegeben hätte. Er agiert gleichsam vor uns, anstatt uns zu berichten" (S. Freud, Ges. Werke, Bd. XVII, S. 101). Es empfiehlt sich also, zunächst an einem kurzen Beispiel die Verschlungenheit der Vorgänge, die am Übertragungsgeschehen beteiligt sind — oder die Übertragung an ihnen — anzudeuten.

Ein 25jähriger, eher depressiv wirkender junger Mann kommt mit der heute so häufigen Klage, durch Konzentrationsschwäche an erfolgreichem Arbeiten gehindert zu sein. Er hat sich zwar ein akademisches Ziel gesetzt, kommt ihm aber kaum näher. Er verdient seinen Lebensunterhalt als Kraftfahrer. Seine Selbstdarstellung beginnt er mit der Beziehung zwischen ihm und seinem Vater, einer strengen, strafenden Figur, die den Sohn in eine ihn bewundernde und fürchtende Position gedrängt hat. Diese Abhängigkeit des Sohnes in der negativ ödipalen Rolle wird noch dadurch verstärkt, daß der Vater nicht nur ihm gegenüber gewalttätig ist, sondern sich (in Situationen, die dem Kind unverständlich bleiben) zu schweren Mißhandlungen der ihm untreuen Mutter hinreißen läßt. Der Vater hatte die Eigenart, spät abends in das Zimmer des Sohnes einzutreten, die Bettdecke aufzuheben und sich zu vergewissern, ob dieser keine Erektion habe. War das jedoch der Fall, mußte er aus dem Bett aufstehen und auf dem kalten Boden stehen, bis die Erektion vorüber war. Vorwürfe gegen die Mutter und das Kind begleiteten die Prozedur. Das Symptom der Konzentrationsschwäche machte sich schon in den frühen Schulklassen bemerkbar. Der Patient brauchte damals ganze Nachmittage zur Erledigung seiner Schularbeiten; die Ermahnungen der Mutter, sich zu beeilen, blieben fruchtlos. Da er nicht arbeiten konnte und auch nicht zu den anderen Kindern auf die Straße durfte, langweilte er sich in seinem einsamen Zimmer und brachte sich deshalb heimlich Spielsachen oder Abenteuerheftchen mit, die er gierig las. Plötzlich riß dann jedoch die Mutter die Türe auf und kontrollierte seine Arbeit. Fand sie Verbotenes, folgten weitere Strafen.

Alles, was später nach „Kontrolle“ roch, weckte im Patienten heftigste Wutphantasien, in denen er Prügelszenen mit Vorgesetzten, Lehrern oder mit ungeschickten Verkehrsteilnehmern tagträumend durchlebte. Obgleich er leidenschaftlicher Gefühle durchaus fähig war, neigte er dazu, Frauen zu verhöhnen, war sich aber dabei dessen keineswegs bewußt, daß er hier das Verhalten des Vaters wiederholte. Die analytische Behandlung zeigte, daß aus der Identifikation mit dem aggressiven Vater stammende Schuldgefühle zur Verinnerlichung der Angstanlässe geführt hatten; der Patient hatte längst die Klagen über seine Unfähigkeit, die er in der Kindheit immer wieder gehört hatte, in sich aufgenommen und gegen sich gewendet. Im Rahmen dieses größeren psychischen Zusammenhanges spielten Übertragungsphänomene eine bedeutende Rolle. Fast alle Absichten und Pläne des Patienten waren von unbewußt bleibender wie von unangemessener Übertragung überschattet. Das hatte zu einer fast totalen Selbstisolierung des Kranken geführt, der sich in seiner Lastwagenkabine so einsam fühlte wie seinerzeit vor den Schulaufgaben in seinem Zimmer. So legte er sich zum Beispiel mit Lehrern (im Dienste irgendeiner „gerechten Sache“) an; das, was echt an seiner Protesthaltung war, wurde jedoch ganz beherrscht von der unbewußten Übertragungssituation, in der es um Rache im Dienste seiner eigenen gerechten Sache als Kind ging. Entsprechend bekam auch der Analytiker, mit voller Wucht gleichsam, die Ambivalenz der Übertragungsgefühle zu verspüren. Er war der Mann, der ihn sexuell erniedrigen wollte; so suchte der Patient Möglichkeiten und Wege, seinem Analytiker nachzuspionieren, in der Hoffnung, die Türe zu dessen geheimen Spielen aufreißen zu können.

Im Rahmen der Übertragung agierte er also aufs heftigste, und schrittweise entwickelte er eine Übertragungsneurose. Das bedeutet, daß langsam nurmehr der Analytiker und die analytische Behandlungsstunde sein Interesse fanden. Dabei durchlebte er die heftigsten Gefühlsschwankungen. Er idealisierte den Analytiker, um ihn nach der Kulminierung dieser Gefühlsseite ebenso heftig zu entwerten und zu verhöhnen. Schrittweise ergab sich die Möglichkeit, dem Patienten eine neue Freiheit zu eröffnen, in der er sich vom Unmaß seiner Gefühle und Gefühlsschwankungen distanzieren konnte. Seine Übertragungsneurose, das heißt also die Konzentration aller Gefühle auf den Analytiker, ergab für diesen und den Patienten die Chance, an zahlreichen monoton sich wiederholenden Verhaltensweisen, die sich einstellten, den Übertragungscharakter aufzuhellen.

Die Übertragung erweist sich also als ein geschichtsbildendes und damit auch persönlichkeitsbildendes psychisches Geschehen, sie hat eine zentrale Bedeutung für unser psychisches Leben. Dem hier skizzierten Patienten gelang es, zwischen sich und seinem Therapeuten ein Arbeitsbündnis herzustellen und auch einzuhalten, mit dessen Hilfe er eine tiefgehende Persönlichkeitsveränderung aus eigener Aktivität erreichen konnte. Er durchschaute seine durch Jahre blind wirksamen Übertragungsmuster und ersetzte sie durch Einsichten in die tatsächlichen Gegebenheiten seines Lebens hier und jetzt.

Am Ende einer solchen therapeutisch nutzbaren Übertragungsneurose steht idealiter ihre Auflösung. Arzt und Patient behalten füreinander jenes bleibende Interesse, das sich bei gemeinsamer fruchtbarer Arbeit herzustellen pflegt. Es bedarf nicht vieler Worte, um zu erklären, daß dieser günstige Ausgang oft nicht erreicht werden kann, und zwar wird dies durch Grenzen verursacht, die auf beiden Seiten liegen können, auf der des Patienten ebenso wie auf der des Therapeuten. Es kann zum Beispiel sein, daß die Traumatisierung eines neurotisch erkrankten Menschen ihn so schwer getroffen hat, daß er von paranoiden Ängsten sich nicht befreien kann und in vielen Situationen des Lebens dementsprechend pathologische Übertragungsbeziehungen entwickelt, in denen er sich verfolgt, verkannt, mißverstanden fühlt und damit natürlich entsprechende Enttäuschungen oder Verwunderungen bei seinen Partnern erweckt. Wie es Eltern gibt, die ihren Kindern die Ablösung schwermachen, gibt es auch Analytiker, denen die Beendigung einer Analyse vergleichbare Schwierigkeiten bereitet.

In diesem Zusammenhang muß aber noch an ein anderes, die Übertragung komplizierendes Vorkommnis erinnert werden, an die pathologische Gegenübertragung des Analytikers auf die Übertragungsangebote seiner Patienten. Dabei ist es verlockend, auch hier an einem Beispiel den Sachverhalt anschaulich zu machen; dies um so mehr, als uns neuerlich ein sehr prominentes Beispiel aus der Pionierzeit der Psychoanalyse zugänglich geworden ist. Es geht um Enttäuschungen, die Carl Gustav Jung hinnehmen mußte. Durch sieben Jahre, von 1906 bis 1914, führten Sigmund Freud und Jung einen intensiven Briefwechsel, der sich hauptsächlich auf die Fragen ihrer Wissenschaft erstreckte. Es ist aber auch sehr viel von ihrer Lebens- und Denkungsart, von ihren aktuellen Problemen mit Patienten in diese Korrespondenz eingegangen. Unter diesen aktuellen Themen tauchte einmal eine Begebenheit auf, die als schmerzliches Beispiel einer außer Kontrolle geratenen ärztlichen Gegenübertragung angesehen werden darf.

Jung berichtete Freud als dem Älteren und Erfahreneren über das schnöde Verhalten zweier seiner Patienten. Beide waren hochintelligent und zunächst mit Jung befreundet; sie waren überdies ärztliche Kollegen. Den Mann diagnostizierte Jung als Zwangsneurotiker, worin ihn auch Freud bestätigte. Außerdem war er in einen schweren Morphinismus geraten und bedurfte einer Entziehungskur. Die Frau hatte Jung vor Jahren nach seiner Schätzung unter „größter Hingabe aus schwerster Neurose herausgerissen". Es bleibt unklar, welcher Art diese Neurose war. Zur Zeit des Briefwechsels scheint die Patientin unter typischen Merkmalen eines hysterischen Charakters gelitten zu haben, für den pathologische Übertragungsleistungen sehr typisch sind. Jung meinte in einem Brief an Freud, die Patientin habe ihm „einen wüsten Skandal ausschließlich deshalb gemacht, weil er auf das Vergnügen verzichtete, ihr ein Kind zu zeugen". Sie scheint sich außerdem, gezielt indiskret, auch als Jungs Geliebte ausgegeben zu haben, was diesen nicht zuletzt angesichts der akademischen Verhältnisse im Jahre 1908 ängstigte und empörte.

Als der Patient und Kollege sich mit einem Behandlungswunsch an Jung wandte, hatte dieser „alles liegenlassen und hatte alle verfügbare Zeit tags und nachts an ihn gewendet, um seine Analyse möglichst zu fördern". Über das Verhalten der Kollegin konnte Jung besonders betroffen sein, weil er in ihr seinen, wie er sagte, psychoanalytischen „Schulfall" erblickt hatte. Außerdem seien seine „Absichten ihr gegenüber immer rein gewesen". Trotzdem diese perfide Rache. Freud antwortet, die Patientin habe Jung „die neurotische Dankbarkeit der Verschmähten kennengelehrt". Was zwang diese beiden Patienten, ihren Therapeuten, der sich so viel Mühe gegeben hatte, „in denkbar verletzender Weise zu enttäuschen"? Hier ist anzumerken, daß junge Analytiker nicht selten, aber auch solche mit langer praktischer Erfahrung, unversehens in ähnliche überraschende Lagen geraten können. Sie erleben dann zunächst einmal recht konkret die Gültigkeit des Spruchs, Undank sei der Welt Lohn. Eine solche Redensart klingt wie eine empirisch gesicherte Wahrheit, klärt uns jedoch in keiner Weise darüber auf, was Menschen dazu zwingt, sich dem Spruch gemäß zu verhalten. Wenn wir hören, was Jung Freud über die beiden mitteilte, dann scheint es in der Tat so etwas wie ein innerer Zwang gewesen so sein, der den einen zur haltlosen Persönlichkeit werden ließ und die andere zu einer Verleumderin, die sehr genau wissen mußte, welchen Schaden sie ihrem Arzt vielleicht zufügen würde. „Keinem von meinen Patienten", klagt Jung, „habe ich dieses Maß an Freundschaft gegeben und von keinem habe ich ähnlichen Schmerz geerntet."

Offensichtlich kann man mit der gewöhnlichen, moralisch wertenden Betrachtung solchen Verhaltens nicht viel über dessen Genese in Erfahrung bringen. Daß die Patientin agiert, vielleicht im Rahmen einer negativen Übertragungsneurose, ist kaum zu bezweifeln. Schwieriger ist es, das süchtige Verhalten des Patienten zu beurteilen. Es könnte sein, daß die „Untreue" dieses Patienten nicht nur oder nicht vorwiegend durch pathologische Übertragung zustande gekommen, sondern der Ausdruck einer narzißtischen Neurose war. Sie ist vorzüglich dadurch charakterisiert, daß dem Patienten die Herstellung von Übertragungsbeziehungen, auch wenn sie pathologisch deformiert sind, nicht gelingen will. Erfahrungsgemäß kann nichts solche Patienten binden, können sie die angebotene Hilfe nicht festhalten. Trotz der enormen Mühe des Therapeuten, trotz der äußerst intensiven Kooperation zwischen Arzt und Patient ist bei solchen Patienten alle Liebesmüh' vergebens, sobald dieser

Zwang – eine offenbar unerreichbare Befriedigung suchen zu müssen – seine Stimme erhebt. Es ist ein dumpfer Zwang, dem intellektuelle Argumente immer wieder Vorspann leisten müssen. Der unbewußte Widerstand des Patienten stellt sich bei diesen narzißtischen Neurosen letztlich als unangreifbar heraus.

Der Unterschied zwischen Übertragungsneurosen und narzißtischen Neurosen, in denen der Patient letztlich nur für sich selbst Interesse aufbringt, war in der damaligen Zeit, als diese Briefe geschrieben wurden, noch nicht klar genug erarbeitet. Aber diese Differenzierung ist hier nicht der springende Punkt. Wir müssen uns vielmehr korrespondierend zu dem agierenden Übertragungsverhalten der Patienten fragen, welche Gegenübertragung agierte eigentlich Jung? Das Unangemessene seiner Bemühung, das übergroße Opfer, das er bringt, die tiefe Enttäuschung, die ihm die Patienten bereiten, machen uns klar, daß auch er in einem ihm verborgenen pathologischen Übertragungsvorgang befangen ist.

Wir können nicht beabsichtigen, inhaltliche Spekulationen anzustellen, können jedoch die wichtige Tatsache festhalten, daß ärztliches Verhalten, und zwar in bestem Sinn hingebungsvolles Verhalten, nicht den erwarteten Erfolg erzielt, sondern im Gegenteil, daß das neurotische Verhalten der Patienten mit dem des Arztes verwoben wird. Dabei behält der Widerstand des Kranken die Oberhand. Der Arzt agiert die Helferrolle, der Patient jene Figur seiner Biographie, die einen nachhaltig traumatischen Einfluß auf ihn ausgeübt hat. Der Heilungsweg ist freilich durch den Wiederholungszwang blockiert; der Patient agiert, statt sich zu erinnern, womit dem Selbstverständnis kein Weg geebnet ist. Die unbewußten Rachewünsche des Patienten werden in symbolischer Verschlüsselung am Therapeuten ausagiert, während der Arzt seinerseits bemüht ist, seinen Omnipotenzphantasien durch einen wahren furor sanandi – eine wahre Heilungswut – sichtliche Geltung zu verschaffen.

Eine solche Episode, die mit so bitteren Enttäuschungen endet, bestätigt uns nebenbei die Notwendigkeit sorgfältiger psychoanalytischer Ausbildung für den Therapeuten, um ihn durch eigene Analyse mit seinen Komplexen bekannt zu machen, so daß er in der Lage ist, rechtzeitig Übertragungsverliebtheiten, Omnipotenzphantasien und ähnliches wahrzunehmen und diese Gefühle auf die ihnen angemessenen Dimensionen zu reduzieren.

Der Hinweis auf die notwendige Lehranalyse des Arztes wird auch den Laien beruhigen können; denn als potentieller

Patient wird er dazu neigen, die Psychoanalyse jetzt der Entzauberung einer menschlichen Tugend, nämlich der ärztlichen Hilfsbereitschaft, zu bezichtigen. Gegen diese Tugend wird gewiß niemand Einspruch erheben. Freilich kann sie manchmal ganz anders motiviert sein, als es sich in der Selbstwahrnehmung des Arztes darstellt, der im Gegenteil mit seinen Konzessionen und außergewöhnlichen Bevorzugungen einzelner Patienten diesen keinen so guten Dienst erweist, wie es zunächst den Anschein hat. Die Übertragungsproblematik ist eben ein Teil der unbewußten Problematik menschlichen Handelns. In ihm begegnen sich die einander rivalisierenden Triebwünsche, Erwartungshaltungen, Arrangements und welcherlei strategische Waffen es noch im Bereich unbewußter Triebwünsche, die auf Erfüllung hoffen, gibt.

Das Wort „unbewußt" spricht sich leicht aus, ganz allgemein und auch spezifisch im Rahmen unseres Themas als unbewußte Übertragung. Wie unterscheidet sich eigentlich unbewußte Übertragung von der, die uns bewußt ist oder jederzeit bewußt werden könnte? In seiner bewundernswert einfachen Sprache hat Freud diesen Unterschied in wenigen Sätzen dargestellt. In dem kurzen Essay „Erinnern, Wiederholen, Durcharbeiten" schreibt er: „Der Analysierte erzählt nicht, er erinnere sich, daß er trotzig und ungläubig gegen die Autorität der Eltern gewesen sei, sondern er benimmt sich in solcher Weise gegen den Arzt. Er erinnert nicht, daß er in seiner infantilen Sexualforschung rat- und hilflos steckengeblieben ist, sondern er bringt einen Haufen verworrener Träume und Einfälle vor, jammert, daß ihm nichts gelinge, und stellt es als sein Schicksal hin, niemals eine Unternehmung zu Ende zu führen. Er erinnert nicht, daß er sich gewisser Sexualbetätigungen intensiv geschämt und ihre Entdeckung gefürchtet hat, sondern er zeigt, daß er sich der Behandlung schämt, der er sich jetzt unterzogen hat, und sucht diese vor allen geheimzuhalten usf." Mit andere Worten: „Der Anlysierte *erinnere* überhaupt nichts von dem Vergessenen und Verdrängten, sondern er agiere es. Er reproduziert es nicht als Erinnerung, sondern als Tat. Er *wiederholt* es, ohne natürlich zu wissen, daß er es wiederholt." Mit dieser Übersetzungstat, die Sprache des unbewußten Agierens zu dechiffrieren, hat Freud ein gewaltiges Stück Neuland unserem psychischen Selbstverständnis frei gemacht. Er hat sich aber auch, nebenbei bemerkt, eines Frevels gegen das herkömmliche „väterliche" Selbstverständnis des Arztes schuldig gemacht, indem er diesen in gleicher Augenhöhe „erwachsen" mit dem Patienten um das Verständnis der Krankheit ringen läßt, und zwar prinzipiell; es geht nicht ohne die Zusammenarbeit, ohne die Fähigkeit beider, die Sprache des Unbewußten zu verstehen. Ein Arzt, der sie selbst nicht beherrscht, kann sie seine Patienten nicht lehren.

Im Zusammenhang mit der Differenzierung unbewußter und bewußter Übertragung gelang auch die Entdeckung des Wiederholungszwanges als eines Gegenspielers zum Lustprinzip. Das Übertragungsklischee springt in die Bresche und verweist auf das, was aus neurotischer Sperrung nicht gedacht (im Sinne von: nicht kritisch untersucht) werden darf. An Stelle der kritischen Einsicht wird vom Patienten seinem Klischee entsprechend gehandelt. Mit dieser Aufdeckung eines zweiten Prinzips neben dem Lustprinzip hat Freud überhaupt eine seiner größten theoretischen Leistungen vollbracht.

Da pathologisch bewirkte und wirksame Übertragung und Gegenübertragung unbewußt verlaufen, ist der Wiederholungszwang zunächst gegen das kritische Ich wohl abgesichert. Das Individuum kann auch nicht sich von diesem Zwang einfach ab- und lustvolleren Dingen einfach zuwenden, weil stark libidinös oder aggressiv oder beides, libidinös und aggressiv besetzte Triebwünsche auf Befriedigung drängen.

Übertragung und Wiederholungszwang hängen also aufs innigste zusammen: „Die Übertragung ist selbst nur ein Stück Wiederholung, und die Wiederholung ist die Übertragung einer vergessenen Vergangenheit, nicht nur auf den Arzt, sondern auch auf alle anderen Gebiete der gegenwärtigen Situation." Es muß also das Agieren in der Übertragung durch Erinnern ersetzt werden, aber einfaches intellektuelles Datenerinnern genügt nicht; es muß gelingen, ein Stück realen Lebens heraufzubeschwören und nachzuerleben.

Um noch einmal auf die Formen der pathologischen Übertragung und Gegenübertragung einen Augenblick zurückzukommen: Die Befangenheit des Arztes in seinen Übertragungsreaktionen schadet natürlich der unparteiischen Realitätsanalyse, deren Vorbedingung die freischwebende Aufmerksamkeit des Arztes für *alles* ist, was ihm der Patient anbietet. So stellte sich zum Beispiel heraus, was Jung in überaus sympathischer Offenheit sich und Freud eingesteht, daß er ungeprüfterweise jenes „herumschwirrende Gerücht", sie habe sich als seine Geliebte bezeichnet, übernommen hatte. Er mußte später erfahren, daß die Nachrede gar nicht von ihr selbst stammte. Jung „beklagt die Sünden, die er begangen", und spricht von einer „durch die Angst eingegebenen Schufterei". Wieviel Klatsch des täglichen Lebens mag durch solche unbewußten Übertragungsvorgänge herbeigeführt und als eine Art Kommunikationsgift wirksam werden. Man kann das aus der unangemessenen Heftigkeit, mit der Behauptungen über Personen aufgestellt und als Beschreibung von Realität angeboten und heftig verteidigt werden, ablesen. Eben diese Exaltiertheit gehört zum Wesen des Agierens. Es hat sich gezeigt, daß am Übertragungsvorgang im Laufe der wachsenden psychoanalytischen Erfahrung wesentliche Substrukturen entdeckt werden konnten. Die Unterschiede der bewußten und unbewußten, der positiven und negativen Übertragung, die antagonistische Stellung von Wiederholungszwang und kritisch reflektierter Übertragung, die Bedeutung der Übertragungsneurose für die psychoanalytische Theorie und therapeutische Praxis: das alles zusammengenommen zeigt, daß mit Übertragung ein zentral wichtiges Prinzip zur Erklärung menschlichen Verhaltens in Krisensituationen entdeckt worden war. Freud beschreibt die Lage folgendermaßen: „Der analytische Psychotherapeut hat so einen dreifachen Kampf zu führen, in seinem Inneren gegen die Mächte, welche ihn von dem analytischen Niveau herabziehen möchten. Außerhalb der Analyse gegen die Gegner, die ihm die Bedeutung der sexuellen Triebkräfte bestreiten und es ihm verwehren, sich ihrer in seiner wissenschaftlichen Technik zu bedienen, und in der Analyse gegen seine Patienten, die sich anfangs wie die Gegner gebärden, dann aber die sie beherrschende Überschätzung des Sexuallebens kundgeben und den Arzt mit ihrer sozial ungebändigten Leidenschaftlichkeit gefangennehmen wollen" (S. Freud, Ges. Werke, Bd. X, S. 320).

Werfen wir abschließend noch einmal einen Blick auf den Lastwagenfahrer, von dem wir berichtet haben. Er durchlief in seiner analytischen Behandlung die Phase der vorwiegend positiven Übertragungsneurose, der hochgradigen Idealisierung des Analytikers; erlebte dann auch mit voller Wucht die Wiederkehr seiner brutalen, tagträumerischen Phantasien und bezog den Analytiker auch darin ohne besondere Schonung ein. Als langsam der Gedanke für den Patienten ertragbar wurde, daß sein Vater nicht allmächtig war, im Gegenteil, daß seine Schwäche ihn brutal machte und deshalb unangemessene Reaktionen Vater und Sohn miteinander verbanden, und daß sie dabei Übertragungsklischees, wie sie in ihrer Zeit im Schwange waren, folgten – als er dies alles zu sehen lernte, konnte er sich auch langsam rührender und friedfertiger Szenen im Leben mit den realen Eltern erinnern, sah er zum Beispiel seine Mutter in langen Nachtwachen während schwerer Krankheiten an seinem Bett sitzen. Der Patient lernte es, freundliche Aspekte der Eltern neben den ihn so schwer verstörenden in der Erinnerung festzuhalten und sein einfühlendes Verständnis an die Stelle langgehegter Verachtung treten zu lassen. Mit dem Aufbau realer, einfühlender Objektbeziehungen konnte er zum erstenmal ernsthafte Zukunftspläne machen und sich um ihre Verwirklichung bemühen.

Wie stünde es um die Menschheit, wenn es uns gelänge zu verhindern, daß die Welt in ungehemmtem Wiederholungszwang die gleichen Übertragungsirrtümer begeht? Vorausgesetzt, es gelänge, die schicksalhaften Vorbilder der Kindheit durch eine spätere vorbildliche Affektkultur zu ersetzen und, wo nötig, zu mildern und zu korrigieren.

Heinz Schepank

Unbewußtes

Es gibt eine bewährte Regel für die Formulierung eines Themas. Sie lautet: Durch ein positives Stichwort Interesse aktivieren. Dagegen provozieren die meisten Worte mit der verneinenden Vorsilbe „un“ von vornherein ein lähmendes Unbehagen. Wir wollen trotzdem versuchen, einige mit dem Begriff und dem Problem des Unbewußten zusammenhängende Fragen zu verdeutlichen.

Zum Beginn zwei Beispiele für die Wirkung unbewußter Impulse: Auf einem Kongreß erlebte ich kürzlich den Vortrag eines jungen, engagierten Kollegen. Das Tagungsthema war den Problemen der Weiterbildung zum Facharzt gewidmet, wo es zur Zeit Spannungen gibt zwischen der jungen Generation noch lernender Kollegen einerseits und den als arriviert geltenden Lehrenden. Der Kollege wollte — so war sein bewußtes Erleben, und so stand es auch in seinem Manuskript — den älteren Dozenten durchaus eine gewisse Überlegenheit an Fachkenntnissen zubilligen. In dem Moment verspricht er sich aber und sagt im Ton tiefster Überzeugung etwas von dem „selbstverständlichen Wissensvorsprung der *Lernenden*“. Der ganze Saal bricht in befreiend-schallendes Gelächter aus; die Jüngeren, weil sie spüren, daß ihre wahre Meinung über die starren, unverbesserlichen Autoritäten hier endlich einmal herausgeplatzt ist, und die Älteren, weil sie die uneingestandene Arroganz der noch Lernenden in dieser *Fehlleistung* bestätigt sehen. Der junge Doktor – Assistent an einer Universitätsklinik und in seinem bewußten Erleben und Planen überzeugt, dort etwas hinzulernen zu können – hat hier, selbstverständlich unbeabsichtigt, seiner ihm bis dahin kaum bewußten Meinung Ausdruck verliehen, daß eigentlich er selbst der Wissende sei und die Älteren *von ihm* etwas lernen sollten.

Eine andere auch für den Außenstehenden sehr durchsichtige Fehlleistung: Bei einer Festrede fordert ein soeben neu ernannter Chef seine Mitarbeiter und Kollegen zum Umtrunk auf. Er möchte den emeritierten Amtsvorgänger ehren, seinen eigenen früheren Vorgesetzten, unter dem natürlich alle Beteiligten nicht nur Erfreuliches erlebt hatten. Er will die Kollegen bitten, den Abschieds*schluck* zu nehmen und sagt statt dessen den „Abschieds*schuß*". Daß sich ein nur zu gern erreichtes Abschießen des Pensionierten in diesem Lapsus äußerte, war allen peinlich klar.

Die Kette solcher Versprecher ließe sich beliebig vermehren. Manchmal finden wir sie herzerfrischend komisch, weil die darin enthaltene Meinung uns allen einleuchtet und ein Tabu durchbricht. Gelegentlich bemerkt aber auch nur der tiefenpsychologisch Erfahrene, was die Fehlleistung zu bedeuten hat; und oft benötigt man subtile Kenntnisse über einen Menschen und seine persönlichen Umweltbeziehungen, um eine Fehlleistung interpretieren zu können[2].

Noch eine Überlegung vorweg: Menschen verständigen sich durch die Sprache, deren wesentlicher Bestandteil Begriffe sind. Der Inhalt von Begriffen unterliegt weitgehend einer ungeschriebenen Konvention. Er ist jedoch nicht für ewig festgeschrieben und auch nicht für alle Menschen gleichermaßen verbindlich. Kommunikation ist aber nur möglich, wenn die Gesprächspartner den gebrauchten Wortsymbolen wenigstens annähernd die gleichen Bedeutungen, Erfahrungen und Sinngehalte zuordnen. Wir könnten – als banales Beispiel – zu einer Tomate auch „Apfel" sagen. Täten das alle, wäre diese Umfunktionierung problemlos und leicht zu dechiffrieren. Geht aber ein einzelner Mensch auf den Markt und verlangt einen „Apfel", ohne seine privatsprachliche Umdefinition anzukündigen, so wird er das bekommen, was man üblicherweise unter Apfel versteht, aber nicht das, was er haben will: seine Tomate. – Bei abstrakteren Begriffen ist es nun wesentlich komplizierter, wenn verschiedene Menschen unter ihnen jeweils etwas anderes verstehen. Man denke nur an die Worte: Freiheit, Gerechtigkeit oder Liebe. Besonders verwirrend kann es sein, wenn jemand zum Beispiel in einer wissenschaftlichen Abhandlung den gleichen Begriff mehrmals, aber in verschiedenartigen Bedeutungen verwendet, ohne das jeweils anzukündigen. Gerade so etwas geschieht häufig mit dem Begriffspaar „bewußt" und „unbewußt". Ich will deshalb im folgenden zuerst einige gebräuchliche Anwendungen des Begriffes „bewußt" oder „Bewußtsein" aufzählen und möchte dann vier sehr unterschiedliche Inhaltsbestimmungen des Begriffes „das Unbewußte" geben, um schließlich die wesentlichste Theorie des Unbewußten, die psychoanalytische, zu verdeutlichen.

Es gibt übrigens einflußreiche psychologische Richtungen, die den Begriff des Unbewußten pauschal ablehnen; ja einige psychologische Schulmeinungen kapitulieren sogar vor der Unsicherheit, die mit dem Wort „Bewußtsein" verbunden ist, und verzichten in ihrer Theoriebildung auch auf diesen Terminus, zum Beispiel der frühe Behaviorismus. Er ließ nur das äußerlich beobachtbare, vermeintlich objektive Verhalten des Menschen und besonders des Tieres als wissenschaftlich diskutabel gelten; alle psychischen Tatbestände, die aus der Selbstbesinnung und aus der Eigenbeobachtung eines Menschen gewonnen sind, lehnt der klassische Behaviorist als mentalistisch ab.

„Unbewußtes" wird *bewußt* zunächst negativ definiert, nämlich als das, was „nicht bewußt" ist. Es bedarf deshalb einer eingehenden Klärung dessen, was man als *bewußt* bezeichnet. Wissenschaftler haben mehr als zehn verschiedene Bedeutungen des Begriffes „bewußt" beschrieben[4]: zum Beispiel bedeutet bewußt soviel wie *wach*, einen seelischen Zustand, an den man sich jederzeit zurückerinnern kann. Man nimmt mit seinen Sinnesorganen die Reize der Umwelt wahr und reagiert auf sie.

Weitgehend ausgeschaltet ist das Bewußtsein während des normalen Schlafes. In diesem Zustand kann der Mensch nicht frei über seine Antriebs- und Willenskräfte verfügen, seine Wahrnehmung der Umwelt ist stark reduziert; auch weiß er hinterher nicht, welche äußeren Vorgänge sich während des Schlafes in seiner näheren Umgebung abgespielt haben. Durch starke Weckreize ist er wieder in den Zustand der vollwachen Bewußtheit zu versetzen. – Im Gegensatz dazu ist ein Mensch auch durch stärkste Wahrnehmungsreize nicht zu erwecken, wenn er sich in einer tiefen Bewußtlosigkeit befindet, etwa während einer Gehirnerschütterung, unter einer Narkose, bei einer akuten Alkoholvergiftung oder auch im epileptischen Anfall.

Bewußt nenne ich aber auch einen Zustand angespannter *Aufmerksamkeit* während normaler Wachheit. Man spricht von einem zentralen Bewußtseinsfeld, wenn der Aktivitätsgrad der Wahrnehmungsfunktionen auf einem besonders hohen Niveau liegt und die Außenwahrnehmung oder auch die Erfassung eigener, innerer Vorgänge selektiv und gerichtet ist. Das Gegenteil dieser Art von Bewußtheit wäre eine nur randständige Gelegenheitswahrnehmung, eine quasi zufällige Perzeption, die ungesucht auf jemand zukommt.

Wieder eine andere Bedeutung gibt man dem Wort „bewußt" in *forensischen* Zusammenhängen, also bei der Begutachtung der Zurechnungsfähigkeit eines Menschen im Gefolge einer Straftat. Eine bewußte Handlung heißt hier in der Regel eine „vorsätzliche", „absichtliche"; es wird eine zielgerichtete und willentlich geplante Steuerung des individuellen Verhaltens vermutet. Der Gegensatz wäre etwa eine im Wutaffekt spontan verabreichte Ohrfeige als Entgegnung auf eine unerwartete Beleidigung.

In den Ausdrücken *„Selbstbewußtsein"*, „Persönlichkeitsbewußtsein", „Ichbewußtsein" ist noch etwas anderes angesprochen; nämlich eine emotionale Qualität: die subjektiv befriedigende Integration von Gefühlen, Wahrnehmungen und gedanklichen Konzepten über die eigene Person. Statt von Selbstbewußtsein könnte man auch von einem „positiven Selbstgefühl" sprechen, das sich meist auch im zwischenmenschlichen Verhalten Ausdruck verschafft.

Problematisch erscheint mir folgende Begriffseinengung: Viele Menschen gebrauchen das Wort „bewußt" ausschließlich für ihr *verbal kommunizierbares Erleben.* Es gibt aber zweifellos dumpfe, unklare, schwer beschreibbare Gefühlszustände, die dennoch wach und vollbewußt erlebt werden; nur kann man sie schwer in Worte kleiden. Bewußtheit meint dann eben diese begriffliche und damit auch bessere gedankliche Verfügbarkeit.

Schließlich sei auch noch der im sozialpolitischen Sinnzusammenhang gebrauchte Bewußtseinsbegriff erwähnt. Die marxistische Gesellschaftstheorie fordert etwa ein intensiveres *Klassenbewußtsein* unterprivilegierter Bevölkerungsschichten. Hier ist die Perzeption der eigenen Rolle innerhalb einer Sozietät gemeint. Es schwingt aber auch ein Verhaltensaspekt mit, mindestens die Bereitschaft zur Handlung im Sinne einer interessenbestimmten Veränderung eines bestehenden sozialen Gefüges. Die Negation dieses Bewußtseinsbegriffes wäre wiederum nicht Unbewußtheit, sondern das dann sogenannte „falsche“ Bewußtsein; wobei unter richtig oder falsch nicht logische Kategorien verstanden werden, sondern die Übereinstimmung (bzw. Nichtübereinstimmung) mit den Wertnormen der den Klassenkampf führenden ideologischen Kräfte.

Betrachtet man noch einmal die verschiedenen aufgezählten Bedeutungen des Begriffes „bewußt“, so wird deutlich, daß einige nicht durch das Wort „unbewußt“ zutreffend negiert sind. Unabsichtlich ist zum Beispiel nicht = unbewußt; ein falsches Klassenbewußtsein ist auch nicht ein unbewußter Zustand. Ein Mensch mit einer Gehirnerschütterung ist schlicht bewußtlos; und jemand, der ein zu geringes Selbstbewußtsein hat, kann sich seiner selbst durchaus bewußt sein, nur leidet er unter Selbstunwertgefühlen.

Unbewußtes. Begriffskritik

Bevor wir uns nun direkt den verschiedenen Bedeutungen des Begriffes „unbewußt“ nähern, möchte ich die Gründe reflektieren, warum einige Psychologen ihn überhaupt ablehnen: Sie scheuen einmal seine Unschärfe. Betont rational gesteuerte Menschen ziehen es vielleicht vor, über ungewisse Dinge gar nicht nachzudenken und sie lieber zu ignorieren, als sich mit Annäherungswerten zufriedengeben zu müssen. Ich will nicht als Psychopathologe eine Motivtheorie solchen Verhaltens mancher meiner psychologischen Kollegen entwickeln, sondern auf ein sachliches und logisches Argument eingehen, das mit Recht zur Vorsicht bei der Anwendung des Begriffes „das Unbewußte“ mahnt: Wir haben es hier nämlich mit einem *nonischen Begriff* zu tun, dessen einzige Aussage eine Verneinung ist. Strenggenommen weiß man erst einmal über das Unbewußte mit Sicherheit nur, daß etwas nicht bewußt ist. Auch andere nonische Begriffe wie „das Unsichtbare“ oder „die Null“ werfen dasselbe logische Problem auf. Man kann nur sagen, daß etwas nicht sichtbar ist oder keine Größenordnung hat. Weiter nichts. Wir müssen uns deshalb hüten, solchen Begriffen ganz naiv dingliche Realität beizumessen und etwa zu versuchen, über „das Unsichtbare als solches“ irgend etwas Positives aussagen zu wollen. Das Unsichtbare als „Ding an sich“ gibt es nicht, und es wäre reine Spekulation, beschreiben zu wollen, welche Eigenschaften im einzelnen das Unsichtbare habe, was es alles bewirken könne usw. Genau das taten frühere Philosophen jedoch mit dem Unbewußten und brachten dadurch die Diskussion bei manchen seriösen Wissenschaftlern in Verruf. An dieser Stelle gilt aber folgendes: Zwar ist es erkenntnistheoretisch sinnlos, über „das Unsichtbare an sich" zu reden; es gibt jedoch zweifellos mehr reale Tatbestände als nur die für unser Auge gerade sichtbar wahrnehmbaren. Es gibt ultraviolette und infrarote oder auch Röntgenstrahlen, die unsichtbar und dennoch existent und mit Sicherheit nachweisbar sind. Analog gibt es unbewußte psychische Vorgänge, die man an bestimmten Erscheinungsformen erkennen, quasi sichtbar, bewußt machen und damit aufweisen kann. – Ein weiterer beliebter Fehler gerade beim Umgang mit unklaren Begriffen ist die unbemerkte Anwendung räumlicher oder bildhafter Modellvorstellungen, sogenannter *Metaphern.* Eine bildliche metaphorische Ausdrucksweise ist oft unmittelbar plausibel, nur verführt sie gelegentlich zu unerlaubten, weiterreichenden Schlußfolgerungen: Wenn man beispielsweise das Unbewußte als Kreis an die Tafel malt und konzentrisch darum herum als zweiten Kreis das, was man Bewußtsein nennt, dann darf man daraus weder schlußfolgern, beide Dinge seien rund, noch sie grenzten aneinander oder sie umschlössen sich schalenförmig. Solch eine Metaphorik impliziert übrigens der Ausdruck *Unter*bewußtsein: er legt ein räumliches Schichtenmodell von „oben" und „unten" nahe; Bilder von Eisbergen, die ins Wasser eintauchen, verführen dann zu weiteren Spekulationen. Wir vermeiden diesen Terminus von vornherein.

Wir wollen im folgenden vier Formen des Unbewußten in ihren verschiedenen Bedeutungen beschreiben: das Unbewußte im Gebrauch der Philosophie; das kollektive Unbewußte; das von der Psychoanalyse sogenannte Vorbewußte und das persönliche dynamische Unbewußte im engeren Sinne der Psychoanalyse.

Unbewußtes in der Philosophie

Das Weltbild der *Philosophie* vereinigt Sinndeutung und Selbstreflexion mit Aussagen über die Dinge in dieser Welt, ihre Zusammenhänge und somit auch über die seelischen Vorgänge im Menschen. Ausgehend von der Beobachtung, daß nur ein kleiner Teil der seelischen Vorgänge — und die meisten leiblichen ohnehin nicht — bewußt ablaufen, sah die spätidealistische Philosophie des 19. Jahrhunderts auch den alles bewirkenden Weltgrund als unbewußt an. Insbesondere Eduard von Hartmann, der durch seine Werke als der Philosoph des Unbewußten gilt, bejahte die Existenz eines gemeinsamen metaphysischen Unbewußten, das als den körperlichen und seelischen unbewußten Vorgängen Zugrundeliegendes gedacht wurde. Die Hauptfaktoren dieser metaphysischen Realität, Weltwille und Weltvernunft, haben nach seiner Ansicht den Weltprozeß in Gang gesetzt und erhalten ihn. — Nach dem oben über nonische Begriffe Dargelegten kann man jedoch keine sinnvollen empirischen Aussagen über die weiteren „Eigenschaften" des Unbewußten in diesem eben genannten Sinne machen. Der philosophisch metaphysische Begriff des Unbewußten wird uns deshalb auch nicht weiter beschäftigen. — Er spielt allerdings eine bedeutende Rolle in der Psychologie des 19. Jahrhunderts, die noch wesentlich in der geisteswissenschaftlichen Philosophie verwurzelt war. Ein Teil der akademischen Psychologie des ausgehenden 19. und des beginnenden 20. Jahrhunderts bemühte sich in krassem Gegensatz hierzu um die Übernahme naturwissenschaftlicher Methoden und Kriterien und verzichtete völlig auf spekulative Elemente; durch eine strikte Beschränkung auf Laboratoriumsexperimente engte sie allerdings auch das Beobachtungsfeld für psychische Phänomene extrem ein — oft zum Nachteil ihrer eigenen Erkenntnis.

Kollektives Unbewußtes

Mit einer anderen Bedeutung als in der Philosophie kommt der Begriff des Unbewußten in einer tiefenpsychologischen Richtung vor, in der analytischen Psychologie von C. G. Jung: Es ist das sogenannte *kollektive Unbewußte*. Der Mensch hat als phantasiebegabtes Wesen die Freiheit, in seinem Denken Neues, Irreales, Phantastisches, Wunderbares zu kombinieren. Die Produkte dieser Phantasie sehen wir in der Kunst, in den Mythen und in den spontanen Schöpfungen der Träume jedes Individuums. Ohne daß Völker je miteinander Kontakt hatten, tauchen in ihren tradierten Märchen und Sagen immer wieder Ungeheuer und Heldengestalten, Hexen, Zauberer, Urmütter und andere Figuren auf. Es ist das kollektive Unbewußte, das diese sogenannten Archetypen hervorbringt. Jung sagt: „Der kollektive Teil des Unbewußten umfaßt nicht mehr Inhalte, die für unser individuelles Ich spezifisch sind oder aus persönlichen Erwerbungen stammen, sondern aus der ererbten Möglichkeit psychischen Funktionierens überhaupt, nämlich aus der ererbten Hirnstruktur." Er unterteilt das kollektive Unbewußte in Bezirke, die er sich schalenförmig überlagert denkt, den Bereich der Emotionen und Affekte und den der primitiven Triebe, dessen Inhalte aus der tiefsten, dunkelsten, niemals ganz bewußt zu machenden Mitte unseres Unbewußten elementar hervorbrechen, die ewig unverständlich bleiben, niemals ganz vom Ich assimiliert sind und völlig autonomen Charakter haben[5]. – Kritisch wäre anzumerken, ob es wirklich sinnvoll ist, diesen Tatbestand anthropologischer gemeinsamer Reaktionsmöglichkeiten und Dispositionen mit einem besonderen Begriff, und zwar gerade dem des „kollektiven Unbewußten", zu benennen, anstatt die ursprünglich gemeinten Phänomene nüchtern zu beschreiben. – Jung selbst akzeptiert übrigens ausdrücklich, wie die Psychoanalyse, auch ein persönliches Unbewußtes, das aus individuellen Erinnerungen und verdrängten Erlebnissen besteht. Über die von ihm entwickelte Reizwort-Reaktion-Assoziations-Methode ebenso wie mit Hilfe der Trauminterpretation finden wir Zugang zu diesem individuellen Unbewußten.

Vorbewußtes

Die dritte Form unbewußten seelischen Geschehens ist verhältnismäßig einfach darzustellen und auch wissenschaftlich allgemein akzeptiert: Nur ein Bruchteil alles dessen, was wir wissen, ist uns in diesem Augenblick bewußt. Was wir gelernt haben, ist in unserem Gedächtnis wie in einer Kartei gespeichert. Wir können es prinzipiell jederzeit abrufen, das heißt aus dem unbewußten Zustand aktivieren. Es bedeutet eine Entlastung, nicht ständig alles bewußt verfügbar haben zu müssen. Von der verwirrenden Fülle würden wir erdrückt werden. Auch bestimmte Fertigkeiten, die wir erlernt haben und die dann – einmal gekonnt – vollautomatisch ablaufen, sind unbewußt programmiert, ohne immer erneut ständiger bewußter Kontrolle zu bedürfen: die vielen alltäglichen Handgriffe, die morgendliche Toilette, das Autofahren oder erst recht solche – teils angeborenen, teils frühkindlich mühsam erlernten – Funktionen wie das aufrechte Gehen. Auch biologisch verankerte Automatismen funktionieren meist unbewußt, obgleich einige von ihnen, zum Beispiel die Atmung, prinzipiell bewußtem Erleben und absichtlicher Steuerung zugänglich sind. Das ist kräftesparend: Ich erinnere an das skurrile Gedankenexperiment von dem geistig überforderten Tausendfüßler, der sich eines Tages seiner zahlreichen komplizierten Bewegungen bewußt wird und nun nicht mehr laufen kann, weil er sich mit seinen zahllosen Beinchen verheddert. – Auch folgendes Experiment aus der klassischen Gedächtnispsychologie demonstriert diese Form des Unbewußten: Jemand lernt eine Anzahl bestimmter sinnloser Buchstabenkombinationen auswendig. Bis er diese vollständig beherrscht, braucht er vielleicht 15 Durchgänge, 15 Wiederholungen. Fragt man ihn nun nach einem halben Jahr, dann hat er in der Regel keine oder nur noch sehr wenige dieser Silben in der Erinnerung behalten. Daß dennoch völlig unbewußt Spuren in seinem Gedächtnis geblieben sind, läßt sich folgendermaßen nachweisen: Man gibt ihm erneut dieselben Silben und stellt fest, daß er nunmehr mit wesentlich weniger Wiederholungen, also beispielsweise nur 6 Durchgängen, in der Lage ist, sie zu reproduzieren. Diese sogenannte Ersparnismethode beweist uns die Existenz unbewußter Lernspuren; denn für das Lernen einer Serie anderer ihm völlig unbekannter sinnloser Silben gleichen Schwierigkeitsgrades würde dieser selbe Mensch erneut einen höheren Zeitaufwand benötigen, nämlich wiederum zirka 15 Wiederholungen. – Dieses Unbewußte nannte Freud in Abhebung von dem nun zu erörternden auch das deskriptive Unbewußte oder das *Vorbewußte*. Dabei handelt es sich übrigens um eine raum-zeitliche Metapher.

Dynamisches Unbewußtes

Die Psychoanalyse Sigmund Freuds hat nun einen weiteren eigenständigen Bereich unbewußter Vorgänge beschrieben[3]. Die wesentlichsten Merkmale dieses *dynamischen Unbewußten* sind 1. die spezifische Eigenart seiner Entstehung; 2. seine Inhalte, die mit Wünschen und Triebimpulsen zusammenhängen; 3. die Tatsache, daß diese unbewußten Regungen nicht ohne weiteres in bewußte Vorgänge umwandelbar sind, und 4. – das Wichtigste zuletzt – die speziellen Wirkungen, die wir diesem unbewußten Erleben zuschreiben. Der Psychoanalytiker Schultz-Hencke definiert dieses Unbewußte zusammenfassend als „die Gesamtheit aller Schwererinnerlichkeiten dessen, was einst bewußt erlebt wurde und dann unter besonderen Umständen so sehr dem Vergessen anheim fiel, daß es auf üblichem Wege, bei üblicher Anstrengung, nicht erinnert werden kann. Das neurosenbewirkende Unbewußte ist seiner ursprünglichen Definition nach eindeutig ehemals Bewußtes"[7]. – Wenngleich Freud die Theorie des sogenannten topischen Unbewußten später abgelöst hat durch seine Instanzentheorie des Es, Ich und Über-Ich, sind doch die zu schildernden Vorgänge fundamentale Bestandteile aller psychoanalytischen Arbeitsrichtungen geblieben.

Die Besonderheit der individuellen Entstehungsgeschichte dieser unbewußten Vorgänge besteht in folgendem: Sie waren irgendwann einmal auch bewußt; sie sind jedoch nicht durch einfaches Vergessen im Laufe der Zeit abhanden gekommen, sondern unter besonderen noch zu schildernden Voraussetzungen, meist in der frühen Kindheit, soweit vom bewußten Erleben abgedrängt worden, daß sie nunmehr besonders schwer zugänglich sind und nur an ihren spezifischen Wirkungen erkennbar werden. Zu diesen besonderen Wirkungen gehören die sogenannten Fehlleistungen, gehören die Träume, gehört eine Fülle von seelisch bedingten Erkrankungen, die psychoneurotischen, psychosomatischen und charakterneurotischen Krankheitsmanifestationen[6] sowie auch Charakterbildungen und Einstellungen, wie die unbewußten Übertragungsbeziehungen. Bei genauer Analyse wird das gesamte bewußte Erleben und Verhalten im Normalfall wie bei pathologischen Abweichungen weitgehend von unbewußten Regungen gesteuert. Die Psychoanalyse – verstanden als eine psychopathologische Theorie wie auch als ein psychotherapeutisches Heilverfahren – hat deshalb den unbewußten Vorgängen ganz besondere Aufmerksamkeit gewidmet. Ich will das etwas näher erläutern:

Jedes Kleinkind zeichnet sich durch eine Fülle von triebhaften Bedürfnissen aus, die nach Befriedigung drängen. Die Impulse stehen untereinander im Widerstreit und stoßen vor allem auch auf den Widerstand der äußeren Realität. Befriedigungen müssen aufgeschoben oder es muß Verzicht geleistet werden. Bedürfnisse werden modifiziert, kultiviert; der Mensch lernt sich steuern. Dieser notwendige und langwierige, aber auch leidvolle Sozialisationsprozeß kann während der Kindheitsentwicklung gestört werden[6]. Ein kompliziertes Zusammenspiel von Liebesentzug und Bestrafung wie auch Belohnung, Bestätigung, Zuwendung und Verwöhnung bewirkt Ängstigungen, Versagungen und Tabuisierungen. Bestimmte Wünsche oder Teile von ihnen, etwa ihre Phantasievorstellungen oder ihre motorischen oder Gefühlsanteile, können so weit aus dem bewußten Erleben abgedrängt werden, daß sie dem betreffenden Menschen später nicht mehr ohne weiteres zugänglich sind. Ein in seinem Antriebserleben frühkindlich fehlentwickelter Mensch behauptet als Erwachsener zum Beispiel subjektiv ehrlich, in einer bestimmten Versuchungssituation keine sexuellen Impulse zu verspüren oder einen bestimmten Gegenstand gar nicht besitzen zu wollen, oder er glaubt, daß es ihm wirklich gar nichts ausmache, wenn ein anderer ihm etwas Unfreundliches sagt. Vielleicht merkt solch ein Mensch nur an seinen ständigen Kopfschmerzen – für die der Arzt keine körperliche Ursache finden konnte – oder an einer ihm unverständlichen Schlafstörung seine Unstimmigkeit. Eine Frau, die meint, keine sexuellen Bedürfnisse zu haben, wird oft von ihr unbegreiflichen neurotischen Angstanfällen überwältigt, sobald sie in eine sogenannte Versuchungssituation kommt, wenn sie ein Lokal oder auch nur die offene Straße betritt; ein Bankkassierer, der durch übergroße Bescheidenheit bei seinen Gehaltsforderungen auffällt und sich nicht einmal ein eigenes Taschengeld behält, bekommt aus unerfindlichen Gründen beim Zählen größerer Geldsummen Magenbeschwerden; eine besonders ordentliche und überfürsorgliche Mutter wird von dem sie völlig befremdenden Gedanken überfallen, sie könnte oder müßte ihren eigenen Kindern etwas antun; und überhaupt ängstigt sie jeder spitze Gegenstand, den sie herumliegen sieht, stark.

Alle diese Menschen haben in ihrer Kindheit im Umgang mit ihren damaligen Beziehungspersonen wesentliche Triebimpulse, Wünsche und Phantasien sexueller Art oder ihres Besitzstrebens oder ihrer Geltungs- und aggressiven Bedürfnisse nicht richtig verarbeitet und verdrängt. Unbewußt wirken sie jedoch weiter.

Aber nicht nur neurotische Krankheitserscheinungen sind die Folge unbewußter Konfliktspannungen und verdrängter Erlebnisinhalte. Das Unbewußte spielt auch in vielfältiger Weise in unsere *Alltagsbeziehungen* hinein[2]. Unsere Gefühlseinstellungen und Verhaltensweisen anderen Menschen gegenüber sind zu einem großen Teil von sogenannten unbewußten *Übertragungen* gesteuert: Wir übertragen die in der Frühkindheit gegenüber unseren engsten Beziehungspersonen, den Eltern und Geschwistern, erworbenen Regungen, liebender wie auch aversiver Art, später unbewußt auf andere aktuelle Beziehungspersonen. In der Partnerwahl, im Umgang mit Freunden und Liebespartnern, mit Konkurrenten, Vorgesetzten und Untergebenen, im Alltag beim Geben und Nehmen: immer wird der individuelle Handlungsspielraum durch unbewußt gewordene frühkindliche Vorerfahrungen beeinflußt. – Für den Fall, daß die frühkindlichen Personenbeziehungen abartig waren, etwa durch ungewöhnliche Ängstigungen, ausgeprägte Autoritätsfurcht oder übermäßige Verwöhnungen, können auch unsere späteren zwischenmenschlichen Beziehungen davon beeinträchtigt werden. Komplikationsreich wird das, wenn die Gefühle, Erwartungen und Bedürfnisse, die wir als erwachsene Menschen an unsere Umwelt herantragen, in der Kindheit so deformiert wurden, daß sie mit der jetzt aktuellen Realität nicht übereinstimmen und sich ein Mensch – das ist das Tragische – der Ursache dieser Dissonanzen nicht einmal bewußt ist.

Die Wirksamkeit des unbewußten Antriebserlebens äußert sich besonders deutlich auch in den nächtlichen *Traumbildern.* Der Traum ist nicht *das* Unbewußte, denn wir können ihn ja bei einiger Bemühung erinnern. Der Traum ist aber, wie Sigmund Freud sagte, die via regia, also der königliche Weg *zum* Unbewußten[1]. Der Traum ist das Phantasie-Endprodukt unbewußter Strebungen und widerstreitender Impulse. Sie verschaffen sich Ausdruck, nachdem sie durch besondere psychische Mechanismen, etwa die sogenannte Zensur, entstellt worden sind. Der Träumende selbst empfindet seinen Traum deshalb oft als persönlichkeitsfremd, weil das Traumbild durch die kombinatorische Phantasie, durch Zeit- und Personenverschiebungen, Symbolisierungsvorgänge und andere Mechanismen des sogenannten Primärprozesses seinem Wacherleben nicht mehr entspricht. – Die Wirkung unbewußter Regungen an der Entstehung von *Fehlleistungen*[2], wie ich sie anfangs beispielhaft schilderte, kann man fast täglich beobachten. Dazu gehören: Versprechen, Verlesen, Versehen, auch Stolpern, bestimmte Formen tendenzgesteuerten Vergessens, beispielsweise das Vergessen zwiespältig erlebter Terminverabredungen; etwas verlieren, verlegen, sich verfahren; aber auch etwa eine für sich oder andere folgenschwere Fehlhandlung, sich verbrühen, verbrennen oder ein falscher Knopfdruck an einem gefährlichen Apparat kann so motiviert sein.

Die unbewußten psychischen Vorgänge mit ihrer geschilderten Dynamik sind meist nur unter großem Zeitaufwand und mit besonderer Mühe in einer sogenannten Selbsterfahrung, einer Eigenanalyse, zu erforschen mit Hilfe bestimmter psychoanalytischer Techniken und unter Assistenz eines geschulten neutralen Beobachters. Auch bei einem gut analysierten, nichtneurotischen Menschen gibt es noch unerschlossene seelische Regionen. Es ist jedoch das vornehme Ziel einer reifen Persönlichkeit, einen gewissen Zugang zu sich selbst zu bekommen, und das bedeutet: zu seinen unbewußten Strebungen, sowohl zum Zweck seines eigenen psychosomatischen Wohlbefindens als auch vor allem mit Rücksicht auf eine ausgewogene Balance der zwischenmenschlichen Beziehungen. Insofern war es nicht nur von akademischem Interesse, wenn wir über den Begriff des Unbewußten nachgedacht und eine Klärung versucht haben.

[1] FREUD, S.: Die Traumdeutung. Gesammelte Werke Imago (1900), London/S. Fischer, Frankfurt, Bd. II/III.
[2] Ders.: Zur Psychopathologie des Alltagslebens (1904). Eben dort. Bd. IV.
[3] Ders.: Das Unbewußte (1913). Eben dort. Bd. X, S. 264—303.
[4] GRAUMANN, C. F.: Bewußtsein und Bewußtheit. Hdb. der Psychologie, Bd. 1/1. Hogrefe, Göttingen 1966.
[5] JACOBY, J.: Die Psychologie von C. G. Jung. Rascher, Zürich 1959.
[6] SCHEPANK, H.: Erb- und Umweltfaktoren bei Neurosen. Springer, Berlin-Heidelberg-New York 1974.
[7] SCHULTZ-HENCKE, H.: Die psychoanalytische Begriffswelt. Verl. f. Med. Psychologie, Göttingen 1972.

Hans-Jürgen Seeberger
Verdrängung

Mit dem Begriff der Verdrängung bezeichnet man in der Psychoanalyse eine bestimmte Gruppe von innerseelischen Abwehrvorgängen. Die Funktion der Verdrängung besteht darin, Phantasien, Erinnerungen und Gedankeninhalte, die als unerlaubt, gefährlich, peinlich und angsterregend erlebt werden, aus dem bewußten Wahrnehmungsakt auszuschließen.

Wie das möglich ist, welche Schicksale diese verdrängten seelischen Inhalte haben, wie sie mit anderen als verwandt erlebten Vorstellungen verknüpft werden, wie sie sich verändern, um schließlich doch noch einen Weg in das Bewußtsein zu finden, welche Gegenkräfte mobilisiert werden, woher sie kommen, wie sie entstehen, gehört zu den frühesten und wichtigsten Entdeckungen Sigmund Freuds, des Begründers der Psychoanalyse.

Ich möchte Sie anhand einiger Episoden aus der Lebensgeschichte einer jungen Frau in den vielschichtigen Prozeß der Verdrängung einführen. Diese Frau kam zu uns in die Sprechstunde, weil sie an unerklärlichen Ängsten litt. Sie werden Verständnis dafür haben, daß ich die Personalien der Patientin so verändert habe, daß etwaige Ähnlichkeiten mit bestimmten Personen von rein zufälliger Natur sind. Aber es ist kein Zufall, wenn Sie sich selbst in dieser Lebensgeschichte wiederfinden; denn wir alle kennen ähnliche Erlebnisse und Phantasien, die uns Angst gemacht haben. Es ist uns nicht immer gelungen, sie umzuformen oder zu verdrängen. Manche von ihnen bedrängen uns als aus dem Unbewußten aufbrechende Gefühlseinstellungen und mischen sich wie selbstverständlich unserem bewußten Denken und Handeln bei.

Die junge Frau, von der ich jetzt berichten will, war, als sie zu uns in Behandlung kam, sieben Jahre verheiratet. Sie hatte damals eine sechs Jahre alte Tochter, ihre Ehe bezeichnete sie als gut. Ihr Mann war ein sehr ruhiger, wenig gesprächiger Mensch, der ihr ein aufmerksamer Ehemann und seiner Tochter ein guter Vater war. Ihre Ängste traten immer dann auf. wenn sie allein in die Stadt gehen wollte. In Begleitung ihrer Angehörigen konnte sie diese Angstzustände auf der Straße meistern. Sie berichtete uns, daß ihre Ängste zum erstenmal vor etwa drei Monaten, kurz vor dem Weihnachtsfest, aufgetreten waren, und zwar, als sie für ihre Tochter allein Weihnachtseinkäufe machen wollte. Was aber in jenen Tagen vor dem Weihnachtsfest geschehen war, was sie so aus dem Gleichgewicht gebracht hatte, konnte sie uns nicht erklären.

Nun hat die psychoanalytische Behandlung die Aufgabe, die verschlungenen Wege des unbewußten Verdrängungsprozesses und der damit im Bewußten verknüpften Symptome aufzudecken, die dabei als widersprüchlich erlebten Erinnerungen und Vorstellungen wieder bewußt zu machen, um im psychoanalytischen Prozeß, das heißt unter einem verminderten Verdrängungsdruck einsichtsvolle, realitätsgerechte Korrekturen an den so angsterregenden Vorstellungen zu ermöglichen.

Während der psychoanalytischen Behandlung der Patientin stellte sich nun folgendes heraus: Seit frühester Jugend war sie mit dem Sohn aus dem Nachbarhaus eng befreundet. Als Kinder hatten sie zusammen gespielt, später gemeinsam die Tanzstunde besucht. Es war eigentlich für alle klar, daß die beiden zusammenbleiben würden. Dann aber verließ der junge Mann seine Heimatstadt; sie sahen sich nur noch in den Ferien, und die Briefe wurden immer seltener. Eines Tages erfuhr unsere Patientin, daß er sich in einer anderen Stadt verheiratet hatte. Das war für sie eine herbe Enttäuschung. Sie brauchte eine gewisse Zeit, ehe sie wieder unter Menschen ging. Schließlich lernte sie ihren jetzigen Ehemann kennen. Ihr gefiel seine ruhige, gleichmäßige Art, seine strebsame Zuverlässigkeit. Sie nahm seinen Heiratsantrag an. Ihre Ehe hatte keine besonderen Höhen, aber auch keine unberechenbaren Tiefen. In jener Vorweihnachtszeit, in der ihre ersten Angstzustände auftraten, traf sie plötzlich ihren Jugendfreund wieder. Man wechselte ein paar belanglose Worte und überließ es eigentlich dem Zufall, ob man sich wiedersehen würde. Unsere Patientin ertappte sich dabei, daß sie eigentlich den Zufall herbeiwünschte. Nun, Zufälle lassen sich arrangieren; man traf sich also wieder, ging ein paar Schritte gemeinsam und trank eine Tasse Kaffee zusamsammen. Als sie ihrem Freund in den nächsten Tagen wieder einmal auf der Straße begegnete und mit ihm ein paar Worte wechselte, bemerkte sie auf der anderen Straßenseite ihren Mann, der eilig einer Verabredung entgegenstrebte. Man grüßte sich höflich über die Straße, denn die beiden Männer kannten sich aus ihrer Jugend. Danach kam das Gespräch zwischen der Patientin und ihrem Freund nicht mehr in Gang, sie verabschiedete sich eilig. In der kommenden Zeit war der Ehemann abends häufiger aus dem Haus als gewöhnlich. Obwohl die Patientin wußte, daß sich bei ihm abendliche berufliche Besprechungen nicht vermeiden ließen, hatte sie im geheimen Angst, er würde sie allein lassen, weil er ihr Zusammentreffen mit ihrem Jugendfreund mißbilligte. Als der Ehemann sie dann noch bat, in diesem Jahr für ihre Tochter allein Weihnachtseinkäufe zu machen, weil er wirklich beruflich unabkömmlich war, entwickelten sich jene Angstzustände, die uns die Patientin schilderte.

Man könnte nach dem bisher Berichteten meinen, daß die Patientin wegen ihres als verboten erlebten Tuns eine Angst entwickelt hat, die ihre Herkunft aus dem Gewissen nicht leugnen kann, hat sie doch verhindert, daß das Zusammentreffen mit ihrem Freund sich wiederholte. Das Gewissen hätte so gründlich gewirkt, daß die Patientin sich nicht einmal zu Beginn der Behandlung an die auslösende Situation ihrer Angst erinnern konnte. Es bleibt aber unverständlich, warum diese Angst noch lange Zeit, nachdem der Freund die Stadt längst wieder verlassen hatte, anhielt.

Um Ihnen das Verhalten der jungen Frau verständlicher zu machen, will ich Sie über einige Eigentümlichkeiten des menschlichen Gewissens informieren. Die Psychoanalyse hat folgende überraschende Entdeckungen gemacht: Der kindliche Kern des Gewissens ist das Ergebnis von konfliktreichen Auseinandersetzungen zwischen angeborenen Triebbedürfnissen, die nach unmittelbarer Befriedigung drängen, und den Forderungen, die das unausweichliche Zusammenleben in der Familie an die Kinder stellt. Dabei spielt der Abwehrmechanismus der Verdrängung eine entscheidende Rolle. Die Lebensphase, in der sich die ersten stabilen Organisationsformen des Gewissens bilden, beginnt etwa im dritten Lebensjahr und ist mit dem Eintritt in das Schulalter abgeschlossen. Die Grundbedürfnisse, von denen hier die Rede ist, basieren auf zwei Trieben und den von ihnen abgeleiteten Wünschen. Den einen dieser Triebe kann man als das Bedürfnis, das nach Einheit drängt, beschreiben. Freud nannte ihn Eros, seine energetische Komponente Libido, weil dieses Bedürfnis die Voraussetzung dafür ist, daß Menschen lieben können. Der andere dieser Triebe ist jene Kraft im innerseelischen Gefüge, die nach Trennung drängt und damit Einheiten zerstört. Weil die destruktive Tendenz in dieser Kraft oft dominiert, nennt man diesen Trieb Destrudo und seine energetische Komponente Aggressivität. Beide sich widerstrebenden Triebe müssen sich gegenseitig so steuern, daß die leib-seelische Harmonie, das psycho-soziale Wohlbefinden nicht gefährdet ist.

In der Entwicklungsphase, in der das kleine Kind ohne fremde Hilfe überall hinlaufen kann, weil die kleinen Beine seinen Körper sicher zu tragen gelernt haben, entwickelt sich das Bedürfnis, mit seinem kindlichen Körper überall einzudringen, um dabeizusein. Das ist das Alter, in dem die Kinder jede Tür aufmachen, wenn man es ihnen nicht verwehrt. In dieser Lebensphase wird nun der Wunsch nach liebevoller Einheit mit libidinösen Empfindungen in den genitalen Zonen verknüpft und damit auch die infantile Grundlage für die spätere Fähigkeit des Menschen ausgebildet, sexuelle Bindungen eingehen zu können. Der Wunsch nach genitaler Vereinigung kann in diesem Alter nur ein Ahnen des Kommenden sein, weil er biologisch nicht realisierbar ist. So manifestiert sich der Wunsch besonders in phantasievollen Spielen auf kindlichen Bühnen. Aber die Phantasie reicht nicht aus, um die neuen lustvoll drängenden Leibreize, die man begreifen, aber nicht befriedigen kann, zum Schweigen zu bringen. Unbefriedigte Triebwünsche machen Angst. So erhält der Wunsch nach libidinöser Einheit mit den in der Kindheit wichtigen Personen – das sind vor allem die Mutter und der Vater – eine Beimischung von angstbesetzten Gefühlen und Ahnungen, die durch die Ablehnung der Eltern, sich in diese Spiele mit einbeziehen zu lassen, ja sie überhaupt zu erlauben, noch verstärkt werden. Es entwickeln sich aggressiv besetzte Phantasien, die projektiv, das heißt nach dem Gesetz

„Auge um Auge, Zahn um Zahn" als äußere Bedrohung erlebt werden. So können Vater und Mutter zu gefährlichen Rivalen oder zu unberechenbaren Verrätern werden. Es ist der Lebensabschnitt, den Freud nach dem Mythos vom Ödipus Rex den Ödipus-Komplex genannt hat. Die Angst der Kinder, für ihre phantastischen Wünsche und verbotenen Vorstellungen bestraft zu werden, und das unbedingte Bedürfnis nach sichernder Geborgenheit, das ja alle Initiative der Kinder in diesem Alter letzthin bestimmt, zwingen sie dazu, sich selbst den Weg zur Realisierung ihrer Vorstellungen zu versperren. In der Identifikation mit den Verboten und Geboten der Eltern verhalten sich die Kinder so, als ob diese immer gegenwärtig seien. Sie statten das Bild der allgegenwärtigen Person des elterlichen Kontrolleurs mit allen Möglichkeiten der Autorität aus, wie sie diese bei Erwachsenen erlebt haben und sich wünschen. Damit bildet sich aus den Verinnerlichungen mit den elterlichen Verboten und Geboten jenes Wirkzentrum im seelischen Gefüge heraus, das die Psychoanalyse das „Über-Ich" nennt. Das „Über-Ich" ist der kindliche Kern des Gewissens mit den Fähigkeiten der Selbstbeobachtung, der Selbstbewertung und der Selbstbestrafung. Es hat ebenso bewußte wie unbewußte Anteile. Die Strafen, die das kindliche Gewissen androht, leiten sich ab aus den Erlebnissen über elterliche Strafen oder was die Kinder als solches gedeutet haben. Die Verinnerlichung der elterlichen Verbote führt dazu, daß sich Phantasie und Wirklichkeit als eigene, voneinander getrennte Dimensionen zu differenzieren beginnen. Von nun an entscheidet das Über-Ich, inwieweit Wunschphantasien in das Bewußtsein eindringen dürfen. Wir wissen, daß das Gewissen immer einen kindlichen Kern behält, das heißt: das Gewissen von Erwachsenen kann auch nicht immer sicher unterscheiden, ob eine Vorstellung eine reine Wunschphantasie oder bereits zu einem Gedankeninhalt geworden ist, der absichtsvolles Planen im Denkakt vorwegnimmt. So kann das Über-Ich bereits Gefahren bei Vorstellungen vermuten, die nicht einmal das Bewußtsein erreicht haben, und dementsprechende verdrängende Maßnahmen einleiten.

Ich möchte, um die Tätigkeit der verdrängenden Kräfte und ihr Verhältnis zu den abwehrenden Wünschen verständlicher zu machen, dieses in einem Bild verdeutlichen. Man kann die Tätigkeit des Über-Ich mit einer Grenzstation vergleichen, an der Reisende, die von einem Land ins andere fahren, kontrolliert werden. Da gibt es harmlose Touristen, die eine bestimmte Menge von zu deklarierender Ware mitnehmen dürfen, manchmal nehmen sie auch etwas mehr mit. Dann gehen sie mit Herzklopfen durch den Zoll. Die Zollstation wird auch von Händlern passiert, die ihre Ware offiziell deklarieren und dafür Zoll zahlen. Es kommen aber auch Schmuggler an den Schlagbaum, die entweder als harmlose Touristen oder als seriöse Kaufleute getarnt sind.

Viele Vorstellungen passieren die Grenze zwischen Unbewußtem und Bewußtem wie Touristen. Es gibt aber auch Vorstellungen und Einstellungen, die wie Kaufleute gewissermaßen ihre Ware offen deklarieren und dafür auch Zoll zahlen.

Wenn zum Beispiel der kleine Junge am Ende der Ödipus-Phase zu seiner Mutter sagt: „Wenn ich groß bin, dann will ich so stark wie der Vater sein, und dann heirate ich dich", dann lächelt die Mutter gewährend und beantwortet seine wie selbstverständlich eingeschränkten Zärtlichkeiten vertrauensvoll; oder der Vater streichelt im Gespräch mit seiner kleinen Tochter ihr Haar, sie blickt zu ihm auf und sagt: „Vater, wenn ich groß bin, dann heirate ich dich."

Um im Bild zu bleiben, kann man sagen, die beiden Kinder haben, wie seriöse Kaufleute, ihre Ware deklariert, sie nehmen nur das mit, was erlaubt ist, und zahlen Wartegeld.

Die zunehmende Fähigkeit der Kinder, Wünsche aufzuschieben und umzuformen, läßt die Ängste der Ödipus-Phase in den ersten Schuljahren verblassen. Erst wenn in der Pubertät neue Leibreize den Heranwachsenden bedrängen, entstehen Bedürfnisse von hoher gefühlsmäßiger Intensität, die in das Bewußtsein drängen, ohne daß die Jugendlichen schon über sozial erlaubte sexuelle Befriedigungsformen verfügen können und dürfen. Dann entwickeln sich jene empfindungsgeladenen psychosozialen Reifungskrisen, die die Pubertät charakterisieren.

Da im allgemeinen der Verdrängungsmechanismus bei den Menschen sehr gut funktioniert, haben wir an die frühen Phasen unserer Persönlichkeitsentwicklung, von denen hier die Rede war, kaum eine Erinnerung.

Wir wollen uns nun noch einmal der Lebensgeschichte der jungen Frau zuwenden, die Angst hatte, allein in die Stadt zu gehen. Sie werden mir zustimmen, wenn ich nach dem Vorhergesagten zu dem Schluß komme: Der Schlüssel für die unerklärlichen Angstzustände dieser Frau muß in ihrer Kindheitsentwicklung liegen. Übrigens gilt das für fast alle Neurosen. Wir erfuhren aus ihrer Lebensgeschichte, daß sie in einer intakten Familie aufgewachsen ist. Ihr Vater hatte ein Geschäft in der Stadt. Er liebte seine Frau und seine zwei Kinder; wenn er auch seine Zuneigung in seiner ruhigen und wenig gesprächigen Art nicht so zeigen konnte wie seine lebhafte Frau, die gelegentlich in der Kindererziehung kräftig schimpfen konnte, aber sich ebenso schnell wieder versöhnen ließ. Der Vater dagegen pflegte seinen Unmut über seine Kinder schweigend auszudrücken. Er hatte dabei eine gewisse Art, sie anzusehen, daß sie augenblicklich parierten. Er konnte ihnen aber auch ein guter Kamerad sein, der das Spielzeug zu reparieren verstand und später bei den Schularbeiten half. Bis zu ihrem fünften Lebensjahr war die Patientin das einzige Kind ihrer Eltern. Da die Nachbarn einen gleichaltrigen Sohn hatten, spielten die beiden Kinder von frühester Jugend an miteinander. Es ist für ein Kind nicht leicht, wenn seine Mutter ein Baby erwartet, zumal wenn man, wie die Patientin, bisher die Einzige war. Denn jetzt hatte die Mutter nicht mehr so viel Zeit für sie, und der strenge Blick des Vaters traf sie schneller als gewohnt. Eine beim Spiel zerbrochene Fensterscheibe war der Grund dafür, daß beide Elternpaare ihre Kinder eines Abends aus Strafe früher als üblich ins Bett schickten. Am nächsten Morgen hatte unsere Patientin hohes Fieber; es stellte sich heraus, daß sie an Scharlach erkrankt war. Sie mußte in ein Krankenhaus. Es war das erste Mal, daß sie von ihren Angehörigen getrennt wurde. Sie bekam Angst, als sie sich am Abend in einem Isolierzimmer des Krankenhauses wiederfand. Während des Aufenthaltes in der Kinderklinik kam der Vater zu den Besuchszeiten, denn die Mutter hatte inzwischen ihr Baby bekommen. Obwohl sie ihren Vater nur an der Glasscheibe sehen konnte, war sie doch froh, daß er kam und niemals seinen strengen Blick zeigte, den sie eigentlich erwartet hatte. Wieder zu Hause, wachte sie oft weinend aus schweren Träumen auf, von deren Inhalt sie nichts mehr wußte. Es war meistens der Vater, der sich dann zu seiner Tochter ans Bett setzte und sie tröstend beruhigte, denn die Mutter war mit dem Baby beschäftigt. Als sie in die Schule kam, verloren sich die nächtlichen Angstzustände.

In der psychoanalytischen Behandlung konnte man nun anhand alter Erinnerungen, die in den Träumen und Einfällen der Patientin wieder auftauchten, die Entwicklung ihres kindlichen Über-Ich rekonstruieren. Traumbilder sind direkte Abkömmlinge kindlicher Phantasien. Zeitlos vermischen sich Wünsche und Erfahrungen aus frühester Jugend mit Tagesresten aus jüngster Vergangenheit in der symbolischen Sprache der Traumbilder. Sie sind gewissermaßen Schmuggler, die sich in der Nacht getarnt über die Grenze schleichen. Werden sie aufgespürt, das heißt, wird das Über-Ich mobilisiert, dann wacht man angstvoll auf, nicht selten ohne Erinnerung an das, was man geträumt hat.

In der Ödipus-Phase hatte die Patientin bestimmte ritualisierte Spiele mit ihrem Freund und abends mit ihren Puppen im Bett entwickelt, in denen sie auf ihre Weise die kindliche Sexualität zu meistern suchte. Als die Eltern in Erwartung des Babys mehr als üblich mit sich selbst beschäftigt waren, und als nach der Geschichte mit der Fensterscheibe der unangenehme Krankenhausaufenthalt folgte, da sagte das eben sich entwickelnde „Über-Ich" der Patientin wie die Stimme ihrer Eltern: „Siehst du, wir können alles sehen, was du denkst und tust. Wir wollen deswegen nichts mehr mit dir zu tun haben." Der strenge Blick des Vaters war so gewissermaßen zum strengen Blick des Gewissens geworden. Selbst als die verdrängten kindlichen sexuellen Phantasien in nächtlichen Traumbildern wiederkehrten, lösten sie noch Angstzustände aus. Die wiederholte Erfahrung, daß der Vater sich seiner Tochter gegenüber anders verhielt, als es die Patientin erwartete, trug entscheidend dazu bei, daß die Ödipus-Phase ohne weitere Komplikationen bewältigt wurde.

In den Reifungskrisen der Pubertät blieb sie ihrem Freund zunächst der gute Kamerad der Kindheit. Aber als er mit ihr zu flirten begann, wies sie ihn ebenso ängstlich wie schroff ab, wenn sie auch nachher auf ihre Weise wieder um seine Zuneigung warb. Diese Verhaltensweisen mögen mit dazu geführt haben, daß ihre alte Freundschaft schließlich zerbrach. Es ist nicht von ungefähr, daß sie sich nachher einen Mann aussuchte, der in vielem Ähnlichkeit mit ihrem Vater hatte. Bei ihm fühlte sie sich geborgen. Aber er hatte neben seinem Beruf wenig Interessen. So wurde ihr Leben einförmiger. Sie ertappte sich gelegentlich dabei, daß sie an die Zeiten mit ihrem Jugendfreund zurückdachte. Manchmal sagte sie sich dann, sie sei wohl damals ein rechtes Kind gewesen und würde sich ihm gegenüber heute vielleicht anders verhalten. Als sie ihren Jugendfreund nach so langer Zeit wiedersah, fühlte sie die alte Zuneigung wieder aufbrechen. Als sie jedoch auf der Straße mit ihrem Freund von ihrem Mann gesehen wurde, bekam sie ein schlechtes Gewissen. So geschah es, daß sie das Verhalten ihres Mannes in der Vorweihnachtszeit, ähnlich wie einst das Verhalten ihres Vaters bei der Geburt ihres Bruders, als Strafe für verbotene Wünsche wertete und Angst bekam.

Aber ihr Verhalten während der Krankheit weist noch auf

andere Inhalte hin als nur auf ein einfaches „Nein“ zu den erwünschten Beziehungen zu dem Jugendfreund. Denn in der Reaktivierung jener kindlichen Ängste, die wir aus der Ödipus-Phase der Patientin kennen, ist auch der Appell an den Ehemann enthalten: „Verlaß mich nicht!“ Das heißt, jene kindlichen Wünsche, die erst dem Vater galten, werden jetzt in der Beziehung zum besorgten Ehemann wieder aktiviert und damit verboten. Im Akt der Regression, dem Rückzug auf kindliche Verhaltensweisen, verhielt sich die Patientin nun wie ein sechsjähriges Kind zu seinem Vater. Typischerweise vermied sie auch ängstlich mit ihrem Ehemann intime Kontakte, wozu der jämmerliche Zustand, in dem sie sich befand, ihr zwar eine äußere Legitimation gab, aber in ihrem Innern fürchtete sie sich, in Erinnerung an ihre Erfahrung mit dem Jugendfreund, daß er sie vielleicht deswegen verlassen könnte. So entwickelte sich ein schier auswegloser Teufelskreis von Wünschen und Verboten, der bei der Patientin jene Angstzustände auslöste. Wir verstehen jetzt, daß die Begegnung mit dem Freund zwar die Auslösung der Krankheit war, aber nicht deren Ursache. So war es auch für die Krankheit ohne Bedeutung, ob der Freund noch in der Stadt war oder nicht.

Lassen Sie mich in meiner Ausführung über den psychoanalytischen Begriff der Verdrängung mit einer zusammenfassenden Bemerkung abschließen:

Freud gebrauchte in seinen frühen Schriften das Wort Verdrängung für alle innerpsychischen Abwehrvorgänge. Die Begriffe Abwehr und Verdrängung werden auch heute noch in der Literatur manchmal synonym gebraucht. In der 1915 erschienenen Arbeit über die Verdrängung stellt Freud fest, „... daß die Verdrängung kein ursprünglicher Abwehrmechanismus ist, daß sie nicht eher entstehen kann, als sich eine scharfe Sonderung von bewußter und unbewußter Seelentätigkeit horgestellt hat, und daß ihr Wesen nur in der Abweisung und Fernhaltung vom Bewußtsein besteht“.

Die Differenzierung von Bewußtem und Unbewußtem, von Phantasie und Wirklichkeitssinn konstituiert sich in der Ödipus-Phase. In dieser Zeit entwickeln sich auch jene frühen Verdrängungsakte, die alle späteren Verdrängungsanstrengungen entscheidend beeinflussen. Das „Über-Ich“, der kindliche Kern des Gewissens, ist die Instanz, die darüber zu wachen hat, was als Vorstellung bewußt werden darf und was als unerlaubt aus dem Bewußtsein auszuschließen ist. Der permanente Verdrängungsprozeß entsteht dadurch, daß abgewehrte Inhalte durch andere Vorstellungen angereichert werden, die von dem Über-Ich wegen einer Ähnlichkeit mit den ursprünglichen Inhalten als gefährlich verdrängt werden. So ist die eigentliche Verdrängung ein Nachdrängen. Dabei spielt die Anziehung des ursprünglich verdrängten Materials auf das nachdrängende eine ebenso große Rolle wie die Abstoßung durch die übergeordnete Instanz, die eine besondere Sensibilität für unerlaubte Vorstellungen unter dem Druck des Verdrängten entwickelt.

Wenn die ständig zunehmenden innerseelischen Gefühlsspannungen, die mit den abgedrängten und nachdrängenden Inhalten verknüpft sind, eine gewisse Reizschwelle überschritten haben, dann genügt ein geringer äußerer Anlaß, daß es zu einem Durchbruch, zu einer Wiederkehr des Verdrängten kommt, der einen Rückzug auf Verhaltensweisen einleitet, die sich im Zusammenhang mit den frühen Verdrängungen entwickelten.

Der Abwehrmechanismus der Vedrängung gehört zu jenen innerseelischen Gesetzmäßigkeiten, die die Regulation zwischen Phantasie und Wirklichkeitssinn zu sichern haben. Bleibt die Phantasie des Erwachsenen an die verbotene undurchsichtige Kinderwelt fixiert, und ist ihr wirklichkeitsnahe Transformation in aktuelles Denken und Handeln versagt, dann bedroht sie angsterfüllt mit unbefriedigten Vorstellungen, mit einem aus dem Unbewußten stammenden Einmischungsdrang das wirklichkeitsgerechte Handeln und die Entscheidungsfreiheit des Menschen.

Adolf Friedemann
Sigmund Freud - ein Porträt

Wie sehr sich das Bild Sigmund Freuds im Erlebnis der Umwelt noch wandelte, nachdem er die Lebensmitte schon überschritten hatte, zeigt ein Blick in das kleine Konversationslexikon von Meyer. Der Name Freud findet sich im VII. Ergänzungsbande von 1914, und zwar: „Freud, Sigmund, Nervenpatholog, geb. 6. Mai 1856 zu Freiberg in Mähren, Arzt und seit 1902 Prof. in Wien, veröffentlichte: Über spinale Ganglien und Rückenmark des Petromyzon (1878), zur Auffassung der Aphasien (1891), klinische Studien über die halbseitige Cerebrallähmung der Kinder (1891), Studien über Hysterie, mit Breuer (1895), über infantile Cerebrallähmung (1897), die Traumdeutung (1900), zur Psychopathologie des Alltagslebens (1901), drei Abhandlungen zur Sexualtheorie (1905), der Witz und seine Beziehung zum Unbewußten (1905), Sammlung kleiner Schriften zur Neurosenlehre (1906–1913), Totem und Tabu (1913) u. a. Außerdem ist er Mitherausgeber des Jahrbuches für psychoanalytische und psychopathologische Forschungen und alleiniger Herausgeber der Schriften zur angewandten Seelenheilkunde und der internationalen Zeitschrift für ärztliche Psychoanalyse (seit 1913)." Versuchte der „gebildete Laie" von 1914, nun etwas über Psychoanalyse in diesem Lexikon zu finden, so hätte er sich vergeblich bemüht.

In der vorletzten Auflage des Großen Brockhaus von 1954 finden wir schon einen kurzen Lebenslauf des „Nervenarztes", nicht mehr des „Neuropathologen". Als Hauptwerke werden bis 1913 nur die *Traumdeutung*, die *Psychopathologie des Alltagslebens, der Witz und seine Beziehung zum Unbewußten, drei Abhandlungen zur Sexualtheorie* und *Totem und Tabu* zitiert. Im Gegensatz zum Meyer 40 Jahre zuvor *fehlen* die Früchte zwanzigjähriger Forscherarbeit auf dem Gebiete der Hirnforschung.

Der Brockhaus von 1968 bringt erfreulicherweise die Entwicklung etwas ausführlicher und zitiert vor allem das Gesamtwerk Sigmund Freuds.

Freud hat von sich sagen können, daß er die Statur vom Vater und die geistige Beweglichkeit von der Mutter hatte. Freuds Schüler und Biographen haben sich intensiv um die Ursprünge der Familie Freud bemüht. Wir dürfen hier vor allem auf Ernest Jones verweisen. Die Familie läßt sich über viele Jahrhunderte im Raume zwischen Köln und den Ostprovinzen des kaiserlichen Österreich bis nach Rumänien hin nachweisen. 1910 wurde in der Kathedrale von Brixen in Tirol ein Fresko entdeckt, das „Freud von Köln" gezeichnet ist. War es von einem Vorfahren Sigmund Freuds geschaffen worden? Es dürfte indessen fraglich sein, ob es sich hier um einen leiblichen Ahnen handelt.

Die Geburt Sigmund Freuds stand unter einer merkwürdigen Familienkonstellation. Freuds Vater, ein Wollhändler, heiratete mit 16 Jahren ein Jahr nach der Weber-Krise von 1830. Mit 17 und 21 Jahren wurde er Vater zweier Söhne, Emanuel und Philipp. Der 37jährige verlor ein Jahr nach der Geldentwertung von 1851 seine Frau. Bald heiratete er die 1835 geborene Amalia Nathanson, eine weitläufige Verwandte Heinrich Heines, der er bis zu seinem Tode mit 82 Jahren über 40 Jahre bis 1896 verbunden blieb. Amalia überlebte ihren Gatten bis 1930 und begleitete ihren zwanzig Jahre jüngeren Sohn Sigmund bis in sein 75. Lebensjahr.

Sigmund Freud war bei seiner Geburt am 6. 5. 1856 zu Freiberg in Mähren bereits Onkel des einjährigen Sohnes seines ältesten Halbbruders Emanuel. Dieser „Neffe" John, sein treuer Spielgefährte, verließ den sechsjährigen Sigmund, weil er mit seiner Familie 1862 nach England auswanderte.. Gemeinsam mit ihm erlebte er den Haß der chauvinisierten Tschechen, der sich gegen alle Deutschsprechenden, also auch gegen die Juden richtete. Als Freud mit sechs Jahren 1862 nach Wien kam, hatte ihn das Wanderleben seiner Familie durch Mähren und Sachsen (Leipzig) geführt.

Was konnte Sigmund, der „Goldjunge", wie ihn seine nur etwas mehr als 20 Jahre ältere Mutter bis an ihr Lebensende nannte, damals von diesen Schicksalsschlägen verstehen?

Sigmund Freud lebte schon in einer merkwürdigen Familie. Er war Onkel eines ein Jahr älteren Neffen, Halbbruder eines Mannes, der 25 Jahre älter war als er und vier Jahre älter als Sigmunds Mutter. Der Vater war 17 Jahre älter als der Halbbruder Emanuel. Im Vergleich mit anderen Kindern muß es für den kleinen Sigmund schwer gewesen sein zu begreifen, daß Emanuel nicht sein Vater war und seine Mutter – 21 Jahre jünger als der Vater – nicht Emanuels Frau. Halten wir außerdem fest, daß Amalia Freud die Frau des Vaters, aber nicht die Mutter des Bruders war. Zu Freuds Neffen, dem ein Jahr älteren John, gesellte sich zudem noch ein Schwesterchen, das zweieinhalb Jahre nach Sigmunds Geburt eintraf.

Bis dahin wurde Sigmund von einer katholischen tschechischen Kinderfrau betreut, die plötzlich verschwand, als Sigmunds Mutter im Kindbett lag, in dem die Schwester Anna 1858 geboren wurde. Was bedeutete das Verschwinden der „prähistorischen Alten", wie Freud die Kinderfrau später bezeichnete? Was hatte diese Frau, die doch vom Kind aus zu seinem Vater gehörte, in der Familie zu tun?

Wie stand es mit dem Halbbruder Emanuel, der eigentlich als Vaterfigur erlebt worden ist, was war mit Emanuels Frau, wohin gehörte der jüngere Halbbruder Philipp und wohin die eigene junge Mutter? Der Rätsel nicht genug, erlebte Sigmund noch die Geburt von weiteren sechs Geschwistern und den Tod eines kleinen Bruders.

„Eugeniker" mag es zur Vorsicht mahnen, daß Freud einmal mitteilt, er müsse sich „eine sehr anständige neuropathologische Belastung, wie man es heißt, zuerkennen". Seine eigene Geschwisterreihe blieb verschont, doch fand sich eine ganze Reihe von Vettern väterlicherseits, die schwachsinnig, hydrocephal, epileptisch oder geisteskrank waren.

Stimmt wirklich die schwere neuropathologische Belastung, von der Sigmund Freud spricht? Lagen nicht vielmehr auch unerhörte Umweltbelastungen vor? Freuds ganzes Leben ist von Kindesbeinen an durch den Judenhaß belastet, der in

Mitteleuropa seit der zweiten Hälfte des 19. Jahrhunderts gegen die Emanzipationsbewegungen ankämpfte. Im Hin und Her von der Parteien Gunst und Hader mündete er schließlich in den Nationalsozialismus aus. Jetzt verlor Sigmund Freud als todkranker Greis die Heimat, die erst der Sechsjährige nach mühsamen Wanderungen der Familie aus Mähren über Leipzig gefunden hatte.

Wenn unter solchen Umständen Familienmitglieder und Ahnen, die noch im Ghetto aufgewachsen waren, psychopathologische Besonderheiten zeigten, so würden wir uns heute gerade auf Grund der Ergebnisse der Psychoanalyse fragen müssen, wieweit hier durch Umweltschäden bedingte Fehlanpassung seelische Störungen begünstigt hat.

Das Rätsel der Sphinx trat wahrlich früh vor den kleinen Freud, der – anders als Ödipus – die Situation erkannte und ungeblendet lebte. So kann Jones feststellen, wie sehr die „großen Rätsel von Geburt, Liebe und Tod" Freud schon in seinem zweiten und dritten Lebensjahr beunruhigt haben.

Das wesentliche biographische Material verdanken wir den zum großen Teil in anderen Arbeiten verschlüsselten Ergebnissen der Selbstanalyse, die Freud mit unerbittlichem Wahrheitsdrang bei sich noch begonnen hat, als er bereits 42 Jahre alt war. Obwohl er seine Ergebnisse nur unter Decknamen veröffentlichte oder in andere Arbeiten hineingeheimniste, entging der autobiographische Wert nicht seinen Schülern. Der scharfsinnige Analytiker Bernfeld hat sie wohl erkannt; Ernest Jones hat sie dann ergänzt und überprüft.

Der kleine Sigmund hat offenbar unter seinem Neffen John gelitten. Er schreibt: „Bis zu meinem vollendeten dritten Jahre waren wir unzertrennlich gewesen, hatten einander geliebt und miteinander gerauft, und diese Kinderbeziehung hat ... über alle meine späteren Gefühle im Verkehr mit Altersgenossen entschieden. Mein Neffe John hat seither viele Inkarnationen gefunden, die bald diese, bald jene Seite seines in meiner unbewußten Erinnerung unauslöschlich fixierten Wesens wieder belebten. Er muß mich zeitweilig sehr schlecht behandelt haben, und ich muß Mut bewiesen haben gegen meinen Tyrannen."

Der „Wiederholungszwang" dieser Erfahrungen brachte Freud, wie er selbst sagte, lebenslang „immer einen intimen Freund und einen gehaßten Feind. Ich wußte beide mir immer von neuem zu verschaffen, und nicht selten stellte ich das Kindheitsideal so weit her, daß Freund und Feind in dieselbe Person zusammenfielen, natürlich nicht mehr gleichzeitig oder in mehrfach wiederholter Abwechslung, wie es in den ersten Kinderjahren der Fall gewesen sein mag."

Den ersten Unterricht erhielt Sigmund Freud erst von der Mutter, dann vom Vater, einem offenbar unerhört begabten Autodidakten. Die ganze Familie nahm größte Rücksicht auf die Ausbildungs- und Studienmöglichkeiten des kleinen Sigmund. Er bekam als einziger der großen Familie einen eigenen Arbeitsraum, „das Kabinett". Die Mutter brach sogar die musikalische Ausbildung der jüngeren Kinder ab, als sich Sigmund durch ihr Klavierspiel gestört fühlte. So erreichte er einen Vorsprung von einem Jahr und begann bereits mit neun Jahren den Unterricht im Gymnasium, den er mit 17 Jahren durch eine „vorzügliche" Matura abschloß.

Sein Sprachtalent war außergewöhnlich. Er lernte Latein, Griechisch und Hebräisch; Französisch und Englisch wurden ihm in Wort und Schrift geläufig. Außerdem lernte er noch Spanisch und Italienisch. Sein deutscher Stil gehört zum besten Sprachgut im deutschen Schrifttum der letzten hundert Jahre.

Als Gymnasiast war Sigmund Freud begeisterter Heldenverehrer, bis er erlebte, daß seinem Vater auf der Straße die Pelzmütze von einem Kerl vom Kopf geschlagen wurde, der ihm zuschrie: „Jud, hinunter vom Trottoir!" Der Vater hob still die Mütze auf und ging auf den Fahrweg. Sigmund fühlte sich bitter von seinem Vater enttäuscht. Er konnte nicht wie Hannibal seinen Vater Hamilcar an den Beleidigern rächen.

Für Sigmund muß damals eine Welt zusammengebrochen sein. Aus den Träumereien seiner frühen Entwicklungsjahre erwachte er in das Erkennen einer zunächst noch völlig unverständlichen Wirklichkeit. So hoch der Vater zuvor für ihn gestanden war, so tief sank er nun ab. Und doch muß der Vater Freud ein selten gütiger und begabter Mann gewesen sein, hat er doch die verschiedensten Schicksalsschläge überwinden können, neben dem Verlust der angestammten Heimat und der Emigrantenwanderung in Mitteleuropa, den Juden-Demütigungen, von denen der von Sigmund geschilderte Vorfall nur ein kleines Beispiel war, bis zum wiederholten Verlust aller Existenzgrundlagen. (1851 war eine schwere Geldentwertung eingetreten. Während des Studiums von Sigmund kam es erneut zu schweren Vermögensverlusten.)

Mit 16 Jahren erlebt Sigmund Freud seinen Jugendschwarm auf Distanz an einem etwas jüngeren Mädchen, das nichts davon ahnte.

1873 hatte Freud das Medizinstudium begonnen. Sein Vater war erneut verarmt. Er sagt dazu: „Obwohl wir in sehr beengten Verhältnissen lebten, verlangte mein Vater, daß ich in der Berufswahl nur meinen Neigungen folgen sollte. Eine besondere Vorliebe für die Stellung und Tätigkeit des Arztes habe ich in jenen Jugendjahren nicht verspürt, übrigens auch später nicht. Eher bewegte mich eine Art von Wißbegierde, die sich aber mehr auf menschliche Verhältnisse als auf natürliche Objekte bezog und auch den Wert der Beobachtung als eines Hauptmittels zu ihrer Befriedigung nicht erkannt hatte. Frühzeitige Vertiefung in die biblische Geschichte, kaum daß ich die Kunst des Lesens erlernt hatte, hat, wie ich viel später erkannte, die Richtung meines Interesses nachhaltig bestimmt. Unter dem mächtigen Einfluß einer Freundschaft mit einem etwas älteren Gymnasialkollegen, der nachher als Politiker bekannt wurde, wollte auch ich Jura studieren und mich sozial betätigen. Indes, die damals aktuelle Lehre Darwins zog mich mächtig an, weil sie eine außerordentliche Förderung des Weltverständnisses versprach, und ich weiß, daß der Vortrag von Goethes schönem Aufsatz ‚Die Natur' in einer populären Vorlesung von Prof. Carl Bruehl kurz vor der Reifeprüfung die Entscheidung gab, daß ich Medizin inskribierte."

Mit 19 Jahren, zwei Jahre nach der Matura, kommt Sigmund Freud zum Besuch seines Halbbruders Emanuel nach England. Staunend und dankbar erlebt er ein Land ohne Judenhaß. Diese Reise und der Studienbeginn leiteten endgültig die Wandlung zum Naturforscher ein.

Die Studienzeit war reich an Erlebnissen und naturwissenschaftlichen Entdeckungen. Zunächst schien es, Freud werde sich ganz und gar der Physiologie verschreiben. Daneben beschäftigte ihn die Chemie, ein Jahr, das er „beschämend das düsterste und erfolgloseste" seiner ärztlichen Laufbahn nannte.

1882 kam die „Wendung" zur klinischen Medizin, „als mein über alles verehrter Lehrer den großmütigen Leichtsinn meines Vaters korrigierte, indem er mich mit Rücksicht auf meine schlechte materielle Lage dringend mahnte, die theoretische Laufbahn aufzugeben. Ich folgte seinem Rate, verließ das physiologische Laboratorium und trat als Aspirant in das Allgemeine Krankenhaus ein".

Fast siebzigjährig schreibt Freud: „Nach 41jähriger ärztlicher Tätigkeit sagt mir meine Selbsterkenntnis, ich sei eigentlich kein richtiger Arzt gewesen. Ich bin Arzt geworden durch eine mir aufgedrängte Ablenkung meiner ursprünglichen Absicht, und mein Lebenstriumph liegt darin, daß ich nach großem Umweg die anfängliche Richtung wieder gefunden habe. Aus frühen Jahren ist mir nichts von einem Bedürfnis, leidenden Menschen zu helfen, bekannt, meine sadistische Veranlagung war nicht sehr groß, so brauchte sich dieser ihrer Abkömmlinge nicht entwickeln. Ich habe auch niemals ‚Doktor' gespielt, meine infantile Neugierde ging offenbar andere Wege. In den Jugendjahren wurde das Bedürfnis, etwas von den Rätseln dieser Welt zu verstehen und vielleicht selbst etwas zu ihrer Lösung beizutragen, übermächtig. Die Inskription an der medizinischen Fakultät schien der beste Weg dazu, aber dann versuchte ich's – erfolglos – mit der Zoologie und der Chemie, bis ich unter dem Einfluß Brueckes, der größten Autorität, die je auf mich gewirkt hat, an der Physiologie haften blieb, die sich damals freilich zu sehr auf Histologie einschränkte."

Freud hatte sich hier einen Namen gemacht mit der Erforschung des Kokains. Als Nebenbefund hatte er die wertvolle Beobachtung gemacht, daß das Kokain als örtliches Betäubungsmittel der Haut und der Schleimhaut, besonders am Auge, verwendet werden konnte.

Freud sagt weiter: „Ich hatte dann bereits alle medizinischen Prüfungen abgelegt, ohne mich für etwas Ärztliches zu interessieren, bis ein Mahnwort des verehrten Lehrers (Bruecke) mir sagte, daß ich in meiner armseligen materiellen Situation eine theoretische Laufbahn vermeiden müßte. So kam ich von der Histologie des Nervensystems zur Neuropathologie und auf Grund neuer Anregungen zur Bemühung um die Neurosen."

Als Hirnforscher hatte Freud eine Färbemethode des Nervengewebes mit Goldchlorid entdeckt. Er fand den Ursprung der hinteren Nervenwurzeln bei dem Neunauge (Petromyzon Planeri), erforschte bei dem gleichen Tier das Rückenmark und die Spinalganglien, beschrieb dann den Bau der Nervenfasern und Nervenzellen beim Flußkrebs, stellte fest, welche Nervenbestandteile an der Erregungsleitung beteiligt sind und welche nicht; dann hat er im Hirn die Wurzeln und Kerne der Hörnerven mit ihren fünf Fortsetzungen unter einem Bündel des Trapezkörpers untersucht und den Übergang der oberen Bündel, die Zwischenschicht der sogenannten Oliven, entdeckt. Er findet weiter als Hirnforscher den Übergang von Fasern des hinteren Rückenmarkstranges in den Strickkörper und anderes.

Zu den bereits angeführten Arbeiten kamen Handbuchbeiträge Freuds zum Aufbau des Gehirns und zur Auseinandersetzung mit der damals herrschenden Aphasielehre. Er erweitert den allzu engen Begriff der Hirnzentren.

Als klinischer Neuropathologe macht sich der junge Freud einen guten Namen. In sieben Arbeiten mit klassischen Fallbeschreibungen zeigt er sich als hochbegabter Diagnostiker. Schließlich verdanken wir ihm grundlegende Arbeiten über zerebrale Lähmungen im Kindesalter, deren Behandlung heute hochaktuell ist.

So ist es erklärlich, daß er auch für seine Psychologie Denkmodelle aus der Physiologie des Nervensystems benutzte, zumal er wohl vertraut war mit den Forschungen des genialen Engländers Hughlings Jackson. So war es ihm möglich, eine gemeinsame Erklärung der körperlichen und der seelischen Störungen zu versuchen. Es geht dem 39jährigen Freud mehr darum, „nachzusehen, wie sich die Funktionslehre des Psychischen gestaltet, wenn man die quantitative Betrachtung, eine Art Ökonomik der Nervenkraft einführt, und zweitens aus der Psychopathologie den Gewinn für die normale Psychologie herauszuschälen“, so schreibt er im Jahre 1895.

Die Zukunft hätte für den jungen, seit 1882 verlobten Freud böse ausgesehen, wenn er nicht ein kleines Universitätsstipendium von 100 Gulden, also etwa 160 Goldmark, und schließlich Darlehen von Josef Breuer erhalten hätte, die bis 1884 bereits 1500 Gulden, also über 2000 Goldmark, erreicht hatten. Dabei galt es nun, Grundlagen aufzubauen für den Ehestand.

Die Briefe an seine Braut sind uns durch den liebenden Ungehorsam der Empfängerin erhalten geblieben. Freud selbst hatte immer wieder dringend gebeten, diese Briefe zu vernichten! So sind wir, wie Ernst Kris in seiner Einleitung zu den Anfängen der Psychoanalyse feststellt, wenigstens für diese Zeit in der Lage eines Zuhörers eines einseitigen Telephongespräches. Wir hören den einen Partner. Den anderen Partner und seine Äußerungen müssen wir aber erraten.

Der 27jährige Freud hatte zahlreiche eigene Notizen und Briefe vernichtet. Er schreibt am 28.4.1885 seiner Braut: „Alle meine Gedanken und Gefühle über die Welt im allgemeinen und soweit sie mich betrafen... müssen jetzt nochmals gebucht werden, und ich hatte vieles zusammengeschrieben. Aber das Zeug legt sich um einen herum wie der Flugsand um die Sphynx, bald wären nur mehr meine Nasenlöcher aus dem vielen Papier herausgeragt; ich kann nicht reifen und nicht sterben ohne die Sorge, wer mir in die alten Papiere kommt. Überdies alles, was hinter den großen Einschnitt in meinem Leben zu liegen fällt, hinter unsere Liebe und meine Berufswahl, ist lang tot und soll ihm ein ehrliches Begräbnis nicht vorenthalten sein. Die Biographen aber sollen sich plagen, wir wollen's ihnen nicht zu leicht machen. Jeder soll mit seinen Ansichten über die ‚Entwicklung des Helden' recht behalten, ich freue mich schon, wie die sich irren werden." Der Jugendtraum — oder was davon geblieben war — ist nun zu Ende. Der Mann beginnt sein Dasein.

Der Eheschließung stellten sich jedoch noch im letzten Augenblick immer neue Hindernisse entgegen. Die Schwiegermutter Freuds riet noch nach vierjähriger Verlobungszeit zu weiterem Zuwarten.

Freud war hineingeboren in den Widerstreit der natürlichen Entwicklung des Judentums zur Einreihung in die sogenannten Gastvölker und dem Judenhaß, der zur Beharrung aufrief, um so mehr, als an verschiedenen Orten die sogenannte nationale Selbstbehauptung aufblühte (so in der Befreiungsbewegung in Griechenland und in Polen). Freud befand sich seiner ganzen Entwicklung nach in den geistigen Anpassungsprozeß hineingezogen. So war ihm auch die rituelle Form der jüdischen Eheschließung unangenehm, wie sie von der Mutter seiner Braut gewünscht wurde. Innere und äußere Widerstände schienen immer stärker zu werden, bis es endlich am 13. 9. 1886 zu einer bescheidenen Hochzeit in kleinem Familienkreise in Wandsbek kam.

Um so harmonischer verlief jedoch die Ehe, die dann 53 Jahre dauern durfte. Sie wurde mit drei Töchtern und drei Söhnen gesegnet, die im Laufe der ersten zehn Ehejahre geboren wurden. Der Haushalt mit sechs Kindern vergrößerte sich dann noch durch den Zuzug von Frau Freuds Schwester Minna Bernays. Sie wurde in gewisser Weise der Genius Freuds, der sich der liebenden Ehefrau zugesellte. Beide Frauen ergänzten sich seelisch auf wunderbare Weise zusammen mit der Mutter Sigmund Freuds.

Jones hat betont, wie Freud sich neben seiner großen Arbeit als liebevoller Gatte, Familienvater und guter Sohn bewährte. Seine Entspannung fand er im Tarock-Spiel und Zigarrenrauchen. Für Freud wurde das Rauchen verhängnisvoll, ein Verhängnis, dem er sowohl bei seinen ursprünglichen Cocain-Versuchen entgangen war als auch beim Tarock und auch in der Entwicklung seiner sexuellen Reifung. Wir wissen von seinem Schüler Heinrich Meng, einem Nichtraucher, daß Freud ihm bei der ersten Begegnung eine Zigarre anbot. Als

Meng ablehnte, meinte Freud: „Sie Armer!“ Zehn Jahre später, als Freud bereits am Mundkrebs litt (möglicherweise Tabakkrebs), hatten die Ärzte Freud wohl vom Rauchen abgeraten. Freud konnte es aber nicht mehr lassen und meinte nun bei einem neuerlichen Besuch von Heinrich Meng, der nicht rauchte: „Haben Sie es gut.“

Im Rahmen dieser knappen Darstellung müssen wir leider über weitere Schilderungen hinweggehen, sogar über das große Erlebnis seines Aufenthaltes in Paris, als er den berühmten Erforscher der Hysterie, Charcot, kennen lernte, auch über seine Reisen nach Deutschland und Italien, über seine Tätigkeit als kaiserlich-königlich-österreichischer Sanitätsoffizier und seine Auseinandersetzung mit dem Manne Moses, die durch Michelangelos Darstellung ausgelöst worden war.

Wir müssen es uns auch versagen, auf die wichtige Entwicklung einzugehen, die Freud eingeleitet hat, als er 1902, drei Jahre nach Beendigung der „Traumdeutung“, seine Mittwoch-Vereinigung gründete, aus der sich die Wiener psychoanalytische Vereinigung entwickelt hat, wie auch auf die 1905 erschienenen „Drei Abhandlungen zur Sexualtheorie“. Wir werden darauf noch zurückkommen. Freud hielt sie neben seiner „Traumdeutung“ für sein wichtigstes Buch, obwohl die „Sexualtheorie“ ihn seine Anerkennung in den damals maßgebenden medizinischen Fachkreisen kostete.

Die Gründung der internationalen psychoanalytischen Vereinigung im Jahre 1910 können wir hier nur erwähnen. Schwere Rückschläge in den folgenden Jahren übergehen wir, ebenso den tragischen Bruch mit C. G. Jung, dem „Kronprinzen“ der Bewegung, der, wie Freud sich dann ausdrückt, nicht mehr „Analytiker“, sondern „Prophet“ wird. Auch die Auseinandersetzungen mit Adler, Rank, Reik und Ferenczi können wir hier nicht näher behandeln.

Wir sprechen auch nicht von seinen mächtigen Gegnern, von denen die Welt heute weniger weiß als von der von ihnen in den zwanziger Jahren totgesagten Analyse, obwohl eigentlich der Mann und sein Werk so sehr miteinander verschmelzen, daß nun eine Darlegung des Werkes erfolgen müßte. Wir können auch nicht auf die einschneidenden Wirkungen dieser und anderer Leistungen und Enttäuschungen auf Sigmund Freud eingehen.

Freud hat in älteren Jahren immer wieder deutlich erklärt, er habe an vielen Stellen seiner Schriften so viel Eigenes bekanntmachen müssen, daß er sein Recht auf Zurückhaltung eigener privater Bedürfnisse und Besonderheiten gewahrt wissen „dürfe". Man solle des zufrieden sein, was er dem Wissensschatz der Welt gegeben habe. Seine Person solle man vergessen.

Ist es schon schwer, das geistige Bild dieses Mannes zu erfassen, so wird es noch schwerer, neben den äußeren persönlichen Daten die innere Entwicklung zu zeigen.

Die Biographien können nur im Rahmen ihres eigenen Formats schildern, wie sie Freuds gigantische Persönlichkeit und sein großes Werk erleben. So geschieht es Hanns Sachs in seiner Darstellung „Freud, Meister und Freund", so geschieht es den Menschen, die uns von ihren persönlichen Eindrücken berichtet haben, wie Ludwig Binswanger, Ernst Blum, Laforgue und Heinrich Meng, um nur einige der Großen zu nennen, die Sigmund Freud persönlich erlebt haben. So erleben wir ihn auch bei Oskar Pfister, dem Manne, dem wir die Synthese christlicher Glaubenshaltung und psychoanalytischer Erfahrung verdanken, oder bei Lou-Andreas Salome. Es erging auch Ernest Jones, dem begabtesten Biographen Sigmund Freuds, wie jedem anderen, der in den Bannkreis des reifen, großen Forschers und Dulders geriet, daß das Herz des mitfühlenden, auf sehr persönliche Art mitschwingenden, kühl beobachtenden, neutralen Beobachters überflutet wird.

Freud hinderte offenbar seine Freunde an der Weitergabe privater Erfahrungen. Seine Feinde wehrte er lässig ab wie Fliegengeschmeiß.

Als man den 73jährigen um seine Meinung befragt, was er von dem Versuch eines Autors halte, der „Freuds tragischen Komplex" als Buchtitel gewählt hatte, antwortete er mit dem Zitat des Sklaven Caliban aus Shakespeares Sturm I, 2:

„You taught me language, and my profit on't
is, I know how to curse ..."
(Ihr lehret Sprache mir, und mein Gewinn
ist, daß ich weiß zu fluchen ...)

Immer wieder zeigt sich die außerordentliche persönliche Schamhaftigkeit bei aller ehrlichen Selbsterforschung. Sigmund Freud ist höchst empfindlich gegen alles, was Züge seiner Persönlichkeit so hell darstellt, daß davon sein wesentlichster Lebensbereich beschattet werden könnte.

Was wissen wir noch von diesem Geiste, der sich wissenschaftlich unermüdlich wahrhaftig und selbstlos mitteilt, aber mit seinen persönlichen Daten zurückhält, ein Pontifex im Sinne des begnadeten Brückenbauers, der im Vorbewußten deutend aus der Welt des verborgenen Unbewußten zur aufdeckenden Erkenntnis der Wahrheit führt? Sein Werk wird noch Generationen von Forschern beschäftigen. Wer ist wirklich ein Kenner des Freudschen Werkes? Vielleicht nur „die würdige Tochter" dieses „unsterblichen Mannes", wie Jones Anna Freud nennt.

Kehren wir zum wissenschaftlichen Werdegang Freuds zurück. In einem ersten Entwurf einer naturwissenschaftlichen Psychologie spricht er von äußeren Reizen und von inneren „großen Bedürfnissen, Hunger, Atem, Sexualität". Er stellt ein System ψ mit Gedächtnis und psychischen Vorgängen dem physiologischen φ der Neurosen gegenüber, die der Außenwelt zugewendet sind. Freud baut diese Spekulation zwar zunächst noch weiter aus, ist aber selbst höchst unzufrieden damit.

Zwanzig Jahre später meint Freud: „Es ist ein unerschütterliches Resultat der Forschung, daß die seelische Tätigkeit an die Funktion des Gehirns gebunden ist, wie an kein anderes Organ. Ein Stück weiter – es ist nicht bekannt, wie weit – führt die Entdeckung der Ungleichwertigkeit der Gehirnteile und deren Sonderbeziehung zu bestimmten Körperteilen und geistigen Tätigkeiten. Aber alle Versuche, von da aus eine Lokalisation der seelischen Vorgänge zu erraten, alle Bemühungen, die Vorstellungen in Nervenzellen aufgespeichert zu denken und die Erregungen auf Nervenfasern wandern zu lassen, sind gründlich gescheitert."

In den allerletzten Jahren hat die neuro-psychologische Forschung Ansätze dafür gefunden, aus damals noch als „Stamm" geglaubten Hirnteilen seelische Reaktionen auszulösen oder auch seelische Funktionen auszuschalten. Die ursprüngliche, von Freud selbst verworfene Konzeption aus dem Jahre 1895 gewinnt damit wieder an Bedeutung.

Der Wandel zur Tiefenpsychologie war Freud inzwischen mit seinem 14 Jahre älteren Freunde Josef Breuer gelungen, der von seinen Kranken in der Hypnose die Entstehungsgeschichte von Leidenssymptomen hatte erfahren können, also die Aufnahme einer Vorgeschichte, die im wachen Zustande mehr oder weniger vergessen worden war.

Freud setzte diese Versuche fort und entdeckte, daß es auch ohne Hypnose möglich war, über vorbewußte Erinnerungsbruchstücke den Zugang zu peinlichen, schreckhaften, schmerzlichen oder beschämenden Erlebnissen, die unter dem Druck der Schwere in das „Unbewußte", in Vergessen versunken waren, wieder aufzuhellen, so daß sie aus dem Unbewußten über das „Vorbewußte“ in das Bewußtsein aufsteigen konnten. Er entdeckte so „zwei dynamische Größen“, „Trieb“ und „Widerstand“. „Man brauchte jetzt nur in Worte zu übersetzen, was man selbst verspürt hatte, und man wäre im Besitze der Theorie der Verdrängung, eines ‚Abwehrmechanismus‘, einem Fluchtversuch vergleichbar.“

Das Verfahren, das zu diesen Entdeckungen geführt hat, ermöglichte nicht nur durch die Lehre von der Verdrängung das Verständnis der Neurosen. Die Verdrängungen mußten aufgedeckt und „durch Urteilsleistungen“ abgelöst werden, die zur Annahme oder Verwerfung des seinerzeit Verdrängten und Abgewiesenen führen konnten. Das unbekanntgewordene Unbewußte wurde gewissermaßen erneut vor den Richter des Bewußtseins und des Gewissens der eigenen Persönlichkeit, des Ich des Kranken zitiert. So entwickelte sich aus dem ursprünglichen hypnotischen Verfahren der Psychokatharsis, der Seelenreinigung, die Psychoanalyse.

Mit 41 Jahren begann dann Freud 1897 die Selbstanalyse, die wohl bis zu seinem Tode nicht mehr abgebrochen wurde. Die erste große Frucht dieser Arbeit war die Entdeckung des Traumes und seiner Deutung, die als „via regia“, die Königstraße der Tiefenpsychologie, 1899 unter dem Namen „Traumdeutung“ abgeschlossen wurde.

Es hatte sich also einmal gezeigt, daß man auf die Hypnose verzichten konnte. An ihre Stelle trat die freie Assoziation, das freie Gedankenspiel des Kranken in voller Aufrichtigkeit unter Beachtung der sogenannten Grundregel. Es durfte keinerlei Verbot, Urteil oder Wertung dieses Gedankenspiel stören. Auch Peinliches und Böses durfte hier auftauchen. Zur Aufhellung wird eine besondere Deutekunst verwendet, die sich mit 1. den Zufallshandlungen, 2. den sogenannten Fehlleistungen, 3. der Traumdeutung unter Berücksichtigung des „manifesten“ Trauminhaltes, der „latenten Traumgedanken“ mit ihren „Tagesresten“, das heißt den dem Traume zugrundeliegenden tatsächlichen Erlebnissen, und 4. den seelischen Hintergründen des Träumers bis in seine Kindheit mit besonderer Technik befaßt.

Sigmund Freud stößt so auf die Grundpfeiler der Psychoanalyse, die er erarbeitet hat. Das sind: einmal *unbewußte seelische Vorgänge,* dann die auf dem sogenannten *Gegenwillen* beruhende Lehre vom *Widerstand* und der *Verdrängung,* ferner die Einschätzung der Sexualität und des *Ödipus-Komplexes,* also des kindlichen Begehrens der Mutterliebe. Freud nennt sie 1923 kurz und knapp: „Die Hauptinhalte der Psychoanalyse und die Grundlagen ihrer Theorie." Er fährt fort: „und wer sie nicht alle gutzuheißen vermag, sollte sich nicht zu den Psychoanalytikern zählen."

Diese Grundpfeiler der Psychoanalyse waren in den beiden ersten Jahrzehnten unseres Jahrhunderts gegen Widerstände der Umwelt unter persönlich sehr belastenden Umständen herausgearbeitet worden. Hierzu gehören nicht nur die Abspaltungen ehrgeiziger und begabter Schüler, sondern auch die Widerwärtigkeiten einer Zeit des Umbruchs, die unser Jahrhundert seit 1914 deutlich werden läßt. Freud hatte diesen Umbruch im Ersten Weltkrieg mit Millionen anderer Väter erlebt. Er konnte sich der Massenwirkung patriotischer Hochgefühle nicht entziehen und erwachte aus diesem Rausch, als er erfuhr, was es heißt, seine Söhne in die Ungewißheit des Massenmordens hinauszuschicken,

Allen Widrigkeiten zum Trotz hatte sich die Stellung Sigmund Freuds in Wien — wo er erst nach 42 Wohnjahren 1908 Bürgerrecht erhielt — und in der Welt gefestigt.

Wir haben schon kurz die 1905 erschienenen drei Abhandlungen zur Sexualtheorie erwähnt. Freud hat diese Abhandlungen in den folgenden Jahren in sechs Auflagen überarbeitet. Wesentlich ist die Tatsache, daß die Triebe sich nach Lust*quellen* und nach Lust*zielen* unterscheiden. *Quelle ist immer eine Erregung eines Körperorgans. Ziel ist die lustvoll betonte Aufhebung des Reizes.* Die Funde, die Freud auf diese einfache Tatsache des sogenannten Lustprinzips führten, haben bei der Veröffentlichung zahllose Menschen in der ganzen Welt schockiert. Hatte Freud in der Traumdeutung an den Schlaf der Welt gerührt, so schien er hier die Scham der schlafenden Welt bloßzustellen. Besonders empfindlich war die damalige Welt für die weite Begriffsfassung der sexuellen Entwicklung, wobei sie übersah, daß Freud drei Stadien kennt: 1. ein undifferenziertes Stadium ohne jede Beziehung zum Prozeß der Fortpflanzung, 2. die Unterdrückung aller Befriedigungsformen der Sexualität, die der Fortpflanzung dienen können, 3. die Einschränkung der Fortpflanzungsfunktion auf die legitime Ehe. Die Gegner Freuds stürzten sich in unzulässigen Verallgemeinerungen auf seine vermeintliche Pansexualität, obwohl schon 1913 kein geringerer als der Zürcher Pfarrer Oskar Pfister darauf hingewiesen hat, welche Rolle die Liebe im menschlichen Dasein spielt, und auf die hohe ethische Verpflichtung, die gerade aus der psychoanalytischen Arbeit herauswächst.

Es ist bemerkenswert, daß Freud, der mehr und mehr in der Liebe im umfassendsten Sinne den Ursprung alles Lebens erkannte, nach Überschreiten der Lebensmitte sich auch mit dem Gegenspieler des Lebens, mit dem Tode, auseinanderzusetzen versucht hat. Den ersten Hinweis finden wir in einer Diskussion in der Wiener psychoanalytischen Vereinigung im Jahre 1910 zur Frage des Selbstmordes, insbesondere des Schülerselbstmordes. Damals ist es Freud noch nicht klar, wieweit der Selbstmord einer enttäuschten Libido, also der Enttäuschung des Luststrebens, zuzuschreiben sei, oder wieweit er auf einen bewußten Verzicht auf das Leben von seiten des Ich, der Persönlichkeit zurückgeht.

Mitten in die fruchtbare Arbeit meldet sich bei dem 57jährigen eine tückische Geschwulst. Eine erste Operation im April 1923 entfernt eine Wucherung am rechten vorderen Gaumenbogen. Fünf Monate später wird eine neue Operation notwendig. Man muß für den Patienten eine Kieferprothese anfertigen. In den folgenden Jahren werden noch etwa 30 operative Eingriffe vorgenommen. Freud arbeitet trotzdem weiter, gepflegt von seiner Tochter Anna, die nun Tochter, Meisterschülerin und Pflegerin ist.

Schon 1920 hatte Freud versucht, über das Lustprinzip hinauszugehen. Er stellte fest, daß zwar eine starke Tendenz zum Lustprinzip in der Seele bestehe, daß sich aber dieser Neigung andere Kräfte und Verhältnisse widersetzen vor allem dort, wo das Lustprinzip für die Selbstbehauptung des Organismus gegenüber den Schwierigkeiten der Außenwelt gefährlich ist.

Hier setzt das bewußte Ich ein, das der Lust die Bedingungen der Realität, der Wirklichkeit entgegenstellt. Freud spricht hier das erste Mal vom Todesinstinkt. Das Erlebnis des Ersten Weltkrieges, der an den unglücklichen Ausgang anschließende weitgehende Verlust aller materiellen Werte, schwere Familienschicksale und wohl nicht zuletzt die altersbedingte Verminderung der natürlichen Lebensfreude standen wohl Pate bei der Entstehung dieses Begriffes. Ist es ein Zufall, daß diese Auseinandersetzung zur gleichen Zeit beginnt, zu der sich die Geschwulst meldet, die sich später als mörderisch erweisen sollte? Der Tod war Freud besonders nahe getreten, als er nach der ersten ambulanten Operation fast verblutet wäre, hätte nicht ein zufällig im gleichen Zimmer sich befindlicher kretinistischer Zwerg noch im letzten Augenblick Hilfe geholt.

Im gleichen Jahr starb auch zu allem noch Freuds Lieblingsenkel, ein „außerordentlich intelligenter“ vierjähriger Bub, an einer tuberkulösen Aussaat. Freud hatte den Eindruck, daß im Gegensatz zu anderen schmerzlichen Verlusten mit diesem Kinde etwas für immer in ihm getötet worden war.

Schließlich kam es noch kurz vor der großen Krebsoperation im Herbst 1923 auf der Reise nach Italien zu einer schweren Blutung aus dem zu operierenden Geschwür.

In dem gleichen Jahr bringt Freud seine Ausführungen über „das Ich und das Es“. Er schreibt, daß *zwei Triebarten zu unterscheiden* sind, nämlich der Eros, der *Liebestrieb,* und der *Todestrieb,* der Destruktionstrieb. Freud findet einmal mehr auch hier das vom Biologischen abgeleitete psychologische Gesetz des Wiederholungszwanges bestätigt.

Werden und Vergehen lösen sich in der Welt immer wieder ab, so wie es auch Goethe in seinem „Stirb und Werde“ festgestellt hat. Jede lebendige Substanz vergeht. Ist die Liebe im eigentlichen Sinne ein Lebenstrieb, so meldet sich auch triebhaft der Todestrieb, der große Zerstörer. Freud knüpft hier an den altgriechischen Gegensatz des Empedokles an zwischen der φιλία, der liebevollen Zuwendung, und dem νεῖκος, dem tödlichen Haß und Zerstörer.

Diese Gedanken lassen Freud nicht mehr los. Einmal mehr geschieht es ihm, daß viele seiner größten Bewunderer und Anhänger diese neue Konzeption ablehnen. Immer wieder kommt Freud mit dem Gegenwillen in Konflikt. Er selbst hat ihn erkannt und weiß ihn zu entlarven und zu zähmen. Die Umwelt erliegt ihm in gefährlicher Weise. Aus ihm baut sie Widerstände auf, die grundsätzlich bei dem sogenannten Gesunden nicht anders wirksam werden als bei den leidenden Menschen, an denen Freud seine Beobachtungen gesammelt hat, vor allem auch an seinem eigenen Leiden.

Das Jahr 1930 bringt Freud den Verlust der greisen Mutter.

Noch einmal kommt es zu einer großen Würdigung im deutschen Kulturkreis, als der kluge und gütige Alfons Paquet ihm den Goethepreis in Frankfurt ankündigen kann. Inzwischen werden die politischen Wetterzeichen immer bedrohlicher. Im Mai 1933 werden Freuds Bücher buchstäblich vom Ungeist der Zeit verbrannt. Drei Jahre später wird auch der Leipziger Verlagsvorrat an Büchern Freuds beschlagnahmt.

Im März 1938 rücken die Hitlerschergen in Wien ein. Freud wird von der Gestapo verhört. Mit der Gelassenheit des Weisen versucht er, über diese „teuerste Konsultation“ seines

Lebens hinwegzukommen. Im Juni 1938 kann er nach London gehen. Dort findet er nach allen Bitternissen von Krankheit, Schmerzen und rassischer Verfolgung endlich den Trost seiner Freunde. Der Prinzessin Bonaparte, einer Angehörigen des griechischen Königshauses, gelingt es, Freudsches Eigentum aus Wien zu retten, vor allem die Bibliothek und seine Antiquitätensammlung.

Am 23. September 1939 kommt Sigmund Freud nach schwerem Leiden zur Ruhe.

Sein letzter Wunsch war erfüllt: er durfte in Freiheit sterben.

Helmut Barz

C. G. Jung

Kürzlich ist eine dreibändige Auswahl aus den Briefen des Schweizer Psychiaters Carl Gustav Jung erschienen. Wenn man die Besprechungen gelesen hat, die diesen Briefen in deutschsprachigen Zeitschriften zuteil wurden, und wenn man, als Psychotherapeut der Jungschen Schule, jetzt vor der Aufgabe steht, eine kurze Würdigung des Forschers Jung und seines Werkes vorzutragen, dann fühlt man sich versucht, Jung gegen die Kurzsichtigkeiten, Mißverständnisse und Bosheiten mancher seiner Kritiker im einzelnen zu verteidigen.

Aber man besinnt sich bald eines Besseren. Wer aus Jungs Briefen das Bild eines „Spießbürgers" gewinnt, wer ironisch vorgibt, aus seinen Äußerungen „das Raunen des Weltgeistes" herauszuhören, oder wer sein Werk als ein „brodelndes Gemenge aus visionärer Schau und psychologischen Begriffen" ansieht, der *will* offenbar Jung nicht verstehen.

Und Jung selbst hätte es kaum für nötig befunden, sich und sein Werk gegen Kritiker zu verteidigen, die – aus welchen Gründen auch immer – die Polemik statt der Auseinandersetzung wählen. Jung, der, wie seine Briefe zeigen, ein sehr bescheidener Mensch gewesen ist, besaß doch hinsichtlich seines Werkes ein gelassenes Selbstbewußtsein, das er zum Beispiel folgendermaßen zum Ausdruck brachte: „Wo immer meine Methode wirklich angewendet wird, bestätigen sich meine Tatsachenangaben. Man konnte schon zu Zeiten Galileis die Jupitermonde sehen, wenn man sich die Mühe nahm, dessen Fernrohr zu benützen" (Aion, Zürich 1951, S. 59).

Wie kommt es, daß diejenigen, die seine Methoden täglich in der Psychotherapie der härtesten Bewährungsprobe unterziehen, in Carl Gustav Jung einen ebenso zuverlässigen wie vorbildlichen Lehrer sehen, der unserem Jahrhundert neue Wege zum Selbstverständnis und zur Heilung seelischer Krankheit gewiesen hat – während andere, die sein Werk offenbar nur oberflächlich kennen, ihn als „Schöpfer einer esoterischen Psychologie aus Mythendunkel und Weisheitsglanz" ironisieren zu müssen glauben?

Wir wollen im folgenden nicht biographische Einzelheiten anhäufen, sondern einige Grundzüge des Forschers Jung aufzeigen, die zu gleicher Zeit seine Persönlichkeit und sein Werk beleuchten können.

Man darf nicht übersehen, daß Jung ungefähr fünf Jahre lang (von 1907 bis 1912) derjenige unter allen Mitarbeitern Sigmund Freuds war, auf den Freud die allergrößten Stücke hielt und den Freud zu seinem „Nachfolger" und „Kronprinzen" machen wollte. Diese Tatsache dürfte zu erkennen geben, daß Jung ein exzellenter Kenner der Freudschen Psychoanalyse war und daß er deren Handhabung in einer ihrem Schöpfer kongenialen Weise beherrschte. Als er sich um 1912, als 36jähriger Mann, von Freud abwendete, bedeutete das weder, daß er die psychoanalytischen Theorien samt und sonders vergessen oder verworfen, noch bedeutete es, daß sich bei ihm ein Prozeß der Verblödung angekündigt hätte. Vielmehr blieb ihm sein scharfer Intellekt für die weiteren fünfzig Jahre seines Lebens erhalten, und ein beträchtlicher Teil der Freudschen Theorien bildete auch weiterhin eine der Grundlagen seines eigenen Forschens und Denkens.

Jung mußte sich von Freud lossagen, weil er in der menschlichen Seele *mehr* sah als Freud und weil der dogmatische Charakter der Freudschen Theoriebildung diese Erweiterung nicht ertragen konnte, sondern sie verketzern mußte.

Dieser größere Bereich seelischer Wirklichkeit, den Jung aufgrund seiner persönlichen Erlebnisse ebenso wie aufgrund seiner Erfahrungen als Psychiater und Psychotherapeut anerkennen mußte, machte nun allerdings eine Sprengung des streng rationalen und in sich geschlossenen Systems der Psychoanalyse erforderlich.

Die Offenheit Jungs für das Irrationale bedeutet jedoch keineswegs seine Absage an die Rationalität. Was immer vom seelischen Leben der Ratio zugänglich ist, wird von Jung mit aller nur wünschbaren Schärfe rational zu fassen gesucht, und zwar weithin unter Bewahrung der Freudschen Entdeckungen – aber gleichzeitig wird anerkannt und methodisch berücksichtigt, daß große Bereiche der seelischen Realität einer rationalen Erfassung unzugänglich sind, und deswegen wird auch dem Irrationalen in der Jungschen Psychologie ein Platz eingeräumt. Daraus abzuleiten, daß Jung ein gegen die Vernunft eingestellter Schwärmer und Mystiker gewesen sei, der aus intellektueller Unredlichkeit oder Unfähigkeit den Grundschlamm aufgewühlt habe, um im trüben fischen zu können, ist lächerlich.

Die meisten Rezensenten der Jungschen Briefe haben darauf hingewiesen, daß Jung sich bis an sein Lebensende immer wieder mit den Diskrepanzen zwischen ihm und Freud auseinandergesetzt hat. – Das ist richtig und gilt nicht nur für Jungs Briefe, sondern auch für sein wissenschaftliches Werk. Die Bedeutung dieser Auseinandersetzung geht aber für Jung weit über die – gewiß auch schwerwiegende – private Problematik hinaus. Jung hatte früh erkannt, daß die unvereinbaren Gegensätze zwischen ihm und Freud nicht nur individueller Natur waren, sondern daß in ihnen Typisches zum Ausdruck kam, dessen große Bedeutung *für* das psychologische Denken unbedingt *durch* psychologisches Denken erfaßt und berücksichtigt werden muß.

Jung war bis zur letzten Konsequenz bereit, die Voraussetzungen seines Forschens und Denkens, die durch seine eigene psychische Struktur gegeben waren, also das, was er seine „persönliche Gleichung" nannte, stets mit in Rechnung zu stellen und von daher seine eigenen Resultate zu relativieren oder, wie man heute gerne sagt, zu „hinterfragen".

An der Diskrepanz zwischen der Freudschen und seiner eigenen Psychologie erkannte er ein weiteres Mal den Gegensatz zwischen den beiden psychologischen Grundtypen, die er in seinem – acht Jahre nach der Trennung von Freud erschienenen – Buch „Psychologische Typen" nicht nur theoretisch beschrieb, sondern deren geistesgeschichtliche Auswirkungen er an Beispielen von der Antike bis in die Gegenwart anschaulich darstellte.

Zweifellos war Jungs eigene Grundeinstellung eine introvertierte, und er hat nie einen Zweifel daran gelassen oder gar zu leugnen versucht, daß seine psychologische Forschung von den Voraussetzungen einer solchen Einstellung ausging. Was meint nun dieser von Jung in die Psychologie eingeführte Begriff „Introversion", der für das Verständnis seines eigenen Wesens so bedeutsam ist?

Das bewußte Interesse des introvertierten (das heißt nach innen gewendeten) Menschen gilt vorwiegend der eigenen Innenwelt. Das Subjektive ist für den Introvertierten das eigentlich Faszinierende; die innere Wirklichkeit, die „Wirklichkeit der Seele", ist für ihn verbindlicher und bedeutsamer als die Wirklichkeit der äußeren Objekte. Die Maßstäbe für seine Urteile und sein Handeln sucht er – und sei es gelegentlich im Widerspruch zu den Erfordernissen der äußeren Anpassung – in den Gesetzen des „Weltinnenraums" (Rilke), die zu erkennen sein eigentliches Ziel ist.

Ein solcher Introvertierter war Carl Gustav Jung, und aus einer solchen introvertierten Grundeinstellung heraus hat er psychologisch geforscht. Dieses dürfte von den allgemein bedeutsamen, über das Private hinausgehenden Gründen der wesentlichste gewesen sein, der Jung von Freud trennte; denn Freuds Grundeinstellung, wie sie in seinem Werk zum Ausdruck kommt, ist die entgegengesetzte: extravertiert.

Der Extravertierte ist von der Außenwelt und ihren Objekten fasziniert. Sein seelisches Leben „spielt sich gewissermaßen außerhalb seiner selbst, in seiner Umgebung ab. Er lebt in und mit andern; der Umgang mit sich selbst aber ist ihm unheimlich" (Jung). Sein ganzes Bestreben ist, Objektives zu erfassen, und so kann er auch mit Seelischem nur in der Weise umgehen, daß er es zu einem Objekt macht.

Ob der Mann Sigmund Freud tatsächlich extravertiert war, bleibe dahingestellt; unzweifelhaft aber ist Freuds Psychoanalyse das Werk eines extravertierten Denkens. Während Freud jedoch seine extravertierte Denkweise verabsolutierte und ausschließlich deren Resultate als richtig gelten ließ, war Jung darum bemüht, die introvertierte und die extravertierte Grundeinstellung nicht nur nebeneinander gelten zu lassen, sondern nach Möglichkeit beide in sich zu vereinen.

Denn auch bei seiner Entdeckung der beiden psychologischen Grundtypen geht es nicht nur um die Feststellung des Trennenden, sondern letztlich um die Vereinigung der Gegensätze, die das Grundmotiv seines gesamten Werkes darstellt.

Deshalb bleibt ihm Freud bis an sein Lebensende ein bedenkenswerter Antipode, jedoch nicht als zu bekämpfender Feind, sondern als Vertreter des anderen Poles, zu dem hin fruchtbare Spannung besteht.

So darf man sich Carl Gustav Jung auch keineswegs als eigenbrötlerischen, weltfremden Einsiedler vorstellen, der in einseitig introvertierter Weise nur der versponnenen Innenschau gelebt hätte. Vielmehr berichten alle, die ihn kannten, von seiner herzlichen Aufgeschlossenheit und seiner Bereitschaft, sich jedem ihn brauchenden Menschen und jedem Ereignis vorbehaltlos zuzuwenden. Seine Briefe zeigen ihn als hellhörigen, einfühlsamen und wandlungsfähigen Gesprächspartner der verschiedensten Menschen, der mit den weitesten Zusammenhängen der Gegenwart sehr präzis vertraut war.

Bei stets gleichbleibender Ehrlichkeit konnte er behutsam oder grob, teilnehmend oder ironisch, sehr offen oder ganz distanziert auf seine Partner eingehen. Eine tief sinnliche und ursprüngliche Verbundenheit mit der Natur gehörte ebenso zu seinem Wesen wie sein unbegreiflich vielfältiges Wissen, das ihm mühelos zur Verfügung stand. Wohl war er ein gelehrter Professor, von dessen mächtiger Gestalt bis ins hohe Alter etwas ehrfurchterweckend Aristokratisches ausging; aber er war zugleich ein Handwerker und ein Freund der Bauern, der sich mit Wind, Wasser und Bergen auskannte, der vorzüglich zu kochen verstand und dessen gewaltige Art, dröhnend zu lachen, bis heute bei einigen, die ihm nahestanden, fortzuleben scheint.

Sein großes Haus am Zürichsee wurde nicht nur von Patienten aus allen Erdteilen besucht, hier trafen sich nicht nur Gelehrte aller Fakultäten zum Gespräch, sondern hier wurden im Kreise seiner großen Familie auch herrliche Feste gefeiert.

Allerdings war das nicht sein einziges Haus. Seit 1923 baute er eigenhändig an seinem „Turm", der am oberen Zürichsee, weit ab von der Stadt, einsam am Ufer steht. Hier lebte der introvertierte Jung, der – trotz aller Fähigkeit und Bereitschaft zur extravertierten Teilnahme an der Außenwelt – letztlich stets auf die Innenwelt bezogen blieb, von der her und auf die zu er eigentlich lebte.

Der „Weltinnenraum", um nochmals diese Formulierung Rilkes zu verwenden, war für Jung nicht primär ein Objekt wissenschaftlicher Forschung, das er vom sicheren Standpunkt einer exakten Begrifflichkeit – und damit von außen her – beobachtete, sondern der Weltinnenraum, den er das „kollektive Unbewußte" nannte, war für ihn lebendige Landschaft, in die es immer wieder ohne jede Rückversicherung einzutreten, sich vorbehaltlos einzulassen galt.

In den Jahren nach der Trennung von Freud begann Jung, sich bewußt dem Ansturm innerer Bilder, dem Sog der Visionen, der Übermacht großer Träume zu überlassen, die ihn in der inneren Landschaft erwarteten. Es waren Jahre äußerster seelischer Gefährdung, in denen er Stimmen hörte, Visionen hatte, von Spukerscheinungen heimgesucht wurde, merkwürdige Bilder malte und Reden an die Toten schrieb.

Er muß sich damals jahrelang in einem Zustand befunden haben, der, wenn er unfreiwillig bei einem nicht-genialen Menschen eintritt, als Psychose zu bezeichnen ist. Jung selbst schreibt: „Es ist natürlich eine Ironie, daß ich als Psychiater bei meinem Experiment sozusagen auf Schritt und Tritt demjenigen psychischen Material begegnet bin, das die Bausteine einer Psychose liefert, und das man darum auch im Irrenhaus findet" (Erinnerungen, Träume, Gedanken, S. 192).

Zweifellos wäre ein Geringerer als er in jenem Strudel untergegangen. Die Geschichte wäre dann achselzuckend über ihn hinweggegangen als über einen irr gewordenen Irrenarzt, der besser daran getan hätte, in der überschaubaren Sicherheit des befestigten Hafens der Freudschen Lehre zu verharren. Jung aber hatte die Nachtmeerfahrt nicht nur angetreten, sondern er konnte sie durchstehen, und so kam er zurück als einer, der von der Unterwelt mehr erfahren hatte, als man vom sicheren Hafen aus ahnen kann.

Jung hat diese Jahre seiner Auseinandersetzung mit den überwältigenden Inhalten des kollektiven Unbewußten im Rückblick auf sein Leben als etwas Überpersönliches gewertet. „Wenn ich heute zurückschaue und den Sinn dessen bedenke, was mir in der Zeit meiner Arbeit an den Phantasien widerfuhr, kommt es mir vor, als sei eine Botschaft mit Übermacht an mich gekommen. Es lagen Dinge in den Bildern, die nicht nur mich angingen, sondern auch viele andere. Damit hat es angefangen, daß ich nicht mehr nur mir selber angehören durfte. Von da an gehörte mein Leben der Allgemeinheit. Die Erkenntnisse, um die es mir ging oder die ich suchte, waren in der Wissenschaft jener Tage noch nicht anzutreffen. Ich mußte selber die Urerfahrung machen und mußte überdies versuchen, das Erfahrene auf den Boden der Wirklichkeit zu stellen" (a.a.O., S. 195f.).

Dieses: seine Erfahrungen, die scheinbar so unwirklich und anti-rational waren, auf den Boden der Wirklichkeit zu stellen und sie dadurch zu einer brauchbaren Hilfe für viele zu machen, ohne sie jedoch ihres letzten Geheimnisses zu entkleiden, das wurde die eigentliche Aufgabe seines Lebens. Hierzu bedurfte es des schärfsten wissenschaftlichen Verstandes ebenso wie des Bewußtseins der ethischen Verpflichtung.

„Meine Wissenschaft war das Mittel und die einzige Möglichkeit, mich aus jenem Chaos herauszuwinden. Sonst hätte mir das Material angehaftet wie Kletten oder Schlingpflanzen. Ich verwandte große Sorgfalt darauf, jedes einzelne Bild, jeden Inhalt zu verstehen, ihn – soweit das möglich ist – rational einzuordnen und vor allem: im Leben zu realisieren. Das ist es, was man meistens versäumt. Man läßt die Bilder aufsteigen und wundert sich vielleicht über sie, aber dabei läßt man es bewenden. Man gibt sich nicht die Mühe, sie zu verstehen, geschweige denn die ethischen Konsequenzen zu ziehen. Damit beschwört man die negativen Wirkungen des Unbewußten herauf" (a.a.O., S. 196).

Die Umformung jener erlittenen Urerfahrungen in eine wissenschaftliche Psychologie ist die geistige Arbeit, der Jung die weiteren 45 Jahre seines Lebens widmet. Es entsteht, in immer wiederholten Anläufen, in immer wieder anderen Modifikationen, von immer neuen Standpunkten her angeleuchtet, Jungs Konzeption des kollektiven Unbewußten und der von ihm her wirksamen Archetypen.

Jung hatte erfahren, daß das Unbewußte mehr enthält als verdrängte Ereignisse oder Wünsche des individuellen Lebens. Ihm waren in Träumen und Phantasien Gestalten begegnet und Zusammenhänge aufgegangen, die unmöglich seinem persönlichen Unbewußten entstammen konnten, weil sie Inhalte repräsentierten, von denen er in seinem Leben niemals etwas zur Kenntnis genommen hatte.

Dieselbe Beobachtung hatte er auch schon früher während seiner psychiatrischen Arbeit mit psychotischen Patienten gemacht: Einen Teil ihrer scheinbar sinnlosen Symptome wie Halluzinationen oder Wahnideen konnte er zwar als Ausdruck des persönlichen Unbewußten der Patienten deuten, aber ein anderer Teil dieser Symptome war offensichtlich nur dann zu verstehen, wenn man annahm, daß der Mensch in seinem Unbewußten Zugang hat zu seelischen Bereichen, die Jahrtausende weit in die Geschichte der Menschheit zurückreichen. So kam Jung zu der Hypothese, daß es außer dem persönlichen Unbewußten auch ein Unbewußtes gibt, das allen Menschen gemeinsam ist: das „kollektive Unbewußte".

Im Laufe seines Lebens hat er ein überwältigendes Material zusammengetragen, das den Beweis erbringt, daß gewisse Grundmotive, gewisse Bilder und Handlungsabläufe auf allen Teilen der Erde und zu allen Zeiten der Geschichte mit verblüffender Übereinstimmung immer wieder in allen Kulturdokumenten auftauchen und offenbar den Menschen auch immer wieder den gleichen Sinn vermitteln. Aber nicht in Mythen, Märchen, Sagen, Volksliedern, Dichtungen, Riten oder Volksbräuchen fand er diese immer sich wiederholenden Grundmotive vor, sondern er begegnete ihnen genauso in den Träumen, Phantasien und kreativen Hervorbringungen heutiger Menschen.

So entstand seine Theorie der Archetypen. Archetypen, auf deutsch „Urbilder", sind unanschauliche Grundmuster im kollektiven Unbewußten, die allen Menschen aller Zeiten gemeinsam sind und die alles menschliche Erleben, Denken, Fühlen und Handeln vorformen und anordnen.

Man kann die Bedeutung der Archetypen für die menschliche Existenz am ehesten der Bedeutung vergleichen, die die angeborenen Instinkte für das Leben der Tiere haben. (Der Mensch, der ursprünglich in derselben Weise instinktgesteuert lebte wie das Tier, hat seine instinktiven Grundlagen weithin verlassen und sie durch erlernte Spielregeln und Verhaltensmuster der Zivilisation ersetzt.)

Während die Instinkte jedoch das tierische *Verhalten* steuern und damit das Überleben des Einzeltieres und die Fortdauer der Art sichern, prägen die Archetypen die Entwicklungsstadien des menschlichen Bewußtseins und stellen damit die Grundpfeiler der Geistesgeschichte dar. Von daher erklärt sich die noch nicht annähernd ausgeschöpfte Bedeutung der Jungschen Psychologie für die Gesamtheit der Geisteswissenschaften.

Vor allem aber bedeutet die Entdeckung der erlebnisprägenden Archetypen einen unermeßlichen Fortschritt für die Psychotherapie. Ermöglicht sie es doch, in den seelischen Störungen mehr zu sehen als nur eine Anhäufung lästiger Symptome, die es möglichst rasch zu beseitigen gilt. Jung erkannte, daß seelische Störungen nicht nur auf Fehlentwicklungen im Bereiche der Sexualität oder auf gestörte Beziehungen zu den Eltern zurückgehen, sondern daß sie auch höchst sinnvolle Alarmzeichen darstellen können, die den Menschen dazu auffordern wollen, seine Einstellung zum kollektiven Unbewußten zu ändern. Denn seelische Gesundheit ist davon abhängig, ob der Mensch zu den Archetypen, diesen lebendigen Kräften des umfassenden unbewußten Seelengrundes, in einem aufmerksamen, ehrfürchtigen Verhältnis steht oder nicht.

Jung konnte nicht umhin zu bemerken, daß er in den Archetypen auf psychologischem Feld etwas entdeckt hatte, was im Bereich der Religionen als göttliche oder dämonische Kräfte verehrt oder gefürchtet wird. Eine solche Parallele hatte er durchaus nicht gesucht, sondern sie erschreckte ihn. Aber er konnte und wollte dieser beunruhigenden Entdeckung nicht ausweichen und nahm es auf sich, als Psychotherapeut in den Grenzbereich zwischen Psychologie und Religion vorzustoßen. So entdeckte er für die Psychotherapie, was die Religionen von jeher wußten: die Selbsterfahrung des Menschen grenzt an die Gotteserfahrung an; beide sind untrennbar miteinander verbunden, und beide sind Voraussetzung für seelische Gesundheit.

Was wir soeben als den Versuch einer knappen Zusammenfassung der Jungschen Konzeption des kollektiven Unbewußten vorgetragen haben, klingt notwendigerweise viel abstrakter, als es sich in Jungs Werk darstellt. Dort ist alles lebendig, anschaulich, mit einer ermeßlichen und oft ganz verwirrenden Fülle von Beispielen belegt. Jung zieht mythologisches, literarisches, ethnologisches Material aus allen Zeiten und Zonen herbei; Märchen, Volksbräuche, Träume von historischen Gestalten, aber immer wieder auch Träume heutiger Menschen: alles dient dazu, seine Hypothesen zu prüfen und sie entweder zu verwerfen oder sie zur Theorie zu erhärten.

Jung unternimmt ausgedehnte Forschungsreisen nach Nord- und Ostafrika, zu den nordamerikanischen Pueblo-Indianern und nach Indien. Er dringt — mit Hilfe seiner Freunde Heinrich Zimmer und Richard Wilhelm — tief in das Wesen der östlichen Religion ein, studiert die Gnosis und entdeckt als erster die hochaktuelle psychologische Bedeutsamkeit der Alchemie.

Vor allem aber unterwirft er seine Entdeckungen und Hypothesen immer wieder dem entscheidenden Experiment: der Frage nach ihrer Brauchbarkeit und Wirksamkeit im psychotherapeutischen Prozeß. Immer wieder betont er, daß er vor allem Arzt und als solcher Empiriker sei, den vor allem die Frage interessiert: „Wie kann die Wunde geheilt werden?"

Es geht ihm nicht um ein perfektes psychologisches System, das alles erklären könnte, sondern um erfahrbare Einsichten in das Wesen der Seele, die geeignet sind, uns heute zu helfen. „Sie wissen ja, ich bin Arzt", schreibt er in einem

Brief, „und darum (bin ich) verdammt, meine Spekulationen jeweils unter die Räder der Wirklichkeit zu legen, was allerdings den Vorteil hat, daß alles zermalmt wird, was nicht fest genug ist."

Aber auch noch diejenigen Einsichten, die unter den Rädern der Wirklichkeit standgehalten und sich in der Feuerprobe der therapeutischen Anwendung als haltbar und hilfreich erwiesen hatten, wurden von Jung nicht endgültig fixiert oder in ein geschlossenes System eingebracht. „Eine wissenschaftliche Wahrheit war für mich eine für den Augenblick befriedigende Hypothese, aber kein Glaubensartikel für alle Zeiten", schreibt er in seinen Erinnerungen (S. 155).

Bei aller inständigen Bemühung um wissenschaftliche Exaktheit, um rationale Einordnung und empirische Überprüfung seiner Entdeckungen bleibt Jung doch stets offen dafür, daß zur Wirklichkeit der Seele eben auch ihre irrationalen Anteile gehören, und er ist bis in seinen Stil hinein bemüht, jene psychologische Scheingenauigkeit zu vermeiden, die die Illusion erweckt, die Psyche könne sich selbst restlos erfassen. So schreibt er in einem Brief: „Die Sprache, welche ich spreche, muß zweideutig, bzw. doppelsinnig sein, um der psychischen Natur mit ihrem Doppelaspekt gerecht zu werden. Ich strebe bewußt und absichtlich nach dem doppelsinnigen Ausdruck, weil er der Eindeutigkeit überlegen ist und der Natur des Seins entspricht. Ich könnte meiner ganzen Veranlagung nach sehr eindeutig sein. Das ist nicht schwer, geht aber auf Kosten der Wahrheit."

Das Schillernde, Doppeldeutige, Dunkle an Jungs Stil, das manche Teile seines Werkes kennzeichnet, entspringt nicht, wie Ernst Bloch meint, dem „ozeanischen Gefühl" eines „Dunkelfreundes", und Ernst Bloch irrt sich, wenn er, Jung mit Ludwig Klages in einen Topf werfend, meint: „Die Jungs sind sehr gefühlig und genießen das Dunkel nur wahllos von außen ..."

Jung hat das Dunkel so gut von innen gekannt, daß ihm nicht danach zumute war, den Versuch zu machen, es zu genießen. Es ging ihm nicht darum, die Helligkeit des Bewußtseins zu verdunkeln, sondern er hat im Gegenteil darum gekämpft, in die bedrohliche Dunkelheit des Unbewußten Licht zu bringen. Er war kein rückwärtsgewandter, geistfeindlicher Anbeter des Unbewußten, kein „Liebhaber des Traumdunkels", kein „Tarzan in der Psychologie", um immer noch bei Ernst Blochs Apostrophierungen zu bleiben.

Vielmehr schreibt er: „Das Unbewußte ist *inhuman* und

bedarf des menschlichen Geistes, um menschlichen Zwecken zu dienen ... Ohne den menschlichen Geist ist das Unbewußte sinnlos" (Briefe I, S. 355 f.).

Allerdings weiß Jung auch das andere: Ohne eine sorgfältige, ehrfürchtige, ihrer ethischen Verpflichtung bewußte Berücksichtigung des Unbewußten ist der menschliche Geist von seinem Nährboden abgeschnitten und steht – heute wohl deutlicher denn je – in der Gefahr, zu einem zerstörerischen Ungeist zu werden.

Wir hatten unsere Darstellung damit begonnen, auf Jungs introvertierte Grundeinstellung hinzuweisen, die sein Werk für stark extravertierte Menschen schwer zugänglich macht. Die Jungsche Psychologie findet in den letzten Jahren ein rasch zunehmendes Interesse in Europa wie in Amerika, besonders bei der jüngeren Generation. Sollte das ein Anzeichen dafür sein, daß die Überzeugung abnimmt, wir könnten die uns bedrängenden Probleme in extravertierter Weise „draußen" lösen? Sollte sich allmählich – unter dem zunehmenden Druck der äußeren Verhältnisse, die wir zu beherrschen meinten, die aber anscheinend uns beherrschen – die Einsicht durchsetzen, daß die Erfahrung der inneren Welt ebenso unerläßlich und notwendig ist wie die Bearbeitung der äußeren? Dann würde Jung ein Lehrmeister der Zukunft sein, nicht nur für Psychologen, sondern genauso für „Nicht-Psychologen".

Über die Zeit nach seiner intensivsten Auseinandersetzung mit dem Unbewußten schreibt er: „In schärfster Weise erlebte ich den Gegensatz der äußeren und der inneren Welt. Das Zusammenspiel beider Welten, um das ich heute weiß, konnte ich damals noch nicht erfassen. Ich sah nur einen unversöhnlichen Gegensatz zwischen Innen und Außen. Es war mir aber von Anfang an klar, daß ich den Anschluß an die äußere Welt und die Menschen nur finden würde, wenn ich mich aufs Intensivste bemühte zu zeigen, daß die Inhalte der psychischen Erfahrung ‚wirklich' sind, und zwar nicht nur als meine persönlichen Erlebnisse, sondern als kollektive Erfahrungen, die sich auch bei anderen Menschen wiederholen können. Das habe ich später in meinen wissenschaftlichen Arbeiten nachzuweisen versucht."

Das ist Jung gelungen. Und wir können die Früchte seiner Arbeit brauchen.

Verzeichnis der Mitarbeiter

Johann-Gottfried Appy (geb. 1928), Dr. med., Psychiater und Psychoanalytiker, Mitglied des Sigmund-Freud-Instituts in Frankfurt/M.

Hermann Argelander (geb. 1920), Dr. med., Psychoanalytiker, Professor und wissenschaftliches Mitglied am Sigmund-Freud-Institut in Frankfurt/M. – Wichtige Veröffentlichungen: Das Erstinterview in der Psychotherapie, Darmstadt 1970; Gruppenprozesse, Reinbek 1972; Der Flieger, Frankfurt 1972; Konkrete Seelsorge, Stuttgart 1973.

Helmut Bach (geb. 1922), Professor Dr. med., Psychiater und Psychoanalytiker, Leiter des Instituts für Psychotherapie e.V. Berlin, lehrt und forscht dort sowie am Psychologischen Institut der Freien Universität Berlin. – Wichtige Veröffentlichungen: Die Ausreifung der menschlichen Aggressivität (in: Fortschritte der Psychoanalyse Bd. III, Göttingen 1968); Die Behandlungstechnik in den neoanalytischen Richtungen (in: Klinische Psychologie, hrsg. von Schraml, 1970).

Helmut Barz (geb. 1932), Dr. med., Facharzt für Psychiatrie und Neurologie sowie Psychotherapeut, tätig am C. G. Jung-Institut in Zürich. – Wichtige Veröffentlichungen: Praktische Psychiatrie, Bern 1972; Selbst-Erfahrung, Tiefenpsychologie und christlicher Glaube, Stuttgart 1973.

Friedrich Beese (geb. 1921), Dr. med., Psychotherapeut und Nervenarzt, Ärztlicher Direktor der Psychotherapeutischen Klinik in Stuttgart-Sonnenberg. Vorsitzender der Deutschen Gesellschaft für Psychotherapie und Tiefenpsychologie e.V. (DGPT). – Wichtige Veröffentlichung: Der Neurotiker und die Gesellschaft, München 1974.

Günther Bittner (geb. 1937), Professor Dr. phil., Diplom-Psychologe und Psychotherapeut, lehrt an der Universität Bielefeld. – Wichtige Veröffentlichungen: Für und wider die Leitbilder, Heidelberg 1964; Psychoanalyse und soziale Erziehung (3. Aufl.), München 1973; Das andere Ich, München 1974.

Clemens de Boor (geb. 1920), Professor Dr. med., Psychoanalytiker und Psychosomatiker, stellvertretender Direktor des Sigmund-Freud-Instituts in Frankfurt/M. – Wichtige Veröffentlichungen: Die Psychosomatische Klinik und ihre Patienten (zus. mit E. Künzler), Stuttgart 1963; Zur Psychosomatik der Allergie, Stuttgart 1965; Psychosomatische Aspekte der Sterilität (in: H. D. Taubert, Ärztlicher Rat für kinderlose Ehepaare, Stuttgart 1972).

Tobias Brocher (geb. 1917), Professor Dr. med., Sozialpsychologe und Psychoanalytiker, lehrt und forscht als Distinguished Professor for Applied Behavioral Sciences bei der Menninger Foundation in Topeka/USA. – Wichtige Veröffentlichungen: Lexikon der Sexualerziehung (zus. mit L. v. Friedeburg), Stuttgart 1972; Sind wir ver-rückt? Lebensprobleme des modernen Menschen, Stuttgart 1973.

Werner Correll (geb. 1928), Professor Dr. phil., Ordinarius für Pädagogische Psychologie und Programmiertes Lernen an der Universität Gießen. – Wichtige Veröffentlichungen: Lernpsychologie, Donauwörth 1974 (14. Aufl.); Pädagogische Verhaltenspsychologie, München 1973 (5. Aufl.); Einführung in die pädagogische Psychologie, Donauwörth 1973 (8. Aufl.).

Hans Dieckmann (geb. 1921), Dr. med., praktizierender Psychotherapeut in Berlin, Vize-Präsident der Internationalen Gesellschaft für Analytische Psychologie, Lehrtätigkeit am Institut für Psychotherapie e.V. in Berlin. – Wichtige Veröffentlichungen: Probleme der Lebensmitte, Stuttgart 1968; Träume als Sprache der Seele, Stuttgart 1972.

Ulrich Ehebald (geb. 1921), Dr. med., Psychiater und Psychoanalytiker, Direktor des Michael-Balint-Institutes für Psychoanalyse und Psychotherapie der Gesundheitsbehörde der Freien und Hansestadt Hamburg. – Wichtige Veröffentlichung: Patient oder Verbrecher, Reinbek 1971.

Editha Enke-Ferchland (geb. 1938), Diplom-Psychologin und Psychoanalytikerin, Mitarbeiterin in der Abteilung für Medizin-Soziologie und Sozialpsychologie an der Universität Ulm. – Wichtige Arbeiten: Interaktionsforschungen in der Klinik und in der Rehabilitation; Entwicklung von Unterrichtskonzepten für die Medizinische Psychologie; Mitautorin des Lehrbuchs der Medizinischen Psychologie, München 1973, und des Kursus der Medizinischen Psychologie, München 1972.

Helmut Enke (geb. 1927), Professor Dr. med., Diplom-Psychologe und Psychoanalytiker, Leiter der Forschungsstelle für Psychotherapie in Stuttgart und der Abteilung für Medizin-Soziologie und Sozialpsychologie an der Universität Ulm. Mitherausgeber der Zeitschrift für Gruppenpsychotherapie und Gruppendynamik; Veröffentlichungen und Editionen zur Klinischen Rehabilitation, Stuttgart 1971 und 1973.

Hildegund Fischle-Carl (geb. 1920), Dr., Diplom-Psychologin und Psychotherapeutin, lebt und arbeitet in Stuttgart-Esslingen. Herausgeberin der Buchreihe „Psychologisch gesehen"; darin: Der Aufstand der Jugend, Stuttgart 1971 (3. Aufl.); Sexualverhalten und Bewußtseinsreife, Stuttgart 1972; Wege zum Du, Stuttgart 1973.

Adolf Friedemann (geb. 1902), Dr. med., Facharzt für Psychiatrie und Psychotherapie, Honorarprofessor mit Lehrauftrag für Psychohygiene (Universität Freiburg i. Br.) und Psychopathologie des Kindes- und Jugendalters (Universität Freiburg, Schweiz). Veröffentlichungen vorwiegend auf den Gebieten der Psychotherapie, Kinderpsychiatrie und Gruppenpsychotherapie.

Erich Fromm (geb. 1900), Professor Dr. phil., Psychoanalytiker, 1955–1968 Direktor der psychoanalytischen Abteilung an der Medizinischen Fakultät der Nationalen Universität von Mexiko. – Wichtige Veröffentlichungen: Der moderne Mensch und seine Zukunft, Frankfurt 1971 (5. Aufl.); Die Revolution der Hoffnung, Stuttgart 1971; Anatomie der menschlichen Destruktivität, Stuttgart 1974.

Antoon Houben (geb. 1919), Dr. phil., Diplom-Psychologe und Psychoanalytiker, lehrt und forscht am Psychologischen Institut, Abt. für Klinische Psychologie, der Universität München. – Wichtige Veröffentlichungen: Psychodiagnostik in psychotherapeutischen und psychosomatischen Institutionen (in: Schraml, Klinische Psychologie, Stuttgart und Wien 1970); Klinisch-psychologische Beratung, Ansätze einer psychoanalytisch fundierten Technik (im Druck).

Gemma Jappe (geb. 1938), Dr. phil., Diplom-Psychologin und wiss. Mitarbeiterin in der Abt. für Psychoanalyse der Universitäts-Nervenklinik Tübingen. – Wichtige Veröffentlichung: Über Wort und Sprache in der Psychoanalyse, Frankfurt/M. 1971.

Hans Kilian (geb. 1921), Professor Dr. med., Inhaber des Lehrstuhls für Sozialpsychologie und angewandte Psychoanalyse an der Gesamthochschule Kassel. – Wichtige Veröffentlichung: Das enteignete Bewußtsein – Zur dialektischen Sozialpsychologie, Neuwied 1971.

Elisabeth Kübler-Ross (geb. 1926), Dr. med., Assistant-Professor für Psychiatrie an der Universität von Chicago. – Wichtige Veröffentlichungen: Interviews mit Sterbenden, Stuttgart 1971; Was können wir noch tun? Antworten auf Fragen nach Sterben und Tod, Stuttgart 1974.

Peter Kutter (geb. 1930), Professor Dr. med., Psychiater und Psychoanalytiker, Professor für Psychoanalyse im Fachbereich Psychologie an der Universität Frankfurt/M. – Wichtige Veröffentlichungen: Psychiatrische Krankheitsbilder (in: Loch, Die Krankheitslehre der Psychoanalyse, Stuttgart 1967); Psychiatrie – Eine Einführung für Laien, Stuttgart 1972.

Wolfgang Loch (geb. 1915), Dr. med., Facharzt für innere Medizin, Neurologie und Psychiatrie, ordentlicher Professor für

Psychoanalyse an der Universitäts-Nervenklinik Tübingen. – Wichtige Veröffentlichungen: Voraussetzungen, Mechanismen und Grenzen des psychoanalytischen Prozesses, Bern und Stuttgart 1965; Zur Theorie, Technik und Therapie der Psychoanalyse; Herausgeber von: Die Krankheitslehre der Psychoanalyse, 2. erw. Aufl. 1971.

Gerhard Mauch (geb. 1914), Dr. med., Oberregierungsmedizinaldirektor und Ärztlicher Direktor des Zentralkrankenhauses für den Strafvollzug in Baden-Württemberg, Hohenasperg, Nervenfacharzt und Psychotherapeut. Forschungsarbeiten über Psychotherapie an sexuell Gestörten und Straffälligen. – Wichtige Veröffentlichung: Sozialtherapie und die Sozialtherapeutische Anstalt, Stuttgart 1971.

Edeltrud Meistermann-Seeger, Professor Dr. phil., Psychologin, Psychoanalytikerin und Sozialanalytikerin, lehrt an der Universität Köln im Fachbereich Soziologie die Theorie der Psychoanalyse und der Sozialanalyse. – Wichtige Veröffentlichungen: Leitfaden der Bilder, Theorie des Rorschachtests, Köln 1947; Leben als Gastarbeiter, Köln und Opladen 1971².

Alexander Mitscherlich (geb. 1908), Professor Dr. med., Arzt und Psychoanalytiker, Leiter des Sigmund-Freud-Instituts in Frankfurt/M. – Wichtige Veröffentlichungen: Auf dem Weg zur vaterlosen Gesellschaft, München 1963; (zus. mit Margarete Mitscherlich:) Die Unfähigkeit zu trauern, München 1967; Die Idee des Friedens und die menschliche Aggressivität, Frankfurt/M. 1969.

Margarete Mitscherlich-Nielsen (geb. 1917), Dr. med., Ärztin und Psychoanalytikerin, praktiziert und lehrt die Psychoanalyse am Sigmund-Freud-Institut in Frankfurt/M. – Wichtige Veröffentlichungen: Müssen wir hassen? Über den Konflikt zwischen innerer und äußerer Realität, München 1972; (zus. mit Alexander Mitscherlich:) Die Unfähigkeit zu trauern, München 1967.

William G. Niederland (geb. 1905), Professor Dr. med., Clinical Professor of Psychiatry an der Staats-Universität New York und als praktizierender Psychoanalytiker und Psychiater in Englewood, New Jersey/USA tätig. – Wichtige Veröffentlichungen: Man-Made Plague – A Primer on Neurosis, New York

1949; Psychic Traumatization, Boston 1971; The Schreber Case – Psychoanalytic Profile of a Paranoid Personality, New York 1974.

Dieter Ohlmeier (geb. 1936), Dr. med., Diplom-Psychologe, Psychiater und Psychoanalytiker, Leiter der Sektion für Gruppenpsychotherapie des Psychosozialen Zentrums der Universität Ulm. – Wichtige Veröffentlichung: (als Hrsg.) Psychoanalytische Entwicklungspsychologie, Freiburg 1973.

Fritz Riemann (geb. 1902), freipraktizierender Psychoanalytiker, Dozent und Lehranalytiker am Institut für Psychologische Forschung und Psychotherapie in München. – Wichtige Veröffentlichung: Grundformen der Angst, München 1961.

Lore Schacht (geb. 1935), Dr. med., Psychiaterin und Psychoanalytikerin, Assistentin an der Abt. für Psychotherapie der Universität Ulm. – Wichtige Veröffentlichung: Psychoanalytic Facilitation into the „Subject-Uses-Subject" Phase of Maturation (in: International Journal of Child Psychotherapie, 1972).

Joachim Scharfenberg (geb. 1927), Dr. theol., Psychoanalytiker und ordentlicher Professor für Praktische Theologie an der Universität Kiel. – Wichtige Veröffentlichungen: Sigmund Freud und seine Religionskritik als Herausforderung für den christlichen Glauben, (3. Aufl.) Göttingen 1971; Religion zwischen Wahn und Wirklichkeit, Hamburg 1973; Seelsorge als Gespräch, Göttingen 1973.

Heinz Schepank (geb. 1930), Professor Dr. med. habil., Psychoanalytiker und Psychotherapeut, Oberarzt der Psychosomatischen Universitätsklinik Heidelberg. – Wichtige Veröffentlichung: Erb- und Umweltfaktoren bei Neurosen – Tiefenpsychologische Untersuchungen an 50 Zwillingspaaren, Berlin, Heidelberg, New York 1974.

Gerhart Scheunert (geb. 1906), Professor Dr. med., Nervenarzt und Psychoanalytiker, Lehrbeauftragter für Psychoanalyse an der Universität Hamburg, Lehranalytiker der Deutschen Psychoanalytischen Vereinigung (IPV) und des Michael-Balint-Institutes Hamburg, Mitherausgeber des Jahrbuchs der Psychoanalyse und der Zeitschrift Wege zum Menschen.

Hans Jürgen Schultz (geb. 1928), Chefredakteur Kultur beim Süddeutschen Rundfunk Stuttgart, Mitglied des deutschen PEN-Clubs und der deutschen UNESCO-Kommission. – Wichtige Veröffentlichungen: Anstiftung zum Christentum, Stuttgart 1974; (als Hrsg.:) Politik für Nichtpolitiker, Stuttgart 1970; Was weiß man von den Träumen? Stuttgart 1972.

Willi Schumacher (geb. 1928), Professor Dr. med. Dr. rer. nat., Psychiater, Psychologe und Psychoanalytiker, z. Z. Leiter der Abt. für Medizinische Psychologie am Zentrum der Psychosozialen Grundlagen der Medizin der Universität Frankfurt/M. – Wichtige Veröffentlichungen: Bemerkungen zur Theorie des Narzißmus (in: Psyche 1, 1970); Gestaltdynamik und Ich-Psychologie (in: Psyche 3, 1971).

Hans Jürgen Seeberger (geb. 1918), Dr. med., Psychiater und Psychoanalytiker, Leiter des Instituts für Psychoanalytische Therapie und Psychosomatische Medizin im Krankenhaus Bremen-Ost. – Wichtige Veröffentlichungen: Die Angst, 1971; Möglichkeiten und Grenzen tiefenpsychologischer Methoden in der Sonderpädagogik, 1973.

Theodor Seifert (geb. 1931), Dr. rer. biol. hum., Diplom-Psychologe, Fachpsychologe für klinische Psychologie und Psychotherapeut, wiss. Mitarbeiter der Forschungsstelle für Psychotherapie in Stuttgart, Vorsitzender und Lehranalytiker des C. G. Jung-Instituts Stuttgart e.V. – Wichtige Veröffentlichungen: Die Gruppentherapie im Rahmen der analytischen Psychologie (in: Analytische Psychologie 5, 1974); Zur Methodologie und Begriffsbildung in der analytischen Psychologie C. G. Jungs (in: Analytische Psychologie 5, 1974).

Ernst-F. Sievers (geb. 1916), Dr. med. Psychoanalytiker in eigener Praxis und Vorsitzender des Lehrinstituts für Psychotherapie und Psychoanalyse in Hannover. – Wichtige Veröffentlichungen: Bilder der Neurose heute, Bern 1971; (zus. mit Klaus Winkler:) Pastoren von A–Y, Göttingen 1971.

René A. Spitz (geb. 1887), Professor Dr. Dr. h. c. mult., Psychoanalytiker aus dem engeren Schüler- und Freundeskreis Sigmund Freuds, lebt seit 1938 in USA, seit 1947 Professor und Leiter eines eigenen Instituts für Kinderpsychologie in Denver/Colorado, 1961 – 1968 als Emeritus in Genf, danach wieder in

Denver/Colorado. – Wichtige Veröffentlichungen: Nein und Ja – Die Ursprünge der menschlichen Kommunikation (2 Aufl.), Stuttgart 1970; Vom Säugling zum Kleinkind (3. Aufl.), Stuttgart 1972; Die Entstehung der ersten Objektbeziehungen (3. Aufl.), Stuttgart 1973.

Ernest S. Wolf (geb. 1921), Professor Dr. med., Psychiater und Psychoanalytiker, lehrt bei der Northwestern University Medical School und als Lehr- und Kontroll-Analytiker beim Chicago Institute for Psychoanalysis. Er ist Associate Director des Center for Psychosocial Studies. – Wichtige Veröffentlichung: (zus. mit J. Gedo und D. Terman) On the Adolescent Process as a Transformation of the Self, 1972.

Einsamkeit

mit 18 Porträtfotos von den Autoren
239 Seiten, kartoniert

„Mit dem Buch ‚Einsamkeit' liegt ein Sammelband vor, in dem namhafte Autoren verschiedener Fachrichtungen ihre persönlichen Erlebnisse mitteilen. U.a. sind es Manès Sperber, Robert Jungk, Margarete Mitscherlich-Nielsen und Dorothee Sölle, die das Alleingelassenwerden erfahren haben . . . Das Buch kann eine Hilfe für jeden sein, der sich selbst und seine Zeit verstehen möchte."

Saarländischer Rundfunk

Was der Mensch braucht

Anregungen für eine neue Kunst zu leben
420 Seiten, kartoniert

„Wer herausfinden will, wie unser Alltag bewußter und besser zu meistern sei, muß zunächst eine Bestandsaufnahme dessen versuchen, wie unsere Gegenwart ausschaut jenseits aller Schlagworte und Gemeinplätze. Wer mehr weiß, wird richtiger reagieren können. Beschreibung unserer Welt, die Diagnose unserer Lebensumstände verknüpfen die Autoren darum mit ihrer Therapie gescheiterter Daseinsbewältigung. Der Anregung von Schultz für diese Sendereihe verdanken wir einige Betrachtungen, die zum Lesenswertesten und Bedenkenswertesten gehören, das in letzter Zeit über einen Problemkreis geschrieben worden ist, den man als ‚menschliche Verhaltensforschung' beschreiben könnte."

Stuttgarter Zeitung

Stufen des Lebens

Eine Bibliothek zu den Fragen unseres Daseins
Herausgegeben von Hans Jürgen Schultz

In der Bibliothek „Stufen des Lebens" werden Lebensfragen behandelt, die jeden Menschen angehen. Diese Buchreihe wendet sich bewußt an den Laien. Ihm werden durch Einsicht in die Grundmuster seelischen Verhaltens praktische Hilfen zur Daseinsbewältigung gegeben. Bei aller Vielfalt der Themen ist den Autoren die Absicht gemeinsam, dazu beizutragen, daß der Mensch erwachsener, lebendiger und freier wird und sich nicht ausschließlich an Erfolg und Leistung orientiert.

Für Leser, die die Gesamtreihe zur Fortsetzung bestellen, gilt ein um ca. 10% ermäßigter Vorzugspreis.

In dieser Reihe sind bisher die folgenden Bände erschienen:

Bd. 1: Brocher, Stufen des Lebens
Bd. 2: Fischle-Carl, Fühlen was Leben ist
Bd. 3: Kutter, Die menschlichen Leidenschaften
Bd. 4: Dieckmann, Umgang mit Träumen
Bd. 5: Seifert, Ich-Du-Wir
Bd. 6: Barz, Vom Wesen der Seele
Bd. 7: Heim, Krankheit als Krise und Chance
Bd. 8: Schmid, Jeden gibt's nur einmal
Bd. 9: Pincus, Das hohe Alter

Ein Sonderprospekt zu dieser Reihe, den Sie beim Verlag anfordern können, bietet Ihnen eingehende Information.

Kreuz Verlag Stuttgart · Berlin